TRAITÉ

THÉORIQUE ET PRATIQUE

DU

CONTRAT D'ASSURANCE SUR LA VIE

PAR

J. LEFORT

AVOCAT AU CONSEIL D'ÉTAT ET A LA COUR DE CASSATION
LAURÉAT DE L'INSTITUT

TOME QUATRIÈME

Assurances Mutuelles. — Tontines et opérations tontinières.
Assurance sur la vie par l'État. — Assurances populaires.
Conclusion.

PARIS

ANCIENNE LIBRAIRIE THORIN ET FILS

ALBERT FONTEMOING, ÉDITEUR

Libraire des Écoles Françaises d'Athènes et de Rome
du Collège de France, de l'École Normale Supérieure
et de la Société des Études historiques.

4, RUE LE GOFF, 4

1900

TRAITÉ

DU

CONTRAT D'ASSURANCE SUR LA VIE

TOME QUATRIÈME

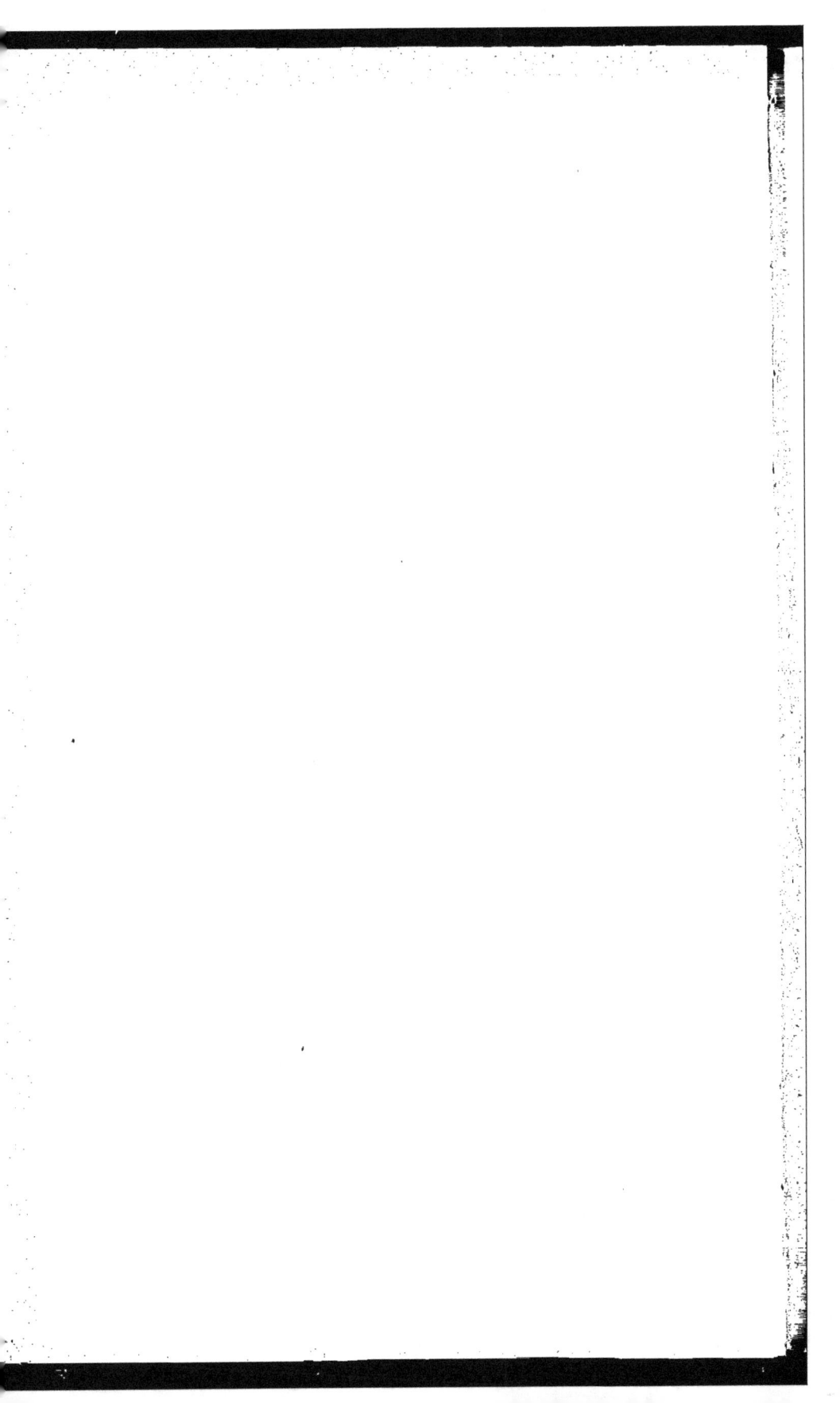

TRAITÉ
THÉORIQUE ET PRATIQUE
DU
CONTRAT D'ASSURANCE SUR LA VIE

PAR

J. LEFORT

AVOCAT AU CONSEIL D'ÉTAT ET A LA COUR DE CASSATION
LAURÉAT DE L'INSTITUT

TOME QUATRIÈME

Assurances Mutuelles. — Tontines et opérations tontinières.
Assurance sur la vie par l'État. — Assurances populaires.
Conclusion.

PARIS
ANCIENNE LIBRAIRIE THORIN ET FILS
ALBERT FONTEMOING, ÉDITEUR
Libraire des Écoles Françaises d'Athènes et de Rome
du Collège de France, de l'École Normale Supérieure
et de la Société des Études historiques.
4, RUE LE GOFF, 4
1900

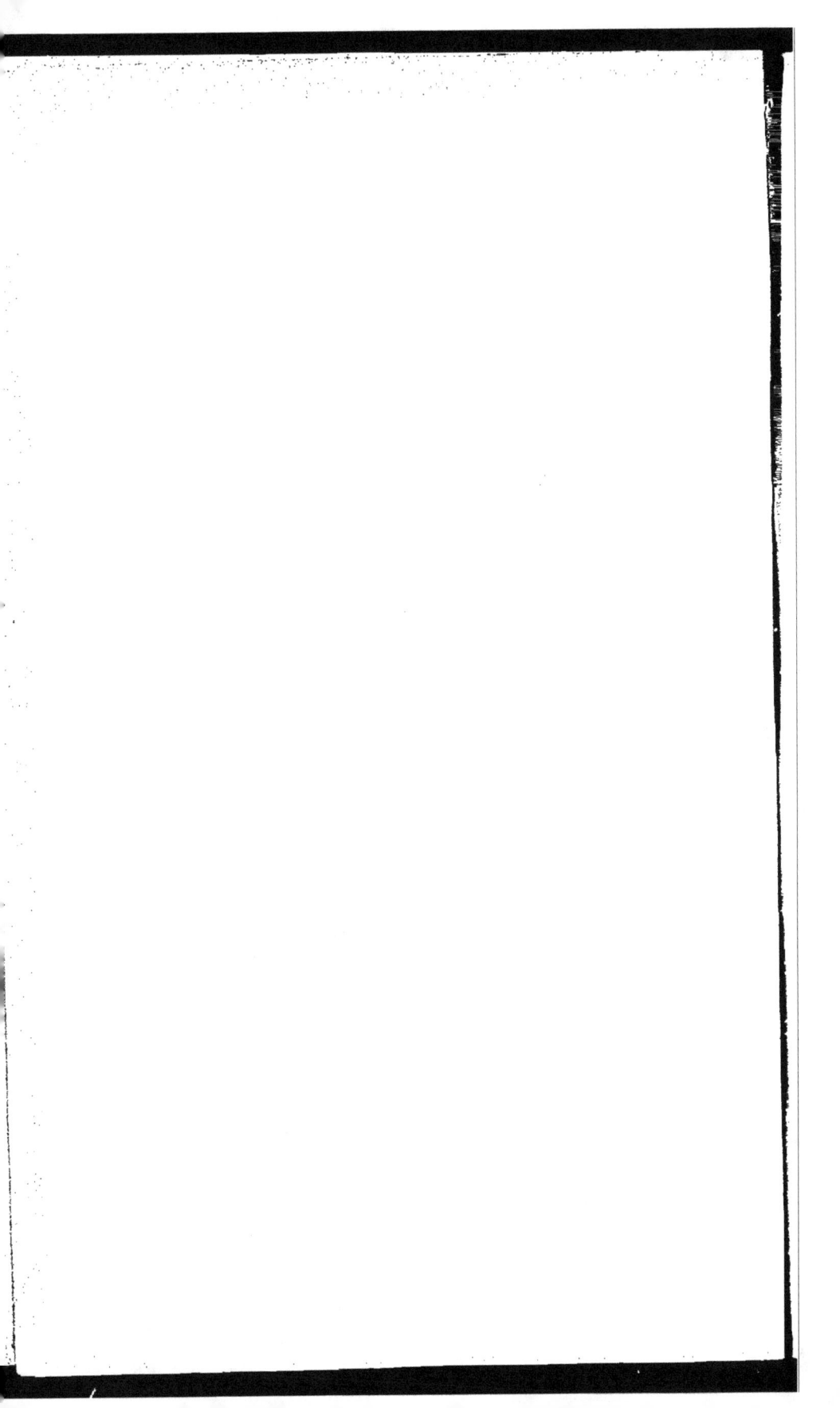

TRAITÉ

THÉORIQUE ET PRATIQUE

DU

CONTRAT D'ASSURANCE SUR LA VIE

DIXIÈME PARTIE

ASSURANCES MUTUELLES

Notions générales.

Envisagé d'une façon générale, le contrat d'assurance, destiné à parer à ce mal qu'on nomme l'incertitude [1], a pour but de garantir l'assuré d'un désastre, d'un événement fortuit et incertain. Ce danger, ce sinistre peut être mis à sa charge par l'assureur qui se rend garant des risques, mais en retour d'une somme qui constitue la contre-partie de l'obligation qu'il assume. Ce prix est naturellement supérieur à la véritable valeur des risques : d'une part, il importe qu'il serve à couvrir les frais ; d'autre part, il doit être suffisant pour tenter l'assureur par l'espoir d'un bénéfice, l'assureur ne faisant pas acte de philanthropie en prenant sur lui le péril de la chose d'autrui [2].

C'est l'assurance à *prime fixe* dont il a été précédemment question.

Mais les personnes qui cherchent à échapper aux conséquences de l'acte qu'elles redoutent, qui entendent paralyser les effets que le hasard peut produire à leur égard sont parfaitement en mesure de se

---

1. H. Say : *Dictionnaire d'économie politique*, v° *Assurances*.
2. De Courcy : *Les Assurances*, p. 14, etc. (extr. du *Dictionnaire universel de la Bourse, de la Banque et des assurances*).

passer du concours d'un assureur, de manière à éviter la rémunération que ce dernier est en droit d'exiger pour le capital mis par lui à
la disposition de ceux qui lui *vendent* leurs risques. On convient alors
de mettre en commun ces risques, de s'obliger à compenser, chacun
en proportion de son risque, le dommage éprouvé par ceux des associés qui seront atteints par l'arrivée de l'événement en vue duquel
on s'est groupé, par la réalisation du risque prévu. Les risques se
balancent et s'équilibrent les uns par les autres.

C'est *l'assurance mutuelle* dont il reste à parler.

Le contrat passé avec une Société mutuelle est tout aussi bien, quoi
qu'il ait été prétendu [1], une assurance que la convention conclue avec
une Compagnie à prime fixe [2]. La forme seule diffère. Ce qui distingue
essentiellement l'assurance mutuelle, c'est que s'il y a des assurés, il
n'y a plus d'assureurs de profession. Les assurés se constituent soli-
dairement leurs propres assureurs ; suivant l'expression consacrée ils
sont à la fois assurés et assureurs : ils participent individuellement
et dans la proportion de leurs propres risques, au paiement de tous
les dommages subis par la généralité ; mais réciproquement ils sont
indemnisés par l'ensemble de l'association si l'un des accidents prévus
par le contrat vient à les frapper [3].

Pris individuellement chaque associé, ou mieux chaque intéressé,
est assuré pour la somme qu'il met en risque ; en retour d'une somme
ou cotisation qui est égale à son risque, il jouit de la garantie qui résulte de l'équation établie entre la prime et le risque ; il se trouve
créancier éventuel du groupe pour l'intégralité du dommage que cau-
sera l'arrivée du sinistre prévu et lorsque cet événement se produira,
il naîtra en sa faveur ou en faveur de ses représentants une action
tendant à obtenir, des autres personnes avec lesquelles il s'est entendu,
le paiement de leur part contributive. D'autre part, cet associé est en
même temps assureur : il l'est non seulement de sa propre valeur
mais de l'ensemble des valeurs mises dans la Société ; il est assureur

---

1. Notamment par Gallus dans son important ouvrage : (*Die Grundlagen des
gesammten Versicherungs Wesens*, Leipzig, 1874). D'après lui, si l'assurance
mutuelle poursuit le même but que l'assurance proprement dite, c'est par
d'autres moyens qui rendent les opérations absolument différentes quant au
fond et quant à la réalité des choses.

2. En France, la question ne fait aucun doute pour les auteurs ; les jurisconsultes allemands, en particulier M. Ehrenberg (*Versicherungsrechts*, Leipzig, 1893, p. 125) et M. Lewis (*Lehrbuch des Versicherungsrechts*, Stuttgard,
1889, p. 25 etc) se rangent à cette doctrine ainsi que M. Berdez (*Les bases
juridiques et économiques de l'assurance privée*, Lausanne, 1895, p. 47).
La loi belge du 11 juin 1874, qui reconnaît la personnalité juridique des
Sociétés mutuelles, applique à leurs opérations les prescriptions relatives
au contrat d'assurance (art. 2). Le législateur italien a statué dans le même
sens. Pour le code chilien (art. 891), l'assimilation est complète entre les
deux systèmes d'assurance. Les autres législations sont muettes sur la nature de l'assurance mutuelle et du contrat qui la réalise. — Cf. Berdez : op.
cit., p. 44, etc.

3. Théry : article *Assurance* dans la *Grande Encyclopédie*.

de cet ensemble pour une proportion égale au risque qu'il a lui-même apporté dans l'association ; il est donc tenu dans cette proportion des obligations de l'association. Sa cotisation comme assuré se résout en sa part d'obligation com. 1e assureur. Cette part de dette, toujours égale au risque dans la théorie, peut, en réalité, s'en écarter plus ou moins, d'où il suit que la qualité de cette contribution reste incertaine jusqu'après l'accomplissement des faits [1].

La mutualité est fort ancienne. Dès l'antiquité les personnes que réunissait le même labeur se groupaient en collectivités, en associations et convenaient de se venir en aide. C'était l'assistance. Ce n'était pas l'assurance mutuelle. Cette dernière est moderne [2]. Les grands jurisconsultes qui, les premiers, ont écrit sur les assurances les traités qui font encore autorité, Pothier, Émérigon, ne parlent pas de cette forme du contrat ; Merlin lui-même n'y fait pas plus allusion. Les textes législatifs sont également muets. Malgré son ingéniosité, le législateur fiscal n'a pas su deviner qu'à côté de l'assurance à prime fixe il pouvait en exister une autre ; la loi du 22 frimaire an VII ne se réfère qu'à la première puisqu'elle dispose que le droit est dû sur la valeur de la *prime*. Sans édicter des dispositions susceptibles d'exclure le caractère de mutualité, le Code de Commerce, de son côté, paraissait ne prévoir que l'assurance à primes fixes ; toutes ses prescriptions s'y réfèrent.

Le premier document législatif qui se rapporte à l'assurance mutuelle remonte à 1809.

En septembre 1805 il avait été fondé à Toulouse une Société comprenant un certain nombre de propriétaires désireux de parer aux conséquences de la grêle et des épizooties [3]. Les Statuts de cette Société

1. Lacombe : article *Assurance* dans le *Nouveau Dictionnaire d'économie politique* de Léon Say.
2. Non seulement en France, mais à l'étranger. C'est seulement en 1706 que dans un pays qui a devancé le nôtre au point de vue de l'assurance, l'Angleterre, que l'on vit des personnes se réunir en vertu d'une charte signée par la reine Anne et mettre en commune une partie de leurs revenus afin que, lors de la mort de chaque souscripteur, son héritier pût toucher une somme dont le chiffre variait avec le nombre des décès survenus dans l'année. — Marshall, p. 768. — Couteau : *Traité des assurances sur la vie*. T. I, p. 25. Depuis, les Sociétés mutuelles par les assurances sur la vie se multiplièrent en Angleterre.
3. L'honneur d'avoir sinon compris ce que peut être la mutualité en matière d'assurance, au moins provoqué, par ses écrits, l'essor de cette institution au début du siècle revient à Pierre-Bernard Barrau, fondateur de la Société de Toulouse. « De petites dépenses, disait-il, prévues et faites avec ordre sont à peine sensibles, tandis que les fortunes les mieux établies sont souvent dérangées par une perte inopinée ; un sinistre quelconque perd de son intensité selon qu'il est supporté par un plus grand nombre d'intéressés. » Seulement Barrau se montrait dès ce moment partisan de l'assurance par l'État ; il avait édifié un système d'assurances qui supposait toute une administration et de nombreux fonctionnaires. — Cf. R. Clément : *Des assurances mutuelles*, Paris, 1889, p. 16, note 2.
D'autre part, dans une brochure publiée sous ce titre ; *De la mutualité*

furent soumis au Conseil d'Etat. Connaissant le projet qui s'élaborait alors dans le département des Landes pour la constitution d'une Société similaire, le Conseil d'Etat qui, à cette époque, remplaçait le législateur, crut devoir rendre une décision de principe destinée à prévoir la formation de toutes les associations ayant le même caractère et il soumit à l'autorisation gouvernementale toutes les associations mutuelles. L'Avis du Conseil d'Etat du 15 octobre 1809 semblait se concilier avec la décision prise le 25 mars précédent par le Conseil d'Etat pour imposer aux tontines l'obligation de se munir de l'autorisation du gouvernement. Une discussion ne tarda pas toutefois à s'élever. L'Avis du 15 octobre 1809 ne fut publié qu'en 1821 par une Ordonnance du 14 novembre. Aussi sa validité fut-elle contestée à raison de ce que ce texte n'avait pas été inséré au *Bulletin des Lois* sous le gouvernement impérial contrairement à ce qui avait eu lieu pour l'Avis du 25 mars 1809 relatif aux tontines [1]. Lorsqu'en 1820 fut constituée la première Société d'assurance mutuelle sur la vie, le rédacteur de l'Ordonnance du 12 juillet 1820 portant approbation des Statuts prit soin de viser l'Avis du 1er avril 1809 sur les tontines [2]. Quand par la suite il fut décidé par l'Ordonnance du 12 juin 1842 que l'Etat organiserait un contrôle, l'autorité soumit à la même surveillance les tontines et les assurances mutuelles [3] qu'elle confondait peut-être, à la vérité [4].

Quoi qu'il en soit, sous l'empire de ce régime l'assurance mutuelle ne se développa guère. Un seul fait le prouve pour l'assurance sur la

appliquée à la vie matérielle et sociale, dit M. Rochetin (*La concurrence entre les Compagnies d'assurances sur la vie américaines et les Compagnies françaises* : Journ. des Econom., avril 1892, p. 48, note), M. Cottin-Angar raconte que son grand-père, M. Angar, fut présenté au roi Louis XVIII dans le but de lui soumettre les grandes lignes d'un projet d'assurances mutuelles sur la vie, dont l'application devait, selon lui, rendre les plus signalés services à ses concitoyens; le roi l'écouta avec bienveillance, mais ne put rien lui promettre; les pouvoirs publics à qui le projet fut présenté, indécis et timorés, est-il prétendu, ne refusèrent pas l'autorisation, ils l'entourèrent seulement de telles entraves que cela équivalait à un rejet pur et simple. M. Angar dut renoncer à donner suite à son idée.

1. Il faut ajouter que si de nombreux arrêts ont décidé que l'Avis du 15 octobre ne liait pas les tribunaux et que, par conséquent, les associations d'assurances mutuelles n'avaient pas à être munies de l'autorisation (Cass., 16 avril et 27 mai 1856. S. 56, 1, 765; Cass., 6 janvier 1857, S. 57, 1, 360), plusieurs arrêts ont soumis la Société d'assurances mutuelles à la nécessité de l'autorisation gouvernementale (Cass., 13 mai 1857, S. 58, 1, 429; D. P. 57, 1, 200; Paris, 4e février 1858, S. 58, 2, 129; D. P. 58, 2, 28; Cass., 9 novembre 1858, S. 59, 1, 45; D. 1, 58, 1, 464.)

Mais il convient de noter que c'était en vertu de l'art. 37 C. Comm. et non pas par application de l'Avis du 15 octobre 1809. — V. Rousseau : *Sociét. comm.*, Paris, 1875, T. II, p. 29.

2. Duvergier : *Collect. des Lois*, XXIII, 32.
3. Duvergier : *Collect. des Lois*, XLI, 238.
4. V. les conclusions au Conseil d'Etat de M. le commissaire du Gouvernement Gomel; Lebon, *Rec. des arr. du C. d'Et.*, 1880, p. 463.

vie : la Société créée en 1820 fut dissoute en 1827 à raison de l'insuffisance du nombre des assurés [1].

Du reste, à cette époque, comme dans les années qui suivirent, bien que l'on eût songé à constituer un système d'assurances mutuelles sur la vie organisé par le gouvernement à l'imitation des caisses d'épargne et dans l'intérêt des classes laborieuses [2], personne ne croyait alors aux chances de succès de la mutualité dans l'assurance sur la vie [3].

Le résultat ne fut pas meilleur depuis l'application de la loi du 24 juillet 1867 qui, tout en proclamant la liberté pour la constitution des Sociétés, édicta une exception tant pour les Sociétés d'assurances sur la vie, mutuelles comme à primes fixes, que pour les tontines.

La première Société mutuelle créée pour faire des opérations d'assurances sur la vie ne fut établie en France qu'en 1881 : le décret d'autorisation fut rendu le 9 juin. Mais l'assurance mutuelle sur la vie, assurance sérieusement comprise, offrant toutes les garanties que les assurés ou les bénéficiaires sont en droit d'espérer, ne s'est guère développée en France : fort heureusement peut-être, ce sont les Compagnies à primes fixes qui, dans notre pays, exploitent aujourd'hui cette branche.

A quelles causes tient ce peu de faveur pour les Mutuelles?

On a donné bien des explications. La vérité est qu'on est loin d'être fixé à cet égard [4].

On a soutenu, en particulier, que l'insuccès tient à des difficultés matérielles qui entravent l'essor et la gestion des associations d'assurances mutuelles. On a fait valoir aussi que le public est plus disposé à se porter du côté de la Société par actions en possession d'un capital important capable de faire face à l'imprévu aussi bien qu'aux frais toujours élevés de premier établissement et de constitution de réserves, alors que la Mutuelle, au moins pendant plusieurs années, manque de ces garanties ou se trouve dans la nécessité de demander aux premiers adhérents des sacrifices assez lourds. On a noté, avec raison, que l'assurance sur la vie repose tout entière sur l'hypothèse en vertu de laquelle l'ordre et le nombre des décès se conformeront exactement à la loi de mortalité déduite de la table d'expérience prise pour base de calcul, cette table ne pouvant fournir que des probabilités et non pas des éléments d'une exactitude mathématique, les prévi-

1. Duvergier : *Collect. des lois*, XXVII, 33. Cf. dans notre *Traité*, T. I, p. 137.
2. Cf. le rapport de M. Ortolan au Conseil général du commerce : *Rev. de législat. et de jurisprud.*, T. XXV, 1846, p. 31.
3. D'Avenel : *Les assurances sur la vie*, dans son ouvrage sur *Le mécanisme de la vie moderne* Paris, 1896. V. aussi *Revue des Deux Mondes*, 15 septembre 1895, p. 378.
4. M. Clément (*op. cit.*, p. 10) constate qu'il est difficile de bien expliquer pourquoi les mutuelles d'assurance sur la vie n'ont pas réussi à se développer en France.

sions risquent d'être démenties, que si pendant le cours d'une année le chiffre des décès vient à excéder le nombre prévu, la caisse mutuelle, qui ne peut fournir que ce qu'elle possède, se trouvera hors d'état de payer intégralement les capitaux sinistrés; on en a conclu que ceux-ci, par conséquent, devront être réduits en proportion du déficit intervenu, grâce à cet écart dans les lois du hasard, à moins toutefois qu'il ne soit demandé aux associés une cotisation ou prime complémentaire destinée à combler ce déficit [1]. Ce qui est certain c'est que les Mutuelles françaises [2] n'ont pas vu augmenter leurs opérations en rapport avec les efforts, avec l'énergie déployés par leurs représentants et que si la mutualité appliquée à l'assurance sur la vie a recruté des adhérents en France c'est au profit des Compagnies étrangères.

Celles-ci, il est vrai, ont employé tous les moyens propres à attirer l'attention : suivant la remarque qui a été faite [3], elles ont eu recours à une publicité enragée, outrancière, pratiquant les procédés en usage au delà de l'Atlantique si bien que les tribunaux ont dû refréner une ardeur qui allait beaucoup trop loin, en ce sens d'abord qu'elle portait atteinte à des intérêts parfaitement légitimes et en second lieu qu'elle amenait à présenter les faits comme les chiffres sous un jour qui n'était pas toujours exact [4].

La situation inégale qui résulte de ce que ces Mutuelles ont leur siège social à l'étranger, de telle sorte que c'est à l'étranger qu'il faut

1. Vermot : *Catéchisme de l'assurance*, p. 68, etc.

Il est à noter que les partisans des Mutuelles-Vie reconnaissent que ces Sociétés ne doivent pas excéder le caractère régional afin d'échapper aux frais d'agences excessifs, d'arriver plus facilement à s'attirer la confiance publique (*Rapports du jury international de l'Exposit. de 1889* ; Groupe de l'Économie sociale, sect. VII ; rapport de M. Gaubert, p. 13). Cette idée n'est-elle pas en opposition avec cette règle que l'assurance sur la vie ne se conçoit qu'avec un grand nombre d'assurés, que la multiplicité des adhérents est une condition essentielle ?

2. De même qu'en France, en Belgique la forme d'assurances mutuelles n'est guère usitée que pour les assurances contre l'incendie, la grêle et les épizooties. — Furquim d'Almeida : *Des assurances sur la vie spécialement en cas de décès*, Bruxelles, 1893, p. 50.

3. D'Avenel : *Les assurances sur la vie*, dans son livre sur *Le mécanisme de la vie moderne* et Revue des Deux Mondes, loc. cit., p. 380.

4. V. Trib. civ. Seine, 16 février 1895, (*Journ. des assur.*, 95, 106) et sur appel, Paris, 24 juin 1896, (*Journ. des assur.*, 96, 240). — V. aussi Trib. civ. Seine, 28 décembre 1894 (*ibid*), 95, 73) et le rapport inséré dans *Le Conseiller des Assurances*, n° du 17 janvier 1895; Trib. civ. Seine, 15 janvier 1894, *Journ. des assur.*, 95, 187.

On a voulu expliquer le jugement intervenu en 1895 par le Tribunal de la Seine contre des Compagnies étrangères (V. Rochetin : *Le procès de la Générale et de la Mutual life* [*Journ. des Économ.*, juillet 1895]); mais le fait n'en est pas moins là, les décisions rendues n'en subsistent pas moins avec leurs considérants sévères et ne permettent pas moins de se rendre compte des agissements. Comp. le résumé des débats dans la brochure de M. Perriaud : *Les dessous de la police distribution*, Paris, 1896.

aller chercher les justifications [1], que c'est à l'étranger que l'on doit plaider contre elles dans un trop grand nombre de cas, cette situation, qui n'est pas exempte de dangers pour ceux qui traitent avec elles [2], est-elle au moins, et abstraction faite des combinaisons plus ou moins insolites que la mutualité a cherché, bien à tort, à faire prédominer, compensée par les avantages pouvant résulter du recours à la mutualité [3]?

L'argument principal est tiré de ce que la Société à prime fixe a un capital qu'il convient de rémunérer et que la majeure partie des bénéfices passe aux actionnaires tandis que les assurés mutualistes profitent de tous les avantages. Sans s'arrêter à relever que les Mutuelles

1. Le Tribunal civil de la Seine a jugé, en effet, le 2 décembre 1892 (*Journ. des assur.*, 93, 28; *Rec. périod. des assur.*, 93, 111) et le 28 décembre 1894 (*Journ. des assur.*, 95, 73), que si une Compagnie possède à Paris seulement une succursale et son siège social à New-York, c'est à New-York que l'assuré qui désire procéder à l'examen des livres doit se rendre et que c'est à New-York que les experts ont à se rendre.

Dans la discussion qui s'est engagée au Sénat le 27 novembre 1884 à l'occasion de la proposition de loi concernant le régime des Sociétés (V. *Journ. des assur.*, 1898, p. 505), M. Batbie n'a pas oublié de noter les conditions défavorables que crée l'extranéité, en ce sens qu'on ne sait où prendre son gage dans le cas où l'on aurait des réclamations à faire contre les Sociétés étrangères et il a relevé aussi la difficulté soit pour agir en justice, soit pour exécuter les décisions en cas de litige.

2. Un seul fait est à citer : un bénéficiaire qui avait payé les primes au bureau parisien d'une Compagnie étrangère et qui, en cas de sinistre, devait toucher de ce bureau le capital assuré, voulant éviter une déchéance résultant d'une aggravation imputable à l'assuré, aggravation susceptible d'être couverte par une augmentation de la prime primitive, se rendit au bureau parisien et proposa de payer la surprime; il lui fut promis que le nécessaire serait fait; mais, au cours des transmissions, l'assuré mourut. Dans ces circonstances, le bénéficiaire qui avait pourtant agi d'une façon prudente en proposant de payer la surprime, fut déclaré déchu. — V. Trib. civ. Seine, 22 décembre 1893, *Journ. des assur.*, 94, 62; *Rec. périod des assur.*, 94, 83), et sur appel, Paris, 10 juillet 1895, *Journ. des assur.*, 95, 516; *Rec. périod. des assur.*, 95, 392; Cass., 21 mars 1898, *ibid.*, 98, 265 et les observations; *Journ. des assur.*, 98, 208, V. aussi Lefort : *Les assurances sur la vie et la Cour de Cassation en 1898*, Lyon, 1899, p. 9 à 12. Cf. au sujet de cette l'affaire qui a donné lieu à ces décisions les documents insérés dans la brochure publiée par *Le Conseiller des assurances* sous ce titre : *Compagnies américaines; leurs dangers*.

3. Comp. sur les avantages des Mutuelles, Perrone : *Della assicurazione mutua*, Turin, 1894 et les différents travaux de M. Rochetin.

Dans l'intérêt des Mutuelles, l'on s'est plu à mettre en lumière que les Sociétés étrangères sont moins sévères dans la limitation des risques puisqu'elles assurent sans surprime le suicide et le duel (*Rapports du jury international. de l'Exposit. de 1889*, groupe de l'économie sociale, sect. VII, Rapp. de M. Chaubert, Paris, Imprim. nat., 1891, p. 12). La réponse est facile. Ces avantages ne tiennent pas à la forme employée par l'assurance; c'est tellement vrai que si l'on a dans ces derniers temps, sans raison croyons-nous, comme nous tenterons de l'établir plus loin, soutenu que ces risques étaient assurables, (Quentin : *De la validité de la clause d'incontestabilité en cas de suicide dans l'assurance sur la vie* [*Revue internat. des assur.*, juillet-octobre 1898, p. 666, etc.]) l'on s'est bien gardé d'établir une distinction et que l'on a reconnu que les Compagnies à primes fixes pouvaient accepter les risques dont s'agit.

n'ont pas craint d'attribuer des avantages parfois énormes à leurs employés ou mieux à leurs chefs [1], il importe de dire que le reproche n'est pas exact. Dans toute Compagnie sérieusement organisée les actionnaires ne prennent pas le bénéfice entier, une partie est mise en réserve et devient ainsi le gage des assurés. Depuis longtemps on admet que 30 % des primes suffisent à parer aux sinistres annuels et que la réserve des sinistres futurs absorbe 40 %. Il reste donc un excédant de 30 % pour les frais et les bénéfices. Au premier abord, ce gain de 30 % paraît énorme, mais il n'est qu'apparent. Et d'abord les assureurs s'engagent à le partager avec les assurés (non pas avec quelques-uns lorsque le contrat a une certaine durée, mais bien entre tous sans exception), après déduction des dépenses qu'exige le fonctionnement de l'entreprise. Comme ils estiment qu'en aucun cas ces dépenses ne pourront monter à plus du dixième des primes, que par suite il restera 20 pour 100 nets au moins à diviser entre les actionnaires et les clients de la Compagnie, ils offrent de réduire d'avance à 10 % le coût de l'assurance pour ceux qui préfèrent renoncer à toute participation aux bénéfices. En fait les Compagnies, les grandes surtout, ont donné plus qu'elles ne promettaient. Elles prennent à leur compte la totalité des frais généraux, bien que ces frais dépassent le plus souvent la proportion indiquée [2].

Le dividende distribué aux actionnaires et avec lui le cours élevé des actions dont on excipe avec tant de complaisance tiennent d'abord aux placements heureux que font des administrations qui possèdent à leur tête de grands banquiers, de grands industriels, mais ensuite et surtout aux opérations de rente viagère. Ces opérations sont nombreuses [3] non pas tant parce que les tribunaux qui ont à accorder à une personne une rente viagère ordonnent que le capital sera versé dans la caisse d'une Compagnie qui sera chargée de servir cette rente viagère [4], que parce que la Compagnie à prime fixe paraît seule en mesure d'agir en pareille circonstance. La personne qui constitue une rente viagère cherche avant tout la sécurité ; elle lui sacrifie tout ; peu lui importe que durant quelque temps elle puisse participer aux bénéfices si elle n'est pas certaine que son désir sera réalisé. Une Mutuelle qui partage chaque année tous les bénéfices entre les mutua-

---

1. V. *Gaz. des Trib.*, 21 juin 1896, p. 637.
2. D'Avenel : *loc. cit.*
3. Sans doute ces opérations ont été fortement blâmées comme portant atteinte au morcellement des capitaux et diminuent les bénéfices que ce morcellement procure par la consommation, à l'industrie et au commerce du pays (V. le rapport précité de M. Caubert au nom de la Section VII du Groupe de l'Économie Sociale à l'Exposition Universelle de 1889). Mais nul ne saurait songer à l'interdiction de ces opérations qui peuvent fort bien répondre à des besoins déterminés, à des situations spéciales.
4. Mesure excellente, de nature à procurer toute sécurité, comme l'a fort judicieusement établi M. Dubois dans son étude sur *La Loi du 9 mars 1890 sur les droits de l'époux survivant*.

listes ne donne pas satisfaction à ce désir, fort légitime assurément : le crédi-rentier n'est nullement certain pour l'avenir, l'inconnu des événements futurs l'effraie. Aucune des éventualités qui, à bon droit, le retiennent ne peut se présenter avec une Compagnie par actions qui a des réserves et qui, chaque année, a soin de mettre de côté des sommes importantes.

De ce que la majeure partie des dividendes provient du service des rentes viagères, il suit que les actionnaires se partagent un bénéfice auquel ni de près, ni de loin les souscripteurs de polices d'assurances sur la vie avec participation aux bénéfices n'ont et ne peuvent avoir un droit quelconque.

Il n'est pas plus exact de prétendre que c'est dans l'intérêt des actionnaires seuls que les tarifs ont été élevés. Si des modifications s'imposent c'est à raison de nécessités financières, parce que le taux des placements tend à baisser et parce que le rôle d'une Compagnie serait illusoire, eu égard aux obligations contractées par elle, s'il n'était pas tenu compte des variations du taux de l'intérêt et si les tarifs n'étaient pas en rapport avec le produit des placements.

A la vérité il a été soutenu en faveur des Mutuelles que l'assurance à prime fixe est trop coûteuse ; loin de maintenir les réserves mathématiques, a-t-on dit, il est possible de dégrever la prime de toute la portion destinée à constituer ces réserves ; il suffit que les primes d'un exercice permettent de faire face aux paiements des indemnités dues à raison du sinistre, de solder les frais généraux et tout au plus par une prudence excessive, pour parer à une mortalité anormale et imprévue, d'avoir à sa disposition quelques ressources spéciales. Guidée par cette idée que le règlement des sinistres futurs pourra se faire au moyen des primes recueillies au cours de l'année pendant laquelle les décès auront eu lieu, cette suppression de la réserve spéciale est pleine de périls: une Société qui agirait de la sorte, s'exposerait à de cruels mécomptes. Au début de son fonctionnement une Société peut ne pas avoir de réserve : en effet, elle encaisse des primes en grand nombre et n'a que peu de sinistres à régler; mais avec les années les assurés vieillissent, la proportion des décès augmente; afin d'obvier à cet accroissement il faut que le nombre des assurés, c'est-à-dire des personnes versant des primes s'élève et s'élève notablement; rien n'est compromis si les adhésions se multiplient mais une interruption est toujours possible ; or, un arrêt est de nature à causer les plus sérieux embarras, à motiver le recours aux expédients, sinon à de pires mesures, puisque cet arrêt dans la perception des primes ne permettra pas d'acquitter les dettes que le décès rend apparemment exigibles. Avec des réserves mathématiques nul danger de ce genre n'est à redouter : une diminution dans le chiffre des primes, c'est-à-dire dans la souscription de contrats nouveaux est sans effet: l'avenir est déjà assuré. Du reste, l'existence des réserves est si bien la garantie des assurés que dans les pays où le fonctionnement des Sociétés d'assurances est soumis à un étroit contrôle les autorités, qui sont chargées de l'exercer, ont sans cesse protesté contre toutes les mesures qui, sous prétexte de diminuer le coût de l'assurance, tendent à ne procurer qu'une sauvegarde partielle [1].

A un double point de vue, d'ailleurs, les Mutuelles sont hors d'état de formuler une critique. D'abord en ce qui concerne les frais de gestion la proportion n'est pas supérieure pour les Compagnies à prime fixe, qu'il s'agisse de la perception des primes [2] ou des capitaux à gérer [3].

En second lieu, pour ce qui touche les placements il est difficile d'obtenir mieux ; on l'a constaté également, les réserves sont abondantes les placements sont sûrs [4] ; on a reconnu que si les Compagnies à prime fixe vendaient les immeubles et les valeurs mobilières qui leur appartiennent, en repassant à d'autres assureurs leurs engagements et naturellement les réserves nécessaires pour y faire face, il serait réalisé un gain énorme [5]. C'est que dans tous les bilans les valeurs mobilières sont portées au prix d'adjudication, les immeubles au prix de revient ; il n'est jamais réalisé ou distribué une espèce de plus value. Bien certainement les plus values appartiennent aux actionnaires, mais elles constituent une garantie des plus précieuses en ce sens que s'il survient une crise il sera possible de faire face à toutes les éventualités. Aussi ne saurait-on méconnaître que ces plus values, si elles permettent aux actions de monter, ce qui n'est point défendu, du moment qu'elles ne sont jamais réalisées, procurent aux assurés la sécurité complète pour l'avenir. Rien de pareil n'existe pour une Mutuelle. Lorsqu'une année est prospère, en présence de la plus value atteinte soit pour les valeurs, soit pour les immeubles, les mutualistent trouvent qu'il est agréable de profiter de ce boni d'autant

1. La faillite des Compagnies mutuelles qui opèrent aux États-Unis et dont tous les journaux d'assurance ont rapporté les péripéties en 1897 (V. *The Review*, 22 septembre 1897 et *L'Assurance moderne*, 15-30 septembre 1897, p. 186) n'est-elle pas significative ?

2. Un intéressant tableau comparatif a été soumis, et sans contradiction, à la Cour de Paris. Pour les Mutuelles américaines qui étaient en cause, le relevé moyen des frais pour les primes reçues serait de 26 à 30 o/0. Pour la plus importante des Compagnies françaises, la gestion coûterait aux assurés à peine 13 o/0 des primes reçues dans l'année. V. *Gaz. des Trib.*, 21 juin 1896 p. 637.

3. Il a été établi que la plus puissante des Compagnies françaises à prime fixe dépense en frais de toute nature, y compris la rémunération du capital-actions à peine 1 fr. 30 o/0 des capitaux dont elle a la gestion, alors que la plus forte des Mutuelles américaines dépense 5 o/0 ; la première dépense environ le tiers des revenus produits par ses capitaux alors que la seconde dépense la totalité et plus que la totalité de ce même revenu. — *Gaz. des Trib.*, loc. cit. — Comp. ce que dit M. Perriand dans sa brochure sur *Les dessous de la police-distribution*, Paris, 1896, p. 20, etc.

4. V. le travail de M. Rochetin sur *Les progrès de l'assurance sur la vie*, (*Revue politique et parlementaire*, juillet 1895, p. 76).

5. D'Avenel : loc. cit.

que la contre-partie peut se reproduire et qu'ils peuvent être mis dans
la nécessité d'effectuer, si une autre éventualité se produit, des versements auxquels l'on ne pouvait s'attendre et qui, en tout cas, sont
mal accueillis; la répartition de la plus value se fait. C'est dans l'ordre même des choses. Mais c'est oublier aussi que l'association se
prive de ressources pour l'avenir, que la mortalité d'une année peut
parfaitement ne pas ressembler à la mortalité d'une autre et qu'il eût
été prudent, pour éviter des embarras, de ne pas s'en tenir aux bénéfices réalisés.

Dans quelles conditions fonctionnent les Mutuelles?

Les Sociétés d'assurances mutuelles sur la vie sont soumises pour
leur constitution, leur administration et leur fonctionnement à des
règles spéciales édictées par le décret du 22 janvier 1868 par application de la loi du 24 juillet 1867 [1]. Il n'en sera pas plus question ici
qu'il n'a été antérieurement parlé de la constitution des Sociétés anonymes qui pratiquent les opérations d'assurances sur la vie. Il convient seulement de retenir que la caractéristique de la Société étant
la réalisation d'un avantage non pas simplement moral mais positif, pécuniaire, le partage d'un bénéfice [2], quoi qu'il ait pu être soutenu [3], la Société d'assurance mutuelle, bien que l'usage et des décisions attribuent ce nom [4], et malgré certains caractères communs [5],

1. Le titre II du décret du 22 janvier 1868 édicte des dispositions pour les
assurances mutuelles. Au premier abord il peut sembler que ce décret constitue le seul règlement légal applicable aux associations d'assurances mutuelles. (V. Douai, 20 mai 1897 D. P. 98, 2, 230 et la note.) La Cour de Cassation l'a décidé (Cass., 20 février 1888 S. 88,1,401 ; D. P. 89, 1, 361) pour une
Société mutuelle de reconstitution des capitaux (V. aussi Houpin : *Tr. théor.
et prat. des Sociét. par actions et des Sociét. d'assur.*, Paris, 1889, T. I, n° 677 ;
Lyon-Caen et Renault : *Tr. de Dr. commerc.*, T. II, n° 935). Seulement, comme
le décret de 1868 n'a pas résolu toutes les questions susceptibles de surgir,
il semble préférable d'appliquer aux Sociétés d'assurances mutuelles sur
la vie les dispositions de la loi de 1867 relatives aux difficultés non prévues
par le décret de 1868 et qui, bien entendu, ne sont pas contraires au caractère même de la mutuelle. — V. Clément : *op. cit.*, p. 60 à 62.

2. L'avantage, est-il fort bien dit dans le *Traité de droit commercial* de Bravard-Veyrières et Demangeat, (2° édit., T. I, p. 169), doit consister non dans
l'immunité d'une perte mais dans un accroissement d'actif, dans une augmentation de capital.
De ce que les associations en participation sont créées en vue de la réalisation et du partage d'un bénéfice, il suit que l'on ne saurait constituer une
Société d'assurances mutuelles sous cette forme. — Paris, 25 mars 1857, D.
P. 58, 2, 197 ; Cass. 8 février 1860 ; D. P. 60, 1, 83 ; Poullé; *Tr. Théor. et prat.
des associat. commerc. en participat.*; Paris, 1887, n° 83 ; Dalloz : *Rép.*, Suppl.,
v° *Société*, n° 1902.

3. Deloison : *Tr. des Sociét. commerc. franç. et étrang.*, Paris, 1881, T. I, p. 42.

4. Comme le remarque M. Houpin (*Tr. théor. et prat. des sociét.*, T. II, n°
675), il n'y a là que l'abus d'un mot. Mais il faut noter que l'Exposé des
motifs de la loi du 24 juillet 1867 a expressément déclaré que « les Sociétés
d'assurances mutuelles... ne sont pas de véritables Sociétés. »
Dans une très intéressante dissertation (S. 98, 1, 402,) M. Lablé proposait
de substituer au nom des Sociétés le mot de Compagnies. — Sic, Troplong :
Sociétés, n° 14.

5. Les ressemblances sont réelles, comme l'ont fait observer MM. Lyon-Caen

est une association mais non pas une Société, tant à raison des différences [1] que parce qu'elle a pour objet de répartir entre plusieurs le dommage causé à un seul, d'éviter une perte aux adhérents [2]. Dans la mutualité la qualité d'assuré paralyse le droit ordinaire de l'assureur; toute l'efficacité de l'assurance mutuelle se concentre dans la réparation d'un dommage d'après cette maxime : *Assecuratus non quaerit lucrum, sed agitur ne damno sit* [3].

Il faut retenir aussi que l'association mutuelle, lorsque ses opérations concernent l'assurance sur la vie, est obligée de se soumettre tant à l'autorisation du Gouvernement [4] qu'à la surveillance [5], l'art. 66 de la loi du 24 juillet 1867 étant général [6] et s'appliquant à toutes les

et Renault (*Tr. de dr. commerce.*, T. II, n° 953). Il convient d'ajouter que l'assurance sur la vie supposant nécessairement l'association, l'opération repose sur une mutualité (V. ce que nous avons dit dans ce *Traité*, T. I, p. 160 et suiv.) Seulement, tandis que dans l'assurance mutuelle, la mutualité se gère elle-même en ce sens qu'elle est administrée par les associés eux-mêmes, dans l'assurance à prime fixe la gestion appartient à une entreprise absolument indépendante, la Compagnie. Comp. Chauffton : *Les Assurances*, T. I, p. 192.

A la Conférence qui s'est tenue à Dros le en 1866 dans le but de rédiger un projet de loi sur les assurances, on a paru disposé, suivant M. Berdez (*op. cit.*, p. 46), à voir dans l'opération dont s'agit un contrat de société régi en même temps par les dispositions du contrat d'assurance.

1. Cf. Lyon-Caen et Renault ; *Tr. de dr. commerce.*, T. II, n° 932 ; Lyon-Caen ; Note, S. 87, 2.422 et suiv.

2. La solution est requise d'une façon absolue. V. à cet égard les renvois de doctrine et de jurisprudence dans Guillouard : *Traité du contrat de société* ; Paris, 1892 ; n° 4, et dans Baudry Lacantinerie et Wahl : *Société, Prêt et Dépôt*, Paris, 1898, n° 562. En tout cas, si les Mutuelles sont des Sociétés, elles ne sont guère que des Sociétés civiles et ne sauraient à aucun titre être considérées comme des Sociétés commerciales. Lyon-Caen : Note, S. 87, 2, 424. V. les renvois de doctrine et de jurisprudence : Baudry Lacantinerie et Wahl : *op. cit.*, n° 562 bis. Pour M. Philouze (*Manuel du Contrat d'assurance*, Paris, 1879, p. 37), les Mutuelles ne sont des Sociétés anonymes que quant à la forme extérieure.

3. Straccha : *de assecur.*, gl. 20, n° 4 ; Troplong : *Sociétés*, n° 11.

4. La question de savoir si les Sociétés d'assurances mutuelles étaient soumises à la nécessité de l'autorisation administrative sinon en tant que Sociétés anonymes lorsque l'autorisation préalable était exigée pour leur constitution, au moins en vertu de l'Avis du Conseil d'État du 15 octobre 1809, était controversée (V. Dalloz, *Rép.*, v° *Société*, n° 99 et 100) ; la loi de 1867 a fait cesser toute hésitation, si même un doute était possible.

5. La surveillance des Sociétés mutuelles d'assurances sur la vie a été organisée par l'Ordonnance du 12 juin 1842 rendue en Conseil d'État ; l'art. 66 de la loi du 24 juillet 1867 a maintenu le principe de la surveillance mais sans créer un régime particulier. Aussi peut-on soutenir (V. les conclusions de M. le commissaire du Gouvernement Gomel au Conseil d'État, Lebon, *Rec. des arr. du C. d'Ét.*, 1880, p. 462 et suiv.) que sous l'empire de cette législation la surveillance doit s'exercer conformément à l'art. 37 C. Comm. et aux décrets d'autorisation, c'est-à-dire qu'elle se traduit par un contrôle direct, la vérification des comptes, l'ingérence des commissaires. La jurisprudence administrative semble fixée en ce sens : pour le Conseil d'État la surveillance ne peut s'effectuer que suivant les règles édictées soit par le législateur tant dans le Code de Commerce que dans la loi de 1867, soit par l'Ordonnance du 12 juin 1842, soit par les actes d'autorisation. V. conclusions précitées de M. Gomel ; Cons. d'Ét., 26 juillet 1889, Lebon, *Rec. des arr. du C. d'Ét.*, 1889, p. 895.

6. C'est donc à tort que l'on a considéré comme motivée par un sentiment

Sociétés qui, sans distinction de forme, acceptent des assurances sur la vie. Abstraction faite de la précision du texte, on ne voit pas, en effet, pour quelles raisons les Mutuelles ne seraient pas traitées comme les Compagnies à primes fixes : dans la pratique il n'y a aucune différence et la manière d'agir d'une Mutuelle ne diffère pas de n'importe quelle Société anonyme [1]; on peut même dire que les motifs d'intervention sont encore plus déterminants pour les Mutuelles, en égard d'abord à la publicité énorme à laquelle elles ont recours, ensuite à la facilité avec laquelle on est porté à croire qu'un contrat ne peut que procurer d'avantages.

Enfin il est à noter que, malgré tout ce qui a été dit [2], l'association mutuelle constitue une personne civile [3]. La jurisprudence l'a proclamé [4]. La nature même du contrat exige la création d'un être moral. On a obéi à cette nécessité c. en soumettant ce contrat à l'autorisation gouvernementale on a voulu non seulement le surveiller, mais encore lui donner toute la vie, toute la puissance qui lui étaient nécessaires. Cette dernière intention est clairement manifestée par les termes mêmes de l'Avis du conseil d'Etat du 15 octobre 1809 : « la formation et l'existence des associations d'assurance mutuelle ont un objet utile et ces établissements méritent la faveur et la protection du Gouvernement. » [5]. Il faut ajouter que dans la pratique journalière des affaires l'on n'a pas coutume de contester aux Sociétés d'assurances mutuelles leur personnalité juridique; dans les procès très importants qui s'agitent, parfois entre des Compagnies à primes fixes et des Mutuelles, il n'a jamais été élevé une difficulté à cet égard.

De ce que régulièrement constituées les associations d'assurances mutuelles constituent des personnes morales il suit qu'elles sont capables de contracter et d'ester en justice par leurs représentants [6].

Les opérations des Compagnies d'assurances mutuelles envisagées au point de vue technique sont en tous points semblables à celles que font les Compagnies à primes fixes établies pour les assurances sur

de suspicion (d'Avenel : *Les assurances sur la vie* (*Le mécanisme de la vie moderne*) la décision qui a imposé à la première Mutuelle-vie établie la surveillance d'un représentant de l'Administration.

1. Berdez : *Les bases jurid. et économ. de l'assurance privée*, p. 309.
2. Lyon-Caen et Renault : *Tr. de dr. commerce.*, T. II, p. 100 etc. ; Lyon-Caen : Note, S. 87, 2, 222.
3. Clément : *op. cit.*, p. 39 et suiv. ; Houpin : *op. cit.*, p. T. II, p. 12 ; Rousseau : *Manuel prat. des sociét. par actions.* Paris, 2e édit., 1890, n° 1266, V. aussi la note sur *la personnalité civile des Sociétés d'assurances* (*Rec. périod. des assur.*, 1892, Bull-t, n° 10, p. 71.)
On considère même qu'il est indispensable que le législateur accentue de plus en plus la personnalité de la Société mutuelle. — Berdez : *op. cit.*, p. 48.
4. Orléans, 31 décembre 1851 ; Cass., 5 novembre 1853, D. P. 56, 1, 355 ; Trib. civ. Seine, 27 juillet 1892, *Rec. périod. des assur.*, 92, 791.
5. Cass. 5 novembre 1853 précité ; Clément : *op. cit.*, p. 43 et 44.
6. Comp. Cass., 22 février 1891, D. P. 91, 1, 337 ; S. 92, 1, 73 et la note de M. Meynial.

la vie. Il est donc inutile d'insister. Il suffira seulement de dire que
si les Mutuelles agissent d'après les tarifs approuvés par le Gouvernement (et qui doivent être annexés aux Statuts d'une façon constante), le Conseil d'administration a le droit d'apporter des modifications suivant les variations du taux de l'intérêt ou l'expérience des
lois de la mortalité, mais sans qu'il soit possible d'introduire une
augmentation ou une diminution par trop grande (plus d'un dixième
d'après la pratique admise). Il va de soi que les modifications ne
sauraient avoir d'effet pour les contrats antérieurement en cours. Il
se peut que l'assurance concerne une personne dont l'âge ne se trouve
pas compris dans les tarifs ou qu'il y ait des risques spéciaux et
qu'alors il n'existe pas un tarif établi à l'avance ; en pareil cas l'on
procède d'après le tarif en vigueur.

Les opérations entreprises par les associations d'assurances mutuelles comprennent, d'ordinaire, les combinaisons pratiquées par les
Compagnies à primes fixes : les assurances de capitaux payables en
cas de décès d'une ou de plusieurs personnes à quelque moment que
ce soit, ou en cas de vie d'une ou plusieurs personnes à des époques
déterminées d'avance, par conséquent l'*assurance vie entière* garantissant un capital payable dès le décès de l'assuré au bénéficiaire
désigné par lui ; — l'*assurance mixte* procurant un capital à l'assuré
qui vit à une époque déterminée et en cas de prédécès à ses ayants
droit ; — l'*assurance à terme fixe* par laquelle l'assuré vivant à l'é-
chéance fixée à l'avance touchera la somme convenue avec cette conséquence que s'il décède avant cette échéance la somme sera payée
aux personnes indiquées par lui mais seulement à la date portée au
contrat ; — l'*assurance vie entière sur deux têtes* dont l'effet est de
garantir le risque de décès de deux personnes, celle qui décède la
première laissant immédiatement un capital à la survivante ; — l'*assurance temporaire* qui se rapporte au décès intervenu dans un temps
limité mais qui ne procure aucun émolument à l'assuré qui vit après
cette période ; — l'*assurance de survie* destinée à procurer une somme
à une personne déterminée qui subsistera lors du décès de l'assuré, etc.

En plus les Mutuelles se livrent à la constitution de rentes viagères sur une ou plusieurs têtes avec entrée en jouissance immédiate
ou différée jusqu'à un âge déterminé [1] en limitant, à la vérité, les

---

1. Les associations mutuelles, a dit M. Raoul de La Grasserie (*De l'assurance sur la vie et contre les accidents, La France judic.*, (1895 p. 90), sont formées
1º en cas de survie, 2º en cas de mort.

Les assurances mutuelles en cas de survie comprennent : 1º celles d'accroissement du revenu sans limitation du capital, l'intérêt produit par les
mises sociales étant réparti aux époques fixées entre les seuls sociétaires
qui existent alors et qui profitent ainsi de la part des décédés dans les revenus ; — 2º celles d'accroissement du revenu avec aliénation du capital, dans
lesquelles les intérêts se répartissent de la même manière à la fin de la

ressources à affecter à cette dernière opération 1.

Quelle que soit l'opération faite par une Mutuelle et sauf des cir-

Société; — 3° celles d'accroissement du capital sans aliénation du revenu dans lesquelles les intérêts sont servis chaque année en proportion des mises aux souscripteurs ou à leurs ayants-droit, mais à la fin de la Société le capital se divisant entre les seuls survivants ; — 4° celles d'accroissement du capital avec aliénation totale du revenu, dans lesquelles l'intérêt produit par les mises s'ajoute au capital jusqu'à la fin de la Société ; — 5° celles d'accroissement du capital avec aliénation partielle du revenu, dans lesquelles chacun, pendant sa vie, jouit de l'intérêt de sa mise, mais à partir de son décès les revenus vont grossir le capital qui, à la fin de la Société, est réparti entre les seuls survivants ; — 6° celles de la formation d'un capital par l'accumulation du revenu sans aliénation du capital des mises, dans lesquelles les intérêts produits par les mises s'accumulent jusqu'à la fin de la Société, auquel moment le capital retourne à chaque souscripteur, mais les intérêts accumulés n'appartiennent qu'au survivant.

Les assurances mutuelles en cas de mort consistent simplement à verser un capital ou une rente aux héritiers de l'assuré ou au bénéficiaire par lui désigné lors de son décès au moyen de toutes les mises annuelles ou non fournies par les autres.

1. Dans ces derniers temps il s'est créé plusieurs Sociétés qui, en recourant à la mutualité, font des opérations qui n'ont qu'une lointaine analogie avec l'assurance proprement dite. Telles sont en particulier les Sociétés tendant à la reconstitution des capitaux au moyen d'un versement soit unique, soit répété et des intérêts capitalisés, ou encore qui concentrent et placent en commun des capitaux dont les intérêts composés, c'est-à-dire les fruits civils doivent être accumulés pendant de longues années de manière à arriver à constituer un capital beaucoup plus considérable et destiné à être partagé entre les intéressés selon leurs mises respectives (V. les observations de M. Labbé, S. 88, 1, 401). On ne voit guère là l'assurance dont l'objet est de garantir les intéressés contre l'éventualité d'un sinistre et ses conséquences ; on ne saurait indiquer le risque couru par les adhérents et contre lequel une protection est cherchée (Note D. P. 89, 1, 361 ; Labbé, loc. cit.). Mais est-il possible de dire qu'il y a là Société mutuelle ?

La Cour de Cassation a jugé le 20 février 1888 (D. P. 89, 1, 365 ; S. 88, 1, 407) qu'à raison de la *mutualité* une Société ayant pour but la reconstitution des capitaux au moyen de l'accumulation des intérêts peut avoir le caractère d'une association mutuelle et qu'une association mutuelle de cette nature doit être considérée comme réglée par le décret du 22 janvier 1868 sur les Sociétés d'assurances soit en raison de ce que la mutualité dans les opérations a pour effet d'assurer soit qu'un garantir les intéressés les uns vis-à-vis des autres relativement au résultat poursuivi, soit en raison de ce que les Statuts adoptés dans l'espèce avaient pris pour loi des parties le dit décret de 1868.

Cette décision appelle plusieurs observations. D'abord la Cour de Cassation a statué au vu d'un arrêt par lequel le juge du fond faisait résulter le caractère de Mutuelle de l'appréciation souveraine des Statuts ; en second lieu elle ajoute, et ceci indique bien une certaine hésitation, que dans tous les cas le décret de 1868 sur les Mutuelles devait être appliqué puisque les Statuts de la Société dont s'agissait l'avaient expressément adopté, ce qui revient à dire qu'il n'y avait aucun des types prévus par la loi d'association sur les Sociétés mais uniquement une simple collectivité civile, libre d'adopter, pour sa constitution, des Statuts de son choix. Nous nous associons complètement, pour notre part, au regret que formulait M. Labbé (loc. cit.) que la Cour de Cassation n'ait pas développé les motifs qui la déterminaient à soumettre une caisse fondée pour la reconstitution des capitaux, c'est-à-dire pour la réparation par l'intérêt composé, d'une perte certaine ou mieux d'une dépense volontaire à des prescriptions concernant une assurance ayant pour but la réparation éventuelle par indemnité d'une perte incertaine et fortuite.

constances absolument exceptionnelles [1], sans tenir compte de la qualification donnée par les Statuts [2], elle a toujours le caractère d'un acte civil ; tant à l'égard de l'association qu'à l'égard de l'assuré, l'acte n'est jamais commercial. Sans avoir à insister à cet égard tant la solution est certaine aussi bien dans la doctrine [3] que dans la jurisprudence [4], il suffira de dire que la spéculation, condition essentielle sinon élément distinctif de l'acte de commerce, ne se rencontre pas dans l'opération de mutualité, les parties cherchant non pas à réaliser un bénéfice mais seulement à se couvrir contre une perte, à se procurer une indemnité, à attribuer une fraction de la masse commune constituée par les cotisations au sociétaire dont le risque s'est réalisé [5].

Les dispositions du décret de 1868 sont bien spécialement appropriées aux particularités d'une assurance et s'étendent difficilement à une opération de finance n'ayant rien de l'assurance.
Cf. Leprens : *Les pseudo Mutualités* (Bullet. de l'Associat. des Actuaires belges, décembre 1898, p. 73 et suiv.)

1. On peut citer à titre d'exemple le cas d'un commerçant qui souscrirait une assurance en vue de son commerce, pour parer à l'insolvabilité pouvant résulter du décès de son débiteur. — Lyon-Caen et Renault : *Tr. de dr. commerce.*, T. I, p.443.

2. Cass., 23 octobre 1889 : *Journ. des assur.*, 89, 520 ; *Rec. périod. des assur.*, 89, 390 ; Trib. comm. Seine, 9 décembre 1887, *Rec. périod. des assur.*, 88, 10. La reconnaissance du caractère civil a une importance non pas seulement théorique, non pas même un seul point de vue de la compétence, mais aussi pour l'exercice des droits des créanciers. Une Société d'assurance mutuelle, a-t-il été jugé (Trib. civ. Seine, 30 octobre 1893, *Journ. des assur.*, 94, 11), étant une Société civile, chacun des associés est tenu des dettes sociales ; les créanciers d'une Société civile étant les créanciers de chacun des associés, ces créanciers peuvent agir au nom de ces derniers en vertu de l'art. 1166 C. Civ. et demander la dissolution, la mise en liquidation de la Société.

3. Pouget : *Dict. des assurances*, v° *Acte civil, Acte commercial* ; Lyon-Caen et Renault : *loc. cit.* ; Herbault : *Tr. des assur. sur la vie*, p. 295 ; Clément : *op. cit.*, p. 50 ; Hanpin : *op. cit.*, n° 675 etc. ; Lyon-Caen : Note, S. 87, 2, 421 ; Guillouard : *op. cit.*, n° 97 ; Ruben de Couder : *Dict. de dr. commerce.*, v° *Assur. mut. terr.*, n° 3.

4. V. les arrêts trop nombreux pour être cités ici : Dalloz, *Rép.*, v° *Acte de commerce*, n° 225 et Suppl. eod. v° n° 224 ; *Table décennale* (1883-1892) du *Rec. périod. des assur.*, v° *Société d'assur. mut.*, n° 4 etc., Baudry-Lacantinerie et Wahl : *Société, Prêt et Dépôt*, n° 562 bis.

5. V. ce que nous avons dit *Supra*, T. I, p. 185 et T. III, p. 105.
Comme le fait remarquer M. Thaller (*Annales de Dr. commerce*, 1895, p. 202), des Codes moins anciens que le nôtre, le Code Allemand et la loi belge admettent le caractère civil des Mutuelles ; dans sa grande hardiesse le Code italien de 1883 les a classées comme Sociétés commerciales, mais cette solution n'est nullement fondée. V. en ce sens Trib. de l'empire allemand, 13 novembre 1885, *Journ. du Dr. int. priv.*, 87, 342. — V. Bohl : *Code de Commerce du Royaume d'Italie*, art. 3 ; Gide, Lyon-Caen, Flach et Dietz : *Code de commerce allemand*, art. 274.

CHAPITRE PREMIER

FORMATION DU CONTRAT

Les règles concernant le contrat d'assurance en ce qui touche leurs rapports avec les assurés sont, pour la plupart, communes aux Compagnies à prime fixe, aux associations mutuelles. Le caractère de l'assureur est sans effet pour les relations qu'engendre le contrat.

Mais au point de vue de la forme il existe des différences essentielles et caractéristiques quand le contrat est conclu avec une Mutuelle, différences tenant au caractère de la mutualité. Le propre de cette dernière est de faire de l'assuré un associé. Alors que dans l'assurance conclue avec une Compagnie à prime fixe l'unique lien de droit qui oblige l'assureur et l'assuré est la police rédigée pour constater les conventions des parties, au cas de mutualité le lien qui unit l'assuré à la Société, c'est-à-dire à ses coassociés, ce sont les Statuts, c'est le pacte social auquel il doit adhérer [1]. Aussi dans l'assurance mutuelle il n'est nullement besoin de rédiger une police. Dans la pratique toutefois on désigne de ce nom l'acte qui constate l'entrée de l'assuré dans l'association, et qui relate, avec ses déclarations, toutes les dispositions qui, de part et d'autre, régissent l'opération.

La forme de l'admission dans l'association n'a rien de fixe. Elle varie et peut varier avec les Statuts. Cependant il est permis de dire que le contrat d'assurance mutuelle se forme par la réunion de trois faits : 1° l'offre contenue dans les Statuts, offre purement conditionnelle en ce sens que l'agrément du Conseil d'administration est toujours réservé ; 2° l'acceptation de l'offre faite au public par les Statuts, c'est-à-dire l'adhésion de celui qui veut devenir associé ; 3° l'agrément du Conseil d'administration se traduisant par la remise de la police à l'adhérent.

---

1. De Lalande et Couturier : *Traité théor. et prat. du contrat d'assur. contre l'incendie*, Paris, 1885, n° 199.

C'est la pratique qui a déterminé ces formes toutes spéciales du contrat d'assurance mutuelle.

Bien qu'il existe la plus grande liberté pour les dispositions à insérer dans les Statuts, il faut, par application de l'art. 25 du décret du 22 janvier 1868, que les Statuts contiennent les conditions générales à intervenir entre la Société et les nouveaux adhérents et notamment avec les indications indispensables quant aux nom, prénom, profession, domicile (domicile réel et domicile élu), les renseignements nécessaires sur la nature du risque, son classement d'après le tableau de classification, la durée de l'assurance, son point de départ, la somme assurée, le chiffre de la cotisation [1] et, bien entendu, toutes les conditions particulières. Les Statuts contiennent l'offre d'assurance par la Société. Cette offre est purement conditionnelle; la condition sous laquelle elle est faite est absolument potestative en ce sens qu'elle dépend de la volonté du Conseil d'administration. Dès lors, elle n'engage nullement l'association. Il est même permis de dire que le Conseil d'administration, lorsqu'il juge à propos de refuser l'admission, n'a pas à faire connaître les raisons de sa détermination.

Cette offre provoque donc le contrat plutôt qu'elle ne concourt à le former [2]. Néanmoins son utilité est réelle : elle arrête les termes de la convention à intervenir entre l'association et le nouvel adhérent; elle contient notamment l'indication des risques garantis et la classification de ces risques qui, sans lier le Conseil d'administration (les Statuts le laissant toujours juge de l'application à tout risque proposé) indique la règle qu'il suit ordinairement.

Si les Statuts contiennent une offre d'adhésion, il faut qu'il y ait acceptation par l'intéressé pour que l'engagement puisse se former. C'est ce que constate l'acte d'adhésion par lequel le futur assuré, eu égard aux conditions proposées, sollicite son admission du Conseil.

Cette acceptation, ou mieux cette adhésion, ne saurait créer un lien de droit et rendre le contrat parfait. Loin de pouvoir être comparée à la police d'assurance qui est l'expression et la preuve d'un contrat parfait, elle n'est qu'une pollicitation, qu'une réponse faite aux Statuts, c'est-à-dire une offre de contracter en conformité des dispositions du pacte social, une demande d'entrer dans une Société, d'appartenir à l'association [3]. Il est si vrai que le souscripteur d'un acte d'adhésion

---

1. Le tableau de classification des risques et des tarifs applicables à chacun d'eux qui doit être annexé aux Statuts des Mutuelles n'a besoin d'indiquer que le montant *maximum* de la contribution ou de la cotisation qui doit servir à constituer le fonds de réserve et à subvenir aux frais de gestion de l'association ; une latitude est laissée à l'administration de la Société pour apprécier les cas avec leur caractère distinctif. — Trib. civ. Nantes, 14 mars 1868, *Journ. des assur.*, 98, 196; *Rec. périod. des assur.*, 98, 321.

2. Clément ; *op. cit.*, p. 133.

3. Paris, 31 décembre 1896, *Rec. périod. des assur.*, 97, 76; *Journ. des assur.*, 97, 111.

exprime un simple désir que tout est subordonné à l'agrément du Conseil d'administration et que tant que l'admission n'est pas prononcée, l'assurance ne produit aucune espèce d'effet [1]. d'autre part que le futur associé peut retirer son adhésion jusqu'au jour où le Conseil d'administration statuera, que par suite, la mort de l'adhérent survenue entre le jour où l'adhésion a été signée et celui où le Conseil a prononcé sur l'assurance ne transmet aucune obligation aux héritiers [2], enfin que l'adhérent qui a perdu de fait ou de droit la capacité nécessaire pour persister dans le Contrat n'est aucunement obligé par la décision postérieure du Conseil d'administration admettant son assurance [3].

1. V. à ce sujet le Rapport de M. le conseiller Accarias à la Cour de cassation, *Rec. périod. des assur.*, 1892, 714.

2. *Journ. des assur.*, 1859 p. 467 et 260 ; Clément : *op. cit.*, p. 134.

3. Du caractère de l'adhésion tel qu'il vient d'être indiqué résulte une conséquence qu'il importe de noter ; les actes d'adhésion aux Statuts étant non pas un acte définitif comme la police qui constate l'accord absolu des parties mais une simple offre qui comporte une réponse, il faut voir là une correspondance et non les papiers d'affaires pour lesquels un tarif postal réduit est édicté.

Aux termes de l'art. 9 de la loi du 25 juin 1856, et de l'arrêté ministériel du 20 janvier 1885, les polices d'assurances peuvent circuler au tarif réduit. Ce régime de faveur ne saurait être appliqué aux propositions. Dans la réalité des choses, en effet, il est impossible d'assimiler la police, c'est-à-dire le contrat complet, accepté des deux parties, signé tant par l'assuré que par le représentant de la Compagnie, et la proposition conçue dans un cas particulier, provoquant une réponse qui peut se traduire soit par une acceptation, soit par un refus, soit par la demande de modification, sans caractère définitif par conséquent, simple pollicitation qui a besoin d'être agréée pour être définitive. (Note, S. 91, 2. 247 ; D. P. 92, 2, 457 ; Amiens, 15 novembre 1890, S. 91, 2, 247 ; D. P. 92, 2, 457 ; Note, *Journ. des assur.*, 1886, p. 180).

En doit-il être de même pour l'acte d'adhésion aux Statuts d'une Mutuelle ? En d'autres termes, l'envoi par la poste de ce document peut-il bénéficier du tarif réduit en tant que portant sur des papiers d'affaires ?

On a soutenu que l'acte d'adhésion ne tient pas lieu de correspondance, qu'il constate la formation du contrat puisque le souscripteur est lié et n'est plus maître de retirer son adhésion (V. Note, D. P. 92, 2, 458), l'acceptation par le Conseil d'Administration n'étant qu'une simple formalité puisque la signature de l'acte d'adhésion n'intervient que lorsque l'on est d'accord après des pourparlers, et l'acceptation ne pouvant dans la tous les cas n'être qu'une condition ; l'on en a conclu que l'adhésion, loin de présenter une offre faite à tout le monde, donne entrée à l'adhérent dans la Société et que, dès lors, il y a lieu d'assimiler, en ce qui concerne les tarifs postaux, l'adhésion à la police délivrée par les Compagnies à primes fixes.

Cette solution a été affirmée avec des considérants plus ou moins différents par de nombreuses décisions judiciaires. Trib. corr. Vendôme, 30 octobre 1885, *Journ. des assur.*, 86,479. V. les observations *ibid.* Trib. corr. Lorient, 20 février 1891, S. 91, 2, 218 ; D. P. 92, 2, 459, et sur appel. Rennes, 27 mai 1891, S. 91, 2, 218 et D. P. 92, 2,459; Trib. corr. Dreux, 9 mars 1891, S. 91, 2, 218 ; Trib. corr. Chartres, 25 mars 1891, *Rec. périod. des assur.*, 91, 509 ; Orléans, 17 novembre 1891, *Rec. périod. des assur.*, 92, 2, 58, D. P. 92, 2, 461 ; S. 92, 2, 45 ; Caen, 19 décembre 1891, *Rec. périod. des assur.*, 91, 511 ; D. P. 92, 2,462 ; S. 92, 2, 45 ; Conf. Note, D. P. 92, 2,458.

Néanmoins cette jurisprudence n'a pas prévalu. Se ralliant à la doctrine émise précédemment (Trib. corr. Vervins, 13 août 1890, *Rec. périod. des assur.*, 91, 260 ; D. P. 92, 2,457 ; S. 91, 2, 267 et sur appel. Amiens, 15 novembre 1890,

L'adhésion peut être pure et simple (c'est même le plus fréquent pour les associations mutuelles), auquel cas elle s'applique à toutes les dispositions insérées dans les Statuts. Elle peut aussi contenir des conditions spéciales dérogeant aux clauses générales ordinaires. Il est à noter que ces clauses dérogatoires sont fréquemmment prévues par

ibid. 1892, 266, et *ibid.* conclusions de M. l'avocat général Corentin Guybo, D. P. 92, 2, 459, et *Pand. fr. pér.*, 94, 2, 105. S. 94, 2, 217 Paris, 17 juin 1894. S. 94, 2, 217 ; D. P. 94, 2. 460) dans plusieurs arrêts (Cass., 25 novembre 1892, D. P. 93, 1, 87. S. 93, 1, 63), la Cour de Cassation a refusé d'assimiler l'acte d'adhésion à une police. Ce qui a déterminé la Chambre criminelle, c'est que le signataire d'un acte d'adhésion aux Statuts exprime simplement le désir de devenir membre de la Société, mais ne le devient pas immédiatement de plein droit puisque le Conseil d'administration est appelé à statuer sur la demande, qu'il peut la rejeter sans en donner aucun motif et que tant qu'elle n'a pas été admise elle ne produit aucun effet, qu'un tel acte, loin d'être comparable à une police d'assurance qui est la constatation d'un accord définitif, ne contient qu'une offre ou une proposition qui appelle une réponse et qu'il présente ainsi le caractère d'une correspondance.

Cette solution semble difficilement contestable. Elle se justifie par les explications précédemment données sur le caractère de l'acte d'adhésion et aussi sur le rôle du Conseil d'administration libre d'admettre ou de repousser une demande, dont l'avis, par conséquent, fait produire effet à la demande ou, au contraire, empêche cette dernière de produire effet. Dans son rapport à la Cour de Cassation (*Rec. périod. des assur.*, 92, 714, et *Pand. fr. pér.*, 94, 1,27), M. le conseiller Accarias, d'autre part, fait valoir une considération d'une réelle importance : « Quand on va au fond des choses, voici ce qui se passe : l'individu qui veut faire partie d'une Société d'assurances mutuelles doit nécessairement entrer en relations avec la Société. Si ces relations s'établissent par la poste, ce ne peut être que sous forme de correspondance. Eh bien ! pour simplifier et faciliter cette correspondance, la Société met à la disposition de tout le monde des actes d'adhésion imprimés qu'il suffira de dater, de signer et de remplir. Mais au fond, ces actes ne sont que des formules de lettres préparées à l'avance, les indications complémentaires que le signataire y ajoute sont une véritable correspondance sur le vu de laquelle le Conseil d'administration statuera et qui appellent une réponse ». V. en ce sens, Gauckler : Note, *Pand. fr. pér.*, 93, 2,49.

Les actes d'adhésion (et les propositions d'assurances) peuvent-ils, au moins, lorsqu'ils sont adressés à la Compagnie non par l'assuré mais par un des agents de la Société, être assimilés aux *documents de service* pour lesquels un tarif réduit est édicté non par le § 55 de l'art. 22 de l'arrêté ministériel du 20 janvier 1885, mais par le § 6 du même article ?

Pendant quelque temps la question a été douteuse.

Pour l'affirmative on prétendait que dès que l'acte dont s'agit avait été remis à un agent de la Société agissant en tant que mandataire de celle-ci elle prenait rang au nombre des pièces de comptabilité, bordereaux et autres documents de service dont la Société et ses agents peuvent faire l'envoi au tarif réduit (Rennes, 27 mai 1891, S. 91, 2,267 ; D. P. 92, 2, 457 ; Orléans, 17 novembre 1891, *Rec. périod. des assur.*, 92, 258, D. P. 92, 2,461 ; S. 93, 2, 45 ; Caen, 19 décembre 1891, *Rec. périod. des assur.*, 91, 511 ; D. P. 92, 2,462 ; S. 93, 2, 45 ; Note, D. P. 92, 2, 459.)

Au contraire, on a soutenu que les documents de service admis au tarif réduit ne peuvent être que les notes échangées entre la Société et ses agents, mais qu'il en est autrement d'une pièce émanant d'un particulier, ayant par elle-même le caractère de correspondance personnelle et pour laquelle l'agent de la Société n'a pas d'autre rôle que celui d'intermédiaire (Trib. corr. Vervins, 13 août 1890, S. 94, 2, 267 ; *Rec. périod. des assur.*, 91, 260 ; D. P. 92, 2, 457 ; Amiens, 15 novembre 1890, S. 94, 2, 217 ; *Rec. périod. des assur.*

les Statuts. L'adhérent les indique et le conseil d'administration pronouce.

Parmi les mentions que contient l'acte d'adhésion, il en est plusieurs qui s'imposent. Telles sont celles qui fixent l'individualité du proposant, c'est-à-dire le nom, et le prénom, la profession et le domicile, sa qualité, le domicile élu, la nature du risque et son classement d'après le tableau de classification.

L'adhésion est signée par l'assuré et reste dans les bureaux de la Société. On peut comparer cet acte, si une comparaison est possible, à la proposition usitée pour l'assurance avec une Compagnie à prime fixe.

L'acte d'adhésion est nécessairement soumis au Conseil d'administration qui, sur l'avis du directeur et après le rapport du médecin chargé de procéder à la visite du futur assuré, l'examen médical étant aussi nécessaire que rigoureusement exigé, a qualité pour rectifier la demande présentée par le futur assuré. S'il ne croit pas devoir s'arrêter à l'offre, sans avoir à motiver son refus, l'opération n'a

92, 266; D. P., 92, 2, 4. — Paris, 17 juin 1891, S. 91, 217; D. P., 91, 2, 460; Gauckler, Note, *Pand. fr. pér.*, 93, 2, 49.)

C'est à cette dernière opinion que s'est ralliée la Cour de Cassation (Cass., 25 novembre 1892, D. P., 94, 1, 87; S. 93, 1, 63) par le motif qu'une lettre communiquée à un tiers, l'agent, et réexpédiée par celui-ci à son destinataire, la Société, garde le caractère de correspondance et reste soumise à la taxe des lettres. La Cour a paru déterminée par cette circonstance que l'agent n'intervenait qu'à titre d'intermédiaire et que le véritable destinataire était la Société ou son représentant.

Les arrêts de la Cour de Cassation ont été très fortement critiqués. (V. notamment, *Rev. périod. des assur.*, 1892, p. 749 etc.). On a fait valoir, en particulier, que la distinction entre les polices et les actes d'adhésion est purement spécieuse, que les polices ne contiennent qu'une offre ou une promesse, émanant, à la vérité, de l'assureur et non de l'assuré puisque très fréquemment des contrats sont retournés au siège social sans avoir été acceptés par les assurés. Néanmoins la jurisprudence a été fixée en ce sens ; la Cour de Rouen, saisie comme Cour de renvoi, a décidé le 31 mars 1893, (*Rec. périod. des assur.*, 93, 467, *Journ. des assur.*, 93, 154) que les actes d'adhésion n'obligeant pas les adhérents envers la Société d'une manière définitive puisqu'ils conservent le droit de retirer leurs propositions tant qu'elles n'ont pas été acceptées et que le Conseil d'administration, de son côté, a le droit de rejeter les demandes d'adhésion sans donner aucun motif, qu'en conséquence les actes de cette nature qui contiennent seulement des offres ou propositions appelant une réponse et présentant ainsi le caractère de correspondance ne peuvent bénéficier de la taxe réduite applicable aux imprimés et aux papiers d'affaires, alors, d'ailleurs, qu'ils contiennent, écrites à la main, des indications ayant le caractère de correspondance ou pouvant en tenir lieu, qu'il importe peu que ces actes aient été expédiés, non par les adhérents eux-mêmes au directeur de la Société, mais par un agent d'assurances à un autre agent de la même Compagnie, cette circonstance ne pouvant en rien modifier le caractère de correspondance qu'ils avaient à l'origine et qu'ils n'ont pu perdre que par leur arrivée au siège de la Société qui était le véritable destinataire.

Comp. sur cette question le rapport de M. le conseiller Laubet à la Cour de Caen (*Rec. périod. des assur.*, 1892, p. 280) et le rapport de M. le conseiller Accarias à la Cour de Cassation, (*ibid.*, 1892, p. 712; *Pand. fr. pér.*, 94, 1, 25 et suiv.)

aucune suite. Si, au contraire, il accepte l'offre, l'accord existant sur toutes les conditions, le contrat est formé [1] et les obligations incombant à chaque partie prennent naissance à ce moment, à la condition bien certainement que l'adhérent n'ait pas retiré l'offre qu'il avait faite de contracter, en d'autres termes son adhésion, qu'il soit vivant et capable de s'obliger.

Il est d'usage de mentionner toutes les adhésions, avec des numéros d'ordre, sur les registres de l'association, sur un registre tenu à cet effet. Le directeur (ou toute personne investie de ce pouvoir) souscrit, au nom de l'association, une police d'assurance et remet à l'adhérent une pièce dénommée d'habitude *police* qui forme le titre reconnaissant l'admission dans l'association. En effet, bien que la rédaction d'un acte ne soit nécessaire que pour la preuve, le contrat d'assurance mutuelle est toujours rédigé par écrit.

L'acte que donne la Société mutuelle ne ressemble en rien, au point de vue de la forme, à la pièce délivrée par les Compagnies à prime fixe. Ce n'est, somme toute, qu'un récépissé portant une unique signature, celle du directeur ou représentant de l'association, ce qui se conçoit puisque cette pièce se réfère à une autre par laquelle le futur adhérent a manifesté son intention, a offert d'entrer dans l'association [2]. Seulement la police doit contenir, indépendamment des stipu-

---

[1]. C'est seulement à ce moment que l'on peut dire que le contrat est formé. Bien que des polices aient fait remonter le droit du sociétaire au jour où il a donné son adhésion, l'adhésion à la Société n'est effective et ne produit effet que lorsque l'admission est prononcée : c'est uniquement alors qu'il y a de part et d'autre volonté de contracter (Clément : *op. cit.*, p. 436) ; l'adhésion n'étant qu'un acte unilatéral, il est indispensable qu'il y ait contrepartie pour la création de l'engagement définitif (Paris, 31 décembre 1896, *Journ. des Soc. civ. et comerc.*, 97, 133 ; Paris, 27 novembre 1896, *Rec. périod. des assur.*, 97, 79 ; *Journ. des Assur.*, 97, 152).

Cette solution ne peut pas faire difficulté lorsque les Statuts disposent expressément que celui qui souscrit un acte d'adhésion exprime simplement le désir de devenir membre de la Société, mais ne le devient pas immédiatement et de plein droit et que le Conseil d'administration est appelé à statuer sur la demande qui, tant qu'elle n'a pas été admise, ne produit aucun effet (V. Note, D. P., 97, 2, 205). Quoi qu'il puisse sembler, la décision doit être identique même quand les Statuts, tout en exigeant l'agrément du Conseil d'administration, accordent à l'adhésion un effet immédiat : cet agrément a seul pour effet de rendre le contrat définitif en ce qu'il réalise le concours de volontés.

A la vérité, il a été opposé (V. les citations, Note, D. P., 92, 2, 459) que cet agrément ne rend pas le contrat parfait puisqu'il l'était auparavant, qu'il le rend seulement irrévocable. Malgré tout ce qui a pu être dit à cet égard, la Cour de Cassation a considéré qu'il y avait là une véritable subtilité et elle a persisté à ne voir dans l'adhésion se manifestant sous cette forme qu'une simple proposition par le motif que la Société est armée du droit de rompre l'assurance en notifiant à l'adhérent son refus. Cass., 25 novembre 1892, D. P., 94, 1, 87 ; S. 93, 1, 63.

[2]. Il convient de retenir que la signature donnée par une personne non qualifiée n'entraînerait pas nullité de la police ni de l'engagement résultait pour le souscripteur de son adhésion et pour la Compagnie, de l'inscription de cette adhésion sur ses registres comme aussi que la nullité pourrait être

lations spéciales de l'engagement [1], les clauses statutaires relatives à la constitution de la Société et aux conditions générales de ses opérations, les règles pour la réduction, le rachat et le mode de répartition applicables à l'engagement comme aussi toutes les conditions qui auraient pu être arrêtées par le Conseil d'administration par voie de mesure générale [2].

La règle de l'art. 1325 C. Civ. qui exige que les actes sous seing privé contenant des conventions synallagmatiques soient faits en autant d'originaux que de parties ayant un intérêt distinct est-elle applicable aux actes de formation du contrat d'assurance mutuelle?

En pratique deux actes sont dressés, le plus souvent en simple original : le premier, l'acte d'adhésion aux Statuts, constate l'offre de contracter faite par l'adhérent au Conseil d'administration : cet acte, comme il a été dit, signé par l'assuré reste dans les bureaux de la Société ; le second, la police, relate l'admission de l'assurance ou l'acceptation de l'offre : cette police, signée du directeur, est remise à l'assuré. Cette manière de procéder n'est pas régulière. L'art. 1325 doit s'appliquer dans toute sa force. C'est en vain que l'on alléguerait que ni l'acte d'adhésion, ni la police ne sont des actes contenant des conventions synallagmatiques, le premier se bornant à énoncer un engagement unilatéral par lequel l'assuré promet d'obéir aux prescriptions des Statuts et spécialement d'acquitter les prestations annuelles, la police contenant seulement l'engagement unilatéral par lequel l'association lui garantit de se conformer, à son égard, aux dispositions des Statuts et spécialement de lui payer une indemnité s'il y a lieu. Il est absolument impossible de faire résulter le contrat d'assurance mu-

---

couverte par l'exécution donnée au contrat par le mutualiste. (Trib. civ. Seine, 3 août 1897, *Rec. périod. des assur.*, 98, 189).

Quant à l'absence de la date sur un des doubles de la police elle ne saurait en infirmer la valeur, lorsque cette date peut être déterminée par les énonciations mêmes de la police et par la mention contenue dans un avenant postérieur (même jugement).

1. Les Statuts doivent, à peine de nullité de la Société, indiquer le maximum de la cotisation dont l'objet est de constituer le fonds de prévoyance, le fonds de garantie, le fonds de réserve et de subvenir aux frais de gestion de l'association. Une pareille obligation s'applique-t-elle, sous la même sanction, à l'égard des polices remises aux sociétaires?

Il a été jugé sur ce point (Trib. civ. Seine, 3 août 1897, *Rec. périod. des assur.*, 98, 189) que l'art. 28 du décret de 1868, disposant que la police doit renfermer les *conditions spéciales* de l'engagement comprend dans cette énonciation : les sommes assurées, le taux de l'assurance suivant la nature des risques, le montant de la cotisation annuelle, la durée de la police, qu'il ne vise pas les clauses générales des Statuts, notamment le maximum de garantie, la remise d'un exemplaire des Statuts, stipulée par l'art. 28 du décret de 1868 rendent cette énonciation sans objet.

2. Comme le dit avec raison M. Ruben de Couder (*Dict. de dr. commerce*, v° *Assur. mut. terr.*, n° 42), la police des assurances mutuelles n'est, à proprement parler, que l'acte même de Société : cette police, lorsqu'elle est signée par les représentants de la Société et par l'assuré, emporte l'adhésion de ce dernier aux Statuts de la Société.

tuelle du rapprochement de deux stipulations distinctes et de dire que la formalité des doubles n'est pas applicable aux actes qui le constatent. L'adhésion aux Statuts s'étend à toutes les clauses, à celles qui énoncent le droit du mutualiste, comme à celles qui précisent ses obligations. L'acte qui en est dressé contient les conditions spéciales de l'assurance et notamment l'évaluation des valeurs assurées qui devra servir de base à la fixation de l'indemnité. De même, l'association ne se borne pas à relever, dans la police les obligations dont elle est tenue comme assureur; elle y exprime aussi les obligations de l'assuré. Ces deux actes ne se réfèrent qu'à une seule et même convention : le contrat synallagmatique d'assurance mutuelle. Mais l'une ne relate que la pollicitation, tandis que l'autre constate l'acceptation de l'offre, et par conséquent la formation du contrat.

À la vérité, il a été enseigné [1] que l'art. 1325 n'exige, en somme, que l'échange des signatures, et que, dans l'espèce, il en est bien ainsi puisque l'acte d'adhésion est aux mains de l'assureur, et la police aux mains de l'assuré. L'acte d'adhésion ne peut pas être considéré comme le double de la police, bien qu'il contienne, comme elle, les conditions spéciales de l'assurance; il ne constate que la pollicitation. Et si l'assuré, pour échapper au paiement des prestations annuelles, faisait disparaître sa police, l'association ne pourrait pas se borner à lui opposer l'acte d'adhésion qui ne prouve pas la formation du contrat [2].

L'observation de l'art. 1325 s'impose donc [3] : quoi qu'il ait pu être dit et décidé [4], il faut que le contrat d'assurance soit rédigé en deux originaux. Mais la solution est facile. Les énonciations de l'acte d'adhésion sont les mêmes que celles de la police; ces deux actes se réfèrent à une même convention; matériellement ils ne diffèrent que par les formules employées. Aussi suffirait-il, au moment où l'assuré reçoit la police, qu'il signât au bas de l'acte d'adhésion, un récépissé. Cet acte pourrait alors faire fonction de double de la police, car,

1. Aubry et Rau : *Dr. civ. franç.*, T. VI, p. 383.
2. Il a été soutenu (Ruben de Couder : *Dict. de dr. commer.*, v° *Assur. mut. marit.*, n° 3 et v° *Assur. mut. terr.*, n° 4), qu'il est inutile de rédiger une police pour régler les droits et les obligations réciproques des parties; chaque assureur étant en même temps assuré, il suffirait qu'il fît partie de l'association pour être tenu d'indemniser les associés des pertes qu'ils éprouvent et avoir droit lui-même à la réparation du sinistre qu'il subit.
3. C'est ce qu'a décidé la Cour de Paris le 31 décembre 1896, *Journ. des Sociét. civ. et commerc.*, 97, 133. — V. en ce sens Lyon-Caen et Renault : *Tr. de dr. commerc.*, T. II, n° 967.
4. V. les remarques de M. Bourlet de la Vallée, *Echo des assurances*, 1861, p. 73, et les renvois; de Lalande et Couturier : *op. cit.*, n° 200. — Comp. de La Prugne : *Traité théor. et prat. de l'assurance en général*, Paris, 1895, p. 154.
Jugé que l'adhésion de l'assuré et le consentement de la Société ne doivent pas, à peine de nullité, être constatés par un seul et même acte rédigé en double exemplaire. — Trib. Vassy, 26 juin 1857, Bonnev. de Mars., III, 63; Trib. Saint-Malo, 16 juillet 1843, *Journ. de l'assureur et de l'assuré*, T. VII, p. 118.

après cette seconde signature, il relaterait, comme elle, et l'offre et l'acceptation de l'offre. La loi serait aussi pleinement satisfaite. La mention : *fait double...*. ne serait pas nécessaire; le récépissé en tiendrait lieu dans l'acte d'adhésion et la police délivrée à l'assuré vise toujours ce dernier acte [1].

Dans tous les cas, il importe de le constater, l'irrégularité commise de ce chef est peu dangereuse : l'exécution du contrat couvre la nullité de l'acte qui n'aurait pas été fait en autant d'originaux qu'il y a de parties intéressées. Dans toutes les associations qui ont un fonds de prévoyance, le mutualiste ne reçoit la police qu'après avoir versé la portion contributive [2].

Le contrat d'assurance mutuelle est, en ce qui concerne son interprétation, régi par les dispositions du droit commun. Dès lors, le juge du fond a droit de fixer le sens qu'il convient de donner à une clause, de rechercher l'intention des parties contractantes. Seulement, si le juge du fait a un pouvoir souverain [3] pour interpréter les clauses de la police, pour déterminer la portée d'un article des Statuts, ce n'est qu'autant qu'il ne dénature pas les conditions positives du contrat, qu'il ne viole pas, sous prétexte d'interprétation, un texte clair et précis.

Le contrat d'assurance mutuelle n'a en aucune façon le caractère d'un contrat solennel. Si d'ordinaire il est toujours constaté par écrit et si, parconséquent, en cas de difficultés entre les parties, c'est le contrat qui prouve tant l'existence de la convention que les conditions, il faut reconnaître que même en l'absence de tout acte il est permis d'avoir recours aux modes de preuve admis par le droit civil, c'est-à-dire par le droit commun. Par suite, au dessus de 150 fr. la preuve testimoniale sera inadmissible à moins d'un commencement de preuve par écrit [4].

1. Clément : *op. cit.*, n° 120 et suiv. La discussion de cet auteur est fort remarquable.

M. Houpin (*Tr. théor. et prat. des sociét.*, T. II, n° 718) recommande également de rédiger le contrat d'assurance en deux originaux, au moyen d'un acte *d'adhésion-police* signé par l'assuré, le directeur et un membre du Conseil d'administration.

2. Lorsque la Société ne peut justifier ni de la remise de la police, ni de l'exécution du contrat, elle ne peut réclamer les cotisations; elle ne saurait, en effet, poursuivre l'exécution d'un contrat dont elle est hors d'état d'établir la formation. Paris, 31 décembre 1896. *Journ. des Sociét. civ. et commerc.*, 97, 133.

3. Cf. à titre d'exemple Cass., 10 janvier 1893, S. 93, 1, 217.

4. V. ce qui a été dit au sujet de la preuve en matière d'assurance dans ce *Traité*, T. I, p. 325 et suiv.

Il a été jugé que l'acte d'adhésion aux Statuts constitue, de la part de l'assuré, un acte purement civil qui ne peut donner lieu à la preuve testimoniale que dans les cas où elle est permise en matière civile et que cette preuve ne peut pas être admise contre et outre le contenu de cet acte. — Caen, 24 juillet 1844, D. P. 45, 4, 38; S. 45, 2,145.

La preuve de la formation du contrat ne résulte pas de la simple production de l'acte d'adhésion aux Statuts [1].

La police, ou l'acte qui dans l'assurance mutuelle en tient lieu, forme la loi des parties [2]; son texte s'impose si bien que lorsqu'un sociétaire a apposé sa signature constatant qu'il a pris connaissance de l'acte il ne peut se prévaloir de son ignorance. Il ne le pourrait qu'en justifiant d'une fraude ayant eu pour effet de l'empêcher de se rendre compte de la valeur de l'engagement qu'il souscrivait [3].

Il est à peine besoin de rappeler cette règle fondamentale en matière d'assurances terrestres que les clauses imprimées de la police ont la même valeur et le même effet obligatoire que les clauses manuscrites.

SECTION I

Conditions essentielles pour la validité du contrat.

Il n'existe un lien de droit créant des obligations réciproques entre l'association et l'adhérent qu'autant que les conditions essentielles pour le contrat d'assurance sur la vie sont réunies.

En premier lieu il faut que les parties contractantes aient la capacité de s'obliger.

§ 1. — Capacité pour l'assureur.

L'association doit avoir non seulement la capacité générale pour traiter et notamment être munie de l'autorisation imposée par la loi du 24 juillet 1867 pour l'exercice des opérations d'assurances [4], mais disposer aussi de la capacité spéciale, c'est-à-dire être régulièrement constituée et agir en conformité des Statuts [5]. Tout contrat qui

1. Paris, 31 décembre 1896. *Journ. des assur.*, 97, 111; *Rec. périod. des assur.*, 97, 76.

2. L'engagement social n'étant formé qu'après l'agrément du Conseil d'administration, agrément manifesté par la délivrance de la police à l'adhérent, c'est à la Société à justifier de la remise de la police, — Paris, 31 décembre 1896, *Journ. des assur.*, 97, 111. V. la note, *ibid.*, p. 114; *Rec. périod. des assur.*, 97, 76.

3. Trib. Seine, 15 février 1881, *Gaz. Pal.*, 84, 1, 897.

4. On a pu jadis discuter sur le point de savoir si les pouvoirs du Conseil d'Etat avaient une base légale (Alauzet : *Tr. des assur.*, Paris, 1843, T. II, n° 573 et suiv.), en ce qui concerne les Mutuelles. La question ne se pose même plus aujourd'hui. La loi de 1867 qui a maintenu la nécessité de l'autorisation pour les Sociétés d'assurance vise expressément les mutuelles aussi bien que les Compagnies à prime fixe.
En ce qui concerne l'autorisation, la surveillance, V. ce *Traité*, T. I, p. 232 et suiv.

5. Le décret réglementaire du 22 janvier 1868 rendu en exécution de la loi de 1867 édicte, dans le titre II, toute une série de dispositions relatives aux

serait passé en contradiction soit avec les prescriptions du décret
d'autorisation dont l'Administration peut s'assurer de l'observation par
la surveillance qu'elle exerce conformément à l'art. 66 de la loi de
24 juillet 1867, soit avec les règles édictées par ces derniers devrait
être déclaré nul. Par exemple une assurance ne rentrant pas dans le
cadre des opérations visées par les Statuts serait sans valeur [1].

Il faudrait également réputer sans valeur le contrat conclu au mépris des dispositions essentielles, caractéristiques de la mutualité, par

Sociétés d'assurances mutuelles et concernant la constitution des Sociétés
et leur objet, l'administration des Sociétés, la formation de l'engagement
social, les charges sociales, la déclaration, l'estimation et le paiement des
sinistres, la publication des actes sociaux.

Si les Mutuelles ne sont pas en tout et pour tout soumises aux dispositions de la loi de 1867, comme les Sociétés d'assurances pour lesquelles le
législateur a établi un régime particulier (V. ce Traité, T. I, p. 239), est-il
nécessaire pour la validité des opérations qu'il y ait conformité absolue et
constante des Statuts avec les prescriptions du décret de 1868?

La négative semble certaine. Le décret de 1868 n'a pas et ne peut pas avoir
une portée absolue. A la vérité, il peut sembler délicat de déterminer le degré
de non conformité qui équivaudra à la non autorisation ou à la méconnaissance légale de l'association, d'établir ainsi la sanction des dispositions qui
ne peuvent être regardées comme n'étant pas prescrites à peine de non existence, car le décret ne contient pas de textes indiquant les sanctions de ses
dispositions impératives. Toutefois, comme le remarque fort justement
M. Clément (Des assur. mut., p. 65), dans cette voie difficile un guide est
donné par la législation elle-même. Le décret de 1868 n'est que l'adaptation
du régime des Sociétés anonymes, tel qu'on le trouve dans la loi du 24 juillet 1867, au contrat d'assurance mutuelle. Si les associations d'assurances
mutuelles ne sont pas de véritables Sociétés, elles leur ressemblent assez
pour que le législateur ait cru pouvoir leur donner la même organisation.
Dès lors, n'est-il pas raisonnable d'appliquer, par analogie, aux assurances
mutuelles ce qui a été dit des Sociétés et de donner aux textes qui les régissent les mêmes sanctions qu'à ceux de la loi de 1867?

Ce rapprochement permet d'indiquer la ligne de conduite à suivre, dans
les distinctions qu'il faudra faire.

Dans son titre 1er, la loi de 1867 traite des Sociétés en commandite par actions, et dans son titre 2e des Sociétés anonymes. Les premiers articles de
chacun de ces titres indiquent à quelles conditions ces Sociétés peuvent se
constituer librement. Les prescriptions qu'ils contiennent sont-elles mé-
connues, la sanction est écrite, pour les commandites par actions, dans
l'art. 7, et pour les Sociétés anonymes, dans l'art. 41 : c'est la nullité de la
Société. Mais la loi de 1867 contient d'autres dispositions dont la méconnaissance n'aurait pas ce résultat. Ainsi l'art. 34 prescrit à toute Société anonyme de dresser, chaque semestre, un état sommaire de sa situation active
et passive, et d'établir, chaque année, conformément à l'art. 9, C. Comm.,
un inventaire contenant l'indication des valeurs mobilières et immobilières,
et de toutes les dettes actives et passives de la Société. Sans déterminer
quelle pourrait être la sanction de cette obligation, on peut bien affirmer
que ce ne sera pas la nullité de la Société.

Telle est la doctrine qu'il faut appliquer au décret du 22 janvier 1868. La
violation de ses dispositions impératives ne doit pas avoir une sanction unique. Pour déterminer, dans chacun des cas particuliers, la sanction applicable il faut se reporter à la loi du 24 juillet 1867 sur les Sociétés.

1. Trib. civ. Rouen, 13 mars 1880, Journ. des assur., 81, 10.

Décidé toutefois que les assurés en mutualité sont personnellement et directement obligés les uns envers les autres, alors même que la Société fonctionne sous la forme anonyme. — Cass., 2 mai 1876, Journ. des assur., 76, 305.

exemple l'assurance à prime fixe consentie par une Mutuelle [1]. Quoi qu'il ait pu être dit, en effet [2], la variabilité de la prime est de l'essence du contrat d'assurance mutuelle.

Pareillement, lorsque les Statuts limitent la somme pour laquelle l'adhésion doit produire effet, il y aurait lieu de déclarer, en principe, nul pour le surplus le contrat qui se rapporterait à une somme excessive.

§ 2. — Capacité pour l'assuré.

L'assuré ou l'adhérent doit avoir la capacité légale pour contracter, de même que le bénéficiaire. La circonstance que l'assurance a été conclue avec une Mutuelle ne modifie en rien la situation et tout ce qui est admis [3] à l'égard de l'assurance souscrite avec une Compagnie à primes fixes s'applique en la matière [4].

§ 3. — Capacité pour le bénéficiaire.

Au cas où l'assurance est passée au profit d'un tiers ce bénéficiaire doit avoir la capacité exigée par le droit commun. Il n'existe aucune différence pour le cas où le profit du contrat est promis soit par une Compagnie à prime fixe, soit par une Mutuelle [5].

---

1. Paris, 23 janvier 1878, Bonnev. de Mars., 11, 562; Rouen, 4 avril 1881, S. 83, 2, 19; D. P. 83, 4, 61 et sur pourvoi, Cass., 12 février 1884, S. 85, 1, 213 ; D. P. 85, 4, 62; Trib. Comm. Seine, 12 décembre 1889, Rec. périod. des assur., 91, 409. V. aussi Cass., 26 octobre 1892, Journ. des assur., 93, 4; Rec. périod. des assur., 93, 160.

2. V. les observations analysées D. P. 85, 4, 61, notes 1-2; Lyon-Caen et Renault : Précis de dr. commerc., T. 11, p. 393 et Tr. de dr. commerc., T. VII, p. 190; Paris, 1er mars 1890, S. 90, 2, 243; Besançon, 30 décembre 1891, D. P. 92, 2, 155; S. 92, 2, 206. — V. observat. Rec. périod. des assur., 92, 409; Trib. civ. Angers, 23 juin 1888, Rec. périod. des assur., 88, 455. Comp. Besançon, 15 juin 1887 et Paris, 1er mars 1889, S. 90, 2, 233.

3. La femme séparée de biens peut-elle sans aucune autorisation souscrire une assurance au profit d'un tiers? L'affirmative a été décidée spécialement en matière d'assurance mutuelle par un jugement du Tribunal de Commerce de la Seine du 17 décembre 1881, (Rec. périod. des assur., 85, 41) qui, par suite, a déclaré nul le billet à ordre souscrit dans ces conditions pour le paiement de la commission due à l'intermédiaire. Mais cette solution ne saurait prévaloir puisque la femme séparée de biens a la libre disposition de ses revenus et même de ses capitaux mobiliers. — V. ce Traité, T. I, p. 273 et T. III, p. 9, note 2.

4. Il va de soi que l'adhérent ne saurait exciper du changement apporté par l'agent d'une Société mutuelle pour la police signée par le directeur. — Just. de paix de Paris, 8 octobre 1890, Rec. périod. des assur., 90, 470.

5. V. ce que nous avons dit à ce propos, dans ce Traité, T. I, p. 277.

SECTION II

Consentement.

Le contrat d'assurance mutuelle suppose nécessairement le consentement des parties contractantes, c'est-à-dire celui des représentants qualifiés de l'association et celui de l'adhérent. Ce consentement doit être libre. Dès lors, la nullité de l'engagement peut être réclamée si l'assentiment a été sinon extorqué par violence, le cas n'est guère vraisemblable, au moins surpris par dol ou fraude[1], par exemple au moyen de polices rédigées d'une façon artificieuse, ou d'imprimés contenant la reproduction incomplète et inexacte des Statuts[2]. Il en est ainsi s'il y a eu erreur, mais erreur sur la substance, spécialement si l'assuré croyant traiter avec une Compagnie d'assurance à primes fixes a traité avec une Mutuelle[3], ou encore s'il y a eu enga-

1. Paris, 9 mars 1844, P. 44, 1, 609. — *A contrario* Cass., 6 mai 1878, S. 80, 1, 425; D. P. 80, 1, 12; Trib. Civ. Seine, 4 février 1880, *Journ. des assur.*, 80, 96.

2. Paris, 20 décembre 1890, *Rec. périod. des assur.*, 91, 266. Comp. toutefois un jugement du Tribunal Civil de la Seine du 15 janvier 1894 (*Journ. des assur.*, 95, 187) décidant que si le dol est de nature à motiver la résiliation du contrat, la production de brochures et de prospectus ne suffit pas.

3. Just. paix Nantes, 19 mai 1865, Bonney. de Mars., III, 112; Trib. civ. Seine, 11 janvier 1876, *ibid.*, 1, 240; Paris, 23 janvier 1878, *ibid.*, II, 562; Cass., 6 mai 1878, D. P. 80, 1, 12; Trib. civ. Seine, 4 février 1880, Bonney. de Mars., III, 247; Rouen, 4 avril 1883, S. 83, 2, 19; D. P. 85, 1, 61; Trib. Comm. Seine, 12 décembre 1889; *Rec. périod. des assur.*, 91, 409; Trib. civ. Pontarlier, 30 juin 1891, D. P. 92, 2, 155; Trib. civ. Seine, 12 juin 1894, D. P. 95, 2, 192.

Mais au cas où il serait reconnu (Besançon, 30 décembre 1891, S. 92, 2, 206; D. P. 92, 2, 155), qu'une Société mutuelle, tout en ayant recours à des cotisations fixes, conserve le caractère de mutuelle (notamment quand il y a répartition proportionnelle entre les associés, des charges et des bénéfices de l'association), l'assuré peut-il soutenir qu'en traitant ainsi, lui qui ne voulait s'engager que pour une Mutuelle, a été victime d'une erreur sur la substance?

Il a été enseigné (Note, S. 92, 2, 206) qu'en pareille circonstance le consentement n'a pas été vicié, par le motif que malgré le défaut de variabilité des primes le contrat souscrit n'en était pas moins un contrat d'assurance mutuelle, que la fixité de la cotisation n'était qu'apparente et non réelle en présence de la disposition qui répartissait entre les associés et les charges et les bénéfices et que la solution peut encore moins faire difficulté lorsque les stipulations de la police et des Statuts ont éclairé l'assuré sur la nature de la Société vis-à-vis de laquelle il s'engageait.

Il ne faut donc pas prendre pour unique criterium ce fait de la fixité de la cotisation. On doit s'attacher à d'autres éléments, principalement à la restitution de l'excédant des cotisations aux associés ou son application au fonds de réserve parce que cette circonstance rétablit la variabilité de la cotisation malgré son apparente fixité. C'est pour avoir négligé ce point de départ que dans un jugement du 13 août 1895 (*Rec. périod. des assur.*, 94, 540), confirmé par la Cour de Paris le 30 juillet 1895 (*ibid.*, 96, 9), le Tribunal Civil de la Seine, sans s'arrêter à la circonstance du versement des fonds disponibles au fonds de réserve et sans tenir compte du mode de fonctionnement établi par le pacte social qui était bien celui d'une véritable mutuelle, étrangère à tout esprit de

gement avec une Compagnie qui, bien que se présentant comme une mutuelle, est en réalité une Société à prime fixe[1], ou bien si le contrat a été passé avec une Société qui, malgré son titre de Mutuelle, n'est que la propriété exclusive du directeur et des administrateurs disposant, en vertu des Statuts, et sans le contrôle d'assemblées générales, du droit absolu de déposséder les assurés par une transformation en Société anonyme, par une fusion ou juxtaposition avec une autre Société[2].

Les erreurs pour les calculs sur lesquels a été établi le chiffre de la cotisation annuelle ne sauraient motiver, au contraire, la résolution puisque la cotisation est essentiellement variable[3]. Ces calculs n'ont rien d'inintelligible et du moment qu'il a reçu communication des bases sur lesquelles ils sont opérés et surtout qu'il a adhéré en connaissance de cause aux Statuts qui les indiquent, l'assuré doit s'imputer à faute de n'avoir pas vérifié ou fait procéder à la vérification des calculs dont le mécanisme lui était ainsi indiqué. A l'inverse, l'erreur serait décisive si les Statuts ou si la police avaient indiqué inexactement les bases sur lesquelles devait s'établir la cotisation annuelle[4].

L'erreur sur la solvabilité ne portant que sur une qualité accidentelle du contrat et non sur sa substance, l'assuré est hors d'état de l'invoquer à l'appui d'une demande en nullité[5].

D'autre part, le consentement doit être donné[6] par le tiers sur la tête duquel est passée l'assurance si l'adhérent, au lieu de traiter pour le cas de son propre décès, souscrit l'assurance soit à son profit, soit au profit d'autrui, sur l'existence d'une tierce personne.

spéculation, a prétendu que des assurés qui avaient traité avec une Société mutuelle stipulant des cotisations fixes pouvaient demander la résolution de leurs contrats pour erreur sur la substance. V. les observations, ibid.; Journ. des assur., 96, 113.

Il est à peine besoin de relever que dans le cas où l'erreur ne serait pas reconnue ou jusqu'à sa constatation, la personne qui a traité avec une Mutuelle, croyant traiter avec une Compagnie à prime fixe n'est pas sociétaire, qu'elle est maintenue en dehors de l'association et qu'elle n'est obligée qu'au versement d'une prime fixe; l'association ne peut lui réclamer le supplément de contribution comme aux autres adhérents. — En ce sens, Hecht : La Prime et la cotisation, Paris, 1889, p. 44.

1. Cass., 6 mai 1878, D. P. 80, 1. 12; Paris, 30 juillet 1895, Journ. des assur., 96, 113; Rec. périod. des assur., 96, 9.

2. Paris, 30 juillet 1895, Rec. périod. des assur., 96, 9; Journ. des assur., 96, 113.

3. Cass., 9 août 1886, D. P. 87, 1, 39; S. 90, 1, 518. — V. Hecht : op. cit., p. 43.

4. Au cas, assez probable il est vrai, où les Statuts permettraient à une Mutuelle d'accepter des assurances à primes fixes, le sociétaire au courant des termes des Statuts ne saurait invoquer l'erreur sur la substance et demander la nullité de l'engagement en prétendant qu'il avait cru traiter avec une Société exclusivement mutuelle. Trib. civ. Seine, 13 juin 1893, Journ. des assur., 94, 149.

5. Trib. civ. Seine, 3 août 1897, Rec. périod. des assur., 98, 190.

6. Sinon par la personne même, au moins par son représentant légal en cas d'incapacité.

Le dol vicie également le consentement mais exclusivement lorsqu'il porte sur l'objet principal du contrat, c'est-à-dire sur l'assurance même et l'évaluation des risques garantis par la Mutuelle [1]. Ainsi une Mutuelle ne saurait se prévaloir de contrats passés avec l'emploi de polices dont la rédaction artificieuse laissait croire aux assurés qu'ils contractaient avec une Compagnie anonyme d'assurances à primes fixes [2].

SECTION III

Objet du contrat.

Indépendamment des conditions qui viennent d'être indiquées et qui doivent être remplies pour tout contrat, il en est d'autres qui tiennent au caractère particulier de l'opération d'assurance.

Tout d'abord il est essentiel que le contrat ait un objet. Sans une chose soumise à des risques, sans un aliment en d'autres termes, l'assurance ne se conçoit pas. Les règles précédemment exposées [3], doivent, dès lors, recevoir leur application.

SECTION IV

Du risque.

Il faut un risque puisque l'assurance est la garantie du risque [4]. Bien certainement l'on peut non seulement édicter des conditions à cet égard, mais encore limiter les risques à un certain territoire [5], restreindre les risques, dire que dans un cas déterminé l'assureur sera exonéré ou même convenir qu'il n'assumera pas tel risque. Mais

---

1. Il a été jugé (Trib. civ. Seine, 3 août 1897, *Rec. périod. des assur.*, 98, 190), que le fait seul de la publication de prospectus mensongers, antérieurs à la signature de la police, ne saurait être retenu comme preuve suffisante, alors que l'assuré ne peut justifier du lien rattachant sa souscription à cette publication. Comp. Trib. civ. Seine, 15 janvier 1894 (*Rec. périod. des assur.*, 95, 187).

2. Trib. civ. Seine, 4 février 1880, *Journ. des assur.*, 80, 96.

3. V. ce *Traité*, T. I, p. 282.

4. V. ce *Traité*, T. I, p. 286.

5. Rien n'interdirait, en effet, de limiter les opérations d'une association à un ou plusieurs départements. Cette pratique serait-elle heureuse? Nous ne le pensons pas. Il a toujours semblé que plus le groupement est fort plus le risque se répartit. On ne saurait retenir les observations que M. Alauzet formule au sujet de la dispersion des assurés, mais sans viser spécialement l'assurance sur la vie (*Tr. des assur.*, T. II, p. 501), et touchant l'augmentation des frais d'administration, la difficulté de recouvrement des cotisations et par suite le retard dans le paiement des indemnités.

l'existence même du risque n'en est pas moins indispensable. Il faut ajouter que d'une façon générale l'assurance mutuelle admet les risques qu'accepte l'assurance à primes fixes et que les risques exclus par les Compagnies sont également écartés par les associations mutuelles.

SECTION V

De la cotisation.

Le contrat d'assurance ne se comprend pas sans un prix, contrepartie du risque assumé. Dans le régime des primes fixes on le nomme prime; lorsqu'il s'agit d'une mutuelle, on l'appelle cotisation. C'est l'ensemble des cotisations que doivent tous les associés, assureurs en même temps qu'assurés, qui constitue le capital social [1].

Au point de vue technique la cotisation ne diffère pas de la prime [2]. Elle est *pure* ou *nette*, *chargée* ou *brute*. La cotisation *pure* ou *nette* doit être l'expression mathématique du risque; c'est le prix du risque qu'accepte l'association constituée en vue de l'assurance. Au contraire, la cotisation *chargée* ou *brute* est cette même cotisation augmentée de la somme nécessaire pour couvrir les frais d'administration.

La cotisation est destinée à la fois à faire face aux conséquences du sinistre, c'est-à-dire à l'assurance et à acquitter les dépenses qu'entraîne l'exploitation de toute Société, de tout établissement. Elle se compose donc de deux parties : l'une appelée parfois *contribution* dont l'objet est de fournir la réparation des sinistres, l'autre désignée habituellement sous le nom de *cotisation* est affectée aux frais d'administration.

La cotisation peut s'acquitter de deux façons : d'abord il est permis de la stipuler d'avance; en second lieu il est loisible de convenir qu'elle sera réglée seulement à la clôture de l'exercice annuel. Quand les cotisations sont levées d'avance, comme elles doivent faire face à toutes les nécessités de l'exercice annuel on risque, pour la détermination du chiffre, de la quotité, de se heurter à une difficulté des plus sérieuses : avec l'exagération les associés (sinon le fonds de réserve) doivent profiter de l'excédant sous forme de dividende ou de bénéfice; au cas d'insuffisance le recours soit au fonds de réserve, soit

1. Dans les Sociétés d'assurances mutuelles, a dit la Cour de Cassation (Cass., 2 août 1893, D. P. 94, 1. 213; S. 94, 1, 278), le capital social est formé par les cotisations des assurés; chaque associé étant à la fois assureur et assuré est, en conséquence, débiteur des cotisations pour la durée de son assurance ou jusqu'à la dissolution de la Société si la Société se dissout avant que son assurance n'ait pris fin.
2. V. ce *Traité*. T. 1, p. 448. Comp. sur cette matière les développements très complets que donne M. Chaufton : *Les Assurances*, Paris, 1884, T. 1, p. 425 et suiv.

à des cotisations supplémentaires s'impose : une pareille mesure peut certainement susciter des récriminations de la part des adhérents ; aussi a-t-il paru plus pratique d'élever quelque peu le taux des cotisations.

Le solde du compte annuel de répartition peut être débiteur ou créditeur. Afin d'amener pour cet actif ou pour ce passif un règlement exempt de toute difficulté ou contestation, il a semblé préférable de faire la répartition entre tous les adhérents, même ceux qui durant l'exercice ont été frappés et ont vu ouvrir le droit à l'indemnité ; cette répartition, en effet, tend simplement à rendre ce qui a été touché en trop ou de faire rembourser ce qui a été versé en moins. La cotisation payée d'avance ne peut être considérée que comme un versement provisoire dont le règlement du compte de répartition détermine définitivement le montant. Il est donc inadmissible qu'un adhérent puisse ne pas participer à cette répartition.

Sur quelles bases se fait cette répartition ?

La cotisation comprend tant la somme destinée à parer aux sinistres, à procurer le paiement de l'indemnité lorsque se produira l'événement prévu, que la somme nécessaire pour la gestion, pour les frais de l'administration. Il y a donc deux éléments auxquels il importe de faire face. Il se peut que l'un présente un déficit, et l'autre un excédant ; il n'est pas impossible, en effet, que les prévisions conçues en vue des sommes à payer à titre d'indemnité soient dépassées et que les dépenses d'ordre administratif soient inférieures aux chiffres pris comme point de départ et inversement. Si c'est pour les cotisations nettes qu'il existe un déficit ou, au contraire, un excédant, la somme sera répartie entre tous les adhérents à raison de la cotisation nette acquittée par chacun. Il en doit être de même pour le chargement. A la vérité, il risque d'arriver que le chargement soit évalué à tant pour cent de la cotisation nette ; en pareille circonstance, la répartition sera faite en proportion avec la cotisation brute.

Tels sont les principes constants. Dans les assurances mutuelles sur la vie, comme on l'a fort judicieusement noté [1], la solution est particulièrement difficile. Pour ces assurances, comme pour les assurances à primes, la cotisation est une cotisation moyenne constante fixée par l'âge qu'a l'adhérent à son entrée dans l'association. Une cotisation nette a pour but, à la fois, de couvrir le risque de mortalité dans l'année courante, et de compléter les cotisations annuelles quand le risque de mortalité dépassera la cotisation nette ; cette seconde fraction constitue, dans la réalité des choses, la réserve. La réserve croît et s'augmente naturellement avec le temps. Il importe d'examiner ce qu'elle devient pour un membre quelconque de l'association suivant les éventualités qui se produisent. Ou ce membre

_____

1. Chaufton : *op. cit.*, T. I, p. 127, etc.

meurt pendant l'exercice annuel et ses ayants cause touchent la somme stipulée ; ou il survit à l'exercice annuel, et son compte est crédité de la réserve qui lui revient théoriquement. Il arrive alors de deux choses l'une : ou il quitte volontairement l'association, il reçoit, en ce cas, le montant de sa réserve qui subit toutefois une certaine réduction ; ou il continue de faire partie de l'association ; en cette occurrence il paye pour l'année suivante sa cotisation moyenne annuelle et laisse à la caisse commune, par une sorte de cession tacite, sa réserve antérieurement accumulée. C'est à l'aide de ces deux sources de recettes, auxquelles il faut joindre les intérêts, que l'association couvre les risques de l'exercice suivant et prépare la réserve des exercices futurs. Le compte qu'elle dresse alors peut présenter un excédant ou un déficit qu'il s'agit de répartir entre les adhérents. Cette répartition se fait au prorata des deux éléments du crédit des associés, éléments qui, chaque année, se développent parallèlement, le premier, par l'effet du versement de la cotisation annuelle, le deuxième par l'effet d'une sorte de cession tacite de la réserve provenant de l'exercice antérieur. En d'autres termes, chaque adhérent reçoit dans l'excédant ou paye dans le déficit du compte une part proportionnelle au montant de sa cotisation annuelle et de sa réserve cumulées.

Quant à l'excédant ou au déficit relatif aux frais d'administration, le partage s'effectue au prorata du chargement.

Sous quelle forme se fera le paiement de l'excédant à chacun des membres de l'association ?

Le paiement en espèces a l'avantage de la simplicité. Mais en pratique de nombreuses combinaisons ont été imaginées. En ce qui concerne l'association elles reviennent toutes à peu près au même résultat ; pour l'associé elles constituent des emplois plus ou moins avantageux de la somme que l'association avait à lui payer en espèces [1].

---

1. Chaufton : *loc. cit.* Cet auteur a indiqué très clairement les nombreuses méthodes de répartition des excédants dont tiennent compte les Sociétés mutuelles et les Sociétés dites mixtes.

En Angleterre on a pratiqué la répartition soit tous les dix ans, soit tous les sept ans, soit tous les cinq ans et surtout tous les ans. Ce procédé a paru préférable en ce que les répartitions faites à des époques éloignées sont sans effet pour les contrats souscrits par des assurés mourant dans l'intervalle de deux répartitions, les polices en cours au moment de l'expiration de l'exercice étant seules admises aux répartitions. Il est vrai que l'on a remédié à ce vice des répartitions faites à de longs intervalles en mettant d'avance les bénéfices en réserve pour les assurés qui meurent entre deux répartitions. La pratique anglaise paraît s'attacher de préférence au système de la répartition quinquennale.

En Allemagne il en était de même autrefois, mais il y a une tendance de plus en plus marquée à effectuer la répartition sinon tous les deux ans au moins tous les quatre ans.

En France, les Sociétés les plus anciennes ont adopté le système de la répartition biennale ; les autres font la répartition tous les ans.

Un point non moins important c'est la fixation de la somme à répartir.

Aucune des difficultés dont il vient d'être parlé n'existe lorsque la cotisation est versée à l'expiration de l'exercice annuel. La cotisation est calculée, à l'expiration de l'exercice annuel, d'après l'importance des sinistres constatés et la valeur des objets qui font partie du groupe des risques sur lesquels on opère.

Les Sociétés mutuelles annoncent qu'elles divisent entre les associés tout l'excédant. Les Sociétés mixtes n'en répartissent qu'une partie, mais il peut se faire que cette partie soit supérieure à la totalité distribuée par les Sociétés mutuelles, du moins tant que ces dernières n'ont pas constitué leur fonds de garantie, fonds qui se compose des prélèvements faits sur les encaissements annuels. Dans les Sociétés mixtes anglaises, la proportion des excédants ou bénéfices distribués est fixée par les Statuts ; elle varie considérablement : la proportion la plus fréquemment adoptée est celle des quatre cinquièmes. En France elle est de 50 0/0. Du reste, cette proportion en elle-même n'est qu'une indication souvent trompeuse. Il peut arriver qu'une Société qui donne 80 0/0 de bénéfices donne moins en réalité qu'une autre qui donne 50 0/0. Les Sociétés françaises qui donnent toutes 50 0/0 ne donnent pas, en réalité, la même part dans leurs excédants. Cette particularité s'explique parce que si cette fraction est fixe, la quantité à laquelle elle se rapporte ne l'est pas, mais est, au contraire, laissée à l'arbitraire des Sociétés puisque les assurés ne peuvent ni contrôler, ni critiquer leurs comptes et qu'aucun règlement ne limite leurs pouvoirs en ce qui concerne l'attribution à tel ou tel compte des frais d'administration, de la détermination de la réserve pour les risques en cours.

Comme le note avec raison M. Chaufton, dont les explications à cet égard sont aussi complètes qu'intéressantes, les bases de la répartition varient beaucoup. Tantôt, surtout en Angleterre et en Allemagne elle est proportionnelle aux cotisations annuelles, sans que les réserves entrent en ligne de compte, ce qui est favorable aux jeunes adhérents dont la réserve est moins considérable. Tantôt la répartition est proportionnelle au montant des sommes assurées, abstraction faite des versements annuels et de l'âge des assurés. Parfois, à l'avantage excessif des anciens assurés, la répartition se fait en rapport avec le montant des sommes assurées augmenté des bénéfices attribués antérieurement aux assurés.

Il arrive fréquemment que la répartition s'opère sous forme de combinaisons tontinières ; ainsi que l'a dit un jurisconsulte dont l'opinion ne saurait être suspecte (Chaufton : loc. cit.), c'est au tort de vouloir confondre l'assurance et la tontine, car toutes les deux procèdent d'un principe totalement opposé : le but essentiel de l'assurance sur la vie est de pourvoir aux besoins des veuves et des orphelins, sa méthode consiste à faire payer ceux qui vivent longtemps pour ceux qui meurent prématurément ; la combinaison tontinière tend, au contraire, à avantager ceux qui vivent le plus longtemps. Quoi qu'il en soit, il importe de noter que l'on a imaginé ou bien de distribuer des excédants calculés par année, non pas seulement à partir de la dernière répartition mais à partir de la signature de la police, de façon, a-t-il été dit (Corn. Walford : Insurance Guide, p. 311), à compenser les inégalités créées au préjudice des premiers adhérents par les anciens tarifs beaucoup trop élevés, ou bien de laisser accumuler les bénéfices qui, au lieu d'être distribués, sont placés à intérêts et se capitalisent pendant une période déterminée ou période d'accumulation à la fin de laquelle il y a une répartition des bénéfices, mais seulement entre les assurés qui existent à ce moment et qui ont leur police en vigueur. C'est le fameux système des polices d'accumulation pratiquée par les Compagnies américaines et que tous les hommes compétents sont d'accord pour condamner (V. notamm. Adan : Les polices tontinières ou polices d'accumulation des Compagnies américaines, Bruxelles, 1889 ; Zollinger : L'écroulement de la police tontinière des Compagnies américaines, Paris, 1890 ; de Courcy : Précis de l'assur. sur la vie, 3e édition, Paris, 1887, p. 90 et suiv.).

Le moindre inconvénient de la police d'accumulation est de créer en quel-

La cotisation dans l'assurance mutuelle est variable. Il est de son essence qu'elle le soit. Certainement la thèse opposée a été soutenue, notamment à l'effet de faire décider qu'une Société d'assurances mutuelles est en mesure non pas de réclamer à ses assurés une cotisation proportionnelle aux résultats de l'exercice écoulé, mais de stipuler qu'un associé contractant pour une période déterminée payera à forfait une cotisation fixe calculée sur la moyenne probable des cotisations ordinaires durant cette période, l'art. 1855 C. Civ., applicable à toutes les Sociétés, par conséquent aux Sociétés d'assurances mutuelles, permettant de limiter pour un associé la participation aux bénéfices comme la contribution aux pertes [1].

Cette opinion n'est pas exacte.

En premier lieu, ce qui caractérise l'association d'assurances mutuelles, c'est l'impossibilité absolue d'un bénéfice pour l'association. Les cotisations doivent donc varier selon le nombre et l'importance des sinistres survenus à l'égard des assurés durant l'exercice [2].

que sorte deux classes d'adhérents : ceux qui ne profiteront pas des excédants et ceux qui en profiteront. En effet, elle ne fait participer (Cf. notre *Traité*, T. I, p. 133) à aucun avantage les ayants-droit de l'assuré décédé au cours de la période d'accumulation parce qu'ils n'ont droit qu'au capital stipulé ; tout le profit sera recueilli par les adhérents survivants à l'expiration de la période d'accumulation, c'est-à-dire après dix, quinze ou vingt ans. Mais la police d'accumulation a le grand, le très grand tort de faire perdre tout le bénéfice du contrat à l'assuré qui pendant la période d'accumulation se trouve hors d'état de faire les versements, les bénéfices qui en résultent allant, avec les bénéfices afférents aux sociétaires décédés, augmenter la somme qui, à la fin de la période d'accumulation, sera répartie entre les assurés survivants.

En France il y a eu certainement un moment d'engouement pour la police d'accumulation ; on en reviendra et même l'on en est déjà revenu.

Le paiement des excédants se fait soit en espèces, soit par l'augmentation du capital assuré, soit par la diminution de la cotisation.

1. Il a été décidé notamment (Besançon, 30 décembre 1891, S. 92, 2, 206 ; D. P. 92, 2, 206), que la variabilité du taux des cotisations n'est pas une condition touchant à l'essence même et à la nature du contrat d'assurances mutuelles. A cet égard et bien que consacré par une autre décision (Trib. civ. Angers, 24 juin 1888, *Rev. périod. des assur.*, 88, 455), cet arrêt ne saurait être accepté. Mais on le comprend, au contraire, lorsqu'il affirme que la fixité de la cotisation ne fait pas obstacle au caractère mutuel de la Société, si la preuve de sa mutualité résulte d'autres éléments et notamment de la répartition proportionnelle entre les associés des charges et des bénéfices de l'association. *Sic* dans le même sens, Trib. comm. Seine, 8 août 1895, *Rev. périod. des assur.*, 95, 539 ; *Journ. des assur.*, 95, 567.

2. Aussi a-t-il été jugé (Trib. comm. Alençon, 2 novembre 1885, *Rev. périod. des assur.*, 85, 537 ; *Journ. des assur.*, 85, 640) que la Société qui stipule que l'assuré n'a rien à payer en dehors de la prime convenue d'avance, porte atteinte à l'obligation constitutive des mutualités et doit être considérée comme une Société à primes.

De cette décision il importe de rapprocher un jugement du Tribunal de la Seine du 27 février 1891 (*Rev. périod. des assur.*, 91, 92), aux termes duquel une Société d'assurance ne perd pas son caractère de mutualité parce qu'elle limite le risque de ses adhérents à une prime fixe alors que ce résultat est obtenu par la création d'un fonds de réserve constitué au moyen d'un prélèvement sur les primes et qu'au delà du chiffre fixé par les Statuts, l'excé-

D'autre part, il est de principe incontesté [1] que le contrat de mutualité a pour effet fatal et nécessaire, de donner la double qualité d'assureur et d'assuré ; de là, la variabilité de la cotisation qui est acquittée par le sociétaire tant en qualité d'assureur que d'assuré. Le double caractère dont il vient d'être parlé est altéré lorsque l'engagement ne comporte qu'une somme fixe, une somme ne variant pas avec le nombre des sinistres et les résultats des exercices [2]. Cela est si vrai que la jurisprudence admet formellement qu'une Compagnie d'assurances mutuelles ne peut consentir d'assurances à primes fixes [3] et que les modifications qui ont pour effet de supprimer la variabilité de la cotisation, permettent de réclamer la résiliation, le caractère essentiel de la Société étant altéré [4].

Il faut ajouter que comprenant les inconvénients que pourrait présenter dans le chiffre des cotisations un changement très notable suivant l'augmentation des sinistres et l'élévation des sommes à payer, la pratique a apporté un tempérament. C'est ainsi que presque toutes les Mutuelles imposent à chaque adhérent l'obligation d'effectuer un versement maximum à l'avance, au commencement de chaque exercice, l'ensemble de ces versements constituant un fonds de prévoyance destiné au payement des sinistres de l'exercice. Ce procédé a ses avantages. Il limite la contribution annuelle dont chaque associé est frappé ; par la fixation d'un maximum que la contribution ne peut dépasser, les assurés ont la certitude de ne pas la voir atteindre au delà d'un certain taux [5].

Aucune critique ne semble pouvoir être élevée de ce chef [6].

dant de ce fonds de réserve sert à diminuer la cotisation de l'année suivante.

1. Persil : *Tr. des assur. terr.*, n° 244 ; Quénault : *Tr. des assur. terr.*, n° 395 ; Boudousquié : *Tr. des assur. contre l'incend.*, n° 385 ; Grün et Joliat : *Tr. des assur. terr.*, n° 315 ; Paris, 8 juin 1855, Bonnev. de Mars., 11, 170 ; Cass., 20 février 1888, S. 88, 1, 401 ; D. P. 89, 1, 361 ; Cass., 2 août 1893, D. P. 94, 1, 212 ; S. 94, 1, 278.

2. V. notamm. Trib. comm. Seine, 12 décembre 1889, *Rec. périod. des assur.*, 4, 409 ; *Journ. des assur.*, 90, 26 ; Trib. civ. Troyes, 7 juillet 1887, *La Loi*, 27 novembre 1887.

3. Paris, 23 janvier 1878, Bonnev. de Mars., 11, 562 ; Rouen, 4 avril 1883, S. 83, 2, 49 ; D. P. 85, 1, 64 et sur pourvoi, Cass., 12 février 1884, S. 85, 1, 213 ; D. P. 85, 1, 62.

4. Cass., 26 octobre 1892, D. P. 92, 1, 614 ; S. 93, 1, 31.

5. Hecht : *La prime et la cotisation*, p. 39. Comme le note cet auteur, le maximum constituant ce fonds de garantie peut être déterminé soit par le tableau de classification des risques et d'après les tarifs applicables à chacun d'eux, annexés aux Statuts, soit par les Statuts eux-mêmes. Certaines Sociétés ne font verser à leurs sociétaires, au début de l'exercice, qu'une fraction de la cotisation maxima, d'autres la font verser en totalité : les premières s'intitulent Mutuelles à cotisations variables ; les autres, Mutuelles à cotisations fixes. En réalité, il n'existe aucune différence essentielle entre elles, car si après le paiement intégral des sinistres il y a un excédant sur les cotisations versées, cet excédant doit être restitué aux sociétaires. — V. observat. *Rec. périod. des assur.*, 1891, p. 548.

6. C'est si vrai que la jurisprudence refuse de voir un acte de commerce

Bien certainement la variabilité des primes est de l'essence de l'assurance mutuelle; on peut même dire que l'uniformité est la négation même de la mutualité [1]. Seulement il serait excessif de déduire de ce principe qu'il interdit de laisser la cotisation fixée uniformément au même chiffre. Il n'y a contravention à la règle de la variabilité des primes qu'autant que d'après les Statuts ou suivant les conventions intervenues entre l'association et un adhérent, la prime ne saurait varier. Si, selon les Statuts, le montant de la cotisation annuellement due par les sociétaires est susceptible de subir des variations, il importe peu qu'elle ait été maintenue au même chiffre [2]. Dès lors, si une Société exige des adhérents, au début de chaque année, le versement du maximum de la prime, et par conséquent, une cotisation uniformément fixée au même chiffre, en présence des Statuts imposant, après le règlement intégral des sinistres l'obligation, s'il y a lieu, de restituer aux sociétaires l'excédant sur les cotisations versées [3], et disposant expressément qu'il sera tenu compte annuellement aux sociétaires, après apurement de l'exercice, des bonifications pouvant leur revenir sur les sommes par eux acquittées [4], comme la cotisation est susceptible de varier, au moyen de la bonification faite aux adhérents par l'association de partie des cotisations acquittées d'avance, le principe de la variabilité est respecté [5]: il importe peu, par suite, que l'importance des sinistres survenus, la nécessité de constituer un fonds de réserve ou toutes autres circonstances aient empêché l'association, pendant plusieurs exercices, de faire aucune bonification à ses sociétaires sur les sommes par eux payées d'avance [6].

Il ne saurait être soutenu qu'une association, par le fait seul qu'elle

transformant le caractère d'une Mutuelle dans le versement d'une prime fixe d'avance au fonds de prévoyance à l'effet de constituer un fonds de réserve. — Paris, 31 octobre 1891, *Gaz. Pal.*, 22 janvier 1895; Trib. comm. Seine, 8 août 1895, *Journ. des assur.*, 95, 567; *Rec. période. des assur.*, 95, 539.

[1]. Et la jurisprudence en conclut (V. les renvois *Journ. des assur.*, 90, 28) la nullité d'une police passée par une Mutuelle qui obligerait le sociétaire à payer une prime fixe invariable, quels que soient les risques survenus au cours de l'exercice.

[2]. V. Sainctelette dans le *Répert. de Dr. fr.* de Fuzier Herman, v° *Assur. mut.*, n° 61; Clément: *op. cit.*, p. 118.

[3]. La restitution peut s'opérer soit au moyen d'un remboursement effectif à chaque associé, ou d'une réduction de la cotisation de l'année suivante, soit par le versement de l'excédant au fonds de réserve. En effet, bien qu'il ne puisse être question de bénéfices en mutualité puisque les associés ne font que répartir entre eux toutes les pertes, cependant le décret de 1868 dispose que dans les Sociétés d'assurances mutuelles, il peut être formé un fonds de réserve ayant pour objet de donner à la Société les moyens de suppléer à l'insuffisance de la cotisation annuelle.

[4]. Sainctelette; *op. cit.*, n° 53 et suiv., et Note, *Rec. période. des assur.*, 1890, p. 418; Note, S. 90, 2, 233. V. *A contrario* Dijon, 23 janvier 1891, et sur pourvoi, Cass., 26 octobre 1892, D. P., 92, 1,614 et 615; S. 93, 1. 31.

[5]. Cf. Paris, 1er mars 1889, S. 90, 2, 236. — Comp. Trib. comm. Seine, 8 octobre 1889, *Rec. période. des assur.*, 89, 174; Trib. civ. Troyes, 7 juillet 1887, *La Loi*, 27 novembre 1887.

[6]. Note, S. 90, 2,233; Clément: *loc. cit.*

exige de ses sociétaires, conformément aux Statuts, le versement par avance du maximum de la cotisation fixé par ces derniers est en contravention avec les dispositions du décret du 22 janvier 1868. Incontestablement il serait plus conforme aux prescriptions de l'art 29 du décret de ne faire payer par avance qu'une partie de la cotisation, quitte à réclamer ultérieurement un versement complémentaire aux adhérents à raison des besoins de l'association. l'art. 29 du décret de 1868, après avoir prescrit de fixer dans les Statuts le maximum de la cotisation, dispose, en effet, que « les Statuts peuvent décider que chaque sociétaire sera tenu de verser d'avance *une portion de la contribution* »; il semble donc bien être entré dans la pensée des rédacteurs du décret de 1868 que l'on ne devrait faire payer d'avance qu'une partie seulement de la prime. En s'en tenant à la lettre même de l'art. 29 une Mutuelle peut régulièrement exiger le paiement d'une fraction se rapprochant à fort peu de chose près du maximum de la prime. Mais on ne peut élever une critique contre l'association qui n'a pas eu recours à ce subterfuge pour se conformer à l'art. 29 qui a inscrit dans ses Statuts l'obligation pour les adhérents de payer intégralement la cotisation par avance [1].

Si aucun grief ne semble, en principe, pouvoir être formulé pour le cas d'appel du maximum au commencement de l'exercice lorsque au cas d'excédant des recettes la somme inutile doit être remboursée aux sociétaires, la solution ne saurait être la même quand l'excédant doit être appliqué au fonds de réserve. L'utilité de cette mesure n'est pas contestable. Les économies réalisées sur des exercices qui se sont clos par des excédants permettent de remédier, dans les mauvaises années, à l'insuffisance des cotisations réclamées aux adhérents. Néanmoins ce n'est pas une raison pour proclamer, ainsi qu'on l'a fait [2], la parfaite validité de l'application de l'excédant au fonds de réserve. Il y a là quelque chose qui n'est pas conforme à l'esprit de la mutualité. Le fonds de réserve appartient à la Société et en cas de dissolution c'est l'assemblée générale qui règle l'emploi du reliquat du fonds de réserve sur la proposition du conseil et sauf l'approbation par l'autorité supérieure [3].

1. Note, S. 90, 2,233.
2. Trib. Seine, 8 octobre 1889, *Rec. périod. des assur.*, 89, 174; *Journ. des assur.*, 89, 325. V. Paris, 26 avril 1886, et 4 février 1886, S. 87, 2, 421. — Hecht: *op. cit.*, p. 40; Note, S. 90, 2,233.
3. Note, *Rec. périod. des assur.*, 1890, p. 448. Décidé que l'on ne saurait assimiler à une Mutuelle une Société qui stipule de ses associés une cotisation fixe et ne s'oblige pas à leur ristourner l'excédant même en affectant ce dernier à un fonds de réserve lorsque le Conseil d'administration a le pouvoir d'augmenter seul le fonds de réserve, que l'assemblée générale a toujours le droit de décider que l'excédant ne sera pas distribué et que la répartition est limitée à un certain groupe d'adhérents, par exemple à la réunion de ceux qui ont concouru à l'établissement de la Société. Paris, 22 décembre 1891, *Rec. périod. des assur.*, 92, 467 ; *Journ. des assur.*, 92, 105; Cf. Gand, 29 mai 1897. (*Rec. périod. des assur.*, 97, 534).

Dans tous les cas il faut noter que l'invariabilité de la prime ne suffirait pas, à elle seule, pour enlever à la Société son caractère de Mutuelle. En effet, l'invariabilité peut n'être qu'apparente. Une Société dans laquelle chaque adhérent paie une cotisation fixe peut néanmoins être Mutuelle. Il en sera ainsi lorsque, d'une part, l'excédant des encaissements sur les charges serait réparti, directement ou indirectement, entre tous les sociétaires et que, d'autre part, un appel serait fait à tous *pro rata parte*, si les cotisations déjà versées étaient insuffisantes pour le règlement des sinistres[1]. Ce qui doit être pris en considération, c'est outre le principe qu'aucun bénéfice n'est espéré, l'idée de la restitution mais de la restitution, égale entre tous les adhérents[2], de l'excédant des cotisations aux associés ou son application au fonds de réserve, ce fait rétablissant la variabilité de la cotisation[3].

1. Lecouturier : *L'invariabilité de la prime est-elle une condition essentielle de l'assurance mutuelle?* (*Rev. périod. des assur.*, 1895, p. 298 etc.). Il n'y a pas s'arrêter à cette objection que la répartition caractérise et indique l'esprit de spéculation. En effet, la répartition représente pour les mutuellistes non un bénéfice mais une simple restitution (Trib. comm. Seine, 31 juillet 1895, *Bull. de l'assur.*, 95, 97).

Mais ne peut-on pas dire que dans cette répartition de l'excédant on ne se préoccupe pas de savoir si les associés qui en profitent sont bien ceux qui ont contribué à le former, que pour assurer une variabilité parfaite en même temps qu'équitable de la prime il faudrait décomposer la vie sociale en autant de fractions que d'années et répartir l'excédant résultant d'une année déterminée entre les sociétaires qui auraient fait partie de la Société pendant cette année et que si l'on agit autrement la répartition de cet excédant peut s'appliquer à des membres qui n'y ont aucun droit ?

Ainsi que l'a fort bien noté M. Lecouturier (*loc. cit.*, p. 304), cette objection ne doit pas arrêter. Le plus généralement les adhérents d'une Mutuelle lui sont attachés pour tout le temps qu'elle doit durer, ou au moins pour une période de cinq ans. Il est donc bien probable que ceux qui, telle année, participeront à la répartition de l'excédant sont les mêmes qui ont contribué à sa formation. Sans doute ce ne sont pas nécessairement, incontestablement ceux-là, tous ceux-là et rien que ceux-là. Mais il n'y a pas moyen d'assurer une répartition plus équitable. On a beau diviser la vie sociale en exercices annuels, ce résultat ne sera peut-être pas encore atteint. En effet, les adhérents qui ont fait partie de la Société une certaine année ne lui ont pas tous appartenu pendant l'année entière. Certains sont entrés dans la Société au bout de 4, de 6, de 8 mois ; d'autre part, d'autres en sont sortis avant l'époque de la répartition, à laquelle ils auraient eu droit s'ils étaient restés adhérents. Il est cependant bien impossible de subdiviser encore l'exercice et il vaut mieux se contenter d'une répartition aussi près que possible de la justice, sans trop se préoccuper des inconvénients de détail qui peuvent toujours se produire.

2. Paris, 22 décembre 1891, *Rev. périod. des assur.*, 92, 407 ; *Journ. des assur.*, 92, 105 ; Trib. civ. Seine, 12 juin 1891, D. P. 95, 2,192.

3. Besançon, 20 décembre 1891, D. P. 92, 2,155 ; S. 92, 2, 206.

Il a été décidé d'autre part (Trib. comm. Seine, 8 août 1895, *Rev. périod. des assur.*, 95,539 ; *Journ. des assur.*, 95, 567), que la fixité du taux de la prime ne saurait exclure la mutualité alors qu'elle n'a pour but que de limiter l'obligation des assurés relativement aux sinistres pouvant atteindre les membres de la dite mutualité et *alors qu'il est établi que la Société ne possède ni actionnaires, ni capital social et ne représente exclusivement que la mutualité des intérêts de ses assurés, qui sont eux-mêmes leurs assureurs et au profit desquels sont employées, dans des conditions déterminées, toutes les disponibilités affé-*

Mais il est essentiel que la ristourne soit réelle. Elle ne le serait pas et dès lors la Société perdrait son caractère de Mutuelle non seulement s'il était décidé que le fonds de réserve formé au moyen des excédants de cotisations annuelles ne pourrait jamais et en aucun cas faire l'objet de réclamations individuelles ou collectives de la part des sociétaires [1], mais encore s'il était interdit aux sociétaires de toucher leur part avant la dissolution de l'association. La règle contraire sur ce point a cependant été proclamée [2]. Elle paraît avoir son point de départ dans cette raison que l'on ne saurait imposer à une association l'obligation de procéder à une liquidation à chaque retrait effectué en conformité du droit légal appartenant à tout adhérent. Ce motif n'a rien de déterminant. Pour procurer au mutualiste la satisfaction qui lui appartient légitimement et que lui reconnaît formellement une jurisprudence constante, il suffit d'une liquidation en fin de chaque exercice annuel, dans laquelle la ristourne due à tout sociétaire serait calculée au prorata du temps pendant lequel il a fait partie de l'association.

SECTION VI

De l'indemnité.

De ce que le contrat passé avec une Mutuelle est un contrat d'assurance, il suit nécessairement que la convention doit tendre à procurer une indemnité sinon à l'adhérent, au moins aux personnes désignées par lui. S'il n'y avait pas une créance pour le cas où le sinistre, c'est-à-dire le décès, se réalisera dans des circonstances déterminées, (il est absolument licite de soumettre le versement de l'indemnité à des conditions particulières), il n'y aurait pas contrepartie au versement de la cotisation, la convention aurait le caractère d'un acte gratuit, elle ne saurait être considérée comme une assurance.

Avec quels fonds s'acquitte l'indemnité ?

Lorsque s'ouvre un exercice, chaque adhérent doit sa contribution sociale. Sur cette somme dont les Statuts fixent le maximum, il n'est versé qu'une fraction indiquée annuellement par l'assemblée générale suivant les besoins de l'association et aussi selon la nature et le

rentes à chaque exercice. V. en ce sens Trib. comm. Seine, 31 juillet 1895, *Bull. de l'assur.*, 95, 97.

Il est à peine besoin de faire remarquer avec M. Vavasseur (*Tr. des Soc.*, nº 1662 *quater*) qu'il appartient souverainement aux juges du fait d'apprécier si à raison de la cotisation une Société d'assurances est mutuelle ou à primes fixes.

1. Gand, 29 mai 1897, *Rec. périod. des assur.*, 97,531.
2. Trib. civ. Seine, 12 juin 1894, D. P. 95, 2,192.

degré des risques. « Les Statuts, dit l'art. 29 du décret du 22 janvier 1868, peuvent décider que chaque sociétaire sera tenu de verser d'avance une portion de la contribution sociale pour former un fonds de prévoyance. Le montant de ce versement, dont le maximum est fixé dans les Statuts, sera déterminé chaque année par l'assemblée générale. » L'ensemble des sommes recueillies constitue le *fonds de prévoyance* qui est absolument facultatif. A côté de ce *fonds de prévoyance* existe le *fonds de garantie* auquel l'assuré doit contribuer tout aussi bien qu'au fonds de prévoyance [1]. D'après l'art. 29 du décret de 1868, « les tarifs annexés aux Statuts fixent, par degrés de risques, le maximum de la contribution annuelle dont chaque sociétaire est passible pour le paiement des sinistres : ce maximum constitue le fonds de garantie ». Sur ce maximum de contribution annuelle il peut être appelé au commencement de chaque exercice une portion pour la constitution du *fonds de prévoyance*, comme il vient d'être dit ; le surplus n'est réalisable à la fin de l'exercice que si le *fonds de prévoyance* est inférieur au chiffre nécessaire pour le règlement des sinistres survenus dans l'année. Il est vrai que les Statuts peuvent convenir que dès le commencement de l'exercice annuel le maximum de la prime sera exigible, quitte à déterminer, lors du règlement des comptes en fin d'exercice, si une bonification doit revenir aux sociétaires. De pareilles clauses ne sont pas contraires au décret du 22 janvier 1868 qui, du reste, n'a pas prévu l'espèce [2]. Quand on perçoit immédiatement le maximum de la contribution le *fonds de prévoyance* et le *fonds de garantie* se confondent [3].

La création d'un *fonds de prévoyance* encaissé et d'un *fonds de garantie* réalisable expose les adhérents à réitérer des versements pour le *fonds de garantie*, si le *fonds de prévoyance* ne suffit pas pour faire face aux paiements qui incombent à l'association, par exemple en cas d'épidémie, de mortalité excessive dépassant les prévisions etc. Il y a là un inconvénient réel. Pour l'atténuer, puisque sa suppression n'est guère possible, sous l'empire de cette conviction qu'il importe à une association d'assurance mutuelle d'avoir un véritable patrimoine attestant sa personnalité et sa permanence et bien qu'il ait été soutenu que c'était aller contre l'idée mère de la mutualité que de préconiser l'épargne [4], les Mutuelles, sans y être forcées toute-

---

1. Paris, 1 juin 1897, *Rec. pèriod. des assur.*, 97,539 ; *Journ. des assur.*, 98, 229.
2. Trib. civ. Troyes, 7 juillet 1887, *Journ. des Soc. Civ. et comm.*, 89,457 ; Paris, 1er mars 1889, *Gaz. des Trib.*, 15 mars 1889.
3. Clément : *op. cit.*, p. 416 ; Houpin : *op. cit.*, n° 735.
4. La première idée qui vient à l'esprit, c'est que la constitution d'un fonds de réserve aboutit à une injustice en ce sens que cette réserve formée par les premiers adhérents profite non pas à eux, mais aux adhérents postérieurs. Sans méconnaître que le fonds de réserve provient surtout de l'épargne des premiers associés et tout en avouant qu'il est beaucoup plus avantageux d'adhérer à une Mutuelle ancienne qu'à une Mutuelle qui se fonde, les partisans du *fonds de réserve* prétendent qu'il n'y a pas injustice.

fois [1], créent le *fonds de réserve*, c'est-à-dire un actif spécial, appartenant si bien à la Société que les adhérents ne peuvent élever aucune
prétention à son égard.

Son objet est, d'après l'art. 32 du décret de 1868, de « donner à la
Société les moyens de suppléer à l'insuffisance de la cotisation annuelle
pour le paiement des sinistres ». Il se forme par l'accumulation suc-
cessive des économies réalisées pour les exercices antérieurs et provenant soit du reliquat du fonds de prévoyance constitué chaque année,
soit des sommes non employées du compte de gestion. Ces économies
devraient logiquement être réparties entre les sociétaires puisque le
propre de la mutualité est de tout mettre en commun ; au contraire,
elles sont placées en réserve pour combler les lacunes qui pourraient
exister, au cours d'une année mauvaise, dans le *fonds de prévoyance*
sans avoir à faire appel au fonds de *garantie*.

L'indemnité que le contrat d'assurance tend à procurer se prélève
en premier lieu sur le *fonds de prévoyance* (c'est, en effet, à cet usage
qu'il est destiné) ; puis sur le *fond de réserve* à concurrence de la portion déterminée par les Statuts et qui ne peut excéder la moitié de ce
fonds par application de l'art. 32 du décret de 1868 (proportion très exceptionnellement atteinte, du reste, en pratique) ; enfin, si cela est nécessaire, sur le *fonds de garantie*, au moyen d'un appel supplémentaire,
jusqu'à concurrence du maximum de contribution fixé par les Statuts [2].

Les premiers associés, disent-ils (V. notamm. Clément : *op. cit.*, p. 119), en
constituant un fonds de réserve ont agi dans leur propre intérêt : ils ont
préféré la fixité de fait de la cotisation aux alternatives de répartitions
d'excédants et d'appels de fonds supplémentaires ; et à l'heure où les derniers venus des associés recueillent le bénéfice des sages opérations de leurs
devanciers, ceux-ci n'ont rien à regretter et n'éprouvent aucun préjudice ;
la circonstance que leur épargne a été favorable à d'autres ne fait pas
qu'elle leur ait été moins utile. Sans doute, il semble bien qu'on pourrait
leur reconnaître un certain droit sur ce capital qu'ils ont formé ; mais à
quel résultat pratique la reconnaissance de ce droit amènerait-elle ? On a
reculé devant les difficultés d'une sorte de liquidation qui tiendrait compte
aux associés primitifs de la part plus grande qu'ils ont eue dans l'épargne
commune.

1. Bien entendu, lorsque la Mutuelle a résolu de constituer un fonds de
réserve, elle doit observer les prescriptions de l'art. 32 du décret de 1868 :
fixation tous les cinq ans par l'assemblée générale, nonobstant toute stipulation contraire des Statuts, du montant de ce fonds de réserve ; restriction
aux dispositions statutaires concernant tant le mode de formation que
l'emploi de ce fonds en ce sens que dans aucun cas le prélèvement sur le
fonds de réserve ne peut excéder la moitié de ce fonds pour un seul exercice ;
droit exclusif de l'association pour le fonds de réserve dont le reliquat, en
cas de dissolution, doit recevoir l'emploi décidé par l'assemblée générale
dans une délibération soumise à l'approbation de l'autorité publique.

2. Comp. au sujet de la question de l'appel au fonds de garantie. Trib.
civ. Seine, 23 mars 1889 (*Rev. périod. des assur.*, 89, 73, et les observations,
ibid.)

Il peut arriver que ces divers fonds ne puissent livrer qu'une somme
insuffisante : comme l'association ne saurait être admise à réaliser un bénéfice de ce chef, souvent les Statuts décident que le complément sera fourni

Ces règles sur le mode de constitution de l'indemnité que le contrat d'assurance a pour but de procurer, sont certaines ; elles sont appliquées d'une façon constante. Il ne s'est jamais élevé aucune difficulté à cet égard. Les raisons se devinent trop aisément pour qu'il soit nécessaire de les relever et d'insister ici.

---

par les recettes de l'exercice postérieur. Cette solution est aussi logique qu'équitable ; elle est absolument valable d'après l'art. 1134. Le même article consacre, d'autre part, la solution contraire. Rien n'interdit d'insérer dans les Statuts une clause disposant que les fonds d'un exercice ne pourront être reportés à un autre exercice. C'est la conséquence de cette règle que la convention fait la loi des parties. Seulement ce procédé est un peu rigoureux ; aussi a-t-il paru convenable de limiter cette déchéance au cas d'une convention formelle et de décider, en particulier, que dans le silence des Statuts les fonds disponibles des exercices à venir peuvent être appliqués à régulariser la situation. Il faut ajouter qu'en pratique les Mutuelles acquittent l'arriéré avec des fonds pris sur les exercices postérieurs.

CHAPITRE DEUXIÈME

OBLIGATIONS DE L'ASSUREUR, DE L'ASSURÉ ET DU BÉNÉFICIAIRE

Que le contrat d'assurance sur la vie intervienne avec une Compagnie à prime fixe ou avec une Société mutuelle, il y a toujours trois individualités prenant part à l'opération : l'adhérent qui joue le rôle d'assuré en ce sens qu'il stipule que moyennant certaines prestations fournies par lui à ses associés une somme sera remise par l'ensemble de ces derniers dans des conditions déterminées ; la collectivité des adhérents ou sociétaires qui joue le rôle d'assureur puisqu'il leur incombe, en retour des prestations dont il vient d'être parlé, de constituer par des versements fractionnés la somme totale qui devra être versée à une autre personne ; enfin le bénéficiaire, c'est-à-dire la personne en vue de laquelle est conclue l'opération, qui en recueillera le profit. Ce bénéficiaire peut être désigné sinon nommément, au moins d'une façon suffisamment précise pour qu'il n'existe aucun doute sur sa personnalité ; en pareil cas, ce qui intervient en sa faveur, c'est la stipulation prévue par l'art. 1121 C. Civ. Seulement rien n'interdit de procéder autrement. Il est parfaitement permis de traiter en faveur de personnes non expressément déterminées ; en pareil cas, on ne saurait induire que le stipulant a entendu attribuer nominativement à telle personne le bénéfice de l'assurance ; le caractère vague de l'indication autorise à croire que l'assuré a entendu contracter à à son profit [1].

1. Même si la stipulation est conclue au profit d'une personne déterminée, elle ne rend pas le bénéficiaire sociétaire ; elle attribue le profit mais rien que le profit et ne peut conférer le droit d'entrer dans la mutualité. A plus forte raison doit-il en être de même lorsque les personnes ne sont pas indiquées expressément. On ne saurait accorder le droit d'entrée dans une Société à des personnes dont le nom peut être inconnu lors de la réduction du contrat. — V. Rouen, 25 juillet 1881, D. P. 82, 2, 63 ; S. 82, 2, 112.

Lorsqu'une personne adhère aux Statuts et entre dans une association d'assurance mutuelle, elle est en même temps assureur et assuré ; le propre de l'assurance mutuelle, est, en effet, que l'assureur et l'assuré ne fassent qu'un. Néanmoins il importe d'établir une distinction au point de vue des obligations, entre l'association prise en tant qu'individualité morale et l'adhérent. Il tombe sous le sens qu'en invoquant ce fait qu'il est associé, l'assuré doit se conformer aux engagements que lui impose la nature même des choses, qu'il ne peut compromettre la situation de la Société, lui imposer de son plein gré des pertes réelles. Il est non moins vrai que la collectivité est tenue d'accomplir à l'égard d'un seul certains devoirs, certaines prestations. Sous le régime de la mutualité, il y a deux parties dont les obligations sont non seulement tout-à-fait distinctes, mais dont les intérêts même sont souvent opposés, l'une, représentée par la collectivité des adhérents ou tout au moins par le préposé qui sera chargé de vérifier si les conditions mises pour le versement de la somme convenue sont remplies, l'autre, personnifiée sinon par l'adhérent au moins par ses ayants-droit.

SECTION I

Obligations de l'assureur.

L'admission d'une personne dans l'association d'assurance mutuelle engendre à la charge de cette dernière des obligations. Ces obligations existent pour les différentes phases que doit traverser un contrat d'assurance, au moment de la formation de l'engagement, au cours de l'assurance, enfin à l'époque où se produit l'événement qui met un terme à l'opération.

Lors de la formation du contrat, le représentant de l'association est tenu de faire connaître d'une manière scrupuleuse la personnalité de l'association, la constitution et surtout la nature juridique à l'effet d'éviter le reproche qui pourrait être tiré de la dissimulation des caractères légaux que le futur assuré a intérêt à connaître.

L'erreur sur la personnalité de l'assureur, sur son genre d'opérations autorisant l'assuré à ne pas se considérer comme lié, le représentant ou gérant de l'association ne remplirait pas le devoir qui lui incombe non seulement s'il trompait intentionnellement le contractant, mais aussi s'il ne l'éclairait pas d'une manière suffisante, le juge du fait ayant le droit de rechercher si l'adhérent a été trompé ou s'il a pu se tromper.

Le futur assuré doit connaître exactement les conditions dans lesquelles l'opération intervient d'une manière générale. De là, l'obligation rigoureusement imposée à l'association de lui révéler exactement la teneur des Statuts, avec les modifications introduites après leur approbation au moment où il s'est offert d'entrer dans la Société. C'est à l'instant où il a à apprécier s'il doit solliciter son admission que l'intéressé doit être bien fixé sur les termes des Statuts parce que telle clause peut influer sur sa résolution. Enfin lorsque le conseil d'administration a accepté l'offre et qu'il y a, par conséquent, accord des volontés, une police doit être remise. C'est le titre qui permettra de retirer du contrat le profit en vue duquel il a été passé. Cette police doit être régulière, c'est-à-dire doit porter la signature du représentant de l'association [1] et contenir, au moins, les énonciations indiquées par l'art. 28 du décret du 22 janvier 1868, en d'autres termes, les conditions spéciales de l'engagement, sa durée ainsi que les clauses de réalisation, et aussi les dispositions édictées pour la constitution de la Société, la réduction, le rachat, le mode de répartition, etc. Si la police ne fournissait pas toutes les prescriptions édictées par les Statuts, l'adhérent devrait recevoir en même temps un exemplaire donnant le texte entier; d'après le décret de 1868 il importe que la police constate la remise de ce document.

Pendant la durée du contrat, l'adhérent est en mesure d'exiger certaines garanties, afin qu'il y ait certitude pour lui que le contrat pourra produire son effet et que son adhésion ne sera point illusoire.

I Tout d'abord l'association doit observer les prescriptions du décret d'autorisation, parce que l'Administration a, en cas de violation, la faculté de prononcer la suspension des opérations, sinon le retrait [2]. Elle doit non moins se conformer aux Statuts qui constituent sa loi; elle ne doit rien faire en méconnaissance des dispositions qui ont été acceptées parce qu'une inobservation des prescriptions pourrait susciter des récriminations de la part des adhérents, récriminations qui pourraient se traduire par des mesures de rigueur et aussi parce qu'elle serait de nature à amener la suppression de l'autorisation exigée pour le fonctionnement de toute Société d'assurance sur la vie. Le décret qui approuve les Statuts édicte, en effet, la révocation de l'autorisation au cas de violation ou de non exécution des Statuts approuvés et des conditions imposées par l'autorité pour le fonctionnement de l'association. Le retrait de l'autorisation mettant la Société dans l'impossibilité de continuer ses opérations, l'administration de l'association ne remplirait pas l'engagement qu'elle a contracté vis-à-vis de l'adhérent qui lui a fait confiance, si, par son fait, elle empêchait le contrat de se poursuivre dans les conditions normales jusqu'à l'arrivée de la condition prévue.

1. Bien entendu les agents d'une Société d'assurances mutuelles n'ont pas qualité pour modifier la police signée par le directeur. — Just. de paix Paris, 8 octobre 1890, Rev. périod. des assur., 90, 411.

2. Cons. d'Et., 26 juillet 1889, Lehon, Rec. des arr. du C. d'Et., p. 895.

Il est à peine besoin de faire observer qu'à raison même de sa situation de sociétaire, la personne qui fait partie d'une Mutuelle doit être soigneusement mise au courant de tout ce qui est de nature à altérer, à modifier le caractère de la Société et même de tout changement apporté aux Statuts. Son intérêt lui crée un droit à la connaissance de tout fait de nature à changer les conditions au vu desquelles elle a traité. L'association ne saurait se refuser à fournir ces justifications [1]. Pareillement, elle est tenue de faire connaître à l'adhérent qui le réclame le fonctionnement de la Société et en particulier les raisons qui font proposer une répartition pure et simple de la contribution ou une contribution supplémentaire : l'art. 24 du décret de 1868 dispose formellement que quinze jours avant la réunion de l'assemblée générale chargée de prononcer sur la situation de l'association, d'approuver les bilans et les comptes, le sociétaire peut soit prendre connaissance par lui ou par un représentant, soit se faire délivrer copie de l'inventaire et de la liste des membres composant l'assemblée générale [2].

De ce qu'il est un associé, l'adhérent est en mesure d'obtenir toutes les justifications pour le montant des frais de gestion qui se prélève sur la cotisation ou qui peut être acquitté au moyen d'une contribution supplémentaire. Cette répartition des dépenses indispensables se fait par les soins de l'Assemblée générale, ou par le Conseil

1. Paris, 15 décembre 1890, *Rec. périod. des assur.*, 90, 458. Cet arrêt établit fort bien que l'administration qui veut faire modifier les Statuts, doit faire connaître très explicitement au sociétaire les points sur lesquels des modifications seront proposées et le sens de ces modifications. V. dans le même sens, Trib. civ. Seine, 2 juin 1892, *Journ. des assur.*, 92, 449.

L'association n'a pas le droit d'opposer les agissements de l'assuré qui, dans l'ignorance de la modification, a procédé sous l'empire de dispositions anciennes. — Trib. civ. Seine, 14 janvier 1896, *Rec. périod. des assur.*, 96, 213 ; Paris, 27 novembre 1896, *ibid.*, 97, 79 ; *Journ. des assur.*, 97, 152.

D'après l'art. 20 du décret de 1868, toute modification est portée à la connaissance des sociétaires dans le premier récépissé de cotisation qui leur est délivré ; l'indication doit être complète, c'est-à-dire contenir les termes même des articles modifiés (Paris, 27 novembre 1896, *Rec. périod. des assur.*, 97, 79 ; *Journ. des assur.*, 97, 152) : un reçu de la poste pour port d'imprimés, comme le décide cet arrêt, serait donc inopérant comme ne spécifiant ni la nature de l'imprimé envoyé, ni le nom du destinataire. La mention au dos de la quittance suffit-elle ? Le Tribunal de la Seine ne le pense pas. V. Trib. civ. Seine, 30 octobre 1895 et 14 janvier 1896, *Rec. périod. des assur.*, 95, 259 et 213.

2. Le sociétaire ne peut réclamer que la communication des pièces indiquées dans ce texte. — Just. de paix Paris, 8 octobre 1890, *Rec. périod. des assur.*, 90, 471.

Le sociétaire peut-il à tout moment et en justifiant d'un intérêt sérieux, demander à la justice que les divers documents soient mis à sa disposition ? L'affirmative pourrait s'induire d'un arrêt de la Cour de Cassation du 3 décembre 1872 (D. P. 74, 1, 191), qui a reconnu la validité d'une pareille action pour l'associé d'une commandite par le motif qu'il est copropriétaire du capital social, qu'il a, dès lors, le droit incontestable de veiller à sa conservation et de vérifier quelle est la situation exacte de la Société.

d'administration, mais quel que soit le mode adopté le sociétaire a le droit absolu à être renseigné [1]. L'absence d'une disposition dans la police à ce sujet ne dispenserait pas le représentant de la Société de fournir les comptes de répartition? Toutefois, l'obligation de l'association ne porte que sur la communication; il faudrait donc repousser toute demande de vérification des registres par un expert [3], de contrôle des comptes et répartitions régulièrement approuvés [4].

II. Le représentant de l'association a pour mission de maintenir la stricte exécution des contrats. Plus que jamais c'est nécessaire, le sociétaire étant en même temps assureur et assuré et participant aux charges comme aux avantages de l'association.

III. Une obligation stricte de l'association est de veiller à la gestion des fonds destinés à payer les indemnités, non seulement de les recueillir, mais encore d'en faire l'emploi imposé par la législation qui régit la matière.

De ce que le contrat d'assurance mutuelle a pour objet d'imposer dans certaines conditions à l'association de payer soit au mutualiste, soit à l'ayant-droit de ce dernier une somme déterminée, il semble que le rôle de l'association devrait consister uniquement à servir d'intermédiaire, après chaque décès, entre le créancier de l'indemnité et les débiteurs de la contribution, à réclamer les fonds à ces derniers et à effectuer le paiement : l'association n'aurait alors ni caisse, ni patrimoine. Mais un pareil mode de procéder, par trop primitif, serait incompatible avec le fonctionnement régulier de l'association. Aussi les nécessités de la pratique l'ont-elles fait abandonner. Au début de chaque exercice les sociétaires effectuent un versement, lequel est affecté au règlement des sommes dues dans l'année; souvent même, sans que, à la vérité, il y ait une obligation à cet égard, l'art. 20 du décret du 22 janvier 1868 n'édictant pas une disposition impérative, à côté de ce fonds dénommé *fonds de prévoyance*, il en existe un autre appelé *fonds de réserve* et constitué au moyen d'économies réalisées sur les exercices qui se sont clos par des excédants pour remédier, en cas de multiplicité des sinistres durant une période déterminée, à l'insuffisance des cotisations.

1. Peut-être, d'après certains auteurs (Hecht : *op. cit.*, n° 29), une distinction doit-elle être faite quant au mode de communication. Au cas où la répartition serait faite par l'assemblée générale, la communication devrait avoir lieu dans les termes de l'art. 24 du décret de 1868. Dans l'espèce contraire la communication des pièces devrait avoir lieu à la direction.
Il a été jugé (Trib. civ. Anvers, 10 mars 1857, *Journ. des assur.*, 60, 351), qu'en présence d'une police stipulant que le Conseil d'administration était chargé d'arrêter la répartition des charges sociales, il n'appartenait pas à chaque associé de demander la communication des pièces justificatives même si la police prescrivait que ces pièces seraient conservées à la direction où tout sociétaire pourrait aller les consulter.
2. Agnel : *op. cit.*, n° 196 ; Hecht : *op. cit.*, n° 30.
3. Trib. civ. Seine, 30 janvier 1888, *Gaz. des Trib.*, 10 février 1888.
4. Trib. civ. Seine, 23 juillet 1859, *Journ. des assur.*, 60, 31.

CONTRAT D'ASSUR. SUR LA VIE. — T. IV. 4

Le rôle de l'association est de réclamer à chaque adhérent, à l'époque convenue, sa contribution pour le fonds de prévoyance, sa cotisation en un mot, de conserver les sommes produites de la sorte afin de procéder immédiatement au règlement des indemnités et de gérer en même temps les économies qui composent le fonds de réserve. Naturellement les Mutuelles ne gardent pas les fonds dans leur caisse. Il est de leur intérêt bien entendu de les faire fructifier par des placements. Seulement tout placement n'est pas permis. L'art. 33 du décret de 1868 indique les valeurs qu'il est permis à une Mutuelle d'acquérir et encore à la condition de les immatriculer au nom de la Société : les rentes sur l'État [1], bons du Trésor, ou autres valeurs créées ou garanties par l'État, actions de la Banque de France, obligations des départements et des communes, du Crédit foncier de France ou des Compagnies françaises de chemins de fer ayant un minimum d'intérêt garanti par l'État. L'achat de toutes autres valeurs est interdit. Le texte et l'esprit de la loi s'accordent pour ne pas admettre la possibilité d'acquisitions de valeurs de spéculation [2]. La vente de pareilles valeurs serait nulle [3] pour incapacité de l'acheteur et pour-

1. Les capitaux convertis en rentes sur l'État participent de la nature de ces rentes (Trib. Seine, 10 août 1852, Bonnev. de Mars., III, 39) ; ils sont donc insaisissables, bien qu'étant la propriété éventuelle de tous les sociétaires (Trib. Vouziers, 11 janvier 1855, Bonnev. de Mars., III, 43 ; Trib. Seine, 17 mai 1866, ibid., III, 123).

2. La crainte de la spéculation est telle que l'on a vu parfois le Conseil d'État exiger l'insertion dans les Statuts d'une clause prohibant, même pour les fonds publics et les valeurs mobilières admises, toute opération ayant le caractère de spéculation et n'ayant pas pour résultat la livraison ou la levée des titres. Les emprunts par hypothèque ou autrement sont interdits.

3. C'est le Conseil d'administration qui répondrait des agissements de la direction à cet égard. On a soutenu, à la vérité, que si la responsabilité se conçoit pour les administrateurs des Sociétés anonymes ordinaires par le motif qu'ils sont institués pour servir de conseils permanents aux directeurs, pour exercer un contrôle incessant, il n'en saurait être de même au cas de Mutuelles, les pouvoirs de la direction étant plus étendus, les obligations des administrateurs étant, par cela même, plus restreintes et le devoir de ces derniers consistant non pas à pénétrer dans le détail de tous les actes que comporte la gestion de la Société, mais uniquement à s'assurer si la Société observe bien les règles générales imposées à son fonctionnement.

Cette distinction est quelque peu arbitraire, a-t-il été répondu. Qu'il s'agisse d'une Société anonyme ordinaire ou d'une Mutuelle, le conseil d'administration est toujours institué pour concourir à la gestion de la Société, ou tout au moins pour surveiller ou contrôler les actes des gérants. (Note, 8, 98, t. 217.)

La négligence des administrateurs engage donc leur responsabilité. Pour justifier cette solution on a parfois, dans le silence du décret de 1868, déclaré applicables les dispositions de la loi du 24 juillet sur les Sociétés (V. notamm. Clément : op. cit., p. 90 et 95).

À la vérité, il a été soutenu que le décret de 1868 constitue le seul règlement légal applicable aux Mutuelles (Lyon-Caen et Renault : Tr. de Dr. comm., T. II, n° 935 ; Boupin : Tr. gén. des Sociét. civ. et comm., T. II, n° 973 ; Trib. civ. Seine, 18 août 1883, Rev. des Sociét., 84, 756). Mais la responsabilité

rait même entraîner la responsabilité des administrateurs qui l'auraient illégalement opérée [1]. Il faut en dire autant pour les valeurs
étrangères [2]. Au contraire, rien n'interdit à une Mutuelle d'acquérir
des immeubles situés en France [3]. Bien certainement l'art. 33 du décret ne les vise pas, pour les Mutuelles, à la différence de l'art. 6 qui
autorise les Sociétés à primes fixes à employer leurs fonds à des
acquisitions d'immeubles; mais sans s'arrêter à ce que l'on peut dire
pour justifier une différence de traitement [4], considérant qu'il y a eu
vraisemblablement inadvertance de la part des rédacteurs du décret

des administrateurs ne résulte-t-elle pas du droit commun? Or, d'après le
droit commun tout mandataire (et l'administrateur est incontestablement
un mandataire) répond de sa faute, de sa négligence.
     La loi attache une importance si grande à l'emploi des capitaux versés
dans la caisse de la Mutuelle qu'elle indique les valeurs qui devront être
acquises; le contrôle des administrateurs étant seul capable d'assurer l'observation de ces dispositions impératives, il est inadmissible qu'il n'existe
pas une sanction, et qu'en soutenant qu'ils ne peuvent être assimilés à des
administrateurs ordinaires, les administrateurs puissent échapper à la responsabilité pour les pertes occasionnées par leur défaut de surveillance.
— Sic. Note, S. 98, 1, 217.
     Le juge du fait apprécie souverainement l'étendue des obligations impo-
sées aux administrateurs, les faits de négligence, d'incurie qui leur sont
imputés, le préjudice causé (Cass., 18 juillet 1894, S. 94, 1, 409; D. P. 95, 1, 113;
Cass., 10 janvier 1898, S. 98, 1, 217). A la Cour de Cassation revient le soin
d'apprécier si des obligations et des faits constatés résulte juridiquement
une faute. — Cass., 22 octobre 1890, S. 90, 1, 532; D. P. 92, 1, 342.
     1. Clément : op. cit., p. 123; Houpin : op. cit., T. II, n° 741. Il faut ajouter
que la nullité de l'opération ne serait qu'une nullité relative de telle sorte
que l'irrégularité ne pourrait être invoquée par les personnes qui, maîtresses
de leurs droits, auraient traité avec l'association ni par leurs créanciers à
leur défaut. — Cass., 26 mai 1895, D. P. 94, 1, 556; et sur renvoi: S. 94, 1, 265;
Grenoble, 18 juin 1895, Journ. des assur., 95, 558. Contra, Lyon, 6 janvier 1892
(arrêt cassé), Journ. des assur., 92, 156.
     On ne saurait soutenir que la disposition de l'art. 33 est d'ordre public :
elle n'intéresse pas directement l'ordre général de l'État, elle ne concerne
même pas le public, c'est-à-dire l'ensemble des citoyens, dans leurs intérêts
privés; elle est édictée en faveur d'une catégorie, peut-être nombreuse,
mais encore bien limitée de personnes, celles qui s'adressent aux Sociétés
d'assurances mutuelles; il suffit pour que le but du décret de 1868 soit
atteint que toutes ces personnes puissent invoquer cette nullité : or, ces
personnes sont exactement représentées par la Société qu'elles ont formée
entre elles sous le nom de mutualité; il suffit pour que le vœu du législateur soit rempli que la nullité puisse être demandée par les représentants
de la Société. — Note, D. P. 94, 1, 556.
     2. Toutefois la Société peut avoir recours à des valeurs étrangères pour
les fonds destinés à fournir les cautionnements exigés par les gouvernements des pays où elle aurait décidé d'étendre ses opérations.
     3. Et par conséquent de consentir des avances garanties par des hypothè-
ques portant sur des immeubles situés en France. Il n'y a pas de raison
pour interdire ces prêts puisque l'association peut consentir des prêts sur
les valeurs dont la liste est donnée par l'art. 33.
     4. Le fonds de réserve d'une Mutuelle, unique ressource de l'association
pour éviter l'expédient des appels supplémentaires ou même le paiement
des indemnités au marc le franc, doit être d'une réalisation facile. Une Compagnie à primes a des ressources plus variées; elle a, notamment, un capital
de garantie. — Clément : op. cit., p. 122.

de 1868 [1], il est admis aujourd'hui [2] que l'art. 33 est simplement énonciatif et qu'en gardant le silence sur les acquisitions d'immeubles mentionnées dans l'art. 5 il n'a pas entendu les interdire [3].

La disposition qui impose l'emploi concerne-t-elle tous les fonds sans exception que possède l'association ? L'affirmative semble justifiée par le texte de l'art. 33 qui paraît avoir une portée générale, car il dit : « les *fonds* de la Société doivent être placés... » Pourtant cette interprétation n'a pas prévalu. L'obligation d'emploi ne s'applique qu'au fonds de réserve ; les deniers du fonds de prévoyance étant destinés à régler les indemnités au fur et à mesure qu'elles sont exigibles, on ne saurait concevoir une immobilisation par un placement en valeurs nominatives [4].

IV. L'association ne doit pas seulement prendre toutes les mesures propres à opérer le partage des excédants bénéficiaires au cas où il est possible, disposer de ressources suffisantes pour régler les indemnités quel qu'en soit le chiffre, sauf à elle à recourir à certaines précautions [5]; elle doit surtout rester solvable jusqu'à l'échéance du contrat.

1. Lyon-Caen et Renault : *Tr. de Dr. commerc.*, T. II, n° 966 ; Labbé : Note, S. 88, 1, 401.

2. Cass., 20 février 1888, S. 88, 1, 401 ; D. P. 89, 1, 361 ; Labbé : Note, S. 88, 1, 401 ; Boupin : *op. cit.*, n° 771 ; Lyon-Caen et Renault : *Tr. de Dr. commerc.*, T. II, n° 966 ; Rousseau : *Manuel prat. des Sociét. par actions*, 2e édit., n° 1302 ; Note, D. P. 89, 1, 361 ; Ruben de Couder : Supplém., v° *Assur. mut. terr.*, n° 9 ; Clément : *op. cit.*, p. 123. Ce dernier auteur ajoute avec raison : l'installation des bureaux dans un immeuble qui appartient à l'association présente de grands avantages et si l'on se trouvait dans l'obligation de puiser largement dans le fonds de réserve à la fin d'un exercice clôturé par un déficit, il serait facile de faire face à la crise au moyen d'un emprunt hypothécaire, des Statuts, en prévision de cette éventualité, autorisant l'hypothèque de l'immeuble social.

Au point de vue de la sécurité, que vise surtout l'autorité, les placements immobiliers offrent, en général, autant sinon plus de garantie que les emplois en valeurs mobilières.

3. Il faut noter qu'avant 1868, plusieurs Mutuelles avaient été autorisées à acquérir des immeubles pour y installer leurs bureaux, que ces associations, placées sous le régime du décret du 22 janvier 1868, avaient conservé les immeubles qu'elles avaient régulièrement achetés antérieurement et que la rigueur de la loi a, sans nul doute, paru à la Cour de Cassation, lorsqu'elle a eu à statuer sur la question, en désaccord complet avec la pratique antérieure. — Clément, *loc. cit.*

Il a été décidé que si l'inobservation des prescriptions édictées par l'art. 33 du décret du 22 janvier 1868, peut entraîner la nullité du contrat, cette nullité, purement relative, ne peut être invoquée par ceux qui, maîtres de leurs droits, ont traité avec la Société. — Cass., 26 mai 1891, *Rev. des Sociét.*, 94, 410 ; D. P. 94, 1, 556.

4. Clément : *loc. cit.* Boupin : *loc. cit.*

5. Les Mutuelles créées à une époque quelque peu éloignée ont pu, en prélevant chaque année une fraction sur la cotisation des adhérents, constituer de larges réserves. La situation est différente pour une Mutuelle de date récente. Afin de parer au danger que pourrait faire courir une multiplicité de sinistres, danger d'autant plus grand que les Mutuelles n'ont pas, comme les Compagnies d'assurances à primes fixes, un capital social tenant lieu de réserve dès le début, des associations ont imaginé de placer leurs opérations

L'insolvabilité des Sociétés se traduit par la faillite. La faillite de l'assureur autorise l'assuré, par application de l'art. 346 C. Com., à demander, à son choix, une caution ou la résiliation du contrat. Mais les Mutuelles ne constituant pas des Sociétés commerciales, puisque

sous la garantie de Sociétés anonymes qui, moyennant l'abandon d'une part à déterminer sur le produit des cotisations, prennent à leur charge les risques assumés par l'association,

Le contrat intervenu entre cette dernière et la Société garantie (contrat dont le caractère est absolument licite et peut être appliqué pour toutes les formes de l'assurance) est non pas un contrat de cautionnement, puisque la Société garante ne prend aucun engagement au regard des adhérents, mais bien un contrat de réassurance, contrat pour lequel, à la vérité, il faut tenir compte du caractère spécial de la Mutuelle (V. la note, D. P. 87. 2,226; Clément : op. cit., p. 159). C'est ainsi que le contrat de réassurance doit respecter la règle de la variabilité des primes et que, quel que soit le mode adopté pour la rémunération du réassureur, qu'il lui soit alloué tout ou partie des cotisations perçues ou simplement au forfait, la Mutuelle devra conserver le moyen de faire varier la quotité des cotisations suivant l'importance des sinistres (Paris, 1er mars 1889, S. 90, 2,234). Mais sous le bénéfice de cette réserve, les règles admises par la jurisprudence en matière de réassurance devront être appliquées au traité de réassurance. — Note, S. 90, 2,234.

Il se peut que la Société garante soit hors d'état de faire face à ses engagements et qu'il y ait lieu de prononcer soit la dissolution, soit la mise en liquidation. En pareille circonstance, des Statuts déclarent que vu la mise en liquidation de la Société garante sans remplacement, la Mutuelle sera dissoute de plein droit. L'assuré peut alors se prévaloir de l'inexécution par l'association de son engagement de lui procurer la garantie d'une autre Société et demander soit la dissolution de la Mutuelle (Toulouse, 3 mars 1887, S. 90, 1,522; D. P. 87, 2,225), soit la rupture de son engagement, laquelle intervient en l'absence de sommation ou la mise en demeure lorsque les Statuts disposent que l'insolvabilité de la Société garante entraînera de plein droit la dissolution de l'association (Cass., 27 avril 1840, S. 40, 1,728; Cass., 29 novembre 1886, S. 87, 1,63); Sic, Note, S. 90, 2,235; Clément : op. cit., p. 157 et, Contra, Agen, 18 novembre 1887, Pand. franc. pér., 88, 2,22.

Seulement pour faire déclarer que la Mutuelle doit être considérée comme dissoute de plein droit conformément aux Statuts et, partant, que le contrat d'assurance doit être tenu pour résilié, l'assuré est tenu de l'obligation d'établir que les circonstances dont la réunion entraîne, d'après les Statuts, la dissolution de droit de la Mutuelle se sont réalisées. — Note, S. 90, 2,235; Note, Rec. périod. des assur., 1887, p. 389; Clément : op. cit. p. 155 et suiv.

La mise en liquidation de la Société garante sans remplacement ne saurait, à elle seule, autoriser l'assuré à prétendre qu'il est délié de ses engagements par l'événement de la clause de résolution prévue par les Statuts, (Besançon, 13 juin 1887, S. 90, 2. 233; D. P. 87, 2,225; Paris, 1er mars 1889, S. 90, 2,233). Cette solution qui s'appuie sur cette circonstance qu'une Société mise en liquidation continue de subsister pour les besoins de sa liquidation et que les contrats par elle passés peuvent continuer à recevoir exécution pendant que se poursuivent ses opérations, cette solution est exacte lorsque d'après les Statuts c'est moins la mise en liquidation de la Société garante sans remplacement qui doit entraîner la dissolution de la Mutuelle que la disparition des garanties promises aux assurés, disparition pouvant être la conséquence mais n'étant pas la conséquence nécessaire de la mise en liquidation de la Société garante sans remplacement par une autre. Comp. toutefois, Observations Rec. périod. des assur., 1887, p. 394.

De là, cette question essentielle mais de pur fait (Cass., 27 novembre 1888, S. 90, 1,521; D. P. 89, 1, 417) à résoudre : la Société garante, lors de sa mise en liquidation, a-t-elle un actif suffisant pour répondre des engagements pris au regard de la Mutuelle et dont elle reste tenue tant que les opérations de

l'assurance mutuelle, en principe, n'est pas un acte de commerce [1], les mutuellistes ne se groupant pas dans un but de spéculation, une Mutuelle ne saurait être mise en faillite; elle ne peut qu'être dissoute et voir prononcer sa liquidation forcée ou volontaire.

La disposition de l'art. 346 C. Com. étant générale et concernant toutes les assurances, les assurances à primes fixes comme les assurances mutuelles, et cet article s'appliquant non seulement au cas où il y a faillite déclarée mais cessation des paiements [2] et par conséquent au cas de liquidation forcée, l'association ne saurait être tenue de verser par avance le capital promis, son obligation étant purement conditionnelle comme il a été démontré précédemment [3]; elle est obligée de subir la demande de garantie émanant de l'adhérent; ce dernier peut, à son choix, réclamer soit une caution, soit la résiliation du contrat. Les règles posées pour l'application de l'art. 346 C. Comm. doivent être observées.

La situation n'est pas la même au cas de liquidation volontaire: l'assureur ne peut être tenu de subir la résolution que si les garanties sur lesquelles il était en droit de compter n'existent plus.

Si, comme il sera établi plus loin [4], la dissolution et la mise en liquidation font cesser les contrats en cours par la raison qu'il est impossible de maintenir des droits et des obligations alors que le lien social qui les engendre est rompu, pour le règlement des cotisa-

la liquidation n'ont pas pris fin. — Comp. en sens opposés, Toulouse, 3 mars 1887, S. 90, 1,522; D. P. 87, 2,225; Besançon, 15 juin 1887, S. 90, 2,233; D. P. 87, 2,225; Paris, 1er mars 1889, S. 90, 2,233, et la Note qui accompagne ces arrêts.
Désireuses d'obvier aux conséquences résultant pour elles de la disparition de la Compagnie garante, des Mutuelles ont immédiatement après la mise en liquidation de la Compagnie passé de nouveaux traités de garantie. La validité de semblables traités (passés par l'assemblée générale ou par le Conseil d'administration mais en vertu d'une délégation de l'assemblée générale) paraît certaine; ce qui est moins sûr c'est l'effet de ces nouvelles conventions quant à l'effet résolutoire prévu aux Statuts. (V. en sens contraires les arrêts précités de Toulouse, de Besançon et de Paris, et les remarques ibid.) Tout doit dépendre du maintien des garanties pour les assurés: les traités pourront être déclarés sans effet non pas seulement si la nouvelle Compagnie ne présente qu'une surface insuffisante, mais encore s'il s'est écoulé un long espace de temps depuis la mise en liquidation de la première Compagnie garante; les traités seront de nature à produire effet dans les circonstances opposées, notamment si dans l'intervalle entre la mise en liquidation et le nouveau traité le fonctionnement de la Société aura été assuré soit par les ressources disponibles de la Société mise en liquidation, soit par le concours de la nouvelle Société, en telle sorte que la garantie prévue dans le contrat aura toujours existé.
1. Douai, 4 décembre 1826; Paris, 28 mai 1857, S. 58, 2,497; Cass., 8 février 1860, S. 60, 1,207; D. P. 61, 1,183; Cass., 15 juillet 1884, S 85, 1,348; Paris, 26 avril 1886, et 4 février 1886, S. 87, 2,121.
2. Crespel Laurin: Cours de droit marit., T. IV, p. 444 en note; Lyon-Caen et Renault: Tr. de Dr. commerce, T. VI, n° 444 — V. aussi Dalloz: Rép. Suppléma., v° Droit maritime, n° 1009.
3. V. ce Traité, T. II, p. 9 et suiv.
4. V. plus loin ce qui est dit au sujet de l'extinction du contrat.

tions dues par les adhérents et des sommes exigibles lors de la dissolution, la Société subsiste pendant la durée et pour les besoins de sa liquidation. L'association est donc tenue de régler tant les sommes dues pour la gestion, par exemple les traitements des employés ou représentants, le loyer de l'immeuble occupé, que les sommes à verser entre les mains des mutualistes ou de leurs représentants à raison des circonstances donnant droit au capital assuré.

Il importe toutefois de fixer le rang dans lequel se présenteront ces deux ordres de créanciers.

La loi n'ayant rien dit, il semble rationnel de décider que les dettes sociales, les dettes d'un caractère purement administratif devront être acquittées par préférence avec le fonds de gestion, garantie naturelle, et aussi avec le fonds de réserve qui est un bien de l'association, et tout au contraire, d'affecter au règlement des indemnités, le fonds de prévoyance et, s'il le faut, le fonds de garantie qui ne constituent pas, à proprement parler, un bien de l'association [1]. La circonstance qu'une portion de la contribution est souvent encaissée au début de l'exercice pour la constitution du fonds de prévoyance ne fait pas qu'elle devienne par là le gage des tiers qui contractent avec l'association. Ceux-ci savent très bien que cet encaissement n'a lieu que pour assurer le paiement immédiat des indemnités. Au surplus, il ne serait pas logique de donner une situation pareille aux associations munies d'un fonds de prévoyance et à celles qui n'en ont pas. Or, dans ces dernières on ne réclame, à la fin de l'exercice, la part contributive de chacun qu'autant que des sinistres se sont produits dans l'année. C'est le montant des indemnités à payer par l'association qui détermine la quotité des versements à faire par chaque adhérent. Il n'y a pas là de place pour les créanciers sociaux. Enfin il serait profondément injuste de faire supporter tout le poids des charges sociales aux créanciers des sommes dues à raison des sinistres survenus dans l'exercice alors que tous les autres mutualistes seraient protégés par le maximum [2].

Les obligations pécuniaires ne cessent pas avec la liquidation.

Il se peut qu'après l'acquit de toutes les charges sociales la liquidation fasse ressortir un reliquat. Cette somme n'appartient pas à la liquidation. Les sociétaires réunis en assemblée générale doivent déterminer l'emploi de ce reliquat, emploi qui ne deviendra définitif, conformément à l'art. 32 du décret de 1868, qu'après l'approbation que le Gouvernement doit donner.

En cas de déficit de l'actif social, après épuisement de toutes réserves et de tous fonds de garantie, ce déficit est à la charge des associés au prorata de la valeur actuelle de leurs contrats [3].

1. Clément : op. cit., p. 461 ; Houpin : op. cit., n° 760.
2. Clément : op. cit., p. 462.
3. Les contrats admis sans compte de répartition ne sont pas alors soumis à réduction.

Lorsque se produit la condition prévue au contrat selon qu'il s'agit d'une assurance en cas de vie ou d'une assurance en cas de décès, l'association qui, au cours du contrat, est en mesure de soutenir qu'elle est étrangère au bénéficiaire et que, comme tel, ce dernier ne peut agir contre elle, est obligée de s'acquitter envers lui sous peine d'être exposée à une action de la part du bénéficiaire, elle est tenue de verser à la personne indiquée la somme convenue, dans les limites des Statuts [1]. De même que pour l'assurance souscrite avec une Compagnie à primes fixes, l'association ne saurait se dispenser de faire face à cette obligation, ni même recourir à des atermoiements du moment que le décès lui a été révélé (d'ordinaire dans un très bref délai), que les justifications nécessaires lui ont été fournies et du moment aussi qu'elle ne peut songer à invoquer les causes de déchéance.

Naturellement le paiement est fait entre les mains du bénéficiaire indiqué dans le contrat, la direction ayant toujours le droit de répétition en cas de règlement fait indûment entre les mains d'une personne sans droit, ni qualité. Il doit être intégral, à moins, bien entendu, que l'association ne soit encore créancière. Il se fait la plupart du temps au siège social, mais rien n'interdit à l'association de faire remettre le capital au domicile de la personne indiquée comme bénéficiaire. Ce paiement qui libère l'association, sauf à se voir opposer le paiement fait à une personne privée du droit de recevoir, se fait comptant, en espèces, en billets de banque. C'est le cas le plus ordinaire. Mais il est parfaitement loisible de convenir que le règlement s'effectuera au moyen d'autres valeurs, par exemple en rente française, en obligations de chemin de fer.

SECTION II

Obligations de l'assuré.

Par cela même qu'une personne adhère aux Statuts d'une Mutuelle et devient assurée, elle se soumet à des obligations. L'association ne peut être contrainte de s'acquitter que lorsque le sociétaire s'est conformé aux conditions que lui imposent soit les Statuts, soit les prescriptions particulières du contrat.

Les obligations qui incombent au sociétaire existent d'abord lors de la formation de l'engagement, en second lieu au cours du contrat.

De même que la personne qui traite avec un assureur à primes fixes, le membre d'une Mutuelle doit révéler exactement toutes les circonstances propres à faire connaître les circonstances dans lesquelles le

1. Les Statuts ont incontestablement le droit de limiter la somme payable. Parfois on a fixé à 200,000 fr. le maximum des assurances en cas de décès et à 50.000 fr., celui des rentes viagères.

risque sera garanti. C'est ainsi qu'il devra renseigner tant sur son âge, son domicile, son état civil (si une question est posée à cet égard)[1], sa santé et ses antécédents personnels à cet égard, que sur l'âge de ses parents et la santé des membres de la famille. Toutes les dispositions admises en matière d'assurance à primes fixes pour les déclarations que le proposant est tenu de faire, reçoivent purement et simplement leur application. Il va de soi que les renseignements dont il vient d'être parlé sont d'une absolue nécessité dans tous les cas, sans que la forme de l'assurance puisse motiver une dérogation. Bien mieux, une Mutuelle irait contre son but si elle acceptait des risques sinon inassurables, au moins médiocres au point de vue assureur.

L'art. 348 C. Comm. s'appliquant à toutes les assurances, lorsque l'adhérent se rend coupable d'une réticence, d'une fausse déclaration, d'une dissimulation ou inexactitude, l'assurance devient nulle. Seulement cette fois encore il n'en peut être ainsi qu'autant que le silence ou l'inexactitude est de nature à amener une appréciation erronée du risque à courir, en d'autres termes qu'autant que l'opinion du risque est diminuée ou que le sujet en est changé.

Bien entendu, l'assuré doit, lorsque telle est la condition imposée, subir la visite du médecin préposé par l'association et lui fournir toutes les indications utiles pour la rédaction du rapport au vu duquel les représentants de l'association statueront sur l'adhésion sollicitée.

L'assuré est également tenu d'indiquer les assurances qu'il a pu contracter ou qu'il a voulu contracter avec une autre Compagnie[2]. Il importe, en effet, que la Mutuelle connaisse l'accueil qui a été fait antérieurement à des propositions et notamment qu'elle sache pour quelles raisons une précédente assurance n'a pu aboutir.

Les Statuts ont soin de décider que la police n'engage la responsabilité de l'association qu'après le paiement du premier terme des cotisations. Cette disposition est absolument régulière. D'abord elle figure dans le contrat et, par conséquent, elle fait la loi des parties aux termes de l'art. 1134 C. Civ. En second lieu, elle est conforme à ce qui se passe pour toutes les assurances terrestres : il est, en effet,

1. Des Mutuelles réclament une réponse non seulement quant au mariage, au nombre des enfants et à leur santé, ce qui se conçoit fort bien, la constitution des enfants permettant de se rendre compte, la plupart du temps, de l'état des parents, mais aussi quant à la situation militaire de l'assuré. L'assureur a intérêt à savoir d'abord s'il n'y a pas eu cause de réforme motivée par une des maladies admises par la législation spéciale, en second lieu s'il n'y a pas eu un service, notamment hors d'Europe parce que le séjour dans certaines contrées peut avoir effet sur le tempérament.

2. Il importe de noter que d'après l'art. 27 du décret de 1868, les Statuts ne peuvent interdire aux sociétaires de se faire réassurer ou assurer à une autre Compagnie, mais qu'ils peuvent valablement stipuler que la Société sera immédiatement informée et aura le droit de notifier la résiliation du contrat.

de principe invariable que l'assuré doit obligatoirement payer la prime afférente à la première année [1].

Enfin lorsque le contrat l'impose au sociétaire, ce dernier doit acquitter les sommes qui habituellement sont payables lors de la remise de la police, le coût de la police et le droit ou la moitié du droit d'admission lorsqu'il en est exigé [2].

Qu'il soit passé avec une Compagnie à primes fixes ou avec une Mutuelle, le contrat est toujours un contrat d'assurance, reposant sur le hasard. Aussi, par application des principes généraux, le mutualiste qui désire maintenir le contrat doit-il s'abstenir de tout acte susceptible d'aggraver les risques. La sanction consiste dans la rupture du contrat : le contrat est sans valeur. Très certainement, il est absolument loisible d'édicter en pareille circonstance que les cotisations perçues appartiendront à l'association, sauf lorsqu'il a été payé au moins trois annuités complètes, auquel cas l'association aura à tenir compte de la valeur du contrat calculée à raison du nombre des annuités payées. Les Statuts stipulent, et avec raison, que l'association ne répond pas des risques de suicide, de duel et de mort survenue à la suite d'une condamnation judiciaire; bien entendu, cette énumération n'est en aucune façon limitative : toute autre cause d'aggravation de

1. En matière d'assurance sur la vie, nul ne l'ignore, le paiement de la prime ou de la cotisation est purement facultatif; cette règle toutefois ne reçoit pas application pour la première prime ou la première cotisation. — Cf. notre *Traité*, T. II, p. 43.

2. Il a été décidé (Paris, 31 décembre 1896, *Rec. périod. des assur.*, 96,76) que l'on peut induire la non-existence du contrat du fait qu'il n'y a eu ni remise de la police, ni paiement du coût de la police ou du droit d'admission.

Des Mutuelles ont quelquefois décidé que la personne qui désire adhérer doit, lors de l'envoi de la demande, verser une commission calculée à raison de 5 %. Une pareille disposition qui vise surtout les frais d'établissement et de gestion semble parfaitement licite. V. Cass., 14 décembre 1885, *Rec. arr. C. Lyon*, 88, 163; Cass., 21 décembre, 1887, *Rec. périod. des assur.*, 81,553; *Journ. des assur.*, 88, 29; Lyon, 14 février 1888, *Monit. jud. Lyon*, 3 mai 1888. *Contra.* Trib. comm. Seine, 30 décembre 1834, *Rec. arr. C. Lyon*, 88,163; Trib. civ. Roanne, 5 novembre 1888, ibid., 163. Il a même été décidé d'abord que cette commission peut être acquittée au moyen d'un billet, en second lieu qu'elle est irrévocablement acquise à la Société, alors même que pour une cause quelconque l'assuré ne donnerait pas suite à son engagement. — Rennes, 22 février 1876, Bonney, de Mars., II, 88; Trib. Roanne, 22 mars 1876, Bonney, de Mars., III, 211.

Le droit de commission peut-il être perçu en bloc ? La Cour de Cassation a décidé qu'au cas où une police stipule que la totalité des droits de commission dus à la Société sera exigible au moment de la signature de cette police, le juge du fait ne peut décider, en interprétant les Statuts, que ces droits seront perçus divisément et au moment de chaque versement annuel. (Cass., 14 décembre 1886, D. P. 87, 1.352; S. 88, 1, 63).

D'autres arrêts ont décidé que des Sociétés peuvent, au moment même de la souscription, percevoir le droit entier, dès la constitution de la Société mutuelle, alors même que le souscripteur n'aurait pas encore reçu sa police définitive. (Paris, 21 juin 1888, *Le Droit*, 12 juillet 1888 ; Lyon, 15 février 1888, *Gaz. des trib.*, 25 mars 1888 ; Cass., 26 décembre 1888, S. 89, 1, 119; D. P. 89, 1.168).

risques aurait le même effet que ceux indiqués dans la police et qui sont, du reste, les cas les plus fréquents.

Pareillement, à moins d'une convention expresse, laquelle donne alors lieu à des conditions particulières et notamment à une surprime, l'assuré ne peut, à peine d'une résiliation qui est encourue de plein droit et dès l'instant même où l'aggravation du risque a pris naissance, embrasser la profession de marin, voyager ou séjourner dans les contrées qu'excluent d'ordinaire les assureurs mais qui naturellement doivent être indiquées d'une façon suffisamment précise. D'ordinaire, l'état militaire ne constitue pas, par lui-même, une aggravation de risque; aussi l'assureur se borne-t-il à écarter le cas de guerre en principe; seulement il lui est parfaitement permis de convenir que le service militaire hors de la France continentale ne sera pas compris dans les conditions habituelles et qu'en pareil cas il y aura lieu de recourir à d'autres conditions, en particulier avec une surprime.

De ce que celui qui a contracté avec une Mutuelle est un assuré aussi bien qu'un assureur en même temps qu'un sociétaire, il suit qu'il doit acquitter les prestations annuelles indiquées par la police et qui représentent le prix de la garantie fournie par l'association, contribuer aux charges sociales[1]. Cette contribution porte le nom générique de cotisation; son chiffre maximum est fixé par la police.

La responsabilité de l'adhérent est limitée au montant des cotisations versées, lesquelles constituent pour chacun un maximum de garantie ou de contribution aux charges sociales. Aucune obligation n'incombe pour la part des coassociés insolvables; le contrat d'assurance mutuelle n'implique aucune solidarité entre les divers sociétaires[2].

La contribution ou cotisation qui est, dans la réalité des choses et le plus souvent[3], l'unique ressource de la Mutuelle, en ce sens que c'est avec elle que se constituent le fonds de prévoyance, le fonds de garantie et le fonds de gestion, se compose de deux parties : l'une destinée au service des indemnités et désignée fréquemment en pratique par

1. Dans les Sociétés d'assurances mutuelles, lit-on dans un arrêt de la Cour de Cassation du 2 août 1893 (D. P. 94, 1,213 ; S. 94, 1, 278), le capital social est formé par les cotisations des assurés; chaque associé étant ainsi à la fois assureur et assuré est, en conséquence, débiteur de ses cotisations pour la durée de son assurance, ou jusqu'à la dissolution de la Société si la Société se dissout avant que son assurance n'ait pris fin.

2. Grün et Joliat : op. cit., n° 249 ; de Lalande et Couturier : op. cit., n° 137 ; Hecht : op. cit., n° 25.

L'approbation des comptes rend-il définitif la libération résultant du versement? Décidé (Trib. civ. Seine, 25 mars 1889, Rec. périod. des assur., 89,271) qu'il doit être fait exception au cas où les éléments du compte ont été faussés et contiendraient des erreurs et des omissions.

3. Il arrive parfois que pour faire face aux frais de premier établissement et pour assurer dès l'origine l'exécution des engagements les Statuts (qui en ce cas règlent le détail) créent un capital de garantie divisé en parts amortissables au moyen des réserves à constituer. Ce procédé est parfaitement licite.

le nom de *contribution*; l'autre nommée plus spécialement *cotisation*
a pour but de subvenir aux frais d'administration.

C'est qu'en effet les charges sociales sont de trois sortes.

Il y a d'abord les paiements à effectuer en exécution des engagements souscrits, en d'autres termes les sommes à remettre aux bénéficiaires. Il y a en second lieu les réserves mathématiques des contrats,
c'est-à-dire les capitaux nécessaires pour remplir, aux échéances
prévues, tous les engagements résultant de ces contrats, la réserve
affectée à chaque police par l'inventaire annuel étant la somme qui,
d'après les tarifs de la Compagnie, représente la valeur actuelle de
cette police, la dite somme ne pouvant être inférieure à celle que la
Compagnie devrait, suivant ses tarifs, et abstraction faite de toute
commission, payer à une autre Compagnie pour lui faire reprendre
ou réassurer le même engagement. Il y a enfin parfois [1] les frais généraux ou de gestion [2] dont le maximum est fixé par les Statuts [3] et
la quotité déterminée chaque année par l'assemblée générale [4].

1. Si la Société mutuelle peut prendre à sa charge les frais d'administration, il arrive parfois qu'afin de diminuer l'aléa de cet élément de la cotisation et d'éviter les appels de fonds supplémentaires, les sociétaires réunis en
assemblée générale, passent un traité révisé tous les cinq ans au moins et
précisant exactement les frais dont il s'agit pour charger le directeur moyennant une redevance fixe ou proportionnelle de faire face aux frais
de gestion. De pareils traités sont autorisés par l'art. 31 du Décret du 22
janvier 1868. Leur légalité est universellement admise. V. par exemple Lyon-
Caen et Renault ; *Tr. de Dr. commerc.*, T. II, n° 966 bis ; Houpin ; *loc. cit.*,
n° 712 ; Hecht ; *op. cit.*, n° 15 et comme application, Rouen, 8 mars 1886 et
sur pourvoi, Cass., 28 décembre 1886, D. P. 87, 1,311 ; S. 88, 1, 68.

Il est certain qu'au cas de traité à forfait le mutualiste ne doit qu'une
part déterminée dans la somme promise à la direction. De son côté, le directeur ne peut arguer de l'insuffisance des sommes allouées et réclamer un
supplément ; à l'inverse, si les dépenses ont été inférieures, il a un droit exclusif à l'excédent.

2. Les frais de gestion comprennent naturellement les sommes nécessaires
pour le loyer, les appointements et gratifications des employés, agents et
fonctionnaires de tous grades, les frais de bureau et de correspondance, les
jetons de présence pour les administrateurs, etc.

3. Les économies réalisées de ce chef sont réparties entre les sociétaires et
souvent, ce qui est préférable, sont versées au fonds de réserve. Il se peut
(mais ceci est tout à fait exceptionnel car il est facile de prévoir exactement
ce que peut coûter chaque année la gestion de la mutualité) que la somme
réclamée et perçue soit insuffisante ; l'association est alors en mesure de
faire une levée supplémentaire mais, bien entendu, dans les limites du maximum. En aucun cas dans la pratique le fonds de réserve ne servira à combler le déficit. Quand on songe que les excédants des sommes destinées à
la gestion vont grossir le fonds de réserve, cette dernière solution peut sembler excessive, comme on l'a justement remarqué (Clément ; *op. cit.*, p. 146).
Il y a lieu d'ajouter que le Conseil d'administration tourne fréquemment
cette difficulté en employant une fort part des excédants à un placement en
valeurs qui est classé comme une dépense ; il forme ainsi un véritable fonds
de réserve secondaire, spécialement destiné à pourvoir aux frais d'administration inattendus.

4. Comment doit se faire la répartition ?

Dans la pratique on a souvent recommandé de partager les frais entre
les associés proportionnellement au montant de leur cotisation. Mais ce

De même que pour la prime et sauf pour la somme à verser dès le début, le paiement de la cotisation est purement facultatif; l'assuré peut de son plein gré suspendre ses versements sans que l'association puisse l'obliger à les acquitter, auquel cas et sous des distinctions dont il sera parlé plus loin, le contrat cesse de produire effet. Mais il est élémentaire que si l'adhérent entend voir la Mutuelle continuer son rôle à son égard, il doit remplir l'engagement qui lui incombe puisque la cotisation n'est que le prix du risque accepté, le prix de l'assurance [1].

Au cas d'assurance-vie entière, l'adhérent versera la cotisation annuelle soit pendant toute sa vie, soit pendant un nombre d'années convenu. En présence d'une assurance mixte ou d'une assurance à terme fixe, la cotisation sera due pendant la durée du contrat jusqu'au jour du décès.

Toutes les polices fixent le montant de la cotisation d'après les prescriptions qui sont de mise. Le paiement doit être fait par l'adhérent, mais rien n'interdit à une tierce personne de se substituer pour opérer le versement. Les règles indiquées pour le règlement de la prime fixe doivent manifestement être suivies ici.

La cotisation doit être réglée en espèces ayant cours légal ou en billets de la Banque de France. Dans la rigueur des principes elle doit être acquittée en une fois annuellement, et dans le silence du contrat l'association pourrait réclamer le paiement en une fois. En pratique cependant, pour permettre au sociétaire de se libérer plus aisément et comme rien ne s'y oppose, les Mutuelles consentent à laisser payer la cotisation soit par semestre, soit par trimestre, quitte à imposer un supplément d'intérêt parfaitement légitime [2]. Il est à peine besoin de dire que la cotisation doit être remise à la Compagnie, acquittée entre les mains d'une personne ayant qualité et capacité pour recevoir et pour délivrer la quittance qui prouve la libération et qui, en cas de contestation, servirait à établir qu'à raison de la prestation de l'assuré l'association est engagée au moins du chef de la cotisation.

Si, en principe, la cotisation est quérable par le motif notamment qu'elle est essentiellement variable et qu'une dette ne peut être por-

procédé n'est pas toujours équitable. Il suppose que pour chaque associé les frais sont proportionnels à l'importance de ses risques respectifs. Or, rien n'est moins exact : plus le risque est petit plus les frais relatifs à ce risque sont proportionnellement considérables. On semble d'accord pour considérer que ces frais, lorsqu'il ne s'agit pas des commissions qui s'évaluent à tant pour cent, doivent être répartis par tête. — Gallus : *Grundlagen des gesammten Versicherungswesens*, Leipzig, 1874, p. 94; Chaufton : *loc. cit.*, p. 126 ; Hecht : *op. cit.*, p. 37.

1. Il doit donc le maximum de garantie s'il n'a pas manifesté son intention de quitter la Société. — Trib. civ. Seine, 3 août 1897, *Rec. périod. des assur.*, 98, 188.

2. L'impôt du timbre établi par la loi du 28 déc. 1884, à raison de 2 fr. 40 par 1000 fr. de cotisation, est également dû par l'assuré.

table qu'à la condition d'être certaine et liquide [1], rien n'interdit à une Mutuelle de dire que la cotisation sera remise par l'adhérent au siège social, de la rendre portable [2]. Mais il faut ajouter que les cotisations, quoique stipulées portables, peuvent devenir quérables par suite de l'usage, apprécié souverainement par les juges du fait [3], adopté par la Mutuelle [4], cette dernière étant maîtresse, à la vérité, d'insérer une clause pour dire que la prime restera portable malgré l'habitude où elle est de faire effectuer à domicile les recouvrements, de pareils agissements ne pouvant être considérés comme emportant renonciation à la clause qui donne à la cotisation le caractère de quérabilité [5].

Au jour fixé pour l'échéance, l'adhérent doit se libérer. Dans la rigueur des principes s'il ne remettait pas les fonds à cette date, il devrait être déchu. Mais pour des raisons qui se devinent aisément il n'en est jamais ainsi. Il lui est toujours accordé un délai prenant pour point de départ la date indiquée pour l'échéance. Ce délai est d'habitude de trente jours. Durant ce laps de temps le contrat continue à produire ses effets : si donc le décès survenait avant l'expiration du trentième jour, le capital assuré serait exigible, sauf manifestement compte à faire pour la cotisation non acquittée. Mais à l'inverse, lorsque le trentième jour s'est écoulé sans paiement, à moins d'un délai de grâce que l'usage admet (une huitaine d'ordinaire), le contrat peut cesser de produire effet, l'assurance peut être considérée comme abandonnée sous réserve des règles indiquées aux Statuts pour la réduction et le rachat. La déchéance n'est pas toujours fatale en ce sens que très souvent l'assureur consent après une certaine interruption à faire revivre le contrat [6]. Mais si ce délai qui habituellement comprend le reste de l'année s'écoule sans que l'assuré ait manifesté son opinion de reprendre l'opération et sans qu'il ait régularisé la situation, la police est sans aucune valeur, le contrat est résilié [7].

Bien que la seule arrivée de l'échéance, le trentième jour, semble

---

1. Houpin : *op. cit.*, n° 716 ; de la Prugne : *Tr. théor. et prat. de l'assurance en général*, Paris, 1895, p. 157 ; Cass., 27 décembre 1887, D. P. 88, 1.384 ; S. 90, 1.125 ; La Martinique, 27 janvier 1886, *La Loi*, 27 octobre 1886. L'arrêt précité de la Cour de Cassation du 27 décembre 1887, dit même : « essentiellement quérable ».

2. Cass., 16 décembre 1884, D. P. 85, 1, 422 ; S. 85, 1, 121.

3. C., 27 décembre 1887 précité.

4. Cass., 27 décembre 1887, précité ; La Martinique, 27 janvier 1886, précité ; Houpin : *loc. cit.* ; Clément : *op. cit.*, p. 118.

5. Clément : *op. cit.*, p. 119.

6. A la condition bien entendu, que la santé de l'assuré n'ait pas subi de changements et aussi que les cotisations arriérées aient été acquittées.

7. Le non paiement de la cotisation qui, d'après une clause formelle des Statuts, est considéré comme une cause de résiliation rend le contractant absolument étranger à la Société. Il ne peut donc se plaindre de ce que les modifications aux Statuts n'aient pas été portées à sa connaissance. — Trib. civ. Angers, 23 juin 1888, *Rev. périod. des assur.*, 88, 455.

suffire pour mettre l'assuré en demeure d'acquitter la contribution, en pratique l'assuré qui ne s'est pas libéré dans le délai imparti à dater de l'échéance du paiement est toujours invité à remplir son engagement à l'effet d'éviter la déchéance. Cet avertissement résulte d'ordinaire sinon d'une lettre chargée, au moins d'une lettre recommandée [1]. Les tribunaux se montrent moins sévères en ce qui concerne l'obligation pour l'assureur de mettre l'assuré en demeure au cas de non paiement de la prime [2].

SECTION III

Obligations du tiers assuré.

Au cas où l'assurance est souscrite par une personne sur la tête d'un tiers, ce qui est parfaitement licite à la condition que le consentement ait été fourni [3], ce tiers doit se comporter comme la personne qui passe une assurance sur sa propre tête, la seule différence consistant en ce que, en principe et sauf convention expresse, il n'a pas à acquitter les primes. D'autre part, il doit subir la visite médicale, fournir avec la sincérité qui est de rigueur pour toute opération d'assurance, les renseignements propres à fixer l'assureur et aussi éviter toute cause d'aggravation des risques.

SECTION IV

Obligations du bénéficiaire.

Le bénéficiaire d'une assurance souscrite à son profit avec une Mutuelle est soumis à toutes les obligations qui incombent au bénéficiaire d'une police contractée avec une Compagnie à prime fixe. Ces obligations consistent d'abord à ne pas aggraver les risques par ses

1. Il a été décidé (Paris, 27 mars 1852, Rennev. de Mars., II, 136) que lorsque dans une Société d'assurance mutuelle sur la vie le versement des annuités est non pas obligatoire mais facultatif pour les souscripteurs, ceux-ci sont déchus par l'arrivée même du terme sans qu'il soit besoin d'une mise en demeure, les annuités devant, d'ailleurs, être versées pour que les souscripteurs courent les risques correspondant aux chances qui les attendent, ce qui est de l'essence du contrat d'assurance mutuelle.
2. D'habitude c'est à partir de l'envoi de cette lettre que court le délai de grâce de huitaine dont l'expiration emporte de plein droit rupture du contrat en cas de non paiement.
3. Les Statuts contiennent, d'ordinaire, une clause à ce sujet et exigent le consentement par écrit soit du tiers, soit, en cas d'incapacité civile, des personnes qui le représentent ou l'habilitent. Ils disposent même que l'autorisation du mari pour une assurance sur la tête de sa femme ne dispense pas du consentement de celle-ci.

agissements au cours du contrat, à ne rien faire qui puisse avancer le moment de la mort, en second lieu à acquitter les prestations au cas où le bénéficiaire a assumé la charge des prestations, enfin à accepter la stipulation conclue en sa faveur, le profit de l'assurance n'étant acquis, même au cas où l'opération a été conclue avec une Mutuelle, que lorsque la personne gratifiée a manifesté l'intention de profiter de la stipulation intervenue en sa faveur.

En outre, à l'arrivée de la condition prévue au contrat, le bénéficiaire qui entend toucher le capital assuré doit se conformer aux prescriptions, c'est-à-dire faire connaître dans le délai que les Statuts imposent, en conformité de l'art. 34 du décret du 22 janvier 1868 [1], la circonstance qui rend le capital exigible, la plupart du temps le décès ; il doit aussi, conformément aux clauses imposées par l'association et acceptées par lui, fournir toutes les pièces et documents justifiant le droit qu'il a à percevoir la somme convenue, mentionnée dans le contrat qui, en réglant la situation, a fait la loi des parties.

---

1. La Mutuelle ne pourrait opposer la déchéance résultant de l'expiration du délai non seulement si elle avait consenti à proroger ce délai (Cass., 5 mars 1879, S. 81, 1,311), mais encore et surtout si les causes du retard lui étaient imputables (Trib. civ. Seine, 6 mars 1889, *Le Droit*, 28 mars 1889).

CHAPITRE TROISIÈME

EFFETS DU CONTRAT

L'admission d'une personne parmi les membres d'une Société d'assurance mutuelle oblige rigoureusement et directement cette personne envers les autres assurés sociétaires [1]. Cette adhésion a pour effet de conférer à la Mutuelle des droits : celui de se prévaloir des réticences et des fausses déclarations ainsi que de l'aggravation des risques ; celui d'exiger pour le maintien du contrat que toutes les prestations annuelles indiquées dans le contrat soient fournies. En revanche, il naît une obligation, celle de verser la somme assurée entre les mains de la personne indiquée pour toucher, sous réserve bien entendu de répétition en cas de paiement mal fait et de recours, s'il y a lieu, dans les termes du droit commun contre la personne auteur du sinistre.

À l'égard de l'adhérent, la réception qui soumet le sociétaire à toutes les clauses des Statuts indistinctement, à la condition nécessairement qu'elles n'ont rien de contraire à l'ordre public et à la morale [2], lui attribue des droits certains comme contre-partie des devoirs qui lui incombent.

En premier lieu, c'est un droit de créance contre le groupe des mutualistes. Le propre de l'assurance mutuelle est, en effet, de rendre exigible une somme déterminée lors de l'arrivée de la condition prévue.

Cette créance peut appartenir au sociétaire. C'est ce qui se passe en cas d'assurance mixte ou d'assurance à terme fixe, lorsque l'assuré vit à une époque déterminée. Mais dans la grande majorité des cas l'assurance est contractée en vue d'une tierce personne ; le capital assuré est alors dû par l'association à la personne indiquée, aux ayants droit.

1. Cass., 2 mai 1876, D. P. 76, 1, 345.
2. Trib. civ. Seine, 2 février 1876, Bonnev. de Mars., III, 197.

La solution sera la même en présence d'une assurance mixte si l'assuré est décédé avant l'échéance mentionnée dans la police et aussi au cas d'assurance à terme fixe s'il meurt avant ce terme, sous cette différence toutefois qu'avec cette dernière combinaison le capital entré dans le patrimoine du bénéficiaire au moment du décès ne sera touché qu'au terme convenu.

Bien entendu, le sociétaire a le pouvoir, dans les limites du droit commun, d'attribuer le droit au capital à la personne qui lui plaît. Il lui est même parfaitement loisible de substituer un bénéficiaire à un autre. Par identité de raison il a le droit de révocation et il peut exercer ce droit soit expressément, soit tacitement.

Le sociétaire dispose de droits qui lui appartiennent en propre.

C'est d'abord celui, en acquittant les prestations convenues, de maintenir le contrat et, conformément à l'autorisation qui est accordée dans des circonstances déterminées (maintien sans modification de l'état de santé tel qu'il existait lors de l'admission, règlement de l'arriéré) de faire revivre le contrat interrompu dans le cours d'une année.

En second lieu, c'est le droit de refuser le paiement d'une cotisation et alors, au cas où trois annuités complètes ont été au moins versées, soit de toucher comptant la valeur de rachat dont l'importance dépend du nombre des annuités versées, soit de laisser réduire le contrat, c'est-à-dire de ne laisser subsister ce dernier au profit de la personne désignée que pour une somme moindre déterminée par des bases fixées par la police une fois pour toutes.

D'autre part, le sociétaire est admis à participer aux bénéfices de l'association, ou mieux à partager les excédants bénéficiaires. La validité de certaines conditions imposées à cet égard n'est pas douteuse. D'ordinaire il est décidé que la police devra avoir au moins une année de date.

Les Mutuelles réservent au sociétaire le droit de choisir entre une perception d'espèces ou, au contraire, l'abandon à l'association dans le but soit d'augmenter le capital assuré, soit de réduire le montant des cotisations annuelles.

Les Compagnies à primes fixes ont pour habitude de prêter aux assurés, sur leur contrat, la somme qu'ils demandent. Cette pratique consacrée par les polices est aussi libérale que profitable. Aussi a-t-elle été imitée par les Mutuelles. Rien d'ailleurs ne s'y oppose. Et sous certaines conditions, notamment quant à la durée des contrats (d'ordinaire on exige trois années) les Mutuelles consentent des avances faites parfois sans frais, pour durée choisie par les intéressés dont les assurances restent en cours sans modifications.

Enfin l'assuré a le droit de transmettre à des tiers soit à titre gratuit, soit à titre onéreux le bénéfice de l'assurance. Pour des raisons qui s'aperçoivent aisément, les Statuts ont bien soin de dire que la propriété des contrats est transmissible en tout ou en partie. La transmission peut se faire d'abord par voie d'endos formulé sur le titre, pourvu, bien certainement, que le titulaire ne s'en soit pas interdit la faculté, ensuite par avenant intervenu entre la Société et le titulaire.

Des dispositions règlent toujours [1] les conditions dans lesquelles la transmission s'effectuera. C'est ainsi qu'il est dit que le transfert devra énoncer le nom de celui à qui la propriété est transmise, qu'il devra être daté et signé par le cédant, que si le titulaire n'est pas en même temps celui sur la tête duquel repose l'assurance le consentement de ce dernier est exigible à chaque transfert et qu'il sera notifié à la Société [2].

La Société subordonne la validité, à son égard, à la notification de tout transfert. Elle se réserve, au cas où la notification n'aurait pas été faite avant l'échéance du contrat, le pouvoir de déposer à la Caisse des dépôts et consignations, pour le compte de qui de droit, le montant de la somme dont elle sera débitrice.

Les effets du contrat à l'égard du bénéficiaire [3] et des tiers n'offrent aucune particularité spéciale [4].

Il convient d'appliquer les principes et les règles précédemment indiqués. Une simple remarque suffira.

Lorsque se réalise la condition prévue au contrat, la survivance de l'assuré à l'époque indiquée en cas d'assurance-vie ou d'assurance mixte, au contraire la mort de l'assuré en présence d'une assurance en cas de décès, la Mutuelle doit verser la somme convenue entre les mains du bénéficiaire, des ayants-droit. Cette somme peut consister en espèces ; elle peut consister aussi en titres ou valeurs [5], notamment en rente française. Dans cette dernière hypothèse et au cas où les créanciers de l'assuré sont en mesure d'agir, peuvent-ils recourir à la voie de la saisie-arrêt ?

1. Nous inclinons à croire que le Conseil d'État refuserait d'approuver des statuts ne contenant pas des prescriptions à cet égard.

2. Il est dit d'ordinaire qu'en donnant son consentement à un premier transfert l'assuré peut, en même temps et d'une manière expresse, consentir à tous transferts à venir, que dans ce dernier cas la Société, sur la demande de l'assuré, lui donnera connaissance de chaque notification qu'elle aura reçue d'un nouveau transfert.

3. Il faut distinguer avec soin le sociétaire du bénéficiaire. De ce qu'une personne, notamment désignée d'une façon expresse, est en mesure de recueillir le profit de l'assurance contractée à son profit par l'assuré, il ne s'en suit nullement qu'elle puisse être assimilée à ce dernier ; elle tire parti de l'assurance, mais elle ne devient pas associée par cela même et n'est à aucun titre membre de la mutualité. La Cour de Rouen (Rouen, 23 juillet 1881, D. P. 82, 2, 63 ; S. 82, 2, 121) a fait application de ces principes en refusant à des bénéficiaires, non dénommés à la vérité, le droit de se prévaloir contre l'association d'un engagement qui leur était étranger.

4. Si au cours du contrat la Société ne peut rien réclamer au bénéficiaire, lorsque se produit la circonstance prévue au contrat, le bénéficiaire a un droit d'action contre l'association pour obtenir l'exécution des obligations qui incombent à cette dernière. — V. Trib. Civ. Seine, 12 août 1887, Rec. period. des assur., 87, 393 ; Trib. civ. Seine, 23 mar. 1889, ibid., 89, 73.

5. Ces titres peuvent être inscrits au nom des bénéficiaires.

En égard à la législation qui déclare les rentes sur l'État insaisissables, la négative est certaine [1]. Aucune exception ne semble de nature à être apportée au principe général universellement admis. Il n'y a donc lieu de s'arrêter à cette circonstance que cette rente est la représentation des espèces pour lesquelles les créanciers seraient en mesure d'exercer leurs droits [2].

---

[1]. Montpellier, 17 juin 1870, Bonnev. de Mars., II, 392; Trib. civ. Seine, 28 février 1873, *ibid.*, III, 169; Trib. civ. Lyon, 3 décembre 1880, *ibid.*, III, 257.

[2]. Bien entendu, la saisie-arrêt est admissible lorsque le solde dû au sociétaire étant trop minime pour justifier l'acquisition d'une inscription de rente française, ce solde est remis en argent. On ne voit pas trop comment une contestation pourrait se produire à cet égard.

CHAPITRE QUATRIÈME

EXTINCTION DU CONTRAT

Le contrat intervenu entre une Mutuelle et un assuré peut prendre fin soit à raison d'une circonstance qui le rend nul, soit à la suite de l'événement indiqué comme mettant un terme nécessaire à l'opération, soit enfin pour des faits qui empêchent l'une des parties de se prévaloir de son maintien [1].

SECTION I

Nullité du contrat.

Le contrat est nul lorsqu'un des éléments essentiels n'existe pas. Tel serait le cas d'un contrat pour lequel l'une des parties n'aurait pas donné son consentement ou bien qui n'aurait consenti que par une erreur soit sur la personne, soit sur la substance ou qui aurait été trompée par des manœuvres dolosives. Tel serait également le cas d'un contrat pour lequel le risque ne se présenterait point, qui concernerait, par exemple, une personne non encore née, une personne déjà morte ou sur le point de décéder, ou encore une personne à la

---

1. Le contrat ne prend pas fin par cela seul que la pièce contenant les engagements des parties a été perdue, l'écriture n'étant pas essentielle pour la validité du contrat d'assurance sur la vie. Le contrat subsistera donc, même au cas où la Société refuserait de délivrer un duplicata. Du reste, on pourrait d'autant moins soutenir le contraire et prétendre que les engagements réciproques sont inconnus qu'il est toujours conservé trace des conditions intervenues. Une difficulté ne pourrait se présenter qu'au jour fixé pour la remise du capital, la Société étant maîtresse de faire de la production du contrat une condition essentielle pour le versement des fonds. Mais il est parfaitement loisible de prendre en cette occurrence des mesures analogues à celles qu'adoptent les Compagnies à prime fixe et qui, avec la garantie de précautions particulières, procurent le paiement, en d'autres termes, font produire effet à la convention.

vie de laquelle le bénéficiaire n'aurait aucun intérêt. On peut citer aussi le cas d'un contrat souscrit en l'absence de la stipulation d'une cotisation ou d'une indemnité. La solution serait la même en présence d'un contrat conclu en méconnaissance des règles fondamentales de l'assurance ou des principes d'ordre public applicables en cette matière, notamment pour fournir une somme au cas de suicide, de duel, de condamnation capitale ou pour garantir une dette illicite.

D'autre part, il faudrait réputer sans valeur le contrat passé avec une Mutuelle constituée en violation des prescriptions du décret du 22 janvier 1868 [1].

A côté de ces cas de nullité absolue dont l'effet est de rendre le contrat inexistant sauf les droits des tiers [2], il y a les cas de nullité relative qui, susceptibles d'être couverts, rendent le contrat annulable seulement et qui, par conséquent, le laissent subsister jusqu'au jour où le vice a été reconnu et censuré par le juge.

Les cas de nullité relative sont très nombreux. S'il n'est pas possible de les indiquer tous ici, il suffira de citer les principaux. Les parties contractantes pourront se prévaloir soit de l'incapacité de l'une d'elles, soit des vices du consentement, soit de l'erreur sur les conditions [3], soit du dol trompant sur les circonstances dans lesquelles les engagements ont été pris, soit enfin de la violence.

SECTION II

Extinction Normale.

Le contrat d'assurance tendant à procurer, en retour d'une prestation, une somme déterminée à l'arrivée d'une condition imposée par

1. La nullité de la Société en pareil cas, bien que n'étant pas prononcée expressément par le décret de 1868, n'est pas douteuse. Si cette sanction n'existait pas, le décret n'aurait aucune force. Trib. civ. Nantes, 14 mars 1898, *Rev. périod. des assur.*, 98, 324 ; *Journ. des assur.*, 98, 196. Cont., Trib. civ. Lyon, 6 mars 1890, *Rev. périod. des assur.*, 98, 324, note.

Il est à peine nécessaire de faire observer que cette nullité ne peut être invoquée que par les tiers et non par les associés qui demeurent obligés au paiement des primes dues par eux.

2. La nullité d'une Société d'assurances mutuelles n'est pas opposable par les sociétaires aux tiers. Les sociétaires, en signant l'engagement social, ont conféré au gérant le mandat implicite de disposer de leur fond commun. En conséquence, les tiers sont réputés avoir traité avec les souscripteurs eux-mêmes et jouissent vis-à-vis de ces derniers d'une action directe et personnelle ; ces sociétaires sont tenus indivisiblement du passif de la Société pour une quote-part correspondante au chiffre de la cotisation de chacun d'eux. — Cass., 28 novembre 1892, *Journ. des assur.*, 93, 7.

3. Si, en cas d'erreur, l'assuré est en mesure d'opposer la nullité de la police et de soutenir qu'il n'a plus aucun engagement à tenir (Paris, 30 juillet 1895, *Journ. des assur.*, 96, 113; *Rev. périod. des assur.*, 96, 9), il faut noter que cette nullité ne saurait préjudicier aux tiers.

V. aussi Trib. civ. Seine, 28 janvier 1898, *Journ. des assur.*, 98, 194.

l'assuré et acceptée par l'assureur, lorsque cette condition se réalise la prestation cesse d'être exigible et l'obligation qui incombait à l'assureur est accomplie, le contrat prend fin.

Cette condition varie suivant la combinaison, la forme adoptée pour la convention.

Le cas le plus fréquent est celui de l'assurance en cas de décès. Le capital étant exigible aussitôt après la mort de l'assuré, dès le jour où ce dernier meurt le contrat s'arrête : la cotisation n'est plus due ; quand la personne indiquée pour toucher la somme convenue a fourni les justifications indiquées, par le fait même de la remise des fonds l'opération cesse.

L'assurance temporaire garantit le risque de décès pendant un temps limité en ce sens que le décès n'ouvre droit à indemnité qu'autant qu'il se produit pendant la période en vue de laquelle la police a été souscrite. La mort survenue dans cette période met donc un terme au contrat au profit du bénéficiaire. Il prend également fin lorsque le jour fixé pour la clôture de la période est arrivé et que l'assuré existe toujours, mais c'est alors au profit de l'assureur qui est libéré.

En présence d'une assurance en cas de vie deux solutions sont possibles : à la date fixée l'assuré est mort ; à l'inverse, il vit. Dans les deux hypothèses le contrat cesse, mais dans des conditions différentes. Dans la première hypothèse, en effet, la police ne produit plus d'effet en faveur de l'assureur qui se trouve dispensé de verser la somme convenue, puisque la condition mise pour la perception, la survivance de l'assuré, ne s'est pas réalisée ; dans la seconde, au contraire, l'assureur voit le contrat s'arrêter mais avec obligation pour lui d'acquitter la somme convenue.

Au cas d'une assurance mixte garantissant un capital payable à l'assuré s'il est vivant à une échéance déterminée, à ses ayants-droit s'il décède avant cette échéance, le contrat prend fin soit si l'assuré existe au jour indiqué, soit s'il meurt auparavant.

Indépendamment de ces causes d'extinction qui sont, en quelque sorte, normales et qui tiennent à la nature même de l'opération, il en est une autre qui doit être signalée ici parce qu'elle est la suite nécessaire d'une règle inscrite dans les Statuts et parce qu'elle doit entrer en ligne de compte dans les prévisions aussi bien que les cas dont il vient d'être parlé : l'expiration de la durée de l'association.

Les Statuts fixent le nombre d'années durant lequel l'association fonctionnera ; ce chiffre peut être porté à 99 années à partir de la date de l'autorisation. Lorsque vient le dernier jour et que l'assemblée générale a reconnu qu'il y avait lieu de laisser dissoudre la Société, les contrats qui subsistent encore prennent fatalement fin [1].

1. Pour l'emploi des fonds et l'exécution des obligations qui n'auraient pas

Seulement il convient d'ajouter que rien n'interdit à l'assemblée générale, en présence d'une clause formelle des Statuts, de décider que la Société continuera malgré l'arrivée du terme prévu; en pareille circonstance il est toujours convenu que les engagements souscrits demeureront en cours, sans autre adhésion, ni formalité [1].

Du reste, il convient d'ajouter que si la dissolution met un terme aux opérations de la Société, c'est uniquement en ce sens qu'elle interdit de passer de nouveaux contrats, elle n'annule pas les contrats antérieurs à la dissolution, lesquels doivent nécessairement produire effet [2], et surtout elle n'empêche pas les sociétaires d'acquitter les sommes dues à l'association [3].

SECTION III

Résiliation et Résolution.

Tout contrat d'assurance peut être résilié ou résolu, c'est-à-dire prendre fin durant son cours.

§ 1. — Résiliation.

A part, bien évidemment, les cas d'expiration survenue d'une façon normale, en d'autres termes les causes qui, conformément aux prévisions des parties et par suite de l'arrivée de la condition indiquée, mettent un terme aux engagements, la résiliation est le mode le plus fréquent d'extinction des contrats d'assurances.

Cette résiliation peut résulter de l'accord des contractants s'entendant, nécessairement en conformité des Statuts, pour ne plus laisser l'opération en vigueur [4]. L'exercice de ce droit appartient aussi bien

encore été remplies par les adhérents, on applique alors les règles en vigueur au cas de dissolution dont il sera parlé plus loin.

1. Toutefois la prorogation n'est valable qu'autant qu'il a été tenu compte des prescriptions du décret du 22 janvier 1868 concernant les mesures de publicité. A défaut de cette observation, la Société cesserait d'exister légalement, le directeur ne serait pas le représentant légal de la Société de fait qui a continué et il serait sans qualité pour faire recouvrer les cotisations. — Douai, 16 mars 1896, Journ. des assur., 97, 43.

2. V. notamm. Trib. civ. Seine, 10 avril 1883, Rec. périod. des assur., 85, 647.

3. Trib. civ. Seine, 6 mai 1890, Rec. périod. des assur., 90, 465 ; La Loi, 12 mai 1890.

4. En matière d'assurances sur la vie le versement de la cotisation est purement facultatif ; ce refus d'acquittement de la prestation s'il se maintient pendant le délai de faveur qui est accordé par les Statuts entraîne l'abandon du contrat et la résiliation de la police. Par application de l'art. 25 du décret de 1868, si la durée de l'engagement en matière d'assurance mutuelle est déterminée par les Statuts et si les assurances mutuelles sont contractées pour la durée de la Société, les sociétaires et la Société à dater de la prise d'effet de l'assurance, c'est-à-dire de l'acceptation de l'adhésion par le directeur (Trib. civ. Seine, 28 mars 1893, Rec. périod. des assur., 93, 175 ; Trib. civ.

à l'assuré qu'à l'association. La résiliation délie les deux parties.

Seine, 14 janvier 1896, *ibid.*, 96, 243 ; Paris, 27 novembre 1896, *ibid.*, 97, 79), ont dans tous les cas (et sans pouvoir y renoncer ; Paris, 27 novembre 1896, *Rec. périod. des assur.*, 97, 80 ; Trib. civ. Seine, 17 janvier 1890, *ibid.*, 90, 209), le droit de faire cesser le contrat à la fin de chaque période de 5 ans en se prévenant six mois d'avance.

L'avertissement doit être donné dans des formes spéciales. Avant le décret de 1868 la renonciation ne pouvait être signifiée que par le mode prévu aux Statuts : une lettre chargée n'était même pas suffisante (V. Houpin ; *op. cit.*, T. II, n° 754). Actuellement la résiliation doit être faite soit par une déclaration au siège social ou à l'agence locale, soit par un acte extrajudiciaire (Paris, 16 mars 1882, D. P. 84, 2, 163 S. 83, 2, 89).

Il est permis à l'assuré de ne pas employer un de ces deux modes mais de recourir aux prescriptions des Statuts. C'est ainsi que l'envoi d'une lettre chargée n'aura pour effet de rompre le contrat que si les Statuts l'autorisent, (Paris, 16 mars 1882, D. P. 84, 2, 163 ; S. 83, 2, 89 ; Orléans, 18 décembre 1883, D. P. 84, 2, 164 ; S. 84, 2, 154. — *Contra*, Nancy, 30 juillet 1886, S. 87, 2, 111 ; Besançon, 30 décembre 1891, S. 92, 2, 296 ; Paris, 13 janvier 1892, *Rec. périod. des assur*, 93, 154 ; Trib. civ. Seine, 16 avril 1880, *Journ. des assur.*, 80, 253 ; Trib. civ. Chartres, 5 avril 1881, *ibid.*, 81, 440 ; Amiens, 16 novembre 1886, S. 87, 2, 247. Paris, 15 juin 1893. *Journ. des assur.*, 94, 116 ; *Rec. périod. des assur.*, 93, 454).

Il importe d'ajouter que si de récentes décisions (Trib. Civ. Seine, 5 et 21 avril 1898, *Rec. périod. des assur.*, 98, 424. — Trib. civ. Bordeaux, 4 mai 1898, *ibid.*, 98, 432) ont paru admettre ce mode de résiliation, c'est tout à fait dans des circonstances particulières. Elles n'ont pas jugé, en effet, que l'envoi d'une lettre chargée était un mode de résiliation dont l'assuré pouvait valablement user, alors même qu'il ne serait pas prévu par les Statuts ; elles ont estimé simplement que certaines circonstances de fait pouvaient permettre de décider qu'une Mutuelle avait tacitement ratifié la résiliation qui lui avait été signifiée irrégulièrement. — Note, *Rec. périod. des assur.*, 1898, p. 431.

L'envoi d'une lettre recommandée est insuffisante pour établir une demande de résiliation, si les Statuts ne le permettent pas (Paris, 4 juin 1897. *Rec. périod. des assur.*, 97, 530 ; *Journ. des assur.*, 98, 220).

Mais les Statuts ne peuvent priver l'assuré de la faculté d'employer, pour donner l'avertissement de la résiliation, les modes indiqués dans l'art. 25 du Décret de 1868, lesquels appartiennent à l'assuré indépendamment de toutes dispositions statutaires et sans égard à ces dispositions (Trib. civ. Seine, 8 décembre 1895, *Rec. périod. des assur.*, 96, 207 ; Paris 13 juin 1893, *Rec. périod. des assur.*, 93, 454. *Contra* Just. de paix 1er arr. de Paris, 31 mai 1895, *Rec. périod. des assur.*, 96, 215 ; *Journ. des assur.* 1897, *ibid.*, 97, 432.

Par suite, est valable l'avertissement de résiliation donné à la Société par acte extrajudiciaire, bien que les Statuts de celle-ci prescrivent une déclaration de l'assuré lui-même ou de son fondé de pouvoirs, au siège social ou dans les bureaux des représentants de la Société dans les départements, déclaration dont il doit être délivré récépissé au déclarant (Trib. civ. Seine, 16 avril 1880 précité ; Paris, 16 mars 1882, D. P. 84, 2, 163 ; S. 83, 2, 89 ; Orléans, 13 décembre 1884, L. P. 84, 2, 164 ; S. 84, 2, 154 ; Clément ; *op. cit.*, p. 452 ; Just. de paix 2e arr. de Paris, 6 mars 1896, *Journ. des assur.*, 96, 544. — *Contra*, Trib. civ. Seine, 16 avril 1880 *Journ. des assur.*, 80, 253 ; Trib. civ. Chartres, 5 avril 1881, *ibid.*, 81, 440 ; Worms ; Note, *Journ. des Sur. civ. et comm.*, 1886, 266) ; alors même que la Société se serait réservé dans les Statuts le droit de faire cesser le contrat d'assurance, par l'envoi d'une lettre chargée (Nancy, 30 juillet 1886 S. 87, 2, 111 ; D. P. 87, 2, 39. Houpin ; *op. cit.*, T. II, n° 754, V. note, *Rec. périod. des assur.*, 1896, p. 206). Il a été admis que l'envoi d'une lettre chargée avait toute efficacité malgré une clause des Statuts imposant la déclaration verbale à la Société si au moment où l'assuré s'est rendu dans les bureaux ces derniers étaient fermés, contrairement à l'usage (Just. de paix Tours, 3 février 1847, *Cons. des ass.*, 12 août 1897).

Les dispositions sont les mêmes pour la résiliation réclamée par le socié-

Seulement l'adhérent qui serait redevable même d'une portion de cotisation devrait se libérer [1].

La plupart du temps le désir de résilier l'engagement se traduit par le refus de continuer le versement de la cotisation. Comme cette obligation est essentielle à première vue, devant une pareille abstention les parties sont complètement déliées, l'assureur est en mesure de considérer le contrat comme non avenu. Il ne reste plus qu'à liquider l'opération.

En matière d'assurance à primes fixes cette liquidation se fait soit par la réduction, soit par le rachat.

Il en est de même en matière d'assurances mutuelles. Les raisons sont les mêmes. Le contrat qui a duré un certain temps a une valeur; il faut qu'il en soit tenu compte: l'assureur ne peut sans injustice, au cas d'abandon d'un contrat, laisser partir sans compensation aucune l'adhérent qui, pendant de longues années peut-être, a versé des fonds.

Les conditions mises pour la liquidation sont identiques: il importe que les Statuts prévoient la réduction et le rachat: il faut, d'autre part, que le service des annuités ait été fait pendant un certain nombre d'exercices, trois au moins.

Lorsqu'un assuré cesse d'acquitter la cotisation, le contrat n'est pas

---

taire et pour la résiliation dont se prévaut la Société (Clément : op. cit., p. 452). Mais outre que des Statuts peuvent apporter des modifications, par exemple reconnaître à la Société le droit de rompre le contrat par l'envoi d'une lettre chargée et refuser l'exercice de ce mode de résiliation au sociétaire (Nancy, 30 juillet 1886, S. 87, 2, 111 ; D. P. 87, 2, 39 ; Besançon, 30 décembre 1891, S. 92, 2, 205 ; D. P. 92, 2, 455 ; Paris, 15 juin 1893, Journ. des assur., 94, 116, Rev. périod. des assur., 93, 451. — Contra, Amiens, 16 novembre 1886, S. 87, 2, 237), il est à noter que les Statuts n'indiquent très souvent comme mode de résiliation, de la part de l'assuré, que la déclaration verbale faite par lui ou par son fondé de pouvoir au siège social ou chez l'agent local, suivie de la délivrance d'un récépissé, qu'ils ne prévoient pas l'acte extrajudiciaire qui est coûteux et ordinairement inutile, qu'au contraire il est dit très souvent que de la part de l'association la déclaration qu'elle entend faire cesser l'assurance sera notifiée à l'assuré par acte extrajudiciaire, une simple déclaration verbale faite à l'assuré ne pouvant être que difficile et insuffisante. — Clément : op. cit., p. 453.

Il a été jugé (Trib. civ. Tours, 11 mai 1898, Rev. périod. des assur., 98, 435) que toutes les fois qu'un assuré a, dans les délais prescrits, employé l'un des modes de résiliation prévus par l'art. 25 du décret de 1868 pour notifier son désistement, ce désistement est valable, qu'il peut résulter d'un exploit manifestant la volonté de plus ne s'assurer.

1. Décidé qu'au cas où un adhérent estime que les modifications apportées aux Statuts compromettent ses intérêts et motivent la résiliation, quand les Statuts disposent que la totalité de la cotisation est due pour l'année entière alors que l'année est commencée, l'assuré ne peut refuser de payer la cotisation entière en soutenant que le risque assuré a disparu du jour où il a notifié la résiliation, la cotisation étant indivisible et due par année. — Trib. civ. Seine, 5 février 1897, Rev. périod. de assur. 97, 527; Journ. des assur., 97, 516. Le principe de l'indivisibilité de la prime avait été proclamé précédemment. — Trib. civ. Seine, 29 octobre 1885, Rev. périod. des assur., 86, 8. V. les observations de M. Cauvin, ibid.

seulement rompu, il est encore sans valeur pour l'assuré, en ce sens que le profit des prestations est irrévocablement perdu pour lui sans aucune restitution possible au cas où trois annuités complètes n'ont pas été versées; si, au contraire, l'assuré s'est libéré au moins de trois annuités le contrat ne perd pas tout effet, il est simplement modifié en ce sens qu'il a une valeur de réduction dont l'importance est en rapport avec le nombre des versements effectués. Effectuée d'après les bases qu'indiquent les conditions imprimées, cette réduction diminue exclusivement le chiffre du capital primitivement indiqué dans la police, mais elle ne porte en rien atteinte aux droits de la personne gratifiée qui, lors de l'arrivée de la condition prévue pour la libération de l'association, touchera le capital réduit.

La réduction qui intervient de plein droit peut ne pas convenir à l'assuré. Il est des cas où, après avoir constaté l'impossibilité de continuer à verser les cotisations soit pendant une année, soit pendant plusieurs, l'assuré éprouve le besoin d'avoir à sa disposition le capital que représente la valeur de la police. De même que les Compagnies à prime fixe, les Mutuelles admettent la légitimité d'une pareille demande : si trois cotisations au moins ont été acquittées, le contrat sera racheté par la Société, c'est-à-dire qu'elle remettra directement et immédiatement à l'assuré la valeur réduite de la police, sous un escompte à la vérité. Alors que la réduction profite au bénéficiaire puisqu'elle le rend créancier de l'association, pour une époque qui, à la vérité, peut être éloignée tout dépendant de l'arrivée de la condition qui rend le capital exigible, par le rachat c'est l'assuré lui-même qui immédiatement, dès sa demande, met la valeur de rachat dans son patrimoine.

§ 2. — Résolution.

Par application de l'art. 1184 C. Civ. le contrat d'assurance mutuelle peut être résolu pour inexécution des obligations qu'il comporte et qui incombent aux différentes parties concourant à l'opération.

A. — Résolution du fait de l'assureur.

L'association, c'est-à-dire l'assureur, tant que dure le contrat qu'il a accepté est obligé de se conformer strictement aux engagements qu'il a pris, de façon à procurer à son contractant la certitude que ses prévisions se réaliseront, en d'autres termes que le contrat produira les effets sur lesquels la prestation donne le droit de compter. C'est ainsi que l'assureur doit conserver dans toute son étendue la capacité qui lui permettra de continuer ses opérations, en particulier qu'il se conformera aux prescriptions de l'acte administratif qui lui confère le droit d'agir et qu'il se tiendra dans les limites des Statuts et des dispositions du contrat. C'est ainsi pareillement qu'il doit prendre les mesures pour rester solvable et fournir une garantie efficace.

L'autorisation que l'art. 66 de la loi du 24 juillet 1867 impose à toutes les Compagnies ou Sociétés qui pratiquent l'assurance sur la vie n'est maintenue qu'à la condition que les Statuts approuvés par l'administration supérieure seront fidèlement observés. En cas de violation ou de non-exécution des dispositions, le Gouvernement a le droit de retirer l'autorisation [1]. Ce retrait, prononcé par le Gouvernement dans son indépendance d'appréciation [2], mettant la Société en état de liquidation forcée [3], le contrat n'existe plus ; seulement la rupture n'existe que pour l'avenir, car le contrat a eu une existence pendant un certain temps, durant la période qui a précédé la décision administrative mettant un terme aux opérations de la Société. La révocation est toujours prononcée sans préjudice des tiers. Les décrets portant autorisation et les décrets portant révocation de cette autorisation le déclarent expressément.

De ce que la loi de 1867 impose en plus de l'autorisation, aux Sociétés et Compagnies d'assurance sur la vie, la surveillance [4], il suit que le Gouvernement a le droit d'apprécier si les opérations de la Société sont contraires aux lois, Statuts, règlements ou si elles sont de nature à porter atteinte à l'ordre public ou aux intérêts des sociétaires. En pareil cas, il lui est loisible sinon de faire prononcer le retrait de l'autorisation, au moins de provoquer la révision générale des Statuts, laquelle peut avoir lieu tous les cinq ans, ou de suspendre provisoirement l'exécution des opérations de la Société [5], mais à la condition de ne pas intervenir abusivement dans les conventions intervenues librement entre les parties [6].

1. Les décrets d'autorisation le disent expressément. V. aussi Cons. d'Ét., 26 juillet 1889, Lebon, Rec. des arr. du C. d'Ét., 89, 895, et, sur l'exercice du droit de révocation, Décr. 2 décembre 1885, Bullet. des Lois, 1886, n° 23,455 ; Décr. 19 août 1886 ; Duverpier ; Collect. des Lois, 86, 60 ; Décr. 19 août 1887, Bull. des Lois, 1887, n° 26,630. 17 décembre 1887, ibid., 1888, n° 27,627 ; 10 décembre 1888, ibid., 1888, n° 29, 571, 13 février 1889, ibid., 1889, n° 38,450.

2. La décision du chef de l'État ne peut être attaquée que pour excès de pouvoir. V. à titre d'exemple, Cons. d'Ét., 26 juillet 1889, précité.

3. Mais les Statuts n'en subsistent pas moins, Trib. civ. Seine, 5 mars 1887 et 16 mars 1888, Journ. des assur., 88, 33 et 522 ; Rec. périod. des assur., 87, 496.

4. Cette surveillance ne peut s'exercer que suivant les règles édictées soit par l'Ordonnance du 22 juin 1842 sur le mode de fonctionnement de la surveillance administrative des tontines et sociétés mutuelles d'assurances sur la vie, soit par les actes d'autorisation. V. Cons. d'Ét., 14 mai 1880, Lebon, Rec. des arr. du C. d'Ét., 80, 462 et conclusions de M. le commissaire du gouvernement Gomel, ibid. ; Cons. d'Ét., 26 juillet 1889, Lebon, Rec. des arr. du C. d'Ét., 89, 895. V. anal. en matière de tontines, Cons. d'Ét., 25 juillet 1884, Lebon, Rec. des arr. du C. d'Ét., 84, 661.

5. Cons. d'Ét., 26 juillet 1889, Lebon, Rec. des arr. du C. d'Ét., 89, 895.

6. Ainsi, par exemple, les Sociétés d'assurances sur la vie ayant le droit de percevoir la commission en bloc (Cass., 14 décembre 1886 D. P. 87, 1, 352) et les Mutuelles ayant la latitude, au moment de la souscription, de per-

Les articles généraux des Statuts aussi bien que les dispositions de la police qui sont destinées à régler les rapports spéciaux de l'adhérence avec l'association constituant la loi des parties [1], lorsque l'assureur méconnaît ces prescriptions, l'assuré qui est en mesure d'opposer que l'acte passé en violation des Statuts est dépourvu de toute force obligatoire [2], peut se prévaloir de sa violation pour demander, par application des art. 1134 et 1184 C. Civ., d'être dégagé de ses obligations [3], pour réclamer la rupture du contrat [4]. En matière d'as-

---

recevoir le droit entier dès la constitution de la Mutuelle, alors même que le souscripteur n'aurait pas encore reçu sa police définitive (Paris, 21 juin 1888, *Le Droit*, 12 juillet 1888; Lyon, 14 février 1888, *Gaz. des Trib.*, 25 mars 1888; Cass., 26 décembre 1888, S., 89, 1, 149; D. P., 89, 1, 168), le Ministre du Commerce chargé de la surveillance des Mutuelles ne saurait modifier rétroactivement les conséquences des contrats de commission librement intervenus entre la Société et les souscripteurs et imposer aux fonds précédemment encaissés une destination autre que celle résultant desdites conventions. — Cons. d'Et., 26 juillet 1889, Lebon, *Rec. des arr. du C. d'Et.*, 89, 895.

1. L'adhérent peut-il invoquer comme motif de résolution une violation de la loi ?

En ce qui concerne les dispositions du décret du 22 janvier 1868 aucun doute n'est possible, puisque ce décret constitue, en quelque sorte, la charte des Mutuelles, Trib. civ. Lyon, 6 mars 1890, *Rec. périod. des assur.*, 98, 324, note; Trib. civ. Nantes, 14 mars 1898, *Rec. périod. des assur.*, 98, 321; *Journ. des assur.*, 98, 495; Paris, 2 juillet 1897, *Journ. des assur.*, 98, 446.

À l'égard des dispositions de la loi du 24 juillet 1867, il faut distinguer avec le système qui prédomine et qui enseigne que dans certains cas la loi de 1867 est applicable. Pour les dispositions qui sont d'un intérêt général ou qui sont destinées à fournir des solutions pour les difficultés non réglées par le décret de 1868, la violation pourra justifier une demande de résolution ; pour les autres, le juge pourra ne pas s'y arrêter.

Si des irrégularités graves dans la publication et dans les actes constitutifs entraînent la nullité d'une Mutuelle, et si les sociétaires peuvent soutenir qu'ils sont étrangers à cette dernière (Trib. comm. Seine, 13 mars 1890, *Rec. périod. des assur.*, 91, 50), il semble que, dans de pareilles circonstances, la résolution peut être demandée.

La Cour de Cassation a bien décidé (Cass., 20 février 1888, S., 88, 1, 401 ; D. P., 89, 1, 364) qu'une Société mutuelle pouvait être déclarée soumise seulement à l'observation du règlement du 22 janvier 1868, ce qui exclut l'application des dispositions de la loi du 24 juillet 1867 ; mais cet arrêt concerne une association qui, malgré son nom d'*Assurance financière*, n'était ni une assurance, ni une tontine, ni même une Société, en ce sens qu'il n'y avait pas réunion d'apports en argent ou industrie pour produire des bénéfices, trait essentiel d'une Société.

Dans tous les cas, le débat sur l'illégalité des opérations d'une Société d'assurance mutuelle n'est possible qu'entre la Société et ses adhérents, Trib. civ. Nantes, 5 juin 1893, *Journ. des assur.*, 94, 94. V. la note *ibid.*

2. Cf. Paris, 2 juin 1856, Bonnev. de Mars., II, 186.

3. Il est bien entendu que l'adhérent est tenu pour toute la période au cours de laquelle il a participé aux avantages de la Société (Trib. civ. Seine, 26 mars 1879, Bonnev. de Mars., III, 236) ainsi que pour le laps de temps écoulé jusqu'au moment où il a manifesté l'intention de vouloir résilier l'engagement (Trib. Grenoble, 4 août 1855, Bonnev. de Mars., III, 46).

4. Paris, 18 février 1877, *Journ. des assur.*, 77,363).

Toute méconnaissance d'une disposition, toute violation d'un engagement n'entraîne pas la résolution. C'est seulement lorsque le fait est imputable à l'association elle-même, c'est-à-dire au groupe de personnes jouant le rôle d'assureurs vis-à-vis de leur sociétaire. Dès lors, si l'acte dont ce

surance mutuelle l'assuré pourrait, au premier chef, opposer la modification faisant perdre à l'association son caractère de Mutuelle, par
exemple, s'il y avait eu adoption de mesures proposées par une assemblée générale extraordinaire [1] rendant la cotisation invariable [2]. Il
pourrait également se prévaloir de la décision prise par l'assemblée
générale des sociétaires [3] pour adjoindre des assurés à primes fixes [4],
à moins que les Statuts ne le permettent expressément [5], ce que le
juge du fait apprécie souverainement [6], et auquel cas la modification
des Statuts doit avoir lieu dans les formes et avec les formalités prescrites par la loi [7]. Il va de soi que lorsqu'une Mutuelle n'a pu se

dernier croit avoir à se plaindre émane d'un mandataire commun, par
exemple du directeur et des administrateurs, le sociétaire n'a qu'une seule
ressource, l'introduction contre eux d'une demande en dommages-intérêts
pour la faute commise ; il ne saurait former une demande en résolution,
parce que l'association est hors d'état de souffrir d'un acte dont elle est
innocente. — V. Cass., 2 mai 1876, D. P. 76, 1, 345 ; Paris, 5 mars 1890 (motifs), D. P. 91, 2, 191 ; Besançon, 30 décembre 1891, D. P. 92, 2, 455 ; S. 92,
2, 206.

1. Il est certain qu'au lieu de réclamer la rupture du contrat, le sociétaire a le pouvoir, en pareille circonstance, de demander la nullité de la
résolution prise irrégulièrement à la simple majorité, par exemple. — Note,
Rec. périod. des assur., 1893, 170. Ce n'est pas trop exiger, au moins, pour une
transformation pareille, imposer le concours de tous les associés. A plus
forte raison le vote des seuls administrateurs serait inefficace. — Rouen,
4 avril 1881, S. 83, 2, 19 ; D. P. 85, 1, 61.

2. Dijon, 23 janvier 1891, Rec. périod. des assur., 91, 167 ; Journ. des assur., 91,
133, et sur pourvoi, Cass., 26 octobre 1892, D. P. 92, 1, 614 ; S. 93, 1, 31.

3. Rouen, 4 avril 1881 P. 83, 2, 19 ; D. P. 85, 1, 61 ; Paris, 7 juin 1883, Journ.
des assur., 84, 5 ; Cass., 18 novembre 1885, D. P. 86, 1, 131 ; S. 85, 1, 111, Sic,
Ruben de Couder : Dict. de dr. comm., v° Assur. mut. terr., n° 12.

4. Paris, 23 janvier 1878, Journ. des assur., 78, 121 ; Cass., 12 février 1884,
ibid., 85, 569.
Le juge du fait a un pouvoir souverain à cet égard. Il va de soi que l'assurance à prime fixe contractée dans ces conditions est nulle : Paris, 23 janvier 1878, précité ; Rouen, 4 avril 1881, S. 83, 2, 19 ; D. P. 85, 1, 61. Ce dernier
arrêt décide que l'effet de la nullité remontant à l'origine du contrat toutes
les primes payées par l'assuré doivent lui être restituées. V. aussi Cass.,
12 février 1884, S. 85, 213 ; D. P. 85, 1, 61 ; Ruben de Couder : loc. cit.

5. Just. de paix Nantes, 19 mai 1865, Bonney, de Mars., III, 113 ; Trib.
Rouen, 13 mars 1886, Journ. des assur., 81, 10.

6. Cass., 12 février 1885, D. P. 85, 1, 61.
Il a été jugé par le Tribunal Civil de la Seine le 13 janvier 1894 (Journ. des
assur., 94, 149) que des sociétaires qui n'ont pu ignorer la faculté que les
Statuts attribuaient à une Mutuelle de souscrire des assurances à primes
fixes ne sauraient, sous prétexte d'erreur sur la substance, demander la
nullité de leurs engagements en se fondant sur ce qu'ils avaient cru contracter avec une association exclusivement mutuelle.

7. Rouen, 4 avril 1881, S. 83, 2, 19 ; D. P. 85, 1, 61. V. Cass., 12 février
1884, S. 85, 1, 213 ; D. P. 85, 1, 61.
En vain serait-il allégué que, d'après l'art. 20 du décret du 22 janvier
1868, les assemblées générales composées de la moitié au moins des sociétaires peuvent modifier les Statuts. Cette disposition ne vise que les modifications de détail et non pas les modifications se rapportant à l'essence de
la Société. En réalité, ce qui a lieu, c'est la constitution d'une Société nouvelle ; le consentement de tous est indispensable. — Cass., 14 février 1853,

former qu'avec l'autorisation du gouvernement et dans des conditions particulières, elle ne peut enfreindre les termes et les limites de cette autorisation sans que les actes aussi soient entachés de nullité et sans que les intéressés ne puissent s'en prévaloir.

Pour les mêmes raisons l'assuré pourrait réclamer la résolution au cas où la Société modifierait la nature des risques, par exemple à l'assurance sur la vie substituerait une autre assurance, notamment l'assurance contre les accidents ou des opérations qui, bien que semblables à certains égards à l'assurance sur la vie, ne sont pas, à proprement parler, des opérations d'assurance sur la vie. L'art. 26 du décret de 1868 donne, en effet, à l'assuré la faculté de rompre l'engagement en présence de toute modification relative à la nature des risques garantis [1].

Le même texte confère un droit analogue à l'assuré lorsque la Société, sans une décision du Conseil d'administration, modifie le périmètre de la circonscription territoriale dans lequel elle doit opérer. Tel serait le cas d'une Société qui chercherait à étendre ses opérations à l'étranger alors que les Statuts portent que l'action est limitée à la France continentale et à l'Algérie [2].

L'assuré doit être sans aucune inquiétude en ce qui concerne l'accomplissement des obligations assumées par l'assureur. Il importe que ce dernier soit en état de remplir ses engagements. Dès lors, toutes les fois que le mutualiste pourra craindre pour l'exécution des conditions mises à la charge de l'association il pourra soutenir qu'il doit être dégagé et que le contrat doit prendre fin.

Sa demande pourra se produire d'abord quand les garanties pro-

---

D. P. 53, 1, 44; Cass., 17 avril 1855, D. P. 55, 1, 213; Pont : *Sociét. vie, et comm.*, T. II, n° 1055 et 1687; Note, D. P. 86, 1, 132.

Toutes les fois qu'il y a erreur sur la substance, notamment lorsque le traité intervient avec une Compagnie qui, bien que se présentant comme une Mutuelle, était une Compagnie à prime fixe, la police est nulle, l'assuré délié de ses engagements et dispose du droit de réclamer le remboursement des primes déjà payées ainsi que des dommages-intérêts. — Cass., 6 mai 1878, D. P. 80, 1, 12; Paris, 30 juillet 1895, *Journ. des assur.*, 96, 113; *Rec. périod des assur.*, 96, 9.

1. En invoquant l'irrégularité du fonctionnement de la Société et même des actes de négligence imputables à la direction, l'adhérent a indubitablement le droit de demander la dissolution de la Société. Seulement l'art. 1871 C. Civ., d'après lequel la dissolution ne peut être demandée avant l'expiration du terme fixé pour cause de justes motifs laissés à l'appréciation du juge étant applicable aux Sociétés d'assurances mutuelles, le juge, au cas où il est reconnu que la dissolution pourrait créer un préjudice important aux sociétaires, a le pouvoir de surseoir à statuer définitivement et d'accorder à la Société un délai pour lui permettre de régulariser sa situation. C'est du moins ce qui a été jugé. Douai, 29 mai 1897, *Rev. des Sociét.*, 97, 511.

2. Il convient de relever que d'après un jugement du Tribunal civil de la Seine du 3 août 1897, (*Rec. périod. des assur.*, 9°, 189), l'art. 9 du Décret de 1868, disposant que les Statuts doivent indiquer la circonscription territoriale dans laquelle opère la Mutuelle est suffisamment observée par la mention que la Mutuelle n'opère en France et à l'étranger, et que cet article n'édicte pas, d'ailleurs, de nullité.

mises aux assurés n'existent plus ou n'existent plus qu'en apparence, quand par exemple, après avoir pris l'engagement de faire couvrir ses opérations par une Société anonyme, la Mutuelle néglige de recourir à cette garantie ou bien laisse dissoudre la Société garante sans la remplacer; toutefois c'est à la condition qu'il n'existe aucune sauvegarde pour l'assuré [1], que l'on ne puisse compter sur la Société garante [2].

Il va de soi que de simples craintes pour la solvabilité de l'association ne suffiraient pas pour justifier une demande de résolution. Le sociétaire, en particulier, ne pourrait invoquer cette circonstance qu'à raison de l'insuffisance des cotisations, l'association serait dans l'impossibilité, le cas échéant, de verser les sommes convenues. Le sociétaire peut encore moins arguer de la mauvaise gestion du directeur lorsque ce dernier a été remplacé et que l'association fonctionne normalement [3].

Il ne saurait pas plus se plaindre de la confusion des comptes de plusieurs exercices, de leur irrégularité et de fautes postérieures à l'admission. De pareils faits sont de nature à motiver une action en responsabilité; par eux-mêmes, ils sont hors d'état de justifier l'annulation de la police [4].

Lorsqu'un commerçant se trouve dans l'impossibilité de faire face à ses engagements, en état d'insolvabilité notoire, il est déclaré en faillite. En matière d'assurances terrestres l'art. 346 C. Com. permet, au cas où l'assureur tombe en faillite, de demander, à son choix, ou la rupture de l'engagement ou une caution. Seulement comme ce texte suppose nécessairement une individualité faisant le commerce, une Société commerciale, il est impossible de l'appliquer à l'association d'assurance

---

1. La question de savoir si la résolution peut être réclamée à raison de ce fait que la liquidation de la Société garante diminue les garanties a été fort controversée.

De très nombreuses décisions, qui n'ont pas toujours été imposées par des considérations de fait, comme on l'a allégué (de la Pragne; *Tr. théor. et prat. de l'assurance en général*, p. 165), ont proclamé la négative par le motif, d'abord, qu'il y avait en réassurance et que la réassurance n'exerce aucun effet pour les relations de l'assureur et de l'assuré, en second lieu par cette raison que la mise en liquidation de la Société garante ne met un terme à ses engagements (V. ces décisions citées, Note, D. P., 87, 2, 225 et Houpin, op. cit., T. II, nᵒ 759; Besançon, 15 juin 1887, D. P., 87, 2, 225; S. 90, 2, 233; Paris, 1ᵉʳ mars 1889; S. 90, 2, 233; La solution contraire a été proclamée par la Cour de Toulouse dans son arrêt du 3 mars 1887, (D. P. 87, 2, 225; S. 90, 1, 521.) La première jurisprudence semble devoir être suivie, avec ce correctif toutefois qu'il n'en peut être ainsi qu'autant que la Société garante a un actif suffisant pour répondre de ses engagements envers la Mutuelle. — V. ce qui est dit précédemment.

2. En pareil cas, le sociétaire ne pourrait-il pas plutôt provoquer la dissolution de la Société que la rupture du contrat? Comme le remarquent M. Clément (op. cit., p. 158) et M. Houpin (loc. cit.), puisque, lorsqu'il s'agit d'une Société commerciale on refuse en général ce droit à l'associé, il serait illogique de l'accorder à un mutualiste.

3. Trib. civ. Toulouse, 23 janvier 1888, *Rec. périod. des assur.*, 88, 451.

4. Trib. civ. Seine, 3 avril 1897, *Rec. périod. des assur.*, 98, 190.

Mutuelle qui, ainsi que cela sera établi plus loin, est par sa nature une société civile. Il n'en saurait être autrement que si, cas assez peu probable, la Société avait dérogé aux règles de la mutualité et encore faut-il que la dérogation soit non pas exceptionnelle mais fréquente, habituelle, capable d'attester le désir de transformer le caractère de l'association[1]. Dans tous les cas la déconfiture de l'association ne semble pas, par elle-même, capable de permettre d'invoquer le bénéfice de l'art. 346 C. Com. Cette disposition déroge au droit commun en matière de faillite ; donc elle doit être appliquée *stricto sensu* : il n'est pas possible d'en étendre sa portée à d'autres situations que celles qui ont attiré l'attention du législateur. La jurisprudence est formelle en ce sens[2] et sa solution se conçoit d'autant plus aisément qu'il serait sinon impossible, tout au moins extrêmement difficile de pouvoir déterminer à quelle époque l'association n'a plus offert la solvabilité nécessaire, n'a plus présenté les garanties de nature à assurer l'exécution des engagements.

Les assurés toutefois ne sont pas désarmés. Si l'état des affaires est tel que des sauvegardes s'imposent, ils peuvent réclamer la liquidation. La liquidation sera ou volontaire ou forcée. Dans la première hypothèse l'assuré devra, pour faire prononcer la résolution, établir qu'il n'existe plus de garantie pour lui[4]. Dans l'autre, il lui sera loisible, en invoquant le seul fait de la liquidation forcée, de demander la résolution. De ce que l'association mutuelle crée entre les sociétaires en même temps que des droits éventuels des obligations réciproques, il serait contradictoire de vouloir maintenir les droits et engagements issus d'un lien social déclaré rompu. Une Société ne pourrait, même à la suite d'une décision prise par l'assemblée générale, arrêter que malgré la défense d'accepter de nouveaux contrats les anciens contrats continueront à subsister nonobstant la dissolution : une pareille résolution ne peut lier les anciens sociétaires parce qu'elle aboutirait à cette conséquence qu'il y aurait non pas liquidation de la Société dissoute, mais tout simplement constitution d'une Société nouvelle fonctionnant dans des conditions différentes de celles en vue desquelles les anciens assurés avaient contracté[4]. Il y

1. Sainctelette : *Les Sociétés d'assurances mutuelles peuvent-elles être déclarées en faillite* (Rev. périod. des assur., 1887, Bullet., n°s 10-11, p. 165 et 168).

D'après cet auteur, il y aurait à tenir compte non pas des Statuts, mais bien de la nature des opérations; si, en fait, une Société civile fait des opérations ayant un caractère commercial, il faut réputer la faillite possible, malgré la dénomination. Sic, Trib. comm. Seine, 9 décembre 1887, Rev. périod. des assur., 88, 40, V. la note *ibid.*; Cass., 23 octobre 1889, *ibid.*, 89, 393 ; Journ. des assur., 89, 520.

2. Paris, 11 mai 1859, D. P. 52, 2, 268 ; Paris, 29 novembre 1852, D. P. 54, 2, 166 ; Toulouse, 18 octobre 1854, D. P. 57, 2, 31.

3. Paris, 7 juin 1883, Journ. des assur., 84, 5.

4. Cass., 19 novembre 1885, S. 86, 1, 411 ; D. P. 86, 1, 431 ; Houpin : op. cit., n° 769. — V. cependant, Trib. civ. Seine, 26 février 1881, Journ. des Soc. Civ. et comm., 81, 202.

aurait changement dans les termes du contrat primitif : les Sociétés d'assurances mutuelles sont des société ouvertes ; en même temps que les anciennes polices s'éteignent, de nouveaux adhérents remplacent les anciens et viennent partager les risques avec ceux qui restent ; si de nouvelles adhésions ne peuvent plus se produire à raison de cette circonstance qu'une Société en liquidation n'a point la latitude d'accepter de nouveaux contrats, la chance de voir les derniers compenser l'extinction des anciennes polices disparaît : tous les risques retomberaient sur les associés restants et les charges finiraient par être exclusivement supportées par les derniers sociétaires [1]. Tout ce que la Société peut exiger, c'est le versement de ce qui était dû au temps où le contrat qui liait l'associé était en pleine vigueur [2].

Il convient d'ajouter que les Statuts prévoient toujours le cas où la Société ne serait plus en état de faire face à ses engagements et qu'ils édictent des règles à ce propos. Il est convenu d'ordinaire que si les pertes éprouvées réduisent le fonds de garantie dans une proportion qui est déterminée et qui le rend insuffisant, il sera procédé à la dissolution et à la liquidation de l'association, après le vote de ces mesures par une assemblée générale à laquelle tous les sociétaires doi-

1. Note, S. 86, 1, 111.
A cet égard et quoi qu'il ait pu être dit (dans les observations résumées, Note, D. P. 86, 1, 131). Il y a une différence radicale entre les Sociétés d'assurances à primes fixes dont la liquidation laisse subsister les contrats antérieurs (V. Toulouse, 2 mai 1883, D. P. 84, 2, 47 ; S. 84, 1, 488 ; Cass., 20 octobre 1885 ; S. 85, 1, 488, D. P. 86, 1, 129 et les notes ainsi que ce Traité, T. III, p. 50) et les Sociétés d'assurances mutuelles, différence tenant au caractère spécial de l'assurance mutuelle. Dans les Sociétés d'assurances mutuelles, suivant une définition classique (Dalloz : Rép., v° Assurances terrestres, n° 18), les assurés sont des associés qui mettent en commun leurs risques et s'obligent à supporter proportionnellement à leur intérêt le préjudice qu'éprouvera chacun des associés. Ils sont à la fois assureurs et assurés. Pour eux, le contrat d'assurances se trouve renfermé dans le contrat de société qui régit tous leurs rapports et auquel il faut se reporter pour déterminer leurs obligations. Or, le vote de l'assemblée prononçant la dissolution d'une Mutuelle, obligatoire pour tous les associés, a pour conséquence de les délier de l'obligation de s'indemniser les uns les autres à raison des sinistres qui arriveraient postérieurement à la dissolution. S'il en est autrement en matière d'assurances à primes fixes et si le contrat d'assurances persiste malgré la dissolution de la Société, cela tient à ce que, à la différence de ce qui a lieu en matière d'assurances mutuelles, l'assuré est un tiers par rapport à la Société et qu'il a le droit, par conséquent, d'exiger qu'elle tienne les engagements qu'elle a contractés à son égard sans qu'elle puisse se prévaloir, pour s'y soustraire, d'une délibération prise par ses actionnaires et à laquelle il est resté forcément étranger. — Note, D. P. 86, 1, 131.
2. Trib. civ. Seine, 6 mai 1890, Rec. périod. des assur., 90, 464 ; Cass., 18 novembre 1885, D. P. 85, 1, 131 ; S. 86, 1, 111.
Décidé (Trib. civ. Seine, 3 août 1897, Rec. périod. des assur., 98, 191) que le liquidateur d'une Mutuelle a le droit d'appeler le maximum de garantie, alors surtout qu'il est justifié que l'actif réalisé ou réalisable est notablement inférieur au passif. V. aussi Note, Journ. des assur., 85, 639 ; Trib. civ. Seine, 6 mai 1890, La Loi, 18 mai 1890.

vent être convoqués, et qui ne prend une résolution valable qu'autant que les deux tiers des assistants l'ont acceptée [1].

La dissolution suivie de la liquidation entraîne la résiliation immédiate des contrats et les sociétaires ne sont tenus de payer que les cotisations antérieures à la dissolution [2], sous réserve naturellement du passif.

L'assuré est fondé à demander la résolution du contrat lorsque l'association a perdu toute existence propre [3]. S'il ne peut arriver à faire considérer comme ayant cessé d'exister la Société qui, bien qu'ayant eu une existence compromise, a pu surmonter les difficultés et fonctionner, sinon normalement au moins d'une façon ininterrompue [4], et s'il est hors d'état de faire prononcer sa libération quand par des combinaisons qui, pour être d'une nature délicate eu égard au caractère de mutualité, ne sont pas impossibles, la Société, tout en réassurant l'ensemble des contrats à une autre Société, conserve son existence propre et son fonctionnement [5], en revanche l'assuré est en droit de soutenir que le contrat a pris fin quand l'association n'a plus d'existence légale, ni fonctionnement et qu'il n'existe plus aucune garantie en sa faveur. Il pourra agir de même au cas où le portefeuille aura été cédé par la Société primitive avec laquelle il avait traité et qui disparaît, ou encore quand il y a eu fusion ; à plus forte raison lui sera-t-il permis de soutenir qu'il doit être dégagé lorsque la Société appelée à remplacer celle avec laquelle il avait traité a un caractère totalement différent, quand par exemple c'est une Société à prime fixe [6].

B. — Résolution du fait de l'assuré.

Les obligations qui incombent à l'assuré ont été indiquées précédemment. Comme un assuré ordinaire, le sociétaire est tenu d'abord

1. La liquidation à laquelle il est procédé par les personnes nommées à cet effet par l'Assemblée générale peut, après l'acquit de toutes les charges sociales, faire ressortir un reliquat. En pareil cas, c'est à l'assemblée générale des sociétaires qu'il appartient de déterminer l'emploi qui devra être fait de ce reliquat, mais sous réserve de l'approbation du Gouvernement.

S'il y avait déficit de l'actif social, après épuisement de toutes réserves et de tous fonds de garantie, ce déficit serait supporté par les associés au prorata de la valeur actuelle de leurs contrats ; les contrats admis sans compte de répartition ne sont jamais soumis à réduction.

2. Cass., 18 novembre 1885, Journ. des assur., 85, 637. Il va de soi que le sociétaire est tenu pour la cotisation née au temps où la Société existait, alors même que le chiffre ne serait fixé que postérieurement à la dissolution. — Trib. Civ. Seine, 13 juin 1893, Journ. des assur., 94, 13.

3. Besançon, 30 décembre 1891, D. P. 92, 2, 155. S. 92, 2, 206.

4. Besançon, 30 décembre 1891, précité. — V. anal. Trib. Civ. Seine, 6 mai 1890, La Loi, 12 mai 1890.

5. Cf. Trib. Civ. Nantes, 13 novembre 1886, Rec. périod. des assur., 87, 594.

6. Paris, 5 juin 1886, Journ. des assur., 86, 464 ; Rec. périod. des assur., 86, 491.

d'indiquer, au moment où il sollicite son entrée dans l'association, toutes les circonstances propres à éclairer sur le caractère du risque, puis de verser la première cotisation ainsi que les sommes exigibles au début ; au cours du contrat il lui appartient d'acquitter les prestations auxquelles doit satisfaire tout mutualiste et s'abstenir de tout fait pouvant être considéré comme aggravant les risques.

La méconnaissance de ces devoirs impérieusement prescrits autorise l'association à réclamer la résolution du contrat.

Par application de l'art. 348 C. Com., toute réticence, toute fausse déclaration entraîne la nullité de l'assurance lorsque cette réticence, cette fausse déclaration sont de nature à diminuer l'opinion du risque ou d'en changer le sujet. L'association sera donc en droit de se prévaloir des réponses inexactes faites par le mutualiste aux questions contenues dans la feuille d'adhésion qui lui est remise lorsqu'il cherche à contracter avec une Mutuelle. Pareillement, il lui appartiendra de faire prononcer la résolution si elle peut prouver qu'il n'a pas révélé exactement, en outre de son individualité, son état de santé présent et passé, sa situation au point de vue militaire, les antécédents morbides de ses parents et de ses proches, s'il a caché les assurances passées ou sur le point d'être passées avec une autre Compagnie et surtout les circonstances dans lesquelles une demande de ce genre n'a pas été suivie d'exécution. L'assuré est d'autant moins fondé à contester la déchéance qu'il a dû, d'ordinaire, déclarer dans l'adhésion qu'il n'avait apporté à ses réponses aucune réticence, aucune dissimulation ou inexactitude diminuant l'opinion du risque ou en changeant le sujet.

En ce qui concerne les réticences, il y a lieu d'appliquer purement et simplement les règles générales qui régissent la matière. Il convient uniquement d'observer que si le paiement des cotisations et même le versement de l'indemnité ne font pas obstacle aux déchéances encourues alors surtout que les Statuts disposent formellement que le sociétaire qui aura induit l'association en erreur par réticence ou fausse déclaration pourra être exclu et verra disparaître le droit à indemnité [1], rien n'interdit de convenir que la police sera incontestable, c'est-à-dire qu'après un certain laps de temps les réticences cesseront d'entraîner fatalement la déchéance.

Le contrat ne prend effet que lorsque la première cotisation a été acquittée ; c'est seulement à partir de ce versement que la police engage la responsabilité de l'association. Il s'en suit que si le sociétaire ne se conforme pas à cette obligation, la Société est en droit de considérer le contrat non pas comme nul, mais comme inexistant, son existence étant subordonnée à une condition qui n'a pas été remplie.

Il est de principe essentiel et fondamental en matière d'assurance

1. V. Rouen, 15 mars 1880, Journ. des assur., 83, 147.

que le contrat ne garantit que les risques normaux, que les risques susceptibles d'entrer dans les prévisions et que toute faute, tout fait de nature à changer les conditions du contrat est capable d'entraîner, à la charge de l'assuré, la rupture des engagements. Cette règle est indépendante de la forme employée. Il est évident que l'association mutuelle ne saurait, pas plus que la Compagnie à primes fixes, accepter les conséquences d'un décès survenu à la suite d'actes volontaires de l'assuré. Pour toutes les entreprises d'assurances sans exception, c'est le hasard seul qui doit fixer le moment où se réalisera le décès et il est interdit à l'assuré de hâter ce jour. Aussi les Statuts des Mutuelles ont-ils bien soin d'édicter une exonération pour les cas de décès intervenus à la suite soit d'un suicide, soit d'un duel, soit d'une condamnation judiciaire, sauf bien évidemment à édicter des restrictions, notamment en ce qui concerne le suicide, et à limiter l'exclusion du risque au cas où le suicide serait volontaire ou ne proviendrait pas de l'aliénation mentale. Lorsque se produisent ces causes d'aggravation des risques, le contrat est et doit être rompu, quitte à reconnaître que la police résiliée a une valeur de rachat dont il sera tenu compte, et à disposer que dans les conditions habituelles, c'est-à-dire après le paiement de trois annuités complètes, au lieu de conserver purement et simplement les cotisations, l'association versera soit au bénéficiaire indiqué et à la date convenue le capital réduit, soit à l'assuré et immédiatement la valeur de rachat.

À côté de ces causes d'aggravation de risques qui sont absolues pour ainsi dire, et qui entraînent forcément la rupture du contrat, il en est d'autres qui ne constituent pas nécessairement des motifs de résolution en ce sens que, au prix d'une convention spéciale et surtout moyennant une surprime, la Société pourra prendre certains risques non prévus lors de la signature du contrat. De ce nombre sont l'adoption de la profession de marin, le voyage dans des pays lointains, le service militaire hors de la France continentale, et même hors de l'Europe, le risque de guerre. Pour échapper à la déchéance que l'assureur ne manquerait pas d'opposer si le décès se produisait soit dans un voyage sur mer, soit dans un séjour dans des contrées éloignées, soit au service militaire hors de la France continentale ou de l'Europe, soit au cours d'une guerre, l'assuré qui s'expose à ces risques doit obtenir de la Société une autre convention et accepter des conditions différentes. S'il néglige de se conformer aux prescriptions impératives des Statuts à cet égard, le contrat prendra fin dès l'instant même où l'aggravation de risque a pris naissance et le contrat n'aura plus que la valeur soit de réduction, soit de rachat, si, bien entendu, il a été payé au moins trois annuités complètes.

Enfin le non-paiement de la cotisation dans les conditions déterminées met fin au contrat. C'est logique. L'assureur ne peut continuer à être tenu alors que l'assuré ne remplit pas son engagement; l'assureur ne peut prendre à sa charge un risque alors qu'il n'en a pas touché le prix.

Il a été indiqué précédemment dans quelles conditions se fait ce paiement. Il a été dit que la police détermine l'époque, qu'un délai (fixé habituellement à trente jours) est accordé à partir de cette échéance pour effectuer le paiement, qu'à l'expiration de ce délai il est toujours donné un avis et un répit de grâce, que c'est seulement quand ce répit s'est écoulé sans régularisation que le contrat est rompu [1]. Il suffira d'ajouter qu'en cas de non paiement des cotisations si le contrat a pris fin, il n'est pas dépourvu d'effet pour l'assuré.

En principe, après avoir constaté le refus des prestations, l'association pourrait dire qu'elle considère l'opération comme terminée, qu'elle rend à l'assuré sa liberté, mais qu'elle garde les sommes versées par ce dernier, ces sommes représentant le prix du risque qu'elle avait couru précédemment. Toutefois, pas plus que les Compagnies à primes fixes, les Mutuelles n'agissent ainsi. Guidées par les raisons qui ont déterminé tous les assureurs, elles reconnaissent au contrat (sauf pour l'assurance temporaire ou de survie en cas de décès) une certaine valeur et consentent à en tenir compte à l'assuré, en imposant des conditions dont la principale, sinon même l'unique, est le versement antérieur d'un certain nombre d'annuités complètes. S'il n'a été payé qu'une ou deux annuités, le contrat est sans valeur, l'assuré ou son représentant n'a droit à rien, les cotisations perçues sont acquises à la Société. Au contraire, s'il a été payé au moins trois annuités, le contrat possède une valeur dont l'importance dépend du nombre des annuités versées. Cette valeur peut être touchée immédiatement mais sur sa demande par l'assuré et lorsque le représentant de la Mutuelle aura remis, contre bonne et valable quittance à l'assuré, la valeur de rachat, le contrat aura pris définitivement fin.

Mais l'assuré peut vouloir maintenir les choses en l'état, c'est-à-dire conférer au bénéficiaire le soin de toucher à l'époque convenue ; rien ne s'y oppose ; il laisse alors la réduction se produire par le seul fait du non-paiement : la somme représentant la valeur de la police mais la valeur réduite, puisque l'opération a été arrêtée dans son cours, revient au bénéficiaire indiqué lors de la souscription de l'assurance ou dans un avenant, mais seulement à la date où aurait été payable le capital primitivement assuré.

Somme toute, il se passe pour les Mutuelles ce qui a lieu en cas de non-paiement de la prime et dans les mêmes conditions chez les Compagnies à prime fixe.

1. Sauf le cas de suspension, parce qu'il est admis fréquemment que, malgré l'expiration des délais, l'assuré peut, à la condition d'agir avant la fin de l'année, faire considérer le contrat comme momentanément arrêté, le faire revivre en justifiant bien évidemment que sa santé n'a pas subi de changement et en acquittant les cotisations arriérées.

C. — *Résolution du fait du bénéficiaire.*

Si le contrat s'éteint à la suite des agissements de l'assureur et de l'assuré, il peut aussi bien cesser de produire effet par des circonstances dues à l'intervention du bénéficiaire.

L'association pourrait, en premier lieu, exciper du concours que le bénéficiaire aurait donné à l'assuré pour aggraver les risques. Elle serait fondée à soutenir que la déchéance a été encourue par ce fait que la personne appelée à profiter de la mort de l'assuré avait prêté son aide à un suicide, ou bien avait consenti à lui servir de témoin en duel, ou encore l'avait entraîné dans des entreprises périlleuses devant amener le décès.

D'autre part, l'association serait en état de refuser de payer le capital promis au bénéficiaire si ce dernier avait lui-même mis fin aux jours de l'assuré. Les motifs d'une prohibition absolue se devinent trop bien pour qu'il soit nécessaire d'insister à cet égard : il n'y a qu'à constater que par une précaution, (excessive peut-être car l'absence d'une clause ne pouvant empêcher la déchéance d'être encourue, les Statuts disposent d'ordinaire que si l'assuré perd la vie par suite d'un attentat réellement imputable au bénéficiaire même du contrat), ce fait emporte pour les intéressés la perte de tout droit.

SECTION IV

Prescription.

Les engagements qui résultent du contrat d'assurance sur la vie s'éteignent par la prescription.

D'abord l'association peut valablement convenir que le droit de réclamer la somme convenue sera éteint lorsque, sinon l'assuré au moins la personne qui est appelée à profiter de la police, aura, sans réclamer, laissé écouler le délai courant à partir du jour où a été réalisée la condition donnant droit à la remise de la somme indiquée.

En l'absence d'une convention il faudra reconnaître l'effet libératoire de la prescription. Seulement ce sera la plus longue prescription, celle de trente ans qui dégagera l'assureur.

D'autre part, la nullité au profit de l'association résultant de ce que l'assureur se serait rendu coupable d'une réticence ou d'une fausse déclaration sera prescrite, conformément à l'art. 1304 C. Civ., par l'expiration d'un délai de dix ans à dater de la découverte du dol ou de l'erreur, indépendamment d'une prescription conventionnelle, les

Sociétés ayant incontestablement le droit de renoncer à se prévaloir, après un certain nombre d'années, des réticences imputables au contractant.

En ce qui concerne la cotisation, la prescription quinquennale n'est point applicable. Il y a là une différence essentielle entre l'assurance avec une Mutuelle, et l'assurance avec une Compagnie à primes fixes. L'art. 2277 C. Civ. subordonne l'admission de cette prescription à une double condition : l'arrérage doit être fixe et doit être périodique ; or, en droit, sinon en fait, les prestations dues par les mutualistes sont essentiellement variables, elles varient suivant l'importance des sinistres et l'on ne peut même pas dire qu'elles soient payables annuellement, car on pourrait concevoir qu'un exercice fût clos sans qu'aucune charge fût venue grever les fonds de l'association [1]. L'action de l'association pour le paiement des cotisations, notamment de la contribution au règlement des sinistres dure donc trente ans [2].

Pareillement l'art. 2277 C. Civ. ne s'applique pas à la prime annuelle allouée au directeur lorsque cette prime est variable et proportionnelle à l'importance des valeurs assurées et en tout cas alors qu'il existe un Conseil d'administration chargé de régler les paiements dus au directeur [3].

Si la cotisation pour frais de gestion a un caractère de fixité absolue, ce qui est possible puisque la somme allouée à la direction peut être fixe, il y a lieu d'appliquer l'art. 2277 et de dire que la cotisation est prescriptible pour cinq années [4].

1. Clément : op. cit., p. 147.
2. Cass., 8 février 1843 ; Dalloz, Rép., v° Prescription civ., n° 1097 ; S. 43, 1, 264 ; Cass., 17 mars 1856, D. P. 56, 1, 99 ; S. 56, 1, 349, Cass., 1er février 1882, D. P. 82, 1, 99 ; S. 82, 194 ; Conf. Leroux de Bretagne : Nouv. Tr. de la prescript., T. II, n° 1258 ; Clément : op. cit., p. 147 ; Houpin : op. cit., n° 147 ; Ruben de Couder : Dict. de dr. comm., Suppl., v° Assur. mut. terr., n° 21.
3. Sent. arbitr. d'Anvers, 10 mars 1857, Journ. des assur., 60, 361 ; Houpin : op. cit., n° 7473 ; Clément : op. cit., p. 147. — Comp. de la Prugne : op. cit., p. 172, 473.
4. Alauzet : op. cit., T. II, p. 515 ; Clément : op. cit., p. 148 ; Houpin : loc. cit.

CHAPITRE CINQUIÈME

COMPÉTENCE ET PROCÉDURE

SECTION I

Compétence.

De ce que les opérations d'assurances mutuelles sont en principe des opérations civiles, comme le caractère d'une Société dépend incontestablement [1] de la nature des actes auxquels elle se livre, il suit que la Société d'assurance mutuelle est une Société civile [2], et partant que la juridiction civile est seule compétente pour connaître des contestations entre l'association et le sociétaire [3]. Aucune contestation n'est

1. Cass., 21 juillet 1873, S. **73**, **1**, 156 ; D. P. 74, 1, 127 ; Rousseau : *Sociét. commerc.*, Paris, 1878, T. I, n° 104 ; Troplong : *Sociét.*, n° 328 ; Bécane : *Quest. sur les Sociét.*, p. 18 ; Lyon-Caen et Renault : *Précis de dr. comm.*, T. I, n° 277 ; Cass., 18 décembre 1871, S. 71, 1, 196 ; D. P. **72**, **1**, 9 ; Cass., 26 février 1872, P. 72, 1, 9 ; D. P. 72, 1, 10 ; Cass., 16 juin 1871, S. 74, 1, 345 ; Duvivier : *Tr. de la faillite des Sociét. commerc.*, Paris, 1837, p. 33 ; Cass., 15 juillet 1884, S. 85, 1, 348 ; Gand, 29 mai 1887, *Rec. périod. des assur.*, 97, 534.

2. Pour M. Guillouard (*Tr. du Contr. de Société*, Paris, 1892, p. 153), la Société d'assurance mutuelle ne serait ni une Société commerciale, puisqu'elle ne se livre pas à des opérations de spéculation, ni une Société civile puisque l'on ne trouve pas l'élément essentiel à l'existence de toute Société, l'intention de faire un bénéfice, ce ne serait qu'un contrat civil.

MM. Baudry Lacantinerie et Wahl (*Société, prêt et dépôt*, n° 562 bis) font remarquer avec une imposante doctrine et une jurisprudence constante qu'en admettant qu'elles constituent des Sociétés, les Mutuelles sont non pas des Sociétés commerciales mais bien des Sociétés civiles, car elles n'ont aucun but de spéculation.

3. A moins, bien entendu, que l'assurance ne prenne le caractère commercial à raison des circonstances mêmes dans lesquelles le contrat aurait été conclu, ainsi qu'il a été dit précédemment. V. *supra*, T. IV, p. 16 ; Note n° 16 ; S. 87, 2, 121.

Il va de soi que l'attribution de la compétence au juge civil existe pour toutes les Sociétés opérant en France, même celles de nationalité étrangère — Trib. comm. Seine, 26 mai 1891, *Rec. périod. des assur.*, 91, 499 ; *Journ. des assur.*, 91, 432.

possible à cet égard dans l'état de la doctrine [1] et de la jurisprudence [2], sans même qu'il y ait à s'arrêter ni au titre ou à la qualification de la Société, l'objet seul devant être pris en considération [3], ni à la circonstance du groupement de commerçants [4], le caractère juridique d'une Société se déterminant, non pas d'après la qualité des personnes qui la composent, mais uniquement suivant la nature des opérations auxquelles elle se livre [5].

Il en résulte que le tribunal civil a seul pouvoir pour connaître des demandes en paiement de l'indemnité [6], que le tribunal de commerce doit se déclarer incompétent, même d'office [7], lorsqu'il est appelé à connaître d'un litige existant entre une Mutuelle et un sociétaire [8],

1. A titre d'exemple, V. Pont ; *Soc. civ. et commerc.*, 2e édit., Paris, 1880-1884, T. I, no 108 ; Lyon-Caen et Renault : *Précis de dr. commerc.*, T. I, p. 61, no 3 ; Ruben de Couder : *Dict. de dr. comm.*, vo *Société*, no 86.

2. Cf. notamment, Paris, 28 mars 1857, S. 58, 2, 197 ; Cass., 8 février 1860, S. 60, 1, 207 ; D. P. 60, 1. 83 ; Cass., 15 juillet 1884, S. 85, 1, 348 ; D. P. 85, 1. 173. Adde les renvois de jurisprudence sous Paris, 3 mai et 8 mai 1885, *Rev. périod. des assur.*, 85, 68 et 216 ; Trib. comm. Seine, 26 mars 1891, *Journ. des assur.*, 91, 432.

3. Cass., 23 octobre 1889, *Rev. périod. des assur.*, 89, 390 ; *Journ. des assur.*, 89, 520. Trib. comm. Seine, 9 décembre 1887, *Rev. périod. des assur.*, 88, 10.

4. Trib. Seine, 2 mai 1883, *Rev. des Sociét.*, 84, 402 ; Trib. comm. Seine, 20 novembre 1883, *Rev. périod. des assur.*, 84, 483 ; Paris, 3 mai 1884, *ibid.*, 84, 644 ; Trib. Seine, 1er décembre 1885, *Journ. des Sociét. civ. et comm.*, 88, 249 ; Paris, 4 février et 20 avril 1886, *Rev. des Sociét.*, 88, 210 et 325 ; Trib. comm. Seine, 9 mai 1890, *Rev. périod. des assur.*, 90, 439 ; Paris, 28 février 1890, *ibid.*, 90, 442 ; Houpin ; *op. cit.*, T. I, no 3.

5. La règle est applicable lorsqu'il s'agit d'une instance poursuivie par une Société étrangère même autorisée à ester en justice en France, aucun texte ne permettant de déroger à ce principe que la juridiction consulaire est restreinte aux seules causes ayant un objet commercial. — Trib. comm. Seine, 26 mai 1891, *Rev. périod. des assur.*, 91, 499 ; *Journ. des assur.*, 91, 432.

La solution serait pareille même au cas où une prime fixe aurait été stipulée payable d'avance, mais à titre de prévoyance et pour suppléer à l'insuffisance de la cotisation (Trib. comm. Seine, octobre 1889, *Rev. des Soc.*, 89, 97). La juridiction commerciale étant une juridiction exceptionnelle, il est interdit aux parties de convenir qu'en cas de contestation entre la Mutuelle et le sociétaire la connaissance du litige sera déférée au tribunal de commerce et non au tribunal civil (Trib. Comm. Seine, 15 mars 1889, *Rec. périod. des assur.*, 89, 580).

D'autre part, il est à noter que d'après une jurisprudence constante, si les contrats portent attribution de compétence au tribunal civil, ce n'est qu'autant que le litige concerne une opération mutuelle et qu'au contraire le tribunal de commerce serait compétent s'il s'agissait d'un contrat à prime fixe passé par une mutuelle, par une dérogation plus ou moins licite, à ses statuts.

6. Trib. civ. Seine, 13 août 1886, *Journ. des Sociét. civ. et comm.*, 88, 248 ; *ibid.* 20 avril 1886, *Rec. périod. des assur.*, 87, 66.

7. La compétence *ratione materiæ* est d'ordre public ; il ne peut donc y être dérogé. — V. Trib. comm. Seine, 15 mars 1889, *Journ. des assur.*, 89, 439 ; Gand, 27 mai 1897, *L'Opinion*, 97, 191. Il a été jugé (Gand, 20 mai 1897 précité) que s'il est vrai qu'une Société soit régie, quant à son existence et à sa capacité, par la loi du pays auquel elle appartient, la compétence *ratione materiæ* en ce qui concerne une contestation déférée à un tribunal étranger, est exclusivement déterminée par la loi de ce pays comme portant sur une matière de droit public ou politique.

8. Pau, 8 mai 1885, *Rec. périod. des assur.*, 85, 216. Et la solution a été pro-

que la Société d'assurance mutuelle n'étant pas commerciale son directeur et président du Conseil d'administration ne peut, du moment qu'il n'a pas la qualité de commerçant, être justiciable du tribunal de commerce même à raison de billets à ordre souscrits en cette qualité [1].

Toutefois il n'en est ainsi qu'autant qu'il s'agit d'une opération de mutualité, du fonctionnement d'une Société dont le but est, non pas de procurer un bénéfice au groupe, mais de répartir proportionnellement entre tous les associés, à la fois assureurs et assurés, les conséquences des dommages prévus par les contrats d'assurance [2]. La juridiction commerciale aurait qualité pour statuer sur le litige s'il se rattachait à une assurance à prime fixe, faite par la Mutuelle au mépris de son titre [3]. Parallèlement la juridiction commerciale serait compétente au cas où une Société ayant été formée, à côté de la Mutuelle, pour retirer un bénéfice des économies à réaliser sur les frais généraux de la gestion un procès serait intenté pour actes relatifs à sa gestion au directeur d'une Mutuelle chargé à forfait et avec le concours d'une Société particulière de faire face, moyennant une rétribution proportionnelle à l'importance des valeurs assurées à toutes les dépenses soit d'entretien, soit de gestion [4]. C'est qu'en effet il y a, en pareil cas, spéculation de la part du directeur, qui, loin d'être seulement le représentant de la Société, se trouve chargé de toute la mise en œuvre des opérations de la Société [5].

clamée même au cas où l'opération semblait n'être qu'une opération à prime fixe alors qu'en réalité il y avait variabilité de la cotisation. — Trib. comm. Seine, 27 février 1891. *Rec. périod. des assur.*, 91, 92.

1. Dijon, 6 juin 1889, *Journ. des assur.*, 89, 269; *Rec. périod. des assur.*, 89, 114.
2. Gand, 29 mars 1897 précité.
3. Trib. comm. Seine, 22 juin 1885, *Rec. périod. des assur.*, 85, 382; Paris, 17 décembre 1888, *ibid.*, 89, 177; Trib. comm. Seine, 3 juin 1887, *ibid.*, 88, 71; Cass., 23 novembre 1889, *Rev. des Sociét.*, 90, 72; Paris, 22 décembre 1891, *ibid.*, 92, 181; Cass., 8 novembre 1892, *ibid.*, 93, 176. Il a été décidé (Trib. comm. Seine, 31 juillet 1895, *Bull. de l'ass.*, 95, 91) que la fixité des cotisations n'ayant d'autre but que de limiter les charges des mutualistes elle ne saurait modifier le caractère civil de la Société, alors que la preuve de la mutualité résulte des autres éléments de son organisation et qu'il est établi, notamment, que les assurés se bornent à répartir entre eux, suivant une proportion déterminée, le produit des cotisations et les charges sociales.
Jugé qu'une Mutuelle, bien qu'étant une Société civile, peut être assignée devant le tribunal de commerce à raison d'une contestation ayant pour objet le solde d'un compte de réassurance à primes fixes, constituant entre les parties des actes de commerce, quand bien même la validité de ces actes serait contestée, Trib. comm. Seine, 13 décembre 1888, *Rev. des Sociét.*, 89, 214.
— *Contra* Trib. comm. Seine, 7 novembre 1891, *Rec. périod. des assur.*, Trib. comm. Seine, 13 décembre 1888, *Rev. des Sociét.*, 89, 214. V. au sujet de ces jugements, les observations, *Rec. périod. des assur.*, 1892, p. 412 et 416.
4. Cass. 28 décembre 1886, D. P. 87, 1, 311; S. 88, 1, 68. — V. aussi Paris, 5 mai 1898, *Rev. des Sociét.*, 88, 361, et Cass., 23 octobre 1889, *ibid.*, 90, 72.
5. Paris, 16 novembre 1869, Bonney, de Mars., II, 373.
La juridiction commerciale est, bien entendu, compétente même s'il n'a pas été constitué une Société pour l'exploitation de la Mutuelle et si le directeur a pris à forfait à lui seul tous les frais que peut entraîner l'administration de la Société, il est en réalité un agent d'affaires et comme tel soumis à la juridic-

La solution doit être identique au cas où il s'agit d'une contestation entre l'association et un de ses agents ou représentants, le pacte intervenu ayant incontestablement un caractère commercial [1], le caractère civil de la Mutuelle important peu [2].

Le juge commercial, d'autre part, serait compétent pour le litige qui s'élèverait entre deux Sociétés d'assurances mutuelles relativement à l'exécution d'un traité de réassurance intervenu entre elles, si l'on ne rencontrait dans ce traité aucune des conditions essentielles et fondamentales de l'assurance mutuelle, mais des spéculations constituant un véritable acte de spéculation entre les deux parties contractantes [3].

Il est sans difficulté que la juridiction commerciale est compétente lorsque, malgré son titre et son caractère de Mutuelle, la Société souscrit un contrat à primes fixes [4].

En principe, on le sait, c'est le domicile du défendeur qui détermine le tribunal compétent pour statuer sur la difficulté. Dès lors, c'est devant le tribunal du siège social que la Société d'assurance mutuelle doit être assignée, soit par les sociétaires, soit par les agents [5]. A la vérité, il est admis que lorsqu'une Société a hors de son siège social, une succursale, c'est-à-dire une représentation capable de l'engager, elle peut être assignée devant le tribunal du lieu de cette succursale, l'agence constituant un établissement principal à l'égard des tiers qui ont traité avec elle [6]. Mais il faut ajouter que les assureurs sur la vie ont toujours protesté contre cette idée que leurs bureaux au loin auraient le caractère de succursales et qu'ils ont constamment voulu attribuer une compétence exclusive au tribunal du siège social ; les Mutuelles ont l'habitude d'inscrire dans les Statuts une clause dont la validité n'est pas douteuse [7], déposant que de convention expresse et

---

tion consulaire. — Paris, 6 décembre 1852, Bonnev. de Mars., II, 143 ; V. aussi, Paris, 12 février 1857, *ibid.*, II, 189 ; Lyon, 22 mars 1851, *ibid.*, II, 118 ; Trib. Rouen, 6 octobre 1876, *Journ. des assur.*, 76, 473. Cf. *Rec. périod. des assur.*, 87, 11 à 13.

1. Trib. Comm. Seine, 7 juillet 1852, Bonnev. de Mars., III, 30 ; Trib. civ. Seine, 6 février 1890, *Journ. des assur.*, 90, 71.

2. Trib. comm. Seine, 17 mars 1855, *Journ. des Trib. Comm.*, n° 1349 ; IV, 298 ; 24 avril 1856, *ibid.*, n° 1809, V, 341, 12 février 1857, *ibid.*, n° 2060, VI, 157 ; 27 février 1869, P. 69, 2, 136 ; 16 novembre 1869, *Journ. des Trib. Comm.*, n° 6805, XIX, 187.

3. Angers, 7 mars 1898, *Rec. périod. des assur.*, 98, 367. Il importe de noter que si cet arrêt se rallie à la doctrine du Tribunal de commerce de la Seine considérant le fait par une Mutuelle de traiter des opérations de réassurances à primes fixes comme un acte de commerce (Trib. Comm. Seine, 13 décembre 1888, *Journ. des assur.*, 89,36 ; *Rec. périod. des assur.*, 92, 411), la solution contraire a été proclamée par la suite. (Trib. comm. Seine, 7 novembre 1891, *ibid.*, 92, 414.)

4. Cass., 9 novembre 1892, *Journ. des assur.*, 93, 5.

5. V. notamm. Trib. comm. Seine, 4 août 1852, *Journ. des assur.*, 52, 87 ; Cass., 18 février 1862, Bonnev. de Mars., I, 95.

6. Lyon, 22 mars 1851, *Journ. des assur.*, 81, 309, Cass., 7 juin 1853, Bonnev. de Mars., I, 49.

7. Liège, 23 mars 1867, *Rec. périod. des assur.*, 91, 117 ; Cass., 6 avril 1866, S.

sauf les dérogations que pourrait autoriser le Conseil d'administration, toutes les contestations à intenter à l'occasion des contrats souscrits ou pour leur exécution seront soumises aux tribunaux du siège de la Société [1].

D'autre part, quand la Société est demanderesse elle devrait agir devant le tribunal du lieu où habite son adversaire [2]. Mais pour des motifs qui se conçoivent, elle tient à laisser régler le différend par le juge de son domicile social; aussi a-t-elle bien soin de déclarer dans les Statuts que le juge du domicile social connaîtra de toutes les contestations qui pourraient être dirigées directement ou indirectement par ou contre la Société [3].

SECTION II

Procédure.

Les principes et les dispositions concernant la procédure sont conformes à ce qui est pratiqué pour les contestations qui s'élèvent à l'occasion des contrats passés avec des Compagnies à primes fixes [4]. Il suffira de dire qu'il y a lieu de considérer comme indéterminée et, par suite susceptible d'appel, la demande en rupture du contrat formée par une Mutuelle contre un adhérent lorsque, outre la somme que celui-ci doit payer annuellement représentant sa part maxima dans le fonds de prévoyance, il est encore tenu, pour assurer le paiement des charges communes, de contribuer à la formation du fonds de garantie, lequel, bien que limité lui-même à un maximum, reste in-

80, 1, 269; D. P. 85,5, 97. — Conf. Cass., 30 juin 1873, 30 mai et 19 juin 1876, S. 76, 1, 358, 383 et 475; Dijon, 24 juillet 1877, S. 77, 2, 322; D. P. 78, 2, 114.

1. Vavasseur : Traité des sociét. civ. et commerc., 5ᵉ édit., T. II, p. 345. V. Cass., 5 février 1879, Rev. de dr. comm., 79, n°1, 56.

2. Cass., 11 juillet 1856, Journ. des trib. de comm., T. VI, p. 433.

3. Il en est ainsi non seulement pour les difficultés nées des contrats, souscrits ou de leur exécution mais encore pour les contestations divisant la Société et son agent. Il a été jugé en particulier que le tribunal de commerce du siège de la Société est compétent pour connaître de l'action en reddition de comptes intentée par la Société contre son agent. — Trib. comm. Seine, 27 avril 1852, Journ. des Trib. de comm., n° 128, I, p. 461, n° 289; 7 juillet 1852, ibid., I, 314; 16 novembre 1869, Journ. des assur., 69, 509, 3 juin 1876, Bonnev. de Mars, III, 152; Paris, 3 mars 1877, Journ. des assur., 77, 377.

4. En matière d'assurances mutuelles l'importance du litige demeure toujours indéterminée puisque les cotisations sont essentiellement variables. Toutefois, a-t-il été noté avec raison (Note, Journ. des assur., 1894, 119), si un maximum a été fixé, ainsi que cela arrive généralement, il est rationnel de tenir compte de ce maximum pour déterminer le taux du premier ou du dernier ressort. Cela, à la vérité, importe peu lorsque, comme dans une espèce qui a donné lieu à un arrêt de la Cour de Paris du 15 juin 1893, (Journ. des assur., 94, 116; Rec. périod. des assur., 93, 454), en calculant les cotisations à échoir d'après celle indiquée par la police on arrive à un chiffre supérieur à 1,500 fr.

variable suivant le nombre et l'importance des sinistres. Dans ces
conditions, en effet, le calcul des cotisations dues pour les années restant à courir jusqu'à la fin de la police ne peut être effectué à l'a-
vance [1].

D'autre part, lorsque sur la demande en paiement de l'une des cotisations annuelles le défendeur oppose la résiliation de la police, la
contestation n'est jugée qu'en premier ressort par le tribunal de première instance s'il est impossible de déterminer par avance le montant des cotisations restant à courir.

La raison se devine aisément: la Société défenderesse, créancière
des prestations étant une Société d'assurance mutuelle, le chiffre des
cotisations annuelles est forcément et nécessairement variable [2].

---

1. Paris, 4 juin 1897. L'Opinion. 97, 189 ; Rev. périod. des assur., 97, 590.
2. Caen., 27 novembre 1888, D. P. 89, 1, 447. ; S. 90, 1 521 ; Trib. civ. Toulouse, 14 mai 1897. Rev. périod. des assur., 98, 163 et ibid., les renvois de jurisprudence ; Journ. des assur., 98, 233.

CHAPITRE SIXIÈME

RÉGIME FISCAL

Les opérations faites par les Sociétés d'assurances mutuelles n'échappent pas aux dispositions fiscales [1].

1. Un exposé complet et détaillé de tous les impôts exigibles ne sera pas plus présenté ici qu'il n'en a été dressé un lorsqu'il s'est agi des opérations faites par les Compagnies à primes fixes. Cependant il est impossible de ne pas présenter quelques remarques concernant la patente.

Partant de ce principe que les membres d'une Mutuelle ne sont pas appelés à recueillir des bénéfices, la loi du 25 avril 1844 sur les patentes (art. 13, § 5) exonérait de cet impôt les Sociétés mutuelles régulièrement autorisées ; cette dispense toutefois était subordonnée d'après la jurisprudence (V. Cons. d'Ét., 10 décembre 1875, Lebon, *Rec. des arr. du C. d'Ét.*, p. 993,) à cette circonstance que ces dernières présenteraient d'une manière complète et exclusive le caractère de la mutualité ; aussi le bénéfice de la disposition précitée avait-il été refusé à une Compagnie percevant sur les assurés des primes fixes, les unes avec participation aux bénéfices, les autres sans cette participation.

Lors de la refonte générale de la législation sur les patentes en 1880 la même dispense fut édictée à l'égard des assurances mutuelles régulièrement autorisées (L. 15-17 juillet 1880, art. 17). Seulement le bénéfice de cette disposition ne peut être revendiquée que par des Sociétés dont les opérations conservent un caractère exclusif de mutualité et de mutualité simple. C'est ainsi que la loi de 1880 est inapplicable non seulement à une Société qui, bien que qualifiée de Mutuelle, perçoit sur les assurés des primes fixes les unes avec participation, les autres sans cette participation, qui possède un capital garantissant le paiement intégral des assurances même en cas d'insuffisance des primes annuelles (C. d'Ét., 10 décembre 1875 précité), mais encore à une Société qui offre à ses adhérents les combinaisons nécessaires enlevant à ses opérations le caractère de mutualité pure et simple exigé par la loi. (Cons. d'Ét., 27 février 1885, Lebon, *Rec. des arr. du C. d'Ét.*, 85, p. 236.)

A plus forte raison l'exonération peut-elle être refusée aux Sociétés qui se livrent à des opérations de capitalisation pour le compte de leurs membres, ces derniers retirant un profit consistant dans la chance d'un remboursement anticipé (Cons. d'Ét., 23 février 1889, Lebon, *Rec. des arr. du C. d'Ét.*, 89, p. 269 ; Cons. d'Ét., 9 avril 1892, Lebon, *Ibid.*, 92, p. 402) Les opérations, d'après les arrêts du Conseil d'État, ne présentent aucun des caractères du contrat d'assurance tel qu'il est défini par l'art. 332 C. Comm.

En revanche la circonstance qu'une Société qui n'assure que ses membres,

SECTION I

Droits de timbre.

Les dispositions édictées en matière de timbre, ont toujours été communes aux Compagnies à primes fixes et aux Sociétés mutuelles. Sous l'empire de la loi du 13 brumaire an VII, les polices délivrées par ces dernières étaient donc soumises au timbre de dimension ; puis, pour échapper à l'obligation de rédiger tout contrat ainsi que toute convention postérieure sur un timbre de dimension, il a été permis aux directions de contracter, dans les termes de la loi du 5 juin 1850, un abonnement de 2 centimes par 1000 fr. [1] du total des sommes assurées d'après les polices ou contrats en cours d'exécution, la Société étant tenue de faire

a passé un contrat avec une Compagnie de réassurances à l'effet de limiter les cotisations pouvant être exigées de ses associés ne saurait faire perdre la qualité de Société d'assurances mutuelles ainsi que le droit à l'exemption (Cons. d'Ét., 14 novembre 1879, Lebon, *Rec. des arr. du Cons. d'Ét.*, 79, 689 — V. les observations du Ministre des finances, *ibid.*, note 2).

Dans tous les cas le bénéfice de la loi de 1880 ne peut être revendiqué que par les Sociétés qui ont obtenu l'autorisation de se constituer en France. Pour les Mutuelles françaises : le doute n'est pas possible puisque leur fonctionnement est subordonné à la signature d'un décret leur conférant le droit d'exister. Au dire de certaines personnes, la solution doit être la même pour les Sociétés étrangères admises conformément à la loi du 30 mai 1857 à ester en justice et à exercer tous leurs droits en France. (En ce sens, Rochetin : *La loi de 1857 concernant les Sociétés étrangères dans son application au point de vue fiscal*; *Journ. des Économistes*, octobre 1893, p. 65 et s.) L'Administration des Contributions directes toutefois conteste formellement cette manière de voir. Le Conseil d'État ne paraît pas avoir statué sur cette difficulté. Si l'Administration a invoqué cette objection lors du recours qui a donné lieu à l'arrêt du 23 février 1889, ce motif n'a pas été relevé dans cette décision.

Le directeur d'une mutuelle est exonéré de la patente lorsqu'il agit pour le compte exclusif de cette Mutuelle ; ce n'est pas du reste un agent d'affaires (V. Cons. d'Ét., 17 mars et 31 mars 1876, Lebon, *Rec. des arr. du C. d'Ét.*, 76, p. 267 et 339) ; Il importe peu qu'il ait pris à forfait moyennant une remise sur le montant des primes et la perception du prix des polices, de diriger les opérations et de pourvoir aux frais d'administration, cette circonstance ne changeant pas sa situation de représentant d'une Mutuelle régulièrement autorisée et exempte de la patente (mêmes arrêts).

Au contraire, l'agent de deux Compagnies d'assurances dont chacune a son siège dans une ville distincte et qui est rémunéré au moyen des remises proportionnelles aux affaires qu'il traite n'a pas droit à l'exemption accordée aux Mutuelles parce qu'il exerce une profession distincte de celle des Sociétés qu'il représente, celle d'agent d'affaires (Cons. d'Ét., 27 février 1892, Lebon, *Rec. des arr. du C. d'Ét.*, 92, p. 228. — Conf. Cons. d'Ét., 9 novembre 1889, Lebon, *ibid.*, 89, p. 1018; 1er juillet 1887, Lebon, 87, p. 527 ; 20 juin 1879, Lebon, *ibid.*, 79 p. 524) ; Il ne saurait pas plus être exempté comme commis alors qu'il exerce sa profession dans une maison dont il est propriétaire et pour laquelle les Mutuelles qu'il représente ne lui paient aucun loyer (Cons. d'Ét., 27 février 1892, Lebon, *ibid.*, 92, p. 228) et même dans une maison dont il paie le loyer (Cons. d'Ét., 9 novembre 1889, Lebon, *ibid.*, 89, p. 1018).

1. Les droits d'abonnement ont été augmentés de deux décimes, par l'art. 2 de la loi du 23 août 1871.

avant le commencement des opérations et à peine d'une amende de 1000 fr., au bureau d'enregistrement du lieu où la Société a le siège de son principal établissement, une déclaration relative à la nature des opérations avec le nom du directeur ou du chef de l'établissement (L. 25 juin 1850, art. 34) et devant, en outre, à peine d'une amende de 10 fr. par chaque contravention, avoir à son siège un répertoire sommaire indiquant par ordre de numéros, et dans les six mois de leur date, toutes les assurances faites soit directement, soit par les agents ainsi que les conventions portant prolongation de l'assurance, augmentation de la prime ou du capital assuré, (L. 5 juin 1850, art. 35 et 36)[1] ; enfin cet abonnement facultatif a été rendu obligatoire par l'art. 8 de la loi de finances du 29 décembre 1884.

Il n'y a aucune particularité à relever quant à l'application de cette loi, en ce qui concerne notamment les actes dispensés du droit de timbre ou, au contraire, ceux qui y sont soumis[2]. Une seule remarque doit être présentée au sujet de l'époque à laquelle doit être acquittée la taxe édictée par la loi de 1884. Aux termes du décret du 25 novembre 1871, auquel cette loi déclare se référer, la taxe d'abonnement est à payer par trimestre et avant le 10e jour du troisième mois du trimestre suivant, au bureau de l'enregistrement du siège de la Société ou du domicile de l'assureur. La règle est différente pour les Mutuelles dans lesquelles le montant des cotisations annuelles est, d'après les Statuts, payable par avance, le 1er janvier de chaque année ; le droit est exigible par quart et doit être acquitté dans les dix premiers jours suivant l'expiration de chaque trimestre[3].

1. Cet article a une portée absolue et s'applique à tout assureur. Sol., 22 novembre 1868 ; Décis. Min. des fin., 23 juin 1869. Maguéro : *Traité alphab. des droits d'enregistrem. et de timbre*, Paris, 1897, v° *Assurances*, n° 228.

2. Il a été décidé (Cass., 23 juillet 1877. D. P. 77, 1. 433 ; S. 78, 1. 42) que le bordereau ou mandat dressé par le directeur d'une Mutuelle afin d'arriver au recouvrement de la contribution annuelle due par chaque assuré et déterminée par le Conseil d'administration de la Société, d'après les bases fixées par les Statuts, constituant, pour la Compagnie, le titre d'une créance que l'assuré est obligé, par le contrat d'assurance, à acquitter, est assujetti au droit ordinaire de timbre de dimension. — V. en ce sens, Cass., 25 août 1880, D. P. 81, 1. 76 ; S. 81, 1. 382.

Il convient de noter également que si l'agent de la Compagnie chargé des recouvrements donne un acquit sur ce bordereau, cet acquit est passible du droit de timbre de dix centimes lorsqu'il s'agit de sommes supérieures à dix francs, la réunion des deux actes sur une même feuille de papier ne modifiant en rien la nature propre de l'un ni de l'autre et ne pouvant les exonérer de l'impôt spécial auquel ils sont assujettis séparément (Cass., 23 juillet 1877 et 25 août 1880 précités).

3. Le chiffre exact des cotisations dues aux Compagnies mutuelles est généralement variable et dépend de l'importance des sinistres survenus dans l'année ; l'Administration, en ce qui concerne ces Sociétés, a admis un tempérament à la loi du 23 août et a décidé que la mention de la cotisation en regard de chaque police pourrait n'avoir lieu au répertoire qu'un an après la souscription de chaque contrat. — Sol., 25 mars 1872 ; Maguéro : *op. cit.*, v° *Assurances*, n° 231.

CONTRAT D'ASSUR. SUR LA VIE. — T. IV. 7

SECTION II

Droits d'enregistrement.

La validité d'une police passée avec une Compagnie d'assurance à prime fixe est absolument indépendante de la formalité de l'enregistrement. Cette dernière n'est exigée qu'autant qu'il est fait usage de la police soit par un acte public, soit en justice ou devant toute autre autorité constituée, ou encore s'il est délivré un acte en extrait, en copie ou en expédition, en vertu d'une police (L. 22 frimaire an VII, art. 23 et 42). Dans ce dernier cas, et par application de l'art. 69, § 2 de la loi de frimaire an VII combiné avec l'art. 54 de la loi du 18 avril 1816, quoi qu'il ait pû être dit[1], il semble aujourd'hui acquis que le droit est dû sur la valeur de la prime et s'élève à 1 pour 100.

En matière d'assurance mutuelle, les mêmes règles doivent être suivies. En principe, l'enregistrement n'est point nécessaire. Le contrat conserve toute sa force par lui-même et l'enregistrement n'a rien à réclamer. Seulement, au cas où le contrat reçoit la publicité spéciale dont parlent les art. 23 et 42 de la loi du 22 frimaire an VII, malgré les objections contraires[2] il faut dire que le droit est dû sur la valeur. En présence d'une assurance en cas de décès, le montant du versement à faire annuellement par le souscripteur du contrat étant fixé d'avance par la police même, et le produit de l'assurance à recevoir au décès étant seul indéterminé, à raison de ce qu'il y a non pas une cotisation variable selon les sinistres, mais une prime ferme et indéterminée, il faudra, d'après le système adopté par la Régie[3], considérer qu'au point de vue de la matière imposable, il n'existe aucune différence résultant du caractère de la Société et se conformer à la règle habituellement suivie pour la perception : le droit de 1 %, sera exigible et devra être liquidé, tant sur la somme que la Société perçoit quelquefois pour frais de gestion que sur les sommes versées annuellement, telles qu'elles sont fixées par la police, et d'après l'évaluation à faire par la partie.

L'association d'assurance mutuelle, bien qu'étant une individualité distincte de celle des adhérents, n'est pas une Société dans le sens

1. V. les observations et les renvois dans ce *Traité*, T. III, p. 471 et suiv.
2. On a soutenu (Boue : *Du contrat d'assurance sur la vie*, Paris, 1868, p. 272 ; Herbault : *Tr. des assur. sur la vie*, Paris, 1877, p. 294 ; Mornard : *Du contr. d'assur. sur la vie*, Paris, 1883, p. 339) que l'assurance mutuelle n'est jamais assujettie qu'à un droit fixe de 5 fr., ces conventions de cette nature constituant des Sociétés ou des actes d'adhésion à une Société (Instr. Ministér., 21 décembre 1821 et 22 mai 1822).
3. Dumaine : *Du contr. d'assur. sur la vie en droit civil et en droit fiscal*, 2e édit., Paris, 1892, p. 342.

juridique de l'expression. En droit, il n'y a Société qu'autant qu'il y a intention et possibilité de réaliser des bénéfices;[1] or, les personnes qui se groupent en mutualité ne recherchent pas un bénéfice; aussi le contrat d'assurance mutuelle ne constitue-t-il, dans l'opinion la plus générale[2], qu'un contrat innommé assujetti en principe à un droit fixe. Les primes ne sauraient, dès lors, être considérées comme un apport en société passible du droit gradué, en vertu de la loi du 28 février 1872 (art. 1er, n° 1)[3]. Les actes d'adhésion sont assujettis au droit fixe de 3 fr. et il est dû un droit pour chaque adhérent[4].

Les actes d'adhésion sont assujettis au droit fixe de 3 fr. et il est dû un droit pour chaque adhérent.

Bien que contracté sous la forme de mutualité (ou même de tontine), la convention, comme on l'a soutenu[5], reste une opération d'assurance. Par suite, si le montant de la prime à payer annuellement par le souscripteur est indiqué dans l'acte d'adhésion, cas le plus fréquent, cette prime semble devoir être soumise au droit proportionnel de 1 % dû sur la valeur des primes ou cotisations annuelles versées ou à verser par le souscripteur.

Pour terminer, il reste à envisager le cas où une police mutuelle aurait été cédée : la cession, a-t-on dit[6], a pour objet, un droit incor-

1. V. Supra, T. IV, p. 11 et 12.
2. Demante : Principes de l'enreg., 4e édit., Paris, 1888-1889, n° 527; Naquet : Tr. théor. et prat. des droits d'enreg., Paris, 1881, n° 447; Garnier, Rép. de l'enreg., 7e édit., Paris, 1890, v° Assurances, n° 109; Maguéro : op. cit., v° Assurances, n° 144; Dumaine : op. cit., p. 342; Conf. Grenoble, 9 juillet 1866, S. 68, 2, 11; Sol., 24 février 1882, Journ. de l'enreg., 21,818.
3. Pendant longtemps l'opinion contraire a prévalu. L'Administration de l'enregistrement se basait sur ce qu'en rendant l'assuré indemne le contrat procurait à ce dernier un bénéfice qui consistait à diminuer l'effet du sinistre. Mais l'Enregistrement a abandonné ce système : une Solution du 27 mai 1874 (Garnier : Rép. gén., 15,136) a nettement décidé que les conventions d'assurances mutuelles échappent par leur nature à l'application de l'art. 1er de la loi du 28 février 1872 qui vise les actes de Société et qui soumet au droit gradué les actes de formation et de prorogation des Sociétés.
Antérieurement il avait été décidé (Sol., 3 avril 1849 Journ. du Not., 13,688; Sol., 3 septembre 1856, Journ. de l'enreg., 16,477) que toutes les fois que l'acte constitutif d'une Mutuelle portait qu'il y avait Société entre les personnes qui adhèrent au moment de la formation de la Société et celles qui adhéreront plus tard, la Société était fondée entre les associés existants à cette époque et ceux à venir, que dès lors le droit fixe de 3 fr. était seul exigible sur l'acte d'adhésion. — Garnier : Rép. de l'enreg., v° Assurances, n° 111 à 114. V. aussi Dumaine : op. cit., p. 342.
4. Sol., 27 mai 1874, Journ. de l'enreg., 19,447.
Si une Solution du 14 juillet 1876, (Journ. de l'enreg., 28,494) a décidé que les polices d'assurances mutuelles sur la vie, lorsque l'assuré s'engage à alimenter par des primes annuelles un fonds commun à partager ultérieurement seraient passibles du droit spécial de 0 fr. 20 % qui a remplacé le droit gradué, une Solution intervenue postérieurement (Sol., 16 octobre 1895, Journ. de l'enreg., 24,742) a nettement condamné l'opinion qui considérait les contrats dont s'agit comme des apports en société passibles du droit gradué.
5. Dumaine : op. cit., p. 342; Maguéro : loc. cit., n° 144.
6. Dumaine : op. cit., p. 343.

par el mobilier, ainsi que l'a reconnu une décision [1], d'après laquelle le tarif applicable serait celui de 2 %; mais si l'on doit assimiler cette cession, comme l'a fait cette même décision, à une cession de part sociale le tarif serait non pas de 2 %, mais uniquement de 50 centimes % [2].

Il est de jurisprudence constante [3] que la clause d'un acte social conférant à l'un des associés la gérance des affaires sociales et réglant le traitement auquel il aura droit en cette qualité ne constitue pas une disposition indépendante donnant ouverture à un droit particulier d'enregistrement. Ce principe étant applicable à toutes les Sociétés sans distinction, et, par conséquent, aux Sociétés d'assurances mutuelles, il s'en suit qu'au cas où un associé a été chargé de la direction d'une Mutuelle, moyennant une allocation conférée à forfait par les Statuts à la charge d'acquitter les frais d'administration, il n'est dû aucun droit spécial d'enregistrement sur le montant de cette allocation [4].

1. Trib. civ. Seine, 13 avril 1867, *Journ. de l'enreg.*, 1°,513.
2. *Dict. des droits d'enreg.*, v° *Dette publique*, n°,112.
3. Cass.,27 novembre 1869 (deux arrêts), S. 70, 1, 137 ; D. P. 70, 1, 230 ; Cass., 17 août 1870, S. 70, 1, 435 ; D. P. 71, 1, 150.
4. Trib. civ. Rouen, 18 mai 1887, et sur pourvoi Cass., 25 juin 1890, S. 91, 1, 133 ; D. P. 91, 1, 55.

Cette solution a été contestée par l'Administration de l'enregistrement faisant valoir que la Société d'assurance mutuelle n'est pas une Société commerciale constituant un être moral, que l'associé qui gère agit en qualité de tiers étranger à la Société et souscrit, par là même, avec les coassociés un marché de louage d'ouvrage indépendant de l'acte social et passible d'un droit particulier. Cette objection n'a pas retenu la Cour de Cassation.

C'est avec raison, ainsi qu'on l'a fait observer. D'abord il était difficile de l'admettre en fait : la personne choisie pour directeur figurait sur la liste des premiers adhérents de la Société ; de plus, elle avait provoqué la formation de l'association et l'avait organisée ; on ne pouvait, dès lors, la considérer comme étrangère à l'association (Note, D. P. 91, 1, 55).

D'autre part, la question de savoir si une Mutuelle est ou non une Société était sans intérêt ; le débat ne pouvait s'élever que sur ce point : la direction était-elle ou non confiée à une personne choisie parmi celles qui, indivisément, ont, aux termes de la loi, le droit et l'obligation d'administrer : dans le premier cas, la disposition était *dépendante* de l'acte de société puisqu'elle ne faisait que fixer sur une personne unique la qualité qui lui appartenait indivisément avec d'autres ; il en devait être autrement dans la seconde hypothèse et la clause en question comme constituait une convention de marché ou de louage d'ouvrage distincte de l'acte principal.

C'est la doctrine qui ressort des arrêts précités du 29 novembre 1869. Elle est applicable même si l'on considère que la Société d'assurances mutuelles ne constitue pas, en droit, une véritable Société. En effet, l'art. 14 du décret du 22 janvier 1868 dispose que l'administration des Sociétés d'assurances mutuelles peut être confiée à un Conseil d'administration dont les Statuts déterminent les pouvoirs et que ces membres peuvent choisir parmi eux un directeur, ou, si les Statuts le permettent, se substituer un mandataire étranger à la Société. Le membre du Conseil d'administration qui prend la direction de la Société n'est pas, on le voit, dans une situation différente de celle où se trouve un associé ordinaire auquel les Statuts confèrent la même fonction : Il assume, à lui seul, une charge qu'il partageait avec d'autres. — Wahl : Note, S. 91, 1, 133.

La solution serait-elle la même au cas où, pour intéresser le directeur à une gestion économique et en même temps à une active propagande, les Sta-

SECTION III

Droits de mutation par décès.

En ce qui concerne les droits de mutation, il semble inutile, après les explications qui ont été précédemment données, d'entrer dans des détails ici. Un seul point semble de nature à motiver quelques indications.

L'art. 6 de la loi du 21 juin 1875 n'est pas applicable aux assurances en cas de vie, nommées aussi assurances de capitaux différés ou de rentes différées, la somme ou rente promise par l'assureur devenant exigible par le seul fait de son existence à la date indiquée dans la police, et le législateur ne visant que la somme « due à raison du décès ». Toutefois, quand l'assurance en cas de vie a été passée sur la tête d'un tiers et qu'il y a prédécès du signataire de la police qui s'est chargé du service des primes, on est en droit de se demander si cette mort n'est pas de nature à rendre les droits de mutation exigibles conformément aux prescriptions générales des lois fiscales. La question a son importance, par exemple en présence d'un père qui, après avoir stipulé que l'assureur lui verserait une somme convenue lorsque son fils arrivera à sa 20ᵉ année, viendrait à mourir, alors que son fils n'aurait pas atteint l'âge prévu ; il est permis de se demander dans ces circonstances, si la déclaration de succession à faire à raison de la mort du père devra nécessairement comprendre une somme quelconque pour l'assurance en cours qui repose sur la tête de l'enfant.

Le problème a déjà été traité au regard d'une police souscrite avec une Compagnie à primes fixes. Il est inutile de revenir sur ce qui a été dit à ce propos. Ce qu'il faut simplement retenir, c'est qu'au cas d'assurance contractée avec une Mutuelle les raisons de décider sont différentes et entraînent une autre solution.

Il est de jurisprudence fiscale que les héritiers du contractant sont tenus d'évaluer le bénéfice éventuel de l'assurance et qu'ils ne peuvent indiquer une somme inférieure au total des primes acquittées par leur auteur [1]. Cette opinion se base sur ce que chaque personne qui a traité

tuls accorderaient un traitement proportionnel aux cotisations des assurés et lui imposeraient, en retour, l'obligation d'acquitter, de ses deniers, tous les frais de personnel et de gestion ?

M. Wahl (Note précitée) estime qu'il y a dans cette clause bien autre chose que la fixation du traitement du directeur en cette qualité ; la somme allouée ne serait pas destinée seulement à le rémunérer de ses peines et du temps consacré aux affaires sociales ; elle serait également le prix d'un forfait, d'un marché passé par le directeur et tellement indépendant de l'acte social qu'il eût pu être également conclu par un tiers étranger à la direction.

1. Sol., 5 juillet 1865, 27 mars et 8 juillet 1869, 20 novembre 1892. (Dict. de l'enreg., vᵒ Assurance, nᵒ 313.)

avec une Société mutuelle, possédant à l'égard de l'actif, un droit mobilier incorporel lui donnant droit à une portion des capitaux constitués par les versements du groupe auquel il appartient, et le souscripteur d'un contrat passé sur la tête d'un tiers possédant ce droit incorporel tant que l'assuré vit mais le perdant si l'assuré décède avant l'époque indiquée par le partage, si le souscripteur meurt au cours de l'existence de l'assuré, il transmet son droit à ses héritiers. A la vérité, ce droit est soumis à une condition résolutoire, mais cette circonstance ne suffit pas pour motiver une exemption d'impôt. Il a toujours été reconnu qu'en matière de condition résolutoire, les transmissions qui s'effectuent *pendente conditione* sont certainement passibles de l'impôt [1].

---

1. Comp. Trib. civ. Seine, 13 avril 1867, *Rev. périod. de l'enreg.*, 2463; Dumalne : *op. cit.*, p. 308.

ONZIÈME PARTIE

TONTINES ET OPÉRATIONS TONTINIÈRES

Notions générales.

Dans son acception la plus large on appelle tontine toute opération financière faite en commun par plusieurs individus, et basée sur la durée probable de la vie humaine, en ce sens que le profit serait obtenu par le survivant [1]. Aussi a-t-on qualifié de ce nom les emprunts en rentes viagères sur une ou plusieurs têtes faits par divers États à des époques déjà éloignées ainsi que le remboursement, sous forme d'indemnités viagères, de rentes perpétuelles. Le créateur de l'institution et qui lui a donné son nom, Lorenzo Tonti, ne voulait que faciliter les emprunts des États en offrant aux prêteurs des chances de bénéfices considérables. A différentes reprises l'ancienne Monarchie eut recours à ce mode d'emprunt [2]; bientôt elle dut y renoncer; de tous les expédients de finances, disaient les écrivains du temps [3], c'est, en effet, le plus onéreux et aussi le plus dépourvu de chances de succès [4]. Le résultat fut le même en Angleterre. Après avoir joui d'une certaine

---

1. Merlin (*Rép. de jurisprud.*, v° *Tontine*) définit ainsi la tontine : une Société de créanciers de rentes perpétuelles ou viagères formée sous la condition que les rentes des prédécédés accroîtront aux survivants soit en totalité, soit jusqu'à une certaine concurrence.

2. V. en particulier Merger : *Assur. sur la vie*, Paris, 1858, p. 19 et suiv.

3. Notamment Forbonnais dans ses *Recherches et considérations sur les finances de la France*, Bâle, 1758.

4. Créées dans des conditions qui témoignaient d'une complète ignorance des lois de la mortalité, et par conséquent de la valeur à un âge donné d'une annuité viagère sur une ou plusieurs têtes, constituées dans un intérêt tout à fait étranger aux sociétaires et se résumant en un emprunt ruineux, les Tontines, comme l'a noté avec raison Merger (*loc. cit.*, p. 22), ne pouvaient avoir de grands succès. Les associés ou actionnaires n'avaient aucun droit de surveillance, aucune action sur l'entrepreneur de la tontine, ils étaient soumis à sa bonne ou mauvaise foi, à sa bonne ou mauvaise volonté.

faveur, ce procédé condamné par les financiers et les économistes[1] fut abandonné.

Mais le mot tontine a aussi un autre sens[2].

Il sert à désigner une institution dans laquelle plusieurs personnes agissant dans un intérêt privé mettent en commun un fonds destiné à être réparti, à une époque convenue, entre les survivants, avec les intérêts accumulés et la part des décédés. C'est même surtout à cette combinaison qu'a été réservé le mot de tontine.

On appelle tontine, a-t-il été dit[3], l'association de plusieurs propriétaires de rentes formée sous la condition que chaque intéressé touchera pendant sa vie une part dans les assurances réglée par les Statuts de l'établissement et qu'à mesure que l'un mourra, ce dont il jouissait accroîtra aux survivants; de sorte que le dernier se trouve propriétaire de la totalité et puisse en disposer librement ou le laisser à ses héritiers par son décès, si les Statuts n'ont pas déterminé pour cette époque une autre distinction; par exemple que les droits de chacun des intéressés seront limités aux produits et qu'à la mort du dernier le capital appartiendra à l'État ou à quelque établissement pu-

1. Comp. Adam Smith : *Recherches sur la nature et les causes de la richesse des nations*, traduct. Blavet, Paris, 1801, T. IV, p. 265 et suiv.; J. B. Say : *Traité d'économie politique*, Paris, 1803, T. II p. 516 et suiv.; Legoyt : art. *Tontines*, dans le *Dict. d'écon. polit.* de Coquelin et Guillaumin ; Raphaël Georges Lévy : *La dette anglaise* (*Revue des Deux Mondes*, 15 septembre 1897, p. 281, etc.)

2. La tontine, écrit M. Houpin, (*Tr. théor. et prat. des Sociétés par actions*, T. II, n° 656), est une association dans laquelle des souscripteurs, ou associés versent chacun une somme qui devra appartenir, après un certain temps, ou même sans limitation de temps, en intérêts seulement ou bien en capital et intérêts aux derniers survivants de l'association. Ce nom a été étendu à toute Société qui a pour objet de réunir, au moyen de différentes combinaisons, des fonds fournis par des actionnaires ou souscripteurs, de les placer en rentes sur l'État ou en toutes autres opérations et de répartir entre les actionnaires ou souscripteurs soit des primes, soit des accroissements d'intérêts, bénéfices extraordinaires, ou remboursements à des époques déterminées, mais d'après des chances de décès, ou d'autres combinaisons aléatoires basées sur la vie. Telles sont notamment les banques de prévoyance, les caisses d'épargne où l'on place en viager, soit pour un temps limité des sommes que l'on peut retirer, augmentées par l'accumulation des intérêts des fonds placés et ceux des sociétaires qui prédécèdent, les associations pour les dots des enfants, celles contre les chances du tirage au sort pour le recrutement de l'armée, si la mortalité des assurés entre dans les combinaisons aléatoires dont profitent les associés (Sociétés constituées avant l'abolition du remplacement militaire par l'art. 6 de la loi du 27 juillet 1872).

V. aussi Mathieu et Bourguignat : *Comment. de la loi sur les Sociét. de 1867*, Paris, 1868, n° 645 et suiv.; Bédarride : *Sociét.*, n°s 645 et suiv ; Alauzet : *Comm.*, n° 625 ; Pont : *Soc. Civ. et Comm.*, n° 1074 ; Boistel : *Cours de Dr. Commerce*, 4° édit., Paris, 1890, n° 429 ; Ruben de Couder : *Dict. de Dr. Comm.*, v° *Tontine*, n°s 18 et 19.

Les Sociétés d'assurances en cas d'accidents, dit M. Ruben de Couder (*loc. cit.*), peuvent être considérées comme des assurances sur la vie lorsque, étendant leurs prévisions à la mort de ceux qui auront été victimes d'accidents, elles garantissent à leur famille le payement d'un capital ou le service d'une rente; mais à moins de clause spéciale, elles n'ont point le caractère de tontines. — Se Mathieu et Bourguignat *op. cit.*, n° 355 ; Alauzet *op. cit.*, n° 624, V. aussi Avis C. d'Et., 11 février 1865 cité par Pont *op. cit.*, n° 1074.

3. Pardessus : *Cours de droit commercial*, 6° édit., Paris, 1856-1857, T. I, n° 43.

blic. Cette définition n'est ni claire, ni même exacte. Une association
tontinière est la réunion de créanciers de rentes perpétuelles ou viagères formée sous la condition que les rentes des prédécédés accroîtront aux survivants soit en totalité, soit jusqu'à une certaine part
convenue [1].

On connaît les rapports qui existent entre la tontine et l'assurance
sur la vie [2]. On sait, en particulier, qu'à une époque éloignée elle fut
utilisée pour l'assurance sur la vie en ce qu'elle permettait à certaines
personnes de profiter des rentes produites par les fonds que les prémourants avaient laissés [3]. Mais on sait aussi que les différences séparent
les opérations tontinières des opérations d'assurance sur la vie. Il
semble inutile d'insister longuement. Quelques remarques suffiront.

Ce qui caractérise l'opération tontinière c'est qu'elle suppose le
versement à fonds perdus d'un certain nombre de primes ou d'annuités avec l'espoir de recevoir, en cas de survivance, au terme d'un
délai, un capital d'une importance plus ou moins variable. Un semblable contrat n'assure rien au déposant. Ce dernier place son argent à
fonds perdus, il ne sait pas s'il lui en reviendra la moindre somme et, s'il
est assez favorisé du hasard pour survivre au moment voulu ; il ne sait
pas davantage quel sera le fruit de sa spéculation. Il y a donc purement et simplement un jeu sur la durée de la vie et sur celui de la
vie d'autrui. Les associés qui forment la masse commune destinée à être
partagée entre les survivants après un délai fixé spéculent, en effet,
sur le nombre des décès à survenir pendant ce laps de temps en ce
sens que l'opération dépendra de la mortalité : elle sera bonne si la
mort multiplie les victimes ; dans le cas contraire elle sera médiocre [4].

A cette opération qui, en réalité, n'est qu'une gageure, sinon un
acte de cupidité puisqu'il ne s'agit que de réaliser un gain excessif en
vertu d'une chance sans que l'idée de ménager des ressources pour
le moment où l'on ne sera plus ait pu entrer en ligne de compte, l'on
ne saurait comparer l'assurance sur la vie.

1. Merlin : *Rép. de jurisprud.*, v° *Tontine*
2. Parfois, et malgré des différences réelles, on a établi une assimilation
complète entre les tontines et les assurances sur la vie. C'est ainsi que M.
Pont (*Société civ. et Comm.*, n° 1019) déclare que « les assurances sur la vie,
dans la réalité, ne sont que des associations de la nature des tontines ».
3. La Caisse Lafarge a été la tentative la plus considérable qui ait été faite
en France à cet égard. Les vicissitudes de cette institution qui ne sauraient
trouver place ici ont été indiquées soit dans le *Répertoire* de Dalloz, v° *Tontine*,
n° 9 et suiv., 10 et suiv. ; soit dans le *Dictionnaire d'économie politique* de Coquelin et Guillaumin, v° *Tontine* par M. Legoyt.
Cette tontine a pris fin dans ces dernières années, à la mort du dernier
sociétaire. C'est à ce propos qu'il a été décidé (Cons. d'Ét., 20 novembre 1892,
D. P. 94, 4. 9 ; S. 94. 3. 92 ; *Rec. des arr. du C. d'Ét.*, 92. 817), que d'après les
Statuts de la Caisse le droit des fondateurs sur les rentes appartenant à la
tontine s'était éteint lorsque l'amortissement prévu au profit de l'État a porté
sur l'intégralité des rentes.
4. Vermot : *Catéchisme de l'assurance sur la vie*, 2° édit., II° partie, p. 24 et
suiv. Comp. ce qui a été dit dans ce *Traité*, T. I, p. 132.

Alors que la tontine a pour but de tirer un bénéfice des malheurs d'autrui, qu'elle a pour conséquence fatale d'amener à désirer une forte mortalité, la survenance d'une guerre, d'une épidémie éclaircissant les rangs des adhérents, l'assurance sur la vie a pour objet, sinon d'atténuer les calamités, au moins d'alléger leurs conséquences. Cette dernière est un acte de prévoyance, de sage administration. Non seulement l'assuré est excité à éviter des dépenses inutiles, pour ne pas dire plus, à l'effet de fournir la prestation annuelle, mais il sait ce qu'il fait, il sait que son opération aura un résultat certain, qu'elle atténuera dans une certaine limite le préjudice que peut causer sa disparition à des personnes qui lui sont chères. Ainsi qu'on l'a dit avec justesse [1], si dans la tontine les morts paient pour les vivants au lieu que dans l'assurance en cas de décès les vivants paient pour les morts, la tontine a pour but de bénéficier des malheurs d'autrui, tandis que l'assurance en cas de décès a pour but de réparer ou, ou du moins, d'atténuer ces malheurs. D'autre part, alors que dans l'assurance sur la vie l'assuré marche vers un résultat sûr, le paiement d'un capital certain, fixé, le tontinier ne sait où il va puisque tout dépend de la multiplicité des décès.

Il y a mieux. Si la tontine tend purement et simplement à procurer à des personnes qui subsisteront à une époque convenue et qui auront continué jusqu'à ce jour leurs versements la somme totale composée par les versements effectués par elles et par les personnes prédécédées, on ne voit pas en quoi cette opération peut bien constituer une assurance. Le trait distinctif de cette dernière c'est la réparation d'un préjudice, d'un dommage. Or, les survivants, qui touchent la somme composée tant par leurs versements que par les versements effectués par les autres sociétaires et acquis à la tontine par le fait même de leur décès, n'ont éprouvé aucun dommage; la somme qui leur revient ne saurait être considérée comme une indemnité. La mort des sociétaires n'a pas causé un préjudice aux survivants; tout au contraire, elle a servi leurs intérêts [2]. Si l'on confond volontiers l'assurance sur la vie et la tontine, c'est véritablement à tort [3].

1. Vermot : loc. cit.
2. Mornard : Du contrat d'assurance sur la vie, p. 108.
3. La faute en remonte indubitablement à la législation qui de tout temps a assimilé les deux opérations.
Possible sous l'empire de l'ancien droit, alors que la Compagnie des assurances sur la vie n'était considérée que comme « une véritable tontine », pour prendre les termes du rapport présenté au Conseil d'État en 1808 par d'Hauterive, l'erreur a été maintenue par la suite, notamment lors de l'élaboration de la loi du 24 juillet 1867 sur les sociétés.
A cette époque il fut soutenu que le mot tontine devait comprendre toutes les Sociétés d'assurances sur la vie. Et dans les observations qu'il formulait à la séance du 13 juin 1867 M. de Boureuille, commissaire du Gouvernement, paraissait vouloir confondre les tontines et les assurances, disant par exemple pour les assurances en cas de mort : « c'est la tontine ordinaire dans laquelle un certain nombre de personnes s'associent avec la condition que

Il convient même de faire observer que cette confusion n'a pu que nuire et a certainement nui à l'assurance sur la vie [1] et qu'il importe essentiellement, dans l'intérêt du développement de cette dernière, que toute équivoque soit supprimée.

les survivants profiteront des sommes qui avaient été versées par ceux que la mort viendra frapper ». *Monit. Off.*, 14 juin 1867, p. 728 et 739 ; Mathieu et Bourguignat : *op. cit.*, p. 286. Assurément, le législateur, dans l'art. 66, établit une distinction entre « les associations de la nature des tontines » et « les Sociétés d'assurances sur la vie » ; mais il a statué à l'égard des deux Sociétés dans le même article et il a établi un régime identique, dû peut-être, selon la remarque de M. Mornard (*op. cit.*, p. 108), à cette idée que l'association tontinière et la Compagnie d'assurances gérant simplement la caisse qui leur est confiée par les membres de l'association ; ce rapprochement paraît avoir contribué à amener une confusion aussi regrettable que peu justifiée.

Dans son *Commentaire de la loi du 24 juillet 1867 sur les Sociétés* (p. 365), Bédarride enseigne en particulier que « les assurances sur la vie ne sont, après tout, que des opérations tontinières. »

1. À une époque déjà ancienne, lorsque l'on songea à développer les assurances sur la vie, nombre d'individus, ne se rendant aucun compte du mécanisme de l'opération, ont protesté en disant qu'ils ne voyaient pas la nécessité d'adhérer à des Sociétés tontinières.

CHAPITRE PREMIER

SOCIÉTÉS TONTINIÈRES

Bien que dans le langage du monde ou des affaires on appelle les tontines des Sociétés, quoique les jurisconsultes, tout en sachant le contraire, acceptent cette dénomination [1], la tontine n'est une Société ni en fait, ni en droit [2].

La Société suppose des personnes se groupant pour un travail quelconque à effectuer. Elle n'existe qu'autant qu'il y a chose mise en commun avec possibilité de bénéfices, mais nécessairement aussi avec l'éventualité de pertes pouvant survenir à la suite de spéculations opérées avec cette chose, d'emploi de cette chose. La tontine ne présente aucun de ces éléments. Il n'y a pas de travail. Tout consiste à mettre en commun un capital et à convenir qu'au détriment de ses

[1]. C'est ce que constatait fort justement M. Duvergier dans son Exposé des motifs de la loi sur les Sociétés votée le 24 juillet 1867.

[2]. V. Pardessus : *Tr. de dr. commerc.*, n° 270; Vavasseur ; *Tr. des Sociét. civ. et comm.*, 4e édit. T. II, n° 1055; Conclusions de M. l'avocat général Hémar à la Cour de Paris, D. P. 77, 2, 233.

Toutefois, il a été décidé qu'on peut réputer commerciale et considérer comme une entreprise d'agence ou de bureau d'affaires la Société formée entre les administrateurs d'une tontine mettant en commun leurs bénéfices éventuels et créant des actions au porteur pour représenter le fonds social alors même que dans l'acte de Société, il avait été stipulé que la Société formée serait purement civile. — V. Cass., 15 décembre 1824, Dalloz, *Rép.*, v° *Sociétés*, n° 24. Conf. Paris, 4 mars 1825 ; Trib. civ. Seine, 1er mai 1842, *Gaz. des Trib.*, 2 mai 1842; Nouguier; *Trib. de comm.* ; Paris, 1844, T. I, p. 431 ; Pardessus : *op. cit.*, n° 44 ; Orillard ; *Compét. et Procéd. des Trib. de Comm.*, n° 341 ; Ruben de Couder ; *op. cit.*, v° *Tontine*, n° 25 et suiv.

Pareillement il a été jugé que l'on doit considérer comme ayant un caractère commercial, la Société anonyme fondée dans un but de spéculation et ayant pour objet la formation et la gestion d'associations tontinières entièrement distinctes de la Société principale et qui pourraient avoir un caractère de mutualité qui les placerait sous l'empire des règles du droit civil (Angers, 24 janvier 1857, S. 57, 2, 252). Dans ces deux cas il ne s'agissait pas de la tontine elle-même.

héritiers naturels l'intérêt que l'adhérent a dans le groupement se partagera entre les coassociés survivants. Tout se borne au partage. Il n'y a ni produit, ni concurrence. La somme des capitaux une fois déterminée reste toujours la même; ces capitaux ne sont sujets à aucune chance, ni susceptibles d'aucune amélioration; l'industrie, le temps, la fortune ne peuvent rien changer à leur mesure [1]. S'il y a une chose mise en commun, le capital, les contractants ne songent pas à en tirer un bénéfice au moyen de spéculations; ce qu'ils veulent c'est que cette chose, ce capital même soit réparti entre eux, suivant la durée de leur existence (ce qui suffit pour donner à l'opération un caractère aléatoire) [2]; ce capital est invariable, aucune collaboration ne tend à le faire fructifier, l'unique objet de la convention étant de profiter des extinctions que le temps amènera [3]. Si chacune des parties a un bénéfice en perspective, ce bénéfice résulte non pas de l'augmentation du fonds social ou de ses produits puisque la situation sera la même le dernier jour que le premier, mais uniquement de la diminution du nombre des parties prenantes, de la disparition des intéressés, du prédécès d'un ou de plusieurs d'entre eux [4], c'est-à-dire d'un événement sur lequel la volonté humaine n'a pas de prise et ne peut exercer d'influence. Il n'y a rien de nouveau, rien de produit, donc pas de Société car la Société est un agent de production, une puissance créatrice [5]. Enfin, et ceci paraît décisif, alors que la Société suppose le partage entre tous du bénéfice réalisé, la tontine le réserve à un petit nombre d'adhérents [6].

Bien que des dispositions législatives d'une rédaction assurément vicieuse, comme tout le monde le reconnaît, aient qualifié les tontines des Sociétés, comment pourrait-on les considérer comme des Sociétés anonymes ?

Sans insister sur ce fait que les Sociétés anonymes créent un intérêt nouveau non seulement pour les associés mais pour l'État lui-même, qu'elles répandent et multiplient l'action vivifiante des travailleurs,

1. D'Hauterive : Rapport au Conseil d'État. C'est toujours à cet important document qu'il faut recourir pour bien connaître la nature et le caractère des tontines.

2. Guillouard : *Traité du contrat de société*, 2e édit., Paris, 1892, n° 74.

3. Delaple : *Sociét. commerc.*, T. I, n° 3. V. aussi, Pardessus : *Cours de dr. commerc.*, 6e édit., T. I, n° 43 ; Troplong : *Sociétés*, n° 54.

4. Comme le dit nettement un arrêt (Cass., 26 avril 1876, D. P., 77, 1, 63), le bénéfice a pour cause réelle le prédécès d'un ou de plusieurs associés.

5. Bravard-Veyrières et Demangeat : *Traité de dr. commerc.*, T. I, p. 169. Voy. aussi Lyon-Caen et Renault, *Précis de dr. commerc.*, T. I, n° 260, p. 129.

La doctrine est invariablement fixée en ce sens que malgré l'insertion dans la loi de 1867 sur les Sociétés de dispositions concernant les tontines, ces dernières ne sont pas des Sociétés.

Il en était de même sous l'empire des textes anciens (Ordonnance du 14 novembre 1821 confirmant l'Avis du Conseil d'État approuvé le 15 octobre 1809) qui soumettaient les tontines aux prescriptions édictées en vue des Sociétés.

6. Deloison : *Tr. des Sociét. commerc. fr. et étr.*, Paris, 1881, T. I, p. 42.

forment des capitaux qui, mis en œuvre par leur féconde et toujours
active industrie, donnent lieu eux-mêmes à de nouvelles propriétés productives, alors que les Sociétés tontinières ne produisent ni mouvement,
ni capital, ni industrie[1], sans s'arrêter à la différence qui existe pour
l'administration[2], il est facile de remarquer qu'une assimilation n'est
pas possible. Les Sociétés anonymes présentent pour tous les associés
un intérêt égal; le plus ou moins de valeur dans les résultats dépend
de la mesure des mises auxquelles chacun des associés contribue,
ce qui leur assure à tous un bénéfice proportionné à la somme de leurs
actions. Mais cette diversité, quoiqu'elle soit à l'avantage des grands
actionnaires, est indifférente à l'égard de ceux qui ne sont porteurs
que d'une ou d'un petit nombre d'actions; car dans ces sortes d'associations il n'existe de rapports, de droits, d'intérêts et de partage
qu'entre les actions et de chaque action à toutes les autres. Les personnes restent toujours étrangères les unes aux autres; elles peuvent
être anonymes et le plus souvent, soit par des transmissions volontaires, soit par des transmissions forcées, leurs actions sont susceptibles
de circuler de main en main, sans que ces changements affectent en
aucune façon l'intérêt général de la Société. Il n'en est pas ainsi des
tontines; ici tous les intérêts individuels diffèrent par l'âge, par la
profession, par la constitution physique des associés. Les mises considérées isolément sont égales, mais comme les rapports de droits
et d'intérêts existent entre les personnes ainsi qu'entre les actions, et
que les lois du partage dépendent de la destinée des personnes, les
différences dans les probabilités de la vie par la comparaison des âges,
des professions et de tous les indices d'une plus ou moins grande vitalité, les cumulations d'actions sur le même individu et les degrés
divers de ces cumulations détruisent tout principe d'égalité dans la
comparaison générale des chances, et la diversité qui en est la conséquence s'établit sur des éléments tellement compliqués que l'arithmétique la plus déliée fournit à peine des moyens suffisants pour en dis-
cerner et bien apprécier les résultats[3].

Mais de toute façon il est absolument impossible de créer pour les
tontines une assimilation avec les Sociétés qui pratiquent l'assurance

1. D'Hauterive : Rapport précité.
2. Les Sociétés anonymes se composent d'associés et de mandataires; les
mandataires, quand ils ne sont pas associés, n'ont aucun intérêt dans la
Société, ils gèrent en vertu d'un mandat déterminé volontaire et révocable,
leur gestion, leur salaire peuvent cesser à volonté. Les tontines se composent aussi de sociétaires et de mandataires, mais les mandataires préexis-
tent à la Société qu'ils ont formée; ils lui imposent, en la constituant, les
conditions de la part qu'ils veulent prendre dans le partage des produits de
la mise des associés; leur autorité, quoique sujette à contrôle pour ses effets,
est indépendante dans sa consistance; l'intérêt qu'ils se sont assuré dans les
formations dure aussi longtemps que la Société qu'ils ont organisée. —
D'Hauterive : Rapport précité.
3. D'Hauterive : Rapport précité.

sur la vie [1]. Non seulement ces dernières sont de véritables Sociétés et des Sociétés commerciales, mais les opérations qu'elles font sont essentiellement différentes [2].

Dans la réalité des choses et malgré des différences qui tiennent plus à la forme qu'au fond, l'opération tontinière consiste essentiellement dans le placement des fonds d'autrui : le capital appartient aux souscripteurs, l'administration de la tontine n'en est que dépositaire [3]; son rôle consiste non pas à aliéner les sommes que les intéressés lui ont versées, à en faire l'objet de spéculations, mais exclusivement à faire des placements dans les meilleures conditions possibles tant au point de vue de la sécurité que du revenu; enfin la tontine s'éteint forcément par le décès du dernier des souscripteurs. Les Compagnies d'assurance sur la vie sont dans une situation totalement différente : elles sont des personnes morales dont l'existence est distincte de celle des individus qui la composent; elles ont des fonds qui leur appartiennent en propre et qu'elles administrent avec une certaine liberté tempérée par les Statuts; à la différence des tontines, leur capital est susceptible de s'augmenter par l'effet de leur travail et de leur industrie; leurs opérations ne consistent pas en un simple placement de

1. V. le substantiel article de notre savant et bien regretté maître, M. Michaux Bellaire sur *les différences qui existent entre les associations tontinières et les Sociétés d'assurances sur la vie* (*Revue générale du droit*, T. II, 1878, p. 8).

2. Aussi Pardessus (*op. cit.*, t. I, n° 43) enseignait que hors le cas où ils étaient nommés par le Gouvernement, (tel était le cas pour les tontines fondées originairement sous les noms de *Caisse Lafarge*, *Tontine des employés et artisans*, *Tontine du pacte social* sous l'empire de l'ordonnance du 7 octobre 1818), les administrateurs des tontines qui percevaient une rétribution convenue faisaient office d'agents d'affaires.

3. Il faut ajouter néanmoins que si le fonctionnement d'une tontine peut être différent, quant au résultat, de celui d'une Compagnie d'assurances, lorsqu'il procède équitablement, à la régularité près, il ne saurait différer au fond de celui des Compagnies d'assurances. C'est ce que M. Laurent établit. (*Théorie et pratique des assurances sur la vie*, p. 133).

La Compagnie d'assurance sert ordinairement à ses clients des rentes viagères dont le montant reste constant. La tontine, après chaque décès, peut, à la vérité, augmenter les pensions de ses sociétaires, mais au moment où elle commence à fonctionner, la tontine ne peut fournir que l'intérêt normal de l'argent qu'elle a reçu; si elle fait plus, elle entame son capital et dans l'avenir elle perd les avantages que conserve une Compagnie d'assurances idéalement gérée. D'ailleurs, rien n'empêche de se faire servir par une Compagnie d'assurances une rente viagère variant en progression arithmétique, on saura alors à l'avance sur quoi l'on peut compter ; au surplus, les frais de gestion d'une tontine sont au moins aussi considérables que ceux d'une Compagnie d'assurances, à moins que ces fonds soient couverts par le fait que la gestion se fait gratuitement par des personnes de bonne volonté. De quelque manière que l'on procède, on ne peut donner à une somme éventuelle une valeur supérieure à son espérance mathématique; or, les probabilités de toucher une somme déterminée sont les mêmes dans la tontine et dans la Compagnie d'assurances; ce qui varie c'est le mode de distinction des sommes éventuelles que l'on peut espérer. Si dans une tontine on pouvait se procurer des avantages supérieurs à ceux d'une Compagnie d'assurances fonctionnant régulièrement, c'est que certains sociétaires seraient forcément lésés au profit de ceux qui en retireraient les avantages en question. — Laurent : *loc. cit.*

fonds avec accumulation des intérêts pour le tout être attribué aux survivants des intéressés; les agissements des Compagnies, d'une nature beaucoup plus étendue, peuvent se ramener à un double type: elles paient à des tiers (les assurés ou leurs ayants-droit) soit, en retour de la remise d'un capital, une rente pendant un certain délai, soit, moyennant le versement de primes déterminées, un capital lors de l'accomplissement d'une condition suspensive. Enfin les Compagnies d'assurances voient leur rôle cesser comme toutes les Sociétés de commerce, selon les modes tracés par la loi.

On ne saurait donc assimiler en rien les tontines et les Compagnies d'assurances sur la vie à primes fixes [1].

Quoi qu'il en puisse sembler [2], la confusion n'est même pas possible avec les Mutuelles. L'assurance n'est en rien semblable à l'opération tontinière; cette différence tient à la nature même, au but, au caractère; la forme employée pour l'application de l'assurance est sans effet; l'analogie pour les moyens ne saurait aller contre le but et il importe peu que l'on ait recours soit aux fonds réunis par les assurés mutualistes, soit au capital d'un assureur [3].

La tontine n'est pas une société en participation: elle n'est pas constituée, en effet, pour la gestion dans un intérêt commun et la répartition des bénéfices. Les capitaux sont mis en commun et à fonds perdu; au décès de l'un des associés, la somme qui lui appartenait, au lieu de revenir à ses héritiers, reste dans le fonds commun de façon à augmenter les revenus auxquels les survivants peuvent prétendre; les bénéfices réalisés ne proviennent pas de la gestion des capitaux dont il a été fait apport, non pas d'une opération commune et les adhérents n'ont aucun intérêt commun puisqu'ils ne gagnent qu'autant qu'ils survivent aux autres [4]. La tontine n'est pas autre chose qu'une association de survie dont les profits qu'elle est dans le cas de produire, au lieu de provenir du travail des communistes, de la mise en valeur,

1. L'Administration supérieure l'a toujours reconnu; lorsqu'une Compagnie d'assurances sur la vie faisait par exception des opérations tontinières, les Statuts approuvés par le Gouvernement établissaient une distinction: pour tout ce qui rentrait dans le domaine de l'assurance sur la vie la Compagnie était régie par les dispositions du Code de commerce; le régime spécial des tontines n'était appliqué que pour les opérations tontinières. — V. Ordonn. roy., 1er août 1841.

2. L'Exposé des motifs de la loi du 24 juillet 1867 semble croire que si l'hésitation est possible pour l'assimilation avec les Sociétés d'assurances à primes il n'en saurait être de même pour les Mutuelles.

Le Supplément du Répertoire de Dalloz (v° Tontine, n° 4) enseigne que par le but même qu'elles se proposent et la nature même de leurs opérations, les tontines sont des Sociétés d'assurances mutuelles sur la vie.

3. Si l'assurance mutuelle, note M. Clément (op. cit., p. 29), se distingue facilement de la tontine en théorie, il n'en est pas toujours de même en pratique et parfois il est très délicat de se prononcer sur le caractère de quelques associations. — Cf. Dalloz, Rép., v° Tontine, n° 14.

4. Poulle: Traité théor. et prat. des associat. commerc. en participat., Paris, 1887, p. 49.

de l'exploitation du ... social en commun, sont le résultat de chances fort indépendantes de la volonté et des efforts humains, de circonstances diminuant successivement le nombre des ayants-droit éventuels et grossissant la part des survivants[1].

Les opérations tontinières peuvent revêtir des formes multiples[2]. Mais les tribunaux qui ont à cet égard un droit souverain[3] d'appréciation, tout en devant rechercher si la combinaison se rapproche de celles qui sont prises comme type[4], tout en examinant les clauses de chaque contrat ainsi que les circonstances dans lesquelles il est intervenu, doivent s'attacher à prendre pour point de départ la question de savoir s'il s'agit bien d'une opération financière fondée sur des combinaisons aléatoires dans lesquelles entrent comme base principale des chances de mortalité[5].

L'association tontinière se reconnaîtrait[6] aux caractères suivants : 1° la durée indéterminée, puisque la Société ne prend fin que par la mort du dernier des associés ; 2° la réunion projetée de fonds destinés à être placés en rentes sur l'État, en immeubles, prêts ou autres opérations analogues, de façon à produire des intérêts, des revenus, des primes et des accroissements à répartir entre les associés ; 3° le profit aléatoire des associés consistant dans l'accroissement de revenus, même de capitaux, que les survivants trouvent dans les rentes des prédécédés.

Les associations de la nature des tontines ne peuvent exister et fonctionner qu'à la condition de subir le contrôle du Gouvernement. Ce contrôle s'exerce de deux façons : par l'autorisation exigée lors de la constitution ; par la surveillance des opérations[7].

1. Pouille : *loc. cit.* ; Bédarride : *op. cit.*, t. 1, p. 24 ; Ch. Saglier : *Des associat. commerc. en participat.*, p. 97.
2. Lors de la discussion de la loi du 24 juillet 1867, M. de Boureuille, commissaire du Gouvernement, en reconnaissant que les combinaisons sont en quelque sorte indéfinies, a indiqué cinq sortes d'opérations tontinières : en premier lieu, les Sociétés d'accroissement de capital avec aliénation totale ou partielle du revenu ; — en second lieu, les Sociétés d'accroissement du capital sans aliénation de revenu ; — puis les Sociétés d'accroissement du revenu sans aliénation du capital ; — les Sociétés d'accroissement du revenu avec aliénation du capital ; — enfin la Société de formation d'un capital par l'accumulation d'un revenu sans aliénation du capital des mises. Corps législat., séance du 13 juin 1867. *Monit. Off.*, 14 juin 1867, p. 739.
3. Dalloz, *Rép.*, v° *Tontine*, n° 44.
4. Dalloz, *loc. cit.*
5. Cass., Ch. réun., 25 février 1873, Dalloz : Suppl., v° *Tontine*, n° 3 ; S. 73, 1, 245 ; Cass., 8 avril 1873, Dalloz, *col.*, 1er ; Cass., 26 avril 1876, D., P. 77, 1, 63. Aussi était-on généralement d'avis de ne pas classer dans la catégorie des tontines les Sociétés d'assurances mutuelles contre les chances du tirage au sort pour le recrutement de l'armée, si la mortalité des assurés n'entrait pas dans les combinaisons aléatoires dont profitent les assurés. — V. Note, S. 73, 1, 24.
6. Conclusions de M. l'avocat-général Blanche à la Cour de Cassation, S. 73, 1, 245. L'éminent magistrat s'appuyait sur la définition donnée par Merlin, complétée par les termes du décret du 18 novembre 1810.
7. De ce que les tontines sont soumises à un régime particulier en ce sens

De tout temps l'on a reconnu la nécessité de soumettre les tontines à l'obligation de se munir d'une autorisation du Gouvernement. Sous l'ancien droit, l'établissement des tontines était autorisé par un acte émané de l'autorité royale [1]. A l'époque de la Révolution on a

que l'autorisation et la surveillance sont imposées, s'ensuit-il que les autres dispositions de la loi du 24 juillet 1867 ne sont pas applicables?

Cette difficulté a déjà été signalée lorsqu'il s'est agi des Sociétés qui font soit des assurances à primes fixes (v. *Suprà*, T. I, p. 239), soit des assurances mutuelles (V. *Suprà*, T. IV, p. 11.)

On a cru pouvoir la trancher spécialement pour les tontines en disant que ces dernières ne sont pas des Sociétés (Bravard-Veyrières et Demangeat: *op. cit.*, T. I, p. 611). Mais cet argument ne saurait arrêter, puisque le législateur a fait connaître, dans l'Exposé des motifs de la loi de 1867, les raisons qui le déterminaient à consacrer une place aux tontines dans la loi sur les Sociétés.

De même que pour décider des questions contentieuses élevées à l'occasion de co-propriété ou de simple communauté d'intérêt résultant soit d'un quasi-contrat, soit d'une convention expresse, il est loisible de recourir aux règles relatives aux Sociétés (Pardessus: *Cours de Dr. commerc.*, T. III, n° 970), de même il est possible de faire appel à la législation des Sociétés, à la condition, bien entendu, que ces dispositions ne concilient avec la nature, le caractère et le but de l'institution et surtout avec les prescriptions spécialement édictées.

Dès lors, il y a lieu d'écarter toutes les dispositions de la loi de 1867, qui peuvent être considérées comme destinées à remplacer l'autorisation préalable; par conséquent, il sera impossible de se prévaloir de l'inobservation des dispositions édictées pour la constitution des Sociétés anonymes (quotité du capital souscrit à verser, vérification des apports en nature, conditions pour la validité des délibérations prises par les Assemblées générales et la libération des souscripteurs, détermination du moment sont négociables et peuvent être au porteur, etc). A l'inverse, il y a lieu de réputer applicable tout ce qui a trait aux conséquences civiles ou pénales de la distribution des dividendes fictifs, à la nécessité de confier la gestion à des co-sociétaires possédant le nombre d'actions déterminé par les Statuts, etc. - *Sic*: Lyon-Caen et Renault: *Précis de Dr. comm.*, n° 498; Ruben de Couder: *Dict. de Dr. comm.*, v° *Tontine*, n° 12. Comp. Houpin: *op. cit.*, T. II, n° 658.

[1]. La première tontine, désignée sous le nom de Tontine Royale, fut établie par un Édit de Louis XIV de novembre 1653; les tontines particulières, créées par des administrations privées et qui furent constituées par la suite, furent réglementées par deux Arrêts du Conseil des 3 novembre 1787 et 27 juillet 1788. Il faut ajouter que, dans le préambule de l'Arrêt de 1787, le Roi déclarait que le droit d'établir des assurances sur la vie était un « privilège domanial ». M. d'Hauterive, dans son célèbre rapport (V. *Rép.* de Merlin, v° *Tontine*), expliquait ces mots de la manière suivante : « On croit devoir faire observer que cette expression ne doit pas être prise dans son acception la plus rigoureuse, car on pourrait en conclure que toutes les combinaisons les plus étendues qui sont fondées sur des opérations de prêt, d'emprunt, de prime, de garantie, etc., seraient administratives et tiendraient au privilège de la souveraineté. Le principe doit être autrement entendu : le privilège du Gouvernement n'est pas dans la faculté de combiner, d'entreprendre, de gérer, mais dans le droit vraiment exclusif de connaître de la légalité des combinaisons, des entreprises et des gestions qui embrassent un grand ensemble d'intérêts privés, d'intérêts épars, de petits intérêts et ce droit est surtout éminemment légitime à l'égard des tontines particulières, car dans ces sortes d'établissements les intéressés sont plus faibles contre l'administration, la Société leur offre moins de garantie, il est plus facile à la direction d'abuser, il est presque impossible aux associés de se défendre contre les fraudes; l'intervention d'une autorité tutélaire, non seulement

considéré que le pouvoir législatif avait seul qualité pour permettre l'établissement, la formation ou la conservation d'associations tontinières [1]. Le législateur moderne n'a pas dérogé à cette manière de voir.

Le Code de Commerce avait proclamé, dans l'art. 37, que les Sociétés anonymes devraient se munir d'une approbation du Chef de l'Etat. Peu de temps après la promulgation du Code de Commerce, se posa la question de savoir si la disposition était applicable aux tontines. La raison de douter tenait à ce que, pour tous, la tontine ne constituait pas une Société anonyme, et n'était même pas une Société. Le Conseil d'Etat fut consulté. Sur le rapport de M. d'Hauterive, s'inspirant vraisemblablement de ce fait que, malgré des dispositions qui pouvaient sembler encore en vigueur, mais qui restaient lettre morte (la loi du 24 août 1793) des associations tontinières s'étaient établies sans autorisation, il décida, d'abord en novembre 1808, que les tontines ne présentaient pas le caractère de Sociétés anonymes, puis le 1er avril 1809 qu'aucune association de la nature des tontines ne pourrait être dans l'avenir établie sans une autorisation spéciale donnée dans la forme des règlements d'administration publique et, d'autre part, que les associations existantes seraient soumises à un mode d'administration de nature à calmer les inquiétudes des actionnaires [2].

Sous l'empire de l'ancien Code de Commerce les tontines étaient soumises à la nécessité d'une autorisation, non pas parce qu'elles étaient des Sociétés commerciales, mais bien parce que l'ordre public avait paru exiger des mesures protectrices [3]. Il avait semblé au Conseil d'Etat qu'une association de la nature des tontines sortait évidemment de la classe commune des transactions entre particuliers, soit en considérant la foule de personnes de tout état, de tout sexe, de tout âge qui y pren-

pour légitimer l'existence de l'établissement, mais encore pour assurer l'exécution des engagements mutuels y devient plus indispensable et plus juste. »

1. C'est ainsi qu'une loi du 24 août 1793, après avoir supprimé la Caisse d'escompte et la Compagnie d'assurances sur la vie, ajoutait qu'à l'avenir il ne pourrait être établi, formé ou conservé de pareilles associations ou Compagnies sans l'autorisation des Corps législatifs. Cette loi ne fut pas exécutée.

2. Avis du Cons. d'Et. du 1er avril 1809, Merlin, *Rép.*, v° *Tontine*.

3. Pardessus : *op. cit.*, T. III, n° 970.

En dehors du cercle des Sociétés et des prévisions du Code de Commerce, dit M. Labbé (Note, S., 88, 1, 402), il y avait des opérations financières proposées au public, liant ensemble des intérêts nombreux, portant sur des sommes considérables, lesquelles appelaient, pensa le Gouvernement, non moins que les Sociétés anonymes une surveillance administrative par ce double caractère que les intérêts étaient trop faibles dans leur isolement et leur ignorance pour se défendre, trop nombreux pour que leur intérêt collectif ne fut pas protégé comme un intérêt social. Telles étaient les tontines, fréquentes à cette époque ; elles ne poursuivaient pas, comme les Sociétés, la production de richesses nouvelles ; mais elles promettaient des rentes viagères susceptibles d'accroissement parce qu'elles déversaient sur la tête des survivants ce qui était perdu par les prémourants.

nent part ou qui peuvent y prendre des intérêts, soit le mode dont ces associations se forment, mode qui ne suppose entre les parties intéressées ni ces rapprochements, ni ces discussions si nécessaires pour caractériser un consentement donné avec connaissance, soit la nature de ces établissements qui ne permet aux associés aucun moyen efficace et réel de surveillance, soit enfin la durée toujours inconnue et qui peut se prolonger pendant un siècle [1].

Assurément ces motifs (qui figurent dans le préambule de l'Avis du Conseil d'Etat) ont quelque peu perdu de leur force. Aujourd'hui les esprits sont plus éclairés, les combinaisons mieux connues et mieux appréciées, les chances de survie risquent d'être chiffrées, la durée probable de la vie et les calculs auxquels elle sert de base sont représentés par des données plus certaines. Néanmoins, le législateur a considéré que les intérêts qui se groupent dans les associations de la nature des tontines sont des intérêts épars, de petits intérêts qui ne sont pas toujours dirigés par une connaissance bien exacte des chances auxquelles ils s'exposent, que l'erreur, d'ailleurs, est toujours possible pour ces dernières et qu'il convient d'éviter que celui qui tend à se procurer des revenus considérables avec une somme modique soit tenu d'accepter les chiffres, les combinaisons de confiance, sans aucune vérification.

Aussi lors de l'élaboration de la loi de 1867 sur les Sociétés, le maintien de l'ancien régime fut de prime abord décidé, en ce qui concernait les tontines. Malgré la proclamation de la liberté pour la constitution des Sociétés, l'art. 66 décida que les associations de la nature des tontines resteraient soumises à l'autorisation et à la surveillance du Gouvernement. Du moment que la nécessité de l'autorisation était imposée aux Sociétés d'assurances sur la vie, à plus forte raison devait-elle l'être aux tontines [2].

Cette autorisation est rigoureusement exigée. Si elle n'a pas été accordée par le Gouvernement, toutes les opérations faites par l'association tontinière sont radicalement nulles ; les actionnaires ne sont pas légalement tenus, les souscripteurs sont en mesure de se faire

---

1. L'intervention du Conseil d'Etat, comme le constate l'Exposé des motifs de la loi du 24 juillet 1867, n'a jamais été sérieusement mise en doute ; la contestation n'a porté que sur les dispositions concernant les associations d'assurances mutuelles ; l'autorisation a constamment été reconnue nécessaire pour les tontines.

2. Lorsque, dans ces derniers temps, le législateur a songé à une révision de la loi de 1867 sur les Sociétés, malgré les sentiments qui l'animaient, il n'a pas cru devoir proposer un changement au régime établi par les tontines. V. le projet de loi discuté au Sénat en 1884, *Journ. des assur.*, 1898, p. 256, etc. ; 454, etc.

D'autre part, dans sa proposition de loi déposée en janvier 1894 sur les Sociétés d'assurances sur la vie et les tontines (*Journ. des assur.*, 1894, p. 426 et suiv.), M. Jules Roche demandait le maintien de l'autorisation et de la surveillance pour les tontines.

rembourser les annuités qu'ils ont pu verser dans la caisse sociale [1], à l'exception toutefois des sommes payées à titre de frais de gestion [2] lorsque le créateur de la Société ne s'est pas rendu coupable de dol [3].

Il est à peine besoin de dire que l'autorisation n'a pas d'effet rétroactif et qu'elle ne valide pas les opérations effectuées avant son obtention. Il s'ensuit nécessairement que les personnes qui ont effectué des souscriptions antérieurement se trouvent en mesure de soutenir que leurs versements n'ont pas été valablement faits et qu'il leur appartient de réclamer le remboursement [4].

Une instruction ministérielle du 31 décembre 1808 a précisé dans quelles conditions l'autorisation peut intervenir : les personnes qui désirent constituer une tontine doivent rédiger à l'adresse du préfet du département une pétition indiquant d'une façon exacte les affaires en vue desquelles elles entendent agir, la durée de l'association, leur domicile, le montant du capital soit par souscriptions simples, soit par actions, les délais dans lesquels le capital devra être réalisé, le domicile de l'établissement, le mode d'administration : à ce document il y a lieu d'annexer naturellement l'acte ou les actes d'associations intervenus entre les intéressés [5]; il est naturel que l'Administration chargée de délivrer la permission qui conférera la capacité voulue pour opérer connaisse dans quelles circonstances les tiers traiteront, quelles garanties leur appartiendront et aussi comment se réalisera l'opération.

Mais la tontine n'est pas obligée de se munir seulement d'une autorisation. Ses opérations doivent en plus être surveillées. On l'a dit au cours de la discussion de la loi de 1867, et en invoquant les faits regrettables qui se sont manifestés au détriment des tiers intéressés, les combinaisons étant en quelque sorte indéfinies il est essentiel que l'Administration les surveille ; il faut, pour éviter des abus, que l'Ad-

---

1. Paris, 30 novembre 1842, 26 janvier, 11 et 23 février 1843, S. 43, 2, 285 et 286 ; Cass., 4 février 1868, D. P. 68, 1, 127 ; 3 août 1871, D. P. 74, 1, 291 ; 26 avril 1876, D. P. 77, 1, 63.

Il va de soi, comme l'a dit ce dernier arrêt du 26 avril 1876, que les associations soumises à l'autorisation préalable du Gouvernement sont celles qui présentent le caractère de tontines, c'est-à-dire celles dont les opérations sont fondées sur des conventions aléatoires dans lesquelles entrent comme base principale des chances de mortalité.

2. Décidé que le montant de ces frais est à fixer par les tribunaux, mais sans que ces derniers soient obligés de s'en tenir au chiffre indiqué par les Statuts sociaux. Paris, 24 novembre 1843, P. 44, 1, 430 ; Paris, 12 juin 1844, P. 44, 1, 838.

3. Paris, 30 novembre 1842, 26 janvier, 11 et 23 février 1843 précités; Paris, 24 novembre 1843, Gaz. des Trib., 25 novembre 1843.

A l'inverse, en cas de dol, le remboursement intégral devra être effectué (Paris, 9 mars 1844, P. 44, 1, 599).

Tel sera le cas d'un directeur se présentant faussement comme gérant d'une association autorisée légalement et possédant un capital supérieur à celui qui a été réalisé.

4. Trib. civ. Seine, 22 juin 1842, Gaz. des Trib., 9 juillet 1842.

5. Cf. Pardessus : op. cit., n° 1040.

ministration suive pas à pas les Sociétés depuis leur naissance jusqu'à leur liquidation, que depuis le commencement ju 'à la fin elle puisse, dans l'intérêt des assurés, vérifier si les sommes versées par ces derniers sont déposées dans une caisse publique, qu'elle puisse assister à la répartition des sommes auxquelles ont droit les personnes engagées dans ces associations [1].

La surveillance [2] a été créée par un décret du 18 novembre 1840. Cette décision a aggravé à l'égard des tontines le régime édicté par le Code de Commerce pour les Sociétés anonymes, lequel ne prévoyait que l'autorisation gouvernementale

Des commissaires désignés par le Ministre furent chargés de procéder au contrôle des opérations effectuées par les tontines. D'autre part, les Sociétés créées pour former et administrer des associations tontinières se virent imposer, lors de la signature des Ordonnances portant approbation de leurs Statuts, une disposition soumettant les opérations à une surveillance spéciale.

Cette surveillance fut, sous l'empire de l'Ordonnance du 12 juin 1842, confiée à une commission de cinq membres munis des pouvoirs de contrôle et d'ingérence très étendus et rétribués par les associations tontinières. La surveillance était directe. Elle comportait l'immixtion des agents de l'Administration dans les affaires des tontines. En effet, les commissaires avaient reçu de par l'Ordonnance de 1842 le droit de prendre communication des livres, registres et documents propres à éclairer leur surveillance, de constater, au moins une fois par semaine, la situation des Sociétés ouvertes ou fermées, le nombre des admissions, le montant des mises versées, leur emploi en rentes sur l'État et généralement l'accomplissement des formalités prescrites par les Statuts pour la constitution, l'administration et la liquidation des Sociétés et pour la distribution soit des arrérages, soit des capitaux ; pareillement, ces commissaires s'étaient vu attribuer le droit de prendre connaissance des conditions spéciales de chaque Société, de s'assurer de l'exactitude et de l'application des tarifs servant de base à la perception soit des annuités, soit des frais de gestion, de veiller particulièrement à l'exécution des conditions relatives au versement

1. Observat. de M. de Bonneville au Corps Législatif, séance du 13 juin 1867, *Monit. Off.*, 14 juin 1867, p. 739.

De ces observations, il y a lieu de rapprocher les réflexions que bien antérieurement formulait Pardessus (*op. cit.*, T. 4, n° 98 : des établissements de commerce dans lesquels un grand nombre d'associés versent leurs capitaux pourraient n'être que des pièges tendus à la crédulité des citoyens et, faute d'une surveillance exacte des directeurs ou administrateurs, pourraient être victimes de fraudes ou de pertes causées par la simple imprévoyance de ceux qui les auraient mal combinés dans l'origine ou mal gérés dans leurs opérations.

2. V. sur ce point les remarquables conclusions de M. le commissaire du gouvernement Gomel au Conseil d'État, Lebon, Rec. des arr. du C. d'Ét., 1880, p. 463, etc.

ou au retrait du cautionnement [1]. C'était là une importante différence
avec le régime applicable aux Sociétés d'assurances mutuelles et aux
Compagnies anonymes d'assurances à primes fixes pour lesquelles tout
se bornait à une simple autorisation préalable et à un contrôle au point
de vue de l'observation des Statuts, contrôle s'exerçant uniquement
par l'examen des états semestriels de situation.

Tout en établissant un régime de liberté pour les Sociétés anonymes,
la loi du 24 juillet 1867 n'a pas voulu restreindre les pouvoirs de
l'autorité en ce qui concernait les tontines. D'après l'art. 66 ces dernières restent, le terme est employé par le législateur, soumises à
la surveillance. Cette surveillance toutefois ne doit avoir rien de vexatoire, elle doit s'exercer suivant le mode prescrit par les actes d'autorisation et par les Statuts ; en l'absence d'une disposition légale le
Ministre du commerce, dans les attributions duquel rentrent les tontines, peut bien prescrire les mesures propres à garantir la surveillance imposée par la loi, mais, comme l'a proclamé le Conseil d'Etat,
il est tenu de se conformer aux actes d'autorisation et aux Statuts :
toute disposition qui leur serait contraire serait absolument nulle
comme entachée d'excès de pouvoirs [2].

Si l'Etat a le pouvoir de provoquer soit la révision des Statuts d'une
association tontinière, soit le retrait de l'autorisation aucun texte de
loi ne lui permet de modifier les conséquences des contrats librement
passés [3].

Les conditions dans lesquelles fonctionne [4] la tontine sont indi-

<hr>

1. L'Ordonnance de 1842 (complétée par un Arrêté du 26 décembre 1848)
décidait que la surveillance pouvait être exercée collectivement ou séparément, que la Commission devait transmettre ses observations au Ministère
du Commerce, qu'elle pouvait, même provisoirement, et sauf à en référer
sur-le-champ au Ministre, suspendre l'exécution de celles des opérations
qui paraîtraient contraires aux lois, Statuts et règlements ou de nature à
porter atteinte à l'ordre public ou aux intérêts des sociétaires, que les commissaires (rétribués par le fonds spécial formé par la contribution annuellement mise à la charge de chacun des établissements surveillés) devaient
adresser chaque année au Ministre un rapport détaillé sur les opérations
de chacune des agences tontinières et un rapport d'ensemble.
Un décret du 16 janvier 1854 a soumis les Sociétés et agences tontinières
à la vérification des inspecteurs des finances ; cette investigation, indépendante de la surveillance instituée par l'Ordonnance de 1842, doit porter sur
la gestion et la comptabilité des établissements ; à cet effet, les inspecteurs
des finances ont le droit de se faire représenter les livres, registres et tous
autres documents, de vérifier la régularité des écritures et l'exactitude de
la caisse et du portefeuille ; leurs avis et propositions sont transmis au
Ministre des finances qui, à son tour, saisit le Ministre du Commerce.
2. Cons. d'Et., 25 juillet 1884, Lebon, Rec. des arr. du Cons. d'Et., 49,
p. 664.
3. Cons. d'Et., 26 juillet 1889, Lebon, op. cit., 89, p. 895.
4. C'est ce qu'a fort nettement expliqué Metzer (Des assur. terr., n° 38,
p. 29) : les Sociétés tontinières (l'importance de l'opération fait, en effet, qu'elle
ne peut guère être mise à exécution que par une Société) sont gérées par
des mandataires ou directeurs qui restent en dehors des associations tontinières et qui, pour leur gestion, perçoivent un salaire convenu d'avance.
Ces mandataires sont, ou de simples particuliers, ou des Compagnies ano-

quées par les prescriptions de la loi et les dispositions statutaires[1].

Il suffira de dire que l'acte d'association ne doit pas être nécessairement rédigé en la forme authentique, et qu'un acte sous signatures privées peut parfaitement suffire, conformément à l'art. 24 de la loi du 24 juillet 1867, mais que cet acte doit être publié dans les termes des art. 55 et suivants de la même loi[2]; — que la somme des capitaux, une fois déterminée, reste identique sauf l'accroissement des intérêts; — que le sociétaire, même lorsqu'il gère ou administre les affaires communes, s'il a le droit dans les circonstances voulues de participer à tous les bénéfices, si considérables qu'ils soient, ne peut rien perdre au dessus de sa mise[3]; — que les fonds mis en tontine doivent y rester sans qu'il soit possible d'en disposer soit à titre onéreux, soit à titre gratuit, par le motif qu'il y a vente aléatoire faite par les tontiniers, et vente irrévocable qui s'impose[4]; — que les droits des sociétaires augmentent par les prédécès de leurs associés dans les proportions convenues et progressivement jusqu'à la mort du dernier qui devient seul propriétaire de la totalité de l'actif, à moins qu'il n'ait été stipulé que son droit serait limité aux produits et qu'après sa mort, le capital serait dévolu à l'État ou à un établissement public[5].

De ce que la tontine n'est pas une Société commerciale, il suit que

nymes. Dans le premier cas, le gérant ou le directeur, soumis à des frais considérables d'organisation et à un cautionnement qui s'accroît en raison du chiffre des encaissements qu'il opère, crée une Société en commandite qui lui vient en aide par ses capitaux, en restant toutefois étrangère aux opérations. Dans le deuxième cas, les associations sont administrées par une Compagnie anonyme, agissant par son Conseil d'administration et son directeur, et qui, pour obtenir du Gouvernement l'autorisation de se constituer, a été obligée de justifier de l'existence de ses actionnaires et de la réalité de son capital social.

La gérance en commandite se nomme agence tontinière ou établissement tontinier. La gérance d'une Compagnie a le titre d'Association tontinière.

La garantie des sociétaires tontiniers repose, si la gérance est confiée à un simple particulier, sur la solvabilité personnelle du gérant et le cautionnement qu'il a fourni. La commandite ne devient responsable que par voie indirecte et après exécution de la gérance. Si la gérance appartient à une Société anonyme, les associations sont gérées par l'administration collective du directeur et du Conseil d'administration; elles ont pour garantie le capital social de la Compagnie et spécialement un cautionnement qui doit être versé à la Caisse des Dépôts et Consignations.

1. Il est à peine besoin de faire remarquer que, dans la décision qui autorise une tontine à fonctionner, le Gouvernement insère toutes les clauses que semblent exiger l'ordre public et les intérêts des personnes appelées à traiter. Mais il est certaines dispositions qui se retrouveront toujours et qui doivent toujours se rencontrer; c'est ainsi que le Gouvernement se réserve le droit de faire réviser les Statuts, qu'il exige de l'agence ou de la Société tontinière, à titre de garantie pour la gestion, un cautionnement variant avec les versements effectués par les sociétaires, qu'il impose l'obligation de transmettre des états de situation aux autorités compétentes.

2. Lyon-Caen et Renault : *Précis de Dr. comm.*, T. I, p. 267, note 1.

3. Pardessus : *op. cit.*, nᵒˢ 1039 et 1040.

4. Pardessus : *op. cit.*, nᵒ 305.

5. Ruben de Couder : *op. cit.*, vᵒ *Tontine*, nᵒˢ 28 et 29.

les difficultés qui peuvent s'élever à l'occasion des opérations sont de
la compétence du tribunal civil. Le tribunal de commerce ne pourrait
être saisi qu'au cas où le litige concernerait la personne qui dirige
la tontine, qui en a l'entreprise en quelque sorte, parce qu'en réalité
cette personne n'est pas autre chose qu'un agent d'affaires[1].

De ce que la tontine n'est pas, juridiquement parlant, une véritable
Société puisqu'elle ne présente ni travail, ni produit, il résulte que
l'acte de constitution d'une tontine ne peut donner ouverture au droit
gradué déterminé pour les actes de société[2].

D'autre part, du moment que le caractère essentiel de la tontine
est de conférer au survivant de par le contrat même un droit au fonds
commun, il faut en conclure que le survivant n'arrive pas comme héritier du prémourant, mais bien en vertu d'un droit personnel, qu'il
devient propriétaire non pas à titre successif mais de par la convention[3]; aussi la reversion, quand elle se produit, ne rend pas exigible
le droit de mutation par décès[4].

1. V. ce qui a été dit plus haut à ce sujet.
Il convient d'ajouter que les tontines autorisées ne sont point, même pour
les administrateurs, des associations commerciales : si, au lieu d'être abandonnées à la spéculation privée, elles sont régies par une administration
publique, désignée par le Gouvernement. Nouguier : *Trib. de comm., comm-
merce, et actes de comm.*, Paris, 1844, p. 434 ; Pardessus : *op. cit.*, n° 44 ; Ruben
de Couder : *o. cit.*, v° *Tontine*, n° 21.
2. V. Garnier : *Rép. de l'enreg.*, v° *Société*, n° 430.
3. Championnière et Rigaud : *Traité des droits d'enreg.*, 2° édit., Paris, 1839,
T. III, n° 2504, etc. ; Cass., 11 germinal an IX, Cont. Délib. Adm. enreg.,
17 août 1822 et 28 août 1824, *ibid.* ; Championnière et Rigaud : *Nouveau Dict.
des droits d'enreg.*, Paris, 1844, v° *Tontine*.
Des personnes, écrit M. Garnier (*op. cit.*, n° 434), remettent à un mandataire, qui est le directeur de l'agence, une somme déterminée pour être employée et répartie dans des conditions particulières ; le total de ces sommes
entre dans la caisse générale que ce mandataire administre et règle comme
il a été convenu. Dès lors, la personne et le droit personnel de chacun disparaissent et sont absorbés dans le tout ; ce droit est remplacé, pour ainsi
dire, par un numéro de loterie. C'est donc une chance pure qui est substituée
à un droit de co-propriété ; le contractant qui survit aux autres a la bonne
chance, il gagne ; celui qui précède a la mauvaise chance, il perd. Mais,
dans l'un et l'autre cas, il n'y a pas de mutation, parce que le droit personnel s'est évanoui dès l'origine. Au contraire, dans les Sociétés ordinaires,
même dans les Sociétés particulières, chaque actionnaire conserve un droit
personnel et positif dans l'actif social ; il ne cesse pas d'être considéré comme
co-propriétaire d'une portion déterminée de cet actif, malgré l'existence de
l'être moral sur lequel il repose. Quand ce droit se détache de sa personne,
il y a une mutation sérieuse et réelle et le droit de mutation est encouru.
— Méline, *Rev. du Notar.*, n° 3099.
4. Par application des principes précédemment posés, la jurisprudence
admet que la clause de l'acte constitutif d'une association autorisée comme
Société tontinière et divisée par actions, qui porte qu'au décès de chaque
actionnaire, sa part, tant dans les revenus à échoir que dans la propriété
éventuelle, restera et demeurera acquise aux associés survivants, emporte
extinction du droit du prédécédé et augmentation du droit des survivants
dans la propriété appartenant à l'être moral qui compose l'association et
n'a point, dès lors, le caractère d'une transmission s'opérant de l'associé
prédécédé à la Société ; en conséquence, cette clause ne donne pas ouver-

Il importe de noter qu'une loi du 28 décembre 1880 a soumis au droit de mutation par décès les accroissements opérés entre associés, en même temps qu'à la taxe de 3 %, sur le revenu, les Sociétés ou associations dont les produits ne sont pas distribués[1].

ture, lors de chaque décès, au droit de mutation (Cass., 14 juin 1858, D. P. 58, 1, 251; S. 58, 1, 616). Seulement, comme on l'a fait observer avec raison (Dalloz : Rép., Supplém., v° Enregistrement, n° 1911), il n'en doit être ainsi qu'au cas où une Société foncière a été constituée. La doctrine n'est donc pas applicable lorsqu'il n'est point constitué de Société, spécialement dans le cas d'acquisition par plusieurs individus conjointement et indivisément à titre de pacte tontinier.

1. V. au Journ. de l'Enreg., le texte de cette loi (art. 21,859). V. aussi la Circul. Ministér. du 25 juin 1881. — Vavasseur : Traité des Sociét. civ. et commerc., 2e édit., T. II, n° 1088.

CHAPITRE DEUXIÈME

DES OPÉRATIONS TONTINIÈRES

Si pendant un certain temps, trop longtemps assurément eu égard aux désastres[1] dont elles ont été plus ou moins la cause directe, le public s'est engoué des tontines et si à diverses époques l'on a vu se succéder rapidement les associations tontinières[2], l'on semble aujourd'hui revenu à des idées plus sages. On a fini par reconnaître ce qu'avait de décevant et de trompeur, pour ne pas dire plus, cette spéculation sur la mort d'autrui. Cependant malgré les fâcheux souvenirs laissés par les opérations tontinières, sous un autre nom[3], à la vérité, ces dernières sont encore pratiquées en France; une Société anonyme fondée en 1844 pour la formation et l'administration des associations de la nature des tontines fonctionne sous la surveillance du Gouvernement[4].

Cette Société, dont le fonctionnement a récemment été copié, se compose d'associations d'assurances mutuelles soit en cas de décès, soit en cas de survie. D'une façon générale, on peut dire que ces dernières sont

1. Comme l'a fait valoir M. Adan (V. *L'Assurance moderne*, 25 avril 1887, p. 85), la conception des tontines établies même vers la fin de la première moitié de ce siècle, était entachée d'un vice originel : l'absence de bases rationnelles. Elle reposait sur des éléments aléatoires qui ne pouvaient qu'apporter une perturbation dans les mutualités et réserver de cruelles déceptions aux assurés. D'abord les mises étaient inégales ; ensuite elles se faisaient par versements annuels, si bien que, fatalement, il se produisait une grande variété dans les résultats, selon que le décès arrivait au début, au milieu ou à la fin du service des annuités.

2. Merger (*op. cit.*, p. 33 et suiv. note) donne la liste des tontines avec la date de leur création.

3. Il est à noter, en effet, que les Sociétés qui se livrent à des opérations tontinières ont le soin de se qualifier soit de *Compagnie d'assurances mutuelles sur la vie*, soit de *Société d'assurances mutuelles sur la vie*.

4. Comp. à cet égard l'article inséré dans le *Journal des assurances*, 1887, p. 56 et suiv.

des Sociétés d'accroissement du capital et du revenu dans lesquelles l'intérêt produit par les mises sociales s'ajoute successivement au capital jusqu'au terme de l'association; mais ce qui caractérise ces associations, c'est qu'à l'expiration de chacune le capital des mises réuni au capital provenant de l'accumulation du revenu est réparti entre les seuls sociétaires qui justifient de l'existence des personnes sur la tête desquelles l'assurance repose; en effet, en pareille circonstance l'assurance peut être faite soit au profit du souscripteur, soit au profit d'un tiers, elle peut reposer sur la tête du souscripteur ou sur la tête d'un tiers [1].

Chacune de ces associations est composée de personnes du même âge ou d'âge différent se groupant pour une période convenue, 10, 15 ou 20 ans sans avoir subi un examen médical, versant toutes une annuité qui, au fur et à mesure de l'acquittement [2], sert à l'achat de rentes sur l'État français 3 0/0 inscrites au nom de l'association même qui a fourni les fonds (et qui se distingue par le millésime de sa liquidation). Les revenus de ces rentes sont capitalisés tous les trois mois et s'ajoutent au capital des versements. A l'expiration de la période convenue il est procédé à la liquidation. Chaque sociétaire doit recevoir: 1° le capital de ses versements successifs; 2° les intérêts cumulés; 3° une part proportionnelle sur les versements des sociétaires décédés ou restés inconnus. Tout consiste donc en un simple droit éventuel à un partage.

Contrairement à ce qui a lieu au cas où il a été traité avec une Compagnie à prime fixe, le sociétaire vivant touche la somme qui lui est attribuée par la liquidation; celui qui décède avant le terme de la période convenue ou qui, pour une raison quelconque, n'a pas justifié de sa survivance (on qualifie ces derniers du nom de *forclos*) ne transmet aucun droit à sa famille; ce qui a été versé est irrévocablement et à jamais perdu pour elle.

A côté des *décédés*, des *forclos* qui n'ont absolument droit à rien, il y a les *déchus*, c'est-à-dire les assurés qui sont parfaitement survivants mais qui ont discontinué leurs versements; ils n'ont droit qu'au capital net qu'ils ont versé; ils sont privés de tout droit aux intérêts et bénéfices de l'association.

Les avantages ne sont donc recueillis qu'autant qu'il y a survie et

1. Une tontine établie à peu près sur le même modèle ne se borne pas à procurer à l'adhérent la somme qui lui revient lors de la répartition qui suit la liquidation du groupe auquel il appartient, elle permet aussi, au moyen d'un contrat spécial, d'affecter cette somme au service d'une pension de retraite ou bien d'une rente viagère.

2. Le mode de perception a soulevé des critiques assez sérieuses. — V. *Journ. des assur.*, 1887, p. 64 et 410 etc.; Comp. Cass., 14 décembre 1886, *Journ. des assur.*, 86, 30; Cass., 26 décembre 1888, *ibid.*, 89, 32; Lyon, 15 février 1888, *ibid.*, 88, 278 et les jugements du Trib. comm. Seine cités, *Journ. des assur.*, 89, 33; Cons. d'Ét., 26 juillet 1889, *ibid.*, 89, 367; Lebon: *Rec. des arr. du C. d'Ét.*, 89, 895.

payement régulier de la cotisation jusqu'au terme de l'engagement ; c'est dans ces conditions seulement qu'il est permis de retrouver le montant total des cotisations accru des intérêts capitalisés, trimestriellement et d'une part proportionnelle dans toutes les sommes — capitaux, intérêts et bénéfices — abandonnés par les décédés, les forclos et les déchus [1].

C'est bien là une opération faite en faveur des survivants [2], et au préjudice des prédécédés [3], c'est-à-dire au premier chef une opération tontinière avec ses inconvénients [4] : avec cette combinaison plus il meurt de sociétaires plus il y a de familles dépossédées et victimes de cette opération ; s'il n'en meurt qu'un petit nombre, les survivants ne peuvent recevoir que le montant de leurs versements grossi par les intérêts composés et la portion des décédés divisée entre tous, en réalité assez peu de chose [5]. D'ailleurs, il s'agit si bien d'opérations tontinières qu'elles sont placées sous le contrôle de la Commission des tontines et aussi soumises à la vérification des inspecteurs de finances [6].

Mais les opérations tontinières sont pratiquées en France sur une large échelle, trop large même, à la suite des agissements des Compagnies américaines d'assurance sur la vie qui ont introduit les polices d'accumulation [7].

1. La combinaison exposée ici ne permet pas le rachat. C'est là un inconvénient réel. Aussi une institution composée des mêmes éléments fut constituée pour consentir des prêts, c'est-à-dire des rachats. Une instance judiciaire qui fut entamée quelque temps, ayant montré combien étaient illusoires les conditions qui étaient faites en cas de rachat, (V. Trib. Épernay, 31 décembre 1881, *Le Droit*, 29 mars 1882) cette pratique a été abandonnée.

2. Elle a le grand tort de léser le patrimoine du sociétaire décédé au cours du contrat. Ses partisans l'ont compris. Ils ont cru parer aux reproches qui n'avaient pas cessé de leur être adressés, en disposant que grâce au fonctionnement parallèle d'une caisse spéciale dite de *contre-assurance* ouverte naturellement aux seuls souscripteurs d'une association mutuelle de survie un remboursement serait effectué. Seulement ce service n'est pas gratuit, pour bénéficier de la contre-assurance il faut chaque année acquitter une surprime. Cette caisse unique s'emplit et se vide chaque année ; elle se reconstitue par la prime annuelle que verse chaque adhérent en raison de l'âge de l'assuré et de l'importance des capitaux à garantir ; l'ensemble de ces primes, accru des intérêts qu'elles ont produits, est réparti l'année suivante entre les ayants-droit des assurés décédés. L'avoir social est divisé en autant de parts ou mises qu'il y a eu de sommes de 100 francs versées sur la tête de chaque décédé et chaque sociétaire reçoit autant de parts qu'il a versé de fois 100 francs.

3. Et au préjudice d'autres personnes. Non seulement le défaut de versement d'une annuité dans le délai statutaire enlève le droit de participation aux profits de l'association, mais le retard donne lieu à un supplément.

4. Dont le moindre est d'imposer une rémunération pour la direction qui, somme toute, ne court aucun risque et ne fait qu'office de gérant.

5. V. Judenne : *Les assurances dangereuses*, Paris, 6e édition, p. 16 à 18.

6. Les créateurs de la combinaison insistent sur ces garanties, ils n'omettent pas de faire valoir qu'elle constitue une manière d'augmenter progressivement le capital, qu'elle est un placement de fonds, un moyen non seulement de faire fructifier l'épargne mais encore et principalement de pourvoir à des obligations qui se présenteront à une date déterminée.

7. Si des partisans de la police d'accumulation ont soutenu qu'elle ne

On sait que cette combinaison consiste essentiellement à ne remettre aucun dividende annuel à l'assuré mais à réunir en un fonds spécial pendant une période variant de 10 à 20 ans, pour les capitaliser et les répartir à l'expiration de cette période entre les assurés survivants, les sommes provenant soit de l'accumulation des bénéfices émanant des sources ordinaires, soit des bénéfices afférents aux polices de ceux qui décèdent durant la période, le capital, dans ce cas, étant seul versé aux héritiers, soit des bénéfices accumulés afférents aux polices de ceux des assurés qui, au cours de la période, échangent

constituait pas une opération tontinière par la raison que dans la tontine ceux qui meurent perdent intégralement leur mise alors qu'avec la combinaison américaine tous les assurés qui décèdent touchent intégralement le montant de leur assurance, qu'ils ne risquent donc, en cas de prédécès, que la part des bénéfices qui aurait pu revenir (*La Loi*, 6 juin 1896, p. 537, 3e col.), d'autres ont franchement reconnu le caractère tontinier, ajoutant qu'« il y a des tontines ou des cagnottes qui n'ont rien d'immoral, » et que d'ailleurs « en matière de police distribution le contrat principal reste toujours le contrat « d'assurance » (*La Loi*, 4 juin 1896, p. 525, 1re col.).

Il est à noter que les Compagnies qui pratiquent cette combinaison la qualifient nettement et franchement, dans leur pays d'origine, du nom de Tontine (*Tontine Investment Policy*) et lui donnent ailleurs la dénomination de *police d'accumulation* qui écarte tout caractère tontinier.

1. A la fin de l'année 1869 une Compagnie (dont les agissements furent suivis dans la suite par les Sociétés qui avaient commencé par protester contre la combinaison en soutenant, notamment, qu'elle n'avait pour résultat que de « cacher aux associés le fait de la diminution » (*La Loi*, 25-26 novembre 1894, p. 994), que lorsqu'on avait choisi la période d'accumulation de 10, 15 ou 20 ans la Compagnie était tranquille pendant les 10, 15 et 20 ans puisqu'il n'y avait pas de compte à lui demander (*loc. cit.*), imagina de fusionner l'assurance sur la vie avec la tontine pure et simple.

Son but était d'obtenir une combinaison garantissant le payement d'un capital déterminé aux familles des assurés morts avant l'expiration du terme fixé, 5, 10 ou 20 ans, mais à la condition que le surplus des primes versées et les bénéfices se partageraient entre les membres ayant survécu au terme fixé. Ces bénéfices se constituaient par la mortalité inférieure à celle d'après laquelle la prime avait été calculée, par les intérêts plus élevés que rapportaient les capitaux et enfin d'une surprime d'environ 25 0/0 de la prime normale que les assurés devaient payer, c'est-à-dire de la prime pour une assurance sans participation aux bénéfices, et en dernier lieu les primes de ceux qui abandonnaient le groupe avant le terme pris, par cela, perdaient tout ce qu'ils avaient versé.

Cette combinaison fut bientôt discréditée ; on lui reprochait les pertes irréparables que provoquait, pour les assurés, la moindre inexactitude dans le payement de la prime non moins que les nombreuses chicanes que pratiquaient les Compagnies dans le but d'augmenter le nombre des annuités.

Sans s'arrêter à ce sentiment, quelques Compagnies américaines commencèrent en 1885 à pratiquer la demi-tontine sous le nom d'assurance avec accumulation des bénéfices ;

En examinant de près cette combinaison, on y trouve sans doute des groupes séparés comme dans la combinaison précédente, mais il y a cette différence que le surplus, remis par les assurés, ne se répartit pas entre eux, mais qu'il est versé par la Compagnie dans un fonds spécial, lequel, avec les intérêts accumulés, se partage entre les membres ayant survécu au terme fixé par le groupe. Il faut reconnaître que dans cette combinaison, le contrat peut être racheté avant l'expiration du terme et après un certain nombre d'annuités fixées dans le contrat, en Amérique 2 ans, en Europe 3 ans.

V. *L'Assurance moderne*, 30 juin 1896, p. 135.

leur contrat primitif contre une police d'une autre espèce, police libérée pour un capital proportionnel mais sans droits aux bénéfices.

L'assuré convient avec l'assureur qu'en retour de l'abandon de tout droit à la participation annuelle, moyennant renonciation au droit de rachat et de réduction de la somme assurée et à la condition de survivre et de maintenir le contrat, il pourra, à une époque déterminée, toucher sa part au fonds commun composé comme il vient d'être dit. Son droit de participation est subordonné au maintien du contrat et à sa survivance; il s'ensuit que la valeur de la police est complètement nulle en cas de non-paiement de la prime, que pour un avantage hypothétique, bien payé du reste, puisque la prime annuelle est toujours acquittée dans son intégralité, il perd non pas uniquement le dividende annuel mais même la possibilité de toucher la valeur de rachat ainsi que la faculté d'avoir une assurance qui, bien que réduite, peut être encore profitable ; la conclusion c'est qu'en cas de décès la part des bénéfices à laquelle le contrat donnait droit n'est pas due, et que tout se borne, pour les ayants-droit, au capital assuré, c'est-à-dire à la seule somme dont ils ne peuvent strictement être dépouillés.

Au premier chef c'est là une opération identique à celles que pratiquaient les anciennes tontines. On retrouve cet élément caractéristique, l'attribution du profit au seul survivant, et encore au survivant qui se sera mis en règle, c'est-à-dire qui pendant une longue période aura non seulement échappé aux chances de mortalité, mais encore fait face aux prestations imposées par le contrat [1].

Au début cette combinaison a rencontré un certain nombre de partisans. Tout en cherchant à déguiser l'opération sous un nom qui leur paraissait de nature à éviter les remarques que devait nécessairement susciter l'idée de la tontine, les personnes qui la prônaient insistaient sur ce fait que tous les bénéfices se trouvaient acquis aux assurés sans partage avec les actionnaires; ils se gardaient bien, il est vrai, de faire remarquer que le profit était subordonné à cette condition que le contrat n'avait pas été sinistré pendant la longue période d'accumulation. Mais bientôt des plaintes se sont produites en présence des faits que révélait l'expérience. On n'a pas tardé à reconnaître ce qu'étaient les prétendus avantages et combien étaient réels les inconvénients. Pensant répondre aux critiques dirigées non sans raison contre les *Whole Tontine Policy* ou tout au moins dans l'espoir de les faire taire par une sorte de satisfaction, on convint que l'assureur pourrait disposer dans des polices dites à *participation non différée* ou de *semi-accumulation (Semi Tontine Policies)*, que si le bénéfice accumulé pendant un laps de 10, 15 ou 20 ans ne devait être réparti qu'à l'expiration de ce temps, la police, après une durée

1. Judenne : *op. cit.*, p. 13.

de trois années, continuerait à subsister malgré le non-paiement de
la prime et que l'assureur hors d'état de maintenir le contrat par le
service des primes pourrait réclamer le rachat ou la réduction de sa
police et même faire un emprunt sur la valeur de celle-ci [1].

Pourêtre importante, cette modification n'a pas transformé le caractère du contrat ; le principe est toujours le même, la seule différence
qui existe, c'est que la demi-tontine n'est que la combinaison de deux
opérations : l'assurance sur la vie proprement dite en cas de décès ou
de survie alors que la tontine pure est seulement abritée par la première opération [2].

Bien que très vantées par les intéressés [3], ces combinaisons ont
soulevé les plus vives critiques d'abord au point de vue technique [4],
notamment en ce qu'elles admettent comme point de départ des béné-

1. *Rapport du Bureau fédéral suisse des assurances*, 1886, p. XXXII ; Cf. *Journ.
des assur.*, 1898, p. 219.
2. *L'Assurance moderne*, 30 juin 1896, p. 133.
3. Les créateurs de cette combinaison ont insisté sur ce que le renvoi de la
distribution des bénéfices après un laps de 10, 15, 20 années, c'est-à-dire avec
l'éventualité de la disparition d'un certain nombre de participants, soit par
décès, soit par cessation du paiement des primes ou autres causes de rupture
augmentait le bénéfice annuel, minime par cela même, de tout le produit que
procurent les intérêts capitalisés, produit risquant d'être d'autant plus fort
pour chacun qu'au lieu d'être distribué entre un grand nombre de personnes,
cent par exemple, il ne le serait qu'entre un chiffre plus restreint, celui des
survivants.
4. V. le *Rapport* précité *du Bureau fédéral suisse des assurances*.
La police d'accumulation, dit M. Judenne (*op. cit.*, p. 13), est une sorte d'association tontinière en cas de vie greffée sur le contrat d'assurance en cas
de décès et pour profiter de cette accumulation il faut que le contrat n'ait
pas été sinistré pendant la longue période d'accumulation. Donc, si l'assuré
vient à mourir, bien qu'il ait constamment payé les mêmes primes sans recevoir aucune part de bénéfices, il laisse un contrat qui n'est pas augmenté.
Il aura payé son assurance fort cher. De plus, pendant la période d'accumulation il ne peut abandonner son contrat qui est dénué de toute valeur de
rachat ; s'il cesse de payer les primes, il perd donc tout irrévocablement. Il
est vrai qu'on lui accorde un délai dans le cas où il serait gêné pour payer
ses primes, mais moyennant un intérêt annuel sur le versement en retard.
D'autre part, comme l'a relevé avec l'autorité qui s'attache à sa haute
compétence, M. Adan (*Des polices tontinières ou polices d'accumulation des
Compagnies américaines*), la Compagnie est d'autant plus sévère que le contrat est près de son échéance ; on a vu des assurés perdre le produit de 10,
15 ou 20 années d'économie à cause d'un retard ou de difficultés soulevées
par l'assureur. Si des bénéfices considérables ont pu être retirés, les assurés n'en profitent guère, la Compagnie se servant de ces sommes, au
moins pour faire face aux frais généraux ce qui sont fort élevés.
En vain pour justifier la perte tant des bénéfices que de la réserve serait-il allégué que celui qui n'a pas confiance en sa solvabilité dans l'avenir ne
doit pas choisir cette forme d'assurance, et que celui qui veut gagner doit
aussi risquer et s'attendre éventuellement à des pertes. On l'a dit (*L'Opinion*,
15 août 1898, p. 113), ce sont absolument les mêmes arguments que l'on a
avancés en faveur des maisons de jeu. D'un autre côté, les arguments que
l'on a objectés contre les maisons de jeu frappent encore plus juste dans ce
cas, car l'assurance sur la vie qui doit mettre le sort des familles à l'abri
des coups du hasard est employée ici à séduire les assurés, en faisant appel
à leur amour du gain et les induire ainsi à confier leurs épargnes au caprice
d'un sort trop souvent malheureux.

fices sur un fait qui n'est pas normal, le grand nombre de résiliations [1], et d'autre part, en ce qu'elles permettent à l'assureur de refuser tout contrôle pendant une période étendue, 10, 15 ou 20 années.

Mais elles donnent surtout prise aux reproches les plus sérieux au regard de la morale : elles reposent sur le profit que le malheur des uns procure un avantage aux autres, sur ce que les survivants, c'est-à-dire ceux qui peuvent encore gagner leur vie, s'enrichissent au détriment de la famille du défunt privée des bénéfices de l'opération [2] ; elles font dévier l'idée d'assurance en ce sens que la combinaison par demi-tontine n'est guère qu'une opération de banque, plutôt même une opération de loterie [3] ; enfin et surtout elles présentent une trop grande surface pour la réclame [4], de même qu'elles engendrent beaucoup trop de mécomptes [5].

On est loin, non pas de l'enthousiasme, mais même des réserves

1. Outre qu'il est grave de prononcer impitoyablement une déchéance à raison d'un oubli occasionné par une absence subite pour affaire urgente, par la nécessité de se rendre à un lit de mort, par un congé pris en oubliant de prescrire les mesures nécessaires pour le paiement ponctuel, par des revers de fortune, il est impossible de calculer d'une façon sérieuse combien d'assurés pourront encourir la déchéance et quelles sommes ceux-ci perdront pour ce motif. Or, pour la combinaison tontinière les déchéances ou forclusions constituent un élément essentiel. — Adam : *Polices tontinières ou Polices d'accumulation.*

2. Le Rapport présenté en 1886 au Bureau fédéral suisse des assurances (1886, p. XXXII ; *L'Opinion*, Août 1898, p. 113 ; *Journ. des assur.*, 1898, p. 219) fait connaître que d'après une enquête opérée dans l'État de l'Ohio par les actuaires américains les plus éminents, dans un bénéfice de 636 dollars les réalisations entraient pour 280, soit 44 % ; aussi a-t-on pu dire que le bénéfice le plus important des polices d'accumulation provient des sommes perdues par les assurés.

3. V. *L'Assurance moderne*, 30 juin 1896, p. 131.

4. On lit dans les *Mémoires* de Saint-Simon : « On a beau courir... aux tontines de nouvelle création après y avoir été trompé tant de fois, et toujours excité par des appâts trompeurs. » Depuis les tontines de *nouvelle création* en 1745, combien d'autres exploitations analogues ont mérité la même condamnation sommaire, qui semble prononcée d'hier ! — de Courcy : *De l'assurance par l'État*, p. 20.

5. Voici ce qu'on lit dans une publication officielle destinée à apprécier le système des polices tontinières :
L'assurance par demi-tontine, même avec le contrôle le plus minutieux et le plus sévère du Gouvernement sur le placement du capital de la tontine et sur sa distribution parmi les survivants, présente une grande surface pour les réclames. Cela provient de ce que l'une des conditions de la demi-tontine est la répartition des assurés par groupes ; le nombre des assurés dans chaque groupe dépend du nombre général des assurés dans la Compagnie, mais généralement chaque groupe est composé d'un nombre restreint d'assurés; néanmoins, dans un groupe le nombre des participants peut être beaucoup plus considérable que dans un autre; il est donc clair qu'on ne peut appliquer à chaque groupe les tableaux de mortalité, qui sont basés sur des calculs et des observations faites sur un grand nombre d'individus, de sorte qu'on ne peut prévoir, même approximativement, le nombre des sinistres dans un groupe; or, comme c'est de ce nombre que dépendent les bénéfices des survivants, il peut toujours arriver que la liquidation d'un groupe donne des résultats brillants pour les survi-

que jadis ¹ l'on formulait contre le système de l'assessment présenté comme ayant certainement beaucoup de bon mais comme exigeant un examen sérieux et beaucoup de prudence. A l'étranger, à la suite de faits graves et après un contrôle très minutieux les autorités compétentes ont prohibé de semblables opérations ², qui, du reste, ont soulevé des plaintes même en Amérique ³. Et pourtant, à en croire des renseignements certains ⁴, les Américains sont plus favorisés que les assurés appartenant à d'autres nationalités.

En France ces opérations sont pratiquées en toute liberté : la légis-

vants, tandis que ces mêmes bénéfices seront tout à fait insignifiants pour un autre groupe.

Grâce à cette particularité de la demi-tontine, même en admettant une parfaite équitabilité dans l'administration de la Compagnie, aucun contrôle du Gouvernement ne pourra préserver les clients contre les entraînements dans l'espoir des bénéfices considérables, de même aussi qu'il ne pourra défendre les réclames les plus brillantes, car évidemment chaque agent peut facilement faire ressortir les résultats de la liquidation d'un groupe dont les bénéfices ont été considérables, tout en cachant les résultats pour les groupes où les bénéfices ont été nuls. — *Rapport de la Commission du Ministère des finances de Russie chargée de l'examen des polices d'accumulation.* (*L'Assurance moderne*, 30 juin 1896, p. 134.)

1. V. *Sociétés d'assurances-vie dites mutuelles assessment* (*Le Pélican*, n° du 1er décembre 1894).

2. Depuis l'année 1894 la souscription des polices dites d'accumulation de bénéfices est prohibée en Russie. Une décision de l'Empereur en date du 25 mars 1894 sanctionnant les décisions du Comité des Ministres a interdit les assurances tontinières et semi-tontinières tant aux Compagnies russes qu'aux Sociétés étrangères. (V. *Monit. des assur.*, 1894, p. 223; *Journ. des assur.*, 1896, p. 219 à 221; 1898 p. 247). — V. *Rapport de la Commission du Ministère des finances chargée de l'examen des polices d'accumulation* (*L'Assurance moderne*, 30 juin 1896, p. 133 à 135).

A la suite d'un instructif rapport du Bureau fédéral des assurances (1886 p. XXXII; *Journ. des assur.*, 1898, p. 249 et *L'Opinion*, août 1898, p. 113), le Gouvernement suisse a défendu les mêmes opérations. Récemment encore le Conseil fédéral n'autorisait une Mutuelle à traiter d'affaires d'assurances en Suisse qu'à l'exclusion des polices en vertu desquelles les bénéfices ne seraient déterminés qu'après une période de 5 à 10 ans et répartis entre les personnes encore assurées auprès de la Compagnie à l'expiration de cette période. — *L'Observateur*, n° du 22 décembre 1898, p. 338.

Le Gouvernement prussien a décidé, par décret du 8 mars 1892, que les Compagnies qui pratiquent les opérations tontinières devraient fournir chaque année un compte rendu séparé de la situation de chaque groupe tontinier; le défaut de justification a motivé, le 14 août 1895, le retrait de l'autorisation exigée pour la conclusion d'affaires dans le royaume de Prusse (*Journ. des assur.*, 1898, p. 222 et 223).

Un arrêté des Ministres de l'intérieur, du commerce, de la justice et des finances a bien autorisé, en Autriche, la création de tontines, mais à la condition que leur administration serait absolument indépendante, que les polices ayant au moins trois années d'existence ne pourraient plus être annulées sans indemnité, que dans le cas de rachat de semblables polices la Compagnie devrait payer au moins les trois quarts des réserves de primes et enfin que la police devrait indiquer les prix de rachat ou du moins de réduction. (*Journ. des assur.*, 1898, p. 224.)

3. A plusieurs reprises on a protesté même au sein des assemblées législatives contre le système de la police d'accumulation. V. *L'Assurance moderne*, 17 mai 1894, p. 100.

4. V. notamm. Perriaud: *Les dessous de la police-distribution*, Paris, 1896, p. 37.

lation propre aux tontines n'est pas appliquée : les garanties qu'elle édicte ne se rencontrent pas. Aussi a-t-on émis des doutes très sérieux sur la validité des opérations faites par des Sociétés dépourvues de la capacité spécialement exigée des établissements tontiniers, la capacité générale qu'ils peuvent avoir pour l'assurance sur la vie ne suffisant pas [1]. Il appartient au Gouvernement, si l'interdiction n'est pas prononcée pour ces opérations, comme on l'a demandé parfois [2], au moins de prescrire des mesures de sauvegarde, surtout d'exiger rigoureusement l'application des dispositions édictées pour la tontine, d'imposer, par conséquent, le régime de l'autorisation et de la surveillance [3].

---

1. Comme il a été dit plus haut, (*Supra*, p. 113) le régime légal des tontines en France est totalement différent de celui des Sociétés d'assurances sur la vie : l'autorisation accordée à une Compagnie de recevoir des rentes viagères ou des assurances sur la vie ne confère pas nécessairement le droit de pratiquer des opérations tontinières.

Au surplus, lorsque l'on voit les établissements tontiniers français placés sous le régime du décret de 1819 et l'Ordonnance de 1842, on ne trouve pas pour quels motifs les Sociétés étrangères qui ont importé en France la police d'accumulation, qui n'est somme toute qu'une opération tontinière, ne seraient pas tenues de se soumettre au même traitement.

2. V. notamm. *Journ. des assur.*, 1898, p. 225. — Comp. Perriaud ; *op. cit.*

3. Peut-être conviendrait-il, comme on l'a proposé (V. *L'Opinion*, 15 octobre 1895, p. 140) de s'inspirer du décret prussien du 8 mars 1892 obligeant les Compagnies à fournir un compte rendu séparé de la situation de chaque groupe tontinier, à faire connaître, à l'expiration de l'année, la situation réelle et exacte des assurés tontiniers.

Les Compagnies étrangères qui pratiquent en France ce genre d'opérations s'y refusent, et bien que l'on ait parfois prétendu qu'il y avait obligation au moins implicite (*Note, Journ. des assur.*, 1898, p. 510), des tribunaux ont approuvé leur refus en invoquant que l'absence de tout engagement de la part de l'assureur mettait l'assuré dans l'impossibilité de réclamer, sauf à reconnaître qu'il est regrettable que la Compagnie ne tienne pas, sous une forme ou sous une autre, une comptabilité des bénéfices réservés à la fin d'un exercice de chaque police de manière à permettre à l'assuré de pouvoir, au besoin, exercer un contrôle. Trib. civ. Seine, 30 juillet 1898, *Journ. des assur.*, 98, 514. V. au sujet de cette décision les remarques insérées soit dans *L'Observateur* (n° du 24 novembre 1898), soit dans *Le Journal de l'assureur et de l'assuré* (n° du 15 novembre 1898).

Il a été ajouté aussi que ces opérations étant surtout pratiquées par les Compagnies étrangères, une loi devrait intervenir de manière à rendre les prescriptions obligatoires même pour les étrangers et sous peine de sanctions assez élevées pour en assurer le respect.

DOUZIÈME PARTIE

L'ASSURANCE SUR LA VIE PAR L'ÉTAT

Notions générales.

L'assurance est une force à la fois morale, sociale, économique, administrative et financière[1]. Dans notre organisation actuelle elle joue un rôle considérable. L'État ne saurait donc se désintéresser. Il lui appartient, en particulier, de procurer des garanties aux personnes qui traitent avec des établissements d'assurance, de donner la certitude que les opérations se font d'une façon régulière, que les engagements pris seront tenus. Spécialement, pour les assurances sur la vie nulle contestation sérieuse ne s'élève à ce sujet, sauf, bien entendu, à soumettre cette intervention à certaines règles plutôt qu'à telles autres.

Mais l'État peut-il aller plus loin ? Peut-il se constituer assureur, entreprendre pour son compte des opérations d'assurance sur la vie ?

La réponse ne saurait être douteuse. En raison des conditions vitales de son fonctionnement l'assurance est, de toutes les industries, celle qui a le plus besoin de liberté ; si elle a fait de grands progrès, c'est sans l'État et presque malgré lui, malgré le dédain qu'il lui a toujours témoigné, malgré les impôts dont il l'a frappée à tort et à travers[2].

1. De la Prugne : *Tr. théor. et prat. du contrat d'assurance en général*, p. 307.
2. Thomereau : *Quelles sont les limites de l'intervention de l'État en matière d'assurances*, Paris, 1891, p. 14 et *Journal des Économistes*, août 1894, p. 276.
Tout en soutenant que l'État ne doit pas se faire assureur, l'on a prétendu (V. de La Grasserie : *De l'assurance sur la vie et contre les accidents : La France judic.*, avril 1899, p. 122 et 123) que l'État pouvait intervenir par des subventions et procurer sa garantie destinée à attester la solvabilité et à imposer la confiance. L'assuré aurait devant lui une triple responsabilité : 1° en première ligne, celle de la Compagnie, son assureur ; 2° au second plan, celle collective de toutes les Compagnies ; 3° au troisième plan, celle subsidiaire de l'État.

Nous nous demandons d'abord en vertu de quels principes toutes les

Lorsque l'État fait une incursion sur le terrain de l'assurance il n'en tire ni honneur, ni profit[1]. Comment pourrait-il en être autrement ? Il manque ce stimulant qui, seul, peut gagner le succès, la concurrence. L'agent de l'État a une situation fixe, certaine ; que les clients se présentent ou ne se présentent pas à son bureau, peu lui importe ; en admettant même qu'il ne proteste pas contre l'appel fait à son concours. Rien, car il ne saurait lui être tenu compte de sa propagande, ne pousse le fonctionnaire à s'engager dans la lutte, parfois âpre de la production, à tout mettre en œuvre pour réaliser un chiffre d'affaires qui, par le profit donné, soit le prix des efforts déployés et du temps dépassé[2].

On conçoit l'intervention de l'État lorsqu'il s'agit d'organiser dans l'intérêt de tous un service public pour lequel l'initiative privée est impuissante. Telle n'est pas la situation ; il est peu de cas où la liberté individuelle ait autant fait qu'en matière d'assurance[3].

Un exposé complet de la question du rôle et de la capacité de l'État en matière d'assurance ne saurait trouver place ici.

Il suffira de dire que l'on a vainement soutenu[4] que l'État procurerait, en même temps qu'une sécurité absolue, une assurance moins coûteuse, puisque l'opération n'étant point faite dans un but de spéculation il n'y aurait pas à rémunérer les actionnaires et puisqu'il n'y aurait pas à employer un personnel coûteux, l'Administration ayant ses représentants pour agir. Au point de la sécurité l'on ne voit guère ce que les assurés pourraient gagner, eu égard aux garanties très réelles qui sont affectées aux traités passés avec les Compagnies privées. Dans le courant de ce siècle tandis que la plupart des Sociétés particulières étaient très florissantes, bien des États ne tenaient pas leurs engagements : c'est la France à la fin du siècle dernier, les États-Unis au même moment, plus tard l'Autriche-Hongrie, la Russie, l'Italie, l'Espagne, différents États de la grande Confédération américaine, notamment la Vir-

Compagnies seraient solidaires, pourquoi la majorité répondrait des contrats acceptés dans de mauvaises conditions, ensuite quelles sont les règles qui peuvent mettre en jeu l'action de l'État pour des opérations auxquelles il n'a point part. En réalité, c'est une demi-mesure qui est proposée ; c'est l'assurance par l'État, ou du moins la mise à la charge de l'État, c'est-à-dire de la collectivité, des contrats passés par quelques-uns.

1. Dès 1848 Michel Chevalier montrait combien il serait illusoire de compter sur les bénéfices que l'exploitation des assurances pourrait procurer à l'État (*Lettres sur l'organisation du travail*, Paris, 1848, p. 178).

2. Rochetin : Observations à la Société d'économie politique de Paris (*Journal des Économistes*, août 1894, p. 278).

Dans un excellent opuscule (*De l'assurance par l'État*, 5e édit., Paris, 1895) M. de Courcy a très clairement montré que pour les différentes branches d'assurances et particulièrement en matière d'assurance sur la vie, l'État ne peut être un assureur juste et rémunérateur.

3. Comp. les judicieuses remarques insérées dans l'*Encyclopédie des assurances* (Paris, 1898) de M. Baumgartner, Vo Assurances, p. 391 et suiv. ; et Michel Chevalier : *Lettres sur l'organisation du travail*.

4. Wagner : *Der Staat und das Versicherungswesen*, Tubingue, 1881.

ginie, enfin presque tous les États de l'Amérique du sud[1]. A vrai dire, il n'y a guère que la Grande Bretagne, la Hollande et quelques petits pays qui jusqu'ici aient complètement échappé à ces défaillances de la solvabilité de l'État.

D'autre part, outre que les sommes distribuées aux actionnaires des Compagnies anonymes ne sont pas enlevées aux assurés, lesquels, d'ailleurs, ne sont pas exclus de la participation aux bénéfices, il est absolument inexact d'imputer aux Compagnies des frais généraux considérables et l'entretien d'un personnel coûteux. Les directeurs des Compagnies se montrent le plus souvent sages et économes dans leur gestion. Sans doute, ils ont à leur disposition des employés mieux rétribués que beaucoup de fonctionnaires, mais le nombre est strictement limité aux besoins du service ; quant aux représentants de la Compagnie dans les départements ils ne pourraient vivre, en général, des seuls produits de leur agence ; ce sont, pour la plupart, des commerçants, des propriétaires, des rentiers qui joignent cette ressource auxiliaire à celles qui leur viennent d'un autre travail ou d'un autre fonds. Il n'est pas inutile de faire observer aussi que ces agents soucieux de leur situation et n'ignorant pas à quoi ils s'exposent en cas d'inadvertance sont portés à tout simplifier, à éviter les pertes de temps, les frais ; l'État, au contraire, est disposé à tout compliquer, à multiplier les formalités parce qu'il n'en souffre pas lui-même, à imposer des dépenses puisque ce n'est pas lui qui aura à les supporter; sa main est aussi lourde que son action est lente[2].

L'État, néanmoins, ne s'est pas laissé arrêter par ces considérations. Il a voulu exploiter à ses frais, c'est-à-dire aux dépens des contribuables, l'assurance sur la vie. L'expérience a montré ce que valait cette initiative ; les résultats ont été aussi nuls qu'onéreux[3].

1. Cf. le travail de M. Béchaux sur les emprunts des États étrangers en France. (Séances et Travaux de l'Académie des sciences morales et politiques, T. CL. (1898), p. 562, etc.). Ainsi que le résumé qui a été donné de cette étude soit par M. Pardo dans sa notice sur la protection de l'épargne en France (Revue générale du droit, T. XXIII, 1899 p. 116), soit par nous dans le Journal des Économistes (mars 1899 p. 362 et 363.)

2. Detroye: De l'assurance obligatoire contre les accidents du travail, Paris, 1898, p. 264, etc. Cet auteur donne une très bonne réfutation de cet argument que l'ingérence de l'État abolirait la différence des primes, les bons risques payant pour les mauvais.

3. Pareille chose s'est produite pour l'assurance contre les accidents. En même temps que le législateur créait une Caisse d'État pour les assurances en cas de décès il en établissait une pour les assurances en cas d'accidents. Or, suivant l'expression de M. Cheysson, cette dernière Caisse est un avortement. « Malgré les avantages faits par l'État aux assurés, elle a eu si peu de succès qu'en une année elle a liquidé trois accidents, la majeure partie des assurés est formée par des pompiers inscrits. L'étude de cette Caisse ne rentre pas dans le plan de cet ouvrage. Aussi ne saurions-nous présenter une étude détaillée à cet égard. Nous retiendrons seulement que pour tout le monde l'insuccès tient tant à l'incapacité de l'État dans la question d'assurances qu'à la mauvaise organisation de la Caisse.

En Angleterre un *bill* de 1864 a établi deux Caisses d'État : l'une créée pour servir des rentes ou pensions viagères de 100 fr. à 1.250 fr., moyennant des primes déterminées, l'autre destinée, comme la Caisse Nationale des assurances en cas de décès instituée en France en 1868, à accepter des assurances sur la vie pour une somme relativement modique, 2,500 fr. au maximum. Cette Caisse d'assurance fonctionne, comme la première, avec le concours du service des postes. Elle semble fréquentée moins par la classe ouvrière que par la petite bourgeoisie [1], tentée vraisemblablement par le bon marché des tarifs.

Les résultats auxquels l'administration anglaise est arrivée sont très peu satisfaisants. C'est à peine si pendant les 14 premières années de sa fondation la Caisse d'État a reçu 5, 940 polices assurant un capital de 11, 050, 000 fr. [2]. Le Gouvernement a voulu remédier à cette situation due au maintien de formalités trop nombreuses encore [3]. Mais malgré tous les efforts qui ont été tentés, malgré une très grande publicité destinée à montrer que la Caisse pouvait recevoir directement les primes des mains des patrons, qu'elle était en mesure de faciliter aux membres des associations amicales et de prévoyance la réalisation de leurs contrats d'assurances ainsi que l'achat, par l'intermédiaire du Gouvernement, de leurs rentes viagères, l'essai a échoué : pour 24 exercices écoulés de 1865 au 31 décembre 1888, le montant *total* des capitaux en cas de décès assurés par l'État n'a été que de 17,895,850 fr., soit pour chaque année 745,660 fr. en capitaux assurés et 40, 000 fr. environ en primes [4].

En égard au grand nombre des polices souscrites en Angleterre auprès des Compagnies par des personnes appartenant à la classe industrielle [5], on ne saurait expliquer l'échec de la Caisse Nationale par

---

1. La moyenne pour chacun des 255 contrats qui, chaque année, a été souscrite de 1879 à 1884 était de 2000 fr. — V. *L'Assurance moderne*, 31 janvier 1896, p. 20.

2. Dumaine, art. *Assurances* dans le *Dictionnaire des finances* de MM. Léon Say, Foyot et Lanjalley.

3. D'après M. Dumaine (*loc. cit.*) une Commission d'enquête chargée de faire la lumière sur les causes de l'insuccès aurait proposé : 1° de donner au public des facilités plus grandes que par le passé en simplifiant les formalités à remplir et en augmentant le nombre des bureaux de poste en état de recevoir les versements ; 2° de permettre aux déposants de la Caisse d'épargne postale d'affecter tout ou partie de leurs versements, ou l'intérêt de ces versements au paiement des primes d'assurances ; 3° d'élever le maximum de l'assurance en cas de décès de 2,600 à 5000 fr. ; 4° de dispenser de l'examen médical, dans certains cas, la personne désirant contracter une assurance en cas de décès.

4. Badon Pascal aîné : *Les Assurances Nationales de l'État en Angleterre* (*Journ. des Assur.*, 1891, p. 172, d'après *The Insurance Record*).

5. Alors que la Caisse de l'État recevait en moyenne de 1865 à 1888 40,000 fr. de primes, une seule Compagnie, rien que pour les classes ouvrières, encaissait pour l'exercice 1889, 83 millions de primes.

l'indifférence de la population ; il doit être attribué au peu de goût que l'on éprouve de l'autre côté de la Manche, lorsqu'il s'agit de prévoyance, d'assurance, pour l'intervention de l'État [1]. Tel n'est pas et ne peut pas être le rôle de ce dernier en pareille matière.

---

[1]. En Allemagne, tout en faisant les plus louables efforts pour encourager l'assurance sur la vie, le Gouvernement a maintenu la plus grande liberté d'action. C'est ainsi que l'Administration des postes prussiennes lorsqu'elle eut résolu de faciliter aux sous-agents de son ressort le moyen d'assurer leur vie et de propager parmi tous ses membres le principe salutaire des assurances sur la vie passa, en 1867, des conventions spéciales avec plusieurs Compagnies d'assurances sur la vie, pour une somme limitée (600 à 1500 marcks) et moyennant une retenue mensuelle sur le traitement, l'Administration des postes augmentant quelque peu les primes. En 1871 l'Administration des Postes a conclu des conventions analogues dans l'intérêt des fonctionnaires supérieurs et subalternes avec cette différence que l'assuré aurait la disposition pleine et entière de la police, qu'aucun supplément ne serait accordé pour le paiement des primes d'assurances.

A la fin de l'année 1877-78 le nombre des polices se montait à 6569 pour un capital de 15.499,896 marcks, soit 19,374,870 fr.

Cf. *Les institutions de prévoyance au profit des employés de l'administration des postes et télégraphes de l'empire d'Allemagne*, Berlin, 1878.

CHAPITRE PREMIER

ORGANISATION DE L'ASSURANCE SUR LA VIE PAR L'ÉTAT EN FRANCE.

En 1850 fut votée la loi sur les retraites. Envisagée dans son principe cette loi était bonne ; elle sembla d'abord suffisante. Mais peu après, déterminé peut-être par un but politique, le Gouvernement arriva à croire qu'il n'avait pas assez fait en organisant un mode d'assistance pour la vieillesse et qu'il lui appartenait de compléter son système de prévoyance en fournissant aux personnes peu fortunées le moyen de procurer après elles, à leur mort ou après un accident, des ressources propres aux membres de la famille.

En 1862 on parut se préoccuper dans la haute administration de créer, à côté de la Caisse des retraites pour la vieillesse, une Caisse d'assurance en cas de mort. Saisie de la question par le Ministère du commerce, la Commission supérieure de la Caisse des retraites émit l'avis que l'assurance en cas de décès était un *corollaire presque forcé* de la Caisse des retraites pour la vieillesse et que l'une complétait l'autre, au double point de vue philanthropique et économique. Le rapporteur ajoutait que dans l'institution à fonder, le caractère de la prévoyance *était d'un titre plus élevé*, puisque le chef de famille se *prive d'une partie de ce qu'il gagne, et s'en retire la jouissance dans le but d'assurer après sa mort, à ceux qu'il aime, les ressources nécessaires ; c'est alors un acte d'abnégation essentiellement utile, essentiellement moral, c'est la prévoyance appliquée au dévouement.* La Commission supérieure n'hésitait pas, du reste, à demander que l'institution dont elle recommandait la fondation fût placée, comme la Caisse des retraites pour la vieillesse, *sous la garantie de l'État* [1].

1. Ces renseignements figurent dans l'Exposé des motifs que M. le conseiller d'État Vernier a rédigé pour le projet de loi devenu la loi du 18 juillet 1868. — D. P. 68, 4, 93. — Comp. ce que nous avons dit à ce sujet dans notre *Traité*, T. Iᵉʳ, p. 57, note 8.

L'ingérence de l'État en pareille matière n'avait rien qui pût déplaire au Gouvernement impérial [1]. Ce projet ne se trouvait-il pas d'ailleurs en concordance avec la tendance qui se manifestait de l'autre côté de la Manche, dans ce pays de libre initiative, si rebelle à l'intervention gouvernementale ? Presque à la même époque, en effet, M. Gladstone s'efforçait de montrer que l'État pouvait légitimement intervenir pour favoriser la diffusion de l'assurance parmi les classes laborieuses. Les dernières résistances qui auraient pu se produire disparurent avec le vote du *bill* anglais permettant de faire garantir une somme modique, de beaucoup inférieure à celles dont se chargent les Compagnies, surtout avec l'accueil que des publicistes autorisés firent en France à la nouvelle mesure [2]. Le 8 juillet 1867 fut présenté au Corps Législatif un projet de loi portant création, sous les auspices de l'État, de deux Caisses d'assurances, l'une en cas de décès, l'autre en cas d'accidents résultant de travaux agricoles et industriels [3]. Ce fut l'origine de la loi du 11-15 juillet 1868 [4], ratifiant d'une façon presque complète les propositions du Gouvernement [5].

Ce qui distingue le régime inauguré par la loi de 1868 c'est d'abord ce principe que l'État se fait assureur, qu'il se confère le droit de percevoir des primes et de s'engager à verser un capital déterminé au

1. Napoléon III, le chimérique auteur de l'ouvrage sur *L'extinction du paupérisme*, semblait assez porté à croire que l'État pouvait se faire assureur. Sur ses tentatives pour faire créer par l'État une *Caisse générale des assurances agricoles*, V., outre un intéressant article de M. Ferriaud (*L'Assurance Moderne*, n° du 30 novembre 1895), les remarques de M. Thomereau (*Journal des Économistes*, août 1894, p. 271) et le récit de M. G. Hamon dans son *Histoire générale de l'assurance*, p. 676 et suiv.

2. Cf. Cochin : *Les petites assurances sur la vie par l'État dans les bureaux de poste en Angleterre*. (*Journal des Économistes*, juillet 1865, et *Séances et Travaux de l'Académie des sciences morales et politiques*, 1865, T. LXXIII, p. 399) ; Bailleux de Marizy : *Des assurances sur la vie*, (*Revue des Deux Mondes*, 1er février 1867, p. 582 et suiv.).

3. *Moniteur officiel* du 9 juillet 1867.

4. L'Exposé des motifs a été donné dans les *Annales du Sénat et du Corps Législatif*, 1867, T. IX, annexes, p. 9, et en partie D. P. 68, 4, 93. — Le rapport présenté par M. de Beauverger au Corps Législatif figure aux *Annales*, 1868, T. IX, annexe, p. 32 et D. P. 68, 4, 95. Le rapport de M. Leroy de Saint-Arnaud au Sénat a été inséré au *Moniteur officiel* du 27 mai 1868.

5. La loi des 11-15 juillet 1868 a été complétée tant par un décret du 10 août 1868, portant règlement d'administration publique pour l'exécution de la loi (D. P. 68, 4, 102), que par deux Circulaires du Ministre de l'agriculture et du commerce en date des 3 et 11 octobre 1868, contenant des instructions aux préfets pour l'exécution de la loi et du décret (D. P. 68, 3, 109 et 111) et surtout par un décret du 13 août 1877, (D. P. 77, 4, 64) ainsi que par plusieurs dispositions ultérieures telles que le décret du 28 décembre 1890, la loi du budget du 26 juillet 1893, celle du 20 novembre 1894 relative aux habitations à bon marché, celle du 17 juillet 1897 concernant les assurances mixtes et enfin par la loi sur les Sociétés de secours mutuels.

Primitivement la loi de 1868 ne concernait que la France ; un décret du 15 avril 1893 (*Revue algérienne et tunisienne de législat. et de jurispud.*, 1893, III° part, p. 4) a déclaré que cette loi avec les dispositions qui l'ont modifiée serait applicable en Algérie.

décès de l'assuré, décès survenu dans des conditions particulières ; c'est ensuite cette idée dominante que l'accès de la Caisse est ouvert, ou du moins semble ouvert, conformément à ce qui se pratiquait en Angleterre, seulement aux petites bourses, aux petites assurances et qu'il doit être refusé aux personnes en mesure de devenir clientes des Compagnies [1] ; c'est enfin ce principe que les Sociétés de secours mutuels peuvent jouir collectivement [2] et faire jouir leurs membres des bienfaits de l'assurance sur la vie.

Comme la Caisse de retraites pour la vieillesse, la Caisse d'assurances en cas de décès qui, du reste, emprunte le concours de nombreux agents financiers [3], est gérée par l'administration de la Caisse des Dé-

[1]. Dans l'Exposé des motifs M. le conseiller d'État Vernier avait eu soin d'insister à ce sujet. D'autre part, après avoir fait l'éloge de l'assurance sur la vie, le rapporteur de la loi, M. de Beauverger, semble avoir tenu à mettre en lumière, dans son rapport, que l'État ne comptait pas intervenir là où les Compagnies suffisent.

[2]. Par la suite, il est vrai, on a fortement critiqué cette idée de l'assurance collective en cas de décès.

On lui a reproché, en particulier, d'énerver l'initiative privée, l'homme devant compter sur lui-même et la prévoyance étant son affaire personnelle, de constituer un mode de prévoyance obligatoire, l'assurance devant être directement contractée par chaque Société de secours mutuels sur une liste indiquant le nom et l'âge de *tous* ses membres. On a pu surtout dire qu'elle était incapable d'amener les ouvriers à l'assurance. Les chiffres sont particulièrement probants : de 1868 au 1er janvier 1880, il n'y a eu en tout que 411 assurances collectives, c'est-à-dire 41 assurances par an pour 4,300 Sociétés approuvées, pas même 10 %. Enfin, et ceci n'est pas à dédaigner, malgré leur très petit nombre, les assurances collectives sont une source de déficits permanents pour la Caisse : en 1879, les 58 Sociétés qui se sont assurées ont payé une prime totale de 51.368 fr. 46 et coûté pour 232 décès (à raison d'un peu moins de 200 fr., en moyenne par décès) 56.101 fr. 07 ; perte nette, 4,732 p. 61, soit le 9 % des primes. — Baron : *Les assurances populaires*, Paris, 1882, p. 17.

Le dernier *Rapport* paru, celui concernant l'exercice 1897, constate que les assurances collectives continuent à donner une perte ; il est juste de noter toutefois que celle de 1897 (6, 335 fr., est un peu moins élevée que celle de l'année précédente (6, 950 fr).

[3]. Le rôle de ces différents agents est indiqué plus loin.

Ce qu'il convient de retenir c'est la rémunération qui leur est attribuée :

Trésoriers payeurs généraux : — pour les opérations effectuées au chef-lieu du département, 1/5 % sur les sommes reçues ; 1/5 % pour les sommes payées, plus 0 fr. 15 par versement individuel effectué à leur caisse ; 1/15 % sur les sommes reçues par les percepteurs des contributions directes de l'arrondissement chef-lieu ; 1/15 % sur les sommes reçues par le receveur principal des postes du département ; pour les opérations effectuées dans les arrondissements : 1/15 % sur les sommes reçues soit par les receveurs particuliers, soit par les percepteurs des contributions directes : 1/10 % sur les sommes payées par les receveurs particuliers.

Receveurs particuliers : — pour les opérations effectuées dans leurs arrondissements respectifs, 2/15 % sur les sommes reçues directement par eux, plus 0 fr. 15 par versement individuel opéré directement à leur caisse ; 1/15 % sur les sommes reçues par les percepteurs de leurs arrondissements, et 1/10 % sur les sommes payées par eux ou leurs agents sous leurs ordres.

Percepteurs des contributions directes et receveurs ordinaires des postes : — 0 fr. 25 par chaque versement individuel opéré directement à leur caisse.

Receveur principal des postes : — 0 fr. 25 pour chacun des versements reçus

pôts et consignations sous la direction d'une Commission supérieure
instituée sur les bases de la loi du 12 juin 1861 relative à la Caisse
des retraites pour la vieillesse[1]. Sa principale mission est de vérifier

directement par lui, et 0 fr. 10 pour chaque versement des receveurs ordinaires qu'il est appelé à centraliser à sa caisse.

Les taxations afférentes aux opérations effectuées dans les départements
pour le compte de la Caisse d'assurances sont allouées chaque année par la
Direction de la Caisse des Dépôts et Consignations aux trésoriers payeurs
généraux et reparties ensuite par ces derniers entre les différents comptables
de leurs départements.

1. La Caisse d'assurances n'en a pas moins une personnalité civile totalement propre. M. Ducrocq (*Cours de Droit administratif*, 6e édit., Paris, 1884,
p. 729) la fait dériver de l'art. 9 de la loi du 11 juillet 1868, qui reconnaît à
cette Caisse le droit de recevoir des dons et des legs.

Au point de vue de la compétence toutefois il n'en est pas absolument
ainsi.

En 1893, s'était posée devant le Tribunal civil de Ségré la question de savoir si pour une difficulté intervenant l'une des Caisses créées par la loi du
11 juillet 1868, un tribunal autre que le Tribunal de la Seine, pouvait être
compétent.

Par jugement en date du 14 mars 1893, le Tribunal avait décidé que
cette Caisse étant administrée par la Caisse des Dépôts et Consignations,
comme la loi du 3 juillet 1816 (art. 11) avait imposé à la Caisse des Dépôts
et Consignations, l'obligation d'avoir un préposé (le receveur particulier des
finances dans toutes les villes où siège un tribunal de 1re instance), il fallait
en conclure que le législateur avait incontestablement entendu attribuer
compétence à ce Tribunal. Le Tribunal de Ségré en déduisait qu'il appartenait à tous les tribunaux civils de statuer sur les contestations qui s'élèvent entre la Caisse des Dépôts et Consignations et les particuliers relativement aux services dont cet établissement est tenu, que d'après l'art. 67
C. P. C., les administrations ou établissements publics étant assignés en leurs
bureaux, dans les lieux où réside le siège de l'administration, dans les autres lieux, en la personne et aux bureaux de leur préposé, l'instance devait
être suivie devant le tribunal de l'arrondissement ; la prétention émise par
la Caisse, d'obliger les personnes qui passent un contrat avec elle, à porter
leur action devant le Tribunal de la Seine, étant contraire au but et à l'esprit de la loi.

Le principe avait été consacré par la Cour d'Angers le 21 février 1894
(*Journ. des assur.*, 94, 171). Mais, tout en décidant que les contrats conclus
avec la Caisse des assurances pouvaient être soumis à un tribunal autre que
celui de la Seine, la Cour a donné d'autres motifs, d'après elle, la détermination implicite mais certaine et constamment observée, faite par l'art. 11
de l'Ordonnance du 3 juillet 1816, des juridictions d'arrondissement auxquelles la Caisse des Dépôts et Consignations est assujettie ferait partie
intégrante de son organisation ; par conséquent, ainsi que cela a lieu pour
les procès concernant les affaires de la Caisse des Dépôts et Consignations
proprement dite, cette détermination serait à suivre dans les procès relatifs aux Caisses d'assurances dont la Caisse des Dépôts et Consignations est,
vis-à-vis des assurés, l'intermédiaire et le représentant.

Nous avons critiqué cette solution (V. *Les assurances sur la vie et la Cour de
Cassation en 1895*, Lyon, 1895, p. 18).

Nous avons fait remarquer que par cela seul qu'elle imposait à la Caisse
des Dépôts et Consignations l'obligation d'avoir un préposé dans toutes
les villes où siège un tribunal de 1re instance, la loi n'a pas attribué nécessairement compétence à ces tribunaux. Prenant en considération ce fait
qu'aux termes du décret du 19 août 1868, portant règlement d'administration publique pour l'exécution de la loi du 11 juillet 1868, la Direction
générale a seule capacité pour prononcer sur les demandes d'assurances
et le règlement des sinistres et que toute demande d'un agent n'a qu'un ca-

si les recettes disponibles provenant soit des versements effectués par les assurés, soit des intérêts perçus sont successivement et dans la huitaine employées en achat de rentes sur l'État. Ses avis doivent nécessairement être approuvés par le Ministre du commerce. Chaque année elle présente au Chef d'État un rapport sur la situation morale et matérielle de la Caisse d'assurance, lequel est ensuite communiqué aux deux Chambres.

En votant la loi du 11-13 juillet 1868, le législateur (dont la pensée était mélangée de philanthropie et de politique) pensait non pas faire une concurrence aux Compagnies, mais procurer aux masses laborieuses le moyen de se procurer des ressources au moyen de petites assurances. Les travaux préparatoires permettent d'apercevoir quel espoir l'on fondait sur l'intervention du législateur [1]. Les résultats n'ont pas répondu à l'attente [2].

ractère consultatif (V. Villetard de Prunières : *De l'assurance contre les accidents du travail*, Paris, 1892, p. 369), nous avons émis l'opinion qu'il y avait lieu d'appliquer la jurisprudence fermement établie aujourd'hui en matière de compétence, jurisprudence d'après laquelle au cas où le Directeur a seul capacité pour engager la Société, cette dernière doit être assignée devant le tribunal du siège social et que, par suite, l'on devait décider que les contestations nées de contrats passés avec une des Caisses établies en vertu de la loi de 1868, devaient êtres portées devant le tribunal de la Seine, puisque c'est à Paris que siège la Direction générale de la Caisse des Dépôts et Consignations.

La Cour de Cassation a consacré la solution contraire.

Par arrêt du 13 juill. 1896, (D. P. 97, 1, 121 ; *Journ. des assur.*, 96, 547), elle a jugé que la Caisse des Dépôts et Consignations prise en tant que chargée de l'administration des Caisses d'assurances constituées en vertu de la loi de 1868, pouvait être assignée devant tout tribunal de première instance, en la personne de son préposé. L'arrêt se base exclusivement sur ce que, d'après l'art. 11 de l'Ordonnance du 3 juillet 1816, la Caisse des Dépôts et Consignations doit avoir des préposés pour le service qui lui est confié dans toutes les villes où siège un tribunal de première instance.

Nous devons l'avouer, nous ne sommes pas convaincu par cette argumentation (V. notre étude sur *les assurances sur la vie et la Cour de Cassation en 1896*, Lyon, 1897, p. 19). La présence du préposé dans la ville où siège un tribunal ne rend pas nécessairement ce dernier compétent ; tout dépend des pouvoirs qui appartiennent à cette personne. Si elle a réellement capacité pour obliger son mandant, on comprend la compétence du tribunal. Si, à l'inverse, elle ne joue que le rôle d'intermédiaire, on ne voit pas pour quels motifs son intervention ferait déroger à cette règle que les litiges concernant les Sociétés doivent être portés au tribunal du siège social. Or, le préposé de la Caisse dans les départements n'est qu'un agent de transmission puisqu'il n'a aucun pouvoir propre et que toutes les décisions sont prises par la Direction générale.

1. Thonnerau ; art. *Caisse d'assurances* dans le *Dictionnaire du commerce* de MM. Yves Guyot et Raffalovich.

2. C'est à partir du 1er janvier 1869 que la Caisse a commencé à fonctionner. Jusqu'au 1er octobre 1869 elle avait reçu 428 assurances représentant un capital assuré de 285,900 fr. Au 31 décembre 1869 les assurances individuelles n'étaient que 453 pour 360,000 fr. de capitaux assurés ; le montant des primes d'assurances ne dépassait pas 13,323 fr.

Voici les chiffres relevés dans le compte-rendu pour 1896.

Du 11 juillet 1868 au 31 décembre 1896, les capitaux assurés par des assurances individuelles se sont élevés à 1,532,060 fr. 05 c. pour 2,574 assurances :

La déception attestée par des documents dont le caractère ne saurait

les assurances liquidées par suite du décès des titulaires et celles annulées pour cause d'irrégularité ou par application de l'art. 3 de la loi de 1868 (décès dans les 2 ans du contrat) et les péremptions ont réduit cette somme de 1,515,446 fr. 85 c., de sorte que les capitaux restant assurés au 31 décembre 1896 atteignaient la somme de 3,016,613 fr. 33 c.

Les recettes se composent de 1,213,659 fr. 28c. (montant des primes versées: 1,031,930 fr. 33 c.; arrérages des rentes, 178,200 fr. 50; recettes diverses telles que intérêts de retard, 3,538 fr. 45 c.) et les dépenses comprenant 614,109 fr. 53 c. (paiements de capitaux assurés, 594,177 fr. 94 c.; remboursements de primes, 13,931 fr. 59 c.), l'excédant des recettes sur les dépenses était donc, en ce qui concerne les assurances individuelles, de 600,549 fr. 75 c.

Pour les assurances collectives les chiffres n'ont pas moins d'importance. Les primes versées par les Sociétés de secours mutuels et afférentes à 1,647 assurances collectives se rapportent pour la même période (1868-1896), dans leur ensemble, à 392,644 têtes; elles s'élèvent à la somme de 1,734,249 fr. 75 c. à laquelle il convient d'ajouter les intérêts de retard (527 fr. 89 c.), plus le remboursement d'une somme indûment perçue (200 fr.), soit au total 1,734,977 fr. 64 c. Les paiements de capitaux après décès de 8,634 assurés et les remboursements de versements irréguliers ont atteint le chiffre de 2,066 fr. 10 c.; l'excédant des dépenses sur les recettes a donc été de 334,123 fr. 36 c.

Si l'on envisage dans leur ensemble toutes les opérations faites par la Caisse depuis sa création jusqu'à la fin de l'année 1896, l'on arrive, dit le *Rapport officiel* relatif à cet exercice, aux résultats suivants : la perte résultant des assurances collectives, 334,123 fr. 36 c., augmentée de celle de 2,162 fr. 05 c. subie en 1891 sur l'aliénation des rentes à 4 1/2 °/₀ (1883) que possédait la Caisse, soit ensemble 336,285 41 c., a dû être prélevée sur l'excédant de recettes provenant des assurances individuelles, 600,549 fr. 75 c. qui se trouve réduit à 264,264 fr. 34 c.; en ajoutant les 929,985 fr. 05 c. correspondant au transfert opéré en vertu de l'art. 28 de la loi du 26 juillet 1893 et dont il est parlé plus loin, le total des ressources de la Caisse d'assurances en cas de décès s'élève à 1,264,249 fr. 39 c. Sur cette somme, 1,197,322 fr. 12 c. étaient représentés par 1,840 fr. de rente 3 1/2 °/₀ et 33,030 fr. de rente 3 °/₀ existant dans le portefeuille de la Caisse au 31 décembre 1896.

Le dernier compte rendu connu à cette heure est celui qui se rapporte à l'année 1897. Il apprend que le nombre des *assurances individuelles* contractées en 1897 a été de 95 pour un capital assuré de 143,222 fr.; que déduction faite des règlements de sinistres et des annulations, le montant total des capitaux assurés au 31 décembre 1897 était de 3,072,777 fr.; soit une augmentation de 56,164 fr. sur le compte arrêté le 31 décembre 1896 (3,016,613 fr.);

qu'il avait été encaissé pour le compte des assurances individuelles, 1,089 primes représentant une somme de 69,706 fr.; — que les sinistres (capitaux payés au décès) s'élevaient à 45,022 fr., pour 26 polices et que le montant des sinistres par rapport aux primes encaissées durant l'année était de 66 °/₀ de ces dernières.

D'après ce document les *assurances collectives* contractées en 1897 par les Sociétés de secours mutuels approuvées étaient au nombre de 67 et comprenaient 11,958 membres participants; les primes afférentes à ces assurances se montaient à 73,885 fr.; les payements de capitaux assurés, y compris les remboursements de primes, formaient un total de 77,189 fr. L'excédant des dépenses sur les recettes, relativement aux assurances collectives, était donc de 3,694 fr. et les payements aux assurés représentaient une proportion de 105 °/₀ des primes versées. Les fonds placés avaient produit 39,419 fr. d'intérêts.

Le bilan au 31 décembre 1897 se constituait ainsi :

Actif (calculé au taux de 3 1/4 °/₀) 1,301,000 fr. (rentes françaises 3 et 3 1/2 °/₀ : 1,248,209 fr.; solde du compte courant à la Caisse des dépôts, 52,792 fr.), ou plus exactement 1,300,709 fr. à raison d'une anticipation de 292 fr.

Passif (calculé au taux de 3 °/₀) 1° assurances individuelles : polices en règlement, 9,860 fr.; polices non reconstituées à la suite des incendies de 1871,

être contesté[1], et qui est reconnue par tous ceux qui ont eu à étudier le fonctionnement de la Caisse créée en 1868[2], a été complète. Les

2,242 fr.; valeur au 31 décembre 1897 des polices en cours, 1,814,758 fr., soit 1,823,500, c'est-à-dire, après déduction des primes échues non payées et intérêts de retard, 10,181 fr., valeur au 31 décembre 1897 des primes à recevoir, 823,343, et 835,491 fr. Le montant du passif correspondant aux assurances individuelles serait de 990,006. — 2° Assurances collectives ; charges à provenir des assurances en règlement ou en cours au 31 décembre 1897,41,986 fr.; charges à provenir des assurances collectives contractées en 1897 pour produire leur effet dès le 1er janvier 1897, 32,851 fr.; montant du passif correspondant aux assurances collectives, 74,837 fr.

Au résumé le montant total du passif serait de 1,064,843 fr., l'actif de 1,300,700, soit un écart pour l'actif de 235,856 fr. Au 31 décembre 1896 il était de 214,618 fr.; d'où une différence de 21,248 fr.

1. Tous les rapports présentés sur l'exercice de la Caisse ont mis en lumière l'indifférence presque complète que la population semble éprouver pour cette Caisse. Il suffira de citer quelques-uns de ces documents.

Le *Rapport* pour les années 1876 à 1878 et sur la situation au 31 décembre 1878 déclarait que les primes et les revenus ne suffisaient pas à couvrir les dépenses, que si l'institution ne se développait pas il serait nécessaire, dans un temps prochain, de recourir à la garantie de l'État.

La Commission, dans le *Rapport* relatif à l'exercice 1888, attirait l'attention sur le déficit de près d'un million qui existait pour les assurances collectives et elle insistait soit pour la modification des dispositions du décret du 26 mars 1852, soit sur l'établissement de tarifs spéciaux aux Sociétés de secours mutuels.

Le *Rapport* concernant l'exercice 1892 relevait que la perte d'intérêt provenant du déficit de la caisse croissait chaque année et qu'elle montrait l'urgence de mesures pour empêcher ce déficit de se reproduire à l'avenir.

Dans le *Rapport* rédigé pour l'année 1894 il était nettement déclaré que si en 1894 une augmentation avait été constatée pour l'actif, l'on devait tenir compte de l'attribution d'une dotation importante portant les ressources de la Caisse d'assurance en cas de décès à un chiffre supérieur à la valeur de ses charges et aussi pour les titres de rentes représentant ces ressources du taux légèrement plus élevé que le taux des nouveaux tarifs d'après lesquels les charges sont évaluées ; la Commission ajoutait, relativement aux bénéfices relatifs aux assurances individuelles, qu'ils pouvaient n'être qu'accidentels.

La situation de la Caisse des assurances en cas de décès a été telle non seulement qu'un décret du 28 novembre 1890 a dû modifier les tarifs mais aussi que l'art. 58 de la loi de finances du 25 juillet 1893 a dû permettre le prélèvement sur le portefeuille de la Caisse d'assurance en cas d'accidents d'un chiffre de rente 3 % nécessaire pour produire une somme de un million de francs « pour être attribuée à la Caisse d'assurances en cas de décès à titre de dotation tant pour la couverture de ses pertes que pour lui constituer un fonds de réserve pour l'avenir. » C'est en vertu de cette disposition qu'un transfert a été effectué pour une somme de 30,753 fr. de rente 3 % représentant un capital de 999,985 fr. 05 c.

Dans son Rapport au sujet de la proposition devenue la loi du 17 juillet 1897 dont il sera parlé plus loin, M. Guyot a relevé les résultats médiocres qui avaient été obtenus et il a mis en lumière ce fait que si depuis 1868 jusqu'au 31 décembre 1895 la Caisse a retiré des assurances individuelles un bénéfice de 542,797 fr., cette somme a été affectée en grande partie à éteindre les pertes produites par les assurances collectives. (*Journ. Off.*, 4 février 1897 p. 398 ; Annexe n° 16 et D. P. 97, 4. 69.)

2. V. en particulier Maze : *Les Caisses Nationales d'assurances en cas de décès et en cas d'accidents de 1868 à 1886* (*Revue des institut. de prévoy.*, mars 1887) ; Dumoire : *Du contrat d'assur. sur la vie en droit civil et en droit fiscal*, 2e édit. Paris, 1892, p. 13 et art. *Assurances* dans le *Dictionnaire des finances* de MM. Léon Say, Foyot et Lanjalley (n° 241) ; Hubert Cyprès : *L'assurance sur la vie et les caisses de retraite*, Paris, 1894, p. 271 ; Thomereau et Rochetin : *Observa-*

derniers comptes rendus attestent plus qu'une tendance au stationnement, ils permettent de croire à un arrêt[1].

Bien évidemment l'on a cherché à expliquer cette tendance[2]; mais le fait n'en est pas moins certain. Et, malgré les espérances fondées soit sur l'emploi de conditions préférables et d'un tarif plus avantageux, soit sur la stabilité de l'État[3], comme si un assureur, fût-il l'État, pouvait, sans méconnaître ses devoirs, refuser de tenir compte

tions à la *Société d'économie politique de Paris* (*Journal des Économistes*, août 1894, p. 270 ; 278).

1. D'après le *Rapport* sur l'exercice 1894 (*Journ. Off.*, 27 novembre 1895) le nombre des assurances individuelles contractées en 1894 (97) présente sur celui des assurances contractées en 1833 une diminution de 85; sur le total de ces assurances 32 (au lieu de 100 en 1893) ont été contractées pour un capital de 500 fr. ou en dessous et 48 (au lieu de 64 en 1893) pour le capital maximum de 3.000 fr.

Ce même document ajoute que 23 Sociétés de Secours mutuels ont cessé, dès 1891, de renouveler les assurances qu'elles contractaient annuellement à la Caisse, que leur exemple a été suivi en 1892 par 14 Sociétés, en 1893 par 5 et en 1894 par 6.

Le *Rapport* pour l'exercice 1896 constate une diminution de 29 assurances nouvelles sur l'exercice précédent (83 au lieu de 112), la diminution portant presque uniquement sur les assurances souscrites dans les départements ; en 1896, en effet, il n'a pas été contracté d'assurances individuelles à prime unique dans les départements tandis qu'en 1895 ces assurances avaient été au nombre de 3 et le nombre des assurances à primes annuelles, contractées dans les départements s'est abaissé de 60 en 1895 à 34 en 1896. 69 Sociétés de secours mutuels ont contracté des assurances collectives ; sur ce chiffre on ne compte que 6 Sociétés ayant souscrit une première assurance, mais 4 Sociétés ont cessé de renouveler les assurances (le chiffre avait été de 5 en 1895 et de 7 en 1894).

2. Le *Rapport* précité sur l'exercice 1894 l'attribue à l'application, à partir du 1er janvier 1894, du tarif calculé au taux de l'intérêt de 3 %.

D'autres fois l'on a prétendu que la Caisse de l'État n'était point assez connue, (Siegfried : *La Misère*, Paris, 1877, p. 162), que l'État n'a pas, comme les Compagnies privées, des agents dont le zèle est stimulé par une commission allouée sur chaque affaire, des fonctionnaires ne pouvant dans tous les cas faire des démarches auprès du public comme les agents des Compagnies (Dumaine : *op. cit.*, p. 13 et *Dictionnaire des finances* de M. Léon Say, v° *Assurances*, p. 274 ; Rochetin : *Journal des Économistes*, août 1894, p. 278).

N'est-ce pas là la preuve que l'ingérence de l'État est hors d'état d'obtenir les mêmes résultats que l'initiative privée ?

On a soutenu (*La France judiciaire*, septembre-octobre 1895, p. 275) que la fixation d'un chiffre maximum d'un capital de 3.000 fr. pouvait expliquer l'insuccès. Tout ce qui sent l'indigence, a-t-il été dit, n'a pas faveur même auprès des indigents. Ce sont des idées d'aristocratie pécuniaire contre lesquelles il n'y a rien à tenter. Puis, cette somme en capital, est-elle bien ce qui convient en pareil cas ? N'est-ce pas plutôt une rente que l'homme peu fortuné voudrait pour sa femme ou ses enfants. Si l'assurance lui procurait en cas de décès un certain revenu pour eux jusqu'à la majorité des derniers, elle serait mieux venue. Un capital, quelque fort qu'il soit, est vite dévoré, lorsqu'il tombe entre des mains qui n'ont pas l'habitude d'en posséder un. D'ailleurs, maintenant pour tout le monde un capital de 3.000 fr. est, comme tel, insignifiant ; il n'est pas destiné à être placé, ce n'est qu'un simple secours. Voilà pourquoi la tentative trop timide faite par l'État n'a pu réussir.

3. De La Grasserie : *De l'assurance sur la vie et contre les accidents* (*La France judic.*, septembre-octobre 1895, p. 274).

de ce qui résulte de la nature même des choses, d'une longue expérience, comme si la stabilité des Compagnies privées avait jamais reçu une atteinte, l'on peut avouer d'une manière générale que les opérations de la Caisse de l'État, en égard au chiffre considérable de celles effectuées par les Compagnies, est sans importance. Que dire d'une institution qui en trois années n'a pas reçu 300 assurances individuelles [1] et la plupart du temps pour des sommes véritablement par trop modiques [2] ?

L'on avait compté sur l'intervention des Sociétés de secours mutuels [3]. Mais outre qu'elles n'ont guère répondu au vœu que l'on formulait [4], il est à croire que leur participation n'est pas à désirer ; il semble, en effet [5], qu'elle ne peut que nuire au développement des opérations.

[1]. En 1894, 97 contrats nouveaux; en 1895, 112 ; en 1896, 85; en 1897, 95.

[2]. Sur les 97 contrats souscrits en 1894, 32 ont été passés pour un capital de 500 fr. et au-dessous et 48 pour un capital maximum de 3,000 fr.
En 1896, pour 85 assurances individuelles 41 (au lieu de 44 en 1895) ont été contractées pour un capital de 500 fr. et au-dessous et 31 (au lieu de 42 en 1895) pour le capital maximum de 3,000 fr. ; le nombre de ces dernières assurances représente 37 % du nombre total. En 1895 et dans presque toutes les années précédentes depuis l'origine, il avait été d'environ 50 %.

[3]. V. notamment ce que dit à ce sujet M. Cauwès: *Cours d'économie politique*, 3ᵉ édit., Paris, 1893, T. III, p. 594, etc.

[4]. En 9 années, de 1869 à 1877 on a compté seulement 302 Sociétés comprenant 64,426 assurés. Sans vouloir présenter une statistique complète, il sera permis de relever ici quelques-uns des derniers chiffres :
1890 : 78 Sociétés (19,705 membres ; — 1891 : 70 Sociétés (15,760 membres) ; — 1892 : 62 Sociétés (13,607 membres) ; — 1893 : 66 Sociétés (12,231 membres) ; — 1894 : 63 Sociétés (13,474 membres) ; — 1896 : 69 Sociétés (13,336 membres, — 1897, 67 Sociétés (11,958 membres.) Il faut noter, d'autre part, la tendance qu'ont les Sociétés de secours mutuels à ne pas renouveler les assurances qu'elles avaient contractées antérieurement ; 23 Sociétés ont cessé dès 1891 de renouveler les assurances contractées annuellement, à la Caisse ; leur exemple a été suivi en 1892 par 13 Sociétés, en 1893 par 5, en 1894 par 7, en 1895 par 5 et en 1896 par 4.
Si l'espoir que l'on avait formé relativement aux assurances collectives contractées par des Sociétés de secours mutuels a été déçu c'est, selon toute vraisemblance, sinon parce que les salaires ne comportent pas des prélèvements multiples, au moins parce que le sentiment de la prévoyance est encore très peu développé parmi les ouvriers.
On avait cru que la loi du 30 novembre 1894 relative aux habitations à bon marché pourrait conduire à signer des contrats d'assurance temporaire en la Caisse. Or, en 1894 l'administration n'a reçu aucune demande de ce chef.
On a recommandé aux Sociétés de secours mutuels d'organiser sérieusement l'assurance sur la vie par elles-mêmes en ajoutant aux Statuts une clause dite d'assurance sur la vie permettant la distribution de secours, après le décès du membre qui serait le seul soutien de sa famille. — Cert: *Prévoyance et Mutualité*, Paris, 1894, p. 38, etc.

[5]. Dans son Rapport au Sénat à l'occasion du projet devenu la loi du 17 juillet 1897 (*Journ. Off.*, 4 février 1897, p. 398 et annexe nᵒ 46; D. P. 97, 4, 69), M. Guyot a bien montré que la Caisse ne peut que perdre avec des assurances collectives :
Depuis l'origine de la Caisse, en 1868, les primes versées par les Sociétés de secours mutuels et afférentes à 1,518 assurances collectives se rapportent, dans leur ensemble, à 379,310 têtes ; elles s'élèvent à la somme de 4,655,221 fr. Les décès de 8,321 assurés ont donné lieu à une dépense de 4,973,331 fr. constituant, pour les ayants-droit de chaque décédé, un ca-

L'insuccès de la Caisse créée par la loi du 11 juillet 1868 a été tel que l'on a nettement proposé de la supprimer. Seulement, tandis que les uns voudraient la voir disparaître pour se fondre avec la Caisse Nationale des retraites, d'autres sollicitent la réunion de la Caisse d'assurances en cas de décès et de la Caisse d'assurances en cas d'accidents de façon à constituer une *Caisse nationale de prévoyance*, ou bien réclament des mesures de détail telles que la création d'un fonds commun de prévoyance pour les primes supplémentaires à allouer aux assurés les plus dignes d'intérêt, le concours librement donné par les patrons mais obligation pour ces derniers de veiller à ce que les apprentis ou ouvriers mineurs de 18 ans soient assurés[1]. D'autre part, on a réclamé nettement sinon la suppression de la Caisse, au moins la transformation de son organisation[2]. On a parlé aussi du remplacement de la Caisse de l'État par une institution spéciale qui pour l'assurance en cas de décès, seul type adopté[3], pratiquerait le régime de la mutualité absolue, en ce sens qu'il n'y aurait ni opération de banque, ni spéculation, mais

pital moyen de 235 fr., d'où un excédant de dépenses sur les recettes de 318.093 fr. compensé heureusement par le bénéfice réalisé sur les assurances individuelles. L'art. 58 de la loi de finances du 26 juillet 1893 (D. P. 94, 4, 45) a ordonné le prélèvement sur la Caisse d'assurances contre les accidents d'un capital d'un million en rente 3 % à titre de dotation, en faveur de la Caisse d'assurances en cas de décès « tant pour la couvrir de ses pertes que pour lui constituer une réserve pour l'avenir. »

Il eût été imprudent de laisser subsister un état de choses qui maintenait en déficit la balance des comptes des assurances collectives. Ce déficit provenait de ce que la mortalité était plus grande que les tables de Deparcieux ne l'avaient fait prévoir. Le décret du 28 novembre 1896 (D. P. 92, 4, 5) autorise la Caisse à tenir compte de la mortalité de chaque Société, basée sur le nombre des décès survenus dans les cinq dernières années, ce qui a abouti à une majoration des primes et partant, à une diminution notable du nombre des Sociétés assurées qui, de 89 en l'année 1889, est tombé à 63 en 1894 ; il s'est, il est vrai, relevé à 67 en 1895. Ces 67 Sociétés représentent 14.321 membres participants.

Une autre cause du déficit était dans l'art. 2 de la loi de 1868 qui fixait à 4 % le taux de capitalisation des versements et celui de l'intérêt des sommes à rembourser lorsque le décès de l'assuré avait lieu moins de 2 ans après la signature de sa police. Étant donné la baisse de l'intérêt des capitaux, ce taux était devenu trop élevé et constituait une cause de perte. Le décret du 28 décembre 1893 (D. P. 94, 5, 20) y pourvoit en fixant à 3 % le taux d'intérêt dont il devra être fait usage à la Caisse des assurances en cas de décès.

1. Baron : *op. cit.*, p. 61 et suiv. Cet auteur va jusqu'à solliciter une Loterie de la *Caisse Nationale de prévoyance* à l'imitation de ce qui se passe pour les Obligations de la Ville de Paris ou du Crédit foncier, avec ce correctif que le contrat d'assurance survivrait à tous les tirages, que quoi qu'il advienne les lots ne constituent que les accessoires de la police et un simple mode de répartition des bénéfices.

2. Hamon : *Petit dictionnaire des assurances*, v° *Caisses d'assurances régies par l'État*, nouv. édit., Paris, 1886.

3. L'assurance de capital assuré équivalant à la rente viagère mais différée à l'époque de la vieillesse serait attribuée, dans ce système, à la Caisse Nationale des retraites pour la vieillesse qui assure des rentes viagères aux travailleurs.

versement d'une somme réduite à son strict minimum, ayant exclusivement pour but de faire face aux frais d'administration, de payer les sinistres, de former un *fonds de réserve* ou de *prévoyance* suffisant pour garantir le paiement intégral des sinistres dans toutes les éventualités [1]. Cette association nationale d'assurances mutuelles en cas de décès créée par l'État, dirigée par un fonctionnaire assisté de sociétaires, serait ouverte à tous, sans distinction de sexe, de 16 à 60 ans. L'État se chargerait du service de trésorerie (encaissement des primes, paiement des sinistres, garde du fonds de réserve ou d'imprévu), dispensant ainsi les participants de tout débours quant aux frais d'administration, mais encore de la portion de la prime destinée au fonds de réserve ou d'imprévu; la somme représentant cette garantie serait inscrite au budget annuel. Le capital de l'assurance donnant droit à la subvention que l'État allouerait aux travailleurs demeurerait fixé, sauf changement ultérieur, à 1000 francs au minimum et à 6000 francs au maximum pour la catégorie des ouvriers et employés, les uns et les autres ayant la faculté de contracter des assurances plus fortes mais par polices distinctes dont les participants supporteraient alors toutes les charges.

Le montant de l'assurance ne serait pas inférieur à 1000 francs et à raison du caractère de libéralité du capital garanti résultant du système adopté, le dit capital serait insaisissable; d'autre part, les bénéficiaires devraient avoir avec le sociétaire assuré un lien de parenté quelconque ou simplement légal; enfin les transferts consentis en garantie d'avances ou services rendus devraient nécessairement être d'abord notifiés d'une manière régulière à l'Administration et ensuite approuvés par elle.

L'entrée réservée à toute personne en bonne santé de 16 à 60 ans, sans distinction de sexe ni de nationalité, serait subordonnée: 1° à la rédaction d'une proposition certifiée par un témoin et accompagnée du rapport dressé par un médecin de l'Administration; 2° à l'acceptation par l'Administration après avis du service médical et du Comité consultatif; 3° à la délivrance d'un contrat ou police contenant toutes les clauses; 4° au paiement d'un droit d'admission variant avec le chiffre du capital assuré sans pouvoir dépasser 5 p. 1000, et du versement d'une redevance annuelle ou contribution dont le taux serait déterminé par le Conseil d'administration sans qu'il puisse excéder 3 p. 1000; 5° à la contribution soit pour le paiement des sinistres, soit pour la formation du fonds de réserve, le montant étant progressif et variant avec l'âge de l'assuré et le chiffre des sinistres et le non-paiement des contributions aux charges sociales entraînant de plein

1. Bien entendu nous n'indiquons ici que les traits essentiels de l'institution dont la création est réclamée par M. Rochetin (*La Caisse Nationale de prévoyance ouvrière et l'intervention de l'État*, Paris, 1891, p. 151 et suiv.); pour les détails nous renvoyons à l'ouvrage même.

droit la déchéance de la police avec droit de réintégration toutefois. Il faut ajouter que les sommes qui, sur le fonds de réserve, reviendraient aux membres décédés ou sortis de l'association après 10 années consécutives seraient remboursées aux ayants-droit des décédés ou aux membres eux-mêmes en cas de retraite, et, d'autre part, qu'il serait tenu compte, sur le montant de la somme payée, de ce que le sociétaire pourrait encore devoir.

L'État ne paraît pas vouloir s'engager dans cette voie. Tout au contraire, il manifeste son désir de maintenir l'institution établie en 1868 et cherche à étendre la sphère de son action.

C'est ainsi que revenant sur une prohibition qui, à vrai dire, n'avait jamais été bien comprise, une loi du 17 juillet 1897 a permis à la Caisse d'assurances en cas de décès d'accepter des polices mixtes. L'emploi de cette forme d'assurance a été très vanté. Sous l'empire de cette idée que la combinaison semble inventée spécialement pour la personne appartenant aux classes laborieuses, tant elle s'adapte à son désir le plus intense, celui de disposer d'un capital de retraite ou, en cas de décès avant l'âge de la retraite, de laisser des ressources à sa femme et ses enfants[1], on a affirmé que la Caisse de l'État ne pouvait que trouver là une cause réelle de prospérité[2].

La loi est depuis trop peu de temps en vigueur pour qu'il soit permis de prévoir l'avenir et de dire si l'innovation aura de l'effet, c'est-à-dire amènera de nombreux clients à la Caisse de l'État, ou si, comme

---

1. Baron : op. cit., p. 13. Cet auteur constatait que l'ouvrier préfère laisser à sa famille un capital réservé, sauf à jouir lui-même de modestes ressources et que l'employé lui-même préfère si bien un capital de retraite transmissible à la pension viagère s'éteignant avec lui qu'à la *Compagnie des Assurances générales* de Paris, en présence du droit d'option qui leur est attribué, les cinq sixièmes des employés ont réclamé le capital de retraite. Pareillement M. Thomereau, dans son article sur les *Caisses d'assurances* inséré dans le *Dictionnaire du commerce* de MM. Yves Guyot et Raffalovich, semble croire que les opérations de la Caisse d'État se développeront sous l'empire de la loi du 17 juillet 1897.

2. Au dire de plusieurs personnes, l'insuccès de la Caisse serait dû à l'interdiction de tout mode autre que celui prévu en 1868.

La plupart des ouvriers, a écrit M. Guieysse, (*La participation aux bénéfices, les retraites et l'assurance*, [Revue des instit. de prévoy., mars 1890, p. 132 et 133], sont surtout préoccupés de leur vieillesse quand ils ont pu parer aux nécessités du moment; la mort paraît toujours si éloignée et le sacrifice si lourd à faire chaque année! ce qu'il faut à ceux auxquels on demande des économies en vue de l'avenir quand le présent est souvent si difficile à supporter, c'est que cet avenir puisse devenir une réalité. Une seule combinaison répond à cette pensée, c'est l'assurance mixte qui constitue un capital payable à l'assuré à une époque déterminée d'avance ou immédiatement aux héritiers en cas de prédécès.

Mais le changement apporté dans la législation ne semble pas de nature à modifier la situation, si l'on s'en tient précisément au fait rapporté par M. Guieysse lui-même : M. Jean Dollfus avait fondé à Mulhouse en 1881 avec quelques amis dévoués une Société ayant pour but de constituer des contrats d'assurances mixtes de 1000 francs libérée d'avance de moitié sous la condition que les titulaires continueraient le paiement des primes annuelles; or, en 1888 il n'avait été ainsi souscrit que 163 contrats.

on l'a dit [1], elle n'aura pas seulement l'utilité d'une manifestation d'excellentes intentions pour la classe des citoyens qui a le plus intérêt à économiser et à prévoir.

Assurément et sous réserve de l'intervention de l'État, le but de la loi est fort louable. Il n'apparaît pas néanmoins que l'on ait prévu les obstacles auxquels peut se heurter le désir du travailleur et que l'on se soit bien rendu compte des conditions dans lesquelles doit fonctionner la Caisse pour ces nouvelles opérations. Si vif, si légitime que soit le désir de l'ouvrier de se garantir contre le risque d'un décès prématuré et de se constituer, en même temps, un petit capital en cas de survivance et à une époque déterminée, le travailleur, en vue duquel la loi de 1897 a été surtout votée, doit compter avec la possibilité de faire face au service des primes. Le législateur doit faire entrer en ligne de compte le chômage, les maladies qui sont de nature à empêcher d'acquitter à l'époque convenue la prestation. Le législateur a cru répondre à tout en déclarant qu'il pourrait être convenu que le paiement de la première prime ne serait pas rigoureusement exigé lors de la signature du contrat, que l'assurance produirait, malgré tout, son effet dès la signature du contrat [2].

On est en mesure de se demander ce que peut être une opération de ce genre, quand le principal intéressé ne manifeste pas, par le versement primordial, son intention de traiter. On peut concevoir que des individus voudront sans réflexion traiter sans prendre aucun souci des engagements leur incombant. D'autre part, si des doutes sérieux risquent de s'élever à l'occasion d'une entreprise qui accepte des obligations sans être certaine que la contre-partie leur sera fournie, que dire d'une Caisse qui, s'adressant à des personnes peu fortunées, hors d'état parfois, malgré toute bonne volonté, de remplir leurs engagements durant plusieurs années, s'exposera à verser des indemnités sans avoir touché les primes ? A la vérité, il est objecté que l'inconvénient sera moindre avec des assurances collectives [3], mais il faut noter que la loi ne permet pas aux Sociétés de secours mutuels seules de contracter des assurances collectives, elle admet, en outre, les assurances individuelles ; de plus, la Caisse, en présence d'une mortalité dépassant toutes les prévisions, ne se trouvera-t-elle pas dans le plus grand embarras avec des primes en retard ou refusées ? Le législateur le

1. Observations de M. Guyot au Sénat, Journ. Off., 4 février 1897, Annexe n° 16 ; D. P. 97, 4, 69, note 1.

2. Exposé des motifs, Journ. off., Docum parlem. de janvier 1896, p. 1607 ; S. Lois annotées, 1897, 378, n° 8.

3. Le mode de recouvrement employé par les Sociétés, lit-on dans l'Exposé des motifs (loc. cit.), pour la perception des cotisations de leurs membres, rendra très facile l'encaissement fractionné des sommes destinées au paiement de la prime d'assurance ; de son côté, la Caisse d'assurance qui aura traité avec une Société n'aura pas à craindre une impossibilité de recouvrement à l'échéance de la prime.

reconnaît si bien qu'il a eu le soin de parler, dans l'Exposé des motifs, d' « une large provision existant à la Caisse des dépôts et consignations » pour couvrir la Caisse d'assurance au besoin. » Mais il a omis de dire comment se constituerait ce fonds[1].

1. Exposé des motifs, *loc. cit.*

CHAPITRE DEUXIÈME

OPÉRATIONS D'ASSURANCES SUR LA VIE FAITES PAR L'ÉTAT

La Caisse d'assurances en cas de décès, sous l'empire de la loi du 17 juillet 1897 qui a complété la loi des 11-13 juillet 1868, constitue, somme toute, une véritable institution d'assurance : elle accepte, en effet, aussi bien les assurances mixtes que les assurances souscrites directement au profit d'un tiers. Il importe toutefois d'établir une distinction à raison des opérations entreprises.

A un autre point de vue il convient de noter que la Caisse d'Etat est ouverte non seulement aux personnes s'adressant individuellement, en leur propre et privé nom, mais à celles qui se présentent en tant que membres des Sociétés de secours mutuels, comme aussi que le législateur a voulu faire de cette Caisse une sorte d'établissement destiné à venir en aide aux classes laborieuses dans des éventualités déterminées, pour la réforme des habitations ouvrières.

SECTION I

Assurances en cas de décès.

Lorsque l'Etat a songé à se faire assureur, il n'a pensé qu'aux opérations d'assurances en cas de décès. Pendant longtemps ces contrats ont été les seuls admis. C'est surtout à leur encontre que le législateur est entré dans les détails les plus circonstanciés.

§ 1. — But et bases de l'assurance.

De même que la police passée avec une Compagnie à prime fixe, l'assurance conclue avec la Caisse de l'Etat a pour but de procurer, au décès du souscripteur, une somme déterminée aux héritiers ou ayants-droit [1].

1. Il faut remarquer que l'assurance peut être contractée au profit d'un *ayant-droit* quelconque, de toute personne, par exemple d'un enfant naturel. Le rapporteur de la loi des 11-13 juillet 1868 l'a répété à plusieurs reprises

Le montant de cette somme est fixé conformément à des tarifs tenant compte : 1° de l'intérêt des placements effectués par la Caisse et gradué par quart de franc ; 2° des chances de mortalité, à raison de l'âge des déposants, calculées d'après la table dite de Deparcieux, et ultérieurement d'après les nouvelles tables de mortalité établies suivant les données de l'expérience. Ainsi, deux éléments entrent en ligne de compte. D'abord, l'intérêt qu'assure la Caisse aux fonds qui lui sont confiés et dont elle aura la jouissance jusqu'au décès de l'assuré ; pour qu'elle ne se trouve pas en perte, a-t-il été dit, lors du vote de la loi [1], il ne faut pas que cet intérêt dépasse ou atteigne tout à fait (en égard aux frais d'administration) celui qu'elle peut trouver elle-même dans l'emploi de son portefeuille [2]. L'autre élément du calcul consiste dans les chiffres de la table de Deparcieux. Cette table a été choisie parce qu'elle se trouvait déjà employée par la Caisse des retraites pour la vieillesse et aussi parce qu'établie en 1746 sur des têtes choisies elle a paru répondre aux conditions moyennes de la vie [3]. Mais ce n'est qu'à titre temporaire, puisqu'il est recommandé de se servir d'autres tables dressées d'après les données de l'expérience, dit la loi du 26 juillet 1893.

D'autre part, les primes établies d'après les tarifs ont été augmentées de 6 pour 100. Afin de rendre l'État indemne on avait proposé, lors du vote de la loi de 1868, d'ajouter aux primes une surcharge ou majoration équivalente à 10 pour 100 (en passant au compte des frais de gestion, supérieurs chez les Compagnies, la différence qui existe dans le taux d'intérêt des placements), mais cet avis n'a point prévalu [4].

au cours de la discussion au Corps législatif et son observation n'a soulevé aucune critique. Duvergier : *Collect. des Lois*, 1868, p. 259, note 2.

1. De Beauverger : Rapport au Corps législatif, D. P. 68, t. 95, n° 1.

2. En exécution de l'art. 59 de la loi de budget du 26 juillet 1893 modifiant l'art. 16 de la loi du 11 juillet 1868 en ce qui concerne le taux de l'intérêt, le taux de l'intérêt composé du capital dont il est tenu compte dans le tarif d'après lesquels est calculé le montant des primes à payer a été fixé par un décret du 28 décembre 1893 à 3 francs pour 100. L'abaissement du taux de l'intérêt et la hausse des cours des rentes françaises et des obligations de chemins de fer qui en est la conséquence ont motivé la réduction du taux de l'intérêt. A l'occasion du budget de 1894 le Parlement avait décidé que le taux de l'intérêt appliqué aux versements serait pour la caisse d'assurances en cas de décès fixé par décret ; il l'a été à 3 0/0 au lieu de 3, 50. Cf. une notice dans *La France*, 12 février 1894.

3. Comp. sur l'emploi de cette table de Deparcieux les critiques de M. Baron : *op. cit.* p. 25.

4. La proposition avait été formulée par M. Eug. Pereire.

Le rapporteur de la Commission a résumé en ces termes les observations présentées par ce député (D. P. 68, t. 95, n° 2) : Les Compagnies, après avoir couvert les frais de leur administration, réalisent des bénéfices qui peuvent être évalués, en moyenne au cinquième des primes exprès. En effet, elles sont dans l'usage de faire participer leurs associés, dans la proportion de moitié, aux bénéfices qu'elles ont obtenus, soit en tenant compte immédiatement, soit en augmentant le capital assuré, soit en diminuant les primes annuelles ; elles conservent ainsi des tarifs qui garantissent leurs intérêts contre les éventualités, et elles corrigent en même temps les effets habituels de cette exagération volontaire. Les réductions qu'accordent les Compagnies,

Dans l'application des tarifs, la prime est fixée d'après l'âge de l'assuré au moment où il contracte l'assurance [1].

quand on renonce à la participation directe, s'élèvent en général au dixième des primes, et puisqu'il est admis que le partage a lieu par moitié, c'est donc au cinquième de ces primes qu'elles-mêmes évaluent leurs profits. Or, l'État ne veut point de bénéfices; mais si l'on considère, d'une part, que devant placer ces fonds en rente il en retirera un intérêt certainement moins avantageux de 1/2 ou 1/3 0/0 que ne le font les Compagnies, de l'autre, qu'en diminuant hypothétiquement de 1/5 les primes demandées par ces dernières, on se trouve encore de 10 0/0 au-dessus du tarif de l'État, on arrive à la conclusion que, pour que l'État soit indemne, il faut ajouter à ses primes une surcharge ou majoration équivalente à 10 0/0. En agissant ainsi on se mettrait au moins à l'abri des mauvaises chances résultant du premier fonctionnement de la Caisse, alors que dans ces procédés, de même que dans sa clientèle, rien n'est encore déterminé par les résultats de l'expérience; si au principe de la surcharge on joint celui de la révision à des époques rapprochées on sera toujours en mesure, en respectant bien entendu les conventions réalisées, de diminuer ou d'augmenter l'élément de calcul variable ajouté aux éléments fixes, en vue de maintenir l'équilibre dans la situation de l'État.

La Commission (dont le sentiment a été consacré par le texte définitif) a pensé que si l'équilibre pouvait se maintenir sans recourir à la surcharge, une différence de 10 0/0 entre les primes antérieures ou postérieures à la première révision constituerait entre les assurés une inégalité bien grande; qu'à la vérité l'assurance étant purement facultative, personne n'aurait le droit de se plaindre, mais qu'enfin il ne fallait pas faire la moins bonne situation à ceux qui auraient les premiers donné à l'État leur confiance. Elle a donc, en adoptant les idées de M. Pereire, conforme à ce qui est pratiqué par le Gouvernement anglais, réduit à 6 0/0, jusqu'en 1870, le taux de la majoration. Elle a pensé proclamer une garantie en principe sans que l'application modifié puisse dénaturer le but de l'institution.

[1] Primes à payer pour une assurance de 100 francs, payables au décès.

AGE de L'ASSURÉ	N°	PRIMES ANNUELLES À PAYER PENDANT			AGE de L'ASSURÉ	N°	PRIMES ANNUELLES À PAYER PENDANT		
		10 ans	20 ans	la durée de la vie			10 ans	20 ans	la durée de la vie
16 à 17 ans	24,96	3,15	1,95	1,34	38 à 39 ans	37,64	4,58	2,89	2,24
17 à 18	26,39	3,20	1,99	1,35	39 à 40	38,48	4,69	2,96	2,32
18 à 19	26,80	3,25	2,02	1,35	40 à 41	39,38	4,80	3,05	2,41
19 à 20	27,17	3,30	2,05	1,40	41 à 42	40,33	4,93	3,14	2,50
20 à 21	27,55	3,35	2,08	1,41	42 à 43	41,34	5,06	3,24	2,60
21 à 22	27,95	3,40	2,11	1,46	43 à 44	42,31	5,20	3,34	2,71
22 à 23	28,36	3,45	2,15	1,48	44 à 45	43,30	5,34	3,44	2,82
23 à 24	28,78	3,50	2,18	1,51	45 à 46	44,41	5,48	3,55	2,93
24 à 25	29,22	3,56	2,21	1,55	46 à 47	45,44	5,63	3,65	3,05
25 à 26	29,67	3,61	2,24	1,58	47 à 48	46,48	5,77	3,77	3,18
26 à 27	30,14	3,67	2,28	1,61	48 à 49	47,52	5,92	3,88	3,31
27 à 28	30,62	3,73	2,32	1,65	49 à 50	48,52	6,06	3,99	3,44
28 à 29	31,12	3,79	2,36	1,69	50 à 51	49,52	6,20	4,10	3,57
29 à 30	31,64	3,85	2,40	1,73	51 à 52	50,56	6,35	4,22	3,71
30 à 31	32,17	3,92	2,44	1,77	52 à 53	51,60	6,50	4,35	3,86
31 à 32	32,73	3,99	2,48	1,82	53 à 54	52,64	6,64	4,48	4,02
32 à 33	33,31	4,06	2,53	1,86	54 à 55	53,72	6,80	4,62	4,19
33 à 34	33,90	4,13	2,57	1,91	55 à 56	54,81	6,96	4,75	4,36
34 à 35	34,53	4,20	2,62	1,96	56 à 57	55,90	7,12	4,93	4,54
35 à 36	35,22	4,28	2,68	2,03	57 à 58	57,03	7,29	5,10	4,74
36 à 37	35,98	4,38	2,74	2,09	58 à 59	58,24	7,47	5,29	4,96
37 à 38	36,78	4,48	2,84	2,16	59 à 60	59,44	7,67	5,50	5,20

Les tarifs doivent être révisés tous les cinq ans à partir de 1870. Leur modification peut être opérée par un décret du Chef de l'État rendu dans des conditions spéciales [1].

§ 2. — Formation du contrat.

L'assurance organisée par la loi de 1868 peut être souscrite incontestablement par toute personne de la nationalité française, aussi bien par les hommes que par les femmes [2].

En second lieu l'étranger a également la latitude de traiter avec la Caisse de l'État. Il n'y a aucune raison pour établir une exception d'autant que l'art. 3 de la loi du 12-15 juin 1861 sur la Caisse des retraites pour la vieillesse assimilait complètement, quant au droit de faire des versements, les étrangers et les nationaux [3]. Mais une condition absolue existe pour l'âge : l'art. 5 de la loi de 1868 ne permet d'assurer que tout individu ayant au moins 16 ans et 60 ans au plus.

De même que la personne qui désire contracter une assurance avec une Compagnie, la personne qui veut traiter avec la Caisse d'assurance en cas de décès doit rédiger une proposition à l'administration de la Caisse des dépôts et consignations. Les conditions sont indiquées par les art. 1 et 2 du décret des 10 août-15 septembre 1868 portant règlement d'administration publique pour l'exécution de la loi de 1868.

La proposition contient les nom et prénoms de l'assuré, sa profession, son domicile, le lieu et la date de sa naissance, la somme qu'il

1. La loi du budget du 26 juillet 1893 a substitué à l'intervention d'une loi qu'exigeait la loi de 1868 pour la modification des tarifs un décret du Président de la République. Seulement, si le Chef de l'État a qualité pour déterminer le taux de l'intérêt et les chances de mortalité, il faut, indépendamment de la proposition des Ministres du commerce et des finances, l'avis de la Commission supérieure spéciale; d'autre part, il doit être tenu compte, pour la fixation du taux de l'intérêt, des placements effectués par la Caisse, placements qui sont d'ailleurs faits en rentes ou à l'État aux termes de l'art. 17, § 2 de la loi de 1868. Ce taux d'intérêt serait gradué par quart de franc. Dislost : Rapp. à la Chambre des Députés, D. P. 96, 4, 56.

2. Si la personne qui cherche à s'assurer est mineure, ou femme mariée ou encore femme séparée de biens, elle doit joindre à la proposition d'assurance dont il sera question plus loin les pièces justificatives qui sont habituellement exigées quand il s'agit de tout autre contrat.

En ce qui concerne l'obligation, pour l'incapable, de se munir d'une autorisation, une protestation s'est élevée, invoquant l'exemple de l'Angleterre qui permet au mineur et à la femme mariée d'agir sans autorisation, on a réclamé la même liberté Baron : op. cit., p. 45. Cf. Frank : L'épargne de la femme mariée, Bruxelles, 1897.

Il importe d'ajouter que des lois votées en ces derniers temps ont permis à la femme de prendre des mesures de prévoyance sans l'autorisation du mari. V. Loi du 20 juillet 1886 sur les Caisses d'épargne; Loi du 20 juillet 1886 sur la Caisse Nationale des retraites. — Comp. Affalion : Les lois relatives à l'épargne de la femme mariée Paris, 1898 et nos remarques, Revue générale du droit, T. XXIII, 1899, p. 82 et 83.

3. Ameline : Assurances en cas de décès et en cas d'accidents résultant de travaux agricoles et industriels Revue pratique de dr. T. XXVI, 1868, p. 339.

veut assurer ainsi que les conditions spéciales de son assurance. Elle est signée par l'assuré ou par son mandataire spécial[1]. Cette signature est légalisée par le maire de la résidence du signataire. Les propositions sont reçues à Paris à la Caisse des dépôts et consignations, et dans les départements par les trésoriers payeurs généraux, par les receveurs particuliers des finances ; elles sont également acceptées par les percepteurs des contributions directes et les receveurs des postes[2]. Mais elles sont toujours accompagnées d'un versement qui comprend la prime entière, si l'assurance a lieu par prime unique, et la première annuité si elle a lieu par primes annuelles.

La demande ne peut produire effet que si elle a été faite au moins deux ans avant le décès de l'assuré. L'art. 3 de la loi de 1868 est formel à cet égard.

Rien n'empêche plusieurs assurés de faire faire les propositions par un même mandataire. L'art. 9 du décret des 10 août-15 septembre 1868 le déclare expressément. D'ailleurs, les assurances collectives sont absolument licites, comme il sera dit plus loin.

Si l'Administration reconnaît la régularité de la proposition, il est délivré un titre analogue à la police, malgré la différence de nom, un livret. Pour les propositions faites à Paris, c'est la Caisse des dépôts et consignations qui le remet immédiatement. Pour les propositions rédigées dans les départements et transmises sans délai à Paris, il est délivré d'abord, et au moment du versement de la première prime, un récépissé provisoire[3] qui est échangé par la suite contre un livret-police.

1. Il est à peine besoin de faire remarquer que ce mandataire peut avoir été chargé soit à titre onéreux, soit à titre gratuit. Mais il faut que le mandat ait été donné spécialement pour cet objet. Le rôle de mandataire spécial incombe naturellement aux chefs d'usine, aux directeurs des Compagnies de chemins de fer ou autres, aux patrons ou aux maîtres de tous ou qui occupent chez eux ou dans l'exploitation de leur industrie un certain nombre d'ouvriers, d'employés ou d'agent rétribués. — de Taillandier : Assurances populaires, sous la garantie de l'État ; guide du déposant aux Caisses d'assurances en cas de décès et en cas d'accidents, p. 35.

Si c'est au mineur l'intervention du tuteur est nécessaire Cf. à ce sujet, Tisier : Des assurances sur la vie, Paris, 1870, p. 109, note.

2. Les propositions d'assurances peuvent être formées à l'aide de formules déposées, par les soins de l'Administration, chez les secrétaires des mairies, et chez les instituteurs communaux. — Circul. Min. agr. et du commerce, 11 octobre 1868, D. P. 68, 3. 111, n° 4

Comme on l'a fait remarquer (D. P. 68, 3. 111, note), l'emploi de ces formules n'est prescrit ni par la loi du 11 juillet 1868, ni par le règlement du 10 août suivant, mais il est un moyen indispensable pour fournir aux intéressés la possibilité de remplir avec quelque sûreté, et sans frais à payer à des intermédiaires, les formalités imposées par la loi pour la conclusion des assurances sous la garantie de l'État.

3. Le reçu provisoire n'est valable que lorsque le futur assuré l'a fait viser dans les 24 heures par le préfet ou le sous-préfet, si le reçu émane d'un trésorier payeur général ou d'un receveur particulier ; quant aux quittances de même nature délivrées par un percepteur ou un receveur des postes, elles sont dispensées de cette formalité. — de Taillandier ; op. cit., p. 28.

Le livret-police est revêtu du timbre de la Caisse des Dépôts et Consignations; il porte un numéro d'ordre et reproduit les mentions indiquées dans la proposition d'assurance; il contient également par extrait les lois, décrets, instructions et tarifs concernant la Caisse des assurances en cas de décès. D'autre part, les versements sont aussi indiqués sur ce livret.

A toute époque la vérification du livret-police peut être demandée par l'assuré. Si ce dernier a des doutes, notamment quant à l'exactitude des mentions qui sont inscrites et à leur conformité avec celles qui sont portées aux comptes individuels, il n'a qu'à adresser le livret-police à la direction générale. Cette dernière possède, en effet, les registres matricules et les comptes individuels des assurés, aussi bien que les propositions d'assurance et les pièces produites à l'appui.

En cas de perte du livret-police, il est pourvu à son remplacement dans les formes prescrites pour les titres de rentes sur l'État, sur la production d'une déclaration faite devant le maire de la commune où l'assuré a sa résidence.

§ 3.   Obligations nées du contrat.

La première obligation qui incombe à la personne désireuse de contracter une assurance sur la vie avec une Compagnie est, après la rédaction de la proposition, le devoir de subir la visite médicale. Malgré l'utilité démontrée d'un pareil examen, le législateur de 1868 n'a pas cru devoir l'imposer. Sa résolution a été guidée par cette conviction que les constatations médicales ou les enquêtes, avec les idées qui dominent quand il s'agit des intérêts de l'État, pourraient être considérées comme une simple formalité. Peut-être aussi a-t-on craint que ce formalisme n'éloigne la clientèle et a-t-on non moins redouté le mécontentement qui pourrait naître d'un refus même très bien justifié et qui serait de nature à discréditer les opérations par des plaintes sans fondement[1]. Le législateur a cru préférable de laisser le contrat en suspens jusqu'à ce qu'un délai de deux ans fût écoulé après sa réalisation. De là cette disposition de l'art. 3 de la loi de 1868 : toute assurance faite moins de deux ans avant le décès de l'assuré reste sans effet.

Ce n'est pas sans peine que ce principe a été consacré.

Tout en acceptant cette rédaction, des personnes parfaitement qualifiées avaient demandé la reconnaissance du droit, pour chacun, en se soumettant à la visite du médecin, de donner au contrat son plein effet dès la signature de la police. D'autres avaient proposé de suivre purement et simplement le système adopté par les Compagnies et de prendre pour point de départ de l'acceptation ou du refus du contrat le résultat de la

[1. Ameline : op. cit., p. 346 ; Baron : op. cit., p. 39.]

visite médicale[1]. Aucun de ces systèmes n'a prévalu. Le législateur a dû être certainement déterminé par cette idée que l'État ne gagnerait ni matériellement, ni moralement à avoir des médecins contrôleurs exerçant un droit de refus dont la conséquence forcée serait une quantité innombrable de plaintes et de réclamations, qu'il n'était pas possible de constituer deux catégories d'assurés, qu'il serait bizarre qu'un candidat à l'assurance refusé après une visite fut immédiatement admis à faire le stage de deux ans ; d'autre part, il a été allégué que le médecin, en présence de bien des incertitudes, hésiterait à faire une déclaration fournissant le moyen d'écarter la demande, que l'organisation du contrôle serait fort difficile, sinon impossible, puisque le médecin de l'Administration risquerait, dans un très grand nombre de cas, d'être le médecin du proposant, et que, d'ailleurs, en admettant l'existence de médecins en mesure de remplir à la satisfaction de l'État la mission qui leur serait confiée, il faudrait donner à l'administration de la Caisse le droit de refuser les contrats d'assurances, lors même que les personnes qui demanderaient à les contracter seraient munies de certificats favorables des médecins.

Ce n'est pas ici qu'il convient de présenter la réfutation de cette singulière argumentation et de montrer quels services, au contraire, a rendu aux assureurs l'intervention du médecin. Il suffira de dire que de bons juges ont réclamé la formalité de la visite médicale pour les opérations à conclure avec la Caisse de l'État[2]. On n'assure pas un édifice qui brûle, un navire qui va sombrer, on ne doit pas plus assurer une personne que la maladie voue à une mort sinon immédiate, au moins prochaine. Les craintes que l'on formulait touchant la répulsion pour la visite médicale étaient d'autant moins fondées que les travailleurs, c'est-à-dire les personnes en vue desquelles était votée la loi de 1868, n'hésitent pas, pour entrer dans une Société de secours mutuels, à subir la visite médicale.

La garantie destinée, dans l'esprit du législateur, à remplacer celle de la visite médicale, c'est-à-dire le droit de résiliation en cas de décès survenu dans les deux années de la conclusion du contrat ne signifie rien ; elle est même dangereuse. On peut, en effet, se demander si cette distinction qui suspend le sort de l'assuré durant deux années

---

1. Rapport de M. de Beauverger au Corps Législatif, D. P. 68, 4, 96, n° 3. — V. aussi *ibid.*, 90 ; Anselme : *op. cit.*, p. 344 et suiv.

Le législateur de 1868, écrit M. Rabatel (*De la nature de l'assurance sur la vie, et de ses effets au décès de l'assuré*, Grenoble, 1886, p. 139), a pensé, peut-être avec raison, que la visite médicale serait difficilement acceptée par les classes pauvres et peu éclairées auxquelles il s'adressait et il la remplace par cette clause dérogatoire au droit commun, à savoir que les assurances contractées moins de deux ans avant le décès de l'assuré ne produiraient aucun effet.

2. En ce sens : Pr. de Lafitte : *La Caisse Nationale d'assurance en cas de décès et le rapport de la Commission supérieure* (*Revue des instit. de prévoy.*, avril 1889) et Baton : *Les Assurances populaires, pétition tendant à la réforme de la loi du 11 juillet 1868 présentée au Sénat et à la Chambre des députés*, Paris, 1882, p. 30.

sans le dispenser du service des primes pourtant, n'est pas faite
pour éloigner les proposants. Cette mesure aboutit à enlever le droit
au capital assuré, même si le décès survient d'une façon inopinée,
par exemple à la suite d'un accident industriel ou autre, au cours
d'une épidémie: l'état de santé étant impuissant à mettre à l'abri de
ces risques, c'est principalement l'homme bien portant qui peut perdre
à cette combinaison: l'individu à santé débile ne peut qu'y gagner au
contraire: s'il meurt dans les deux années sa famille ne saurait rien
dire puisque, somme toute, aucune Compagnie n'aurait consenti à traiter avec lui; si au prix de ménagements particuliers il parvient à traverser la période d'épreuve des deux années, la Caisse se trouvera
grevée d'une dépense fatale, d'une dette bientôt exigible. L'homme
bien portant n'a donc pas d'intérêt à s'adresser à la Caisse de l'État;
il ne reste alors pour cette dernière que les mauvais risques.

L'assuré doit verser une prime. Cette prime fixée, disait l'art. 13
du décret de 1868, d'après l'âge de l'assuré au prochain anniversaire
de sa naissance, peut être soit unique, soit annuelle [1]. Le décret des
13-14 août 1877 a disposé que la prime se déterminait par l'âge de
l'assuré au moment de l'assurance, sans tenir compte du temps le sé-
parant du prochain anniversaire de la naissance. Sauf pour la première prime dont le versement est obligatoire (en ce sens que d'après
l'art. 2 du décret des 10 août-15 septembre 1868 la proposition doit
toujours être accompagnée d'une pièce constatant le versement soit
de la prime entière si l'assurance a lieu par prime unique, soit de la
première annuité si elle a lieu par primes annuelles), le versement est
absolument facultatif, c'est-à-dire qu'il est toujours permis à l'assuré
de ne pas effectuer le versement, quitte à voir prononcer la déchéance
qu'édicte en pareille circonstance l'art. 6 de la loi de 1868.

Aux termes de l'art. 5 du décret de 1868, les primes annuelles, autres
que la première, peuvent être versées par toute personne munie du
livret, dans toutes localités, entre les mains des comptables dont
parle l'art. 2 du même décret. Cette disposition peut-elle être invoquée pour la solution de savoir si une personne a le droit, sans l'assentiment d'un tiers, d'effectuer un versement dans l'intérêt de ce tiers?

---

1. L'on a agité la question de savoir s'il était permis de combiner ces deux
modes de participation à l'assurance. Après avoir remarqué que la Circulaire
du Ministre de l'agriculture et du commerce du 3 octobre 1868 destinée à interpréter la loi de 1868 (D. P. 68, 3, 109) tout en posant la question, ne la résol-
vait pas, l'on a consacré l'affirmative (D. P. 68, 3, 109, n° 2).
  Un père de famille, a-t-il été dit, disposant d'une petite somme en fait,
par prévoyance, le versement à la Caisse d'assurances; mais le capital assuré
sera inférieur à la somme de 3000 fr., indiquée comme limite d'assurance.
Pourquoi lui refuserait-on la faculté de compléter l'assurance qu'il a en vue
au moyen de l'engagement de faire des versements annuels? Il est conforme à l'esprit de la loi, ce semble, d'admettre cette combinaison sous la
seule condition que le résultat cumulé des deux opérations n'excédera pas
la limite fixée.

Dans la discussion de la loi, la question a été posée ; le Commissaire du Gouvernement, d'accord avec la Commission, a soutenu que les versements devaient être faits par les intéressés ou avec leur autorisation et que les versements ne pourraient être opérés par un tiers sans le consentement de l'assuré. De ces observations rapprochées du rejet de l'amendement proposé en 1864, lors du vote de la loi sur les retraites, pour autoriser les versements en vue d'une rente viagère opérés au profit du déposant sur la tête d'un tiers n'ayant aucun droit d'en jouir, l'on a conclu que l'assurance sur la vie d'un tiers n'est pas permise [1]. C'est une différence caractéristique avec ce qui se passe pour les polices souscrites avec une Compagnie à primes fixes [2].

Les primes annuelles sont acquittées chaque année [3] à l'échéance indiquée par la date du premier versement. Une double sanction est édictée en cas de retard, d'après l'art. 11 du décret de 1868. Si le versement n'a pas eu lieu dans les trente jours, l'assuré doit les intérêts à 4 % à partir de l'échéance jusqu'à l'expiration du délai d'un an [4] ;

1. Ameline : *op. cit.*, p. 339.
2. Il avait été présenté au Conseil d'État un amendement tendant à faire proclamer l'interdiction de toutes assurances et réassurances au profit des Compagnies d'assurances. Cet amendement fut repoussé par le Conseil d'État. (V. D. P. 68, 4, 96 n° 4). Les motifs qui étaient de nature à justifier l'amendement ont été indiqués. (V. Ameline : *op. cit.*, p. 334 et suiv.). Mais on semble d'accord aujourd'hui pour reconnaître que la réassurance demeure interdite, encore que l'amendement ait été rejeté et que la loi soit muette. Le Conseil d'État a pensé qu'une telle combinaison introduite dans la loi de 1868, considérée comme loi de bienfaisance, était rendue impossible par la nature même du mobile de spéculation qui l'inspirait, que la proclamation de la possibilité des réassurances était contraire à l'esprit de la loi, laquelle était faite non pas dans l'intérêt des Compagnies mais uniquement dans l'intérêt des individus, que la mission de la Caisse est d'opérer directement sur les assurés et non de se placer comme intermédiaires entre eux et les Compagnies.
3. Ce mode de versement a été fortement critiqué en ce qu'il impose la libération en une fois ; il faudrait, a-t-il été soutenu (Baron : *op. cit.*, p. 20 et 21), agir comme en Angleterre, procéder à l'encaissement chaque semaine ou chaque quinzaine. L'épargne du pauvre, on l'a dit avec raison, ne se forme que d'oboles accumulées ; il ne faut pas le charger lui-même d'accumuler ces oboles, mais les lui prendre au fur et à mesure qu'elles sont dans ses mains et surtout au jour de la paye parce que c'est à ce moment que, en présence de la somme récoltée, le travailleur est porté à en chercher l'emploi, bon ou mauvais. L'exemple de la Caisse d'épargne est décisif. Si cette institution a réussi, c'est parce que le déposant n'est nullement tenu de se rendre à un jour fixe et surtout n'est pas obligé de remettre une somme importante.
M. Baron (*loc. cit.*) a noté que le fractionnement de la prime entraînerait comme conséquence l'abrogation des dispositions relatives aux formalités de versement.
Il est certain que ces formalités sont excessives, qu'elles sont bien faites pour éloigner les ouvriers de la Caisse instituée pour eux, disait-on ; il s'agirait de verser 5000 fr. à la fois que l'on ne s'y prendrait pas autrement. M. Baron propose de confier à la poste le soin de recouvrer les primes et il conseille l'application des timbres à l'épargne.
4. Lorsqu'en 1894 il y a eu une réduction pour l'intérêt des versements effectués à la Caisse d'assurances en cas de décès il a été reconnu par une

suivant l'art. 6 de la loi de 1868 le non paiement dans le délai d'un an constitue un cas de résolution de plein droit du contrat [1].

Il est bien entendu qu'à toute époque l'assuré peut anticiper la libération de sa police ; le décret de 1868 (art. 12) dispose qu'en pareille circonstance la proposition sera remise à l'un des comptables désignés dans l'art. 2 et qu'elle sera adressée par ce comptable à la Caisse des Dépôts et Consignations avec le livret sur lequel cette Caisse mentionne la modification du contrat. La faculté d'anticipation peut quelquefois être d'une très grande utilité pour l'assuré en lui permettant de convertir la série des primes annuelles qu'il peut avoir à verser encore en une prime unique, et d'échapper ainsi à la résiliation du contrat qu'amène nécessairement le défaut de paiement d'une seule des primes annuelles ; des tarifs spéciaux sont calculés pour indiquer aux assurés, suivant leur âge, les sommes qu'ils auront à verser pour la libération anticipée de leur police [2].

Le versement effectué par l'assuré est constaté sur le livret-police par un enregistrement signé du comptable entre les mains duquel il a été opéré. Cet enregistrement ne fait titre envers l'État qu'à la charge par l'assuré de le faire viser, dans les 24 heures, à Paris, pour les versements faits à la Caisse des Dépôts et Consignations, par le contrôleur près de cette Caisse, et, dans les départements, pour les versements faits chez les trésoriers payeurs généraux, ou chez les receveurs particuliers des finances, par le préfet ou le sous-préfet. Quant aux versements faits, à Paris ou dans les départements, entre les mains des percepteurs et des receveurs des postes, leur enregistrement sur le livret-police est visé, dans le même délai que ci-dessus, par le maire du lieu où le versement a été opéré.

Au cas où les propositions d'assurance et les premiers versements sont faits par un même mandataire pour plusieurs assurés, il n'est, on le sait, déposé qu'un seul bordereau en double expédition, indiquant la prime afférente à chaque assuré. Mais les versements subséquents doivent toujours figurer dans un bordereau distinct. Aux termes du décret du 10 août 1868 (art. 9), le comptable devait donner, sur l'un des doubles du bordereau, une quittance qui ne formait titre envers

Circulaire de Directeur général de la Caisse des Dépôts et Consignations (analysée par La France, 12 février 1891) que la mesure ne concernait point les intérêts dus par les assurés en retard dans l'acquittement de la prime.

1. Lorsque l'assurance est contractée par prime unique, il n'y a pas d'échéance obligatoire pour le versement. Circul. Min. de l'agr. et du comm., 14 octobre 1868, D. P. 68, 3, 111, n° 6.

Nous avouons ne pas comprendre pour quel motif l'on a protesté contre une pareille déchéance qui, sauf ménagements bien entendu, est conforme à la nature même des choses. On dit qu'il eût été cruel de faire perdre le bénéfice de l'opération après des versements nombreux au cas où la maladie, le chômage, la crise mettraient en retard. Mais ces raisons n'existent-elles pas pour les assurés qui traitent avec des Compagnies privées ? Ce qu'il faut réclamer, au contraire, c'est la reconnaissance de la faculté de rachat.

2. Cf. Circul. Min. de l'agr. et du comm., 14 octobre 1868, D. P. 68, 3, 111, n° 7.

l'État qu'à la charge, par le mandataire, de la faire viser dans les 24 heures, suivant les distinctions indiquées plus haut : le même comptable enregistrait sur chaque livret, la somme versée applicable à chaque titulaire; cet enregistrement était soumis aux mêmes visas que ci-dessus. Un décret des 13-14 août 1877 a apporté une modification notable : le comptable délivre dans la même forme que pour les versements individuels, un reçu provisoire collectif des versements effectués par le mandataire spécial; ce reçu doit être rendu au comptable en échange soit des livrets nouveaux transmis par la direction générale, soit des livrets anciens qui lui ont été remis lors du versement des primes ultérieures et sur lesquels il doit enregistrer la somme versée applicable à chaque titulaire : cet enregistrement est soumis dans les 24 heures au visa prescrit par l'art. 6 du décret de 1868.

Le décret de 1868 dont il n'y a guère qu'à reproduire les prescriptions dispose, d'autre part, que les préfets et sous-préfets relèvent, sur un registre spécial, les sommes enregistrées au bordereau et sur chacun des livrets-polices, et adressent, dans le mois, un extrait dudit registre à la Caisse des Dépôts et Consignations pour servir d'élément de contrôle, et aussi que les maires transmettent également à la Caisse des Dépôts et Consignations avec des visa par eux donnés, dans les délais et suivant les formes déterminées par le Ministre des finances.

Il tombe sous le sens que l'assuré ne doit pas aggraver les risques et que tout acte tendant à avancer la date de la mort serait de nature à rendre le contrat sans effet. L'art. 3 de la loi de 1868 avait déclaré qu'il en serait ainsi lorsque le décès, même se produisant deux ans après la conclusion du contrat, résulterait de causes exceptionnelles. Le décret rendu pour l'exécution de ladite loi a été plus explicite et dans l'art. 16, il a proclamé que le contrat serait dépourvu de tout effet dans le cas où l'assuré viendrait à mourir à la suite d'un suicide, d'un duel ou d'une condamnation judiciaire [1].

Par le fait même du contrat régulièrement formé, régulièrement accepté et régulièrement poursuivi, l'État devient débiteur d'une somme déterminée. Fixée conformément aux tarifs en tenant compte soit de l'intérêt composé à 4 %, o par an des versements effectués, soit des chances de mortalité, à raison de l'âge des déposants, calculées d'après la table dite de Deparcieux, cette somme ne peut excéder pour la même personne assurée 3,000 fr. Ce maximum, suivant la remarque du rapporteur [2], a pour objet, comme l'explique l'exposé des motifs, de fixer le caractère de la loi : là où les Compagnies suffisent, l'État ne compte pas intervenir ; il leur laisse une riche clientèle et les af-

---

1. L'assurance n'est pas maintenue en cas de guerre. (Cf. Baron ; op. cit., p. 47 à 54). Alors que les Compagnies privées ont redoublé d'efforts pour mettre les polices en rapport avec les besoins, la Caisse de l'État n'a rien fait.

2. De Beauverger ; Rapport au Corps Législatif, D. P. 68, 4, 96, n° 4.

faires dont l'importance motive l'emploi d'agents spéciaux et de formalités dispendieuses; la somme de 3000 fr., a-t-il été, d'autre part, déclaré dans la discussion [1], représente la moyenne des assurances qui ne vont pas aux Compagnies et auxquelles les Compagnies ne vont pas non plus : les assurances des ouvriers, des gens pauvres : le maximum n'a pas été élevé afin de ne pas entrer dans le domaine des Compagnies, de ne pas troubler le bien qu'elles font ; c'est une concurrence que le législateur a tenu à ne pas faire aux assureurs. Si la loi fixe, et fixe rigoureusement un maximum [2], elle n'indique pas un minimum : il s'en suit que l'assurance peut porter sur la somme la plus modique.

§ 4. — Effets du contrat.

Le capital est payable, au décès de l'assuré, à ses héritiers ou ayants-droit. Il se touche à Paris à la Caisse générale, dans les départements aux caisses de ses préposés. Conformément au décret des 10 août-15 septembre 1868 (art. 14), le paiement a lieu sur une autorisation donnée par le directeur général de la Caisse des Dépôts et Consignations, auquel les demandes doivent être adressées soit directement, soit par l'intermédiaire des préposés ou agents dont parle l'art. 2 du même décret. Ces demandes doivent être accompagnées du livret-police et de l'acte de décès de l'assuré, ainsi que d'un certificat de propriété délivré dans les formes, et suivant les règles prescrites par la loi du 28 floréal an VII, constatant les droits des réclamants. Complétant cette disposition, le décret des 13-14 août 1877 a décidé que si la personne assurée a disparu en mer et qu'il ne soit pas possible de rapporter d'extrait mortuaire rédigé dans les termes du droit commun, il pourra y être suppléé par la production d'un certificat délivré par le Ministère de la Marine et constatant que le Ministre a admis la preuve administrative du décès.

La solution ne saurait être la même pour les assurances collectives contractées par les soins des Sociétés de secours mutuels. Le décret de 1868 contient à cet égard une disposition particulière. D'après l'art. 18, le paiement des sommes dues aux Sociétés de secours mutuels, après décès d'un de leurs membres, se fait entre les mains du trésorier desdites Sociétés dûment autorisé ; ce paiement a lieu sur une autorisation donnée par le directeur général de la Caisse des Dé-

---

1. Observations rapportées par M. Ameline : op. cit., p. 350.
2. Cette rigueur est telle que si l'assuré peut ne pas s'en tenir à une seule assurance et s'il lui est possible de contracter une seconde et même plusieurs polices successives, il est reconnu que le chiffre de toutes les sommes ainsi assurées ne dépassera pas le chiffre de 3000 fr.   Taillandier : op. cit., p. 32.
Il convient de relever que cette limitation a été blâmée et que l'on a réclamé la suppression du chiffre fixé en 1868. Baron : Les assurances populaires, Paris, 1882, p. 34.

pôts et Consignations, auquel la demande doit être adressée avec l'acte
de décès du Sociétaire.

L'art. 4 de la loi de 1868 autorise l'assuré qui a besoin de se constituer un moyen de crédit, à céder sa police ; mais par une restriction
qui ne se conçoit guère, en partie seulement : la cession dont la validité n'est pas douteuse [1], ne peut avoir lieu que si la somme assurée
dépasse 1500 fr. et uniquement pour la fraction excédant cette somme.
« Elles (les sommes assurées sur une tête), dit la loi, sont insaisissables et incessibles jusqu'à concurrence de la moitié, sans toutefois
que la partie incessible ou insaisissable puisse descendre au-dessous
de 600 fr. » Comme le faisait observer le rapporteur [2], l'insaisissabilité d'une partie du capital qu'édicte cette disposition [3], un avantage
emprunté à la législation des retraites, est une dérogation au droit
commun et un stimulant à l'épargne, dérogation analogue à celle qui
existe pour les rentes sur l'État. Sans doute, les biens d'un débiteur
doivent avant tout, en principe, répondre de ses engagements ; mais si
jamais une exception a pu se trouver motivée, c'est quand il s'agit
d'une somme formée par le développement d'une prime unique dont
le dépôt peut être antérieur à la dette ou de primes successives sous-
traites moins aux créanciers qu'aux besoins et aux tentations de chaque jour. Modifiant le texte du projet, pour restreindre encore l'exception le législateur a voulu que 1.500 fr. fussent seulement le maximum
de l'insaisissabilité et que l'assurance comprise entre 3000 fr. et
1.200 fr. répondît toujours des engagements jusqu'à concurrence de
moitié ; au-dessous de 1.200 fr., la moitié ne représente plus qu'un
capital tellement faible qu'il a paru convenable de réserver, dans tous
les cas, un minimum de 600 fr. ; la rente insaisissable garantie par la
Caisse des retraites peut s'élever jusqu'à 1.600 fr. [4].

---

1. Elle a été formellement reconnue par la Circulaire du Ministre de l'a-
griculture et du commerce du 3 octobre 1868 (D. P. 68, 3, 116,) disposant que
l'assuré peut affecter à la garantie d'un emprunt le capital formant l'objet
de l'assurance, mais seulement jusqu'à concurrence de la portion déclarée
cessible et insaisissable.

2. V. les déclarations au Corps législatif, D. P. 68, 4, 96, n° 1.

3. L'insaisissabilité prononcée par l'art. 4 de la loi de 1868 s'étend même
aux créanciers des bénéficiaires. — Duverger : Collect. des Lois, 1868, p. 263,
note 1 ; Tissier : op. cit., p. 187.

4. On a protesté contre la limitation apportée par le législateur ; on a
prétendu que l'insaisissabilité devait être absolue. Le client de la Caisse Nationale, a-t-on dit (Bozon : op. cit., p. 37), n'est pas riche ; sa vie, malgré les
habitudes d'ordre et d'économie qu'on peut lui supposer, sera plus d'une
fois traversée par la gêne ; plus d'une fois il sera en retard avec les four-
nisseurs. Dans ces circonstances, si la loi autorise un créancier à saisir
l'assurance, il pourra se produire, il se produira souvent un découragement
profond chez le pauvre assuré qui verra s'envoler en fumée le fruit de ses
persévérantes épargnes ; il cessera ses efforts et ne payera plus ses primes,
car, au fur et à mesure que ses économies augmenteraient le capital assuré,
une moitié serait perdue pour lui. Parfois même son intérêt lui conseil-
lera d'arrêter tout à fait ses versements s'il sent qu'il épargne pour ses
créanciers, c'est-à-dire quand il aurait atteint le minimum déclaré insaisis-

Du moment que dans ces limites on réservait une sorte de privilège à la famille vis-à-vis des créanciers, il fallait que l'assuré perdît la disposition directe de la somme qu'il ne pouvait plus aliéner indirectement par suite de dette; en d'autres termes, la partie insaisissable devait être déclarée incessible. Ce qui demeure disponible constituera donc, dans bien des cas, un élément précieux de crédit. Tel ouvrier, jeune et robuste, ne possédant rien que ses bras, a peine à trouver le premier fonds d'un petit établissement destiné, sans doute, à s'accroître, mais pouvant aussi disparaître avec celui qui l'a créé, sans laisser aucune garantie, aucun moyen de remboursement pour les capitaux empruntés; mais que, sur les bénéfices espérés, cet ouvrier de bonne volonté offre à un voisin de lui céder la portion disponible d'une assurance, l'inquiétude disparaîtra et en ajoutant seulement à l'intérêt de la somme qu'il emprunte une prime, dont le prêteur aura même avantage à lui faire l'avance, il inspirera assez de confiance pour fonder, dans de bonnes conditions, son avenir et celui des siens.

La désignation que l'assuré fait d'un tiers pour toucher la portion cessible et saisissable demeure révocable, tant que le bénéficiaire n'a pas, dans les règles de droit, déclaré qu'il entend en profiter; elle devient irrévocable avec son acceptation [1].

Il convient d'ajouter que, suivant l'art. 15 du décret de 1868, les oppositions au jugement des sommes assurées, ou les cessions desdites sommes dans les limites déterminées par l'art. 4 de la loi de 1868, doivent être signifiées au directeur général de la Caisse de Dépôts et Consignations.

§ 5. — Extinction du contrat.

Le contrat cesse de produire effet dans trois cas bien déterminés. D'abord quand l'assurance a été souscrite moins de deux ans avant le décès de l'assuré. Cette disposition de l'art. 3 de la loi de 1868 s'explique par la présomption que l'assuré se trouvait dans des conditions de nature à abréger sa vie [2]. Et la nullité est encourue même si la mort survenue dans ce laps de temps était due à un accident. C'est ce qui a été résolu implicitement par le rejet d'un amendement tendant à réserver à l'assuré qui aurait justifié d'un état normal de santé le bénéfice de l'assurance même en cas de décès dans les deux années à partir du contrat. Cette rigueur est de nature à sembler exagérée. L'une de ses conséquences forcées c'est que dans les deux ans

valide. Cela est mauvais, c'est une cause d'abandon des Caisses de prévoyance; c'est une entrave à la prévoyance elle-même.

1. Avis Comm. Sup.; Circul. de la Caisse des Dépôts et Consignations, 5 mars 1870. — Béquet; *Rép. du Droit administrat.*, vo *Caisse des Dépôts*, no 554.

2. Circulaire du Ministre de l'agriculture et du commerce, 3 octobre 1868, D. P. 68, 3, 110, no 4.

du contrat l'assuré qui viendra à être enlevé, soit par une guerre, soit par un simple accident ne pourra contribuer à laisser, après lui, à ses parents quelques ressources qui seraient peut-être en ce cas fort opportunes [1]. Seulement lorsque le contrat cesse de produire effet dans les termes de l'art. 3 de la loi de 1868, les primes n'appartiennent pas à la Caisse : les versements effectués sont restitués aux ayants-droit, avec les intérêts simples à 4 %. Suivant une juste remarque [2], la Caisse d'assurances devient purement et simplement dans ce cas une caisse d'épargne.

En second lieu, et sauf pour les assurances souscrites collectivement au profit des membres d'une Société de secours mutuels autorisée [3], le non paiement des primes fait rompre le contrat : l'art. 6 de la loi de 1868 le déclare expressément. Au point de vue des conséquences de cette déchéance, il existe une dérogation manifeste aux pratiques des Compagnies privées. Lorsqu'il n'a pas été versé au moins trois primes annuelles, la police est résiliée de droit mais sans aucune restitution des primes ; ces dernières sont acquises à l'assureur. Au contraire, quand il a été acquitté au moins trois primes annuelles, l'assuré a le droit ou de laisser réduire le montant de l'assurance ou bien de racheter le contrat, c'est-à-dire de toucher une fraction du capital assuré. Une telle stipulation, dont le caractère parfaitement légitime n'a jamais été contesté, a paru au législateur excessive, peu en rapport avec le but de la loi ; il a cru préférable de s'en tenir à la liquidation de l'opération, c'est-à-dire qu'il convenait de considérer le solde effectivement disponible en faveur de chaque assuré comme prime unique d'une nouvelle assurance. C'est à quelque chose près, le procédé des Compagnies [4]. De là cette disposition de l'art. 6 : les versements effectués, déduction faite de la part afférente aux risques courus, sont ramenés à un versement unique donnant lieu, au profit de l'assuré, à la liquidation d'un capital au décès ; la déduction est calculée d'après les bases du tarif.

Seulement il faut noter que la déchéance pour non paiement de la prime n'existe qu'autant que l'assuré a, d'après les termes formels de l'art. 6 de la loi de 1868, négligé de faire le versement dans l'année qui suit l'échéance. En effet, le simple retard, suivant l'art. 11 du décret des 10 août-15 septembre 1868, ne donne lieu qu'à l'acquittement d'intérêts à 4 % [5].

La Caisse ne garantit et ne peut garantir que les décès se produi-

1. Note, D. P. 68, 3, 109, n° 3.
2. Circulaire précitée du Ministre de l'agriculture et du commerce.
3. Circulaire précitée.
4. De Beauverger : Rapport au Corps Législatif, D. P. 68, 4, 96-97, n° 7.
5. Il est à noter, d'autre part, que lorsque l'assurance est contractée par prime unique, il n'y a pas d'échéance obligatoire pour le versement. Circulaire du Ministre de l'agriculture et du commerce, 14 octobre 1868, D. P. 68, 3, 111, n° 6.

sant d'une façon normale. Afin d'éviter toute contestation, l'art. 16 du Décret de 1868 a soin de déclarer que dans les cas où le décès provient de suicide, de duel ou de condamnation judiciaire, l'assurance est sans effet. C'est l'application de la règle formulée dans l'art. 3 de la loi de 1868, que l'assurance est sans effet lorsque le décès de l'assuré, quelle qu'en soit l'époque, résulte de circonstances exceptionnelles.

Les personnes qui traitent avec la Caisse d'assurances en cas de décès sont privilégiées au point de vue fiscal. Les certificats, actes de notoriété et autres pièces exclusivement relatives à l'exécution de la loi de 1868 doivent, selon l'art. 19 de cette dernière, être délivrés gratuitement et sont dispensés des droits de timbre et d'enregistrement.[1]

SECTION II

Assurances mixtes.

La loi du 11 juillet 1868 interdisait à la Caisse établie en vertu de ses dispositions de faire des opérations autres que l'assurance en cas de décès; l'assurance mixte était par conséquent prohibée. En acceptant l'idée même qui avait motivé la loi, c'est-à-dire l'intervention de l'État, il y avait là une lacune fort grave, d'abord parce que l'assurance mixte est la forme qui, pour beaucoup, répond le mieux aux besoins de l'ouvrier[2], mais aussi à raison du concours que cette Caisse est appelée à donner aux Sociétés de secours mutuels. D'après l'art. 7 de la loi du 11 juillet 1868, les Sociétés de secours mutuels pouvaient bien contracter auprès de la Caisse d'assurance en cas de décès des assurances collectives, mais seulement des assurances en cas de décès valables pour une année et ayant pour objet d'assurer à chacun de leurs membres une somme fixe. Le texte s'opposait à la souscription de tout autre contrat et en particulier d'une assurance mixte.

Il n'y avait aucune raison de distinguer entre les combinaisons. Participant de l'assurance en cas de décès et de l'assurance en cas de vie, l'assurance mixte paraît véritablement répondre aux désirs des membres des Sociétés de secours mutuels qui veulent bien procurer un avantage à leur famille, mais qui doivent naturellement aussi prévoir le cas où la diminution des ressources les mettra dans la nécessité de

1. Les quittances constatent le paiement des capitaux bénéficient de l'exemption du droit de timbre de 10 centimes. — Lettre du Directeur général de l'enregistrement, des domaines et du timbre du 27 mai 1861. Béquet : Rép. du droit administrat., V° Caisse des Dépôts, n° 544.

2. L'assurance ordinaire, dit M. Baron (Les Assurances populaires, Paris, 1882, p. 12), est plus que de la prévoyance, c'est un véritable sacrifice au profit de la famille. Conséquence, 61° contrats en 11 ans.

recueillir le profit de leurs sacrifices personnels. Le législateur a fini par comprendre la nécessité d'une réforme. Une loi du 17 juillet 1897 a autorisé la Caisse à accepter des assurances mixtes.

Cette facilité n'est pas réservée seulement aux membres des Sociétés de secours mutuels. Toute personne, même sans faire partie de ces Sociétés de prévoyance, peut se prévaloir des dispositions nouvelles. Plus libéral que la Chambre des députés qui réservait le bénéfice de la mesure aux seuls membres des Sociétés de secours mutuels, le Sénat a étendu la portée de la loi et décidé que la Caisse aurait la faculté de traiter soit avec les Sociétés de secours mutuels au profit de leurs membres participants, soit avec des contractants individuels faisant ou non partie de ces Sociétés, soit enfin avec les chefs d'industrie au profit de leurs ouvriers [1].

Le législateur toutefois n'a pas voulu accorder liberté pleine et entière en ce qui touche le montant de la somme. Un maximum a été fixé. C'est celui qu'indique l'art. 4 de la loi du 11 juillet 1868 : l'assurance mixte ne peut se cumuler avec d'autres assurances individuelles en cas de décès que jusqu'à concurrence de trois mille francs. A en juger par les travaux préparatoires [2], le législateur a voulu montrer par la fixation de ce capital que c'était surtout aux travailleurs modestes, affiliés ou non, aux Sociétés mutuelles que la mesure s'adressait [3]. D'autre part, la durée du contrat doit être fixée de manière à ne pas reporter le terme de l'assurance après l'âge de 65 ans, cet âge étant considéré comme le terme de la capacité du travail de l'assuré. Mais l'assuré peut stipuler que moitié seulement de la somme assurée sera payable à ses ayants-droit, s'il décède au cours du contrat. Cette disposition formellement édictée par l'art. 4 peut sembler superflue en ce sens qu'il eût été parfaitement loisible de prendre une assurance mixte et s'inscrire pour une assurance simple de même valeur en cas de survie à un âge déterminé ; le législateur a tenu à dire qu'une seule assurance suffirait pour arriver à ce but avec introduction d'une réserve parce qu'il a cru convenable de préciser, en égard à la situation des adhérents, assez peu au courant des opérations dont s'agit [4].

---

1. Guyot : Rapport au Sénat, *Journ. Off.*, 3 février 1897 . Déb. parlem., p. 72 ; S. *Lois annotées*, 97,377 ; D. P. 97, 4. 70, n° 1.

Il faude sans le sens qu'on ne peut empêcher un membre d'une Société de secours mutuels de contracter une assurance individuelle séparée, dont il acquittera la prime à part en plus de ce qu'il paie à sa Société, pourvu, bien entendu, que le tout accumulé ne dépasse pas les 3000 fr. prévus par la loi.

2. Drake : Rapport à la Chambre des députés, S. *loc. cit.*

3. L'Exposé des motifs (*Journ. Off.*, Doc. parlem. de juin, 1896, p. 1607 etc.) a donné une explication qui semble plus plausible : « Pour que l'assurance mixte se généralise il faut qu'elle puisse atteindre une puissance utile, que le montant du capital paraisse soit assez élevé pour permettre à l'assuré l'organisation d'une rente qui père suffisant à ses besoins. Le chiffre de 3.000 fr. qui correspond à une rente immédiate de 331 fr. à 65 ans, d'après le tarif 23 1/2 °/o ne paraît pas exagéré. »

4. Guyot : Rapport au Sénat, *loc. cit.*

La loi du 17 juillet 1897 a renvoyé, par l'art. 3, à un règlement d'administration publique le soin de fixer les conditions dans lesquelles la Caisse d'assurances en cas de décès pourrait organiser les assurances mixtes ainsi que les modalités du paiement de la première prime et des primes ultérieures. Mais elle a eu bien soin de proclamer, dans son article 2, ce principe : l'obligation pour le proposant de répondre aux questions et de se soumettre aux constatations médicales prescrites par les polices avec la garantie, toutefois, que le rejet de la proposition n'aurait pas à être motivé, l'effet de l'assurance se produisant dès la signature de la police. Ce n'est pas sans peine que cette règle a été consacrée. L'examen médical fut, au cours des discussions, vivement attaqué. On fit valoir notamment qu'il aurait l'inconvénient, pour les assurances collectives des Sociétés de secours mutuels, d'obliger celles-ci à assujettir chacun de leurs membres à un seul examen spécial et de les forcer à écarter du bénéfice de l'assurance ceux pour qui les constatations médicales ne seraient pas satisfaisantes; on ajouta que les Sociétés elles-mêmes procédaient déjà à un examen médical pour l'admission de leurs membres. On ne manqua pas de soutenir que l'obligation de subir un véritable examen médical était de nature à écarter de l'assurance des travailleurs, que cette formalité pouvait inquiéter, qu'en cas d'assurances collectives le patron serait empêché d'étendre à son gré son œuvre philanthropique et surtout que l'ouvrier éloigné de l'assurance resterait sous le coup d'une présomption fâcheuse au point de vue de la durée et de la valeur de son travail [1]. Ces objections ne prévalurent point [2]. On se demanda, en effet, comment les membres des Sociétés de secours mutuels pourraient se plaindre d'un examen en égard à l'avantage considérable qu'il est de nature à procurer, alors que l'admission dans une de ces Sociétés est subordonnée à une visite de ce genre. D'autre part, cette visite écarte les valétudinaires et constitue une sélection qui présentera pour les titulaires admis l'avantage de rendre l'assurance efficace. Enfin les conséquences d'un échec ne sont pas à redouter au regard du patron : malgré un refus, l'ouvrier qui sera un bon ouvrier sera conservé, le patron n'ayant pas d'intérêt à voir un de ses employés aller travailler ailleurs, peut-être chez un concurrent, quitte à donner un emploi moins pénible. Ce qui a surtout déterminé le législateur à imposer la garantie de la visite médicale, c'est qu'elle est exigée par la loi du 30 novembre 1894 sur les habitations à bon marché, loi qui donne dans des conditions déterminées la facilité de contracter une assurance sur la vie.

Les adversaires de la visite médicale avaient si bien reconnu l'importance de cet examen qu'ils avaient établi au point de vue du

1. Drake : Rapport à la Chambre des Députés, loc. cit.
2. Guyot : Rapport au Sénat, loc. cit.

point de départ de l'assurance une distinction selon que le proposant avait ou n'avait pas subi la visite médicale ; dans ce dernier cas l'assurance ne devait avoir effet que deux ans après la signature de la police et si l'assuré n'était pas décédé dans l'intervalle [1], conformément à l'art. 3 de la loi du 11 juillet 1868.

Le législateur n'a pas voulu tenir compte de ce procédé. Il n'était pas possible de créer deux sortes d'assurés, ceux acceptés après une visite du médecin et ceux entrés en l'absence de toute visite parce qu'ils redoutaient peut-être un contrôle. D'autre part, la visite qui écarte les personnes pour lesquelles il y aurait plus assistance qu'assurance, l'élément aléatoire faisant défaut, est si bien dans la nature même des choses que tous les assureurs, dans tous les pays, y ont recours. Aussi la loi a tenu à maintenir l'uniformité ; elle a fait de la visite médicale la règle. Mais comme contre partie elle a décidé que l'assuré serait immédiatement mis en jouissance de ses droits par le seul fait de la signature de la police.

A propos des assurances mixtes il a été question d'*amorcer*, pour prendre les termes dont on s'est servi lors de l'élaboration de la loi, le système de la réversibilité des rentes viagères. Dans ce but il avait été proposé de décider que le capital reçu par la Caisse nationale des retraites pour la vieillesse et provenant d'une assurance mixte servirait à la constitution d'une rente viagère immédiate ou différée sur la tête de l'assuré ou de son conjoint, ou, en cas de décès au cours de l'assurance, sur la tête du conjoint survivant, dans les conditions prévues par la loi du 20 juillet 1886. L'art. 13 de cette dernière loi dispose bien que le versement fait pendant le mariage, par l'un des deux conjoints profite séparément à chacun d'eux par moitié, mais il ne parle pas des achats de rentes à jouissance immédiate opérés en un seul versement. Le législateur n'a pas voulu entrer dans cet ordre d'idées ; il a considéré qu'il lui était impossible d'introduire complètement le système de la réversibilité dans la législation de la Caisse des retraites. Ainsi qu'il a été dit [2], si la réversibilité est excellente pour les assurés, elle doit facilement l'être moins pour la Caisse qui assure quelle qu'elle soit ; d'un autre côté, la réversibilité n'est pas prévue dans l'organisation de la Caisse nationale des retraites qui devrait, dans ce cas, élaborer de nouveaux tarifs qui viendraient s'ajouter aux tarifs déjà si nombreux nécessités par la variabilité du taux de capitalisation. Aussi le législateur s'est-il borné à édicter, dans l'art. 4, une disposition conférant à la Caisse nationale des retraites pour la vieillesse le droit de recevoir en un seul versement le capital à quelque chiffre qu'il s'élève, qui proviendrait d'une assurance mixte, de façon à faire constituer une rente viagère immédiate ou différée sur la tête de l'assuré et de son conjoint, ou, en cas de décès au cours

1. Drake : Rapport à la Chambre des Députés, S., *loc. cit.*
2. Guyot : Rapport au Sénat, *loc. cit.*

de l'assurance, sur la tête du conjoint survivant dans les conditions prévues par la loi du 20 juillet 1886 [1]. Le maximum de 1200 fr. fixé par la loi du 20 juillet 1886 pour les pensions ne pourra donc en aucun cas être dépassé par suite du jeu des dispositions de la loi de 1897 [2].

Sous l'empire de la loi du 17 juillet 1897 modifiant celle du 11 juillet 1868, les polices collectives peuvent incontestablement être mixtes. L'Exposé des motifs a même fait remarquer que cette forme d'assurance répondait complètement aux besoins d'un grand nombre de membres des sociétés de secours mutuels.

SECTION III

Assurances collectives et assurances par les Sociétés de secours mutuels.

L'institution de la Caisse des retraites paraissant avoir trouvé un aide efficace dans les Sociétés de secours mutuels, il a semblé au législateur de 1868 qu'il pouvait compter sur leur appui en faveur de la Caisse d'État qu'il établissait. Il a été décidé, en conséquence, par l'art. 7 de la loi de 1868 que les Sociétés de secours mutuels approuvées seraient admises à contracter dans des conditions strictement déterminées, c'est-à-dire pour un capital maximum et pour une durée restreinte [4]

1. La rédaction définitive a supprimé le mot d'*âge* qui se trouvait dans la proposition rectifiée entre ces mots : « dans les conditions » et couvert « prévues par la loi du 28 juillet 1886. » Le Sénat paraît avoir été ému par les observations présentées par l'administration de la Caisse de Dépôts, (Guyot : Remarques au Sénat, S. *Lois annotées*, 97, 378, D. P. 97, 4, 74, n° 1). Une Note présentée par cette dernière fait connaître les motifs qui ont amené cette modification : Un jeune homme de 25 ans épouse une jeune fille de 18 ans, jusque-là rien de très normal. — Il contracte une assurance pour le maximum, soit 3.000 fr., et il fait bien car il meurt à 27 ans. La jeune femme touche les 3.000 fr. et, ne pensant pas que son chagrin l'empêchera de vivre longtemps, elle se présente à la Caisse des retraites, et achète avec ces 3.000 fr. versés en une seule fois, à capital aliéné, une rente différée qui lui sera servie à l'âge de 60 ans. Quelle sera cette rente? Elle va être de 1.758 fr. 80. Or, la loi du 20 juillet 1886 sur la Caisse nationale des retraites ne permet pas de donner des pensions de plus de 1.200 fr.

2. Une remarque a été faite à ce propos dans l'un des commentaires de la loi (S, *Lois annotées* 1897, 378) : pour prendre l'espèce signalée par la Caisse des Dépôts et Consignations, relatée à la note précédente, la jeune veuve dont il s'agit ne pourrait pas déposer intégralement son capital de 3.000 fr. qui lui vaudrait à 50 ans une rente de 1.758 fr. 80, mais seulement la somme nécessaire pour se constituer une rente de 1.200 fr.; si cette interprétation est exacte, il y aurait une contradiction entre les deux dispositions de l'art. 4, la première portant que la Caisse des retraites est autorisée à recevoir en un seul versement le capital à *quelque somme qu'il puisse monter* provenant d'une assurance mixte, la seconde limitant, dans certains cas, le montant du versement à un chiffre inférieur au capital produit par l'assurance.

3. V. ce qui est dit, S. 97, 4, 37).

4. En décidant que ces assurances, dont le chiffre ne peut pas s'élever à

près des tarifs spéciaux [1] et sans qu'il soit interdit de cumuler cette

plus de 1000 fr., ne sont contractées que pour un an, le législateur s'est évidemment préoccupé de la situation essentiellement précaire des membres d'une Société, qui n'... eux aucun contrat et qu'une interruption dans le paiement de leur cotisation ou un simple changement de domicile peut obliger à ne plus faire partie de la Société. En limitant à une année l'engagement, on reste donc dans la mesure des évènements possibles et la Société conserve toujours sa liberté d'action pour l'année suivante — de Taillandier : op. cit., p. 43.

1. Les conditions et les bases des assurances collectives étant absolument différentes de celles des assurances individuelles l'on a dû, conformément à l'art. 7, § 2 de la loi de 1868, calculer pour elles un tarif spécial déduit des règles générales posées par l'art. 2 de la même loi et dont les chiffres sont de beaucoup plus avantageux pour les déposants que ceux des autres tarifs.

Tarif des primes à verser par les sociétés de secours mutuels, au nom de leurs membres, suivant leur âge, pour assurer sur la tête de chacun d'eux une somme de 100 francs, payable en cas de décès dans le délai d'un an.

AGE DES SOCIÉTAIRES	PRIME pour assurer 100 FRANCS	AGE DES SOCIÉTAIRES	PRIME pour assurer 100 FRANCS	AGE DES SOCIÉTAIRES	PRIME pour assurer 100 FRANCS
16 à 17 ans	0f,851	42 à 43 ans	1,116	68 à 69 ans	5f,579
17 à 18	0,858	43 à 44	1,128	69 à 70	6,064
18 à 19	0,865	44 à 45	1,411	70 à 71	6,644
19 à 20	0,895	45 à 46	1,236	71 à 72	7,234
20 à 21	1,007	46 à 47	1,337	72 à 73	7,810
21 à 22	1,017	47 à 48	1,437	73 à 74	8,458
22 à 23	1,027	48 à 49	1,543	74 à 75	8,993
23 à 24	1,037	49 à 50	1,654	75 à 76	9,644
24 à 25	1,048	50 à 51	1,858	76 à 77	10,644
25 à 26	1,059	51 à 52	1,983	77 à 78	11,533
26 à 27	1,070	52 à 53	2,022	78 à 79	12,652
27 à 28	1,084	53 à 54	2,187	79 à 80	14,644
28 à 29	1,095	54 à 55	2,290	80 à 81	15,358
29 à 30	1,105	55 à 56	2,352	81 à 82	16,439
30 à 31	1,115	56 à 57	2,508	82 à 83	16,987
31 à 32	1,129	57 à 58	2,616	83 à 84	18,032
32 à 33	1,142	58 à 59	2,746	84 à 85	20,004
33 à 34	1,155	59 à 60	2,822	85 à 86	22,548
34 à 35	1,168	60 à 61	2,903	86 à 87	24,340
35 à 36	1,182	61 à 62	3,103	87 à 88	25,980
36 à 37	1,421	62 à 63	3,318	88 à 89	29,504
37 à 38	1,658	63 à 64	3,430	89 à 90	33,974
38 à 39	1,669	64 à 65	3,646	90 à 91	39,637
39 à 40	1,680	65 à 66	4,017	91 à 92	46,359
40 à 41	1,692	66 à 67	4,324	92 à 93	50,961
41 à 42	1,104	67 à 68	5,017	93 à 94	67,919

L'expérience a montré que ce tarif relatif aux assurances collectives n'était pas suffisamment rémunérateur pour l'État. Une modification s'imposait.

Plusieurs combinaisons étaient possibles : l'on pouvait élever uniformément pour toutes les Sociétés de secours mutuels approuvées le taux des primes à payer en cas d'assurances collectives; mais alors on avait lieu de craindre de rendre ces assurances inaccessibles aux Sociétés (et ce sont les plus nombreuses) dont la mortalité moyenne serait inférieure à celle qu'on eût adoptée pour base des tarifs; l'on ne pouvait pas plus songer à régler les primes d'après la mortalité professionnelle des assurés, alors que

assurance avec une assurance individuelle [1], des assurances collectives sur une liste indiquant le nom et l'âge de tous les membres qui les composent. D'après le décret de 1868, ces propositions d'assurances collectives pour une assurance au profit de Sociétés de secours mutuels approuvées, doivent être faites par les présidents de ces Sociétés et déposées, avec les versements correspondants, chez les comptables désignés pour recevoir les assurances individuelles; ces propositions sont accompagnées de listes nominatives comprenant les personnes assurées et indiquant la date de naissance de chacune d'elles. Sous l'empire des décrets de 1868 les assurances collectives avaient leur effet à partir du 1er janvier suivant l'envoi des listes et le paiement des primes; depuis le décret des 13-14 août 1877 elles ont leur effet à dater du premier jour du mois qui suit la date du versement de la prime.

Le paiement des sommes dues aux Sociétés de secours mutuels, après décès d'un de leurs membres, se fait entre les mains du trésorier dûment autorisé. Ce paiement a lieu sur une autorisation donnée par le directeur général de la Caisse des Dépôts et Consignations auquel la demande doit être adressée avec l'acte de décès du sociétaire.

La loi de 1868 a créé la possibilité pour les Sociétés de secours mutuels de souscrire avec la Caisse d'assurances en cas de décès des assurances collectives.

Les Sociétés locales embrassent le plus souvent les professions les plus variées. Il a semblé, dès lors, qu'il convenait, non point de construire une nouvelle table de mortalité commune aux diverses Sociétés assurées, mais bien de modifier, pour chacune d'elles, en raison de sa mortalité propre, les primes calculées d'après les tarifs spéciaux prévus à l'art. 7 de la loi du 11 juillet 1868; il suffisait, à cet effet, de relever, pour une certaine période, les décès survenus parmi les membres participants de chaque Société, d'en déduire leur mortalité moyenne et de majorer ou minorer, en conséquence, le montant de la prime.

C'est cette solution dont la régularité a été reconnue par le Conseil d'État qui a prévalu. Elle a été consacrée par un décret du 28 novembre 1890.

A partir du 1er décembre 1890 et sauf pour la première assurance à laquelle demeurent applicables les tarifs spéciaux, il est tenu compte, dans le calcul des primes à verser par les Sociétés de secours mutuels approuvées, de la mortalité moyenne constatée pour chacune d'elles, au cours des dernières années d'assurance. Le montant des primes étant ainsi en corrélation complète avec les risques que les Sociétés font courir à la Caisse les chances de perte sérieuse peuvent être évitées. D'autre part, que leur mortalité soit lente ou rapide, les Sociétés ont toutes un intérêt égal à recourir à l'institution, ne fût-ce que pour échelonner sur plusieurs exercices les charges résultant de nombreux décès survenus au cours d'une même année et qui dépasseraient peut-être les ressources de leurs budgets.

Il est à peine besoin de faire remarquer que cette modification a soulevé de nombreuses réclamations, notamment de la part des Sociétés à mortalité très rapide qui semblaient habituées depuis de longues années à réaliser, au détriment de la Caisse d'assurances, des bénéfices disproportionnés avec le montant des primes payées.

1. L'on n'a pas manqué de faire remarquer (de Taillandier : op. cit., p. 46) combien est avantageuse la situation du membre de la Société de secours mutuels qui, après avoir contracté individuellement une assurance dans la forme ordinaire pour un capital maximum de 3000 fr., pourrait souscrire un contrat collectif de 1000 fr.

Cette latitude a paru suffisante lors du vote de la loi. Mais par la suite, les idées ont subi une transformation et l'on en est arrivé à penser que les Sociétés de secours mutuels pouvaient faire plus que ce qui était primitivement prévu.

La Société de secours mutuels garantit à ses membres un secours déterminé en cas de maladie. De leur côté, les membres promettent de payer une cotisation mensuelle aussi déterminée à l'avance. Le contrat qui lie réciproquement les parties a tous les caractères d'un contrat d'assurance dans lequel la Société joue le rôle d'assureur et les membres celui d'assurés. D'autre part, la Société de secours mutuels emprunte à l'assurance deux éléments essentiels : d'abord la multiplicité des membres, de manière à obtenir une bonne répartition des risques et une uniformité des primes ; en second lieu, l'identité des risques pour les adhérents de façon que la cotisation individuelle soit bien proportionnelle aux risques courus[1]. Mais une différence caractéristique s'oppose à toute confusion, notamment avec l'assurance sur la vie. Cette dernière vise le décès ; or, en principe, la Société de secours mutuels ne concerne que le risque de la maladie ; de plus, alors que la Compagnie d'assurance sur la vie ne peut modifier le chiffre de la prime et reconnaît à l'assuré un droit absolu, formel en ce sens qu'elle doit la somme même portée au contrat lorsque se réalisent les conditions prévues, il est loisible à une Société de secours mutuels qui se trouve dans l'impossibilité de tenir ses engagements d'augmenter la cotisation due par tout membre et de restreindre l'allocation.

En admettant une analogie entre la Société de secours mutuels et les Compagnies mutuelles d'assurances cette analogie, en tout cas, cesse au point de vue pour ainsi dire opératoire. La Compagnie d'assurances mutuelles a une existence propre, indépendante. Son but n'est pas, comme dans les Sociétés anonymes, de réaliser sur les assurés un bénéfice qui soit la rémunération des risques courus et des capitaux engagés ; la Société d'assurances mutuelles, en tant qu'assurance, se confond avec ses adhérents eux-mêmes et n'a aucun bénéfice en vue[2]. Elle étend son action sur de nombreux affiliés. Les institutions de secours mutuels ne remplissent pas cette condition ; la grande majorité de ces Sociétés n'ont pas deux cents participants, ce qui est un chiffre infime en fait d'assurances[3]. En outre, il convient de noter

1. Dubois-Boucheron : De l'organisation technique et de la comptabilité rationnelle des Sociétés de secours mutuels, Bruxelles, 1898, p. 4 ; Jubert Cyprès : L'Assurance sur la vie et les Caisses de retraite, Paris, 1896, p. 147.

2. Ainsi qu'on l'a déjà dit à une époque quelque peu éloignée (Emm. Laurier : Du médicum furens et des assurances terrestres, Paris, 1863, p. 126), les Sociétés de secours mutuels diffèrent des assurances sur la vie, car dans celles-ci la prime est donnée en échange d'un capital promis, tandis que dans les associations de secours mutuels on n'a pas en vue une spéculation, mais seulement l'intention de s'entr'aider mutuellement par un concours réciproque.

3. Rochetin : La Caisse Nationale de prévoyance ouvrière et l'intervention de l'État, Paris, 1894, p. 72.

que les Sociétés d'assurances, pour des motifs qui se conçoivent aisément, doivent surtout tendre à grouper des personnes appartenant à des situations différentes, dans les Sociétés de secours mutuels, au contraire, ce qui tend à prévaloir c'est le groupement par professions.

Dans certains pays les Sociétés qui répondent aux Sociétés de secours mutuels françaises embrassent l'assurance et non pas seulement l'assurance contre le dommage, contre l'incendie, mais même l'assurance sur la vie.

Malgré les différences dont il a été parlé plus haut, l'on a recommandé en France aux Sociétés de secours mutuels d'affecter à une caisse spéciale une part de la cotisation des membres participants afin de donner à la veuve, à l'orphelin, ou aux ascendants du défunt un petit capital les mettant à l'abri de la misère ou leur permettant d'entreprendre quelque chose, on a soutenu qu'elles devraient, en un mot, remanier leurs Statuts pour y ajouter une clause d'assurance sur la vie pour les sociétaires, seuls soutiens de leur famille [1]. Cette assurance directe que le Gouvernement a voulu réglementer en quelque sorte, il est vrai [2], a été critiquée, d'abord en ce qu'elle constitue une opération sortant du cadre essentiel de la Société de secours mutuels [3], mais aussi et surtout au point de vue technique [4]. En revanche, ce qui a été soutenu avec énergie, c'était l'idée de faire de la Société de secours mutuels un simple intermédiaire et de même qu'elle avait la capacité de traiter avec une institution distincte en vue des retraites, de lui conférer le droit de contracter des assurances avec un établissement d'assurance [5].

1. Cert : *Prévoyance et Mutualité*, Paris, 1891, p. 38. Cet auteur fait remarquer qu'une société (la Société de protection mutuelle des voyageurs de commerce), moyennant une cotisation annuelle de 36 fr. donne à ses malades, en plus d'indemnités journalières, des indemnités de décès calculées à raison de 50 fr. par année de présence du sociétaire, sans que cette indemnité puisse excéder 500 fr.

2. Un décret des 28-30 novembre 1890 a fixé le montant de la prime à payer pour les assurances collectives contractées à la Caisse d'assurances en cas de décès au profit des Sociétés de secours mutuels. D'après ce décret, le montant de la prime à payer, calculé à l'aide des tarifs spéciaux dressés en exécution du paragraphe 2 de l'art. 7 de la loi du 11 juillet 1868, serait augmenté ou diminué conformément à un coefficient spécial déduit pour chaque Société de sa mortalité moyenne constatée au cours des cinq dernières années d'assurances, qu'elles soient consécutives ou non. D'autre part, pour les Sociétés qui contractent une première assurance, il serait fait application, sans modification, pour la première année seulement, des tarifs spéciaux susmentionnés, et pour les Sociétés assurées depuis moins de cinq ans, la prime calculée conformément au paragraphe précédent, serait modifiée pour autant de cinquièmes qu'il y aura eu d'années d'assurance antérieures, d'après la mortalité moyenne constatée parmi les membres de la société compris dans ces assurances. Dans tous les cas, les primes majorées ou minorées conformément aux art. 1 et 2 ci-dessus, ne sauraient dépasser le double ni descendre au dessous de la moitié de leur chiffre primitif.

3. Dubois[...]en : *op. cit.*, p. 31.

4. Rochetin : *op. cit.*, p. 75.

5. Rochetin : *loc. cit.*

Cette dernière doctrine a fini par l'emporter. La loi du 1er avril 1898 qui a étendu d'une façon si large, excessive peut-être, les attributions des Sociétés de secours mutuels, a expressément déclaré (art. 1er) que « les Sociétés de secours mutuels sont des associations de prévoyance qui se proposent d'atteindre un ou plusieurs des buts suivants : ...... contracter au profit de leurs membres participants ou de leurs familles [1], des assurances individuelles ou collectives en cas de vie, de décès ou d'accidents, à la condition que les avantages soient les mêmes pour tous les participants ». Cette disposition [2] se trouve consacrée par l'art. 9 disposant que les Sociétés de secours mutuels sont admises à contracter des assurances pouvant se cumuler avec les assurances individuelles soit en cas de décès, soit en cas d'accidents aux Caisses

---

1. Le rédacteur d'un article sur *Les Sociétés de secours mutuels* inséré dans *Le Temps* (n° du 25 mai 1897) le notait, les « secours mutuels » ont chance, avec le texte de l'art. 1er, de rester ou de devenir l'accessoire dans la gestion des Sociétés : l'assurance en cas de décès, menace de les absorber et chacun sait à quelles difficultés pratiques elles sont exposées dès qu'elles se livrent à des capitalisations de fonds. — Comp. au sujet de la situation que la loi nouvelle crée aux Compagnies d'assurances sur la vie, les observations de M. F. Bonjean (*L'Opinion*, 15 mai 1898) recommandant de ne trouver des combinaisons permettant de tirer parti du personnel qui compose les Sociétés de secours mutuels.

2. V. à cet égard : S. *Lois annotées*, 99, 730, n°s 2 et 3.

3. Il importe de noter que précédemment au vote de la loi de 1898 l'idée des assurances collectives en cas de décès avait été très fortement combattue. On leur reprochait non seulement d'énerver l'initiative privée, de constituer un des modes de prévoyance obligatoire, l'assurance devant être contractée sur une liste indiquant le nom et l'âge de tous les membres de la Société de secours mutuels, de telle sorte qu'une minorité pourra être assurée sans son assentiment ou même contre son gré, mais encore et surtout de ne pas amener les ouvriers à l'assurance et même de causer des déficits permanents pour la Caisse.

M. Baron (op. cit., p. 58) fait, en effet, remarquer que de 1868 au 1er janvier 1880 il y a eu en tout 511 assurances collectives, soit une moyenne d'environ 44 assurances par année sur 1,300 Sociétés de secours mutuels approuvées, pas même 1 % et pour des sommes misérables (275 fr. par chaque assuré et une prime annuelle de 4 fr.) et que la prime touchée est toujours inférieure au capital versé, ce qui n'a rien de surprenant, les primes d'assurance collective étant de 43 % au-dessous des primes d'assurance individuelle.

Ces objections sont très sérieuses. Mais elles ne sont pas les seules, qui aient été formulées. Et à cet égard l'on peut se prévaloir de ce que M. Guyot disait au Sénat au sujet du projet qui est devenu la loi du 17 juillet 1897 (*Journ. Off.*, 4 février 1897, p. 298 et annexe n° 46, D. P. 97, 4, 69).

Du reste, les assurances collectives, n'étant faites que pour un an, ne comportent pas la constitution de réserves mathématiques et il n'y a lieu, pour les contrats en cours en fin d'exercice, qu'à la formation d'une provision proportionnelle au risque restant à courir pendant l'exercice suivant. D'aucuns pourraient se demander si ces assurances collectives présentent un réel intérêt pour les Sociétés de secours mutuels, car plus de la moitié d'entre elles, pendant 50 % des primes versées d'autres, il est vrai, reçoivent à titre de paiement des capitaux assurés des sommes excédant leur versement de 30 à 50 %. C'est une véritable loterie où la mort sert d'enjeu. D'ailleurs, la mortalité générale tend à s'élever : elle n'était que de 22,60 pour 1,000 jusqu'en 1863; elle est, pour l'ensemble des assurances souscrites jusqu'au 30 juin 1894, de 23,56; cet accroissement constitue le bénéfice des Sociétés.

d'assurances instituées par la loi du 11 juillet 1868 en se conformant aux prescriptions des art. 7 et 15 de la dite loi : elle est non moins confirmée par l'art. 8 qui autorise entre les Sociétés de secours mutuels, en conservant d'ailleurs à chacune d'elles son autonomie, des unions ayant pour objet l'organisation d'assurances mutuelles pour les risques divers auxquelles les Sociétés se sont engagées à pourvoir, notamment à la création de caisses de retraites et d'assurances communes à plusieurs Sociétés pour les opérations à long terme[1].

La législation nouvelle impose diverses conditions spéciales pour les assurances. C'est ainsi que les Statuts doivent, à peine de refus d'approbation par l'autorité compétente, prévoir des recettes proportionnées aux dépenses pour la constitution des assurances en cas de vie ou de décès. D'autre part, l'art. 28 dispose que tout sociétaire qui s'affilierait à plusieurs Sociétés en vue de se constituer des capitaux en cas de vie ou de décès supérieurs à 3000 fr. sera exclu des Sociétés de secours mutuels dont il fait partie, sous peine pour la Société de perdre les avantages que concède cette loi de 1898[2]. Enfin, en cas de dissolution de la Société de secours mutuels, d'après l'art. 34, il devra être prélevé sur l'actif social, y compris le fonds de retraites déposé à la Caisse des Dépôts et Consignations, les sommes nécessaires pour remplir les engagements contractés vis-à-vis des membres participants en ce qui concerne non pas seulement les pensions viagères mais aussi bien les assurances en cas de décès.

Les contrats d'assurances sont déclarés, par l'art. 12, incessibles et insaisissables jusqu'à concurrence de 3000 fr.[3].

1. Ces dispositions ne paraissent pas avoir donné lieu au débat qu'elles semblaient mériter. — V. S. *Lois annotées*, 99, 736, n°s 42 et 45.

2. Cette prohibition édictée pour maintenir à la loi son caractère a été bien expliquée par M. Audiffred, rapporteur, après la transmission du texte que le Sénat avait modifié. On ne pouvait ni permettre aux personnes aisées ou riches de se soustraire à la limitation édictée par la loi sur les Sociétés de secours mutuels, en s'affiliant à plusieurs Sociétés en vue de se constituer des capitaux en cas de vie ou de décès inférieurs, chacun à 3,000 fr., mais dépassant, lorsqu'ils seraient groupés, les maxima de 3,000 fr., ni fournir aux bénéficiaires de ces assurances groupées le moyen d'obtenir, d'une façon détournée, en violation de la loi, les subventions, bonifications, remises des droits fiscaux. Le cumul des assurances n'est pas interdit. C'eût été porter atteinte à la liberté d'association qui conditionne un des progrès réalisés par la loi nouvelle. Mais la loi réserve les avantages pécuniaires aux personnes peu favorisées de la fortune et les refuse à ceux qui n'ont pas besoin des subventions de l'État.

Au cas d'une violation de la loi à cet égard, la Société contrevenante devra la faire cesser. Il se peut qu'elle l'ignore. Dans ce cas, on ne pourra lui faire grief de son inaction. Mais, lorsque cette violation de la loi lui aura été signalée dans les formes déterminées par un règlement d'administration publique, par un avis, une injonction ou une mise en demeure, si elle se refuse à faire cesser l'abus qui lui aura été signalé, elle perdra par cela même les avantages concédés par la loi. (S. *Lois annotées*, 99, 750).

3. Le projet primitif rétablissait l'incessibilité et l'insaisissabilité seulement pour les rentes. Mais le bénéfice de la disposition a été étendu aux

Toutes les pièces, tous les documents qui se rapportent aux opérations et qui doivent être délivrés gratuitement sont exempts des droits de timbre et d'enregistrement. Mais cette remise (ainsi, du reste, que les autres avantages conférés par la législation nouvelle) n'existe pas pour les Sociétés de secours mutuels accordant des capitaux en cas de vie ou de décès supérieurs à 3000 fr.

SECTION IV

Application de l'assurance à la *réforme des habitations ouvrières*.

La loi du 30 novembre 1894 concernant les habitations à bon marché réserve un rôle et un rôle important à la Caisse établie par l'État en conformité de la loi de 1868.

On l'a remarqué bien des fois, l'ouvrier serait assez disposé à contracter des engagements à longue échéance à l'expiration desquels il arriverait à réaliser ce qui est le rêve de beaucoup, la possession d'un foyer, d'une demeure lui appartenant. Mais il se demande (et son appréhension se comprend fort bien) ce que deviendra sa famille en cas de décès survenant avant la libération de l'engagement pris par lui de se libérer en quinze ou vingt annuités. Le ménage peut, à bon droit, s'effrayer de la durée de l'entreprise. Vingt ans, c'est deux fois plus que cette période qui rassurait par sa longueur le saltimbanque de la Fable et qui lui faisait prendre pour cette échéance lointaine les engagements les plus téméraires, persuadé, disait-il, que d'ici là, « le roi, l'âne ou moi, nous mourrons ». Pour ce hâbleur, la mort était une échappatoire ; mais pour la famille qui monte à l'assaut de la propriété, c'est un désastre. Les ressources étant taries, l'œuvre est interrompue ; la veuve et ses enfants doivent quitter cette maison, qui a déjà coûté tant d'efforts et abrité tant de rêves d'avenir, pour aller installer leur misère dans quelque taudis[1]. L'assurance paraît seule en mesure d'intervenir efficacement. La crainte de l'avenir ou mieux de la mort prématurée semble de nature à disparaître, en effet, avec la souscription simultanée du bail avec promesse de vente et d'un contrat d'assurance temporaire en cas de décès pour un capital égal à la valeur de la maison et pour une durée égale à la période de la libération. S'il est acquitté en plus du prix du bail une prime annuelle variant nécessairement avec l'âge et la durée de l'as-

capitaux assurés, par le motif que les Sociétés de secours mutuels pouvaient tout aussi bien assurer des capitaux que des rentes. » S. *Lois annotées*, 99, 737, n° 56.

[1]. Cheysson : *Le foyer coopératif et l'assurance en cas de décès du coopérateur*, Paris, 1891, p. 91.

surance, l'assureur pourra, en cas de décès survenu avant la libération, verser soit à l'entrepreneur, soit, et c'est le cas le plus fréquent,
à la Société qui a construit la maison, la somme restant due de telle
sorte que la disparition du père, loin d'amener la perte des économies, la ruine de la famille, procurera une situation pareille à celle
qui aurait existé si, de son vivant, le remboursement intégral avait eu
lieu. À son lit de mort, le père de famille envisagera avec moins d'angoisses l'avenir qui attend les siens, quand il sera sûr que du moins
il leur laisse un toit protecteur et qu'il a pu réaliser ainsi pour eux
cet espoir longtemps caressé[1].

Aussi, lorsqu'il fut question de remédier aux conséquences déplorables que le mauvais état du logement entraîne pour la classe laborieuse
tant au point de vue physique qu'au point de vue moral[2], et de doter
le pays d'une loi sur la réforme des habitations ouvrières[3], le législateur convaincu, à juste titre, qu'il y a un *devoir social* à remplir[4]

---

1. Cheysson : *loc. cit.*
2. Comp. G. Picot : *Un devoir social et les logements ouvriers*, Paris, 1885.
Raffalovich : *Les logements de l'ouvrier et du pauvre*, Paris, 1887. Hubert Valleroux : *Les logements ouvriers en Angleterre* (Bullet. de la Soc. de législat. comp.,
T. XIII, 1883-84, p. 606, etc... ; Challamel : *Étude sur les habitations à bon marché
en Belgique et en France*, (ibid., T. XXIV, 1895-95, p. 443) ; Droulers : *La loi du
30 novembre 1894 sur les habitations à bon marché*, Paris, 1898 ; J. Lefort : *Les
logements ouvriers*, Paris, 1877.
3. Sur les circonstances dans lesquelles est intervenue la loi du 30 novembre 1894, V. Challamel : *loc. cit.*, p. 454, etc. Siegfried : *Les habitations à bon
marché*, (*Revue Philanthropique*, juin 1891, p. 471 et suiv.).
4. Nous ne pouvons insister ici sur l'influence du logement au point de
vue moral, hygiénique et social. Nous ne pourrions que répéter ce que nous
avons déjà dit (*Un repos hebdomadaire au point de vue de la morale, de la cul-
ture intellectuelle et du progrès de l'industrie*, Paris, 1874, p. 249 et suiv. ; *In-
tempérance et Misère*, Paris, 1875, p. 200, etc.) Nous relèverons toutefois que,
d'après certaines personnes (Siegfried : *Les habitations à bon marché*, (*Revue
philanthropique*, juin 1897, p. 464, si les Sociétés de secours mutuels et les
Caisses de retraites pour la vieillesse sont des institutions excellentes, qui
ne sauraient être trop encouragées, les sacrifices faits pour assurer un bon
logement et fournir le moyen d'acquérir la propriété de l'habitation présentent un intérêt bien autrement considérable. D'abord, un logement sa-
lubre diminuera dans de sérieuses proportions la maladie, et conséquem-
ment les frais de médecins et de pharmaciens ; puis les sommes consacrées
à l'achat de la maison ne sont-elles pas l'épargne la plus sûre et la retraite
la plus certaine ? Lorsqu'on est arrivé par des amortissements successifs à
être propriétaire de sa maison, n'a-t-on pas un capital en cas de besoin, et
la meilleure des retraites, n'est-elle pas tout d'abord de ne plus avoir de
loyer à payer ? Il ne faut pas perdre de vue non plus, et l'expérience le
montre chaque jour, que dans tous les centres d'une certaine importance
la propriété augmente sans cesse de valeur, de telle façon qu'une maison,
après vingt ou trente ans, a toute chance de valoir une moitié en sus de ce
qu'elle a été payée. Enfin l'on a fait observer que si, pour s'assurer une retraite au bout d'un certain nombre d'années, on est obligé de faire, pendant
la plus grande partie de sa vie, des sacrifices dont on ne tire profit que bien
longtemps après, en ce qui concerne l'habitation on peut jouir des avantages de la propriété avant d'être entièrement propriétaire de sa maison, puisqu'on peut l'occuper dès le moment que l'on commence à payer l'annuité
nécessaire pour en amortir le capital.

se décida à insérer une disposition tendant à faciliter les opérations d'assurance sur la vie, qui ont pour objet de garantir le remboursement des prêts destinés à l'achat ou à la construction d'une habitation[1].

L'idée n'était pas nouvelle.

De longue date[2] l'assurance sur la vie avait été présentée comme un instrument de crédit capable de permettre à l'ouvrier d'acquérir son foyer[3]. D'autre part, l'application de l'assurance à la réforme des

1. Le législateur français a voulu importer en France jusqu'à un certain point l'idée qui en Angleterre d'abord, puis aux États-Unis a présidé à la constitution des *Building Societies* ou Sociétés d'avances et de construction dont le but est non seulement de faciliter l'épargne pour de petits versements mais encore et surtout de prêter une somme destinée à être affectée à une habitation pour la famille, l'amortissement s'effectuant soit par les versements mensuels, soit par une part dans les bénéfices. V. un bon résumé dans le rapport de M. Chavassieu sur *Les Building Societies au Congrès de la propriété bâtie en France en 1894*, Lyon, 1894 ; Cheysson : *Bullet. de la Société franç. des habitations à bon marché*, 1892, p. 282 et les observations de ce dernier, *Bullet. de la Soc. de législat. comp.*, T. XXIV, 1894-95, p. 483 ; Hubert-Valleroux, : *Bullet. de la Soc. de législat. comp.*, T. XIII, 1883-84, p. 625 et T. XX, 1890-91, p. 264.

En 1879, pour l'Angleterre proprement dite, on évaluait le nombre de ces *Building Societies* à 1,487 avec 338,435 sociétaires. Au 1er janvier 1889, le *Registrar general* comptait 2,021 Sociétés avec 614,434 sociétaires. Les recettes pour 1888 s'étaient élevées à plus de 508 millions ; le capital dépassait un milliard. C'est par milliers que ces Sociétés ont fait surgir les maisons ouvrières sur le sol anglais. La ville de Birmingham, à elle seule, présentait, en 1865, plus de 8,000 maisons bâties par des Sociétés locales qui comprenaient 10,000 membres et encaissaient 87 millions de recettes annuelles. A Leeds, deux Sociétés comptaient 17,000 membres et l'une d'elles avait construit 16,080 maisons, qui avaient passé par ses mains.

Aux États-Unis, les résultats de ce groupement n'ont pas été moins remarquables. Dans la seule ville de Philadelphie, 50 à 60,000 ouvriers, — c'est-à-dire le tiers de la population ouvrière — sont devenus ainsi propriétaires de leur petite maison. En 1888, le nombre des *Cooperative Building and Loan Associations* était évalué à près de 3,500, leur capital à un milliard et demi de francs et le montant des épargnes fixées dans leurs immeubles à 2 milliards et demi. A ces chiffres donnés par M. Cheysson dans un rapport portant la date de 1891 *Le foyer coopératif et l'assurance en cas de décès du coopérateur*, l'on peut substituer la statistique beaucoup plus récemment fournie par M. Levasseur, *L'ouvrier américain* (*Séances et travaux de l'Académie des Sc. mor. et polit.*, T. CXLVIII, 1897, p. 298), attestant que les *Loan and Building Associations* étaient au nombre de plus de 5,838 comptant 1,745,000 sociétaires et disposant d'un capital de plus de 450 millions 1/2 de dollars.

2. Sur les tentatives faites à différentes époques. V. Cheysson : *Le foyer coopératif et l'assurance en cas de décès du coopérateur* (*Bullet. de la Societ. franç. des habitat. à bon marché*, 1891, n° 4 et tirage à part, Paris, 1891), Cheysson : *L'assurance mixte et les maisons ouvrières* (*Bullet. de la Société franç. des habitat. à bon marché*, 1893, n° 3 et tirage à part, p. 124, ainsi que le beau rapport présenté par M. Cheysson au *Congrès des habitations à bon marché de Bordeaux* en octobre 1895, sur *l'assurance sur la vie et les habitations à bon marché*, (*l'Assurance moderne*, 17 avril 1896.)

Dès 1882 M. Baron (*op. cit.*, p. 38, etc.,) réclamait l'organisation du crédit ouvrier par l'assurance mixte conformément à ce qui se passe pour les Compagnies qui admettent le prêt sur les polices. — Cf. notre *Traité*, T. 1er, p. 42 et 43.

3. Dans son très intéressant rapport précité sur *Le foyer coopératif et l'assurance en cas de décès du coopérateur*, M. Cheysson a donné en appendice une note des plus complètes sur l'assurance en cas de décès appliquée aux loca-

maisons ouvrières, existait en Belgique et dans ce pays l'initiative du législateur, avait donné d'heureux résultats[1].

Aux termes de l'art. 7 la Caisse d'assurances en cas de décès, instituée par la loi du 11 juillet 1868[2], est autorisée à passer avec les acquéreurs ou les constructeurs de maisons à bon marché, qui se libèrent du prix de leurs habitations au moyen d'annuités, des contrats d'assurances temporaires[3], ayant pour but de garantir, à la mort de l'assuré, si elle survient dans la période d'années déterminée, le paiement des annuités restant à échoir. Le chiffre maximum du capital assuré ne pourra pas dépasser la somme déduite du taux de capitalisation de 4 27 %[4], appliqué au revenu net dont parle l'art. 5[5]. En retour de cet engagement qui suppose une épargne préalable, qui sollicite l'économie, l'assuré est certain de laisser à ceux qui lui succéderont une maison dont la jouissance immédiate lui est assurée[5].

taires des maisons de la Société coopérative de construction de Marseille. Tous les renseignements et détails techniques sont réunis là.

1. On a compris qu'il est de toute nécessité de prévoir le cas de décès de l'emprunteur ou du débiteur d'annuités avant l'expiration du terme fixé pour le remboursement intégral et la libération complète de l'emprunteur ou du débiteur; la veuve et les enfants de l'emprunteur risquent de se trouver dans l'impossibilité de faire face aux engagements contractés par le chef de famille. Procéder, dans ce cas, à une vente, à une expropriation, expulser la veuve et les enfants pour obtenir le paiement des derniers arrérages, c'était une éventualité qu'il fallait absolument pouvoir conjurer.

L'assurance sur la vie offrait le moyen de tout maintenir dans l'ordre établi : moyennant une augmentation minime des paiements périodiques, une assurance sera contractée et les primes en seront insensiblement payées en même temps que le règlement de chaque annuité. » Delecroix : *De la meilleure forme à donner aux Sociétés ayant pour objet la création de maisons ouvrières (Revue de la législation des mines, janvier-février 1899, p. 11).*

Il y avait aussi l'exemple de l'Angleterre. On sait que dans ce pays des prêts très nombreux ont été faits par des services spéciaux aux Sociétés constituées en vue de la construction de maisons ouvrières, Hubert-Valleroux ; *Bullet. de la Soc. de législat. comp.* T. XIII, 1883-84, p. 625.

2. Au dire de M. Chatlamel (*loc. cit.*, p. 175), c'est pour faciliter la conclusion des contrats à des conditions moins onéreuses, les tarifs des Compagnies d'assurances françaises étant établis sur des tarifs de mortalité qui ne correspondent plus aux données de l'expérience et qui pour certains âges sont d'une exagération intolérable que la loi fait appel au concours de cette Caisse. V. Cheysson : *L'assurance mixte et les maisons ouvrières (Bullet. de la Société franç. des habit. à bon marché,* T. IV, p. 321).

3. L'assurance mixte est donc écartée. On paraît avoir regretté cette restriction, Cf. *Bull. de la Soc. de législat. comp.,* T. XXIV, 1894-95, p. 175.

Il est à noter toutefois qu'une loi postérieure, celle du 17 juillet 1897, a autorisé en termes généraux la Caisse des assurances à faire des assurances mixtes.

4. Ce taux de capitalisation, a dit au Sénat le rapporteur de la loi, M. Diancourt (séance du 8 novembre 1894, *Journ. off.,* 9 novembre 1894, Débats parlem. p. 839 ; S. 95, 4, 1021), est celui qui est pratiqué par les contributions directes. Il correspond en fait à 5, 50 0/0 du revenu brut, ainsi, si l'on prend le premier chiffre qui tombe sous les yeux, un revenu net de 90 fr. à 4, 27 0/0 représente un capital de 2,400 fr. et la capitalisation du revenu brut de 120 fr. à 5,50 0/0 représente un capital de 2,189 fr.

5. Bien que l'on ait fait valoir la possibilité d'une cession immédiate de la maison moyennant une bonification légère à des spéculateurs amenés, de

Il va de soi que l'assurance n'est pas obligatoire, qu'elle est simplement facultative. Tout signataire d'une proposition d'assurance faite dans les conditions dont il vient d'être parlé, doit répondre aux questions, et se soumettre aux constatations médicales prescrites par les polices [1]. En cas de rejet de la proposition, la décision ne devra pas être motivée.

L'assurance produit son effet dès la signature du contrat, nonobstant toute clause contraire [2]. La somme assurée est cessible en totalité dans les conditions fixées par les polices. La durée du contrat doit être fixée de manière à ne reporter aucun paiement éventuel de prime après l'âge de 65 ans.

Telles sont les dispositions de la loi [3]. Mais elles ont été complétées par un décret du 24 septembre 1895 portant règlement d'administration publique pour l'exécution de la loi [4].

la sorte, à bénéficier des efforts et des sacrifices, on semble considérer généralement qu'il importe que l'ouvrier puisse devenir propriétaire sans nul retard, notamment à raison de ce fait que l'ouvrier est plus porté à donner ses soins à l'immeuble, à le tenir en bon état, à ne pas le détériorer. — Chalhamel : loc. cit., p. 173, note 4.

Il convient d'ajouter que si l'ouvrier devait attendre de longues années, on risquerait fort de le voir peu disposé à faire le nécessaire et aussi de voir disparaître le but cherché. Dans une opération qui exige une période de 15 à 20 années pour être parfaite, il faut prévoir bien des défaillances, bien des renonciations, volontaires ou non.

1. C'est là une dérogation manifeste à la loi de 1868 qui n'impose pas une visite médicale mais qui édicte, par contre, que l'assurance ne prend son effet que deux ans après la signature du contrat. Il a semblé préférable de remplacer cette dernière restriction par un examen qui actuellement n'a plus d'inconvénients, tant son utilité est appréciée d'une façon générale. Il est certain, comme le rapporteur le faisait valoir le 16 février 1894 devant le Sénat (Journ. off., 17 février 1894, Déb. parlem. p., 144), qu'un ouvrier qui veut acheter ou construire une habitation et qui contracte une assurance en vue de faire cette opération en pleine sécurité ne consentira jamais à rester deux ans dans l'incertitude sur le point de savoir si son contrat est valable ou s'il ne l'est pas.

2. Le Ministre du commerce, M. Lourties, a nettement déclaré que l'on voulait déroger à la clause disposant que le contrat est nul si l'assuré meurt dans les deux ans. Séance du Sénat du 8 novembre 1894. Journ. off. du 9. Déb. parlem., p. 839.

3. On a fait valoir que cette loi du 30 novembre 1894 offre des avantages fiscaux et de prêts suffisants pour encourager et favoriser la construction de maisons ouvrières ; on a noté que par les facilités qu'elle donne à l'assurance temporaire et à la transmission des propriétés elle présente, en outre, des avantages sérieux. — Siegfried : Les habitations à bon marché (Revue Philanthropique, 16 juin 1897, p. 179).

Il importe néanmoins de ne pas trop se payer d'illusions à cet égard.

Cette loi du 30 novembre 1894 repose essentiellement sur l'intervention des Sociétés d'habitations à bon marché. Or, à cet égard la situation semble laisser quelque peu à désirer. En 1897 on n'a compté que 8 Sociétés, ayant demandé l'approbation de leurs Statuts. Les demandes antérieures étaient au nombre de 33 ; le total des demandes est donc porté à 44, dont 6 demandes restant encore à l'instruction. Ces 44 Sociétés, ou existantes ou en instance, sont réparties sur 24 départements ; le mouvement en faveur de l'application de la loi ne s'est donc pas encore manifesté dans 62 départements, c'est-à-dire dans plus des deux tiers de la France. — Delsteux : loc. cit., p. 4.

4. Non sans raison l'on a reproché à ce règlement d'avoir, dans son ensem-

Pour garantir, par une assurance, le paiement des annuités d'amortissement restant à échoir au moment du décès, sans pouvoir dépasser un certain maximum, il suffit d'adresser une proposition au directeur général de la Caisse des Dépôts et Consignations.

Ce maximum est pour les immeubles situés dans une commune de 1.000 habitants et au-dessous, de 2.300 fr.; de 3.900 fr., et 4.400 fr., si la commune a de 1.001 à 5.000 habitants ou de 5.001 à 30.000; il est de 5.700 fr., 7.700 fr., et 9.700 fr., pour les communes situées dans un rayon de 40 kilomètres autour de Paris ou pour les communes ayant une population soit de 30.000 à 200.000, soit de 200.000 et au-dessus ou s'il s'agit de Paris.

À l'appui de sa demande [1] le futur assuré doit joindre certaines pièces indispensables: un extrait de son acte de naissance; l'engagement de répondre aux questions et de se soumettre aux constatations médicales qui seront prescrites par les polices; une déclaration affirmant qu'il ne possède aucune autre maison et que celle en vue de laquelle il veut contracter une assurance rentre dans les limites prévues par l'art. 6 de la loi; le contrat d'acquisition ou de prêt passé soit avec une Société de construction ou de crédit, soit avec un particulier.

Le contrat d'acquisition ou de prêt devra indiquer le nombre, les dates d'échéance et le montant des annuités d'amortissement dont l'assurance devra garantir le paiement en cas de décès, ainsi que le taux de l'intérêt.

Datée et signée par le proposant, ou revêtue par le préposé de la Caisse des Dépôts et Consignations d'une mention énonçant que le pro-

de la sécurité et de la régularité nécessaires des opérations effectuées par une Caisse de l'État, organisé toute une série de formalités assez compliquées. Il est vrai que les intéressés ont un moyen commode de se dégager des difficultés administratives qui, il est à craindre, rebuteraient souvent: les Sociétés de construction et de crédit sont autorisées à transmettre les propositions d'assurance et à servir d'intermédiaire entre les assurés et la Caisse pour toutes les opérations ultérieures. La Société est plus à même de remplir les formalités qui pourraient être très pénibles pour la plupart des acquéreurs. De son côté, la Caisse aime mieux traiter avec une collectivité bien organisée que d'avoir affaire à un grand nombre de clients très modestes et très peu familiers avec le mécanisme administratif. En Belgique la Caisse ne connaît en fait que les sociétés. » Auxière: Les habitations à bon marché (lois du 30 novembre 1894, et du 31 mars 1896), discours de rentrée à la Cour d'appel de Limoges, Limoges, 1897, p. 39.

1. Les propositions d'assurances peuvent être transmises, soit par les Comités des habitations à bon marché, soit par les Sociétés de construction ou de crédit. Ces Comités ou Sociétés pourront également servir d'intermédiaire entre les assurés de la Caisse d'assurance pour toutes les opérations ultérieures. Les propositions d'assurances, les polices définitives et les versements de primes sont reçus à la direction générale de la Caisse des Dépôts et Consignations à Paris; chez les trésoriers payeurs généraux et les receveurs particuliers des finances dans les départements et en Algérie. Les propositions sont également reçues par les percepteurs des contributions directes. Sur la demande faite par l'assuré au directeur général, les percepteurs peuvent être autorisés à recevoir les polices définitives et à encaisser les primes.

posant ne sait ou ne peut signer, la proposition d'assurance accompagnée des pièces produites à l'appui est transmise sans délai par le
préposé qui l'a reçue, à la Direction générale de la Caisse des Dépôts
et Consignations. Après les vérifications nécessaires, le proposant reçoit avis du montant de la prime unique ou des primes annuelles au
moyen desquelles il pourra garantir le paiement des annuités d'amortissement mentionnées dans le contrat et l'autorisation de se présenter chez le médecin qui devra procéder à l'examen médical. Pour réaliser l'assurance, il est alors fait appel à l'un des médecins visiteurs
de la localité, médecins désignés par le Préfet, assermentés et rétribués
conformément à un tarif fixé par l'Administration. Au jour indiqué, le
proposant qui n'est pas personnellement connu du médecin visiteur,
doit se présenter chez celui-ci, assisté d'un délégué de la Société de
construction ou de crédit, ou de deux témoins imposés au rôle des
contributions directes de la commune, qui attesteront l'identité du
proposant sur le questionnaire destiné à recevoir les résultats de l'examen du médecin.

Après le départ de ces témoins, le médecin tout d'abord interroge le
futur assuré ; il consigne les réponses par écrit avec communication
donnée à l'intéressé, fait apposer la signature de ce dernier, puis il
procède à l'examen dont les résultats sont mentionnés par lui dans un
document qu'il signe et qu'il adresse, avec les autres pièces, au directeur général de la Caisse des Dépôts et Consignations, lequel a seul
qualité pour refuser l'assurance ou l'accepter. Dans le premier cas, il
informe le proposant de son refus, qui ne doit jamais être motivé.
Dans le second cas, il transmet au comptable qui a reçu la proposition
d'assurance la police définitive en double expédition, et un extrait de
cette police qui servira au paiement des primes.

Indépendamment des nom, prénoms, profession et domicile de l'assuré ainsi que du lieu et de la date, la police mentionne la durée de
l'assurance, la prime unique ou les primes annuelles que l'assuré devra payer aux dates fixées par le contrat, et le montant après chaque
échéance d'amortissement de la somme que la Caisse aurait à payer en
cas de décès de l'assuré ; elle indique également que l'assurance doit
profiter soit aux ayants-droits de l'assuré, soit à un bénéficiaire ainsi
désigné. Enfin elle porte l'engagement réciproque pris par l'assuré
d'acquitter les primes aux dates convenues, et par la Caisse d'assurance
en cas de décès représentée par le directeur général de la Caisse des
Dépôts et Consignations, d'effectuer le paiement des sommes assurées
en se conformant, de part et d'autre, aux conditions particulières du
contrat et aux conditions générales imprimées dans la police.

Les deux expéditions de la police sont signées par l'assuré qui devra faire élection de domicile à Paris [1].

1. Si l'assuré ne peut ou ne sait signer, il en est fait mention sur les deux

Afin de supprimer toute possibilité de contestation sans nul doute, il est décidé expressément que le bénéficiaire désigné peut donner son acceptation lors de la signature de la police; qu'à cet effet il suffit d'inscrire sur les deux expéditions de cet acte la mention : « Vu et accepté, le *bénéficiaire* » accompagnée de sa signature.

Comme d'usage, le contrat d'assurance produit son effet à partir du paiement de la première prime ou de la prime unique, suivi de la signature de la police par l'assuré ou par son mandataire spécial, alors même que l'assuré viendrait à décéder dans les deux ans du contrat.

L'assurance peut être contractée ou bien au moyen d'une prime unique, ou encore au moyen de primes annuelles décroissantes, proportionnelles au risque de chaque année, ou enfin au moyen de primes annuelles constantes à payer pendant une partie de l'assurance et dont le montant ne devra pas être inférieur au risque de la première année. Dans tous les cas, l'échéance des primes devra être fixée de manière à ne reporter le paiement d'aucune d'elles après l'âge de 65 ans.

Les primes annuelles autres que la première sont acquittées chaque année à l'échéance fixée dans la police [1].

Dans l'application des tarifs la prime est fixée d'après l'âge de l'assuré à l'échéance de la prime. L'assuré est considéré comme ayant à cette échéance son année d'âge accomplie plus une demi année.

Les primes peuvent être acquittées par les Sociétés de construction ou de crédit bénéficiaires de l'assurance et par toute personne munie de l'extrait de la police remis à l'assuré en vue du payement des primes [2]. Le seul fait que la prime n'a pas été acquittée ne rend pas le

---

expéditions de la police par le préposé de la Caisse des Dépôts et Consignations.

1. Il est loisible à l'assuré de convertir à toute époque ses primes annuelles décroissantes ou constantes en une prime unique. Pareillement l'assuré est en mesure de convertir ses primes annuelles décroissantes ou primes constantes, sans que le montant puisse être inférieur au risque de l'année dans laquelle aura lieu la modification du contrat.

Ces modifications sont constatées par un avenant à la police d'assurance.

2. La Société ou le mandataire verbal qui effectue simultanément des versements de primes altérentes pour le compte de plusieurs assurés produit un bordereau nominatif donnant le détail des primes versées.

Le versement de chaque prime, effectué soit à la Caisse des Dépôts et Consignations, soit chez les trésoriers payeurs généraux et les receveurs particuliers, en France, soit chez les trésoriers payeurs et payeurs particuliers, en Algérie, est constaté par un récépissé à talon délivré par le comptable qui reçoit le versement.

Lorsque le versement doit être opéré entre les mains d'un percepteur autorisé à cet effet, le directeur général de la Caisse des Dépôts et Consignations transmet un titre de perception à ce comptable.

Le percepteur ne peut faire aucun encaissement de prime sans être muni de ce titre de perception.

Le versement de chaque prime effectué dans ces conditions est constaté par une quittance extraite du Journal à souche

Le paiement des primes peut également être fait à la Caisse des dépôts et

contrat nul : il n'en est ainsi que lorsque le paiement n'a pas eu lieu dans les trois mois. Tant que ce délai n'est pas écoulé le contrat est encore subsistant, l'assuré toutefois devant les intérêts de retard au taux de 4 0/0 à partir de l'échéance. Mais à l'expiration du délai, après un laps de quinze jours, à la suite d'une mise en demeure restée sans effet le contrat est résolu de plein droit. En ce cas, si l'assurance a été contractée au moyen de primes annuelles constantes, les versements de la part afférente aux risques courus sont ramenés à une prime unique garantissant le paiement d'une somme dont le montant est calculé d'après les bases du tarif en vigueur à la date de la signature du contrat primitif et pour la période de temps restant à courir.

La sincérité dans les déclarations est garantie par une sanction : toute réticence, toute fausse déclaration de la part de l'assuré, soit dans la proposition d'assurance, soit dans les réponses faites au médecin visiteur et qui serait de nature à atténuer l'importance du risque ou à tromper sur l'identité de l'assuré, entraînent l'annulation de l'assurance, sans préjudice des poursuites qui pourraient être exercées conformément aux lois pénales. Seulement le tempérament généralement admis est accepté pour la combinaison spéciale dont il s'agit. Dans le cas où l'assurance est annulée pour réticence ou fausse déclaration, la portion des primes versées afférente aux risques postérieurs à la date d'annulation du contrat est remboursée sans intérêts à l'assuré en présence du bénéficiaire de l'assurance, s'il y a lieu.

En cas de résiliation du contrat de vente ou de libération anticipée des annuités souscrites, l'assuré peut obtenir la résiliation de son assurance et le paiement d'une somme égale à la valeur de la portion des primes antérieurement payées qui étaient afférentes aux risques postérieurs à la date de la résiliation. Ce paiement est effectué sur la quittance collective de l'assuré, et, s'il y a un bénéficiaire désigné, du bénéficiaire de l'assurance ou de ses ayants-droit.

En cas de décès de l'assuré, les annuités restant à échoir sont payées à ses ayants-droit ou au bénéficiaire désigné sur la production du double de la police, de l'acte de décès de l'assuré et d'un certificat de médecin constatant le genre de maladie ou d'accident auquel l'assuré aurait succombé [1].

Ainsi que la nature même des choses le veut, le contrat est sans effet en cas de décès dû à un suicide, à un duel à ou une condamnation judiciaire. Seulement les primes versées, augmentées des intérêts simples calculés au taux du tarif, sont remboursées aux ayants-droit dans les conditions indiquées précédemment.

et consignations, au moyen de mandats-poste transmis par les intéressés. Il en est délivré un récépissé à talon.
1. Outre ces pièces, les ayants-droit de l'assuré ont à produire un certificat de propriété délivré dans les formes et suivant les règles prescrites par l'art. 6 de loi du 28 floréal an VII.

L'assuré ou le bénéficiaire peut céder ou transporter tout ou partie du capital assuré, mais il est absolument tenu d'avoir recours à l'acte notarié. D'autre part, tout acte de cession ou transport, ou tous autres actes ayant pour objet de mettre opposition au paiement des sommes assurées, doit être signifié à l'assureur ou à la personne du directeur général de la Caisse des Dépôts et Consignations à Paris. En outre, et ceci est essentiel, la cession du bénéfice de la police d'assurance ne pourra être faite qu'au profit de la Société de construction ou de crédit, lorsque cette clause sera insérée dans l'acte de promesse de vente joint à la proposition d'assurance en vertu de l'article 13.

Il va de soi que les sommes dues à raison des opérations sont payables à Paris dans les bureaux de l'administration chargée du service des assurances [1]. Ce paiement a lieu sur une autorisation délivrée par le chef du service, en d'autres termes par le directeur général de la Caisse des Dépôts et Consignations à qui la demande doit être adressée, soit par l'intermédiaire des préposés et agents investis du pouvoir de recevoir les propositions.

A en juger par l'exemple de la Belgique [2], cette loi risque d'être féconde en résultats. Bien certainement, elle ne concerne que l'assurance par l'Etat, peut-être même a-t-elle été votée pour fournir des clients à la Caisse d'assurance en cas de décès [3], mais son bénéfice peut être revendiqué par les Compagnies privées. L'ingérence de l'Etat a pu paraître justifiée par l'abstention de l'initiative individuelle ; pourtant comme il n'est créé aucun monopole, rien n'interdit aux Sociétés qui existent ou qui se fonderont d'exploiter cette branche de l'assurance populaire [4].

1. C'est-à-dire à Paris à la Caisse des Dépôts et Consignations, dans les départements, en Algérie chez les trésoriers payeurs généraux et les receveurs particuliers des finances.

Les registres matricules et les comptes individuels des assurés sont tenus à la direction générale de la Caisse des Dépôts et Consignations qui conserve le double des polices d'assurances et les pièces produites à l'appui soit des propositions, soit des polices.

2. La Caisse d'assurances fondée en exécution de la loi de 1889, a dit M. Biancourt dans son rapport au Sénat le 11 juillet 1893, a commencé à fonctionner le 1er septembre 1891. Depuis cette date jusqu'à la fin de 1892, 19 Sociétés anonymes et une Société coopérative ont usé de la faculté qui leur était donnée et ont souscrit pour leurs membres 490 contrats d'assurance pour la somme de 1,279,996 fr., soit une moyenne de 2,610 fr. par contrat, pour des durées variant de 10 à 25 ans.

3. A vrai dire, les débuts du fonctionnement de la loi ne sont ni satisfaisants, ni encourageants. Durant toute l'année 1896 la Caisse d'assurance en cas de décès n'a reçu aucun contrat temporaire en exécution de la loi du 30 novembre 1894.

Il faut ajouter que si la loi du 20 juillet 1895, a autorisé les Caisses d'épargne à faire des prêts hypothécaires aux Sociétés de construction d'habitations à bon marché, les résultats n'ont rien de satisfaisant ; c'est à peine si à la fin de l'année 1897, 4 Caisses d'épargne avaient fourni ensemble une somme de 169,276 fr.

4. V. Anzière : *Les habitations à bon marché (lois du 30 novembre 1894 et 31 mars 1895)*, discours de rentrée à la cour de Limoges, Limoges, 1897 p. 37 ; Cheys-

Si le principe sur lequel repose la loi est bon, la mise en pratique des dispositions votées par le législateur n'en appelle pas moins l'attention la plus sérieuse[1].

En premier lieu, il est certain que toutes les formes d'assurance ne sont pas admises; le recours à l'assurance mixte est interdit. Il n'y a de possible que l'assurance temporaire ayant pour but de garantir, à la mort de l'assuré, si elle survient dans la période d'années déterminée au contrat, le paiement des annuités restant à échoir[2].

son : *Rapport au Congrès des habitations à bon marché à Bordeaux, sur l'assurance sur la vie et les habitations à bon marché* (*L'Assurance moderne*, 30 avril 1896.)

La loi du 30 novembre 1894 s'applique non seulement aux établissements charitables désireux d'employer, sous le contrôle de l'autorité, une fraction déterminée de leur patrimoine à la construction de maisons à bon marché, ainsi qu'à toute personne voulant construire une habitation à bon marché mais aussi aux Sociétés de crédit ayant pour objet de faire des prêts en vue de la construction ou de l'achat d'immeubles destinés à des habitations ouvrières et aux Sociétés immobilières ou de construction tendant à construire, acheter, vendre ou louer des habitations destinées aux classes laborieuses.

En Angleterre les *Building Societies* font l'office de Sociétés de crédit puisqu'elles prêtent à leurs membres les fonds qui leur sont nécessaires pour construire eux-mêmes leurs habitations, la restitution du prêt étant garantie par une hypothèque grevant la maison construite et le remboursement s'effectuant par annuité; leur nombre s'élève à 3,730 avec 637,635 membres et des ressources atteignant (en 1895) 750 millions de francs. Aux États-Unis, le même système a prévalu; le nombre des *Cooperative Building Societies* est évalué à 3,500 et leur fortune à 1 milliard et demi de francs. En Belgique, les Sociétés de crédit ont emprunté à la Caisse d'épargne 18,196.084 fr. 80 et les Sociétés de construction 1,590,977 fr. 50.

Le développement des Sociétés de crédit peut s'expliquer de bien des façons. D'abord la Société de crédit ne s'adresse qu'à l'ouvrier ayant déjà un certain capital, par conséquent ayant fait ses preuves d'ordre et d'économie; en second lieu, elle laisse à l'ouvrier toute latitude pour la disposition de sa maison, quitte à donner d'utiles renseignements; d'autre part, la Société de crédit n'a pas la charge des réparations; enfin, et ceci paraît déterminant, la Société de crédit ne demande qu'une organisation sociale très rudimentaire; tandis que la Société de construction a des contrats de toute espèce, des entreprises pour l'eau, le gaz, la voirie, des opérations multiples destinées à assurer le bon fonctionnement et la bonne organisation de ses groupes d'habitations, la Société de crédit ne comporte que quelques livres, l'étude des dossiers de prêts qui lui sont demandés, en un mot une bonne comptabilité et de l'ordre dans ses affaires.

En France la faveur ne va pas du côté des Sociétés de crédit. Depuis 1894 jusqu'à 1898 24 Sociétés ont demandé l'approbation de leurs Statuts; toutes sont des Sociétés de construction ou immobilières. Il faut ajouter que les 38 Sociétés qui se refusent à faire approuver leurs Statuts et qui se placent ainsi sous le régime de la liberté sont des Sociétés de ce genre. On peut même se demander à l'heure actuelle s'il existe une Société de crédit pour la construction de maisons ouvrières. — Delcroix : *loc. cit.*, p. 16 à 19.

1. Cf. sur l'insuffisance et les défauts de cette loi ce que dit M. Droulers. (*La loi du 30 novembre 1894 relative aux habitations à bon marché*, Paris, 1898); cet auteur reconnaît cependant qu'amendée et perfectionnée la loi de 1894 pourrait donner de bons résultats.

2. Cf. Note, S. 95, 4, 1016.

M. Cheysson (*loc. cit.*) a mis en lumière ce fait que les tarifs belges seraient plus avantageux que les tarifs français; il y aurait une différence de 15 à 25 0/0 due à l'emploi de la Table de Deparcieux et à un chargement de 6 0/0.

La prime, même ramenée à d'autres proportions, n'excède-t-elle pas les

D'autre part, le règlement d'administration publique semble préoccupé avant tout de la sécurité et de la régularité des opérations effectuées par une Caisse de l'État, qui n'a pas le droit de courir des dangers, et qui doit obéir aux traditions et aux règles administratives. De là des complications inévitables, mais qu'il est permis de regretter. En effet, il s'agit ici de combinaisons neuves et délicates, avec lesquelles le public français n'est pas encore familiarisé, et dont on court risque de l'éloigner si, au lieu de lui en faciliter l'accès, on les hérisse de formalités décourageantes. Bien certainement l'on a voulu simplifier dans une large mesure les formalités. C'est ainsi que le décret du 1895 a autorisé le paiement des primes à l'aide de mandats-poste transmis par les intéressés au directeur de la Caisse des Dépôts et Consignations. Néanmoins le règlement reste encore par trop compliqué. Fort heureusement il met à la disposition des intéressés un moyen qui facilite singulièrement en fait l'application de l'assurance: c'est l'interposition des Sociétés de construction et de crédit entre les assurés et la caisse de l'État.

La loi de 1894 ne parle que des *assurances individuelles* et elle n'autorise pas la Caisse à traiter directement avec les Sociétés dont il vient d'être parlé. Mais, tandis que la loi du 11 juillet 1868 limite la cession du capital à moitié sans que la partie incessible puisse descendre au

facultés contributives de l'ouvrier? Comme il a déjà beaucoup de peine à payer l'annuité comprenant l'annuité et l'amortissement pourra-t-il supporter l'aggravation qui correspond à l'assurance?

Telle est la question qu'examine M. Cheysson (*loc. cit.*), dont les remarques sont à retenir.

Tout d'abord, semble-t-il, on peut songer à l'intervention bénévole de la Société de construction ou de crédit appliquant à cette assurance une partie de ses réserves ou bien à celle d'un prêteur réduisant le taux d'intérêt de son prêt de façon que cette réduction puisse compenser les frais de l'assurance, ou encore à l'action soit du patron, soit de membres honoraires se groupant en vue de soulager les assurés de tout ou partie de cette charge. En dehors de ces interventions extérieures, l'assuré pourra lui-même le plus souvent parer à ces charges de prévoyance, en y consacrant toutes les recettes supplémentaires venant à lui échoir, telles que les sommes successorales, les gratifications, les bons des Sociétés de coopération, ceux de la participation aux bénéfices. D'autre part, il est encore possible de maintenir le taux de l'annuité en allongeant la période de l'assurance. En effet, il en coûte à peu près la même annuité pour amortir une somme en 17 ans, y compris l'assurance, que pour l'amortir en 15 ans sans cette assurance. Cet allongement de délai cesse d'être inquiétant du moment où la famille est assurée contre les conséquences matérielles de la mort de son chef.

Un locataire qui entreprend cette longue campagne, dont le terme est la possession de la maison, a, dès lors, à se demander s'il vaut mieux pour lui, donner pour une période de 15 ans, sauf à mourir en route et à tout compromettre par sa mort, ou, au contraire, allonger cette période de 2 ans, mais en revanche acquérir la certitude que, quoi qu'il advienne, l'œuvre ne sera pas interrompue, et que la mort elle-même, loin de stériliser tant d'efforts, ne fera que consacrer la libération immédiate et définitive de la maison entre les mains de la famille. En face de cette alternative quel prudent et prévoyant hésiterait à préférer la solution qui conjure l'éventualité de sa mort prématurée?

dessous de 600 fr., la loi du 30 novembre 1894 permet de céder la totalité de ce capital. Cette faculté peut être pour l'assuré la source d'un véritable danger en l'exposant, dans un moment de détresse, mauvaise conseillère, à écouter les suggestions perfides des hommes d'affaires, à devenir leur proie et à leur céder à vil prix la police, c'est-à-dire la garantie de sa famille et de son prêteur. En revanche, à la condition d'être bien employée, elle confère de précieuses facilités pour le transfert des droits de l'assuré à la Société, qui s'est donné la tâche de l'acheminer graduellement vers la possession de son foyer [1].

Dans les actes de promesse de vente, dans le cahier des charges, en un mot dans tous les contrats que passe chacune des Sociétés de construction et de crédit avec ses locataires acquéreurs, elle doit être désignée comme bénéficiaire de l'assurance. De cette façon, en cas de décès de l'assuré avant l'époque fixée pour sa libération, la famille deviendra immédiatement propriétaire quand la Société de construction ou de crédit aura été remboursée du solde de sa créance.

La loi ne remplirait évidemment pas son but, si l'assurance pouvait être faite au profit d'un tiers bénéficiaire, en faveur d'une personnalité autre que la Société de construction ou de crédit [2]. Si le décret portant règlement d'administration publique ne prescrit pas et n'a pas à prescrire la convention, ceci regardant les parties seules, quand cette dernière a été conclue il doit le faire respecter. C'est ce que fait le décret quand il décide expressément que la cession du bénéfice de la police d'assurance ne peut être faite qu'au profit de la Société de construction ou de crédit lorsque cette clause est insérée dans l'acte de promesse de vente joint à la proposition d'assurance [3]. Cette interposition de la Société cessionnaire n'offre que des avantages. Vis-à-vis de l'assuré, elle lui évite les formalités dont la Société se charge. Au regard de la Caisse, elle la place en face d'une collectivité bien organisée et substituée à un grand nombre de clients fort modestes et très peu familiers avec le mécanisme administratif.

Tout concourt à désirer que les Sociétés soient les bénéficiaires et les mandataires des locataires acquéreurs. C'est avec raison que l'Administration autorise les Sociétés dont il s'agit à transmettre les propositions d'assurance et à servir d'intermédiaire entre les assurés et la Caisse d'assurance pour toutes les opérations ultérieures. Cette intervention des Sociétés permet, d'autre part, de résoudre le grand problème relatif à l'espacement des primes.

1. Cheysson : *Rapport au Congrès des habitations à bon marché à Bordeaux sur l'assurance sur la vie et les habitations à bon marché* (*L'Assurance Moderne*, 30 avril 1896, p. 89).
2. V. le travail de M. J. Challamel sur *Le nouveau régime successoral inauguré par la loi du 30 novembre 1894 sur les habitations à bon marché*. (*La Réforme sociale*, 15 février 1895.)
3. Cheysson : *loc. cit.*

La Caisse a incontestablement intérêt à n'avoir qu'une échéance par an, sous peine de multiplier ses frais d'écritures et de recouvrements. De son côté, l'assuré a intérêt, non pas à se libérer en une fois, mais, au contraire, à diviser la prime en quatre fractions; le désir qu'il peut avoir se conçoit, du reste, puisque d'une façon générale c'est tous les trois mois que s'acquittent les annuités. En intervenant entre la Caisse et l'assuré, la Société de construction peut combiner l'échéance trimestrielle de l'annuité avec le paiement annuel de la Caisse d'assurance. Elle sert ainsi de régulateur ou de « volant » à cette opération, au profit de tous les intéressés [1].

A l'étranger l'assurance sur la vie est appliquée de longue date à la réforme des logements ouvriers.

En Allemagne, lorsque l'on a vu des associations composées d'ouvriers ou d'artisans se grouper afin de réunir en vue de la construction de maisons dont pouvaient se rendre acquéreurs des ouvriers et artisans au moyen de cotisations hebdomadaires, quand on a constaté que les capitalistes n'avaient qu'à gagner à prêter de l'argent sur des obligations émises par l'association et gagées par le terrain et les immeubles [2], il s'est fondé des Sociétés qui, grâce à une police d'assurance sur la vie qu'elles procurent elles-mêmes (souvent avec un rabais sensible sur les tarifs en vigueur), offrent au contractant de

---

1. Anzière : loc. cit. ; Cheysson ; loc. cit.

Dans son très remarquable rapport qui constitue un excellent commentaire technique de la loi du 30 novembre 1894, ce savant spécialiste établit également que l'intervention des Sociétés de construction ou de crédit résout cette grave question du nivellement des primes.

Le législateur, on l'a vu, n'autorise que la prime temporaire; or, les risques de cette assurance temporaire sont décroissants puisque tous les ans le nombre des annuités à garantir diminue d'une unité; la prime commence donc par son maximum et décroît d'année en année jusqu'à s'annuler à la fin du contrat. Cette décroissance est un inconvénient réel et peut être un obstacle à l'extension de cette assurance, en ce qu'elle impose, au début, les sacrifices les plus élevés; d'autre part, à la prime décroissante la Caisse permet à ses abonnés de substituer soit une prime unique, soit une prime constante, cette dernière *dont croissante*, et, dès lors, s'appliquant à une partie seulement de la période. Dans cette combinaison on paierait ce maximum pendant 12 ans, par exemple, et pendant les 8 années qui complètent la période de 20 ans, on n'aurait plus de prime à payer. Ce qui est incontestablement préférable c'est le nivellement de la prime. Seulement la Caisse de l'État ne saurait y consentir parce qu'au début elle toucherait moins que le prix du risque; de là un découvert, une *réserve négative* qui l'exposerait à une perte au cas où l'assuré viendrait à interrompre ses versements, au lieu de les continuer jusqu'au bout. La Société de construction ou de crédit peut alors intervenir : si elle substitue à son amortissement fixe un amortissement croissant, il est facile de combiner la loi de cet accroissement de telle sorte que le total de cet amortissement croissant et de la prime décroissante devienne une annuité constante. Grâce à cette intervention, tous les intérêts sont satisfaits : la Caisse de l'État touchera sa prime décroissante, comme l'exige sa sécurité; mais, de son côté, le locataire versera tous les trois mois une somme constante, comme le veut la pratique de ce genre d'opérations.

2. V. Raffalovich : *Les Sociétés de construction à l'étranger*, Rapport au Congrès de la propriété bâtie de France tenue à Lyon en 1894 ; Lyon, 1894, p. 11.

bâtir une maison sur un plan à son choix et d'une valeur égale au montant de l'assurance [1].

La même idée a été pratiquée en Autriche. Des entrepreneurs ont constitué une association ayant pour tâche de faciliter, par la voie du contrat d'assurance, aux personnes de la classe moyenne l'acquisition d'une maison de famille avec ou sans jardin, dans des conditions telles que le chiffre annuel des primes à payer ne dépasse que très peu le montant d'un loyer annuel. Toute personne qui veut acquérir une propriété dans ces conditions peut le faire au moyen d'une assurance sur la vie. Elle a à verser une somme de 15 0/0 sur le prix d'achat, plus l'intérêt du capital de ce prix et une légère cote d'amortissement. Elle contracte donc une assurance sur la vie pour le montant de ces sommes réunies et dans des circonstances telles qu'elle n'aura à payer que des primes inférieures de moitié aux primes normales, attendu que l'assurance n'a jamais à couvrir que le restant non encore amorti du prix d'achat [2].

En Belgique, là où de longue date il a été fait les efforts les plus méritoires pour la réforme des logements ouvriers [3], l'assurance ouvrière ou populaire a été organisée par la loi du 9 août 1889 relative aux habitations ouvrières [4]. Cette loi (art. 8) a autorisé la Caisse générale d'épargne et de retraite [5] à traiter des opérations d'assurance

1. Nous avons précédemment relevé le concours que des Sociétés allemandes ont cru pouvoir demander à l'assurance sur la vie en vue de l'amélioration des logements ouvriers. V. ce Traité, T. I. p. 13, note 2.

2. Hamon : Histoire de l'assurance, p. 575.

3. V. L. d'Andrimont : Des institutions et des associations ouvrières de la Belgique, Bruxelles, 1871, p. 68 etc.

4. Annuaire de législat. étr., 1889, p. 539.

5. Ce qui caractérise la législation belge, comme le fait justement observer M. Delacroix (loc cit., p. 12), c'est que la même institution, la Caisse générale d'épargne, au moyen de comptabilités distinctes, d'une part, joue le rôle de prêteur et fournit les capitaux en grande partie nécessaires au fonctionnement des Sociétés de construction et des Sociétés de crédit, et, d'autre part, constitue une véritable Compagnie d'assurances sur la vie.

Il y a là un double fonctionnement qui, dans la pratique, donne des résultats de promptitude et d'économie véritablement remarquables.

Si l'ouvrier s'assure, l'intérêt du capital emprunté est majoré de la prime, mais se divise en douzièmes et vingt-quatrièmes ou en cinquante-deuxièmes, suivant le système des paiements périodiques prévu et accepté (Meerens : Étude pratique sur les habitations ouvrières en Belgique, Bruxelles, p. 32).

Pour citer un exemple : soit un ouvrier débiteur de 1,800 f. âgé de 24 ans et se libérant en 25 ans. Assurance comprise, il devra payer 2 f. 54 par semaine; la cotisation sera de 2. 25; la majoration est donc de 32 centimes. Un ouvrier débiteur de la même somme de 1,800 f. âgé de 40 ans, se libérant en 25 ans : Assurance comprise, il devrait payer 2 f. 72 par semaine; sans assurance 2 f. 22 ; la majoration est donc de 50 centimes. Un ouvrier, âgé de 50 ans, débiteur de 1,800 fr. se libère en 10 ans ; il paiera par semaine 4 f. 27 sans assurance, et avec assurance 4 f. 92, la majoration est de 65 centimes. Ainsi l'ouvrier est couvert par une assurance réglementée avec la plus stricte économie, et s'il vient à décéder avant l'époque de sa libération, il laisse sa maison libre et quitte de toutes charges à ses enfants.

En effet le décès de l'ouvrier survenant avant l'échéance déterminée pour

mixte ayant pour but de garantir le remboursement à une échéance déterminée ou à la mort de l'assuré, si elle survient avant cette échéance, des prêts consentis pour la construction ou l'achat d'une habitation, l'autorité royale étant chargée de sanctionner les conditions générales ainsi que les tarifs de ces assurances [1].

Nul ne saurait le contester, une pareille disposition est digne de remarque, non seulement parce qu'elle contribue à faciliter l'acquisition même de la propriété le jour où il y a prise de possession mais encore et surtout parce qu'elle exige des habitudes morales dont l'extension est absolument désirable. Il faut en effet que l'ouvrier ait déjà par devers lui quelques centaines de francs d'économies représentant le quart et le cinquième du prêt de la maison qu'il veut acquérir, qu'il se trouve en mesure, pour le surplus, d'emprunter à la Caisse d'épargne, de souscrire une assurance payable à lui-même s'il survit un certain nombre d'années (15 ou 20 ans par exemple) ou payable à ses héritiers s'il meurt avant ce temps [2].

L'avantage de la combinaison est réel. En exécution du double contrat dont il vient d'être parlé l'ouvrier payera *l'intérêt* sur l'emprunt et la *prime* sur la police et de toute façon, qu'il meure ou qu'il survive, il aura complètement acquitté sa dette, laissant à ses héritiers ou gardant pour lui-même un immeuble quitte et libre de toutes charges.

Un ouvrier voulant se rendre acquéreur d'une somme de 2000 fr. et possédant 400 fr. d'épargne empruntera, pour parfaire le prix d'achat, la somme de 1,600 fr. et de ce chef au taux de 4 0/0 il sera tenu de payer un intérêt annuel de 64 fr. En même temps il contractera une police d'assurance mixte aux termes de laquelle la Caisse d'épargne s'engagera à lui payer ou à payer à ses héritiers les 1,600 fr. destinés à la rembourser elle-même de l'avance qu'elle aura faite;

sa libération rend immédiatement exigible la somme qui fut l'objet de l'assurance. Le contrat d'assurances lui-même suppose trois parties et se précise ainsi : 1° *l'assureur*, la Caisse générale d'épargne ; 2° *l'assuré*, l'ouvrier constructeur ou emprunteur ; 3° le *bénéficiaire*, la Société de construction de crédit.

1. En Belgique, dit M. Deberolx (*loc. cit.*, p. 4 et 9), à la date du 31 décembre 1897, la Caisse générale d'épargne avait avancé 18,196,084 f. 86 c. à 84 Sociétés de crédit et 1,509,977 f. 50 à 20 Sociétés immobilières constituées en vue des habitations ouvrières. Ces 104 Sociétés ayant en moyenne un capital de 40,000 à 100,000 f., leur capital total représente environ 9 millions, dont 1 million effectivement versé et 8 millions restant dûs par les associés. Cette somme (prêtée soit à 2 1/2 0/0 soit à 3 0/0) n'est nullement aventurée; elle est garantie non seulement par le total des prêts hypothécaires (18,749,950 f. 95 c.), par les dépôts en comptes courants (1,434,402 f. 30) et les dépôts sur livrets d'épargne (89,243 f. 99), ou les soldes en caisse (123,614 f. 78 c.), mais aussi par le total des capitaux souscrits et non encore versés (8,634,730 f.) et les valeurs acquises par les polices (1,552,718 f. 98 c.), c'est-à-dire au total par une somme de 29,963,408 f. 61 c.

2. Challamel : *Étude sur les habitations à bon marché en Belgique et en France* (*Bull. de la Soc. de législat. comp.*, T. XXIV, 1894-95, p. 173).

CONTRAT D'ASSUR. SUR LA VIE. — T. IV.   13

la prime annuelle, si l'ouvrier est âgé seulement de 30 ans, et que l'opération doive durer 20 années, sera de 69 fr. 12, soit au total, une annuité de 133 fr. 12; chiffre notablement inférieur au montant d'un loyer ordinaire [1].

En exécution de la loi du 9 août 1889, un Arrêté royal du 6 juillet 1891 a organisé à la Caisse générale une Caisse d'assurance, chaque établissement ayant, du reste, son compte de capitaux parfaitement distinct [2].

Le calcul des primes d'assurance a pour base un tarif annexé à l'Arrêté royal du 6 juillet 1891. Il y est tenu compte:

a — de l'intérêt composé à 3 0/0 l'an;

b — des chances de mortalité calculées d'après la table dite *English Life Table* n° 3 (*Males*), publiée par W. Farr en 1864;

c — d'un chargement de 3 0/0; les deux tiers du chargement doivent être versés à la Caisse d'épargne à la fin de chaque année; moyennant cette rétribution la Caisse d'épargne supporte les frais d'administration de la Caisse d'assurance; le tiers restant appartient au fonds de réserve de la Caisse d'assurance [3].

Les polices sont souscrites sur la tête de leurs débiteurs (*assurés*) par des créanciers (*preneurs d'assurance ou bénéficiaires*) du chef de prêts pour construction ou achat d'habitation. L'assurance est conclue moyennant une prime annuelle et temporaire payable par anticipation et exigible par le seul fait de la vie de l'assuré à l'époque de chaque échéance. Le preneur d'assurance et la personne à assurer

1. Challamel: *op. cit.*, p. 174 et 175.
2. Le règlement et le tarif dressés en 1891 ont été publiés dans le *Bulletin de statistique et de législation comparée du Ministère des finances*, novembre 1892, p. 532 à 535. Dans son travail sur *L'assurance mixte et les maisons ouvrières* (*Bullet. de la Soc. fr. des habitat. à bon marché*, 1893, n° 3 et tirage à part, Paris, 1889), M. Cheysson a donné un excellent commentaire de l'art. 9 de la loi belge.
3. Pour un assuré dont l'âge initial est de 35 ans, les primes annuelles de l'assurance mixte de 1000 fr., d'après ces tarifs, sont les suivantes:

Durée du contrat de 10 ans . . . . Fr. 93,49
  — 15 ans 60,92
  — 20 ans 45,30
  — 23 ans 36,53

Ces chiffres comprennent, à la fois, l'assurance temporaire en cas de décès de l'amortissement. Pour en dégager le premier élément il faut donc en retrancher le second.

Si pour la durée de 20 ans, par exemple, on déduit de la prime de 45 fr. 30 c. l'amortissement à 3 0/0, lequel est de 36 fr. 13 c., on trouve que la prime pour l'assurance seule est de 9 fr. 17 c., ou de 0,92 0/0. La plus value du sacrifice à imposer au locataire acquéreur, par l'assurance, est donc inférieure à 1 0/0 du montant du capital assuré. Comme l'annuité, comprenant le loyer, l'amortissement, les frais généraux et d'administration, atteint 8 à 9 0/0, l'assurance ne l'augmente guère que d'un dixième d'après le tarif belge. C'est une aggravation légère, en regard de l'inappréciable bienfait de la sécurité qui en résulte pour l'acquéreur. — Cheysson: *Rapport au Congrès des habitations à bon marché à Bordeaux sur l'assurance sur la vie et les habitations à bon marché* (*L'Assurance moderne*, 30 avril 1896, p. 91).

signent ensemble, chacun en ce qui le concerne, une déclaration qui doit notamment renseigner sur les noms, prénoms, profession, l'état-civil, le capital à assurer, la désignation du preneur d'assurance (société ou particulier). La déclaration doit, en outre, fournir des indications relatives à l'état habituel et actuel de la santé de la personne à assurer et à ses habitudes. Elle est accompagnée d'un certificat médical, la Caisse pouvant toujours, d'ailleurs, exiger la production d'un certificat supplémentaire signé par un médecin désigné par le directeur général. La déclaration et les certificats médicaux constituent la *proposition* qui détermine la Caisse à accepter ou à refuser l'assurance; ces documents servent de base à celle-ci et font partie intégrante du contrat; en cas de refus la Caisse ne doit pas motiver sa décision.

Le contrat n'a d'effet qu'après le paiement de la première prime. L'*année d'assurance* prend cours au premier jour du mois pendant lequel ce premier paiement a été effectué, et chaque échéance ultérieure de prime correspond au renouvellement de chaque nouvelle année d'assurance.

La prime est indivisible et doit se solder d'avance pour toute l'année d'assurance. Le paiement des primes annuelles doit avoir lieu à chaque échéance ou au plus tard dans le mois de celle-ci. Il s'effectue au bureau d'épargne désigné d'un commun accord; l'agent chargé de l'encaissement enregistre le paiement au livret qui sert de police de la même manière que pour les versements effectués à la Caisse d'épargne.

L'assurance peut être résiliée, avec l'agrément de l'assuré, sur la demande du bénéficiaire de la police. Celui-ci aura droit à la valeur de rachat déterminée ainsi : le capital assuré est réduit dans la proportion du nombre de primes payées au nombre de primes stipulées au contrat, et le résultat est escompté au taux de 3 0/0, pour la période qui sépare la dernière échéance de prime de l'époque fixée pour toucher le capital assuré en cas de vie.

L'assurance est résiliée de plein droit sans sommation judiciaire, ni demande ou formalité quelconque, en cas de non paiement d'une prime dans le mois de son échéance. Le bénéficiaire de la police a droit à sa valeur de rachat déterminée comme il vient d'être dit. Si le bénéficiaire, dans les 5 mois qui suivent le mois de l'échéance, demande la mise en vigueur du contrat, il doit produire une nouvelle déclaration et fournir à ses frais les certificats médicaux qui seront réclamés pour constater l'état actuel de la santé de l'assuré; l'assurance pourra être remise en vigueur moyennant paiement de la prime arriérée, majorée de ses intérêts moratoires à 3 0/0 l'an, et éventuellement restitution de la valeur de rachat augmentée des intérêts calculés au même taux. La décision dépend exclusivement du Conseil d'administration qui n'est pas tenu de la motiver.

Le bénéficiaire de la police est tenu de prévenir le directeur principal de la Caisse de tout changement d'occupation ou de profession propre à exposer la vie ou la santé de l'assuré à un danger qui excède celui qui résultait de la profession indiquée dans la proposition. La résiliation peut en ce cas être prononcée et alors avec remboursement de la valeur du rachat.

Le contrat d'assurance est nul de plein droit sans mise en demeure et toutes les primes perçues sont remboursées ou portées en compte sans intérêt, sous déduction du chargement de 3 0/0 :

A — Si dans la proposition d'assurance ou dans les divers documents qui font partie intégrante du contrat sur la foi desquels celui-ci a été conclu ou remis en vigueur il a été fait par le preneur d'assurance ou par l'assuré de fausses déclarations, même sans mauvaise foi, ou des réticences de nature à diminuer l'appréciation du risque ou à en modifier le caractère ;

B — Si le bénéficiaire de la police a négligé de satisfaire à l'obligation de prévenir du changement d'occupation ;

C — En cas de dé.. à la suite d'excès habituels de boissons ;

D — En cas de suicide ;

E — Si le preneur d'assurance ou celui qui tire profit de l'assurance a été l'auteur de la mort de l'assuré ou a porté à la santé de celui-ci une atteinte de nature à abréger ses jours.

Le décès de l'assuré doit être notifié au bureau d'épargne chargé de l'encaissement des primes dans les 3 mois qui suivent le décès ; il doit être produit en même temps et contre récépissé : 1° le livret police ; 2° une déclaration constatant la profession de l'assuré lors de son décès ; 3° un certificat du médecin traitant déclarant que la mort n'a pas eu lieu à la suite d'excès habituels de boisson ou d'un suicide.

Le capital assuré est payé ou porté en compte au bénéficiaire, à la fin de l'année d'assurance pendant laquelle s'est produit le décès de l'assuré. La liquidation peut avoir lieu par anticipation, moyennant réduction suivant les règles usuelles de l'escompte, calculée au taux de 3 0/0 l'an.

L'organisation créée par la loi du 9 août 1889 a commencé à fonctionner le 1ᵉʳ septembre 1891. Le 31 décembre 1892, en 16 mois, 19 Sociétés anonymes et une Société coopérative avaient usé du bénéfice de la loi et souscrit au nom de leurs membres 490 contrats d'assurance pour 1,279,196 fr., soit en moyenne 2,610 fr. par contrat et pour des durées variant entre 10 à 25 ans [1]. En 1895, quatre ans après, on avait obtenu les résultats suivants : les contrats en cours étaient au nombre de 3,431 pour un capital de 8,382,694 fr., soit une valeur moyenne de 2,445 fr. par contrat ; le montant des primes encaissées

_____

[1] Cheysson : *L'assurance mixte et les maisons ouvrières*, p. 8 et 9.

dans l'année s'élevait à 500,000 fr. Ces résultats sont remarquables en ce sens qu'ils ont été obtenus en 4 années pour une population de 6 millions d'habitants.

Loin de chercher à grandir sans cesse son rôle, la *Caisse générale d'épargne et de retraite* cherche à réduire le sien et semble ne se résigner à l'action directe qu'avec l'espérance de se rendre inutile et de susciter l'initiative privée qui devra la supplanter. Comprenant que la Caisse générale n'était pas investie d'un monopole, les assureurs ont voulu répondre à son initiative. La *Compagnie belge des assurances sur la vie* a pratiqué le système des avances et des assurances pour les maisons à bon marché. Elle prête 60 0/0 de la valeur de l'immeuble, à la condition que l'emprunteur contractera auprès d'elle une assurance mixte. Ces emprunts se font par l'intermédiaire officieux d'une Société coopérative pour la construction des habitations à bon marché. Deux administrateurs sont assimilés en nom personnel aux agents généraux de la Compagnie ; ils touchent une commission lors de l'encaissement de la première prime et un droit de recette annuel ; cette commission ne leur est pas allouée en totalité ; ils n'en retiennent qu'un tiers pour eux et abandonnent les deux autres tiers par parts égales à l'assuré lui-même et à la Société coopérative dont ce dernier tiers viendra accroître la réserve.

L'assureur trouve à cette combinaison les plus sérieux avantages. Les opérations dont s'agit se divisent en deux parties distinctes : la première, l'avance, est le simple prêt hypothécaire sur bâtiments construits ou à construire. Si la maison est déjà construite, la valeur en est appréciée par l'expert de la Compagnie ; si elle est à construire, les plans et devis sont soumis à l'approbation de la Compagnie, qui proportionnera ensuite ses avances à l'avancement des travaux. La Compagnie se procure ainsi un placement sérieux à 4 0/0 de ses fonds disponibles, et la garantie peut être considérée comme de premier ordre.

Sur cette opération de prêts vient se joindre une assurance mixte contractée au taux du tarif en vigueur. Cette assurance donne à l'assuré la sécurité pour le payement de son annuité et la libération de sa maison, alors même qu'il mourrait avant le terme du contrat, et elle a pour effet de charger la Compagnie de se rembourser à elle-même le capital qu'elle a avancé. La combinaison est ainsi deux fois avantageuse pour la Compagnie, d'abord en procurant de bons placements à ses capitaux, ensuite en développant sa clientèle d'assurés et les contrats d'assurances mixtes qui sont en général rémunérateurs. Les résultats obtenus jusqu'ici et les nombreuses demandes qui parviennent à la *Compagnie belge d'assurance générale* pour la conclusion de prêts sur maisons à bon marché prouvent que cette combinaison atteint son but et a su être appréciée par les personnes auxquelles on les destine.

Le moment semble venu pour les Compagnies françaises d'assurances de s'engager sur cet immense domaine où tout est à faire au point de vue tant des avances que des assurances. La baisse du taux de l'intérêt oblige ces Compagnies à rechercher les placements en immeubles. Comme capitalistes et comme assureurs elles ont tout intérêt à « aller au peuple », à opérer dans ces couches profondes, à démocratiser en sa faveur leurs combinaisons et à les tourner surtout du côté de la maison à bon marché, pour y placer leurs capitaux et y recruter des assurés. La Compagnie belge fait cela et s'en trouve bien.

En sus des initiatives prises par la Caisse d'épargne et de retraite et par la *Compagnie belge d'assurances générales* l'on doit signaler ce fait qu'en Belgique de simples particuliers se sont mis à suivre ces exemples et qu'ils avancent des fonds à concurrence de 65,70 et même 75 0/0 de la valeur des immeubles confiés en gage au taux de 4 1/4 0/0 pour une durée de 5 à 20 ans, moyennant première hypothèque et assurance mixte [1].

Postérieurement à la loi du 9 août 1889 relative aux habitations étrangères, sans tenir compte des remarques présentant comme dangereuse l'idée d'engager une Caisse d'épargne dans une série d'opérations aussi chanceuses que les assurances sur la vie, en l'absence de tables de mortalité sérieusement dressées, le législateur belge a, le 24 juin 1894, voté une loi concernant l'assurance officielle [2]. A la Caisse officielle d'épargne constituée en 1865 a été annexée une Caisse d'assurance destinée à assurer sur la vie des capitaux n'excédant pas 5,000 fr. sur une tête déterminée. Ce maximum a été fixé non seulement pour qu'il y ait concordance parfaite avec le chiffre fixé pour les opérations de la Caisse d'épargne, mais aussi parce qu'il s'agit d'une institution à l'usage des ouvriers. On a considéré qu'une assurance de 5.000 fr. correspondait pour un ouvrier de 30 ans, dans le cas le moins coûteux (assurance vie entière à primes annuelles cessant à 65 ans) à un versement mensuel de 12 fr. c'est-à-dire à un prélèvement en rapport avec les ressources [3].

La prime peut être unique ou annuelle. D'autre part, il est permis de stipuler que la somme assurée sera, à l'échéance du contrat, versée à capital aliéné à la Caisse de retraite et employée à l'acquisition de rentes au profit du ou des bénéficiaires. On a voulu, de la sorte, faciliter la création de rentes au nom des deux époux. Si le mari atteint l'âge fixé par le contrat d'assurance, deux retraites peuvent être

1. Cheysson : *Rapport au Congrès des habitations à bon marché à Bordeaux sur l'assurance sur la vie et les habitations à bon marché*. (*L'Assurance moderne*, 17 avril 1896, p. 79). — Cf. Meerens : *Étude pratique sur les habitations ouvrières en Belgique et le fonctionnement des Sociétés d'habitations ouvrières dans leurs rapports avec la Caisse générale d'épargne et de retraite*, nouv. édit., Bruxelles, 1896.
2. *Annuaire de législat. étr.*, 1894, p. 516.
3. Dufourmantelle. Note, *Annuaire de législat. étr.*, 1894, p. 516.

constituées : l'une au nom du mari, l'autre au nom de la femme ; s'il meurt avant cet âge, la somme assurée servira à acquérir une rente au profit de sa femme [1].

La loi de 1894 qui renvoie au Conseil général le soin d'arrêter les conditions générales ainsi que les tarifs, et, qui, d'autre part, étend le champ des placements [2] dispose expressément qu'en cas de succession en déshérence, les capitaux remboursables échoient à la Caisse et que celle-ci peut également les acquérir par prescription, si le remboursement n'en a pas été réclamé dans les quinze ans, à partir du terme de leur exigibilité.

---

1. Dufourmantelle : *loc. cit.*

2. Primitivement les recettes disponibles devaient être employées en fonds publics belges ou autres valeurs garanties par l'État : en obligations sur les provinces, les villes ou les communes de Belgique ; en cédules, ou prêts hypothécaires. La nouvelle loi permet d'avoir recours aux obligations des Sociétés belges qui, depuis cinq ans consécutifs, ont fait face à tous leurs engagements au moyen de leurs ressources ordinaires.

Cette extension était justifiée par ce fait que les opérations de la Caisse des retraites prenaient plus d'étendue.

Il importe d'ajouter (avec M. Dufourmantelle, *loc. cit.*) qu'un pareil placement se justifiait par cette circonstance que les valeurs dont parle la loi de 1894 n'étant généralement pas sujettes à conversion, la Caisse jouira pendant un long terme du revenu qui servira de base à l'établissement des tarifs.

TREIZIÈME PARTIE

ASSURANCES POPULAIRES

Les bienfaits de l'assurance sur la vie sont aujourd'hui universellement reconnus. Tout le monde proclame l'excellence de cette forme de prévoyance. Néanmoins jusqu'à ce jour l'assurance sur la vie semble réservée aux classes sinon riches au moins aisées[1]; sur les milliards de capitaux assurés, il n'y a rien ou presque rien pour les classes ouvrières qui pourtant sont économes, comme l'établissent les versements à la caisse d'épargne.

[1]. Ainsi que l'a noté M. d'Avenel, dans sa très intéressante étude sur *Les assurances sur la vie* insérée dans la *Revue des Deux Mondes* du 15 septembre 1895 et reproduite dans son ouvrage sur *Le mécanisme de la vie moderne*, il est difficile, en l'absence de renseignements émanant des Compagnies françaises, de se rendre compte dans quelles classes sociales l'assurance a été le mieux accueillie; cependant une Société étrangère, opérant en France, en indiquant la profession de ceux de ses clients qui ont souscrit dans notre pays des polices de 20,000 fr. et au dessus a fourni des indications utiles. On remarque que ce sont proprement les aristocrates de l'institution puisque la moyenne des contrats n'est chez nous que de 13,500 fr. et que les autres nations fournissent des chiffres équivalents ou inférieurs; sur les 1,550 assurés dont se compose cette liste, plus de la moitié — 780 — n'ont stipulé que des sommes de 20,000 à 30,000 fr.; à 600 autres sont garantis des capitaux de 31,000 à 90,000 fr. Il en est 153 de 100 à 199,000 fr., 11 seulement de 200,000 à 399,000 fr., 2 de 400,000 et 1 de 500,000 fr.; ce dernier est un négociant en vins. Les autres gros souscripteurs sont rentiers, notaires, banquiers et agents d'affaires.

La clientèle ne descend pas au dessous de la petite bourgeoisie. Une Société allemande, la *Mutuelle de Gotha*, qui figure parmi les plus anciennes et les plus florissantes de l'Europe, comptait par 1,000 adhérents 308 commerçants, 132 industriels et 293 fonctionnaires. Outre ces catégories, comprenant à elles seules les trois quarts des assurés, on trouvait 54 médecins ou vétérinaires, autant d'aubergistes, 43 employés de chemins de fer et autres entreprises de transport, 17 militaires et pareil nombre d'ingénieurs, 24 artistes, 7 domestiques, 2 ou 3 hommes de lettres et 59 individus sans profession. Si l'on retranchait de cette liste les fonctionnaires de l'État et des administrations de chemins de fer, pour lesquels il existe en France des caisses de retraites spéciales, on peut croire avec M. Chaufton et avec M. d'Avenel que les mêmes proportions se retrouveraient dans le groupe français.

Pour le travailleur, l'assurance est pourtant utile, indispensable même. Elle est de nature, en effet, à procurer la sécurité pour l'avenir. Le grand mal de la situation économique des ouvriers c'est la *précarité*. Sans doute, ils lutteront toujours pour faire hausser leurs salaires, et nul ne saurait trouver à redire; mais si importante que soit la question des salaires, elle n'est que secondaire en comparaison de la question de la certitude du lendemain. Cette sécurité, les travailleurs ne l'auront qu'à la condition de se soustraire aux risques qui menacent chacun d'eux et sèment, chaque année dans leurs rangs, le malheur à pleines mains, et ils ne pourront se soustraire à ces risques que par l'assurance [1]. Il faut que l'ouvrier se dise qu'en cas de décès prématuré, sa femme, ses enfants ne seront pas dans la misère au lendemain de sa mort, et qu'il prenne dans ce but toutes les mesures que lui impose sa qualité de chef de famille. La réunion d'une somme nécessaire à l'assurance n'est pas impossible, elle exigerait à peine chaque jour, un prélèvement de quelques centimes que les salaires actuels permettent facilement de supporter [2]. L'ouvrier est sinon rebelle, au moins peu porté pour l'épargne, mais cette résistance n'est pas invincible; le succès réalisé par les Caisses d'épargne, les Caisses de secours, les Sociétés de secours mutuels permettent de dire que s'il y a beaucoup à faire, il a été fait beaucoup. Ce qu'il faut, c'est lutter contre la prévention, et surtout mettre à la disposition des travailleurs, des institutions capables de recevoir les épargnes populaires et de les affecter à l'assurance. Ce problème de l'assurance populaire n'est point insoluble [3].

---

1. Baron : *Les assurances populaires*, p. 2 et 3.
2. On sait que des savants allemands, en particulier M. Brentano (*Die Arbeiterversicherung gemäss der heutigen wirthschaftsordnung*, Leipzig, 1879) et M. Engel (*Der Preis der Arbeit*, Berlin, 1858) ont estimé qu'avec un prélèvement de 0 fr. 70 par jour de travail il serait loisible à l'ouvrier de se garantir : 1° une rente annuelle de 133 fr. pour ses vieux jours ; 2° un secours de 150 fr. par an en cas d'infirmités, 3° une allocation temporaire de 12 fr. par semaine en cas de maladie ou de chômage, 4° en cas de mort prématurée, une rente de 500 fr. destinée à nourrir et à élever ses enfants jusqu'à l'âge de 16 ans. — Comp. Chaufton : *op. cit.*, T. I, p. 234 etc.
3. L'intervention de l'assurance sur la vie pourrait certainement diminuer les frais qu'exige l'assistance. — Maus : *L'assistance publique et l'assurance sur la vie* (*L'Économiste français*, 3 novembre 1877).

CHAPITRE PREMIER

LES ASSURANCES POPULAIRES AUX ÉTATS-UNIS

Aux États-Unis l'utilité de l'assurance sur la vie n'est pas seulement reconnue par la partie de la population riche, par les personnes appartenant aux conditions libérales, par les commerçants et les industriels. Les travailleurs eux-mêmes ont compris les bienfaits de ces combinaisons qui associent l'épargne et la prévoyance. Il n'est pas rare de voir les ouvriers, lorsqu'ils gagnent de gros salaires, s'adresser aux Compagnies d'assurances sur la vie et souscrire des contrats stipulant un capital payable soit au décès, soit à l'arrivée à un certain âge [1]. Toutefois ce n'est pas à des Compagnies que le salarié s'adresse d'habitude ; il a à sa disposition d'autres institutions [2].

En outre des grandes Sociétés il en existe d'autres (une douzaine environ) qui font, sous le nom de « *Industrial policies* », de très petites assurances combinées de manière à être accessibles aux moindres bourses, la prime étant le plus souvent payée à raison de 3 à 5 cents par semaine. La plupart sont de création récente. Les unes s'adonnent exclusivement à ce genre d'affaires, tandis que d'autres se joignent à des opérations différentes. Il n'est pas rare de trouver des Compagnies assurant par *industrial policies* 250 à 423 millions de dollars. Ce fait n'a point lieu de surprendre. Il semble acquis, en effet, que ce genre particulier d'opérations a fait des progrès plus rapides encore que l'assurance en général : 248,342 dollars assurés en 1876, 490,037 en

---

1. D'après M. Levasseur, la statistique du Bureau du travail du Michigan en 1889 a trouvé que sur 3,070 ouvriers employés dans certaines industries, 369 possédaient une police d'assurance en cas de décès.

2. Cf. Levasseur : *L'ouvrier américain* (*Séances et Travaux de l'Académie des sciences morales et politiques*, T. CXLVIII, 1897, p. 289 etc.) et notre article sur *Les assurances ouvrières aux États-Unis* (*Recueil périod. des assur.*, 1897, p. 509 et suiv.).

1890, en avril 1895 846 millions et demi répartis entre 7 millions de polices, soit une moyenne de 140 dollars à peine par police.

A côté de ces Compagnies, il y a les groupements corporatifs, en d'autres termes les *Trade Unions* qui, en retour d'une cotisation et fréquemment d'un droit d'entrée, s'engagent à verser une somme déterminée à la famille de l'adhérent décédé. La convention intervenue à cet égard a été assimilée à un placement. En tout cas ce placement est-il fructueux? On peut en douter. Beaucoup de syndicats sont imparfaitement constitués sous le rapport financier; il y en a qui disparaissent au bout d'un certain temps par suite de grève, de mésintelligence ou de mauvaise gestion; d'autre part, beaucoup de ceux qui sont capables de régler à peu près les secours en cas de maladie, chose prochaine, ne savent pas mettre le taux des retraites futures qu'ils promettent en équilibre avec leurs réserves présentes; enfin il est à noter que le taux des frais d'administration est très élevé; c'est là un fait général aux Etats-Unis [1].

Les ouvriers des villes, surtout à la force de l'âge, à l'exclusion des femmes cependant, s'affilient de préférence aux *Sociétés mutuelles d'assurance en cas de maladie et de décès* connues sous le nom de *Sick and Funeral Benefit Societies* dont les formes sont aussi nombreuses que variées [2].

Ces Sociétés sont de deux sortes: les *Affiliated Societies* comprenant plusieurs branches et les *Unaffiliated Societies*, sociétés sans groupe.

Parmi les Sociétés avec affiliation les unes n'admettent que des catholiques, d'autres exigent seulement la croyance en l'Etre suprême; plusieurs se recrutent tantôt parmi les Allemands seuls, tantôt parmi des travailleurs ayant des opinions socialistes, quelques-unes, mais très peu, acceptent l'affiliation des gens de couleur. Il n'y en a qu'un petit nombre qui exigent un examen médical avant l'admission. En revanche, l'accès est subordonné, la plupart du temps, à un droit d'entrée, soit fixe, soit en rapport avec l'âge. Si presque toutes paient pour la maladie et pour les enterrements, toutes sans exception versent une certaine somme lorsqu'un de leurs membres vient à mourir, plusieurs en paient à la mort de la femme d'un membre ou même d'un enfant. Cette somme qui varie de 500 à 25 dollars est, d'ordinaire, fournie par une cotisation spéciale due par chaque membre.

Les *Unaffiliated Societies* sont, en général, de petites Sociétés dont le recrutement semble soumis à des conditions en ce sens que pour être admis dans certaines, il faut être tantôt franc-maçon, tantôt catholique irlandais. La plupart ont placé la limite d'âge pour l'entrée entre 18 et 50 ans. Elles exigent un droit d'admission et une cotisation mensuelle qui parfois est fixé et parfois varie avec l'âge

1. Levasseur: *loc. cit.*, p. 320.
2. M. Levasseur (*loc. cit.*, p. 301 et suiv.) a bien décrit le fonctionnement des principales Sociétés.

ou le sexe. En plus du secours que la maladie rend nécessaire et de l'indemnité funéraire, ces associations distribuent une indemnité en cas de décès.

Cette indemnité en cas de décès varie suivant les Statuts et surtout la fortune de la Société : de 25 à 500 dollars ; il y en a qui donnent le produit d'une cotisation spéciale de 1 à 2 dollars par membre ; dans telle Société de femmes, l'unité descend à 15 dollars. On peut dire qu'en moyenne cette indemnité est de 75 dollars.

Indépendamment des *Endowment Societies*, ou Sociétés de dotation créées dans le but de procurer à leurs adhérents, en retour d'un droit d'entrée et d'une cotisation spéciale, une somme déterminée par la police ou bien à une époque déterminée, ou bien à la mort, avec facilité, pour le membre, de prélever pour frais de maladies certaines sommes à valoir sur le règlement définitif de son compte, il importe de mentionner les *Life Societies* dont le but est de payer, lors du décès de leurs membres, une somme convenue aux ayants-droit. Ces Sociétés sont locales ou nationales selon que le siège social est dans l'État même ou dans un autre État. La plus grande diversité règne en ce qui concerne le fonctionnement des *Life Societies* : les unes n'admettent que des personnes appartenant à un culte déterminé ; les autres, au contraire, ne font aucune distinction ; souvent on impose un examen médical ; souvent aussi une simple proposition suffit ; parfois l'on interroge le postulant sur sa consommation alcoolique journalière. L'indemnité est fournie par l'ensemble des cotisations, mais il arrive que là où l'assurance en cas de maladie se joint à l'assurance en cas de décès, la règle de la spécialisation des fonds est pratiquée.

Dans le mouvement qui s'est produit de l'autre côté de l'Atlantique en faveur de la prévoyance, de l'assurance mise à la disposition des classes ouvrières, une grande place revient aux associations fraternelles [1]. Dues à l'initiative des ordres maçonniques ou loges, très nom-

---

1. Comme le fait remarquer M. Rochetin (*La prévoyance aux États-Unis : les assurances fraternelles* [*Revue politique et parlement.*, novembre 1897, p. 356]) le type de ces organisations a été emprunté à l'Angleterre.

C'est sur le modèle de l'*Amicable Society* fondée sous la reine Anne en 1705 que fut instituée aux États-Unis, en 1759, la *Presbyterian Ministers Fund* principalement avec le concours des pasteurs de l'Église évangélique pour recevoir des cotisations et verser à la veuve, en cas de décès, une pension viagère reversible en partie sur la tête des enfants pendant un certain nombre d'années. Les Sociétés fraternelles d'assurance n'eurent pas des débuts brillants ; elles rencontrèrent une vive résistance parmi la plupart des institutions de secours. Mais à partir de 1858 elles prirent une certaine extension et elles arrivèrent bientôt à disputer la faveur dont les Sociétés d'assistance disposaient sans partage jusqu'à ce moment auprès des groupes de travailleurs. Leur prospérité s'accentua en dépit de l'imperfection des règles appliquées et malgré l'inégale répartition des charges. C'est alors que se formèrent des associations corporatives qui bientôt arrivèrent à compter les adhérents par milliers.

En 1879 on parlait à peine de 136 associations possédant 293,341 adhérents et ayant des capitaux assurés pour 2,150,783,920 fr. En 1892 les associations étaient au nombre de 415 avec 3,309,079 adhérents et des assurances pour

breux aux États-Unis, ces Sociétés cherchent à mettre les familles de leurs affiliés à l'abri du besoin en cas de disparition prématurée de ceux qui les font vivre; non contentes de fournir des secours lorsqu'il survient une maladie, un chômage, un accident, elles réunissent les ressources nécessaires pour venir en aide aux femmes et aux enfants de leurs membres décédés, par le paiement d'un capital convenu (il peut, à la vérité, être décidé que ce capital sera payé au titulaire de la police à une époque fixe). Les Sociétés dont la condition légale est absolument certaine, qui sont autonomes et qui tiennent des congrès annuels [1] mais qui sont soumises à la surveillance légale édictée pour tous les établissements d'assurances, sont distinctes même par le nom [2]. Mais toutes fournissent un capital lorsque survient la condition prévue, c'est-à-dire l'arrivée de la date convenue, ou bien le décès. On peut même dire que c'est la plus essentielle de leurs attributions [3].

Le régime adopté par les associations fraternelles des États-Unis est celui de l'*assessment*: une somme est payée aux ayants-droit dans les conditions déterminées que l'on sait, au moyen d'une cotisation (parfois trimestrielle, fixée d'après l'âge d'admission et invariable) fournie pour la circonstance par chacun des adhérents. Nul n'ignore combien ce régime présente d'inconvénients, sinon de dangers [4].

33,972,600,000 fr. L'année suivante il s'agissait de 475 associations avec 3,478,100 adhérents et des assurances pour 35,974,895,000 fr. — Rochetin : *loc. cit.*, p. 359 à 364 et *Journ. des économistes*, février 1897, p. 175 et 176

D'après le *World Almanac* de 1896 (p. 299), ces associations auraient déboursé 385 millions 1/2 de dollars depuis leur fondation.

1. Les travaux de ces Congrès ont été résumés par M. Rochetin dans son article sur *la législation des assurances fraternelles aux États-Unis* (*Journ. des Économistes*, octobre 1898, p. 17 et suiv.).

2. M. Levasseur (*loc. cit.*, p. 343 et suiv.) a fourni des détails précis dans leur concision sur ces différentes Sociétés. La variété est telle que dans l'Ontario un *Act* de 1872 (qui exige une licence pour les opérations) considère comme *Society* les corporations, sociétés, associations, confréries, bienfaisantes mutuelles, de prévoyance industrielle ou corporative. — *Annuaire de législat. étr.*, 1892, p. 1048.

3. En 1895 il existait 3,658,815 polices en cas de décès assurant un capital d'environ 7 1/2 milliards de dollars ; dans le cours de l'année les Sociétés ou associations avaient encaissé en primes sur la vie 87,760,698 dollars et payé aux ayants-droit des polices la somme de 63,423,465 dollars — Levasseur : *loc. cit.*, p. 346.

4. Comme le note M. Thomereau dans son substantiel article sur les *Assurances* dans le *Dictionnaire du commerce* de MM. Yves Guyot et Raffalovich, ce système vient de recevoir un coup terrible par le fait de la chute retentissante de plusieurs Compagnies pratiquant l'*assessment* et qui figuraient au premier rang.

Des Sociétés fort estimées tant par la valeur des hommes honorables qui les administraient que par la parfaite bonne foi qui avait présidé à leur organisation ont disparu, laissant des sinistres après décès impayés pour plusieurs millions et des milliers d'assurés qui depuis un grand nombre d'années versaient des cotisations plus ou moins élevées, maintenant trop âgés ou se trouvant dans un état de santé tel que la souscription d'une nouvelle assurance au profit de la famille n'est guère possible; c'est le système lui-même qui a tué ces entreprises et qui, on peut le penser, tuera l'une avant l'autre après toutes ses congénères. C'est la preuve qu'en matière d'assu-

Ces associations, on l'a remarqué à juste titre[1], diffèrent des institutions qui pratiquent l'assurance sur la vie, c'est-à-dire qui font des opérations financières réglées mathématiquement par des calculs d'actuaire; elles n'ont pas le même caractère scientifique et elles sont exposées à des mécomptes. Il importe à cet égard de se garder des illusions que peut faire concevoir le chiffre relevé à l'actif de ces Sociétés de plus de 12 milliards 500 millions d'assurances en cours. C'est en très petit nombre qu'elles ont consenti à constituer des réserves. Aussi les contrats n'ont-ils la plupart du temps, sinon presque toujours, comme garantie actuellement que les engagements des affiliés, c'est-à-dire les « assessments » mortuaires pouvant être éventuellement appelés[2]. D'autre part, tous les membres ne participent pas aux dé-

rance sur la vie il convient de ne pas s'écarter des anciennes règles tracées par l'expérience.

C'est ce que constatait avec la plus grande netteté M. Merrill, surintendant des assurances dans l'État du Massachussetts, bien placé pour se rendre compte de ce qui s'est passé puisque le sinistre le plus retentissant s'est produit dans cet État. L'assurance à prime fixe, écrivait-il (dans *The Standard* de Boston) est absolument sûre, car elle est basée sur des chiffres en équilibre. Lorsqu'une personne âgée de 20 ans s'assure dans une de ces Compagnies, elle paye jusqu'à sa 47e année plus qu'elle n'aurait en réalité dû payer; mais, par contre, à partir de la 47e année elle paye moins qu'elle ne devrait le faire. Les sommes importantes qu'elle a versées au cours de sa jeunesse sont mises en réserve à son profit et un bon gros capital bien fourni est immédiatement porté à son crédit dès le moment du son décès. La manière d'opérer des Compagnies *assessment* est différente. Elles disent à leurs assurés : Vous payerez à mesure des besoins; on a calculé que si la Société comprend 10,000 assurés il doit se produire 10 décès par année. Ce calcul peut être exact la première année, mais l'année suivante il peut se produire 11, 12 ou 13 décès. D'où des *assessments* ou cotisations supplémentaires. Il est possible que dans le principe les assurés n'aient pas à débourser autant d'argent que dans les Compagnies de l'ancien système, mais au bout d'un certain nombre ils s'aperçoivent qu'ils payent deux fois plus. L'équilibre des chiffres, tel qu'il existe dans les anciennes Compagnies est impossible dans les Compagnies *assessment*.

V. à cet égard, outre ce qui est dit dans *L'Opinion* (juillet 1898), un article dans *L'Assurance Moderne* (no du 30 avril 1898, p. 92) reproduisant les passages de notices publiées par la *Revue des Assurances* (no du 30 septembre 1897) et par le *Bulletin* 177 de la *Société générale néerlandaise*.

1. Levasseur ; *loc. cit.*, p. 312.

2. Un publiciste connu par ses études spéciales et dont la sympathie pour les Sociétés dont il s'agit n'est pas douteuse, M. Rochetin (*Rev. polit. et parlement.*, novembre 1897, p. 366) constate que dégagées de tout élément de capitalisation les opérations gardent un caractère essentiellement aléatoire et précaire.

Si la sécurité des contrats à primes naturelles, dans les Compagnies pratiquant ce genre d'opérations, réside dans les sommes formant réserve et restant provisoirement entre les mains des assurés, en attendant qu'elles soient appelées ; si celle des autres contrats émis par les institutions ordinaires d'assurance repose sur les sommes placées et dont le montant est déterminé d'avance, on ne voit pas celle offerte par les associations fraternelles. Ces dernières ne font appel qu'aux sentiments de solidarité des membres ; on ne se trouve plus sur le terrain de la pratique courante, on se trouve sur le domaine de l'abstraction pure. Nul doute qu'à un moment donné, l'augmentation de l'âge, ce qu'on appelle le « vieillissement des contrats » ne cause de véritables embarras à ces associations. Les senti-

penses dans une juste proportion; les taux des primes sont également mal calculés.

Les intentions de ceux qui ont créé des associations de ce genre sont assurément louables, mais en matière de prévoyance la bonne volonté ne suffit pas ; il faut que l'organisation soit telle que le but cherché puisse être rempli. Or, il n'est pas douteux, et un document dont les tendances ne sauraient être suspectées[1] l'établit nettement, que dans bien des cas les fondateurs ont agi d'une façon si peu consciente et si peu réfléchie que très fréquemment les sommes exigibles en cas de décès (et même en cas d'accidents, d'incapacité et de maladie) n'ont pu être versées aux ayants-droit, les ressources nécessaires n'ayant pu être réunies tant les combinaisons laissaient à désirer.

On parle beaucoup du développement considérable de l'assurance fraternelle en Amérique, cette forme de prévoyance semblant de nature à répondre aux exigences des travailleurs et servant les intérêts de la région où elle est appliquée. Mais il serait préférable de s'attacher surtout à la certitude du résultat. Il importe peu qu'une institution de prévoyance ait de nombreux adhérents si ces derniers ne sont pas certains de retirer de leurs sacrifices le profit en vue duquel ils ont traité.

---

ments de solidarité et de fraternité sont de nature évidemment, à exercer une influence heureuse dans les milieux intéressés, mais si forte que soit cette influence elle n'empêchera pas ces institutions de péricliter si des méthodes plus rationnelles, plus scientifiques n'étaient bientôt substituées aux anciennes.

1. Rapport au 7e Congrès (1893) cité par M. Rochetin, *Journ. des Economistes*, octobre 1898, p. 25.

CHAPITRE DEUXIÈME

LES ASSURANCES POPULAIRES EN ANGLETERRE

En Angleterre, là où le désir de se procurer une garantie contre les chances d'un décès prématuré se produit, sous toutes les formes [1], les petits capitaux peuvent être affectés à des opérations d'assurance sur la vie. Le goût pour l'assurance qui règne de l'autre côté de la Manche même parmi les personnes appartenant aux classes populaires est trop vif [2] pour que l'on n'ait point cherché à lui donner satisfaction [3].

En premier lieu l'on rencontre les *Industrial Companies*, compagnies d'assurance ouvrière pratiquant l'assurance de petits capitaux

[1]. Il est bien connu qu'en Angleterre en prenant son billet de chemin de fer l'on peut recevoir un ticket d'assurance portant la date du jour où il a été délivré et valable pour ce jour-là : moyennant une prime de 3, 2 pences de 1 penny selon la classe à laquelle appartient le wagon une somme de 1000 livres sterling, 500 ou 200 est exigible en cas de décès. Des petits journaux illustrés promettent même à l'acheteur qu'en cas de mort survenue au cours du voyage une indemnité sera payée aux parents ou héritiers. — V. *L'Opinion*, 15 novembre 1895, p. 167. La foi dans l'assurance est telle qu'on n'a pas hésité à réclamer le remplacement de la taxe des pauvres par l'assurance sur la vie ; la proposition n'a pas abouti à raison des divergences qui se sont produites, les uns réclamant le concours de l'industrie privée, les autres insistant en faveur de l'assurance effectuée par l'État et sur son obligation pour tout Anglais de 25 ans. — V. Maas ; *L'Assistance publique et l'assurance sur la vie* (*L'Economiste français*, 3 novembre 1877, p. 557.)

[2]. Dans presque tous les budgets ouvriers en Angleterre, une part est faite à la prévoyance. Cette part varie naturellement : il est des familles, par exemple, qui en une année ne versent pas plus de 16 fr. 25 tandis que d'autres vont jusqu'à 19 francs, mais toutes donnent, même celles dont le budget est en déficit certain ; la cotisation varie entre 5 fr. 75 et 10 centimes ; généralement elle oscille entre 30 centimes et 2 fr. par semaine. Cf. Lavollée : *Les Classes ouvrières en Europe*, Paris, 1896, T. III, p. 406, et *Les budgets de familles ouvrières en Angleterre* (*Séances et Travaux de l'Acad. des sc. mor. et polit.*, T. CXLVII, 1897, p. 89).

[3]. Sous le titre *Assurances ouvrières en Angleterre*, *L'Assurance moderne* a publié (n°° du 16 et du 31 janvier 1896, p. 7 et 20), un article très substantiel d'après une publication de *l'Office du Travail* du Ministère français du commerce.

CONTRAT D'ASSUR. SUR LA VIE. — T. IV.   14

avec perception des primes à domicile et chaque semaine. La clientèle de ces Compagnies qui récemment encore n'atteignaient pas le chiffre de 12 est très considérable; on a calculé qu'elle dépassait sensiblement le tiers de la population totale du Royaume-Uni. Cette clientèle se recrute presque exclusivement parmi les ouvriers et les membres des *Friendly Societies*. Les combinaisons employées sont presque toujours les mêmes: l'assurance vie entière à primes viagères d'abord et surtout, et à un rang extraordinairement éloigné, bien après, l'assurance vie entière à primes temporaires[1]; d'autre part, les adhérents semblent préférer l'assurance sur deux têtes et l'assurance mixte à l'assurance dotale[2]; les *Industrial Companies* ne font pour ainsi dire pas de rentes viagères. Considérée individuellement, la somme assurée est assez modique: la moyenne par contrat est de 235 à 250 francs environ; il faut ajouter que le règlement pour les sinistres a toujours lieu d'une façon satisfaisante[3].

Les primes dont l'ensemble constitue une somme fort importante, mais dont la moyenne annuelle est d'une douzaine de francs par contrat sont touchées la plupart du temps à domicile par les agents des Compagnies par semaine le plus souvent, quelquefois par quinzaine et par mois[4]. On a beaucoup vanté ce mode de perception. Il est certain, en effet, qu'il présente des avantages réels pour les assurés, notamment en ce qu'il leur évite le déplacement, une perte de temps, et aussi en ce qu'il les met dans la nécessité, eu égard à leur intérêt bien entendu, de se tenir prêts pour le jour où ils savent que le représentant de la Compagnie se présentera pour l'encaissement, enfin en ce que la somme à acquitter est toujours facile à réunir et n'exige guère que le sacrifice d'une ou deux consommations inutiles. Mais ce procédé a le grand inconvénient d'augmenter dans des proportions assez fortes les frais de recouvrement. C'est là une source réelle de dépenses. Ce n'est pas la seule. Les Compagnies consacrent des sommes considérables tant aux commissions allouées aux représentants qu'aux frais d'administration; dans les Compagnies qui sont parfaitement dirigées on arrive à un chiffre de 41 0/0 des primes; sans vouloir prendre des chiffres extrêmes (90 0/0), l'on peut dire

1. En 1892 par exemple on comptait 12,765,029 polices vie entière à primes viagères contre 128 à primes temporaires; en 1893 les premières étaient au nombre de 12,872,226 contre 453. Naturellement la proportion était la même pour les capitaux en cours.

2. Sur 13,273,551 polices en cours en 1892, on comptait 204,413 assurances à deux têtes, 151,368 assurances mixtes et 92,616 assurances dotales; en 1893 les chiffres respectifs étaient pour 13,324,778 polices, de 202,823; 156,066 et 93,240.

3. Il a été payé pour les sinistres une somme de 64,999,000 fr. en 1892 et de 63 millions 696,000 fr. en 1893.

4. V. Rochetin: *Les assurances sur la vie en France et à l'étranger* (*Journ. des Économistes*, décembre 1890, p. 344); Imbert Cyprès: *op. cit.*, p. 213. Cf. *L'Assurance populaire en Angleterre, en Allemagne et en France*. (*L'Assurance Moderne*, 30 septembre 1884, p. 3).

que la moyenne est de 42 à 43 0/0 des primes. Il semble difficile de lutter contre cette élévation des frais : elle est due principalement à l'entretien d'un personnel nombreux pour la collecte hebdomadaire des primes et pour la propagande; un arrêt tant dans la perception que dans la production aurait pour conséquence infaillible de compromettre la sécurité des engagements antérieurement acquis.

Il importe de noter, du reste, que si parmi les *Industrial Companies* les plus importantes sont en assez bonne situation, l'une d'elles en 1890 comptait 8 millions d'adhérents [1], il en est d'autres pour lesquelles l'avenir est quelque peu menaçant; aussi a-t-on considéré que l'extension de l'assurance industrielle n'était peut-être pas tout-à-fait exempte de périls pour la population laborieuse [2].

En Angleterre l'attrait de l'assurance sur la vie est tel que toute *Friendly Society* considère qu'il est de son devoir d'organiser un service d'assurance en cas de mort. On peut le dire, il n'est pas une Société qui ne promette à l'adhérent qu'à son décès il sera versé une somme destinée non pas tant à faire face aux frais des funérailles qu'à subvenir aux besoins de la veuve et des orphelins du sociétaire [3].

Pareille chose se remarque pour de nombreuses associations, en particulier pour les *Associations of Employés* et même les *Trade Unions*. Ces groupements de travailleurs garantissent à leur sociétaire le paie-

---

1. *Journ. des Économistes*, décembre 1890, p. 344. Cette Société dont il a été beaucoup question antérieurement. (V. *L'Assurance Moderne*, 30 septembre 1884) passait pour avoir simplifié considérablement les formalités gênantes et avoir diminué le plus possible les frais en assurant jusqu'à 1250 fr. sans visite médicale, en s'en tenant aux réponses à un questionnaire, en délivrant la police gratuitement, en faisant toucher les primes chez l'assuré par des agents, en donnant à l'assuré qui n'a pu se libérer à l'époque convenue un délai quelque peu étendu (une année mais avec l'obligation de produire un certificat de bonne santé), enfin en réglant les indemnités presque instantanément sur la production de l'acte de décès et d'un certificat d'identité de l'assuré.

Il faut ajouter pourtant que la police n'avait son effet complet qu'après une année, c'est-à-dire que l'indemnité était versée seulement si le décès remontait à une année; si l'assuré mourait dans les six premiers mois la Compagnie versait le quart du capital elle en acquittait la moitié si le décès arrivait après ces six premiers mois et avant la fin de la première année.

2. V. *L'Assurance moderne*, n° du 17 janvier 1896, p. 7; *L'Économiste français*, 25 novembre 1893, p. 685.

3. La loi, a écrit M. Franqueville (*Étude sur les Sociétés de secours mutuel d'Angleterre*, Paris, 1863, p. 11), autorise la formation de toute Société ayant pour objet : 1° d'assurer le paiement d'une certaine somme à l'époque de la naissance d'un enfant, de la mort de la femme ou de l'enfant d'un membre ou du membre lui-même, 2° d'assurer des secours aux membres de la Société, à leurs maris ou à leurs femmes, à leurs enfants, frères, sœurs, neveux ou nièces, dans les cas de vieillesse, maladie, veuvage, et de sommes d'argent aux membres ou aux personnes désignées par eux, sans limitation d'âge. Seulement dans aucune des Sociétés formées sous le régime de l'Act du 25 juillet 1855 (18 et 19 Victoria, ch. 63), il n'est permis à un membre de souscrire ou de contracter pour une indemnité dépassant 7.9 francs par an, ou pour une somme fixe payable en cas de mort ou de tout autre accident, supérieure à 5000 fr.

ment d'une certaine somme, au décès, dans le but soit de couvrir les frais d'enterrement, soit de permettre à la femme d'échapper à la détresse qui suit la mort du chef de la famille [1]. Seulement, comme on a dû le noter [2], ces allocations rentrent, avec les autres allocations en cas de maladie et de chômage, dans la catégorie des secours fournis par les mutualités et les associations plutôt que dans celle des assurances proprement dites, et les membres ne payent, en général, qu'une cotisation globale relative à l'ensemble de ces allocations [3].

L'assurance sur la vie proprement dite est faite par les *Collecting Societies*. Ce sont bien des *Friendly Societies*, mais avec cette différence qu'elles limitent leur sphère d'action et qu'elles excluent tout ce qui est assurance contre la maladie ou assurance contre les accidents.

Les *Collecting Societies* reposent sur le principe de la mutualité. Néanmoins elles ont à leur tête un certain nombre de personnes n'appartenant pas au groupe des assurés. On a pu très justement les comparer aux Sociétés anonymes d'assurances mutuelles dans lesquelles la Société gérante est entièrement distincte de l'association mutuelle des assurés. Les opérations consistent dans l'assurance en cas de décès et l'assurance dotale, mais pour des sommes peu élevées; la moyenne, par contrat, du capital assuré n'est guère que de 160 francs environ. De même que les *Industrial Companies*, les *Collecting Societies* recueillent chaque semaine les primes à domicile; le montant de la cotisation hebdomadaire est peu élevé, 1 à 3 pence [4].

1. Dans la plus importante des associations ouvrières dont l'ensemble constitue le *Trades Unionisme*, chez les *Old Fellows*, il est versé à la mort du sociétaire une somme de 300 fr. et une de 150 fr. au décès de la femme ; ces chiffres ont été acceptés par d'autres groupements, notamment les *Foresters* ; ailleurs chez les *Hearts of oak* la somme varie, en cas de décès du père, selon l'ancienneté de ce dernier entre 150 et 300 fr., et le décès de la femme donne droit, selon la même distinction, à 75 ou 240 fr. ; à la corporation *Royal Standard* il en est de même et la somme est tantôt de 50, tantôt de 500 fr. en cas de mort du sociétaire et tantôt de 25, tantôt de 250 fr. s'il s'agit de la femme de ce dernier — Lavollée : *op. cit.*, T. III, p. 474 et suiv.

2. *L'Assurance Moderne*, 31 janvier 1896, p. 20.

3. Beaucoup de *Friendly Societies* souscrivent des contrats collectifs, d'après un tarif spécial, auprès des *Industrial Companies* ainsi que le font les Sociétés françaises de secours mutuels auprès de la Caisse d'assurance en cas de décès.

4. Les Sociétés qui, sous le nom de *Friendly Societies*, pratiquent l'assurance populaire en Angleterre, ont été l'objet de prescriptions légales inspirées notamment par le désir de parer aux abus qui s'étaient glissés dans leur organisation, surtout au manque d'ordre et de probité des administrateurs. C'est d'abord l'*Act* du 11 août 1875 (*Annuaire de législat. étr.*, 1875, p. 105 etc.) qui, après avoir caractérisé les *Sociétés industrielles d'assurances sur la vie* en disant que ce sont celles définies dans l'*Act* de 1870 qui assurent la vie pour moins de 30 livres sterling et contre cotisations payables à des termes plus rapprochés que deux mois, tend à organiser un contrôle sérieux et à renfermer dans des bornes sages l'action des *Friendly Societies*.

C'est en second lieu l'*Act* du 7 août 1896 (*Annuaire de législat. étr.*, 1896, p. 14) destiné à *consolider*, c'est-à-dire, suivant la remarque de M. Hubert-Valleroux (*ibid.*), à donner un ordre meilleur à la législation précédente sou-

L'État lui-même a paru ne pas vouloir se désintéresser. Le *Post Office* a constitué une Caisse distincte d'assurances sur la vie, analogue à la Caisse créée en France par la loi du 1868. Mais malgré des tarifs plus avantageux que ceux adoptés par les *Industrial*, cette institution ne paraît pas avoir donné d'excellents résultats. Dans la seule période de 1879 à 1884 la moyenne annuelle des contrats a été à peine de 255 contrats représentant 510,000 francs de capitaux assurés. D'ailleurs, en égard à la moyenne assez élevée de 2,000 francs par contrat, l'on peut croire que les assurés du *Post Office* appartiennent plutôt à la petite bourgeoisie qu'à la classe ouvrière proprement dite.

L'État n'est donc pour rien dans le mouvement qui s'est produit en Angleterre et qui est véritablement remarquable[1]. Si l'assurance industrielle assure plus d'un tiers de la population totale du Royaume Uni, c'est uniquement grâce à l'initiative privée. On l'a dit avec juste raison[2], l'Angleterre a su réaliser par le jeu spontané de la liberté ce que l'Allemagne et l'Autriche cherchent à obtenir péniblement par le concours de l'État : l'assurance universelle, le régime où tout travailleur, dès les premiers jours de sa jeunesse, jouira de ce luxe inaccessible à ses pères, la certitude du lendemain ; où l'ouvrier ne luttera plus dans la condition du sauvage primitif, dépendant de sa chasse et de sa pêche quotidiennes, victime du besoin le jour où elles ne lui fournissent pas d'aliments[3].

vent dispersée dans un assez grand nombre d'*Acts*, mais sans introduire aucune nouveauté importante. Cet *Act*, il faut remarquer, permet de soumettre au contrôle des *Registrars* avec, comme contre-partie, le droit de jouir des privilèges que confère l'intervention de ces agents, les Sociétés dites *Friendly* qui, au moyen des cotisations de leurs membres et avec ou sans le concours de dons venus du dehors, se proposent non seulement d'accorder des secours en cas de maladie, d'infirmités, de vieillesse, mais aussi de payer une somme soit à la naissance de l'enfant d'un membre, soit au décès d'un membre ; et d'autre part, il autorise le membre de toute Société âgé de plus de 16 ans de désigner par un écrit de sa main ou par une inscription sur un livre une personne à laquelle, lors de son décès, il sera payé une somme n'excédant pas 100 livres, avec droit de révocation expresse et même droit de révocation implicite en cas de mariage.

Ces dispositions ont été complétées par un *Act* du même jour, 7 août 1896, tendant à *consolider* la législation relative aux *Friendly Societies* ainsi qu'aux « Compagnies d'assurances qui reçoivent des contributions et primes au moyen de collectes » (*Collecting Societies*). Comme l'a dit M. Hubert-Valleroux (*Annuaire de législat. etc.*, 1896, p. 32), c'est un véritable code sur la matière qui a été édicté.

1 En 1887 on comptait 9,115,844 polices industrielles ; en 1892 ce chiffre passait à 12,836,112. De même pour les capitaux en cours : après avoir été de 2,055,875,475, ils ont atteint le chiffre de 3,069,025,000. Les assurances sur deux têtes viennent en première ligne, au second rang les assurances mixtes et très loin après les assurances dotales ; quant aux rentes viagères on peut dire qu'elles sont inconnues.   V. l'intéressante statistique publiée par *L'Économiste français*, n° du 25 novembre 1893, sous ce titre : *Le mouvement des assurances sur la vie en Angleterre en 1887 9?*

2. M. D'Avenel, dans le travail sur *Les assurances sur la vie* inséré dans son ouvrage sur *Le Mécanisme de la vie moderne*.

3. Nous ne saurions songer à passer ici en revue les institutions qui à

L'exemple de l'Angleterre mérite l'attention.

l'étranger pratiquent sous différentes formes l'assurance populaire. Il convient toutefois d'indiquer succinctement ce qui se passe en Hollande.

Dans les Pays-Bas, en outre des Sociétés d'assurances sur la vie émettant des contrats au dessous de 300 florins dont il sera parlé plus loin, il existe les Caisses dites d'enterrement, assez nombreuses, (433 d'après une enquête opérée en 1891 par la Société d'utilité publique), qui, loin de se borner à faire les frais de l'enterrement, à subvenir aux dépenses qu'entraîne la maladie, pratiquent en général l'assurance sur la vie en ce sens qu'elles versent une indemnité au cas de décès.

Le paiement des primes, pour les Caisses basées sur la mutualité, est réglé d'après un des systèmes suivants : 1° A chaque décès tous les membres paient une somme fixe : le montant du capital payé dépend donc du nombre de membres ; 2° Ces cotisations sont prélevées d'avance pour un ou deux décès ; 3° Les membres acquittent une prime hebdomadaire et à la fin de l'année, la recette est partagée soit entièrement, soit jusqu'à un minimum déterminé entre les membres ; 4° Par des encaissements hebdomadaires se forme un solde qui est conservé à la fin de l'année. Le *rachat* de la *remise* d'une *police* libérée n'est prévu que par fort peu de caisses, mais pour une le rachat est après 5 ans de 40 0/0 des primes payées, pour une autre après 8 ans de 45 florins. Ces Caisses annexées à une Société d'assurances sur la vie proprement dite paient (au moins pour partie) comme rachat une part de la réserve ou délivrent une police libérée en prenant la réserve totale comme prime unique.

D'habitude les Statuts excluent le suicide, le risque de guerre, le duel, la peine de mort, la mort par imprudence. La Caisse s'assure de l'état de santé soit par la déclaration du collecteur ou *messager*, soit par un certificat du médecin de la famille, soit par un examen spécial. La prime s'acquitte toutes les semaines (elle est de 10, 20, 50 centimes) et elle est levée par des *messagers* qui prélèvent quelques centimes.

La non-observation des lois de la statistique et des mathématiques se retrouve dans la plupart des Sociétés qui fonctionnent actuellement.

Ces Caisses dont l'origine est ancienne (V. *Mémoires pour servir à l'histoire des assurances sur la vie et des rentes viagères aux Pays-Bas, réunis et publiés par la Société générale néerlandaise d'assurances sur la vie*, Amsterdam, 1898, p. 283 et suiv.), comptent la moitié de la population totale ; elles paient annuellement pour environ 50,000 décès un total de plus de 2,000,000 de florins.

Plusieurs se sont transformées en Sociétés d'assurances populaires sur la vie. Pour ces Sociétés on ne tient pas compte, lorsqu'il s'agit du calcul de la prime, de la profession de l'assuré ; tout sinistre est immédiatement réglé, le plus souvent le lendemain contre remise du livret ; pour l'admission on demande un certificat du médecin traitant ou pour une assurance de moins de 400 fr. une déclaration de l'agent ou *messager*, mais parfois aussi il est fait appel au médecin de la Compagnie. Tout se traite verbalement sans proposition signée et sur la simple affirmation du *messager* touchant une commission perçue en plus des primes hebdomadaires, intéressé à n'admettre que des clients bien portants, car plus ils vivent, plus il perçoit de droits. Les primes sont calculées d'après les tables de mortalité ordinaires avec une charge pour frais et bénéfices de 30 à 40 0/0. A en croire un fort intéressant travail communiqué par M. Hamon au Congrès des Sociétés savantes en 1899 (*Les institutions de secours mutuels et d'assurances sur la vie en Hollande depuis le* XVI° *siècle* l'Assurance Moderne, 17 avril 1899), aucune Société d'assurance sur la vie ou d'assurance populaire légalement constituée n'a jamais sombré aux Pays-Bas ; la plus ancienne remonte pourtant à 1807.

Actuellement, au dire de M. Hamon dont l'étude nous a beaucoup servi, on estime qu'en Hollande les Sociétés d'assurances populaires auraient assuré en 1897 par plus de 486,000 polices des capitaux pour 93,438,520 fr.; la moyenne de chaque police varierait entre 120 et 163 fr.

CHAPITRE TROISIÈME

LES ASSURANCES POPULAIRES EN FRANCE

C'est seulement dans ces derniers temps que la question de l'assurance populaire en France a été envisagée. Pendant bien des années on s'est borné à déplorer le mal. On constatait qu'il n'avait rien été organisé en vue du décès prématuré d'un chef de famille n'ayant pour toutes ressources que le produit de son travail, que la Caisse d'épargne n'était productive qu'avec un long espace de temps eu égard au faible intérêt servi aux déposants, et surtout qu'elle n'empêchait pas de reprendre et de dissiper les dépôts, même après de longues privations, que les Sociétés de secours mutuels disposaient de moyens absolument insuffisants, que si la Caisse des retraites pouvait tenir compte du désir manifesté par l'adhérent de réserver un capital à sa succession, ce n'était que dans des cas assez rares, en présence d'une volonté formelle et surtout lorsque les versements avaient une certaine importance. Sous la conviction, plus ou moins justifiée, que les assureurs tenaient peu aux petites assurances à raison des frais de l'opération, d'un autre côté que l'ouvrier ignorait ou dédaignait ces combinaisons, l'indifférence semblait régner ou tout au moins l'on semblait peu disposé à vouloir résoudre la question.

Elle fut nettement posée en 1862 par la Commission supérieure de la Caisse des retraites. Sur l'initiative prise par le Gouvernement, cette dernière se prononça pour l'organisation en faveur des classes peu fortunées, clientes de la Caisse des retraites, d'un système d'assurance en cas de mort, mais sous la garantie de l'État. Cette intervention répondait aux idées du moment : tous les projets d'amélioration devaient venir et ne pouvaient venir que du Pouvoir ; lui seul était capable de faire le bien et toute initiative, toute entreprise lorsqu'il s'agissait des masses ouvrières était suspectée et combattue. Malgré l'autorité de ceux qui avaient émis l'avis que l'assurance en cas de mort était un corollaire presque forcé de la Caisse des retraites pour la vieillesse et qu'il importait de créer une institution capable de procurer la certitude au travailleur qu'après lui sa famille aurait des ressources, la conception ne trouva pas l'accueil qu'elle méritait.

Plusieurs années se passèrent. Enfin en 1867, jalouse de ses prérogatives, animée sans nul doute d'arrière-pensées politiques, subissant manifestement l'influence de ce qui s'était passé quelques années auparavant en Angleterre où l'on avait vu M. Gladstone vanter l'intervention de l'Etat pour les assurances populaires, malgré l'existence de Compagnies nombreuses et puissantes[1], l'autorité se décida à présenter le projet de loi dont le vote était sollicité dans l'intérêt des classes laborieuses (on se plaisait, du moins, à l'affirmer) afin de faire ce que, disait-on, les Compagnies dédaignaient de faire, en présence des frais excessifs qu'entraîne la perception de cotisations très modiques. Sans difficultés bien sérieuses le législateur accepta les propositions qui lui étaient soumises. Telle fut l'origine de la loi du 11 juillet 1868 créant sous la garantie de l'Etat une Caisse d'assurance en cas de décès.

Cette institution était fondée surtout en vue des familles peu aisées, ne disposant que de ressources fort modiques[2]. C'est ce qui résulte non seulement de l'exposé des motifs et du rapport de la Commission, mais aussi de la limitation apportée pour le capital à assurer: il fut formellement décidé qu'aucun contrat ne pourrait être souscrit pour plus de 3000 francs; d'autre part, le législateur manifesta son intention de vouloir venir en aide aux personnes peu habituées aux formalités en réduisant au strict minimum les formalités à employer et il supprima même certaines des formalités que les Compagnies ont l'habitude d'imposer.

Bien que se présentant sous les auspices de l'Etat, malgré des imperfections très réelles, l'institution nouvelle reçut un accueil sympathique[3]. Pour nombre de bons esprits l'on avait enfin trouvé le moyen de faciliter l'assurance à l'ouvrier, on avait réalisé ce problème si important, donner au travailleur la possibilité de prémunir les siens contre les conséquences dommageables résultant d'un décès prématuré, sans avoir à redouter l'objection tirée de ce que les petites opérations sont peu fructueuses, peu en rapport avec les moyens de contrôle et de recrutement des Sociétés[4]. Mais bientôt on dut reconnaître que ce n'était là qu'une généreuse illusion, une chimère mais une chimère

---

1. Patinot: *De l'assurance sur la vie* (*Rev. prat. de dr. fr.*, T. XXVI, 1868, p. 404).
2. V. Ameline: *Assurances en cas de décès et en cas d'accidents résultant de travaux agricoles et industriels* (*Revue prat. de dr. fr.*, T. XXVI, 1868, p. 923).
3. Cf. ce que dit à cet égard M. G. Hamon dans sa belle *Histoire générale de l'assurance en France et à l'étranger*, p. 168.
4. Martinet: *Les Sociétés de secours mutuels et les assurances* (*Revue générale d'administration*, juillet 1890).

quelque peu onéreuse. En une année, après la promulgation de la loi, c'est à peine s'il avait été passé 453 contrats pour 360,000 francs. Sans tenir compte de ce fait que la loi était des plus incomplètes, ses partisans ne voulurent pas s'avouer battus. Ils prétendaient que l'on ne pouvait se baser sur une expérience d'une durée aussi courte et que les travailleurs ne manqueraient pas de se présenter en foule dès que l'institution serait mieux connue, partant mieux appréciée. On sait combien ces prévisions ont été déçues. Le but du législateur n'a pas été imparfaitement atteint comme on s'est plu à le dire, il a été complètement manqué ; en dépit de toutes les explications, l'échec de l'assurance populaire par l'État est indéniable. C'est qu'en effet, quoi que l'on puisse dire et quel que soit le mérite des réformes proposées [1], l'assurance est précisément de toutes les industries celle à laquelle le fonctionnement officiel est le plus impropre. On n'ira jamais s'assurer spontanément à un guichet ; on reculera devant les lenteurs et les paperasseries, devant les difficultés, les conflits, les abus que peut causer l'immixtion des agents de l'administration [2]. Obtenir de l'ouvrier qu'il consente à prélever l'épargne sur un superflu bien relatif est toujours chose malaisée ; s'en rapporter à cet égard à l'intervention d'agents que rien ne guide, c'est vouloir l'impossible. Les ouvriers et les paysans français sont économes ; dans des circonstances dont le souvenir ne s'est pas perdu

1. V. notamment le travail précité de M. Baron : *Les Assurances populaires, pétition tendant à la réforme de la loi du 11 juillet 1868.*

2. Thomereau : art. *Assurances* (p. 309) dans le *Dictionnaire du commerce* de MM. Yves Guyot et Raffalovich.

De son côté, M. l'avocat général Sarrut, dans son discours de rentrée à la Cour de Cassation sur *La Législation ouvrière de la troisième République* (Paris, 1894, p. 57), constate que « le mécanisme de la Caisse de l'État n'est pas assez ingénieux, assez souple. »

3. L'insuccès de la Caisse d'État est tel que son remplacement a été proposé (V. Rochetin : *La Caisse nationale de prévoyance ouvrière et l'intervention de l'État*, Paris, 1894, p. 154, etc.) : il serait créé par les soins d'un représentant de l'État une Société portant le nom d'*Association nationale d'assurances mutuelles en cas de décès* ayant pour objet de fournir à ses membres l'assurance vie entière d'après le système de la prime naturelle avec subvention de l'État (propriétaire du fonds de réserve) ; la contribution mise à la charge des sociétaires serait strictement limitée ; le montant de l'assurance ne serait pas inférieur à 1000 fr. ; et à raison du caractère de libéralité du capital garanti résultant du système adopté, le dit capital serait insaisissable ; les bénéficiaires devraient avoir avec le sociétaire assuré un lien de parenté quelconque ou simplement légal ; enfin pour la validité des transports consentis en garantie d'avances ou de services rendus, ceux-ci devraient être d'abord régulièrement notifiés à l'Administration et ensuite approuvés par elle.

Tout en faisant les plus expresses réserves sur ce projet (dont les détails ont été précédemment indiqués) en ce qu'il repose sur l'intervention de l'État, on peut se demander si le régime de la mutualité convient bien pour les petites assurances et si le régime de la prime fixe n'est pas préférable, surtout lorsqu'il est mis au courant des nécessités de la pratique, en particulier lorsque la perception de la prime se fait non pas en une fois mais en plusieurs fois, soit toutes les semaines, soit toutes les quinzaines.

on a pu le constater; les sommes considérables que réunissent les
établissements d'épargne attestent maintenant que l'épargne est pratiquée en France. Seulement si les travailleurs entrevoient l'assurance pour leurs vieux jours à la suite d'une vie de mutualiste, une
pension de retraite, non seulement véritablement dérisoire par son
chiffre mais même purement aléatoire en l'absence de garanties financières; à la différence des populations de race saxonne, ils ne soupçon-
nent pas l'assurance en cas de décès[1]. Il y a une éducation à faire.
Ce n'est pas une administration de l'État, si actif, si dévoué que soit
son personnel, qui viendra à bout de cette indifférence et qui apprendra
aux travailleurs le chemin de la Caisse de l'État.

La loi du 7 avril 1898 sur les Sociétés de secours mutuels autorise,
dans son art. 9[2], les Sociétés de secours mutuels à contracter des assurances en cas de décès à la Caisse d'assurances instituée par la loi
du 11 juillet 1888 et dispose même que ces assurances peuvent se
cumuler avec les assurances individuelles. Quoi que l'on ait pu dire et
bien que l'on ait compté sur l'effet de cette loi, les institutions d'assurance devant chercher à se populariser, à se démocratiser[3], il est peu
vraisemblable que ces dispositions amènent de nombreux clients à la
Caisse d'État. Ne peut-on pas croire aussi que malgré des exceptions,
les Sociétés de secours mutuels se soucient peu de réaliser l'assurance ouvrière, préférant s'en tenir à leurs anciens errements, à leur
cadre étroit[4]?

Ce que l'État n'a pu réaliser[5], l'initiative privée a résolu de le faire.

1. Cheysson : *Rapport au Congrès des habitations ouvrières à Bordeaux en 1895
sur l'assurance sur la vie et les habitations à bon marché* et *L'Assurance Moderne*,
17 avril 1896, p. 78.
2. Cette disposition ne paraît pas avoir donné lieu à des difficultés lors de
la discussion de la loi. V. S. *Lois annotées*, 1899, 736.
3. Cf. ce que dit M. F. Boujean dans *L'Opinion*, 15 mai 1898, p. 65.
Il est à noter que dans la liste des déclarations faites à Paris, en conformité de la loi du 1er avril 1898 en vue de la constitution de nouvelles sociétés de secours mutuel, on a constaté qu'une Société avait été fondée
dans le but « d'assurer en cas de décès des sociétaires, des secours » à la
famille (il est parlé d'un secours et non pas du bénéfice d'une assurance) et
qu'une autre tendait à assurer à la veuve, au veuf, aux enfants ou à toute
autre personne désignée par le sociétaire décédé une somme fixe. — V. *Revue
philanthropique*, juin 1898, p. 275.
4. Chauffon : *op. cit.*, T. I, p. 280.
5. L'expérience est difficilement acceptée. Naguère encore l'on conseillait
d'organiser une vaste association mutuelle à laquelle tout le monde pourrait
adhérer, qui, moyennant des primes réduites, selon le système américain,
pour les opérations en cas de décès, offrirait l'assurance au prix coûtant,
puis de proposer à l'État d'intervenir en faveur de ceux des travailleurs
qui désireraient recourir à ces contrats, l'État au lieu d'affecter de très
grosses sommes aux dépenses d'assistance publique fournissant les prix des
destinées à garantir le service des assurances. Cette proposition a été fortement combattue, et avec raison.
D'abord cette organisation rêvée sous le contrôle et la garantie de l'État
amène à préparer purement et simplement la main-mise de l'État sur la
Société et l'établissement de l'assurance obligatoire par l'État. D'autre part,

Des Compagnies ont tenté l'assurance industrielle pour les travailleurs non seulement en offrant aux pères de constituer une dot aux enfants pour l'époque de leur majorité, mais en proposant à l'ouvrier, au moyen d'une prime bimensuelle modique, de contracter soit une rente viagère à 55 ans avec un capital modique, lors de l'arrivée du décès, soit une assurance payable à son décès à un bénéficiaire ou à l'assuré même en cas de survie à une date convenue, par exemple après 20 ans. Mais en pareil cas on a dû modifier les anciens errements. Il a été établi une surprime professionnelle équitable pour chaque classe de risques, les tarifs ordinaires étant appliqués aussi bien aux mineurs et aux marins qu'aux simples agriculteurs; la somme variait avec la classe à laquelle l'assuré (en état de changer de résidence sauf parfois à acquitter une surprime quand le contrat est très récent) appartient par sa profession.

Non seulement les risques étaient divisés en cinq catégories suivant les professions, mais cinq combinaisons étaient offertes au public: l'assurance pour la vie entière; l'assurance à double effet, garantissant une somme de 500 fr. par exemple, au décès de l'assuré ou de 1000 fr. après 20 années; l'assurance mixte; l'assurance de retraite pour la vieillesse et l'assurance de dotation.

En second lieu il a fallu substituer pour le versement de la prime d'assurance le système de l'abonnement bimensuel à celui de la libération annuelle ou semestrielle et en allant percevoir chez l'assuré, sans dérangement pour lui, la faible cotisation de chaque quinzaine [1]; il a paru, en effet, que c'eût été trop exiger que de demander en une seule fois la prime du mois, et d'autre part, la levée hebdomadaire eût compliqué par trop le service comme aussi rendre difficile la gestion

qui dit Société mutuelle, dit contrôle par les intéressés; le contrôle ne peut être effectif que si la Société a son siège assez près et une comptabilité peu compliquée; dans la Société dont on a rêvé la constitution ce contrôle serait impossible, on déléguerait la surveillance à l'État. Mais tout le monde se dirait que si l'État est le contrôleur indispensable, il n'a pas de raison pour n'être pas l'administrateur indispensable.

L'exemple de l'étranger est, du reste, de nature à faire réfléchir. Dans les pays où fonctionne l'assurance obligatoire, par exemple en Allemagne et en Autriche, ce sont les Caisses dues à l'initiative privée et s'administrant en dehors de l'État qui distribuent les sommes les plus importantes. L'intervention de l'État, dans ces conditions, n'est donc pas utile à ceux que l'on qualifie de « masses intéressantes. » L'individu tire plus de profit de son initiative privée en matière d'assurances qu'en recourant au concours de l'État. Cette constatation est la condamnation de l'intervention de l'État en matière d'assurances.

Comp. les observations dans les deux sens échangées entre MM. Rochetin et Nourry à la Société d'économie politique de Paris (*Journ. des Economistes*, août 1894 p. 278 et 282).

1. Rochetin : *Les assurances sur la vie en France et à l'étranger* (*Journ. des Economistes*, décembre 1890, p. 344 et 345); Hamon : *Histoire générale de l'assurance*, p. 334, etc.

d'un très grand nombre de contrats [1]. Après 5 années de paiement régulier, en cas de cessation des primes, l'assurance était réduite.

Fréquemment il était convenu que la police ne pourrait être ni hypothéquée, ni engagée, ni transférée [2].

Parmi les Sociétés constituées pour l'assurance populaire, il y avait une tendance sinon à dispenser de l'examen médical, quitte à supprimer toute indemnité au cas où la mort serait due à un accident, au moins à l'imposer pour les contrats dépassant une certaine somme [3].

A côté de ces procédés qui ne diffèrent guère de la pratique habituelle, il en a été imaginé de plus nouveaux pour lesquels la réserve la plus expresse s'impose.

On a pensé qu'il serait possible d'associer l'épargne ouvrière aux profits de l'assureur, de réaliser en quelque sorte la participation des petits aux bénéfices de l'assurance [4] par une combinaison à terme avec remboursement anticipé. Une Compagnie dont les errements ne sont pas isolés [5], a deux contrats différents : le titre ordinaire et le

1. Cette combinaison n'a pas eu le succès que prédisaient les personnes qui la prônaient. La Société qui la pratiquait a dû y renoncer non pas, a-t-il été ajouté (Journ. des Economistes, mai 1893, p. 195), par suite de l'absence des contrats puisqu'elle avait réalisé un assez grand nombre d'opérations, mais devant des difficultés d'ordre extérieur. — Cf. Imbert Cypres : op. cit., p. 275.

2. On peut encore citer une tentative faite il y a une quinzaine d'années et qui s'inspirait de ce qui se passait en Angleterre. (L'Assurance moderne, 30 septembre 1884.)

Une Société avait imaginé deux combinaisons : l'assurance-vie entière et l'assurance mixte. La prime annuelle ne pouvait être inférieure à 6 fr. ; les fractions de primes étaient de 25 centimes ou des multiples de 25 centimes, payables par quinzaine, à la volonté. Le paiement de ces primes devait se faire à domicile et se constater à l'aide de timbres-quittances apposés dans les cases d'un livret. Si cette combinaison (qui limitait l'assurance) faisait partir l'effet de la police du paiement de la première prime ou de la première fraction de la prime, elle rendait facultative la visite médicale sauf à décider, en cas de non visite, que le capital ne serait pas dû pour le décès survenu dans l'année, que la moitié de la somme stipulée serait payée si la mort survenait après un an et avant dix-huit mois mais à l'inverse que le capital (exigible de toute façon s'il y avait eu accident) était intégralement dû si la visite médicale avait eu lieu.

On a insisté sur les avantages de l'opération, mais on n'a pas assez remarqué que l'assurance devait être relativement plus chère. C'était dans l'ordre des choses et, ainsi qu'on l'a dit, il en est de cela comme des meubles vendus à tempérament.

3. Hamon : loc. cit., p. 355, etc.

On peut encore signaler les combinaisons d'assurances temporaires annuelles, assurances se renouvelant d'elles-mêmes d'année en année, par tacite reconduction et sans aucune formalité et ce, jusqu'au cas de décès, sauf démission ou radiation ; de la sorte, et selon les procédés choisis, il y a à la charge de la Société et au décès de l'assuré, ou bien en retour d'une cotisation fixe, ne variant pas avec l'âge, une indemnité déterminée ; ou bien un capital fixe à remettre aux ayants-droit de l'intéressé, moyennant une cotisation variant chaque année avec l'âge de l'assuré. — V. Hamon : loc. cit., p. 340.

4. Rochetin : loc. cit.; Hamon : loc. cit., p. 338. — Cf. L'Epargne-Assurance, (L'Assurance Moderne, 15 mai 1885).

5. A l'exemple de cette Compagnie fondée en 1874, il s'en est établi une autre.

titre mixte. Avec une prime hebdomadaire des plus réduites elle
fournit un titre ordinaire donnant droit à une somme fixe payable
dans un laps déterminé (20 ans) ou immédiatement si le numéro
porté par le contrat sort au tirage qui a lieu annuellement. Après le
délai indiqué, c'est-à-dire après la 20ᵉ année, la somme exigible à
cette date est augmentée d'une part d'accumulation avec un minimum
garanti, avec faculté de liquidation anticipée après 15 années à une
somme convenue. Si le souscripteur meurt avant la date stipulée, les
primes versées sont remboursées au bénéficiaire désigné. Sans trop
s'arrêter aux avantages attachés au titre ordinaire, l'on a beaucoup
vanté le titre mixte en ce qu'il attribue au père de famille, soucieux
de laisser quelques ressources à sa mort, le droit à un capital après
une durée de 20 ans ordinairement s'il survit et en ce qu'il laisse la
même somme aux héritiers en cas de prédécès de l'assuré. On a fait
valoir que ce système a un autre effet puisque si le numéro que
porte le contrat sort à l'un des tirages la somme indiquée dans la police est immédiatement payée à l'assuré et que chaque titre donne
droit, en outre, après un certain nombre d'années d'assurance, à une
part d'accumulation payable en plus de la somme énoncée au contrat
soit au tirage, soit au décès, soit au terme de 20 ans avec minimum
garanti après ce même nombre d'années.

Bien que ce système, qualifié par ses partisans de fort ingénieux, ait
été présenté comme mettant l'assurance à la portée de toutes les bourses, on peut avoir des doutes non pas sur sa légalité, car somme toute
c'est une application de la combinaison en usage dans les établissements financiers et industriels pour le tirage de leurs obligations, mais
bien sur son caractère même. Est-il bon que l'ouvrier détourne l'assurance de son but, qu'il la considère comme un bon placement, qu'il
se laisse guider par l'attrait du tirage [1] et l'émotion qu'éveille l'o-
pération de sortie des numéros [2] ?

en 1885, qui, Mutuelle à cotisation fixe, a inauguré un système de Caisse populaire et de livrets quittances, chaque titre (un souscripteur ne pouvant
en posséder plus de 40) donnant droit, en retour d'une cotisation mensuelle
et modique avec droit de réduction et de rachat dans des cas déterminés
1° à un capital restreint payable à l'assuré en cas de vie après un certain
laps de temps ; 2° au remboursement en cas de mort de l'assuré avant l'é-
chéance du contrat, des versements effectués au jour du décès et avec minimum garanti ; 3° à la répartition dans les bénéfices de la Société. — Hamon :
loc. cit., p. 337, note.

1. C'est peut-être pour ce motif qu'une de ces Sociétés aurait recueilli du
1ᵉʳ juillet 1874 au 31 décembre 1889, 85,000 adhésions pour 458,000 titres représentant un capital de 79,000,000 de francs. — Hamon : loc. cit., p. 339.

2. V. le travail sur Les Combinaisons spéciales (Monit. des Assur., mars 1884,
p. 75 et 76).

La Suisse possède un certain nombre de Sociétés formées exclusivement
entre associés pour un temps déterminé, généralement assez court, durant
lequel ils s'engagent à effectuer obligatoirement et régulièrement un certain
versement hebdomadaire ou mensuel ; les fonds sont ordinairement placés
en valeurs à lots et à la dissolution de la Société le capital augmenté des in-

Sans méconnaître l'importance des opérations qu'ont pu faire ces Sociétés, il faut reconnaître que la faveur semble aller plus du côté des Sociétés qui, sous le nom de *Sociétés d'assistance ou de production mutuelle en cas de décès*, de *Sociétés de prévoyance en cas de décès*, de *Sociétés coopératives d'assurance* ont été instituées dans ces dernières années en France dans le but de mettre l'assurance sur la vie à la disposition des personnes qui, eu égard à l'exiguïté de leurs ressources, ne se considèrent pas comme étant en mesure de traiter avec les Compagnies à primes fixes[1].

La création de ces Sociétés constitue un symptôme particulier dont il est impossible de ne pas tenir compte. De nos jours, et c'est là une vérité d'expérience sur laquelle on ne saurait trop insister[2], l'homme qui vit de son salaire modeste, à quelque carrière qu'il appartienne, ouvrier, employé, etc., qui chaque mois effectue un prélèvement sur le produit de son labeur est plus soucieux de l'avenir que ses aînés; il ne méconnaît pas l'aide que peut lui procurer la Société de secours mutuels, mais il n'ignore pas d'abord qu'il ne peut compter que sur une pension insignifiante comme chiffre et aléatoire comme entrée en jouissance, il se soucie assez peu de savoir que sa succession n'aura pas à supporter les frais, assez modiques, de ses obsèques, s'il appré-

térêts, des lots et des primes de remboursement est réparti entre les épargnants - Dufourmantelle et Lepelletier: *Étude sur les Caisses d'épargne dans les pays du Nord* (*Bullet. de la Soc. de législat. comp.*, T. XXX, 1899, p. 247.)

1. Les reproches que l'on dirige contre les Compagnies seraient, d'après M. Grad (*Les assurances ouvrières en Allemagne*, p. 260), les suivants : les Compagnies exigent des paiements réguliers déterminés d'après une base fixe; en cas de décès tous les dépôts sont perdus; l'ouvrier ne peut recourir à ses épargnes en cas de besoins exceptionnels, il n'a pas la faculté non plus de les retirer pour en profiter dans le cas où les circonstances se prêtent à fonder un établissement ou à commencer une entreprise pour son compte.

Il ne semble pas nécessaire d'insister ici sur la valeur de pareils griefs.

Une feuille spéciale (*L'Assurance moderne*, 15 mai 1885), a jadis beaucoup vanté « l'épargne-assurance », basée sur ce fait que nombre de personnes reculent devant l'assurance parce qu'elles ne peuvent croire qu'il leur sera permis d'acquitter les primes annuelles avec toute la régularité voulue : la combinaison consisterait à laisser aux Compagnies le soin d'accepter à titre de prime unique chacun des versements que feraient les assurés, à quelque date que ce soit, avec affectation de ces versements à la constitution d'une assurance convenue; le capital assuré ne pouvant être déterminé à l'avance, serait calculé, à l'échéance du contrat, d'après le montant et l'époque des versements. En d'autres termes, après l'examen médical et les formalités ordinaires, une personne versant une somme de 300 fr. par exemple serait considérée comme ayant une prime unique de nature à fournir une somme de..., lors du décès de l'assuré, à la personne indiquée comme bénéficiaire; deux ans après, l'assuré versant une autre somme, de 400 fr. par exemple, le bénéfice serait augmenté d'autant, c'est-à-dire de la somme en rapport avec le chiffre de la somme et l'opération se continuerait ainsi, chacun des versements pris comme prime unique élevant d'autant le montant de la somme à remettre au bénéficiaire, rien n'interdisant, bien entendu, de fixer un maximum pour les versements.

2. V. l'article sur *Les Sociétés d'assistance ou de protection mutuelle en cas de décès* (*Rev. des institut. de prévoyance*, septembre 1896, p. 525). — Cf. *L'Observateur*, 13 janvier 1895.

cie le secours contre la maladie, il songe non seulement que dans sa vieillesse il risque fort de causer une gêne aux siens, de tomber à la charge de l'assistance publique mais aussi que sa mort survenue alors qu'il peut encore faire vivre sa famille, risque de laisser sa femme et ses enfants dans la détresse.

On a cru pouvoir remédier à cette situation en fondant les Sociétés dont il s'agit.

Ces Sociétés qui se donnent comme des Sociétés de prévoyance ou de protection mutuelle en cas de décès, des Sociétés coopératives en cas de décès, etc. se distinguent vraiment par un trait spécial. Il ne saurait être question de signaler ici les différences de détail. Mais on peut dire que toutes se ramènent à un type uniforme dont voici les lignes essentielles : répartition des adhérents en groupes, d'après un classement généralement laissé au choix de l'administration ; fixation d'une contribution calculée d'après l'âge de l'adhérent au moment de son admission ; tant qu'il ne se produit pas de décès au cours d'un exercice, les membres du groupe demeuré intact n'ont à payer que des redevances diverses affectées notamment aux frais de gestion ; c'est seulement à chaque décès que les membres du groupe auquel appartenait l'adhérent versent leurs « contributions d'âge » dont la réunion forme l'indemnité attribuée aux bénéficiaires désignés par le décédé[1].

En principe et si elles fonctionnent dans les conditions qui viennent d'être indiquées, ces Sociétés ne sont pas des Tontines.

Ce qui caractérise la Tontine, c'est la mise en commun de fonds destinés à être partagés[2], s'accroissant par l'effet du prédécès, c'est le droit exclusif du survivant à la somme laissée par les prédécédés. Rien de pareil n'existe dans les Sociétés dont il est question ; il n'y a ni mise en commun, ni partage ; d'autre part, ce n'est pas le prédécès des adhérents qui forme la somme destinée à revenir au bénéficiaire, c'est au contraire l'ensemble des survivants. Enfin, tandis que la Tontine peut être augmentée et par conséquent est variable, tandis aussi que l'opération tontinière suppose un gain réalisé par la minorité et la perte supportée par le plus grand nombre, ici la somme est fixe, elle a été convenue une fois pour toutes ; de plus, tous les adhérents sont appelés à la répartition sans qu'aucun soit exposé à perdre sa mise, l'obligation de contribuer prise par les uns n'étant assumée qu'en échange de l'obligation réciproque prise envers eux par les autres adhérents. Ce n'est même pas une Tontine à rebours ; c'est l'opposé de la Tontine puisqu'il n'y a pas l'inégalité des droits et des chances de perte qui caractérise cette dernière.

1. Il faut citer ici l'étude de M. Astresse sur la *Condition juridique des Sociétés de retraite et de prévoyance en cas de décès* insérée dans *L'Assurance* et reproduite par *L'Assurance moderne*, n° du 30 avril 1898.
2. Cass., 6 janvier 1857, D. P., 57, 1, 209. V. T. IV, p. 113.

D'un autre côté, ces Sociétés [1] empruntent pour leurs opérations quelque chose à l'assurance. De même que l'assurance sur la vie a pour but, en retour de la prime annuelle, de procurer à une personne ou à une individualité indiquée par l'assuré une somme déterminée lorsque se produira le décès du souscripteur de la police, la combinaison imaginée par les Sociétés particulières étudiées ici tend, moyennant une contribution mise à la charge des sociétaires dans des circonstances déterminées, et quand l'adhérent viendra à mourir, à faire toucher par la personne qu'il a indiquée une somme convenue d'avance. Le but est le même que celui recherché par les Compagnies d'assurance sur la vie, mais il ne s'en suit nullement que l'assimilation soit possible. Toute institution qui garantit contre les conséquences de la mort, qui promet, en retour d'une prestation, une indemnité à un tiers en cas de décès du contractant, n'est pas nécessairement un établissement d'assurance sur la vie.

L'assurance proprement dite suppose nécessairement une relation directe entre l'assureur et l'assuré. En outre, cette opération a pour effet de rendre débiteur de l'indemnité, l'assureur chargé de réunir toutes les primes et de les faire fructifier. La personne qui adhère à une Société de prévoyance ou coopérative en cas de décès, ne contracte pas, à proprement parler, avec l'assureur, lequel n'est guère qu'un agent de transmission ; les rapports périodiques n'existent pour elle qu'avec les membres de son groupe, elle est débitrice (et aussi créancière) des membres de ce groupe ; lorsque se produira le décès, c'est sa cotisation qui sera remise, ce n'est pas la Caisse sociale qui fournira le capital assuré. De Caisse commune chargée de payer les sinistres il n'en existe pas dans la réalité des choses, car les contributions ne sont pas versées à titre de mise sociale mais bien en exécution des engagements pris par les adhérents les uns envers les autres et pour être immédiatement et exclusivement affectées aux ayants-droit d'un seul d'entre eux [2].

D'une façon générale, en s'en tenant au fonctionnement tel qu'il a été retracé et en réservant absolument le cas où le caractère serait altéré, les opérations entreprises par ces Sociétés de prévoyance ou d'assistance mutuelle ou coopérative en cas de décès ne sont pas, dans la réalité des choses, des opérations d'assurance sur la vie. Elles ont un caractère mixte en ce sens qu'elles participent à la fois de l'assurance et de la prévoyance, de l'assistance mutuelle. Ces Sociétés vivent donc sous le régime de la liberté absolue des conventions. Elles échappent non seulement à l'autorisation gouvernementale, mais même à la réglementation édictée par le décret du 22 janvier 1868 quand elles ne

---

1. Du moins certaines Sociétés et notamment celles qui fonctionnent comme il est dit plus haut, car il en est d'autres où le caractère tontinier s'accuse très nettement.
2. Astresse : loc. cit.

font ni des opérations tontinières [1], ni de l'assurance dans le sens légal du mot [2]. Cependant, ces Sociétés ont la faculté de baser leurs dispositions statutaires sur les prescriptions du décret du 22 janvier 1868, mais elles ne font intervenir ces dernières qu'à titre de conventions privées, ce qui est parfaitement licite [3].

Le fonctionnement de beaucoup de Sociétés coopératives en cas de décès a été critiqué. On leur a reproché, non sans raison, d'abord d'avoir trop fréquemment un caractère financier tant au point de vue de

1. Il faut ajouter cependant que l'Administration et avec elle le Conseil d'État ont considéré que plusieurs Sociétés constituaient des Tontines et qu'en conséquence il y avait lieu de leur imposer la nécessité de se munir de l'autorisation édictée par l'art. 66 de la loi du 24 juillet 1867.

On a fortement critiqué cette attitude de l'Administration qui, après avoir imposé aux Sociétés l'obligation de ne pas s'écarter des formes rigoureusement acceptées, a subitement autorisé des entreprises qui s'éloignaient absolument du type jusqu'alors officiellement adopté. On a protesté contre cette sorte d'estampille officielle donnée à des combinaisons dépourvues, pour la plupart, de bases techniques et rationnelles. — V. la note sur *L'abus des autorisations gouvernementales* publiée en 1896 dans *L'Assureur parisien* et reproduite par *L'Assurance Moderne*, n° du 15 avril 1898. Cf. l'article de M. Thomereau sur *Les assurances* (p. 302) dans le *Dictionnaire du commerce* de MM. Guyot et Raffalowich.

Pour notre part nous nous associons à ces plaintes contre le patronage officiel donné aux associations qui font des opérations tontinières, mais seulement lorsque le caractère tontinier est bien certain : toutes les Sociétés coopératives ne sont pas nécessairement et en droit des Tontines.

2. De plusieurs arrêts rendus par le Conseil d'État (C. d'Ét., 23 février 1889, Leboux : *Rec. des arr. du C. d'Ét.*, 89, p. 269 ; 9 avril 1892, Leboux : *ibid.*, 92, p. 402 ; C. d'Ét., 7 mai 1897, Leboux : *ibid.*, 97, p. 349 et nos observations *Pand. fr. pér.* 97, 4, 33) qui ont refusé, en matière fiscale il est vrai, de considérer comme Compagnies d'assurances sur la vie les Compagnies qui faisaient des opérations n'ayant pas « les caractères du contrat d'assurance tel qu'il est défini par l'art. 332 C. Comm. », c'est-à-dire qui ne faisaient pas l'assurance classique, qui introduisaient un élément étranger, l'on peut induire que pour le Conseil d'État la véritable assurance sur la vie est celle qui prend les caractères du contrat tel qu'il est défini par l'art. 332 C. Comm.

Les Sociétés dont il s'agit ne sont pas, en règle générale tout au moins, des Sociétés de secours mutuels. Ce qui distingue ces dernières, c'est la division des membres en deux classes : les membres participants et les membres honoraires dont la cotisation constitue la ressource essentielle. Dans les Sociétés coopératives ou de prévoyance en cas de décès, il n'y a que des participants et les indemnités sont formées uniquement par leur contribution.

Il importe de noter qu'en Suisse l'on propose très nettement de soumettre au contrôle toutes les Sociétés analogues à celles dont il s'agit ici, les Sociétés de secours mutuels qui s'occupent d'assurance sur la vie, et même les Caisses de secours en cas de décès. — Berdez ; *Les bases jurid. et économ. de l'assurance privée*, p. 319, etc.

3. Cass., 20 février 1888, S. 88, 1, 404. — V. *ibid.* la note de M. Labbé.

Placées sous ce régime de liberté absolue, fait observer M. Astresse (*L'Assurance moderne*, n° du 30 avril 1898 p. 91), ces Sociétés ne sont soumises à aucune publicité, à moins qu'elles n'aient déclaré expressément se soumettre en bloc au décret de 1868 ou qu'elles aient adopté une forme commerciale. Par contre, n'étant pas des Sociétés, elles sont privées de la personnalité morale, mais il est facile de supprimer l'inconvénient principal en introduisant dans les Statuts une clause qui confère aux Directeurs et Administrateurs ou à l'un d'eux les pouvoirs nécessaires pour mener à fin les opérations de l'entreprise et celui de représenter la collectivité en justice.

leur gestion qu'à l'égard des sommes bien trop élevées qu'elles assurent [1]. En second lieu, on leur a imputé d'avoir généralement une organisation défectueuse au point de vue technique par suite de l'incompétence des fondateurs en matière d'opérations viagères, mais aussi et surtout d'avoir des tarifs et des garanties dont l'insuffisance absolue doit conduire, de l'avis de toutes les personnes qualifiées, à une déconfiture certaine ou tout au moins à l'impossibilité de tenir les promesses [2]. On a constaté aussi qu'elles avaient le grand tort, soit de se passer habituellement de l'examen médical remplacé par une *simple déclaration sanitaire* [3], soit d'avoir recours au système *Assessment* dont le moindre inconvénient est de favoriser d'une façon si peu équitable les hommes âgés au détriment des jeunes gens [4].

Si le système peut trouver des adhérents, c'est à la condition qu'il y ait des changements considérables dans l'organisation et le fonctionnement, qu'il se produise une véritable transformation en un mot [5].

1. Cf. *Revue des institutions de prévoyance*, août 1889, p. 446; avril 1890, p. 220.
2. Thomereau ; *loc. cit.* — Comp. aussi les observations de M. Rochetin ; *Les Caisses de capitalisation* (*Journ. des Économistes*, mai 1893, p. 186 et suiv.) et les remarques que contient le Rapport du *Bureau fédéral suisse pour les assurances* paru en 1897 (*L'Assurance moderne*, 31 mai 1898, p. 444 et 1451).
Comment des Caisses de secours de personnes de 30 à 40 ans, dit le Bureau fédéral suisse, peuvent-elles avec une contribution annuelle de 1 fr. à 1 fr. 50 que chacun verse en moyenne 20 à 25 fois au plus, payer lors de chaque décès une somme de 100 fr.? On comprend cela parfaitement pour les premières années de l'existence d'une Caisse semblable, car parmi des personnes âgées de 30 à 40 ans il en meurt effectivement 1 sur 100 environ par année. Mais cela ne peut durer ainsi. Il faut, en égard à l'âge qui s'avance, augmenter quelque peu la cotisation; pendant un temps peut-être arrêtera-t-on l'augmentation en question en limitant le recrutement aux jeunes gens. Mais ce recrutement de jeunes sociétaires cesse tout naturellement aussitôt que la prime de répartition dépasse 2 0/0; car, pour cette prime et même à meilleur compte, les jeunes gens peuvent trouver assurance auprès d'une Société érigée sur les bases rationnelles; dès ce moment, la contribution augmente à grande vitesse; les sociétaires désertent les uns après les autres, parce qu'ils ne peuvent ou ne veulent plus la payer. Pour toute Caisse de cette nature cette augmentation de la prime de répartition conduit à une ruine certaine si l'on ne se réorganise pas à temps sur des bases sérieuses.
3. V. le document reproduit dans *L'Assurance Moderne*, n° du 15 mars 1895, p. 53 à 56.
4. *Les Sociétés d'assistance ou de protection mutuelle en cas de décès.* (*Rev. des institutions de prévoyance*, septembre 1890, p. 524.)
5. L'auteur de l'intéressant travail cité à la note précédente croit qu'il est possible de créer des Sociétés d'assistance mutuelle en cas de décès pratiquant l'assurance à capital décroissant et à cotisation fixe au moyen de tarifs rigoureusement calculés. Seulement, pour que ces institutions, dit-il, ne deviennent pas la proie de la spéculation, il serait indispensable de leur imposer un *maximum* comme aux Caisses d'épargne et à la Caisse nationale des retraites; il ne faut pas leur permettre d'assurer 10,000 fr. et 20,000 fr. à leurs adhérents, car sans cette précaution l'on serait exposé à voir se fonder des Compagnies financières déguisées sous un nom d'emprunt afin d'éviter les charges d'ordre public et de recueillir les dons de philanthropes abusés par de fausses apparences.
Les tarifs de cotisation étant calculés d'après une Table bien choisie et majorée d'un excédant capable de subvenir aux frais de gestion, dit-on en-

Il importe en particulier que la prime soit calculée pour chaque âge d'entrée en supputant à leur valeur, au moment du calcul, les sommes qui devront être payées lors de chaque décès d'un groupe de personnes du même âge jusqu'à l'extinction complète du groupe et en posant comme condition que la valeur également au moment du calcul, de toutes les primes futures à payer par ce même groupe, doit être égale à la valeur des sommes assurées qui leur seront payées. Pour ce calcul il est nécessaire d'avoir deux bases fixes, savoir 1° une Table de mortalité qui convienne à la classe de population dont il s'agit ; 2° un taux d'intérêt réalisable pendant toute la durée de l'assurance. A l'aide de ces deux bases techniques, il est possible de calculer exactement quelle est la valeur actuelle d'une somme de 100 fr. payable au décès de personnes âgées de 30, 31, 32, etc. années au moment de leur entrée dans l'assurance. On peut de même supputer la valeur actuelle d'une prime viagère de 1 fr. pour chaque âge à l'entrée dans l'assurance, et si, comme c'est évidemment le cas, cette dernière valeur est inférieure à la valeur de la somme assurée de 100 fr., on peut facilement calculer de combien il faut augmenter la prime de 1 fr., pour que les deux valeurs actuelles soient égales ; on obtient ainsi le montant de la prime viagère qui équivaut à une assurance de 100 fr. Les primes obtenues ainsi sont les primes dites primes pures ; elles doivent être élevées d'environ un septième pour pouvoir faire face aussi aux frais d'administration et aux pertes éventuelles et sup-

core, la Société pourrait fonctionner à condition que la mortalité fût normale ; mais dans le cours de certaines années des écarts fâcheux pouvant se produire entre le nombre des décès prévus par la Table de mortalité adoptée, les ressources risquant alors d'être insuffisantes pour régler les dépenses, afin d'éviter ce contre-temps il serait bon de créer une *réserve de prévoyance* obtenue par une très légère surélévation des versements, réserve ne devant jamais dépasser une valeur proportionnée au nombre des sociétaires et non pas s'accroître indéfiniment, sans but. Bien entendu, il est recommandé de songer à des cotisations extraordinaires pour le cas où les décès survenus par suite d'une épidémie ou d'une guerre, nécessiteraient l'emploi de ressources extraordinaires supérieures à la réserve de prévoyance. Enfin l'on a insisté pour qu'il soit tenu compte de la profession, de la localité habitée et que le cas échéant des surprimes puissent être réclamées.

Ce qui est indispensable, à notre sens, c'est de faciliter la libération au moyen d'un encaissement fractionné. Bien certainement avec ce système le détail infini d'un mécanisme émietté engendre de terribles frais généraux supérieurs de beaucoup à ceux des Compagnies ordinaires, mais M. d'Avenel (*Les Assurances sur la vie* [*Revue des deux Mondes*, 15 septembre 1895, p. 362]), tout en faisant cette remarque, ne peut s'empêcher de constater que le succès, en Angleterre, des *Compagnies industrielles* est venu de ce qu'elles ont imaginé l'assurance à primes hebdomadaires de 10 centimes.

Comme le dit M. Cheysson (*L'Assurance Moderne*, 17 avril 1896, p. 78), réduites à un taux aussi modiques et prélevées tous les huit jours, les cotisations imposent à l'ouvrier un sacrifice dont il s'aperçoit à peine et le font participer à l'assurance sur la vie. Aussi M. Cheysson incline-t-il à recommander la combinaison de l'assurance populaire avec une association mutuelle ou coopérative qui se chargerait de l'encaissement des primes sans frais et permettrait ainsi de réaliser l'assurance à bas prix.

porter les écarts défavorables qui peuvent se produire entre la mortalité effective et la mortalité hypothétique et entre le taux d'intérêts effectivement réalisé et le taux admis [1].

_____

1. Ces détails sont empruntés à une Note figurant dans le Rapport du *Bureau fédéral suisse* paru en 1897 ; à raison de sa précision, nous avons pensé que l'observation devait être reproduite textuellement.

CONCLUSION

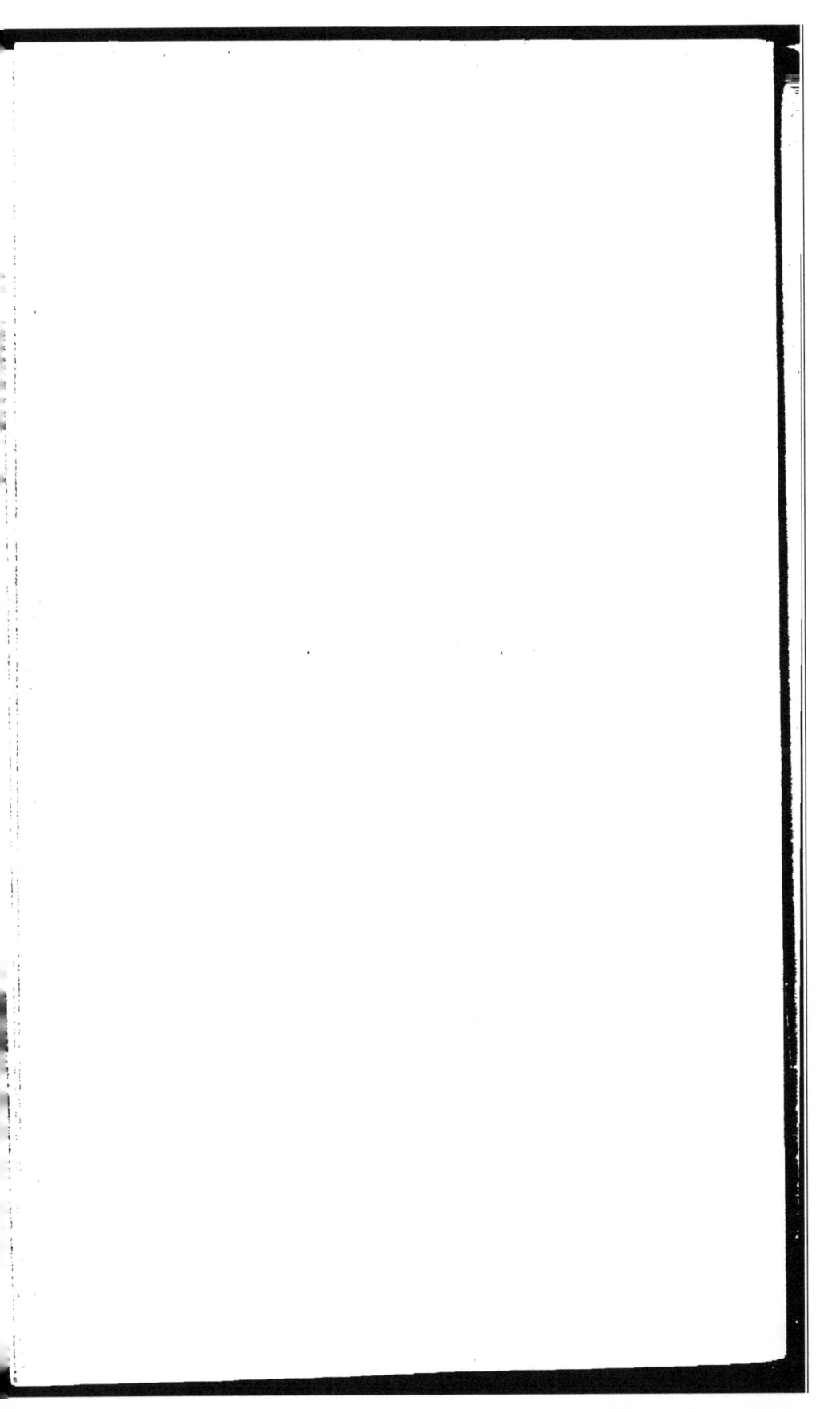

CONCLUSION

Par ses différentes combinaisons l'assurance sur la vie répond à des aspirations et à des besoins ; basée sur l'épargne et le travail, et à ce titre mettant en jeu la moralité, donnant à l'économie le stimulant du but qui seul assure la continuité de l'effort[1], elle contribue manifestement au développement du crédit, et à l'augmentation du capital productif, mais en transformant des revenus viagers en un capital, elle procure surtout la certitude du lendemain.

Au moyen de l'assurance en cas de vie l'homme qui a travaillé, peiné durant sa jeunesse et son âge mûr, n'a plus à redouter sinon la misère au moins la gêne pour ses vieux jours ; s'il n'est pas sûr d'exister au delà de la limite qu'il prévoit, du moins il est sûr de pouvoir subsister en cas de vie. Grâce à l'assurance en cas de décès, il peut se dire que sa disparition ne plongera pas dans la détresse les êtres qui lui sont chers ; la mort peut le faire disparaître, elle ne l'entraîne pas tout entier dans la tombe ; l'existence de sa compagne, de ses enfants est assurée par une ressource suprême[2].

Dans toutes les contrées l'assurance sur la vie a rencontré la faveur. C'est à juste titre. Il importe, en effet, que l'homme dont le labeur journalier constitue l'unique ressource puisse mettre les siens à l'abri d'un coup imprévu du sort, qu'il puisse être pleuré par des larmes désintéressées sans qu'au deuil soit associée la perte de l'aisance et du pain quotidien. Il convient que l'homme riche puisse augmenter le patrimoine qu'il laissera à ses héritiers, soit pour subvenir aux charges qui grèveront sa succession, soit pour en faciliter le partage, qu'il y ait un moyen de maintenir entre les mains de l'enfant choisi la terre qui a été reçue d'un ascendant. L'établissement qui a été fondé

1. V. les réflexions de Jules Simon : *Le Travail*, Paris, 1866, p. 196.
2. Typaldo Bassia : *Les assurances sur la vie au point de vue théorique et pratique*, Paris, 1892, p. 265.

sans être obligé d'éluder les lois qui règlent en France la dévolution des biens, sans même renoncer à ce sentiment instinctif, parce qu'il est naturel, qui porte un père à partager entre ses enfants son bien également comme son amour [1].

Partout les Sociétés destinées à conjurer les conséquences désastreuses du hasard se multiplient. En tous pays le nombre des contrats augmente. On est loin de l'époque où l'on voyait dans l'assurance sur la vie une opération reposant sur un *votum mortis*, un pacte sur succession future. Nul ne songe à reprendre les arguments par lesquels on condamnait l'assurance sur la vie, à dire que l'existence humaine est hors du commerce, que la mort ne saurait fournir matière à une spéculation. Il ne viendrait plus à l'idée, ainsi que le croyaient sincèrement des esprits aussi éminents que Emérigon, Valin, Pothier dans l'ancien droit, Portalis au commencement de ce siècle [2], d'alléguer que la convention basée sur la mort est odieuse, voire même dangereuse en ce qu'elle pousse celui qui doit profiter du décès à tout mettre en œuvre en vue de l'abréviation de la vie de l'assuré. D'autre part, en présence du fonctionnement des Compagnies, on ne s'aviserait plus maintenant de soutenir [3] que l'entreprise des assurances se soutenant seulement par le grand nombre des assurés, ceux qui vivent longtemps sont exploités par ceux qui meurent tôt, qu'il faut redouter les risques de « banqueroute » de la part des assureurs, des procès qu'il faut soutenir pour être payé, la chance de perdre de longues années de sacrifices si par un malheur quelconque, on venait à se trouver dans l'impossibilité de continuer l'acquittement de la prime.

En France des progrès réels, énormes même ont été réalisés [4] :

1. M. Patinot (*De l'assurance sur la vie* [*Rev. pratique de dr. fr.*, T. XXVI, p. 393]) fait justement observer à ce propos que les Anglais, auxquels les lois imposent le droit d'ainesse, trouvent dans l'assurance le moyen de constituer le patrimoine des enfants que la loi déshérite.

2. Les préjugés étaient tels que même au XVIIIe siècle, à cette époque de libre examen ils survivaient à tout. L'*Encyclopédie*, dont les rédacteurs étaient certes dégagés de toute idée de prévention, enseignait (v[o] *Assurances*, p. 522) qu'« il est contre la bienséance et l'honnêteté publique de mettre à prix la vie des hommes, et d'ailleurs la vie d'un homme libre n'étant susceptible d'aucune estimation, elle ne peut faire la matière d'un contrat d'assurance. »

3. Avec Proudhon, dans son *Système des Contradictions économiques ou Philosophie de la misère*, 2e édit., Paris, 1850, t. II, p. 148.

4. Les statistiques publiées par le *Moniteur des assurances* sont particulièrement instructives.

Le montant total des capitaux en cours pour les 17 Compagnies d'assurances à primes fixes, réassurances déduites, s'est élevé au 31 décembre 1896 à 3,499,746,654 fr. et au 31 décembre 1897 à 3,549,005,537 fr. La production totale de 1896 était de 315,886,854 fr., soit avec le chiffre des capitaux disparus (291,825,059) une différence de 24,061,795 fr. En 1897 la production totale a été de 338,562,231 fr., c'est-à-dire avec les 289,303,248 fr. représentant les capitaux disparus une différence de 49,258,983 fr. En 1898 la production des capitaux assurés a été de 349,626,329 fr.

Les sinistres se sont élevés en 1895 à 53,235,303 fr. ; en 1896 à 46,186,749 fr. (soit comme rapport des sinistres aux capitaux en cours, 1.38 0/0) ; en 1897

d'autre part, on comprend mieux l'assurance en ce sens que les contrats durent, que les polices ne sont pas aussi facilement résiliées à l'expiration de la première année. Néanmoins il reste encore beaucoup à faire [1].

Bien certainement l'idée de l'assurance pénètre un peu partout [2], elle ne rencontre ni l'hostilité, qui jadis poussait à voir dans l'opération une duperie au profit des Compagnies, ni les préjugés portant à croire que la prévision de la mort a le pouvoir d'en hâter le moment [3]. Mais elle se heurte encore à l'indifférence.

à 49,908,064 fr. (soit une augmentation de 3,722,215 fr. et pour le rapport aux capitaux en cours 1,48 0/0).

De ces chiffres qui concernent les assurances proprement dites il convient de rapprocher ceux qui se rapportent aux rentes viagères.

Les rentes viagères immédiates se sont élevées au 31 décembre 1895 à 59,827,848 fr., au 31 décembre 1896 à 62,957,726 fr., au 31 décembre 1897 à 67,193,046 fr. Pour les rentes différées, de survie, etc., les nombres étaient les suivants aux mêmes dates : 3,926,489 ; 4,078,694 ; 4,180,765 fr.

Les rentes viagères immédiates constituées dans l'année ont donné un chiffre de 6,013,958 fr. en 1895, 6,676,429 en 1896 et 7,197,305 en 1897, 7,770,562 en 1898. Pour les extinctions on relève aux mêmes dates ces trois chiffres : 3,198,447 fr. ; 2,916,551 fr. ; 2,961,985 fr. Le chiffre moyen des rentes immédiates en cours pendant l'année 1897 a été de 65,075,386 fr. ; le rapport des extinctions a donc été de 4,55 0/0 ; ce rapport avait été, en 1896, de 4,84 0/0 ; en 1895, de 5,50 0/0.

Voici enfin pour une période de 11 années le rapport des sinistres aux capitaux en cours en ce qui concerne l'assurance sur la vie.

1887...	1,47 0/0	1893...	1,55 0/0
1888...	1,56 0/0	1894...	1,54 0/0
1889...	1,46 0/0	1895...	1,58 0/0
1890...	1,62 0/0	1896...	1,38 0/0
1891...	1,60 0/0	1897...	1,48 0/0
1892...	1,57 0/0		

1. Nous avons précédemment fourni des indications à cet égard. V. ce Traité, T. 1, p. 60.

Il convient de compléter ces nombres par ceux que donne M. Rochetin dans son travail sur Les progrès de l'assurance sur la vie (Revue polit. et parlement., juillet 1896, p. 79).

Aux États-Unis, les capitaux assurés s'élèvent à la somme énorme de 24 milliards pour les 50 Compagnies qui pratiquent le système de la prime fixe. Ensuite il existe 11 Compagnies qui se livrent spécialement aux opérations d'assurances dites industrielles et qui garantissent, de leur côté, plus de 5 milliards 600 millions de capitaux. Ce n'est pas tout ; il y a d'autres Sociétés dénommées Associations fraternelles ou coopératives qui assurent près de 36 milliards, parmi lesquelles figurent les Sociétés à primes naturelles avec un chiffre de 10 milliards environ. Cela donne un total formidable de capitaux assurés.

L'Angleterre vient au second rang avec 16 milliards réalisés par 85 Compagnies, non compris le montant des assurances obtenues par les Sociétés d'assurances industrielles (Industrial business) dont le chiffre ne doit pas être inférieur à 6 milliards.

L'Allemagne occupe le troisième rang avec 7 milliards de capitaux assurés. La France arrive bien après l'Allemagne, avec un chiffre de 4 milliards tout au plus. Il y a quelques années nous avions le pas sur notre voisine d'au delà des Vosges, qui, depuis, a fait de tels progrès qu'elle nous a laissés bien loin derrière elle.

2. V. en particulier Monin : L'assistance et l'assurance mutuelles au Congrès de l'enseignement secondaire public (Revue philanthropique, août 1897) et L'assistance et l'assurance-vie au deuxième congrès des professeurs (ibid., mai 1898).

3. Cette hostilité et ces préjugés étaient tels que M. Batbie a cru devoir

Il est grand, très grand même le nombre de personnes qui se soucient peu de recourir à l'une des formes de l'assurance et surtout à l'assurance en cas de décès dont le but est la constitution immédiate du patrimoine de la famille, et qui vaut plus que l'épargne en ce sens qu'elle procure un avantage supérieur [1].

Des études sérieuses dans la presse [2], une propagande active moins parmi les classes aisées et instruites qu'au sein de la population laborieuse [3], peuvent seules venir à bout de cet état d'esprit.

s'y arrêter et donner une réfutation dans une conférence qu'il fit devant un auditoire populaire : *Le Jeu et la Superstition*, Paris, 1867.

[1]. C'est ce qu'a fort bien établi M. d'Avenel (*Les assurances sur la vie* [*Revue des Deux-Mondes*, 15 septembre 1895, p. 358]).

En versant au commencement de chaque année un millier de francs d'assurance, l'homme de 30 ans garantit *dès le premier jour* à ses héritiers plus de 40,000 fr. Il lui faudrait 24 ans pour amasser une somme équivalente, en économisant 1000 fr. par an, qu'il placerait à intérêts composés au taux de 4 pour 100. Qui donc ose se flatter d'avoir devant lui 24 ans de vie? Durant cette période de 24 années, sur 100 jeunes hommes âgés aujourd'hui de 30 ans, il en mourra 27. Qui peut avoir la certitude d'être parmi les survivants? Un calcul analogue est faisable à tous les âges, avec cette nuance qu'à 45 ans par exemple, une prime de 1000 fr. n'assure plus tout à fait 26,000 fr. et que, pour épargner ce capital dans les mêmes conditions que ci-dessus, 18 années devraient suffire. Mais à 45 ans on est depuis longtemps engagé sur le mauvais versant de la vie, celui de la descente, de plus en plus rapide et fertile en chutes. A deux sur trois seulement — 67 pour 100 — parmi ces hommes de 45 ans, il sera donné de passer encore 18 ans sur la terre.

[2]. C'est avec raison que M. Rochetin (*loc. cit.*, p. 79) reproche à la plupart des journaux qui seuls pourraient vulgariser les combinaisons par une publicité féconde, de s'en désintéresser absolument. A notre époque la lecture du livre est de plus en plus abandonnée, elle est remplacée par la lecture du journal. En exceptant, bien entendu, les personnes que ces études intéressent à des titres divers, jamais, hors le cas d'une nécessité particulière, il ne viendra à l'idée de celui qui se contente du journal pour se tenir au courant non seulement de la politique courante, mais de l'histoire, de la littérature, des sciences, de se reporter aux brochures de propagande et encore moins aux Traités.

Il faut ajouter, d'un autre côté, et ceci explique peut-être bien des choses, que l'enseignement fait totalement défaut pour les institutions de prévoyance ; non seulement il n'existe pas un enseignement technique et les Compagnies en sont réduites à faire elles-mêmes l'éducation spéciale de leur personnel, (c'est une tâche, à la vérité, dont elles s'acquittent avec le plus grand soin), mais on ne paraît pas s'attacher assez à faire dans les programmes une place à l'assurance ; lorsque l'on voit les matières plus ou moins intéressantes qui sont enseignées on se demande comment il se peut que des notions, sommaires et essentiellement pratiques très certainement, ne soient point données sur la raison d'être, les bienfaits, les conséquences de l'assurance. Comp. sur cette question le Rapport de M. Maingie et la Note de M. Hamon dans le compte rendu du *Premier Congrès International d'Actuaires tenu à Bruxelles en 1895*, Bruxelles, 1896.

[3]. Plus on s'élève dans les sphères sociales, plus on rencontre l'esprit de prévoyance. C'est donc moins de ce côté qu'il convient de diriger les efforts.

Elle est vraie, souverainement vraie la formule de M. Depasse (*La prévoyance* [*Revue philanthropique*, mai 1897, p. 67]) : la faculté de prévoyance est en rapport direct avec le développement de l'intelligence et l'éducation des mœurs. N'est-ce pas dans les familles pauvres et sans ressources comme sans instruction, que l'imprévoyance règne en souveraine maîtresse? Le pauvre petit budget qui devrait être gouverné avec le plus grand soin n'est-

Seulement c'est sur l'initiative individuelle qu'il faut compter et rien que sur elle. Quoi qu'il ait pu être dit [1], ce serait se payer d'illusions que de vouloir se fier à l'intervention du législateur.

L'État n'a rien qui le destine au rôle d'assureur [2].

La mission de l'État est de protéger les droits, c'est-à-dire assurer l'exercice des droits par la contrainte, de déterminer les droits par la loi, de faire résoudre par les tribunaux les conflits des droits. Son devoir est d'aider les intérêts, non pas de faire mais de laisser faire [3]. S'il peut, s'il doit même s'occuper du bien général, du bien commun, les hommes s'étant groupés dans le but d'arriver à améliorer le bien-être, à se procurer le développement matériel et moral [4], sans pouvoir naturellement agir directement sur le bien particulier, il doit respecter la libre initiative, lui céder le pas toutes les fois qu'une intervention de sa part n'est pas nécessaire [5]. En matière d'assurances sur la vie, il n'existe aucune raison sérieuse pour que l'État entre en lutte contre les Sociétés privées parfaitement aptes à suffire à tous les besoins [6] et qui, du reste, offrent toutes les garan

il pas livré à l'anarchie, les dépenses utiles ne l'emportent-elles pas sur les dépenses nécessaires et, toute chose étant relative, le caprice, la fantaisie, le hasard n'y prennent-ils pas une part plus large que dans le budget des familles aisées, même riches? Bien des sommes pourraient être affectées à la prévoyance si la femme connaissait l'emploi utile qui peut en être fait? Nous disons la femme parce que tandis que dans la grande fortune la femme est trop souvent dépensière et désordonnée, sans souci du lendemain, pensant avant tout au plaisir, au luxe et à la charité, mais quand elle peut être un objet d'ostentation ou le prétexte à réunions, dans les ménages modestes, sinon pauvres, c'est surtout la femme qui personnifie l'économie, qui a les angoisses pour l'avenir, qui défend l'épargne contre l'attrait de la tentation.

1. M. Gobbi a résumé la discussion dans son ouvrage : *L'assicurazione in generale*, Milan, 1898.

2. V. la discussion à la Société d'économie politique de Paris, (séance du 5 août 1894) sur les limites de l'intervention de l'État en matière d'assurances (*Journal des Économistes*, août 1894, p. 265). Comp. ce *Traité*, T. I, p. 19 et suiv.

3. Antoine : *Cours d'économie sociale*, 2ᵉ édit., Paris, 1899, p. 66, etc.

4. Arthur Desjardins : *De la liberté politique dans l'État moderne*, Paris, 1894, p. 19.

5. Minghetti : *Des rapports de l'économie publique avec la morale et le droit*, traduct. Saint-Germain Leduc, Paris, 1863, p. 257, 490, 436.

A la vérité l'industrie privée en France n'est arrivée, en ce qui concerne les petites assurances, qu'à des résultats insuffisants. Il ne s'en suit nullement que l'État puisse confisquer cette industrie pour l'exercer lui-même ainsi qu'on l'a affirmé (Delpech : art. *Assurance* dans l'*Encyclopédie des assurances* de M. Baumgartner) en négligeant et l'exemple de l'Angleterre et l'exemple de la France. De cet insuccès on ne saurait conclure que l'industrie privée ne peut ou ne veut entreprendre les petites assurances parce que l'expérience est tout à fait incomplète.

D'autre part, il ne faut pas oublier (Chauffon : *op. cit.*, T. I, p. 678) que c'est la loi elle-même qui a mis des obstacles au développement de l'assurance ouvrière en interdisant les associations entre ouvriers.

6. Les réserves pour risques en cours continuent en effet leur marche ascendante.

Le montant des réserves mathématiques pour risques en cours, après avoir été de 1,684,575,928 en 1895 a atteint 1,768,013,618 en 1896 et 1,855,629,409 en

ties[1]. Outre que l'État s'exposerait à déshabituer de la prévoyance, de la mutualité, et de l'idée de solidarité, il risquerait, sans aucun profit pour les assurés[2], de subir de grandes pertes d'abord parce que toute entreprise de l'État est onéreuse[3], en second lieu parce qu'il lui est sinon impossible, au moins extrêmement difficile de résister aux mille et mille sollicitations dont il est l'objet[4].

1897. Les réserves affectées aux assurances de toute nature étaient comprises dans ce dernier chiffre pour 1,124,252,607 fr., ce qui donnait un taux moyen de 31,67 0/0 ; cette proportion était en 1896 de 30,87 0/0 ; en 1895, de 29,72 0/0 ; en 1894, de 27,51 0/0 ; en 1893, de 27,12 0/0.

Mais il y a d'autres garanties, les placements effectués par les Compagnies françaises. Or, pour 1897 il a été constaté que les placements immobiliers étaient en augmentation de près de 30 millions de francs, que les valeurs françaises garanties par l'État, obligations de chemins de fer avaient augmenté de 23 millions si les placements en fonds d'État français avaient diminué de 17 millions, qu'il s'est produit dans le chiffre des achats de nues propriétés une augmentation de 11 millions et une de 6 millions et demi pour les placements hypothécaires.

Il a été également remarqué pour la même date que si les immeubles sont portés au prix de revient ou d'achat, il existait pour les fonds de l'État français une plus-value de 14 millions de francs, pour les valeurs françaises garanties par l'État une plus-value de 184 millions, pour les valeurs diverses une plus-value de 8 millions et demi et pour les fonds d'État étrangers, les valeurs étrangères diverses et cautionnements à l'étranger une plus-value d'environ 14 millions. Pour 17 Compagnies françaises la plus-value était énorme : 250,914,162 fr.

Cette question des placements de fonds mérite d'attirer l'attention la plus sérieuse en présence des fluctuations du taux de l'intérêt pour les valeurs — V. un article important sur *l'influence de la baisse de l'intérêt sur l'assurance sur la vie* inséré dans *The Economist*, de Londres, n° du 23 avril 1898 ; *Journ. des Économistes*, juillet 1898, p. 35.

1. La nature de l'assurance sur la vie est telle que si l'assurance d'un risque isolé constitue une opération fort hasardeuse, l'assurance d'un très grand nombre de personnes permet, les résultats pouvant être prévus à l'avance, de réaliser des bénéfices. Dès lors, plus une Compagnie a d'adhérents plus elle a de chances de gagner. A la vérité, une épidémie peut survenir et bouleversant toutes les combinaisons accroître le nombre des morts, c'est-à-dire augmenter le chiffre des sommes rendues exigibles par le décès. Mais, si la Compagnie peut perdre des débiteurs elle peut aussi perdre des créanciers, le fléau sévissant aussi bien sur les rentiers viagers que sur les assurés en cas de décès — Cf. Pathuot : *De l'assurance sur la vie* (Rev. prat. de dr. fr., T. XXVI, 1858, p. 397).

2. On peut être certain en effet que l'État ne ferait pas participer les assurés aux bénéfices comme le font les Compagnies qui, si elles ont distribué aux actionnaires en tant que dividende et intérêts 9,612,180 fr. en 1896 par exemple, ont porté au crédit des assurés participants 10 millions de francs la même année.

3. En 1895, alors que les capitaux en cours étaient de 3,499,746,454 fr. les frais généraux des Compagnies françaises étaient de 10,204,049 fr. et les commissions s'élevaient à 10,158,637 fr. En 1897 pour 3,549,005,537 fr. les frais généraux et les commissions étaient de 10,272,756 fr. et 12,140,194.

Combien ces frais seraient-ils plus élevés si l'État se trouvait dans une situation pareille ?

4. L'État, malgré tout, n'a pas l'indépendance nécessaire pour fixer strictement les primes au taux convenable ; aussi M. Beaurepard (*Éléments d'économie politique*, p. 314) en déduit que presque fatalement les Caisses d'assurances dirigées par l'État deviennent des œuvres d'assistance désignées.

En vain l'on invoquerait avec M. Sauvaire-Jourdan (*De l'assurance obliga-*

Au surplus, l'expérience est là et démontre ce que vaut le régime de l'ingérence du pouvoir.

L'Etat excéderait donc sa mission soit en faisant concurrence à l'initiative privée [1], soit en se substituant à elle [2], à plus forte raison en ayant recours à l'obligation et à la contrainte [3].

toire contre les accidents du travail en Allemagne, Paris, 1894), qu'avec l'Etat il n'y aurait pas l'opposition d'intérêt qui existe entre les Sociétés privées, entreprises commerciales, et les assurés. Nécessairement l'Etat jouant le rôle d'assureur serait dans la nécessité, pour sauvegarder l'ensemble, de résister aux prétentions mal fondées de ceux qui traiteraient avec lui. Et en cas de contestations judiciaires ne pourrait-on pas considérer la lutte comme inégale ?

1. Ainsi que le constatait naguère M. Leroy-Beaulieu (L'Etat moderne et ses fonctions, Paris, 1890, p. 364), les principaux protagonistes de l'assurance d'Etat reconnaissent que, sous le régime de la concurrence, les Sociétés d'assurances par actions finiraient par évincer les Caisses officielles. Telle est, dans le domaine des affaires, la supériorité naturelle de toute organisation libre, flexible, ouverte aux changements sur la bureaucratie nécessairement lente et pédantesque de l'Etat.

2. On peut, en effet, songer à deux combinaisons : l'Etat se faisant lui-même assureur ; au contraire, l'Etat monopolisant l'assurance entre les mains d'une Compagnie, concessionnaire, en quelque sorte, du service. Des différences ont été relevées (V. de La Grasserie : De l'assurance sur la vie, et contre les accidents [La France judiciaire, avril 1896, p. 122 et 123]). A notre avis il n'en existe aucune. En ce qui nous concerne, nous repoussons aussi bien l'Etat agissant derrière une Compagnie que l'Etat se présentant en face, parce que l'on n'entrevoit ni le droit de l'Etat de se réserver un monopole, ni les mobiles qui peuvent justifier une pareille attitude.

L'argument tiré de la solvabilité n'a rien qui doive retenir et nous ne voyons pas ce que l'assuré (ou son représentant) gagnerait à avoir la garantie de l'Etat au cas de monopole conféré à une Compagnie. Tout le monde ne sait-il pas avec quelle peine l'Etat se libère ? N'est-on pas fixé de longue date sur les lenteurs et les difficultés auxquelles on doit se heurter pour toucher ce qui est dû par l'Etat ?

3. Assurément l'on distingue et avec raison (V. notamment Antoine : op. cit., p. 655) le cas de l'Etat déclarant l'assurance obligatoire avec le monopole de l'assurance, et le cas de l'assurance forcée mais susceptible d'être exercée par l'initiative privée d'accord avec l'Etat. De toute façon l'ingérence de l'Etat doit être condamnée ; il n'a pas plus le pouvoir de faire ce que d'autres peuvent faire à sa place aussi bien, sinon mieux que lui, en tout cas à un prix moins élevé (tout le monde sait que l'exploitation par l'Etat est des plus chères) qu'il n'a le droit d'imposer la prévoyance à ceux qui n'en veulent pas.

Ce qu'il faut seulement remarquer, c'est que le système de l'Etat assureur conduit au régime du monopole, l'Etat en contact avec des Sociétés créées et appréciées de longue date, ne pouvant que faire un chiffre insignifiant d'affaires et il conduit, d'autre part, à l'assurance de tous. Or, l'assurance universelle est une chimère et une chimère dangereuse.

Quoi que l'on dise et quoi que l'on fasse, et ce principe s'impose à tout assureur, fût-il l'Etat, il y a des risques dont l'élimination s'impose et ce serait se leurrer que de ne pas refuser la personne sinon malade, au moins d'une faible constitution. La solution contraire, c'est-à-dire l'admission à l'assurance de toute personne, quelle qu'elle soit, transforme le contrat ; il n'y a plus l'assurance, c'est-à-dire opération basée sur la probabilité de la vie, opération supposant un prix en concordance avec le risque couru : il y a œuvre d'assistance.

D'un autre côté, avec quels fonds une œuvre pareille pourra-t-elle fonc-

Tout ce que le pouvoir, organe de l'État, peut et doit faire, c'est
encourager l'assurance. Et il l'encouragera non pas en accordant des
subventions [1], la subvention faussant le principe de l'assurance par
l'introduction d'un élément contradictoire de charité et d'assistance
pour autrui, mais en évitant de gêner les efforts des individualités qui
désirent procurer, grâce à l'assurance, des ressources dans des circonstances déterminées, en n'imposant pas des cadres immuables
forgés sur certains types qui, suffisants à une certaine époque, ne
sont bientôt plus satisfaisants, en atténuant les charges fiscales (au
lieu de les aggraver) [2], une pareille exemption valant mieux que

tionner? Avec le produit de l'impôt, mais c'est alors grever le budget d'autant et imposer une lourde charge aux contribuables.

1. Telle a été la solution préconisée parfois en matière d'assurance (V. *La
France judiciaire*, avril 1895, p. 421). Du moment que l'État subventionne beaucoup d'entreprises qui ne sont pas d'un intérêt plus immédiat, l'État devrait
allouer des subventions pour faire bénéficier les assurances d'un tarif réduit,
et faire participer en raison des sacrifices consentis par les intéressés.

Nous nous refusons absolument à admettre un pareil système qui fait supporter à tous les conséquences d'une opération intéressant seulement quelques-uns.

2. Sans vouloir revenir sur ce que nous avons précédemment dit (V. T.
III, p. 453), nous ne pouvons nous empêcher de constater que pour le fisc
toute perception est bonne, et nous tenons à signaler un fait particulier.

En 1888, l'Enregistrement a imaginé de soutenir que les dispositions qui
imposent l'emploi du timbre pour les contrats d'assurances sur la vie étaient
applicables aux constitutions de rentes viagères que font les Compagnies
avec jouissance immédiate, moyennant l'aliénation d'un capital. Des textes
formels s'opposaient à une pareille prétention, la loi du 5 juin 1850 (art. 33)
et celle du 29 novembre 1884 (art. 8) qui visaient spécialement l'assurance
et non pas la rente viagère. A la barre de la Cour de Cassation nous avons
combattu une prétention manifestement excessive (V. le texte de nos observations dans *Le Contrôleur de l'enregistrement*, art. 17,346) et nous avons fait
casser les décisions qui consacraient les prétentions de la Régie voulant
faire considérer comme applicable à la rente viagère la disposition d'ordre
fiscal édictée pour l'assurance sur la vie (Cass., 25 mai 1891, trois arrêts,
S., 92, 1, 34; D. P. 92, 1, 221.

Battue sur le terrain judiciaire, l'Administration a voulu prendre sa revanche sur le terrain législatif.

En 1898, le 9 mars, elle a fait voter par la Chambre des Députés une disposition insérée dans la loi de finances pour étendre aux contrats de rentes
viagères passés par les Sociétés, Compagnies d'assurances et tous autres assureurs sur la vie l'abonnement que l'art. 8 de la loi du 29 décembre 1884 a
rendu obligatoire pour le paiement des droits de timbre applicable aux contrats d'assurance. La disposition était combattue, par le motif notamment
que ceux qui se constituent une rente viagère cherchent à assurer le pain de
leurs derniers jours et que la moyenne de ces rentes ne dépassait pas 500 fr.,
de telle sorte que la taxe nouvelle atteindrait sinon les pauvres, au moins les
personnes ayant des ressources plus que médiocres. L'Administration de
l'enregistrement s'est bornée à faire valoir qu'il importait d'assimiler les
contrats de rente viagère aux contrats d'assurances sur la vie, comme si ces
opérations ne répondaient pas à des besoins différents et à ce titre méri-
taient un traitement particulier. L'Administration a même fait repousser un
amendement exonérant de la nouvelle taxe les contrats de rente viagère
égaux ou inférieurs à 1000 fr.

Il faut ajouter que d'après la loi du budget pour 1898 il y a lieu de déduire
pour le calcul de la taxe représentative du droit de timbre instituée par les
lois des 5 juin 1850 et 29 décembre 1884, les sommes reçues par les Compagnies

toute subvention indirecte, comme on l'a bien compris en Angleterre [1]. L'État ferait aussi œuvre utile en maintenant l'égalité au point de vue fiscal [2], en laissant aux Compagnies le soin d'insérer dans les contrats toutes les clauses dont l'expérience a reconnu la nécessité, sous réserve bien entendu des principes que nul ne saurait enfreindre, en permettant aux assureurs de se procurer dans la plénitude de leur indépendance les ressources nécessaires en vue des engagements à tenir [3], quitte à imposer des sauvegar-

---

d'assurances sur la vie dans les agences établies à l'étranger, pour les assurances et autres contrats viagers souscrits dans lesdites agences par des personnes domiciliées à l'étranger.

Dans son étude publiée par *La France judiciaire* (janvier 1896, p. 429 et suiv.), M. Raoul de La Grasserie a exposé tout un projet de législation fiscale pour l'assurance sur la vie : toutes les fois que la somme assurée consisterait en un capital, au cas où ce capital devrait revenir à l'assuré lui-même pendant sa vie il serait perçu un droit d'enregistrement à 1 0/0 et un droit de timbre sur la police, mais aucun droit à l'échéance du capital; si le capital devait revenir à un tiers bénéficiaire soit pendant la vie de l'assuré, soit à son décès, il ne sera rien dû lors de la souscription de la police, mais au moment du versement le bénéficiaire aurait à acquitter un droit de donation.

1. Voy. Corn. Walford : *Insurance Cyclopædia*, v° *Fire Insurance, Duty on.*; Maus : *L'assistance publique et l'assurance sur la vie* (L'Économiste français, 3 novembre 1877.)

2. Les Compagnies d'assurances étrangères, en raison du principe de mutualité formant la base de leurs Statuts, n'acquittent pas la taxe de 4 0/0 sur le revenu. Afin de faire disparaître l'inégalité de traitement que subissent les Compagnies françaises, lors de la discussion de la loi de finances, à la séance de la Chambre des Députés du 9 mars 1898 (V. *Journ. Off.*, 10 mars 1898), il fut proposé de soumettre les Sociétés étrangères à une majoration de 1 0/0 du droit de timbre de 2 fr. par 1000, en principal, établi par la loi du 5 juin 1850 et calculé sur les primes encaissées par ces Compagnies. Le rapporteur général du budget fit écarter cette proposition sans méconnaître qu'il était souhaitable d'appliquer une réglementation plus étroite aux Compagnies étrangères, mais par le motif que toutes les Compagnies d'assurances mutuelles, aussi bien françaises qu'étrangères, seraient atteintes et que le développement de la mutualité en France pourrait en souffrir.

3. Comp. la Note de M. Fuchler insérée dans le compte rendu du *Premier Congrès international d'actuaires tenu à Bruxelles en 1895* et l'article de M. Brasseur sur *Le taux normal de l'intérêt et les Compagnies d'assurances* (L'Assurance Moderne, 17 février 1896).

Il est certain que, eu égard à la diminution constante du taux de l'intérêt, qui descend jusqu'au dessous de 3 0/0, les tarifs anciens établis sur un taux d'intérêt de 3 1/2 0/0 ne sauraient être maintenus indéfiniment. Il faut prévoir des modifications auxquelles peuvent parer encore des efforts continuels et une remarquable habileté professionnelle, mais qui se produiront certainement un jour.

L'État semble avoir compris que les anciens errements pour les placements ne sont plus admissibles.

Le décret du 22 janvier 1868 avait quelque peu restreint la sphère d'action des Compagnies en ce qui touche l'emploi de leurs capitaux : il était prescrit de s'en tenir aux immeubles, aux rentes sur l'État, Bons du Trésor ou autres valeurs créées ou garanties par l'État, aux actions de la Banque de France, obligations des départements et des communes, du Crédit Foncier de France ou des Compagnies françaises de Chemins de fer ayant un minimum d'intérêt garanti par l'État.

La baisse de l'intérêt de l'argent qui s'est manifestée principalement sur les fonds publics ou valeurs garanties par l'État créait une situation gé-

des[1] pour la réserve des primes qui, outre le fonds de réserve, constitue la garantie des contractants, sinon même la raison d'être de l'opération.

Il faut surtout que le législateur procure la certitude pour l'avenir.

nuite, préjudiciable même. Aussi en 1898 le Gouvernement a-t-il permis un autre emploi de ressources (V. *L'Opinion*, octobre 1898).

Les fonds pourront désormais être employés :

1° jusqu'à concurrence des trois quarts au moins en prêts ou avances sur les polices d'assurances ; en immeubles ou en prêts hypothécaires sur des immeubles situés en France ou en Algérie, en valeurs de l'État ou en valeurs ayant une garantie de l'État, portant sur le capital ou sur le revenu ; en prêts aux Départements, aux Communes, aux Chambres de commerce de France ou d'Algérie ou en obligations émises par ses divers emprunteurs ; en valeurs jouissant d'une garantie portant sur le capital ou sur le revenu de la part des dits Départements, Communes ou Chambres de commerce régulièrement autorisées ; en obligations foncières et communales émises par le Crédit Foncier de France ; en prêts ou avances sur les effets publics ci-dessus désignés ;

2° pour le surplus, en immeubles ou en prêts hypothécaires sur des immeubles situés dans les Colonies françaises, les pays de Protectorat ou d'étranger ; en prêts aux Colonies françaises ou en valeurs garanties par ces Colonies ; en effets publics de toute nature, français ou étrangers, portés à la cote officielle de la Bourse de Paris et dont la liste sera arrêtée chaque année par l'Assemblée Générale des actionnaires ; en prêts ou en avances sur les effets publics ci-dessus désignés.

4. Si riche que soit une Société, fait avec raison observer M. Berdez (*Les bases juridiques et économiques de l'assurance privée*, Lausanne, 1895, p. 191), elle aura des bases chancelantes lorsqu'elle ne gardera pas intactes les sommes que les assurés déposent entre ses mains et qu'elle doit elle-même faire fructifier. Dans tous les pays on l'a reconnu.

Sans parler du décret du 22 janvier 1868 qui, pour la France, a forcé les Sociétés à placer en valeurs sûres leurs réserves pour risques en cours et en laissant de côté les projets tels que celui de M. Lockroy (Annexe n° 20, Ch. Déput., *Journ. Off.*, 15 janvier 1890) qui font du maintien d'un fonds de réserve déterminé une obligation stricte, il est à noter que des mesures impératives ont été édictées soit en Autriche (Arrêté Min. inter., 18 août 1880), soit en Hongrie (C. Comm., art. 453 et 459, 456), soit en Angleterre sous l'empire du *Bill* du 9 août 1870, soit enfin en Italie (C. Comm., art. 55-61) ; aux États-Unis les divers États qui ont organisé un contrôle de l'assurance ont pourvu par leurs dispositions législatives à l'existence de fonds de réserve suffisants pour risques en cours et à leur gestion sûre. Le plus grand nombre des dispositions législatives des divers pays concerne l'existence d'une réserve des primes distinctes, au profit de chaque classe d'âge assurée ; elles obligent les entreprises d'assurance à en constituer de suffisantes.

Il convient toutefois de noter, comme l'a fort justement relevé M. Berdez (*op. cit.*, p. 193), que si la législation s'est souvent préoccupée de la nécessité et de l'existence d'une réserve des primes, elle n'a pris en considération que l'opportunité de donner à l'industrie des assurances une solidité et une sécurité plus grandes, essentiellement au profit de l'ensemble des assurés, mais qu'elle ne s'est généralement pas prononcée sur la question de savoir quels sont les droits qui, juridiquement, devraient découler pour chaque assuré de l'existence des réserves pour risques en cours. A peine peut-on citer le Code de commerce espagnol (art. 430) qui admet un droit de réduction, les Codes de commerce de la Hongrie (art. 502-504, 505), de l'Italie (art. 451) qui confèrent un droit de retrait d'une partie des primes en cas de renonciation et encore subsidiairement, à défaut de conclusion contraire. Le Code de commerce portugais ne contient aucune disposition relative au droit de l'assuré à une part de la réserve des primes.

La Compagnie reçoit des fonds mais à la condition expresse de les rendre à un moment donné ; le pouvoir doit, par ses mesures, empêcher qu'avec une gestion maladroite ou peu consciencieuse il ne soit porté atteinte aux intérêts d'une quantité considérable de personnes.

On a cru l'assurer au moyen du contrôle gouvernemental, contrôle s'exerçant dès le début, lors de la constitution, par l'autorisation, par la suite, au cours des opérations par la surveillance.

L'obligation pour toute Société de se munir d'une autorisation a été attaquée au nom de la liberté. On a fait valoir que le pouvoir n'avait pas à s'immiscer dans la constitution et le fonctionnement des établissements qui se livrent à l'assurance sur la vie, toute individualité devant être en mesure d'agir dans la plénitude de son indépendance.

Mais on a oublié de noter que, si désirable que soit le régime de la liberté, il est des cas où des tempéraments doivent être apportés [1]. Les opérations d'assurance sur la vie ne sont en rien semblables aux transactions ordinaires, de tous les côtés on l'a reconnu [2].

1. Les publicistes qui considèrent que le régime de l'autorisation crée l'arbitraire, c'est-à-dire l'injustice, reconnaissent eux-mêmes qu'il faut éviter la constitution de « ces Sociétés de spéculation qui ne durent qu'un instant mais ont le temps cependant de faire des dupes », et que la liberté absolue et sans conditions d'établissement et de fonctionnement a eu les plus déplorables résultats en Angleterre et aux États-Unis, si bien que les deux pays qui avaient toléré cet état de choses ont dû l'abandonner à la suite de catastrophes successives. — Bochetin et Barbulat, art. *Police d'assurance* dans le *Nouveau Dictionnaire d'économie politique* de MM. Léon Say et Chailley-Bert.

2. On peut le dire, il ne se passe pas d'année que des mesures ne soient édictées par le législateur, comme nous nous efforçons de l'établir dans la revue que nous dressons chaque année depuis 1883 d'après les volumes de l'*Annuaire de législation étrangère* publié par la Société de législation comparée. (Les lois étrangères sur les assurances en 1883, en 1884, en 1885, en 1886, en 1887, en 1888, en 1889, en 1890, en 1891, en 1893, en 1894, en 1895 : Rev. pernod. des assur., 1885, p. 213 ; 1886, p. 387 ; 1789, p. 32 et 324 ; 1890, p. 194 ; 1792, p. 658 ; 1893, p. 115 ; 1595, p. 282 ; 1898, p. 98 ; 1896, p. 50 ; 1897, p. 257 ; 1898, p. 312). Dans tous les pays on semble reconnaître qu'il est du devoir de l'État d'empêcher le fonctionnement de Compagnies dépourvues de garanties suffisantes de stabilité.

A l'exposé présenté *supra*, T. I, p. 236, note, il convient de joindre l'intéressant rapport de M. Harding sur *la législation gouvernementale à l'égard du fonctionnement des Compagnies d'assurances sur la vie présenté au Premier Congrès international d'actuaires tenu à Bruxelles en 1895* ainsi que les Notes qui accompagnent ce travail et les indications données par l'*Encyclopédie des assurances* de M. Bonneguerre, article *Autorisation*, par MM. Lefort et Delpech.

Il importe d'ajouter que le régime généralement adopté paraît, au moins dans son principe, devoir si bien s'imposer que les auteurs de projets de loi récemment élaborés sur les assurances ont réclamé l'intervention de l'État. V. notamment le projet de loi fédérale suisse sur le contrat d'assurance élaboré par M. Roth à la demande du Conseil fédéral (*Revue internat. des assur.*, janvier-mars 1897) et le projet de loi hollandais (*ibid.*, juillet-septembre ; octobre-décembre 1897), ainsi que le projet de loi italien de 1896, imposant aux Compagnies d'assurances sur la vie l'obligation de communiquer au Ministre du Commerce leurs actes constitutifs, les Statuts, les différentes

L'industrie des assurances est une industrie spéciale pour laquelle des mesures de contrôle se conçoivent aisément. Elle repose sur des bases mal connues, peu familières à la généralité, sur des calculs qu'il est difficile d'apprécier sans une préparation spéciale. Seuls, des hommes compétents sont à même de se rendre compte que ces bases sont acceptables, que ces calculs sont admissibles et répondent à la réalité. On l'a parfaitement dit [1], sans doute les Compagnies font œuvre de commerce et d'industrie, sans doute leur action doit se mouvoir librement, mais à raison du caractère particulier de l'entreprise l'État a le devoir d'intervenir au nom et place des intéressés qui ne peuvent exercer leurs droits, de prescrire, dès lors, des mesures conservatoires pour la sécurité des engagements à lointaines échéances, de surveiller l'exécution rigoureuse de ces règlements de garantie [2]. Il faut ajouter [3] que dans la plupart des Compagnies françaises d'assurances, les assurés, dont le nombre immense alimente la caisse sociale, ne sont pas représentés aux assemblées générales de la Société, à moins qu'à leur qualité d'assurés ils ne joignent celle d'actionnaires : or, une pareille situation mérite toute la sollicitude de l'État. Les Sociétés d'assurances ne sauraient être assimilées aux Sociétés financières qui chaque jour font appel à la faveur du public. C'est le patrimoine de l'orphelin et de la veuve, c'est l'épargne du vieillard qu'il s'agit de préserver en empêchant une partie notable de l'épargne, affectée au paiement des primes, d'être perdue par suite

---

espèces de polices, les tarifs des primes, les Tables de mortalité et le taux de l'intérêt adopté. Cf. *L'Opinion*, février 1896, p. 21.

Il importe d'ajouter que ce dernier projet a été vivement combattu comme ne prémunissant pas suffisamment le public contre l'imprudence de la Société dans le choix des risques qu'elle peut consentir à assumer. Comp. Bruschettini : *Über die Einmischung der Regierung in Versicherungs-Unternehmungen* et *Annales de dr. Comm.*, 1896, p. 255.

Sur la justification de l'intervention de l'État, V. le *Rapport du Bureau fédéral pour l'année 1891*, p. 2.

Les auteurs les plus opposés admettent, d'ailleurs, que l'État qui puise dans des raisons d'ordre public le droit de surveiller certaines industries peut et doit exercer son contrôle pour les assurances, le mécanisme des opérations étant plus compliqué que celui de n'importe quelle industrie, l'assuré livré à ses seules lumières pouvant être trompé des plus facilement malgré sa prudence : Lewis : *Lehrbuch des Versicherungsrechts*, Stuttgard, 1889, p. 110 etc.; Ehrenberg : *Versicherungsrecht*, Leipzig, 1893; T. I, p. 150 etc.; Chauffton : *Les Assurances*, Paris, 1884, T. I, p. 682 et suiv.; Herdez ; *op. cit.*, p. 306.

1. Pucch ; *Des assurances sur la vie* (*Monit. des Assur.*, 1878, p. 4, etc.)

2. La solidité et la vitalité financière sont d'autant plus importantes pour les Sociétés d'assurances sur la vie qu'au cas de faillite l'assuré n'a pas, comme la personne qui a contracté avec une Compagnie d'assurances contre l'incendie, la possibilité de repasser purement et simplement son contrat avec une nouvelle Compagnie. C'est ce qu'a fort bien établi M. Bruschettini dans son travail paru en 1896, à Leipzig sous ce titre : *Ueber die Einmischung der Regierung in Versicherungs Unternehmungen*.

3. Léon Say et Chailley-Bert ; *Nouveau Dictionnaire d'économie politique*, article État (intervention de l') en matière d'assurances, par MM. Leroy et Lacombe.

d'une constitution défectueuse, à défaut des garanties qui doivent exister pour l'emploi des capitaux touchés sous forme de primes et destinés à remplir les engagements assumés.

En égard à l'expérience[1], l'intervention de l'État paraît si bien nécessaire que les intéressés eux-mêmes, les représentants des Compagnies[2], acceptent le régime de l'autorisation à raison notamment de la multiplicité et surtout de la longue durée des engagements que contractent les Sociétés[3].

Mais cette autorisation qui n'est, en quelque sorte, qu'un brevet de capacité donné après un examen, celui des Statuts[4], ne doit avoir rien d'arbitraire, rien de vexatoire, rien de gênant. Il faut s'en tenir purement et simplement aux termes de l'Instruction ministérielle du 22 octobre 1817 dont on paraît s'être beaucoup trop éloigné[5], borner la vérification aux conditions qui intéressent l'ordre public, aux mesures tendant à garantir la moralité et le caractère sérieux des opérations. L'examen doit porter sur les bases financières et statistiques, de telle façon que la solidité de la Compagnie puisse être appréciée, sur le calcul et l'existence des réserves de manière

1. Ce qui s'est passé en Angleterre est particulièrement significatif. A partir de 1844, l'on a vu dans ce pays non seulement des personnes ignorantes des conditions techniques et absolument imprudentes créer des Sociétés, mais des chevaliers d'industrie fonder des Compagnies à tarifs très bas pour attirer des fonds qu'ils soutiraient à leurs dupes et, après avoir fait fortune, laisser tomber les Sociétés en faillite. Les scandales causés par ces « *Bubble Companies* » ou Compagnies des dupes (c'était le nom qu'on leur donnait) fut tel que le Parlement dut, au moyen des « *Companies Act* » de 1862, (*Limited liability Law*), procurer des moyens de défense aux actionnaires des Compagnies d'assurance et à leurs assurés. — Cf. Berdez : *op. cit.*, p. 87.

2. V. la Note du Comité des Compagnies d'assurances sur la vie au Ministre du Commerce, (*Journ. des assur.*, 1895, p. 517 etc.), *Sic*, Note du Comité du Syndicat-Vie (*ibid.*, p. 523).

Le projet de loi élaboré par l'Institut des actuaires français (*Supplém. au Dictionnaire de droit commerc.*, de Ruben de Couder, v° *Assurance sur la vie*, n° 5, note et *Journ. des assur.*, 1894, p. 200 etc., 433 et suiv.), dans une disposition (l'art. 2) maintient l'autorisation gouvernementale et dans une autre (l'art. 16) édicte une pénalité contre les directeurs et administrateurs qui agiraient au nom d'une Société non autorisée.

3. Il y a lieu d'ajouter que les personnes qui, comme M. Lockroy, dans la proposition de loi relative aux assurances sur la vie qu'il a soumise à plusieurs reprises à la Chambre des députés, demandent la suppression de l'autorisation administrative en tant qu'arbitraire n'admettent point l'idée de la liberté absolue ; tout en s'élevant contre le pouvoir discrétionnaire qui, d'après le système actuel, appartient au Conseil d'État dont les attributions, quant à l'examen des Statuts sociaux ou de leurs modifications ultérieures, ne sont déterminées par aucune loi, ni aucun règlement, ces personnes proposent de faire constater par les tribunaux la régularité de la constitution et d'exiger de ces Sociétés l'observation de certains tarifs préétablis dans leurs opérations et la constitution d'un fonds de réserve par des emplois de fonds de premier ordre.

4. De Courcy : *De l'assurance par l'État*, 4° édit., Paris, 1894, p. 67.

5. Vavasseur : *Sociétés d'assurances sur la vie, du rôle du Conseil d'État* (*Le Droit*, 23 avril 1880).

qu'il y ait certitude absolue que l'assureur sera en mesure de faire face à ses engagements futurs, enfin sur l'emploi des fonds puisqu'une Société n'est solide qu'autant qu'elle place en sûreté les fonds qui constituent ses réserves [1]. Mais l'État ne saurait faire plus, il ne saurait imposer une réglementation minutieuse [2], et encore moins intervenir dans ce qui est du domaine privé, du domaine de la convention [3], peser sur l'assureur pour empêcher l'insertion de clauses qui ne violent aucune règle d'ordre public [4], aucun des principes auxquels les art. 6 et 1172 C. Civ. interdit, sous une sanction, de déroger [5]. En un mot, l'action de l'État doit être restreinte à son strict minimum.

Seulement le régime doit être égal. L'intervention doit s'étendre à toutes les entreprises d'assurance [6], aux Compagnies d'assurances à primes fixes et aux Mutuelles, sans qu'il y ait à s'arrêter à cette objection que l'on se trouve en présence non plus d'une Société contractant avec le public, avec des tiers qui lui sont étrangers, mais bien d'une association fonctionnant entre ses propres membres parce que dans la pratique il n'existe et ne saurait exister aucune différence entre les Sociétés mutuelles et les Sociétés par actions. Par cela qu'il y a opération d'assurance sur la vie, mais opération de ce genre intrinsèquement et juridiquement parlant, l'autorité qui personnifie l'État doit intervenir [7].

---

1. Comp. les éclaircissements fournis à cet égard par M. Berdez : *op. cit.*, p. 316.

2. On peut citer à ce sujet l'*Act* de 1892, pour les corporations d'assurances de l'Ontario. (*Annuaire de législat. étr.*, 1892, p. 1048, etc.).

3. Dès lors, on a combattu avec raison (Quentin : *La loi des assurances* (*Revue internat. des assur.*, octobre-novembre 1895, p. 530 etc.) le projet élaboré par M. de La Grasserie (*Essai d'un projet de loi sur les assurances*, *ibid.*, mai-juin, 1895) qui soumettait à l'approbation de l'autorité, indépendamment des Statuts, les clauses servant de modèle aux polices et qui exigeait, d'autre part, l'intervention du législateur pour toute augmentation de tarif.

4. Ainsi refusons-nous d'admettre, comme le proposait M. de La Grasserie dans son étude sur *L'Assurance sur la vie et contre les accidents* (*La France jndic.*, avril 1896, p. 117), que le Gouvernement interdise l'attribution à l'assureur des primes payées, dans les assurances de survie, en cas de non versement à la date convenue — la résolution intervenant à la suite de lettre recommandée — la résolution pour cause de réticence même de bonne foi — l'attribution de compétence au tribunal de la Seine. On ne voit pas pour quel motif seraient prohibées des clauses pareilles qui, du reste, se justifient aisément.

5. C'est ainsi que l'État ne saurait laisser fonctionner une Société assurant le duel, le suicide.

6. Bien entendu, le contrôle devrait porter même sur les agissements de personnes faisant des opérations d'assurance isolées, car ce qui intéresse c'est l'acte qui est accompli et non point l'individualité qui l'accomplit. Toutefois cette question n'a aucun intérêt pratique puisque partout l'acte isolé, entrepris par un particulier, est sinon inconnu, du moins négligé. Cf. à cet égard Ehrenberg : *Versicherungsrecht*, Leipzig, 1893, T. I, p. 155 et Berdez : *op. cit.*, p. 307 et 308.

7. On a proposé d'exclure du régime légal les Sociétés autorisées sous la forme de Sociétés de secours mutuels ou d'institutions de prévoyance qui,

L'intervention de l'État doit se produire pour les Sociétés étrangères. Il n'y a pas de raison pour les laisser fonctionner en toute liberté alors que les Compagnies Nationales sont soumises à des restrictions. Elles ne doivent pas obtenir d'immunité. Le régime établi pour les Compagnies Nationales est mauvais ou il est bon : ou il est mauvais, il faut en ce cas le changer : ou il est bon et alors il est bon aussi bien pour les Compagnies étrangères que pour les autres. La solution contraire aboutit à une protection à rebours [1]. On peut concevoir que les Sociétés étrangères ne seront pas soumises à un régime plus rigoureux que les Sociétés nationales [2], mais il faut que le traitement soit égal et que ces dernières n'aient point à en pâtir [3].

On pourrait même dire que pour les Compagnies étrangères il importe plus que jamais de prendre des mesures de sauvegarde parce que le public n'est pas et ne peut pas être renseigné, parce qu'il ignore quelle est la situation véritable et qu'il n'a pour se guider que des réclames, des affirmations émanant de personnes intéressées [4].

sous couleur d'assistance mutuelle et munies d'une simple autorisation du Ministère de l'Intérieur, présentent au public et pratiquent des opérations constituant de véritables assurances sur la vie, mais dans des conditions de tarifs et de garanties si insuffisantes que la déconfiture est certaine ou tout au moins que les promesses ne peuvent être tenues. — *Journ. des assur.*, 1895, p. 519 et 521.

1. Est-il admissible, par exemple, que les Compagnies étrangères puissent déclarer hautement dans les polices qu'elles font souscrire en France qu'elles garantissent le suicide alors que le Conseil d'État interdit formellement aux Compagnies françaises d'accepter un pareil risque ?

2. À différentes reprises des propositions de loi ont été présentées au législateur, spécialement pour soumettre les Compagnies étrangères au régime de l'autorisation, (*Journ. des assur.*, 1890, p. 467 ; 1891, p. 47 ; 1894, p. 466). D'autre part, les propositions élaborées pour réglementer toutes les Sociétés d'assurances sur la vie ont également pris soin d'édicter la nécessité de l'autorisation par les Compagnies étrangères. (*Journ. des assur.*, 1894, p. 127, etc. ; 200 etc.; 435 etc.).

3. V. Bruschettini : *Über die Einmischung der Regierung in Versicherungsunternehmungen*, Leipzig, 1896.

Pendant un certain temps l'on a considéré qu'il fallait laisser aux Compagnies exotiques une liberté et une indépendance absolues. On semblait croire que le public saurait se rendre compte de ce qui se passait et qu'il ne ferait confiance qu'aux Compagnies françaises surveillées et incapables de nuire sous la tutelle de l'État.

On n'a pas tardé à revenir à d'autres idées. L'expérience a montré, en effet, que les Compagnies étrangères gagnaient seules avec un pareil régime, tant elles savaient allécher le public par des réclames retentissantes. — Cf. Vavasseur : *Rev. des Sociét.*, juin 1898, p. 350.

4. Cf. les remarques sévères de M. Vavasseur, *Rev. des Sociét.*, janvier 1899, p. 3 et 4.

C'est en vain que l'on invoquerait (Bochetin : *La production des Compagnies françaises et américaines d'assurances sur la vie*, [Journal des Économistes, février 1891]) que les Compagnies étrangères voient leurs affaires se développer en France quand les opérations des Compagnies françaises ont une tendance marquée à diminuer. La production des Compagnies étrangères peut être attribuée soit à la publicité excessive à laquelle se livrent les Compagnies étrangères, soit aux procédés qui ont été sévèrement qualifiés dans des décisions judiciaires dont l'autorité ne saurait être contestée.

Comment d'ailleurs concilier cette faveur accordée en France aux combi-

S'il a été objecté qu'il est à peu près impossible en France de se rendre compte de la situation d'une Compagnie créée au loin, il faut convenir qu'il n'est nullement impossible à l'autorité de se procurer les Statuts et de procéder à un examen analogue à celui qui est fait pour toute Société française voulant se livrer à l'industrie des assurances sur la vie.

Cependant (et ceci a paru fort grave à nombre de personnes), il a été soutenu qu'une autorisation pourrait être dangereuse en premier lieu pour l'État assumant la responsabilité d'une autorisation, en second lieu pour l'épargne française en ce que des Sociétés étrangères ne manqueraient pas de se targuer (et d'exploiter à grands renforts de réclames) de la décision portant autorisation. Ces craintes (auxquelles, du reste, l'Administration pourrait parer par des mesures qu'il lui appartient de prendre)[1], ont peut-être leur raison d'être dans l'empressement avec lequel les assureurs étrangers demandent l'égalité de traitement[2]. Mais suffisent-elles bien pour arrêter toute modification, pour empêcher une réforme susceptible de mettre un terme aux agissements des assureurs étrangers qui, même à l'heure actuelle, se prétendent munis de l'autorisation gouvernementale, sous prétexte qu'à une époque quelque peu éloignée, l'autorisation a été donnée à toutes les Sociétés en bloc, même à naître[3] ?

maisons imaginées de l'autre côté de l'Atlantique avec les mesures si sévères édictées contre elles à l'étranger non pas dans un pays, mais dans beaucoup.

1. On ne voit pas pourquoi l'État qui n'assume pas de responsabilité lorsqu'il prend une décision relative à une Compagnie française contracterait une responsabilité au cas où il s'agirait d'une Compagnie étrangère.

2. Comp. *Journ. des assur.*, 1891, p. 439.

3. Aussi a-t-on proposé de placer les Sociétés étrangères sous un régime quelque peu différent de celui qui est en usage pour les Compagnies françaises, de subordonner leur fonctionnement, par exemple, à l'autorisation de la Société dans le pays d'origine (mais autorisation donnée dans des conditions parfaites de sincérité) et aussi à certaines déclarations d'existence avec dépôt des Statuts examinés au point de vue de l'ordre public mais sans approbation. Cf. *Journ. des assur.*, 1895, p. 520.

Comme les Compagnies sont à l'étranger et comme leur actif est insaisissable pour le Gouvernement français, on a prétendu qu'il n'y aurait rien d'excessif à se rallier à la proposition qui a été jadis faite (*Journ. des assur.*, 1895, p. 522), de ne laisser fonctionner en France les Compagnies que lorsqu'elles auraient nommé un directeur responsable des amendes et après dépôt d'un cautionnement répondant des pénalités fiscales susceptibles d'être encourues.

Il faut ajouter que, dans plusieurs pays, le législateur a imposé à la Société étrangère l'obligation d'avoir un représentant muni de pleins pouvoirs: en Autriche, où ce représentant doit être agréé par le Gouvernement (Lyon-Caen : *Des divers systèmes législatifs concernant la condition légale des Sociétés étrangères par actions et des réformes à apporter à la législat. franç. Journ. du dr. intern. priv.*, 1885, p. 270); en Hongrie (Beauchet : *Condit. des Sociét. étr. en Hongrie* [ibid. 1887, p. 174]; en Suisse, dans les cantons de Berne et de Fribourg (*Rev. périod. des assur.*, 1881, p. 304); en Russie (Barkowski : *De la condit. des Sociét. étr. en Russie* [*Journ. du dr. intern. priv.*, 1891, p. 723). Aux États-Unis, on semble considérer que cette fonction de représentant d'une Société étrangère doit appartenir de droit au Commissaire d'assurances de l'État. C'est ce qui a été décidé par un *Act* de 1878 pour l'État du Massa-

L'autorisation se comprend en ce qu'elle empêche la formation de
Compagnies dépourvues de garanties suffisantes de stabilité et par
suite destinées à disparaître fatalement après une existence éphémère
mais au grand dommage de ceux qui ont traité avec elles. Elle arrête
les fondateurs de Sociétés de spéculation ; l'histoire de l'assurance,
aussi bien en France qu'en Allemagne, en fournit la preuve; on n'a
jamais constaté en France pas plus qu'en Allemagne, du reste, les
désordres que la liberté absolue a produits en Angleterre et aux États-
Unis [1]. Malgré des variations dans la pratique, variations qui ne
s'expliquent pas toujours très bien [2], le régime de l'autorisation, en
permettant de diriger une enquête non seulement sur la rédaction des
Statuts mais aussi sur la constitution financière des Sociétés et sur la
moralité de leurs fondateurs, a le grand mérite de défendre autant
que possible la plus recommandable des institutions contre les entreprises des flibustiers. Il faut ajouter que lors des différentes tentatives
qui ont été faites pour réviser la législation sur les Sociétés, on a
toujours considéré qu'il y avait lieu de maintenir le régime de l'auto-

chussetts (*Annuaire de législat. étr.*, 1878, p. 685) et par un *Act* du 23 mai 1884
pour l'État de New-York (*ibid.* 1884, p. 776). V. nos observations *Revue internat. des assur.*, 1898, p. 817, note 14.
Le projet de loi italien de 1896 qui soumet les Sociétés constituées à l'é-
tranger au droit commun, édicte l'obligation d'avoir en Italie un agent général capable d'administrer les affaires.
1. Même les personnes qui condamnent les prescriptions de la loi de 1867
comme constituant un empiétement de l'administration sur le domaine législatif, doivent le reconnaître. V. notamment Chaufton : *op. cit.*, T. I, p. 775.
2. C'est ce que M. Thomereau a fort bien mis en lumière (*Journ. des Économistes*, août 1894, p. 273. V. aussi : *Quelles sont les limites de l'intervention de
l'État en matière d'assurances*, Paris, 1894, p. 20). Parmi toutes nos Compagnies, dit-il, il en est une qui peut ajouter aux emplois de fonds ordinaires
tous placements autorisés par l'assemblée générale des actionnaires à la
majorité des deux tiers ; une autre qui peut escompter des effets de commerce ; deux qui peuvent faire des emprunts et hypothéquer leurs immeubles ; une qui a le monopole des assurances à tirages, quelques-unes, celui
des prêts viagers, etc. Les conditions imposées aux nouvelles Sociétés depuis
1877 ont été beaucoup plus rigoureuses que celles auxquelles sont assujetties
les anciennes, notamment en ce qui concerne l'amortissement des frais de
premier établissement et des commissions escomptées.
Assurément l'on a fait valoir (*Journ. des assur.*, 1895, p. 548), que l'uniformité n'est pas de nécessité absolue. Néanmoins il convient (et le Conseil
d'État paraît quelque peu disposé à entrer dans cette voie) de saisir les
occasions qui se présentent pour amener les Compagnies à adopter les conditions nouvelles imposées aux Sociétés de fondation plus récente.
On peut à cet égard citer le régime suisse : les concessions ou autorisations n'y sont pas accordées une fois pour toutes, elles n'y sont données que
pour six ans au plus et de façon qu'elles soient échues toutes en même
temps.
Ce système a été très vanté (Berdez : *op. cit.*, p. 365. On a relevé que les
autorisations expirant ensemble, il est possible de procéder à des réformes
générales, qui, sans cela, ne pourraient être pratiquées, et l'égalité entre
les diverses Compagnies est respectée ; lorsqu'on exige le changement de
bases fausses ou dangereuses, on le réclame de toutes les entreprises à la
fois et aucune n'est fondée à se plaindre de l'arbitraire d'une mesure qui ne
serait appliquée qu'à elle seule.

risation pour les Sociétés ou Compagnies se livrant aux opérations d'assurances sur la vie [1].

Le régime de l'autorisation préalable se justifie aisément.

En est-il de même pour la surveillance des opérations, le contrôle du fonctionnement de la Société ?

La négative a-t-elle été soutenue [2] ?

Il a été prétendu que les Compagnies d'assurances sur la vie étant toutes soumises à l'autorisation du Gouvernement, comme il n'y a pas à craindre que celui-ci donne cette autorisation en présence de Statuts irréguliers, anormaux, illégaux, la surveillance ne semble pas avoir sa raison d'être. L'intervention du pouvoir social, dit-on, se conçoit lorsque l'État est engagé dans une entreprise, soit moralement parce que c'est lui qui en a nommé les gérants ou qu'il a constitué en sa faveur un monopole, soit pécuniairement parce qu'il lui a fourni effectivement ou qu'il peut être appelé à lui fournir éventuellement une subvention. Mais rien de pareil n'existe pour les Sociétés d'assurances sur la vie [3]. On ne peut alléguer que par cela même que l'État confère une autorisation, il a le droit de voir comment il en est tiré parti, qu'il lui appartient de se rendre compte si des abus ne se produisent pas à la suite de la permission par lui conférée. C'est en effet méconnaître le caractère de l'autorisation. Quand l'État permet à un assureur d'exercer sa profession, il ne fait que lui délivrer un brevet; il agit de la même façon que lorsqu'il décerne le diplôme d'avocat, de médecin, d'ingénieur. Il déclare que l'aptitude est certaine, mais il ne garantit pas les suites de l'exercice de la profession d'avocat, de médecin, d'avocat, d'ingénieur; il les a qualifiés, désignés à la confiance du public comme présumés aptes à remplir leur mission, il n'est pas responsable de leurs agissements parce qu'il ne garantit pas que le médecin sauvera tous ses malades, que l'avocat ne perdra jamais les procès qui lui sont confiés, que l'ingénieur verra réussir toutes ses combinaisons [4].

1. C'est ainsi, en particulier, que le projet de loi déposé au Sénat en décembre 1883 maintenait expressément l'autorisation et le Sénat n'a pas hésité, dans sa séance du 27 novembre 1894, à ratifier cette proposition. Comp. *Journ. des assur.*, 1895, p. 287, etc.; 455, etc.

2. Le régime de la surveillance serait préférable à l'autorisation, d'après certaines personnes; l'intervention de l'État qui s'immisce dans les faits, défend de garantir certains risques tels que le duel, impose un emploi très peu productif des fonds, qui occasionne entre les Compagnies d'absurdes surenchères sur les terrains particuliers, cela n'empêche pas un malhonnête homme de passer en se jouant à travers les mailles de ce filet de textes si bien tendu; le seul rôle qui incomberait à l'État consisterait, par une surveillance purement répressive, à obliger les Compagnies d'assurances à maintenir toujours en lumière une situation que l'opinion se chargera toujours d'apprécier. — Sir. d'Avenel : *Les assurances sur la vie (Revue des Deux Mondes*, 15 septembre 1895, p. 3-4).

3. V. *Monit. des Assur.*, avril 1884, p. 115.

4. De Courcy : *De l'assurance par l'État*, p. 67.

Les adversaires de la surveillance ne manquent pas de faire valoir aussi que s'il y a des intérêts considérables en jeu, l'État a tout fait lorsqu'il a constaté que les établissements offrent assez de garanties pour que le public puisse s'adresser à eux : c'est au public à se renseigner, sinon par lui, au moins par les personnes qualifiées, sur la marche des affaires, à apprécier si la prudence préside à toutes les opérations. La sanction d'ailleurs ne fait pas défaut : la responsabilité personnelle des administrateurs. Cette garantie est suffisante. Elle est même plus efficace que celle qui existe aujourd'hui. La surveillance a été préconisée, surtout pour empêcher la violation des Statuts. On pourrait discuter à cet égard car la question de savoir si des prescriptions statutaires ont été violées n'est pas toujours facile à résoudre, les textes des Statuts, malgré l'examen du Conseil d'État, n'étant pas plus à l'abri que ceux des lois, des difficultés d'interprétation. D'autre part, la peine applicable en pareille circonstance (et applicable d'une façon quelque peu arbitraire) [1] est le retrait de l'autorisation; cette répression qui pour une Compagnie équivaut à un arrêt de mort suffira-t-elle pour procurer une réparation aux personnes lésées? Ne serait-il pas préférable de laisser les assurés qui se prétendent victimes, en face de la responsabilité personnelle des administrateurs?

Cette manière de voir ne semble pas de nature à prédominer dans l'état des esprits, avec la tendance à étendre l'action de l'État, à le faire intervenir dans une foule de cas, et bien qu'il y ait assurément fort à dire, la surveillance n'est pas sur le point de disparaître.

Seulement il importe que cette dernière ne soit pas trop tracassière pour les détails. Une ingérence intempestive [2] serait un obstacle au bon fonctionnement des Sociétés. Le seul but à poursuivre est de connaître leur réelle solvabilité [3].

À la surveillance telle qu'elle est édictée par le législateur de 1867 et qui, en fait, est illusoire [4], sinon vexatoire [5], il faut substituer

---

1. En effet, les administrateurs inculpés sont privés du droit de se défendre.

2. Surtout si elle se traduisait par la création d'un corps de contrôleurs chargés de vérifier directement les comptes et opérations de la Société, comme il en a jadis été question. Cf. Cons. d'Ét., 11 mars 1880, S. 81, 3, 44 ; D. P. 81, 3, 95. V. ibid. les conclusions de M. le commissaire du gouvernement Marguerie. Ledun ; Rec. des arr. du C. d'Ét., 1880, p. 462 . Lyon-Caen et Renault ; Tr. de Dr. comm., T. II, n° 950.

3. Comp. le résumé du Rapport du Bureau fédéral suisse pour les assurances, pour l'exercice 1893. (Mont. des Assur., juillet 1895, p. 192, etc.)

4. M. Chauchat a parfaitement mis ce fait en lumière dans le rapport qu'il a présenté au Conseil d'État à propos d'un projet de loi concernant les assurances sur la vie. Le passage important de ce rapport a été reproduit dans l'Exposé des motifs de la proposition déposée le 19 novembre 1889 par M. Lockroy. (Annexe n° 20, Ch. Députés, Journ. Off., 13 janvier 1889, V. aussi Mont. des Assur., mars 1887).

À la suite de ce rapport, qui est un important document à consulter, le Conseil d'État, remarquait M. Lockroy (loc. cit.), avait adopté un projet de loi (qui n'a pas abouti) maintenant l'autorisation mais remplaçant la sur-

non pas le régime de la surveillance officielle et directe confiée soit
à un seul fonctionnaire, soit à une réunion de fonctionnaires [1], mais
le système de la publicité des comptes [2]; c'est par la publication

veillance établie en conformité de la loi de 1867 par un régime analogue à
celui qui fonctionne en Angleterre depuis 1870 et qui consistait à imposer,
à peine d'amendes, l'obligation de le publier annuellement le compte rendu
des opérations accompagné de tableaux dressés conformément aux modèles
déterminés par règlement d'administration publique et indiquant dans leurs
détails la situation et les opérations de la Société et pour les années d'inventaire, le détail, par catégories d'assurances et par âges, des réserves
qui garantissent les risques en cours, avec indication du système d'après
lequel elles sont calculées; — 2° de déposer dans un délai fixé ce compte
rendu et ces tableaux, imprimés aux frais de chaque Société, au Ministère
du Commerce et de l'Industrie, ainsi qu'au Parquet du Greffe du Tribunal
de commerce; — 3° de laisser, à partir du dépôt, chaque personne s'en faire
délivrer un exemplaire de la Société moyennant rétribution fixée par l'autorité; — 4° d'adresser gratuitement un exemplaire et sur demande à tout assuré. Le Ministère avait le droit de faire vérifier si toutes les Sociétés
s'étaient conformées aux dispositions qui précèdent et le résultat de cette
vérification devait être inséré à bref délai dans le *Journal Officiel*.

5. Cf. les remarques de M. Maus dans le *Journal des Actuaires français*,
janvier 1877.

1. C'est le système en vigueur aux États-Unis et en Suisse; dans le premier pays il y a un surintendant des assurances; dans le second un Bureau fédéral.

Sur le fonctionnement du Bureau fédéral, comp. les renseignements fournis par M. Berdez (*loc. cit.*, p. 34°), et par M. Léon Say (*Économie Sociale*,
2° édit., Paris, 1891, p. 274 et 275).

Le projet de loi italien sur les Compagnies d'assurances ne se borne pas
à imposer au Ministère du commerce l'obligation d'une surveillance directe
et continuelle, il prescrit de procéder tous les cinq ans à une inspection
générale destinée à faire apprécier la valeur de l'actif et des obligations. —
L'Opinion, février 1896, p. 24.

V. dans ce sens les remarques de M. Caubert (*Exposit. Univ. internat. de
1889; Rapports du Jury internat., groupe de l'écouom. soc. sect. VII*).

D'après cet auteur la surveillance administrative est tout aussi possible
pour les Compagnies d'assurances sur la vie que pour les Caisses d'épargne
soumises à la surveillance de l'inspection des finances, surveillance qui en
bien des cas devient même un véritable contrôle; l'art. 66 de la loi de 1867
armerait suffisamment le Gouvernement pour qu'il puisse établir cette surveillance sans l'assentiment du législateur.

Ceci n'est pas exact en droit. L'art. 66 se borne à dire que les Sociétés
« restent soumises..... à la surveillance du Gouvernement »; c'est donc le
mode antérieurement suivi qui est maintenu; le législateur n'a nullement
voulu innover à cet égard, l'Exposé des motifs de la loi de 1867 ne laisse
aucun doute à ce sujet; or, sous l'empire de la législation antérieure à
1867, la surveillance n'était pas exercée par un bureau spécial et par les
agents armés du droit de se renseigner sur certaines opérations des Compagnies. Tout se bornait au contrôle relativement à l'observation des Statuts et se réduisait à l'examen des états semestriels de situation. Sans doute
les Sociétés anonymes, en présence du texte primitif de l'art. 37 C. Comm.,
pouvaient être soumises à la surveillance d'un représentant de l'État. Mais
ces précautions ne concernaient pas les Sociétés d'assurances sur la vie
à primes fixes, à tel point que les Ordonnances et Décrets d'autorisation
exigeaient simplement la production d'états semestriels de situation. — Cf.
au surplus les conclusions très motivées de M. le Commissaire du Gouvernement Gomel au Conseil d'État, Lebon : *Rec. des arr. du C. d'Et.*, 1880,
p. 462 et suiv.

2. C'est le système anglais. Il est à relever que de l'autre côté de la Manche on ne se borne pas à exiger des Compagnies la publication de leurs

obligatoire [1] des moindres détails de leur fonctionnement que les Compagnies peuvent et doivent être contrôlées. Ce système est de beaucoup préférable à celui du contrôle exercé par des agents de surveillance au moyen de la vérification directe des comptes et opérations. Ainsi qu'on l'a dit [2], avec ce régime chacun reste dans son rôle : l'assuré ne se désintéresse pas de ses propres affaires et le Gouvernement n'intervient pas dans l'administration d'affaires qui, en définitive, n'intéressent pas la collectivité des citoyens mais seulement quelques-uns [3].

Les rapports entre l'État (représenté par le Ministère du Commerce) et les Compagnies sont régis par les décrets de 1893 et la Circulaire ministérielle du 15 mars 1894 qui en a été la conséquence [4] rédigée

comptes et à en former un recueil pour faciliter les comparaisons ; on impose une seconde obligation, celle de faire faire une vérification de la situation financière par un actuaire et cela au moins tous les 10 ou tous les 5 ans selon que les Sociétés sont antérieures à l'*Act* du 9 avril 1870, qui régit la matière et qui a remplacé l'*Act* de 1862 ou à celui de 1887 sur les Sociétés totalement insuffisants pour protéger le public. *Annuaire de législat. étr.*, 1870, p. 23.

Ce système a été très prôné et non sans raison (V. Thomereau : *Quelles sont les limites de l'intervention de l'État en matière d'assurances*, p. 26 et *Journal des Économistes*, août 1894, p. 276). On a bien prétendu que les Anglais sont beaucoup plus avancés que les Français dans le maniement de la publicité, mais cette objection ne saurait arrêter. On s'acquiert l'expérience qu'à ses dépens ; notre éducation ne s'achèvera pas si on ne court pas les risques et quels risques, d'ailleurs, peut-on courir ayant sous la main les moyens de s'éclairer de la façon la plus complète ?

V. aussi en faveur du système anglais les réflexions par lesquelles M. Harding a terminé un rapport sur *la législation gouvernementale à l'égard du fonctionnement des Compagnies d'assurances sur la vie* (*Premier Congrès international d'Actuaires tenu à Bruxelles en 1895.*)

1. Une sanction s'impose, en cas d'inobservation des prescriptions édictant ces publications, mais il ne faut pas qu'elle consiste dans le retrait de l'autorisation. On comprend une pareille pénalité, qui pour une Compagnie équivaut à la peine de mort, lorsqu'il s'agit d'une violation manifeste, flagrante, à plus forte raison dolosive des Statuts. On ne la conçoit pas pour le défaut de publication dans le délai imparti, ni pour la publication non conforme aux modèles imposés. La peine étant hors de proportion avec le délit, l'autorité se trouve fatalement amenée à ne rien faire. — Cf. *Journ. des assur.*, 1895, p. 321.

2. Jules Siegfried : *Rapport sur le Budget de 1891*, cité par Thomereau : *loc. cit.*

3. Des assureurs ont protesté contre le régime de la publicité du compte-rendu des opérations, par le motif que le public n'a pas à être initié à la manière dont s'établissent les comptes, notamment au point de vue de la participation dans les bénéfices. De longue date cette résistance a été condamnée. V. Maas : *Les Compagnies françaises d'assurances sur la vie ; publication obligatoire de leurs comptes et surveillance par l'État* (Journal des Actuaires français, janvier 1877 et tirage à part, Paris, 1877).

4. Cette Circulaire et les documents qui l'accompagnent figurent au *Journal des Assurances*, 1894, p. 217, 251. — Comp. Circul. Min. du Comm., 28 septembre 1894, *ibid.* p. 481.

Les tableaux concernent : 1° le compte général des profits et pertes ; 2° les comptes financiers relatifs aux diverses catégories d'assurances ; (crédit-débit) ; 3° la balance générale des écritures ; — 4° l'état des valeurs mobilières et immobilières comprises dans l'actif de la balance ; 5° l'état des réserves pour risques en

au vu des décisions par lesquelles le Conseil d'État, en approuvant les nouveaux tarifs, a réclamé la publication annuelle du compte-rendu avec tableaux annexes [1].

Sous l'empire de ces dispositions, les Compagnies françaises d'assurances sur la vie sont tenues de fournir au Ministre et de publier le compte-rendu le plus complet qu'il soit possible d'imaginer, de toutes leurs opérations. Grâce à ces publications, toute personne intéressée peut connaître la situation exacte. Quant au Ministre du Commerce, guidé dans ses investigations par la Commission de surveillance il est en droit d'adresser aux Compagnies telles remontrances qu'il juge utiles : des précédents permettent d'affirmer que sur ce point sa vigilance est entière [2].

Il va de soi que la surveillance imposée aux Compagnies françaises doit, par identité de raison, bien mieux avec beaucoup plus de raison, être étendue aux Sociétés étrangères qui opèrent en France. Il est regrettable qu'alors que les Compagnies françaises sont soumises à une surveillance réglementée par des prescriptions qui s'imposent, il n'existe aucune surveillance, aucun contrôle pour les Sociétés étrangères. Ce régime ne saurait persister. La loi de 1867 a placé sous un régime d'exception les Sociétés qui pratiquent l'assurance sur la vie, sans distinction de nationalité. Le devoir strict du Gouvernement est de faire appliquer la loi et de protéger l'épargne française. On ne voit pas les motifs sur lesquels ces dernières pourraient s'appuyer pour refuser de se conformer à des dispositions dont la portée est générale.

A la vérité des protestations se sont élevées à cet égard [3]. Sans se borner à cette objection que la surveillance n'existant pas pour les Compagnies françaises l'on ne saurait imposer des mesures de contrôle aux Sociétés étrangères, tant il est certain que maintenant la surveillance n'est plus qu'un vain mot, on a semblé croire que le contrôle exercé à l'étranger devait suffire [4]. En présence des imputations

cours au 31 décembre; — 6° l'état des réserves correspondant aux réassurances cédées à diverses Compagnies; — 7° le mouvement des polices, capitaux, et rentes assurés pendant l'exercice (réassurances non déduites); — 8° le mouvement des capitaux et rentes assurés pendant l'exercice (réassurances déduites); — 9° la statistique sommaire des décès survenus pendant l'exercice.

1. V. au sujet de ces tableaux ce qu'a déclaré à cet égard le Bureau fédéral suisse des assurances dans son rapport sur l'exercice 1893 (Mont. des Assur., juillet 1895, p. 402, etc.)

2. L'Assurance Moderne, 31 mai 1898, p. 114.

3. Cf. en particulier Rochetin : La question de l'excédant et le régime légal appliqué aux Compagnies étrangères d'assurance sur la vie (Journ. des Économistes, décembre 1897, p. 389, etc.)

4. V. Rochetin : La concurrence entre les Compagnies d'assurances sur la vie américaines et les Compagnies françaises (Journ. des Économistes, avril 1892, p. 9). Cet auteur reconnaît que plusieurs Compagnies américaines sont, malgré le régime qui leur était appliqué, tombées sous le coup de blâmes mérités, mais il prétend que l'on ne saurait oublier que chaque pays a ses défaillances particulières. Ce reproche ne paraît guère devoir s'appliquer aux Com-

très graves qui ont été dirigées contre les agissements des autorités préposées à la surveillance, eu égard aux circonstances dans lesquelles les vérifications ont lieu [1], l'on est en mesure de croire que les sauvegardes ne sont pas suffisantes pour les assurés et surtout lorsqu'ils habitent au loin. Du reste, les Sociétés étrangères ont si bien compris elles-mêmes que cette surveillance confiée à l'autorité d'origine convenait peu qu'elles ont réclamé l'assimilation et une surveillance identique à celle exercée pour les Compagnies françaises [2].

Bien certainement la surveillance devrait s'effectuer dans les conditions habituelles. Toutefois, comme les Sociétés étrangères ne s'en tiennent pas aux formes courantes, classiques pour ainsi dire, comme elles ont ressuscité l'ancienne tontine (déguisée sous un autre nom, bien entendu), il importe qu'elles établissent un compte spécial pour ces opérations et qu'elles ne puissent arguer qu'elles n'ont aucune justification à fournir jusqu'à l'expiration de la période convenue. Ces opérations sont mal connues du public; il est essentiel que ce dernier puisse s'en rendre compte et qu'il soit mis à même d'apprécier si ses intérêts ne sont pas lésés. Une pareille prescription [3] n'a rien d'excessif. Ce qui le prouve c'est qu'à l'étranger l'autorité n'a pas reculé devant une semblable mesure [4]. La clarté qui doit régner, et non sans

pagnies françaises ; celles qui ont sombré ne constituent qu'une très minime exception.

1. Comp. les rapports de M. S. John et Macaulay sur *l'intervention du législateur pour permettre ou assurer le contrôle de la solvabilité des Compagnies d'assurances sur la vie* dans les *Documents du Premier Congrès international d'actuaires tenu à Bruxelles en 1895*.

2. V. la déclaration reproduite dans le rapport de M. le conseiller d'État Chauchat et que M. Guieysse a tenu à relever dans l'exposé des motifs rédigé pour le projet de loi qu'a élaboré l'Institut des Actuaires en 1894, *Journ. des assur.*, 1894, p. 439.

Ainsi tombe l'argument tiré du mécontentement que pourraient éprouver les Sociétés étrangères. Il convient d'ajouter que l'on a fait valoir à juste titre (*le Temps*, 6 novembre 1897) qu'il n'y aurait pas lieu de s'en émouvoir outre mesure, le Gouvernement des États-Unis des Sociétés dont il s'agit n'étant guère que des Compagnies américaines) s'étant fort peu préoccupé du tort que causait à l'industrie française l'application de son tarif douanier.

3. On l'a fait remarquer (*Journ. des assur.*, 1895, p. 521-522), les opérations dont il s'agit étant surtout pratiquées par les Compagnies, une loi pourrait intervenir de manière à rendre les prescriptions de l'Administration obligatoires pour les étrangers, sous peine de sanctions assez élevées pour en assurer le respect.

4. C'est dans ce sens que le Gouvernement prussien s'est prononcé dès 1892 ; peu de temps après, en 1895, l'autorité montrait par une mesure de rigueur l'importance qu'elle attachait à une prescription susceptible d'indiquer aux assurés tontiniers la situation réelle, exacte et d'éviter les déceptions. V. *Supra*, T. IV, p. 130, note 2.

En Allemagne, du reste, l'on se montre assez sévère pour la violation des prescriptions édictées en matière d'assurances. C'est ainsi qu'une loi du 8 juin 1894, *Annuaire de législat., etc.*, 1894, p. 270-274, modificative du Code pénal badois de 1863 a puni d'une amende et même de la prison non seulement le fait de se livrer à l'industrie des assurances sans le consentement de l'autorité centrale, mais même le fait de ne pas fournir sur l'exercice des opérations d'assurances sur la vie les indications prescrites par les Ordonnances.

raison, sur les réserves et les opérations proprement dites des Compagnies d'assurances doit non moins se produire pour les opérations accessoires [1].

L'autorité peut et doit faire plus, elle doit préparer l'élaboration d'une loi.

Tandis que la science des assurances a atteint la perfection technique, une activité pratique sans égale le droit qui est appelé à lui fournir appui et sûreté se trouve dans un regrettable état d'infériorité, d'insuffisance intrinsèque et extrinsèque [2]. Sous l'empire des anciennes idées, quand ils ont créé le droit moderne, les législateurs de la France ont laissé de côté l'assurance sur la vie. Ce contrat dérangeait sans nul doute certains vieux dictons, il contredisait la maxime *Mors omnia solvit*, il démentait l'adage essentiellement égoïste : *l'intérêt est la mesure des actions*, il troublait enfin les vieux cadres juridiques auxquels il ne s'adaptait pas [3]. De là des difficultés sérieuses. De là la peine que l'on a eu à ranger le contrat d'assurance sur la vie dans une classification systématique. De là la controverse qui s'est engagée relativement au caractère juridique de l'opération présentée sinon comme une disposition à cause de mort ou comme une donation, au moins comme une gestion d'affaires ou comme une stipulation pour autrui, controverse qui dure encore dans la doctrine [4]. De là aussi les discussions qui se sont produites lors-

1. Il importe de noter que dans les propositions de loi concernant les Sociétés étrangères d'assurances sur la vie l'on a réclamé non seulement un emploi (avec dépôt à la Caisse des Dépôts et Consignations et affectation spéciale) en rentes sur l'État d'une fraction des sommes perçues pour les assurances contractées en France, mais l'établissement d'un compte spécial pour les affaires faites en France. — V. L'Exposé des motifs de la proposition déposée par M. de Saint-Germain à la Chambre des députés le 12 février 1894 (*Journ. des assur.*, 1894, p. 466).

2. Ehrenberg : *Versicherungsrecht*, T. I, p. 41. V. aussi Doberitz : *Zeitschrift des Königl. preussisch. Statist. Bureau*, XIX, p. 3.

3. Adan : *Nécessité d'une législation spéciale consacrant les principes généraux du contrat d'assurance sur la vie* (*Premier Congrès d'actuaires tenu à Bruxelles en 1895*).

4. Nous ne voulons pas parler des études récentes dans lesquelles, sans se rendre peut-être un compte exact de la réalité et tout en paraissant animé du désir d'expliquer rationnellement les solutions fournies par la Cour de Cassation alors qu'elles s'expliquaient fort bien, on a paru vouloir remettre en question ce qui semblait acquis (Pinchon ; *Étude des assurances sur la vie contractées au profit d'autrui* [*Rev. crit. de législat. et de jurisp.*, 1898, p. 562, etc. ; 529 etc.; *Caractères généraux du contrat d'assurance sur la vie au profit d'autrui* [*Rev. crit. de législat. et de jurisprud.*, 1898, p. 619 et suiv., 1899, p. 28, etc.]). Mais nous devons relever que l'on a repris ces temps derniers, en France l'idée consacrée par le Code Civil allemand (Marcille; *De la nature juridique du contrat d'assurance sur la vie au profit d'un bénéficiaire*, Rennes, 1898).

On le sait, ce législateur dont les tendances ont été fort judicieusement exposées et commentées par M. Bailly dans une note insérée en 1897 dans le *Moniteur des assurances sur les dispositions du Code Civil allemand relatives à l'assurance sur la vie au profit d'un tiers*) voit dans l'assurance sur la vie un contrat en faveur d'un tiers dont le bénéfice, sauf clause contraire, est immédiatement acquis au tiers bénéficiaire; ce n'est pas à dire que ce droit

qu'il s'est agi de tirer les conséquences du principe (acquis définitivement [1] mais non sans peine) que le droit au capital assuré doit revenir à la personne en vue de laquelle l'assuré a traité et rien qu'à elle, discussions qui ont duré longtemps et qui ont seulement pris terme ces temps derniers, lorsque la Cour de Cassation s'est enfin décidée à apporter une retouche [2] au corps de doctrine édifié par elle, à corriger une de ses solutions qui détonnait, si l'on peut s'exprimer ainsi, à raison de la contradiction qu'elle consacrait [3].

soit irrévocable, la possibilité de la révocation étant de l'essence même de l'assurance; tant donc que le stipulant aura caché au tiers la naissance du droit il pourra le modifier; quand l'acceptation sera intervenue, sauf à fixer conventionnellement la date à laquelle elle peut intervenir, le droit sera définitivement fixé dans le patrimoine du bénéficiaire.

Ce système aboutit à un contrat unique, ayant un objet unique, la stipulation au profit du tiers, sans qu'il y ait à tenir compte de cette idée d'une stipulation propre au stipulant dont l'autre n'est qu'une condition. Il est séduisant. Mais il a un grand inconvénient; il est hors d'état de trancher la question de savoir si l'assuré pourra profiter du contrat au cas où le tiers viendrait à mourir avant son acceptation ou refuserait le bénéfice, comme nous l'avons fait remarquer (*Rev. périod. des assur.*, 1899, p. 54 et 55). Les partisans de ce système le méconnaissent si peu que dans le loi, dont ils sollicitent le vote, pour éviter une stipulation tacite qui, d'après eux, compliquerait stipulièrement les choses, ils réclament l'insertion d'une disposition proclamant la possibilité, pour l'assuré, de répéter les primes payées sans cause.

1. Si ce principe a été récemment contesté, au cours d'une discussion à la Société d'économie politique de Paris (*Journ. des Economistes*, avril 1897, p. 246), par le motif qu'il est « scandaleux » de voir une succession insolvable et des ayants-droit dans l'opulence, c'est à titre exceptionnel. C'est à peine si récemment aux noms de MM. Rozy et Flurer, défenseurs des intérêts des créanciers en concours avec un bénéficiaire déterminé, l'on a pu ajouter ceux de MM. Beck (*L'Assurance sur la vie au profit d'un tiers et la donation à cause de mort*, édit. Brissaud et Lefort, Paris, 1891), Charmont (*Rev. crit. de législat. et de jurisprud.*, 1891, p. 344), et Dubaut (*Gaz. du Pal.*, 7 et 8 janvier 1898). — V. Boucher : *L'Assurance sur la vie et la réserve héréditaire*, Paris, 1899, p. 10, note 1.

2. C'est le mot dont s'est servi un commentateur autorisé, Note S. 96, 1, 361.

3. Il s'agit ici du revirement de jurisprudence concernant l'application des règles du rapport et de la réduction héréditaires en matière d'assurance sur la vie.

Par plusieurs arrêts rendus en 1888 la Cour de Cassation a définitivement fixé la jurisprudence en matière d'attribution de bénéfice. Elle a mis à l'abri de toute contestation ce principe qu'au cas de stipulation directe pour un tiers expressément désigné, le profit de l'assurance doit être recueilli par ce tiers qui, à l'exclusion de toutes autres personnes telles que les créanciers de l'assuré, acquiert à l'instant où intervient le contrat un droit de créance contre la Compagnie débitrice du capital promis (Cass., 2 juillet 1884, S. 85, 1,5; D. P. 85, 1, 150), sans qu'il y ait lieu de s'arrêter à la faillite de l'assuré déclaré avant sa mort (Cass., 16 janvier 1888, S. 88, 1, 131, D.P. 88, 1, 77), même si le bénéficiaire était le conjoint (Cass., 22 février et 7 août 1888, S. 88, 1, 121 et 88, 1, 97 ; D. P. 85, 1, 193 et 80, 1, 881 ou un créancier qui avait des raisons d'être préféré (Cass., 27 mars 1888, S. 88, 1, 21 ; D. P. 88, 1, 98),

Le capital ayant toujours appartenu à la personne gratifiée il semblait rationnel de dire qu'il n'était pas soumis aux règles relatives au rapport et à la réduction, les dispositions édictées à cet égard ne visant que les biens qui sont sortis du patrimoine du *de cujus*, que les actes qui ont appauvri

La jurisprudence a fait ce qu'elle a pu pour combler cette lacune.

Sans se contenter d'admettre la légalité des assurances sur la vie, bien que les rédacteurs du Code de commerce aient eu le désir certain de les interdire, tant elle était désarmée par l'évidente utilité des assurances sur la vie, et tant les considérations économiques imposaient la modification du sens de la loi[1], placé en face des questions délicates soulevées par l'application d'un contrat essentiel-

ce patrimoine tant au profit d'une personne qu'au préjudice d'une autre. Néanmoins, lorsqu'elle eut à résoudre la question la même année, en 1888, la Cour de Cassation n'a pas voulu pousser sa doctrine jusqu'à cette conséquence absolument logique, pourtant. Elle a décidé (Cass., 8 février 1888, S. 88, 1, 221; D. P. 88, 1, 193) que si le capital assuré n'est jamais entré dans le patrimoine du stipulant, l'attribution faite à une personne déterminée n'en constitue pas moins une libéralité indirecte à laquelle sont applicables les règles générales concernant les rapports, soit qu'il s'agisse d'assurer l'égalité des partages entre cohéritiers ou de déterminer, à l'égard des réservataires, légataires et donataires, le montant de la réserve ou de la portion disponible.

Eu égard aux critiques qui accueillirent cet arrêt, si peu en rapport avec ce que l'on était en droit d'attendre, on pouvait croire que cette solution n'était pas définitive. Avec une indépendance qui montre ce qu'est la Cour de Cassation, saisie de nouveau de la question à la suite d'un arrêt très fortement motivé de la Cour de Paris (Paris, 30 mai 1897, D. P. 97, 1, 73), acceptant la doctrine de décisions rendues contrairement à l'arrêt du 8 février 1888 (Rennes, 9 février 1888, S. 89, 2, 121; Nancy, 18 février 1888, S. 90, 2, 27; D. P. 88, 2, 198; Bourges, 7 mai 1888, S. 89, 2, 16; Paris, 30 avril 1891, S. 91, 2, 187, D. P. 92, 2, 153), la Chambre Civile est revenue le 29 juin 1896 (S. 96, 1, 361; D. P. 97, 1, 73 — V. ibid., la note de M. l'avocat général Sarrut) et elle a décidé que le capital assuré ne saurait entrer en ligne de compte pour le calcul de la réserve.

Cette solution que des décisions ultérieures n'ont pu entamer (V. Lefort: L'assurance sur la vie et le rapport successoral (Revue internat. des assur., 1898, p. 605 et suiv.), et contre laquelle on a cherché mais bien à tort à protester (Boucher: L'assurance sur la vie et la réserve héréditaire, Paris, 1899) n'est pas seulement à l'abri de la critique en droit comme on l'a bien établi (Cosimao Dumanoir: De l'assur. sur la vie dans ses rapports avec le patrimoine de l'assuré, Paris, 1898, p. 415 et suiv.; Dupuich: L'assurance sur la vie et le rapport à succession (Le Droit, 24 juillet 1898,) et Note D, P. 98, 3, 259; nos observations soit Pand. fr. pers., 97, 1, 113, soit Rev. internat. des assur., 1897, p. 53 et suiv.; 1898, p. 681 et s.; et aussi Les Assurances sur la vie et la Cour de Cassation en 1896, Lyon, 1897, p. 41, etc.) Elle est conforme aux tendances sinon de toutes, au moins de presque toutes les législations, tous ses adversaires eux-mêmes ont dû le reconnaître (Boucher: op. cit., p. 125 à 131. Elle est aussi féconde en résultats. Ainsi que l'a relevé M. Dubois (Le Temps, 4 novembre 1900), place à cet arrêt les personnes dont l'aisance provient d'une profession lucrative mais personnelle peuvent maintenant assurer aux êtres qui leur sont chers et qui partagent avec eux cette aisance, une indemnité importante, sans avoir à redouter l'amoindrissement de cette indemnité par la revendication de parents qui n'y ont aucun droit.

V. sur les conséquences économiques de cet arrêt du 29 juin 1896, les très intéressantes remarques de M. Thaller: L'assurance sur la vie et la quotité disponible (La Réforme Sociale, 16 décembre 1897), ainsi que les observations de M. Glasson et Cazajeux, (eod. loc.). Il est à peine nécessaire de faire observer que la solution doit être la même pour le rapport et la réduction. On l'admet généralement (Boucher: op. cit., p. 20). Un seul auteur (Clare: Des assur. sur la vie entre époux, Paris, 1893, p. 213) semble établir une distinction que rien ne justifie, à vrai dire.

1. Griolet: Journ. des Économistes, août 1897, p. 218.

lement *sui generis*, obligé de s'en tenir aux seuls principes du droit commun, le juge a fourni des solutions inspirées par l'influence des idées économiques, par le désir d'encourager l'épargne dont l'assurance sur la vie est une si utile application 1. La Cour de Cassation, en particulier, a eu un rôle prépondérant ; ses décisions sont devenues comme des manières d'arrêts de règlement ; en déterminant les règles auxquelles serait soumis le contrat d'assurance sur la vie ces arrêts ont, en réalité, écrit la loi sous prétexte de l'interpréter. Il n'est pas téméraire de le dire, par ses arrêts la Cour suprême a émis un véritable corps de doctrine sur la nature et les conséquences juridiques du contrat d'assurance sur la vie 2.

Seulement, si importante que soit la jurisprudence, si considérable qu'ait été son intervention, l'on ne saurait s'en contenter.

Outre que comme toutes les théories où la jurisprudence est appelée à construire en dehors de textes précis, l'édification est lente 3, outre que des retours peuvent toujours être à redouter, la jurisprudence n'a pas le pouvoir de décider certaines questions dans le sens de l'utilité pratique ; elle doit suivre, au moins de loin, certains textes faits pour d'autres matières, pour d'autres situations, mais qui pourtant la lient et l'empêchent d'atteindre ce qui est juste. De tous côtés le vieux droit civil entrave le droit nouveau des assurances. On se heurte aux institutions de la communauté matrimoniale, de l'action Paulienne, de la faillite, de la libre disposition des biens, des Sociétés même, et on ne peut en enfreindre les règles. C'est dans ces limites que la jurisprudence doit osciller et elle est sans cesse attirée, lors de l'oscillation régulière, par l'influence d'un ou de plusieurs de ces principes. A des faits nouveaux il faut un droit nouveau 4. Enfin les tribunaux se trouvent en face des dispositions contenues dans les polices, dispositions qui font la loi des parties, aux termes de l'art. 1134 C. Civ. et dont ils ne sauraient faire abstraction 5.

1. C'est à la lumière de l'économie politique, a fait remarquer M. Lyon-Caen à la Société d'économie politique de Paris, (*Journ. des Economistes*, août 1897, p. 243), que la jurisprudence a suppléé à la lacune de la législation et que le capital, constitué à un bénéficiaire par un assuré, a été déclaré ne pas faire partie du patrimoine du dit assuré, mais est considéré comme appartenant, dès sa constitution, au bénéficiaire, et par cela même échappe aux créanciers de l'assuré.

2. Crépon : Note, S. 88, 1, 121, 2e colonne.

3. Baudry-Lacantinerie et Colin : *Traité théorique et pratique de Droit civil : Des donations entre vifs et des testaments*, T. 1er, p. 511.

4. M. de La Grasserie (*De l'assurance sur la vie et contre les accidents*, (*La France judic.*, 1895, p. 362 et suiv.)) dont nous résumons ici l'argumentation, fait valoir d'autre part que la jurisprudence ne peut tenter des innovations absolument légitimes et qui auraient pour but de favoriser l'assurance sur la vie.

Sur d'autres difficultés susceptibles de se présenter, Comp. Cosmao Dumanoir : *De la propriété de l'assurance après la mort du contractant*. (*Revue internat. des assur.*, 1898, p. 613 etc.).

5. Un moment, a écrit M. Quentin (*La loi des assurances* [*Rev. internat. des*

Indépendamment de la jurisprudence dont le rôle n'est pas terminé du reste[1], une loi s'impose en France. Il faut parer à l'insuffisance de notre législation, il convient que l'on n'en soit plus réduit, pour trouver un point d'appui, à torturer les textes édictés antérieurement, à l'époque où l'assurance sur la vie était non pas inconnue mais proscrite. Le développement de l'assurance sur la vie est lié à une réforme qui empêcherait les controverses de naître, de s'éterniser même[2]. L'indifférence du public qui, de longue date[3], a été consi

assur., 1891, p. 520), on avait pu penser que, considérant le contrat d'assurance, selon une tradition très ancienne, comme un contrat comportant « une plus grande dose de bonne foi que les autres contrats », pour employer l'expression du publiciste anglais Arnould, les tribunaux feraient descendre dans l'interprétation des engagements signés un peu plus d'équité. En général, c'est le contraire qui se produisit. Observant à la lettre les devoirs que leur trace l'art. 1135, les juges ont cru ne pas pouvoir faire pour le contrat d'assurance comme pour le mandat salarié, dans lequel ils se sont arrogé le droit de réduire la rémunération promise. Ils n'en ont pas fait découler « les suites que l'équité lui donnait d'après sa nature ».

1. Il reste, en effet, une dernière évolution à réaliser : l'extension des cas où l'assurance peut être considérée comme souscrite au profit de tiers déterminés, c'est-à-dire doit être réputée comme attribuant un droit propre et exclusif au bénéficiaire. Pour ne pas nous répéter, nous nous bornons à renvoyer à ce que nous avons _précédemment écrit sur ce sujet dans ce Traité_, T. II, p. 256 à 263.

2. On semble bien reconnaître en effet, (Baudry Lacantinerie et Colin : _loc. cit._), que c'est à l'insuffisance des textes de notre droit que sont dus soit les nombreux litiges que soulève encore devant les tribunaux le règlement des questions concernant l'assurance sur la vie, soit les protestations qu'au point de vue théorique nombre d'auteurs dirigent contre l'opinion dominante quant à la nature juridique du contrat passé au profit d'une tierce personne.

3. Au point de vue de la législation réglissant le contrat d'assurance sur la vie, ainsi que l'a bien relevé M. Adan (dans le rapport relatif aux _diverses législations sur le contrat d'assurance sur la vie_, qu'il a présenté au Congrès des actuaires de Londres en 1898), on observe des diversités de réglementation notables en divers pays.

Dans certaines contrées, (en Allemagne, en Suisse, par exemple) on rencontre depuis longtemps dans le droit civil des dispositions appelées à régir cette convention, soit plus ou moins parfaitement, soit plus ou moins complètement. Dans d'autres pays, (Belgique, Hongrie, Hollande, Italie) il est intervenu des dispositions spéciales appelées à proclamer la légalité du contrat et à le réglementer, avec le désir de tenir compte de sa nature particulière. Dans d'autres encore (en Allemagne, en Suisse), on s'apprête à lui préparer une législation nouvelle. Dans d'autres enfin (en France), il semble que l'on croie devoir temporiser encore et abandonner la destinée du contrat aux fluctuations d'une jurisprudence, qu'on ne considère sans doute point comme suffisamment fixée.

Les projets qui ont été élaborés en France soit par le Conseil d'État, (_Journ. des assur._, 1886, p. 288 etc.), soit par M. Lockroy en 1887, et en 1889. (Annexe n° 20, Ch. Députés, _Journ. Off._, 15 janvier 1896. — V. le rapp. de M. de Plozunet, _Journ. des assur._, 1885, p. 276 et suiv.), soit en 1894 par M. Jules Roche (_Journ. des assur._, 1894, p. 127) et par M. de Saint-Germain, (_Journ. des assur._, 1894, p. 166. — V. sur ces deux propositions le rapport de M. Panis, _ibid._, 1895, p. 49), soit par M. Guéyesse reprenant le projet élaboré la même année par l'Institut des actuaires (_Journ. des assur._, 1894, p. 200 etc., 435 etc.), concernant surtout le fonctionnement des Sociétés.

V. au surplus, relativement à la disposition insérée par M. Lockroy au sujet du bénéfice et essentiellement vague nos observations soit dans notre

déré[1] comme l'obstacle le plus sérieux à la diffusion de l'assurance tient pour une bonne partie au silence de la loi ; l'égoïsme et l'ignorance trouvent une sorte de justification dans l'abstention du législateur ; on n'est que trop porté à négliger ce que la loi paraît avoir méprisé. Lorsqu'une personne songe à traiter avec une Compagnie d'assurance, ce qu'elle recherche principalement et avant tout c'est la sécurité pour l'avenir, c'est la certitude que son désir de gratifier un tiers auquel l'unissent des liens de parenté, d'affection ou d'intérêt recevra pleine et entière satisfaction ; or, on n'est nullement encouragé à souscrire une police d'assurance sur la vie en voyant qu'il n'existe pas une loi susceptible de consacrer sa volonté, en constatant que certaines circonstances, telles que l'emploi d'une formule malheureuse, la survenance d'événements tels que la faillite, l'intervention de certaines déchéances, sans parler de faits imputables à l'assureur risquent de rendre illusoire un désir très fermement conçu, en constatant que rien ne garantit que des personnes qu'on n'a jamais eu en vue, comme des créanciers, des parents ne profiteront pas des sacrifices qu'entraîne le service des primes.

L'idée d'une législation spéciale pour le contrat d'assurance sur la vie a rallié bien des suffrages[2], tant la consécration de la loi semble

travail sur *La Réforme de la législation concernant les assurances sur la vie*, Lyon, 1891, p. 12 et 13, soit dans ce *Traité*, T. Ie, p. 69. Il nous sera permis de relever que plus récemment, s'inspirant de nos conclusions à cet égard, M. Leduc (*De l'assurance sur la vie au profit d'un tiers*, Lille, 1898, p. 129) a établi que la disposition proposée par M. Lockroy pour faire dire que « la somme stipulée payable par suite du décès appartient à la personne désignée dans le contrat, sans préjudice des règles du droit civil relatives au rapport et à la réduction des chefs des versements faits par l'assuré », pouvait constituer un progrès sur la jurisprudence en vigueur à l'époque où le pouvoir législatif était saisi, il n'était pas donné complète satisfaction à tous les besoins de la pratique, l'article ne décidant rien au sujet du cas où l'assurance aurait été contractée au profit d'une personne incertaine, ne formulant aucune distinction en ce qui concerne la restitution des primes alors que leur taux est ou non exagéré en égard à la fortune du stipulant, etc. V. aussi Boucher : *op. cit.*, p. 6, note.

1. C'est ce que constatait Rossi dans ses *Observations sur le Droit civil français considéré dans ses rapports avec l'état économique de la Société* (*Mém. de l'Acad. des Sciences Mor. et Polit.*, T. II, p. 272 ; *Rev. de législat. et de jurisprud.*, 1840, T. XI), p. 45 etc.).

2. Rossi : *loc. cit.* ; Merger : *Des assurances terrestres*, Paris, 1858, p. XI ; Blanche : *De la loi commerciale*, discours de rentrée à la Cour de Cassation, 1861 ; Joubaire : *Essai sur la révision du Code civil*, Paris, 1873 ; Blondel : *Des assurances sur la vie dans leurs rapports avec le Droit civil*, Paris, 1874, p. 243 ; Puech : *Des assurances sur la vie*, Discours de rentrée à la Cour d'Agen, 1877 ; Paulmier : *Étude sur l'assurance sur la vie tant au point de vue fiscal qu'au point de vue civil* (*Rev. prat. de Dr. fr.*, T. LII, 1882, p. 180) ; Herbault : *Tr. des assur. sur la vie*, Paris, 1878, p. 247 ; Couteau : *Tr. des assur. sur la vie*, Paris, 1881, T. I, p. 45 ; Testoud : *Rev. crit. de législat. et de jurisprud.*, 1887, p. 675 ; Detroyeux : *Tr. prat. du contr. d'assur. sur la vie*, Paris, 1887, n° 45 ; de La Grasserie : *De l'assur. sur la vie et contre les accidents* (*La France jurid.*, 1895, p. 362 et suiv.) et *Essai d'un projet de loi général sur les assurances* (*Rev. internat. des assur.*, 1897, p. 939 etc.), et *De la protection jurid. de l'assur. sur la vie* (*Ibid.*, 1889, p. 659, etc.) ; Baudry-Lacantinerie et Colin : *Traité théorique et pratique de Droit*

présenter d'avantages. Néanmoins toute résistance n'a pas disparu et le maintien du régime actuel a été fortement vanté, par des motifs différents, il est vrai.

Les uns ont fait remarquer que l'élaboration d'un Code des assurances risquerait d'avoir des dangers, une loi discutée non sans quelque confusion, amendée au cours des débats et finalement votée par des personnes en majorité peu familiarisées avec les besoins de l'institution, risquant de contenir des incohérences et des surprises[1]. Les autres ont ajouté qu'une réglementation spéciale contiendrait des prescriptions précises, rigoureuses, capables dès lors de gêner dans son développement à venir une institution qui n'en est encore qu'à ses débuts, dont on ignore même les applications et pour lesquelles il faut toute liberté; ils ont noté que la théorie juridique de l'assurance sur la vie doit être établie uniquement au moyen des seules règles du droit[2], que le système édifié actuellement, satisfaisant généralement à tous les besoins de la pratique, est préférable à des lois immuables ou tout au moins difficilement modifiables de telle sorte que l'absence même de toute loi écrite spéciale sur la matière n'est peut-être pas absolument étrangère à la progression des assurances en France[3]. D'autres enfin ont fait valoir que la très grande majorité des questions soulevées par le contrat d'assurance sur la vie ayant été soumises aux différentes juridictions, des solutions ont été données pour presque toutes les difficultés susceptibles de se produire et que la jurisprudence suffit[4].

Sans contredit l'élaboration d'une loi[5] concernant l'assurance sur

civil; des donations entre vifs et des testaments, T. 1er, p. 511; Quentin: La loi des assurances (Rev. internat. des assur., 1897, p. 549, etc.; Adan: Nécessité d'une législation spéciale consacrant les principes généraux du contrat d'assurance sur la vie, (Rapport au Premier Congrès internat. d'Actuaires tenu à Bruxelles en 1895), Adan: Des diverses législations sur le contrat d'assurance sur la vie, (Rapport au Deuxième Congrès internat. d'actuaires tenu à Londres en 1898); Cosmin Dumanoir, Étude sur le projet de loi russe relatif au contrat d'assurance, (Bullet. de la Soc. de législat. comp., T. XXIX, 1898, p. 90); Leduc: De l'assurance sur la vie au profit d'un tiers, Lille, 1898, p. 427.

D'autre part, M. Le Hir (Recueil de législat. et de jurisprud. en matière d'assur. sur la vie, Paris, 1869, avant-propos) a réclamé une loi des assurances, mais un Code d'ensemble embrassant dans ses dispositions toutes les assurances terrestres.

1. De Courcy: Précis de l'assur. sur la vie, 3e éd., Paris, 1887, p. 224. V. aussi Henry: L'assurance sur la vie d'après les arrêts les plus récents, Paris, 1895, p. 59, et de Grandmaison: L'assurance sur la vie, Paris, 1899, p. 304.

2. Deslandres: De l'assurance sur la vie, Paris, 1859, p. 263.

3. De ce nombre est M. Lyon-Caen, dans son rapport à l'Académie des Sciences morales et politiques, sur le T. III de notre Traité (Séances et Travaux de l'Acad. des Sciences mor. et polit., T. CXLVIII, 1897, p. 984). V. aussi en ce sens M. Stourm: Journ. des Économistes, août 1897, p. 253.

4. V. notamm. de Grandmaison: op. cit., p. 305; Le Messager de Paris, 22 septembre 1896.

5. Nous parlons, bien entendu, d'une loi spéciale aux assurances sur la vie. Pour notre part, nous nous refusons à l'établissement d'une législation générale de l'assurance. C'est vouloir se heurter à des obstacles réels, sinon à

la vie n'est point chose aisée[1]. Mais il ne faut rien exagérer. Pour
être délicate l'entreprise n'est ni impossible, ni excessive ; à l'égard
d'une foule de matières non moins difficiles le législateur a fait preuve
d'une compétence parfaitement suffisante. La tâche, à vrai dire, se
trouve singulièrement facilitée soit par la pratique qui a préparé le
terrain, fourni les éléments, établi les règles qui s'imposent et les a
éprouvées par l'application, soit par la doctrine qui a nettement défini le caractère du contrat ainsi que les principes qui le doivent régir,
soit par la jurisprudence de la Cour de Cassation qui a constitué une
sorte de Code de l'assurance sur la vie au moins dans ses grandes
lignes et qui a indiqué les solutions qui doivent prévaloir, soit enfin
par les dispositions votées à l'étranger qui peuvent être consultées
avec fruit mais avec une certaine réserve[2].

Si la loi devait être une œuvre hâtive, faite par des personnes peu
au courant de la matière[3], l'abstention se comprendrait et la situation actuelle serait à maintenir. Mais à l'heure présente on est familiarisé avec l'idée et avec le fonctionnement de l'assurance sur la
vie. Il s'agirait, en somme, de confirmer la coutume, de coordonner

des impossibilités, que de vouloir édicter des prescriptions uniformes pour
les différentes branches de l'assurance.

1. Cf. à cet égard Quenlin : *La loi des assurances ttes. internat. des assur.*,
1897, p. 519 et suiv.) ; Cosmao Dumanoir : *Étude sur le projet de la loi Suisse
relatif au contrat d'assurance*, (*Bullet. de la Soc. de législat. comp.*, T. XXIX,
1898, p. 79 et suiv.).

2. On a fait valoir (*La France judiciaire*, 1894, p. 324) que les législations
étrangères ne contiennent guère que des dispositions fragmentaires, de simples points de repère qui, au lieu d'être au moins d'une importance majeure,
ne sont souvent que des lieux communs juridiques ou que la répétition de
ce que les polices n'oublient jamais de stipuler. La remarque a quelque
chose de fondé. Seulement il ne faut pas en exagérer la portée et à moins
d'être un novateur radical, ce que l'on ne saurait demander au législateur
pour une institution telle que l'assurance sur la vie, il n'est pas possible de
négliger le recours qu'offrent les législations étrangères pour voir comment
les difficultés sont résolues et les écueils qu'il importe d'éviter.

Il y aura lieu notamment de s'inspirer du Code Civil de Zurich, du Code
de Commerce Néerlandais, des Codes de Commerce Argentin (1862), Chilien
(1887), Espagnol (1885), Italien (1886), Portugais (1888), des lois anglaises de
1870 et de 1882, en ce qui concerne les droits de la femme. Quant à la législation belge, il faut noter que si elle a proclamé en faveur du bénéficiaire
le droit propre, elle a apporté à la liberté d'attribution un correctif fâcheux en soumettant les primes payées aux règles du rapport et de la
réduction, alors même qu'elles demeurent dans les bornes d'une simple consommation de revenu de telle sorte qu'il peut arriver, selon la remarque
de M. Adan, que le montant des primes payées dépassant le montant du
capital assuré, la disposition est entièrement illusoire.

Dans l'élaboration d'une loi l'on devra, d'autre part, tenir compte non pas
tant de l'*Allgemeine Landrecht*, que du projet élaboré par la Commission qui
fonctionna à Dresde de 1863 à 1866, pour la réforme du droit civil et du droit
commercial allemand (V. le *Journal de Malss*, T. I, p. 324 et suiv. ; T. II,
p. 1 et suiv.).

3. Comme en Belgique ; la loi du 11 juin 1874 a été élaborée par une Commission composée d'hommes fort distingués assurément, mais parmi lesquels
ne se rencontrait, selon l'observation de M. Adan, aucun assureur, aucun
homme technique dans la branche spéciale des assurances sur la vie.

les solutions enseignées par les auteurs et celles formulées par la jurisprudence, surtout celle de ces derniers temps, de régler avant tout la situation du bénéficiaire, sans s'arrêter au régime des Sociétés dont l'exposé n'est peut-être pas à sa place dans une loi sur le contrat d'assurance sur la vie [1], d'autant que la législation des Sociétés est en France l'objet de tentatives de réforme qui finiront par aboutir [2], sans faire des excursions dans le domaine de la théorie, c'est-à-dire sans formuler une définition du contrat d'assurance sur la vie, sans préciser le caractère juridique de l'opération [3], ni le fondement du droit du bénéficiaire, sans rechercher s'il doit exister un intérêt pour le contractant [4], sans même aborder les questions soulevées par les risques à assumer ou d'autre part à proscrire, l'accord des parties suffisant en pareil cas, il serait possible de rédiger un projet respectant à la fois la liberté des conventions, l'intention des parties, la nature du contrat et fixant la situation qui résulte pour le bénéficiaire de la police conclue à son profit [5].

1. M. Cosimo Damanhur a eu raison de le faire remarquer. V. *Bull. de la Soc. de législat. comp.*, T. XXIX, 1898, p. 85.

2. C'est à ce moment que se poseront les questions précédemment traitées ici de l'autorisation et de la surveillance, qu'il y aura lieu d'apprécier à quelles conditions les Sociétés d'assurances pourront fonctionner, les dispositions dont le Gouvernement pourra exiger l'insertion dans les Statuts. C'est également à cette époque qu'il y aura lieu d'aborder l'étude des mesures propres à assurer la solvabilité de la Compagnie au regard des intéressés, le maintien de la réserve des primes avec son affectation spéciale et son attribution.

Seulement ce que l'on peut dire dès maintenant c'est qu'il n'est nullement à désirer que le législateur définisse la Société d'assurances sur la vie. Il vaut mieux laisser aux pouvoirs publics le droit et le soin de rechercher dans chaque espèce s'ils ont, ou non, affaire à une Société d'assurances sur la vie. — *Journ. des assur.*, 1895, p. 549.

3. Notons cependant que dans son rapport précité concernant *Les diverses législations sur le contrat d'assurances sur la vie*, M. Adan réclamait l'introduction dans la loi d'une définition précise de l'assurance en cas de décès.

4. En fait, l'intérêt se rencontrera presque toujours, comme le fait observer M. Huc (*Comm. théor. et prat. du Code Civil*, T. VII, Paris, 1894, p. 67), car, à moins d'être un fou, on ne stipule pas pour autrui sans avoir en cela quelque intérêt ; on pourrait donc, à ce point de vue, décider théoriquement que toute stipulation pour autrui est valable, et c'est précisément ce que décide le Code fédéral suisse qui, dans son art. 128, supprime la nécessité d'un intérêt (Worms : *De la volonté unilatérale*, etc., Paris, 1891, p. 120). Mais l'art. 1119 C. Civ. ne permet pas d'introduire cette décision radicale dans notre jurisprudence.

5. La loi doit être sobre, mais néanmoins très claire. Il ne faut pas procéder comme le législateur de l'Uruguay qui, dans la loi du 1er juillet 1896 (*Annuaire de législat. etc.*, 1896, p. 837), édicte bien que « le bénéfice d'une assurance sur la vie, faite en faveur des héritiers du constituant, est la propriété exclusive de ces héritiers », que « ce bénéfice n'est donc, en aucun cas, le gage des créanciers du constituant lors de son décès », mais qui restreint, textuellement, l'application de cet article aux assurances dont le montant est inférieur à 20,000 pesos et soumet aux dispositions générales en vigueur sur la matière les assurances qui s'élèveraient à une somme supérieure, de telle sorte que l'on ignore ce qui se passerait en cas de pluralité d'assurances inférieures à 20,000 pesos et, d'un autre côté, si l'assurance

Ce que l'assuré veut, le but qu'il cherche à atteindre, c'est que le capital stipulé (et non seulement le bénéfice indiqué au contrat, mais le capital réduit et la valeur de rachat), revienne exclusivement à la personne en vue de laquelle il a traité, que le profit de l'assurance soit à l'abri de ses créanciers, de parents ou d'héritiers, sans que le bénéficiaire soit exposé, sinon au dépouillement de la somme même, au moins à la restitution obligatoire, forcée du montant des primes [1] dont le chiffre peut être considérable et représenter le capital assuré même. Ce n'est pas trop demander au législateur que de lui imposer le soin de proclamer ce principe et de le charger de prendre toutes les mesures de détail propres à le consacrer, d'édicter les dispositions relatives aux conséquences à déduire de cette règle essentielle : en l'absence d'une manifestation formelle de la volonté et non plus en égard à l'emploi de certaines formules de préférence à d'autres et lorsque le contrat est valable, dès le jour même où la police a été souscrite le profit de l'assurance appartient au bénéficiaire et seulement à lui [2].

supérieure à la somme de 20,000 pesos échappe tout entière à l'application de la loi ou seulement pour l'excédant.

1. A cet égard, il importe de signaler l'innovation que M. Roelli propose d'édicter dans le projet de loi fédérale qu'il a été chargé par le Conseil fédéral de rédiger à propos du contrat d'assurance (V. *Rev. internat. des assur.*, 1897, p. 645, etc.). Si la faillite de l'assuré permet la révocation du bénéfice de l'assurance et autorise les créanciers à réclamer la valeur de rachat, la femme et les enfants peuvent acquérir la propriété du contrat en versant à la masse le prix du rachat.

M. Cosmao-Dumanoir (*Bullet. de la Soc. de législat. comp.*, T. XXIX, 1898, p. 93) a insisté sur ce fait qu'avec ce système la faillite n'y perd rien, tandis que la famille de l'assuré conserve une ressource précieuse pour elle dans la ruine de son chef, en France, continue-t-il, lorsque le bénéfice est nominativement attribué à la femme ou aux enfants du failli, le contrat échappe à la faillite ; mais le système de l'art. 75 § 2 du projet Roelli serait d'une application utile dans le cas où le contrat est rédigé de manière à ce que le bénéfice du contrat demeure dans le patrimoine de l'assuré et tombe dans la masse de la faillite ; quant à la justification juridique de l'art. 75 § 2, il n'y en a point d'autre que son utilité ; ce droit ne résulte pour la femme et les enfants d'aucun principe général ; on n'aura pas manqué de remarquer l'analogie de ce droit avec un droit de retrait.

Presque au même moment, M. Vavasseur (*Rev. des Sociét.*, janvier 1899, p. 5) protestait contre l'indécision et le vague de la jurisprudence soumettant les primes à rapport et à réduction « selon les circonstances » sans indiquer lesquelles et il soutenait, avec de bons esprits (notamment M. Dupuich dans son judicieux article inséré dans *Le Droit* du 24 juillet 1898), que le paiement des primes était une libéralité soumise aux règles ordinaires (V. aussi *Rev. des Sociét.*, 1897, p. 464).

2. En égard à la variété infinie qui existe dans les systèmes de réglementation régissant les Compagnies d'assurances sur la vie, alors que dans certains pays le principe de la liberté absolue règne sans conteste, qu'ailleurs, au contraire, on se préoccupe de protéger le public en exigeant des Compagnies des rapports détaillés sur leurs opérations et que dans d'autres contrées on subordonne le fonctionnement des Compagnies au dépôt de cautionnements ou au versement de taxes, est-il possible d'arriver à une législation internationale ?

Il est incontestable, comme l'a fait observer M. Adan (*Des diverses législa-*

L'intervention de la loi doit être réduite à son strict minimum. Elle ne doit pas se faire sentir pour les polices. Sous l'obligation de res-

tions sur *le contrat d'assurance sur la vie*, qu'au point de vue international il serait désirable qu'il existât une unité bien entendue et une réciprocité dans le mode de traitement des institutions qui entreprennent les opérations d'assurances. Une entente internationale est à désirer parce qu'elle peut servir à établir les bases d'une législation. Or, il semble (et la remarque en a été faite par M. Harding dans son substantiel rapport au Congrès des Actuaires de Londres en 1895 sur *La législation gouvernementale à l'égard du fonctionnement des Compagnies d'assurances sur la vie*, que tout doit se ramener à cette proposition : permettre au Gouvernement et au public, par la publication des comptes et des rapports, de juger de la stabilité et de la solvabilité d'une Compagnie. Il est hors de doute que la publicité est absolument nécessaire ; mais il ne serait pas impossible d'établir, dans une Conférence, ce qui doit être publié en vue des intérêts du public. M. Harding met parfaitement ce fait en lumière ; pour résoudre cette question il y a lieu d'observer deux principes fondamentaux : la publication, à certains intervalles, de la situation et des détails des opérations de la Compagnie, de façon à donner au public tous les renseignements désirables ; en second lieu, les intérêts de la Compagnie, qui doivent être sauvegardés, de telle sorte que son fonctionnement ne soit pas entravé inutilement et que les frais ne nuisent pas à ses affaires.

La loi en vigueur en Angleterre semble offrir un excellent point de départ. Il ne paraît guère nécessaire que les publications annuelles soient aussi minutieuses que celles qui sont exigées dans d'autres pays, par exemple en Suisse, en Finlande ou en Prusse. On a loué, non sans raison peut-être, l'esprit de la loi anglaise parce qu'elle semble conforme au bon sens. Cette loi stipule que la situation complète d'une Compagnie sera fournie et publiée à des intervalles raisonnables, tandis que d'année en année on publiera les renseignements nécessaires pour permettre au public de juger si la Compagnie est sagement administrée et suit la voie que le dernier inventaire a indiquée comme étant la bonne.

Si cette solution, note M. Harding, pouvait rencontrer l'approbation unanime de tous les États du monde, il en résulterait un grand bien pour les Compagnies d'assurances sur la vie, non moins que pour les divers Gouvernements et les peuples eux-mêmes par l'encouragement qui serait ainsi donné à l'extension de l'assurance sur la vie. S'il était possible de faire accepter par les pays civilisés un système général et commun en ce qui concerne les documents à demander par l'État aux Compagnies d'assurances et si le système qui est actuellement en vigueur dans la Grande-Bretagne était pris comme base, on pourrait avec avantage amender les détails de la loi anglaise par l'adoption de certaines dispositions exigées par la loi des autres pays. Il suffirait, par exemple, en ce qui concerne les publications annuelles, que les Compagnies fournissent seulement un compte des recettes et une copie du bilan, ainsi qu'un état détaillé des affaires nouvelles et des progrès de la Compagnie pendant l'année ; mais, pour ne parler que d'un seul point, le bilan devrait présenter les indications les plus précises en ce qui concerne les différents chefs de l'actif de la Compagnie, et non pas seulement les valeurs de chaque groupe. L'actif peut matériellement changer de caractère d'une année à l'autre ; or, les assurés et le public en général ont droit aux renseignements les plus complets.

Le bilan devrait indiquer si un chef quelconque et lequel de l'actif est hypothétique, par le fait d'un cautionnement exigé par les Gouvernements étrangers, spécialement au profit des titulaires de polices étrangères. Il y aurait lieu, semble-t-il, de publier également, outre un état général annuel des revenus, des états des revenus afférents aux affaires traitées dans chacun des pays où opère la Compagnie, afin qu'on puisse nettement apercevoir les résultats des opérations variées de la Compagnie parmi les renseignements fournis par le bureau central de la Compagnie.

Aussi M. Harding, dont nous résumons sur ce point l'argumentation fort

pecter les principes touchant à l'ordre public auxquels il est interdit de déroger, en se conformant d'autre part aux conditions mises par l'autorité à l'autorisation et au fonctionnement, les Compagnies doivent rester absolument maîtresses à cet égard.

L'État n'a pas plus à examiner dans leur détail les polices qui sont imposées par les Compagnies qu'il n'a à édicter une police type. Régler à l'avance les rapports contractuels des parties sur un même patron, c'est du même coup arrêter l'essor de l'initiative individuelle, substituer à un régime de liberté des habitudes de dépendance étroite,

complète, se considère-t-il en mesure de conclure que, s'il est admis que les règles en vigueur dans la Grande-Bretagne s'inspirent généralement des intérêts du public, il ne serait pas difficile de fixer en détail la forme dans laquelle les renseignements concernant la situation et les opérations de la Compagnie pourraient être le plus efficacement et le plus convenablement présentés pour répondre aux exigences des divers gouvernements.

Néanmoins, il convient de ne pas se payer d'illusions. Au lieu de marcher vers une unité, vers une entente internationale, on semble porté à multiplier les entraves, les mesures coercitives. Le fait se remarque notamment en ce qui concerne l'estimation des valeurs destinées à garantir la gestion de la Compagnie. Cf. Adan : *Des diverses législations sur le contrat d'assurance sur la vie.*

Sans parler du Code de Commerce allemand tendant à attribuer une valeur de convention aux titres, sans s'arrêter aux dispositions assez semblables en vigueur en Autriche, alors qu'en France et en Belgique la publicité donnée à la composition du portefeuille et au cours auquel les valeurs sont portées au bilan permet aisément au public de contrôler la prudence des évaluations du portefeuille en les rapprochant des cotes de la bourse, il importe de noter qu'en Italie, sous l'empire de l'art. 145 du Code de commerce de 1883, toutes les Compagnies d'assurances sur la vie, sans distinction de nationalité, doivent déposer les titres de la dette publique à la Caisse des Dépôts et Consignations et dans une certaine proportion le montant des primes encaissées et des intérêts produits par le placement de ces primes ; — qu'en Prusse, à la suite de deux Ordonnances du Ministre de l'Intérieur des 8 septembre 1891 et 23 mars 1892, les assureurs étrangers sont tenus d'employer (avec défense d'en disposer sans l'autorisation du Gouvernement) en dette consolidée prussienne ou allemande la moitié de la recette des primes annuelles.

Dans le Grand-Duché de Luxembourg, un arrêté du 20 septembre 1891 portant règlement pour l'exécution de la loi du 16 mai 1891, sur la surveillance des opérations d'assurances, a prescrit la consignation à titre de cautionnement d'une somme fixe égale au moins à 50,000 fr. et d'une somme variable égale au double du montant des primes de l'exercice révolu. Le projet de loi sur les Sociétés d'assurances de 1895 pour la Norwège détermine limitativement les placements admis pour emploi de la réserve des primes et il prescrit le dépôt de la réserve des primes pour les assurés en Norwège ainsi que la moitié de la recette des primes brutes de l'année précédente, indépendamment de la constitution d'un fonds de réserve (fonds de sûreté de la réserve de primes) de 1 0/0 au moins des capitaux assurés.

Enfin le projet de loi hollandais élaboré en 1897 pour les assurances sur la vie, indépendamment de prescriptions draconiennes envers les Compagnies étrangères et indigènes, propose d'imposer aux premières l'emploi des réserves en immeubles ou valeurs hollandaises à déposer à la Banque hollandaise en les affectant par privilège à la garantie des engagements du chef des risques en cours en Hollande.

Toutes ces mesures doivent fatalement amener des mesures analogues. Or, la pratique de l'assurance ne saurait gagner à la réciprocité des procédés de coercition.

et rendre possible la tyrannie de l'État. Sans compter que peut-être
un résultat diamétralement opposé pourrait se produire si l'Administration, par indifférence, lassitude ou excès de travail se conten-
tait, comme il lui serait loisible de le faire, d'enregistrer simplement
les polices qu'on lui soumettrait, sans se soucier de les critiquer et
si, par l'influence dont elles disposent, les Compagnies obtenaient la
sanction de l'autorité en faveur de contrats qui leur seraient exclusivement favorables [1].

Il faut ajouter que l'unité n'est pas possible en ce qui concerne la
situation à faire aux assurés parce que les Compagnies ne travaillent
pas toutes dans les mêmes conditions : les unes ont de fortes primes
et de grands excédants de recettes ; d'autres qui ont les primes plus
faibles arrivent juste à nouer les deux bouts ; les unes se recrutent
dans toutes les parties du monde et dans toutes les classes de la Société ; les autres, de préférence parmi les fonctionnaires, voire même
exclusivement parmi les fonctionnaires publics de leur pays [2].

Mais une tâche importante incombe aux Compagnies. Elles doivent
réviser les dispositions qui régissent le contrat et les réviser non
pas seulement dans la forme [3] mais au fond [4], les conditions générales
constituant, en quelque sorte, le Code des obligations et tenant lieu
de loi, en l'absence de dispositions édictées par le législateur.

En premier lieu il importe de corriger la rédaction de la clause
d'attribution du bénéfice, car c'est à sa défectuosité que l'on doit attribuer nombre de difficultés. Ignorant les conséquences que la jurisprudence a cru pouvoir déduire de l'emploi de certains termes, l'assuré croit très souvent qu'il suffit de désigner une personne dans le
contrat pour qu'elle recueille le bénéfice de l'assurance, quelle que
soit sa situation au jour de son décès ; on l'étonnerait beaucoup en
lui apprenant qu'il se peut fort bien que la personne qu'il a entendu
gratifier ne recueille absolument rien à raison de telle éventualité

1. Quentin : *La loi des assurances (Revue internat. des assur.*, 1897, p. 531).
2. *Rapport du Bureau fédéral suisse des assurances* cité par *L'Optimum*, 15 novembre 1897, p. 169.
3. Il y a fort longtemps, ainsi que nous l'avons remarqué (V. ce *Traité*,
T. I, p. 319, note), que l'on a blâmé pour les polices la disposition matérielle rendant les recherches instantanées peu commodes, même aux hommes
du métier et que l'on a insisté pour la répartition des clauses, en différents
chapitres. Cf. Lux : *Étude critique des conditions générales des polices d'assurances sur la vie (Moniteur des Assur.*, avril 1888, p. 166, etc. Il convient de
faire observer que l'on a, d'autre part, insisté (M. Gaubert dans son rapport
au nom du Jury international de l'Exposition Universelle de 1889, pour que
les Compagnies impriment en vedette, à l'endroit et au revers des polices,
les conditions résolutoires qu'elles imposent aux assurés, en dehors des
conditions du droit commun, pour que les conditions particulières soient
imprimées en caractères très apparents afin que nul ne pût invoquer l'ignorance en cas de difficultés éventuelles quand la mort résulterait d'un suicide, d'un duel, de blessures ou de fatigues en temps de guerre continentale.
4. Pour ce qui a été fait, V. à titre d'exemple les indications contenues
dans le *Rapport* précité *du Bureau fédéral suisse des assurances*

dont les suites ne peuvent être écartées à raison des termes dont il s'est servi pour la clause bénéficiaire [1]. La police supplée au silence de la loi. Il faut qu'elle garantisse l'assuré et qu'elle le garantisse non pas seulement contre des prétentions mal justifiées de l'assureur, mais encore et surtout contre les compétitions et les entreprises de tiers qui pourraient mettre obstacle à la réalisation du désir formé par l'assuré.

D'autre part, parmi les clauses que contiennent les polices, souvent et surtout par habitude, il en est plusieurs, on ne saurait se le dissimuler, qui ne sont plus en rapport avec les tendances actuelles, avec l'état des mœurs ou même la réalité [2].

Bien évidemment il est des dispositions qui doivent absolument et nécessairement être maintenues [3]. S'il peut sembler bon d'assurer tous les risques avantageusement assurables, tous ne le sont pas [4], et malgré ce qui a été dit [5], il y a des risques inacceptables. Un assureur soucieux de procurer une garantie certaine aux personnes qui contracteront avec lui ne saurait ni s'engager à l'égard de personnes dont la santé laisse tant à désirer que les chances de mortalité se

---

1. Si sur ce point nous sommes d'accord avec M. Defrénois (Traité prat. du contrat d'assur. sur la vie, Paris, 1887, p. 96 et s.), nous devons avouer que nous repoussons absolument le remède qu'il conseille à la suite de plusieurs personnes (Ch. Perrin : Du rôle des officiers ministériels dans les assurances sur la vie, Paris, 1869, Fleurat ; L'assurance sur la vie et le notariat en France, Paris, 1881, et Journ. des Économistes, novembre 1863; Ach. Mercier : Reconstitution du patrimoine national et de la famille au moyen des assurances sur la vie, Paris 1873; Herbault ; Traité des Assurances sur la vie, p. 380), c'est-à-dire la rédaction des polices par acte notarié. Nous ne voyons pas ce que l'assurance pourrait gagner et quelle garantie peut l'emporter sur l'intervention de la Compagnie qui a bien soin d'éclairer sur les conditions dans lesquelles le contrat est souscrit. Cf. ce Traité, T. I, p. 315, note 3.

2. Tel serait notamment, a-t-on dit, le cas où l'assuré viendrait à encourir la peine de mort à la suite d'une condamnation capitale; Lux ; Étude critique des conditions générales des polices d'assurances sur la vie (Monit. des Assur., juin 1889, p. 278); Reletons ; Les principes à adopter à la base d'une loi fédérale sur le contrat d'assurance sur la vie, 1891, p. 87.

3. D'après certaines personnes dont l'opinion mérite de rallier les suffrages, il faut nettement déclarer que le paiement de la prime (autre que la première) est purement facultatif, que le contrat cesse de produire effet en cas de non versement d'une seule prime, sous réserve des tempéraments d'usage (Sic ; Lux ; Étude critique des conditions générales des polices d'assurances sur la vie (Monit. des assur., novembre 1888, avril 1889). Mais il serait bon aussi d'édicter des dispositions précises en ce qui concerne le paiement de la prime de façon à éviter les difficultés suscitées par la question de la quérabilité et de la portabilité. D'autre part, les polices doivent régler l'exercice de la faculté de rachat, la participation aux bénéfices.

4. V. à cet égard Gobbi ; L'Assicurazione in generale, Milan, 1898.

5. Qui dit risque, écrit M. Caubert (Rapp. du Jury internat. de l'Exposit. Univ. internat. de Paris en 1889, Écon. Soc., sect. VII, p. 19), dit objet assurable. Un risque non assurable n'est plus un risque, car il n'y a évidemment plus risque quand il n'y a plus éventualité, mais bien certitude. Le risque ne disparaît qu'avec l'éventualité, c'est-à-dire avec la raison même de l'assurance. Tous les risques sont donc assurables.

Cette définition du risque ne semble pas exacte notamment au point de vue juridique.

trouvent de beaucoup supérieures aux chances de survie[1], ni traiter dans des conditions telles que les probabilités risquent manifestement d'être excédées, relativement au séjour dans des localités où la mortalité dépasse toute prévision[2], ni enfin surtout consentir à garantir les risques purement volontaires tels que la condamnation capitale[3], le duel[4]

[1]. On a pourtant proposé de procurer le bénéfice de l'assurance à des personnes ne possédant pas les chances de longévité ordinaire.

Après avoir examiné les systèmes employés d'après lesquels les Compagnies placent l'assuré dans une catégorie d'âge plus élevé que la sienne ou réduisent la durée de l'assurance en lui appliquant soit la combinaison des assurances mixtes (cas de décès et cas de vie), soit les conditions des contrats à brève échéance, un médecin autrichien, M. Blaschké (V. *L'Opinion*, 13 février 1896, p. 26), a indiqué un autre procédé : les vies humaines seraient classées en différentes catégories, non plus d'après l'âge seul des personnes à assurer, mais d'après la nature des motifs qui les font refuser dans l'état actuel des choses ; il faudrait établir des classes de dangers ; suivant que ces dangers peuvent plus ou moins influer sur la durée probable de la vie ; il y aurait trois groupes de risques : les risques peu normaux, ne répondant pas aux chances ordinaires de longévité, — les risques anormaux présentant des chances moindres, — et ceux qui comportent de réels dangers. Bien entendu, dans le classement il serait tenu compte du genre de vie et de la nature des occupations, autant que des circonstances pouvant faire prévoir un danger et de l'état de la santé lors de la déclaration de la maladie.

Sans aller jusqu'à soutenir que l'assureur a tort de rejeter les risques réputés douteux et que l'assurance est possible toutes les fois qu'il y a au moins une chance sur 100 (Canbert ; *loc. cit.*), on est en droit de se demander si les Compagnies ne feraient pas bien d'être plus faciles et en présence d'un risque quelque peu médiocre, susceptible d'être écarté par conséquent sous le régime actuel, si l'on ne pourrait pas imposer des surprimes proportionnelles au coefficient médical, en un mot s'il ne conviendrait pas de faire varier les tarifs selon le degré de santé, absolument comme on les fait varier suivant l'âge, les déplacements, le séjour dans des milieux dangereux.

[2]. Il est certain, comme l'a établi M. Proust dans sa brochure sur *L'hygiène des expéditions coloniales*, qu'au cours des entreprises lointaines la mort est surtout causée par les maladies qui frappent les Européens dans les climats chauds.

[3]. Il faut remarquer toutefois avec le Bureau fédéral suisse (V. *L'Opinion*, 15 novembre 1897), qu'à l'étranger les assurances sont assez portés, même en ce cas, à tenir compte du contrat lorsque ce dernier a eu une certaine durée. Seulement il y a lieu de noter que le capital entier est rarement payé et que l'on se borne généralement à restituer la valeur de rachat ou la réserve.

[4]. Nous reconnaissons, il est vrai, que dans ces derniers temps la prohibition édictée à cet égard a été fortement contestée (V. Sidney Dean ; *Le duel et la législation* (La Réforme Sociale, 16 décembre 1897). Mais, nous persistons à soutenir que le régime actuel est à maintenir (Cf. notre Note ; *Le duel est-il assurable ? L'Assurance moderne*, 31 décembre 1897) et que le duel doit être complété comme inassurable.

D'abord, le duel est un délit juridiquement parlant et le délit ne saurait être une source de bénéfice pour les ayant-droit du délinquant. D'autre part et surtout, le duel est un fait volontaire ; or, le contrat d'assurance ne garantit pas et ne peut pas garantir un fait volontaire. Il suffirait à l'assuré qui voudrait mettre un terme à ses jours pour procurer à ses enfants la somme promise par la Compagnie de chercher querelle pour une cause sans valeur, même de faire naître la raison et de s'exposer aux coups de son adversaire sinon sans défense, au moins avec une défense illusoire. Au lieu de se tuer, l'assuré se laisserait tuer. Enfin, au point de vue des conséquences, on ne peut qu'être effrayé à l'idée de voir un assureur accepter l'obligation de verser l'indemnité en cas de décès survenu en duel. Le bénéficiaire qui,

et le suicide [1] accompli d'une façon consciente [2].

d'un avis unanime, est privé du droit au profit de l'assurance en cas de décès survenu par son propre fait, pourrait en provoquant le souscripteur de la police des motifs même futiles, ne manquant jamais où on le fait aut provoquer par un affilié amener la mort de l'assuré et réclamer, dès lors, le droit au capital.

Les motifs invoqués par les personnes qui protestent contre l'exclusion du duel n'ont rien de déterminant. Il est facile de l'établir.

En premier lieu, dit-on, il est des cas où le duel s'impose. Ne peut-on pas dire que dans certaines circonstances le meurtre se comprend fort bien? En descendant au fond de sa conscience, nul ne sera porté à condamner l'époux outragé qui, en présence d'un adultère flagrant, tuera sa femme signataire d'une police passée en faveur du mari, et pourtant en pareille occurrence la Compagnie refusera à juste titre de verser au mari le capital stipulé payable au décès de la femme. Le seul fait que le mari appelé à profiter du contrat a mis un terme aux jours de sa femme motivera toujours et à bon droit une exclusion.

D'un autre côté, et pour nombre de personnes cet argument a une valeur absolue, on a allégué que le refus opposé par la Compagnie lèse la famille dont le chef a, peut-être durant de longues années, affecté une partie de ses ressources au service des primes; le mot de « confiscation » a même été prononcé.

Une telle accusation est injuste.

Bien certainement, dans la rigueur des principes, en présence d'un fait volontaire qui rompt le contrat, les Compagnies seraient en mesure de répondre au bénéficiaire qu'elles sont dégagées. Mais animées de sentiments d'équité que nul ne saurait contester, elles n'agissent pas de la sorte. Tout au contraire, elles déclarent expressément que si l'assurance a duré au moins trois années, elles sont prêtes à remettre à qui de droit la valeur de rachat de la police. La somme ainsi touchée peut être moindre que celle promise au cas où le décès se serait produit normalement, mais elle est en rapport avec les sacrifices faits pour le paiement de la prime annuelle.

La condition que la valeur de rachat est remise par l'assureur seulement lorsque le contrat a été maintenu au moins durant trois années importe peu, car cette clause se justifie à tous égards comme on le sait. Il n'y a pas à s'arrêter à cette restriction, il faut uniquement retenir ceci : même en cas de mort survenu en duel, c'est-à-dire même en cas où l'assuré a tout fait pour mettre la Compagnie dans l'obligation de payer, l'assureur verse une somme en rapport avec les primes acquittées, il ne conserve donc pas par devers lui tout l'émolument, qui, en bonne conscience pourtant, lui est réellement dû.

Comp. au sujet de cette question du duel envisagé au point de vue de l'assurance sur la vie le débat qui s'est élevé entre M. Thoumereau et M. Sidney Dean ; La Réforme Sociale, 16 décembre 1897, p. 930; 1er mars 1898, p. 446; 1er avril 1898, p. 584, et les remarques insérées au Moniteur des assurances, juin 1889, p. 280.

1. Dans ces dernières années il s'est produit un mouvement non pas pour faire dire que tout suicide pourra mettre la Compagnie dans l'obligation de verser le capital assuré, mais bien pour faire décider qu'après un certain laps de temps, après plusieurs années l'assureur ne sera plus en droit de se prévaloir de la mort volontaire. (V. Quentin : De la validité de la cause d'incontestabilité en cas de suicide dans l'assurance sur la vie, Revue internat. des assur., 1898, p. 666 et suiv.; Conf. L'Assurance Moderne, 30 novembre 1886).

Nous ne contestons certes pas la valeur des arguments mis en avant dans l'intérêt de cette solution. Nous faisons toutefois des réserves sur cette proposition qu'une personne désireuse de mettre un terme à ses jours d'attendra jamais plusieurs années pour mettre son projet à exécution, toute idée de calcul disparaissant ; rien ne garantit, en effet, qu'après avoir souscrit une police sans aucune arrière-pensée de suicide mais constatant que vu l'expiration du délai le profit de l'assurance sera sûrement touché par

Mais l'institution ne doit pas s'en tenir aux anciens cadres, aux

le bénéficiaire, l'assuré qui a des motifs de suicide pourra parfaitement être amené à se tuer. On l'a justement relevé (LAX : *Étude critique des conditions générales des polices d'assurances sur la vie* ; *Monit. des Assur.*, juin, 1889, p. 283). L'assurance du suicide, même après un certain délai, est un encouragement au suicide, par ce qu'on a vu des gens souscrire des assurances auprès des Compagnies assurant le suicide après plusieurs années, avec l'intention de se donner la mort et d'autres mettre froidement à exécution leur projet au jour dit. Dans la nombreuse clientèle des Compagnies, il y a nécessairement des gens que le malheur accable, qui perdent leur fortune, qui voient leur nom déshonoré, leur famille plongée dans la misère et assurer du pain à leur famille. La majeure partie des suicides est causée par des pertes d'argent : le nombre des gens qui ne peuvent survivre à une déclaration de faillite est déjà grand. Ils se donnent la mort sans aucun profit. De combien plus grand serait-il si tous les faillis pouvaient, d'un coup de feu, payer leurs créanciers et assurer l'avenir de leurs enfants ?

D'autre part, nous ne considérons pas que l'on puisse relever « l'injustice » atteignant le bénéficiaire « dépossédé de l'assurance sans en être autrement cause » (*l'Assur. mod.*, *loc. cit.*), du moment que tout bénéficiaire peut être lésé soit par la révocation, soit par le non-paiement des primes avant la création du droit à la réduction ou au rachat.

Nous ne méconnaissons pas que nombre de Compagnies étrangères ont trouvé qu'après une certaine période le suicide qui se produit ne saurait être considéré comme prémédité et que dès lors, le capital assuré peut être versé. Mais, outre que l'on peut se demander si ces agissements effectués dans un but facile à comprendre ne sont point la condamnation de la situation inégale faite aux Compagnies Nationales obligées de se soumettre aux prescriptions du Conseil d'État (lequel interdit expressément l'insertion dans les polices d'une clause garantissant le suicide) tandis que les Compagnies étrangères fonctionnent en toute liberté, sans avoir à soumettre leurs Statuts à l'autorité compétente, il y a, en laissant de côté toutes les autres considérations qui pourtant ne manquent pas d'importance, et que nous ne saurions reproduire ici (V. T. I, p. 50 et suiv.), une raison absolument déterminante.

Lorsqu'une Compagnie consent à assurer la vie d'une personne, c'est-à-dire s'engage à payer une somme au jour du décès, elle ne traite qu'en vue d'un événement fortuit c'est-à-dire d'un événement que le hasard et non point la volonté de l'intéressé peut amener. Un contrat dans lequel un contractant exerce une action déterminante (et tel est bien le cas) n'est plus un contrat aléatoire : l'opération dépendant du bon vouloir de ce contractant il n'y a point condition casuelle, il y a condition potestative. Or, la raison est d'accord avec la loi pour dire qu'il n'y a point et qu'il ne peut point y avoir d'obligation là où l'engagement n'existe que par la pure volonté de la partie qui s'engage. (V. Pothier : *Tr. des Obligat.*, n° 205 ; Larombière : *Obligat.*, sur l'art. 1174, n° 2.)

Il n'est pas plus possible d'inscrire dans les polices d'assurance sur la vie une clause déclarant que toute cause de mort et la mort volontaire survenue même après l'expiration d'un délai, amène l'exécution des conventions que l'on ne peut admettre la responsabilité de la Compagnie d'assurance contre l'incendie à l'occasion de tout incident.

Enfin il y a lieu de tenir compte de la prime qui serait donnée à la fraude. N'a-t-on pas vu des bénéficiaires tout mettre en exécution pour pousser un assuré à la mort ?

N'est-il pas certain que récemment encore l'on a constaté à l'étranger qu'une femme, après avoir contracté une police avec une des Compagnies qui paient le montant du contrat en cas de suicide, était poussée au suicide par son mari, bénéficiaire de l'assurance, qui usait de son influence hypnotique. — V. la note rapportée à ce propos par *L'Opinion*, 15 décembre 1897.

2. À cet égard une remarque s'impose en ce qui concerne la preuve. La jurisprudence semble admettre qu'il appartient à la Compagnie, du moment

anciennes formes. Il est d'une absolue nécessité qu'elle se « moderniser ». Depuis un certain temps il s'est produit un mouvement en faveur de ce que l'on nomme « l'incontestabilité des polices ». On a considéré qu'après avoir accepté le contrat, après avoir assumé les risques et avoir touché la prime qui leur correspond, l'assureur ne pouvait être admis à opposer l'irrégularité, surtout l'omission pour les circonstances à révéler lors de la conclusion du contrat. Il a semblé qu'il y avait injustice, en présence de l'exécution, à maintenir comme cause de déchéance l'oubli commis lors de la signature du contrat par l'assuré, quant à une circonstance que l'assureur avait intérêt à connaître, alors que cet oubli pourrait être dû soit à une ignorance réelle, soit au peu d'importance que l'intéressé attachait au fait même[1]. Sans rien abandonner des principes, tout en maintenant que la réticence est capable d'entraîner la nullité du contrat sans qu'il y ait à distinguer si l'assuré a agi de bonne ou de mauvaise foi[2], il convient de donner satisfaction à ce désir. Les assureurs l'ont bien compris, du reste. Concevant à merveille que si la réticence commise même de bonne foi est coupable, une sévérité excessive risquerait d'écarter des personnes animées du désir d'être sincères, mais effrayées aussi des consé-

que le suicide emporte sa libération, de prouver que le suicide a été perpétré consciemment.

Cette solution est absolument contraire aux principes.

Il est de règle (V. Bonnier : *Traité théor. et prat. des preuves*, 5e édit., par M. Larnaude, Paris, 1888, n° 36) que s'il appartient au demandeur de faire la preuve, lorsque cette preuve est fournie, l'autre partie qui allègue à son tour soit une défense proprement dite, soit une exception, doit justifier du fait sur lequel elle s'appuie, si le demandeur primitif réplique à son tour, c'est à lui à prouver que sa réplique est fondée et ainsi de suite à l'infini. En un mot, quiconque allègue un fait nouveau, contraire à la position acquise de l'adversaire doit établir la vérité de ce fait.

Or, dès qu'il a prouvé le suicide dont elle se prévaut comme cause de déchéance, la Compagnie a position acquise ; si le bénéficiaire du contrat invoque la folie de l'assuré, c'est là un fait nouveau dont la preuve lui incombe.

Exiger de la Compagnie la preuve du suicide et du suicide volontaire, c'est, comme on l'a judicieusement relevé (de Grandmaison : *L'assurance sur la vie*, Paris, 1890, p. 163), confondre en une seule deux choses bien distinctes : l'exception et la réplique, méconnaître les principes posés en cette matière. Ni l'une, ni l'autre des parties, dit Demolombe, n'est tenue de prouver que l'adversaire n'a pas de moyen pour repousser sa prétention, ceci regarde l'adversaire, une fois la preuve faite contre lui.

D'autre part, il est bien difficile de fixer le véritable état d'esprit d'un suicidé. Si souvent la mort est le résultat d'une impulsion maladive ou d'une conception délirante, nombre d'individus se tuent soit à raison d'une accusation même non justifiée, soit pour obéir à des motifs purement religieux, en expiation d'une faute grave ou pour se torturer à plaisir, avec la conviction de faire œuvre méritoire ; il en est beaucoup qui procèdent avec une énergie telle que l'on ne saurait croire à une altération de la volonté.

Cf. les détails saisissants donnés par M. Moreau de Tours dans son étude sur les *Suicides étranges* (*Journal d'hygiène*, 18 décembre 1890 ; *Annales médico-psychologiques*, septembre-octobre et novembre-décembre 1890).

1. Comp. les observations de M. Sainctelette dans le *Bulletin* (n° 8) du *Recueil périodique des assurances*, 1895, de M. Lux : *Étude critique des conditions générales des polices d'assurances sur la vie* (*Mont. des Assur.*, juin 1888, p. 268)

2. Comp. une très intéressante dissertation de M. Dupuich, D. P. 94, 2, 425.

quences d'une erreurs, se rendant parfaitement compte de ce qu'avait de rigoureux la solution qui jusqu'alors permettait de se prévaloir d'une réticence (peut-être involontaire) commise bien antérieurement, ils ont accepté sans peine qu'au cas d'un décès survenant dans des conditions déterminées, c'est-à-dire après un délai fixé, l'indemnité convenue serait payée sans la moindre contestation, notamment quant à la dissimulation d'une maladie antérieure, héréditaire ou particulière ou encore quant à la non-révélation d'incidents propres à éclairer sur les conditions dans lesquelles le contrat pouvait intervenir.

La clause d'incontestabilité est accueillie d'une façon générale aujourd'hui [1]. Si elle n'est pas de nature à empêcher tous les procès, comme on l'a dit [2], elle est certainement susceptible de mettre un terme à une foule de difficultés. Elle permet de croire que la stipulation d'un capital faite par une personne au profit d'une autre ne sera pas un vain mot et qu'au moment de recueillir le profit de l'assurance, le bénéficiaire ne se verra pas opposer une cause de déchéance remontant à une date très antérieure, et qu'il ne pouvait prévoir, telle qu'une réticence mais qui, dans la rigueur du droit, suffirait pour supprimer sa créance contre la Compagnie.

Toutefois cette clause d'incontestabilité ne doit pas être absolue. En particulier elle ne saurait recevoir application pour le cas de décès survenu soit à la suite d'un suicide, soit dans un duel. On allègue, à la vérité, que si le contrat d'assurance doit avoir un caractère aléatoire, il y est suffisamment pourvu par le délai écoulé entre la conclusion de l'assurance et le moment où la Compagnie renonce à toute contestation et que si l'on peut critiquer l'assurance contractée par la personne qui sait qu'elle doit se battre en duel quelques jours après, bien que l'issue du duel soit certaine et que dès lors l'*aléa* existe, on ne saurait blâmer l'assureur qui accepte de courir ce risque après une période de quelque durée. Mais ces raisons ne semblent nullement déterminantes. On ne voit pas par quel motif, le contrat d'assurance sur la vie étant basé sur le hasard, sur le décès se produisant dans des conditions fortuites, c'est-à-dire sur un fait échappant aux prévisions humaines, l'assureur serait lié par cela seul que la mort due à un fait éminemment volontaire s'est produite après un certain laps déterminé. La police peut être déclarée incontestable, mais sans qu'il y ait lieu de déroger aux principes qui régissent le contrat d'assurance, et notamment à celui-ci : l'assureur ne peut, quelle que soit la durée de l'engagement, être tenu à raison de faits volontaires, imputables à l'assuré.

1. V. les indications contenues dans le passage du *Rapport du bureau fédéral suisse des assurances*, tel qu'il est reproduit dans *L'Opinion*, n° du 15 novembre 1897.
2. *Le Conseiller des assurances*, 15 février 1894.

D'autre part, l'industrie des assurances doit nécessairement tenir compte des besoins modernes.

Les deux nécessités principales auxquelles l'on a à faire face à l'heure actuelle sont le service en cas de guerre et l'éloignement de France.

Au moment présent tout homme est militaire et éventuellement appelé à faire campagne. Pendant longtemps on ne s'est pas borné à dire que la police ne couvrait pas par elle-même le décès survenu au cours d'un combat, ce qui était parfaitement licite, on a encore considéré que le régime de guerre était inassurable, comme si le fléau de la guerre ne pouvait pas se comparer à plusieurs autres fléaux qui sont compris dans la garantie ordinaire, tels que la guerre civile ou les épidémies[1]. Mais dans ces dernières années, il s'est produit un revirement des plus heureux. On a compris qu'il importait de donner à l'assuré abandonnant les siens pour courir les chances de la lutte la certitude que sa mort survenue au cours d'un combat ne rendra pas illusoires les sacrifices auxquels il a dû se résigner antérieurement pour maintenir toute sa force à la police souscrite. Il ne faut ni suspendre le bénéfice de l'assurance durant la période des hostilités avec droit à la réserve pour les personnes gratifiées au cas de décès survenu soit au cours de la lutte, soit dans un laps de temps déterminé, la somme versée pouvant être par trop modique, ni organiser des sortes de tontines dont l'effet serait de laisser planer l'incertitude sur leurs résultats, ni enfin recourir à des surprimes nécessairement élevées et d'un recouvrement d'autant plus difficile qu'au jour de la mobilisation il doit exister dans toutes les familles atteintes, un certain désarroi et que toutes les ressources disponibles sont nécessaires[2]. Ce qu'il faut, c'est se servir de la part des bénéfices revenant aux assurés assujettis au service militaire en temps de guerre, l'affecter à une caisse spéciale dite « fonds de guerre » dont le but serait, en cas de décès survenu au cours des hostilités, de régler les sinistres concurremment avec les réserves spéciales attribuées par l'assureur, sous cette restriction bien évidemment que si au cours du contrat, la guerre n'éclatait pas ou si l'assuré n'y perdait pas la vie, la fraction dont l'assuré est créancier retournerait à son légitime posses-

1. M. d'Avenel (*Rev. des Deux-Mondes*, 15 septembre 1895, p. 369) relève avec raison que la guerre d'Italie en 1859 occasionna moins de décès que le choléra de 1849, qu'il ne mourut pas plus de Français dans l'expédition de Crimée, en 1854, que durant l'épidémie de 1853, que la grande « peste » du XIXᵉ siècle, ce choléra asiatique qui nous vint, en 1832, d'Angleterre et de Russie, après avoir fait périr aux Indes plusieurs millions d'hommes, fut l'auteur d'une hécatombe égale à celle de l'année 1870. La proportion régulière augmenta alors de 5 personnes par 1000 — de 22 à 28.
2. On trouvera à cet égard de judicieuses remarques dans l'ouvrage de M. Ambroselli : *Du contrat d'assurance sur la vie ; obligations de l'assuré et de l'assureur*, Paris, 1895, p. 102 et suiv.

seur[1]. Cette combinaison[2] a le grand avantage de n'imposer aucun sacrifice à l'assuré, de ne pas augmenter le chiffre de la prime normale, de lui laisser, en l'absence d'une guerre et d'un sinistre, le fruit de ses participations et au contraire, en cas de décès, de procurer aux ayants-droit le profit du contrat avec la participation seule.

En second lieu, les assureurs doivent tenir compte de la nécessité des déplacements.

La lutte pour la vie devient de plus en plus vive, ardente. Pour beaucoup de personnes c'est au loin qu'il faut aller chercher le succès, la fortune ou la reconstitution d'un patrimoine. Il convient que les Compagnies ne contrarient point le désir sinon d'expatriation, au moins de l'éloignement momentané qui s'impose dans bien des circonstances. Il importe que l'assuré ne soit pas absolument déchu par cela seul qu'il aura quitté la localité qu'il habitait lors de la souscription du contrat. Il ne faut même pas l'astreindre dans tous les cas à une surprime. Une augmentation ne se conçoit que lorsque le séjour peut offrir des dangers réels. C'est uniquement lorsque les chances de mortalité sont sensiblement augmentées qu'il est juste de réclamer un supplément[3].

Enfin, et c'est surtout à cet égard que l'attention s'impose, il est

1. V. L'Observateur, 28 mai 1896 ; Le Temps, 27 juin 1896 ; L'Assurance Moderne, 15 mai 1896 ; Hamon : Hist. générale de l'assurance en France et à l'étranger, p. 538 et suiv.

2. Dans son rapport présenté au nom du Jury international de l'Exposition de 1889, M. Gaubert a longuement insisté sur le risque de guerre. Il a parfaitement reconnu que l'on ne pourrait au moment d'une mobilisation, alors que le personnel des Compagnies sera lui-même atteint par cette mesure, imposer aux assurés disséminés sur tout le territoire de penser à valider leurs polices par le versement de la surprime de guerre. Il a constaté que tous les calculs des probabilités de mortalité normale risquent d'être dépassés. Seulement M. Gaubert n'hésite pas à reconnaître que les Compagnies qui couvrent en plein le risque de guerre quand il résulte d'une obligation de servir, mais non d'un engagement ou de la carrière présument trop de leurs forces toutes les fois qu'elles ont laissé entrevoir aux participants autre chose qu'un dividende au marc le franc ; ce dividende pourra être de 100 p. 0/0, mais on ne doit pas, on ne peut pas le présenter sous une forme autre que celle d'un dividende.

Pendant la durée de la guerre la Compagnie s'interdirait tout prélèvement d'argent sur ses recettes en dehors des sommes nécessaires à son administration et à sa gestion (accroissement des fonds de réserve, bénéfices, etc.). Les actionnaires abandonneraient leurs intérêts. Le règlement de tous les sinistres survenus pendant la guerre serait ajourné jusqu'à un mois après la cessation des hostilités et le versement des primes serait suspendu pendant le même laps de temps. On prendrait la moyenne des décès pour une période correspondante, et, après avoir constaté la différence en plus (mortalité de guerre), on diviserait au prorata et proportionnellement à l'importance des polices, entre tous les ayants-droit, la somme probable qu'aurait déboursée la Compagnie en temps de mortalité normale.

3. Cf. sur ce point les remarques de M. d'Avenel (loc. cit.), notant qu'il est difficile de comprendre les différences quant aux surprimes, et faisant valoir qu'il ne semble pas que le Mexique, où la surprime est de 4 pour 100 soit beaucoup plus funeste aux Européens que la Perse où elle n'est que de 2 pour 100, ni que le Japon où elle est de 1 pour 100.

essentiel d'organiser l'assurance populaire, non point l'assurance à bon marché, (on sait fort bien qu'elle n'est encore que trop coûteuse parfois eu égard aux résultats auxquels conduit souvent le bon marché excessif), mais l'assurance accessible à tous. Il y a lieu de mettre un terme au reproche trop souvent formulé que les personnes auxquelles s'adresse surtout l'assurance sont hors d'état de traiter[1].

À l'étranger on est arrivé à des résultats, résultats peut-être exagérés, néanmoins réels. En France le problème a été posé. On a cru qu'il pourrait être résolu par l'État[2]. De là, la législation de 1868[3]. On comptait beaucoup sur cette réforme, sur cette constitution d'une Caisse d'État. Il n'était pourtant pas difficile de prédire ce que serait cette entreprise mal conçue qui dédaigne l'examen médical, mais qui subordonne le versement de l'indemnité à la survivance durant les deux premières années de la police, de telle sorte que la famille de l'homme sain et robuste mort avant l'expiration de ce délai n'a droit qu'à une somme insignifiante tandis que la survivance de deux

1. La Caisse d'épargne, la mutualité, l'assurance sur la vie, dit Proudhon, choses excellentes pour qui, jouissant déjà d'une certaine aisance, désire y ajouter des garanties, demeurent tout à fait infructueuses, sinon même inaccessibles, à la classe pauvre. La sécurité est une marchandise qui se paye, comme toute autre; et comme le tarif de cette marchandise baisse, non pas selon la misère de l'acheteur, mais selon l'importance de la somme qu'il assure, l'assurance se résout en un nouveau privilège pour le riche, et une ironie cruelle pour le pauvre. *Syst. des contradict. économ.*, T. II, p. 449.

2. Un économiste appartenant pourtant à l'école libérale, M. Batbie, (*Le jeu et la superstition*, p. 44), parlait dès 1867, de l'intervention de l'État pour les petites assurances, sous l'inspiration de l'initiative prise quelque temps auparavant par M. Gladstone, en Angleterre. L'action de l'État, disait-il, partout et même en Angleterre est fort puissante; de tous les exemples c'est celui qui a le plus d'imitateurs; en France l'intervention de l'autorité publique est plus grande qu'en Angleterre; aussi n'est-il pas douteux que si l'État se chargeait, chez nous, des petites affaires, il n'en résultat immédiatement une extension considérable de l'assurance; en Angleterre, les Compagnies consultées ont déclaré qu'elles ne trouvaient aucun inconvénient à ce que l'État prît les petites assurances à l'industrie privée; elles comptaient et avec raison, sur l'action qu'aurait l'exemple de l'État pour répandre l'idée; l'effet serait le même en France, à plus forte raison, car l'exemple qui part de l'autorité publique n'est nulle part aussi communicatif que dans notre pays.

À l'époque où ceci se disait, on était encore dans la phase des illusions. C'est ainsi que M. Batbie ajoutait que si les Compagnies perdaient, elles ne perdraient que peu, les petites affaires étant les moins productives, elles gagneraient beaucoup parce que le pays s'habituerait à ces affaires et que l'intervention de l'État aurait nécessairement un grand pouvoir de propagande, ceux qui peuvent payer de fortes primes n'hésiteraient pas, lorsqu'ils verraient la confiance des petites sommes; dès qu'il serait recommandé par l'État, l'exemple de la prévoyance par l'assurance agirait, de proche en proche, jusqu'aux extrémités les plus reculées.

Non seulement l'exemple de l'État n'a été pour rien dans le développement de l'assurance sur la vie en France, mais son intervention a été nulle, elle n'a amené que de très rares contrats à la Caisse constituée en 1868.

Sur les illusions que l'on se faisait lors du vote de cette loi, V. Ameline: *Assurances sur la vie et en cas d'accidents; commentaire de la loi du 11 juillet 1868 (Rev. prat. de dr. fr.*, T. XXVI, 1868, p. 223 et suiv.)

ans et un jour pourra créer des droits aux représentants d'une personne débile, malade, refusée par les Grandes Compagnies. L'avenir n'a que trop réalisé ces prévisions. L'expérience a prononcé. Il suffit de lire les rapports dressés chaque année relativement aux opérations de la Caisse d'assurances en cas de décès pour se rendre compte de l'impuissance absolue de l'Etat dans la solution des difficultés sociales, lorsqu'il n'intervient pas avec des mesures coercitives. Du piteux résultat obtenu par l'Etat l'on ne saurait conclure à l'impossibilité de faire pénétrer l'assurance sur la vie dans la classe ouvrière. Mais là où l'Etat échoue, l'industrie privée peut fort bien réussir. Lorsque l'Etat se décide à entreprendre une industrie, il se borne à voter une loi, à créer un établissement (d'autant que c'est pour lui le moyen de distribuer les places et les fonctions dont on est si avide en France) et c'est tout. Il se peut que la clientèle vienne. Mais il se peut aussi qu'elle ne se présente pas. Dans ce dernier cas on s'accuse d'indifférence (quitte parfois à se féliciter de l'oisiveté qu'elle procure) mais on ne recherche pas si des améliorations ne doivent pas être apportées, si l'institution telle qu'elle fonctionne répond aux besoins et aux aspirations. La situation est différente avec une Compagnie. D'abord elle ne se fonde que lorsque des bénéfices ou tout au moins des affaires sont possibles. En second lieu, elle n'attend pas le client, elle le sollicite par des démarches, par des offres, sauf à rechercher les meilleures combinaisons[1].

L'initiative privée peut être plus heureuse[2], d'autant que rien dans la loi, rien dans la jurisprudence n'est de nature à entraver son action et, d'autre part, que les exigences du Conseil d'Etat sont loin de s'opposer à la création de cette branche indispensable de l'industrie des assurances.

Bien certainement l'opération présente des difficultés. Les classes auxquelles peut convenir l'assurance populaire ne sont peut-être pas aussi rebelles qu'on le pense ou qu'on se plaît à le dire. Ce qui paraît les détourner, c'est d'abord la nécessité d'avoir à payer des frais, de remplir des formalités, c'est-à-dire de subir des dérangements et des pertes d'argent et de temps[3], en second lieu et surtout l'obligation du versement à une époque convenue d'une somme toujours importante pour les personnes dont le salaire constitue généralement toutes

1. Cf. Sidrac : Les petites assurances (Monit. des assur., octobre 1889, p. 523).
2. L'exemple des Etats-Unis et de l'Angleterre, comme le relève justement M. Cauwès (Cours d'économie politique, 3e édit., Paris, 1893, T. III, p. 603), prouve que, indépendamment des Sociétés de secours mutuels, les assurances ouvrières peuvent se propager librement avec le plus grand succès.
3. C'est alors que, sans remarquer que l'institution, excellente d'ailleurs, ne répond pas à tous les besoins, le travailleur prévoyant s'adresse à la Caisse d'épargne, banque de dépôt du pauvre, selon la juste expression de Proudhon (Système des contradictions économiques, T. II, p. 115), trop heureux encore s'il n'a pas recours à des placements financiers qui occasionnent bien souvent de douloureuses déconvenues.

les ressources ; si la prime comporte une somme invariable, le salaire n'est pas fixe, il varie suivant le courant des affaires ou l'état de prospérité de leur métier ; l'échéance risque de tomber à un moment difficile.

La question du fractionnement et de la perception hebdomadaire ou sinon bi-mensuelle, au moins mensuelle de la prime est la question essentielle.

Ce mode d'encaissement est des plus avantageux pour les souscripteurs : l'assuré peut plus aisément se libérer par des petites sommes que par une grosse ; non seulement il contracte l'habitude de l'exactitude pour le versement, mais il n'a pas, d'autre part, à distraire de son temps de labeur les instants nécessaires pour aller effectuer le versement à la Compagnie. Et d'autre part, si l'assureur peut, par le collecteur, être mis au courant de la situation, de la difficulté avec laquelle le versement s'effectue et si par les rapports constants que l'agent entretient la propagande en faveur de l'assurance a plus de chances de réussite, il faut avouer que cette combinaison a le grand tort d'exiger des frais généraux très considérables [1]. Cet inconvénient est grave, très grave même, on ne saurait le méconnaître. Il n'est pourtant pas irrémédiable. Rien n'interdit de prévoir qu'il arrivera un jour où par des améliorations progressives l'on pourra sinon le supprimer, au moins l'atténuer [2].

Le zèle aussi louable qu'éclairé dont les Compagnies n'ont cessé de faire preuve permet de croire que l'entreprise n'est supérieure ni à leur bonne volonté, ni à l'esprit d'ingéniosité qui anime leurs représentants. Elles ne failliront pas à leur tâche. En considérant tout ce qui a été fait, tous les résultats si considérables obtenus par les assureurs, l'on est en droit de compter sur leurs efforts pour la solution de ce problème : le développement des idées de prévoyance, la diffusion de l'assurance sur la vie dans toutes les classes de la société.

1. Selon M. d'Avenel (*Les Assurances sur la vie*, [*Revue des Deux-Mondes*, 15 septembre 1895, p. 363]), la proportion pour les frais serait du triple.
2. Dans son article précité sur *Les petites assurances*, M. Sidrac prétend que pour profiter de cette branche de l'assurance il faudrait ne pas s'en tenir à l'organisation actuelle mais créer, au contraire, comme les Anglais, une branche spéciale et du moment que l'assurance industrielle a dû en grande partie chez eux ses succès au concours des *friendly Societies*, faire appel en France non pas seulement à l'intervention des agents, mais encore et surtout aux Sociétés de prévoyance.

APPENDICE

APPENDICE

Dans les pages qui précèdent il a surtout été question de l'assurance stipulée en cas de décès, du contrat destiné à procurer à un tiers une somme déterminée lorsque le signataire de la police viendra à mourir. A côté de cette forme d'assurance, qui, envisagée dans son type général, est la plus répandue [1], il en existe une autre : l'assurance en cas de vie [2] tendant à attribuer une somme à l'assuré qui vivra à une époque déterminée ou une rente tant qu'il existera. En réalité, c'est une assurance contre la vieillesse et les infirmités qui en sont presque toujours la suite [3]. Seulement le but qu'elle cherche à réaliser peut être atteint par d'autres conventions, d'autres opérations totalement différentes de l'assurance par leur nature. Quoique distinctes en fait et en droit par leurs caractères, elles offrent une similitude telle qu'il convient d'en parler ici.

A toutes les époques l'on a cherché à procurer à l'homme âgé le

1. On l'a vu, il n'a pas été question de l'assurance contre les risques spéciaux de mort, contre les accidents mortels, les risques de guerre, les risques corporels de la navigation maritime ou fluviale.

Aucune assimilation ne semble possible entre cette assurance et l'assurance sur la vie, bien que dans ces deux cas le décès soit pris en considération et rende exigible la somme convenue.

Dans l'assurance sur la vie, ce qui caractérise l'opération, c'est la mort, mais la mort seule, la mort survenue dans des conditions normales. Dans l'assurance contre les risques spéciaux, c'est bien le fait de la mort, mais la mort, coïncidant avec certaines circonstances, survenue dans des conditions déterminées. D'autre part, l'assurance sur la vie prévoit le paiement d'un capital qui, nécessairement, fatalement sera payé à un moment, la mort devant toujours se produire; le paiement est sûr et certain, ce qui est hypothétique, aléatoire, c'est la date. Au contraire, dans l'assurance des risques spéciaux, l'événement du sinistre n'est nullement certain; il se peut fort bien que l'assuré perde sa vie autrement que par un accident ou dans des circonstances telles que le risque spécialement prévu ne soit pour rien; en ce cas, l'indemnité n'est point due. V. à cet égard *L'Assurance moderne*, 30 avril 1898, p. 90.

2. M. de La Grasserie (*De l'assurance sur la vie*, [*La France judic.*, février 1896, p. 59]) la nomme assurance *contre la vie*.

3. H. L'Hôpital : *De la nature du contrat d'assurance sur la vie*, p. 428.

repos pour les quelques années qui le séparent de la mort. Mais c'est surtout à notre siècle que l'on a compris que l'individu qui, sans distinction de carrière, a consacré au travail la majeure partie de son existence doit trouver des institutions lui permettant d'éviter la détresse et le dénûment lorsque le poids des ans se sera fait sentir pour lui. Le XIXᵉ siècle a vu se réaliser de grandes choses. Ce qui le caractérisera peut-être aux yeux des générations futures c'est le désir de faire de la solidarité plus qu'un mot, c'est aussi la recherche et le développement de tous les établissements d'assistance et de prévoyance pour les vieux jours, c'est l'extension de l'assurance contre la vieillesse.

Cette assurance revêt des formes multiples.

Tantôt c'est l'État qui impose l'économie à ses fonctionnaires, à ses soldats, à ses marins en vue de la constitution d'une pension, ou qui gère une institution (qu'il alimente parfois avec les ressources du budget) destinée à procurer des retraites aux personnes de condition modeste, aux travailleurs. Tantôt des Caisses spéciales sont créées en vue de la retraite par les patrons et alimentées par les retenues faites sur les salaires, par des subventions des chefs d'industrie. Tantôt enfin, c'est l'initiative privée qui agit et qui pousse à la constitution soit des Sociétés de secours mutuels, soit des Sociétés d'épargne ou de capitalisation.

CHAPITRE PREMIER

PENSIONS DE L'ÉTAT

SECTION I

Pensions civiles.

Dans l'étude des institutions destinées à ménager des ressources pour la vieillesse, l'on rencontre en premier lieu les pensions que l'État alloue à ses fonctionnaires, employés ou agents [1] : moyennant

---

1. L'idée de la pension civile est moderne.

Elle ne pouvait se concilier avec l'état de l'Administration avant la Révolution. (V. H. Pensa : *Étude sur les réformes nécessaires à la législation des pensions civiles*. *Revue générale du Droit*, T. XIII, 1889, p. 518 etc.).

Sous l'ancien Régime il existait certainement des pensions et des pensions très nombreuses. Si l'on s'en tient aux chiffres donnés par Calonne et généralement admis comme véridiques, elles atteignaient 32 millions, soit 1/27 du budget qui était de 550 millions environ, mais ce n'était là que le chiffre des pensions vérifié par la Chambre des Comptes ; il est vrai que l'on ne pouvait faire savoir à cette dernière que les anciens sujets de l'Opéra prevaient le Trésor de plus de 100,000 livres par an (V. nos remarques, *Revue générale du Droit*, T. XIV, 1890, p. 173). Seulement le Souverain récompensait ses serviteurs comme il l'entendait, à son ... aprice ; c'était la faveur seule qui guidait l'allocation de ce qui était, en réalité, une gratification ; les courtisans qui approchaient du Roi se faisaient attribuer la majeure partie des sommes disponibles ; il ne restait rien ou presque rien pour les serviteurs méritants.

Comme on l'a dit (Vivien : *Études administratives*, 3e édit., Paris, 1852, T. I, p. 296), la justice des récompenses accordées à de longs services cédait le pas aux prodigalités ruineuses d'une faveur sans frein. Il faut ajouter que l'autorité reconnaissait si peu au pensionnaire un droit certain, qu'à diverses reprises elle n'hésita pas à disposer des fonds et à opérer des retranchements.

Malgré des dispositions qui tendaient soit à ramener l'ordre dans le gaspillage (Ordonnance du 15 janvier 1629), soit à édicter des mesures précises (Lettres patentes du 8 novembre 1778 ; Déclaration des 7 janvier et 8 août 1779), la Monarchie ne fit rien.

La Révolution ne fit guère plus. Si, en effet, le 22 août 1790 fut votée une loi indiquant dans quelles conditions les pensions seraient servies, et surtout

un prélèvement effectué périodiquement sur le traitement, l'État est obligé de servir une somme chaque année jusqu'au décès à la personne qu'il rémunérait antérieurement à raison des concours qu'elle lui prêtait, avec réversion partielle [1].

La pension civile est subordonnée à une double condition : d'abord, une condition d'âge, le fonctionnaire doit, en général [2], avoir atteint sa soixantième année ; en second lieu, la condition de services : il faut avoir passé trente années au service. Mais la pension dont le taux est généralement fixé à la moitié du traitement moyen des six

fixant à l'avance un crédit spécial (reconnu bientôt insuffisant), la pension était à ce moment considérée comme une récompense pour ceux qui, à des titres divers, avaient servi l'État, le Roi, disait le préambule de plusieurs Arrêts qui portaient réduction des pensions, n'étant tenu que des engagements qu'il avait pris en personne et par grâce seulement tenant compte des dettes que le Roi, son auteur, lui avait transmises. (V. L. de La Roque : *Code des pensions civiles*, Paris, 1854, p. 9 et suiv.) Aussi vit-on chaque Administration créer une sorte d'association ou de tontine pour donner au fonctionnaire vivant et en fonctions à l'époque fixée pour sa mise à la retraite une pension formée avec le produit de mises annuelles, effectives et fixées les unes sans règlement fixe, les autres avec règlement, mais sans autorisation.

Ce fut là l'origine des Caisses de retenue, dont les premières datent de 1797 à 1802, et qui finirent par embrasser tous les services (V. le tableau donné par M. de La Roque : *op. cit.*, p. 16).

En égard à l'insuffisance des cotisations, la pension était modique, si bien qu'à plusieurs reprises l'État se vit dans l'absolue nécessité d'accorder des subventions aux Caisses qui, malgré tout, restaient en déficit ; en 1815, il montait à 1,066,500 fr. (Cf. Louis de La Roque : *op. cit.*, p. 19 et suiv.). L'État ne se contenta pas de faire insérer dans la loi du 25 mars 1817 un article l'autorisant à porter au budget général un crédit spécial ; bien des fois il voulut résoudre la question ; il ne put jamais élucider le problème (V. sur ces projets Pensa : *loc. cit.*, p. 522 et suiv. ; de La Roque : *op. cit.*, p. 23 etc.). On peut incontestablement dire que la législation véritable pour les pensions civiles date du 9 juin 1853. C'est cette loi qui a réellement conféré un droit aux fonctionnaires rétribués par l'État (des dispositions particulières régissant la situation de ceux qui sont payés par le département ou la commune), qui a chargé l'État du service des pensions en attribuant au Trésor les fonds que possédaient les Caisses de retraite propres à chaque administration, Caisses qui atteignaient le chiffre de 24, (la liste figure au tableau 1 annexé à l'art. 1er) et intéressaient environ 77,000 personnes. — Bavelier : *Traité des pensions civiles et militaires*, Paris, 1886, T. I, p. 48.

[1]. La veuve du fonctionnaire pensionné touche le tiers de la pension servie au mari ; les orphelins mineurs ne reçoivent que des secours et jusqu'à l'âge de leur majorité.

[2]. Outre que l'âge importe peu quand le fonctionnaire est reconnu dans l'impossibilité de faire son service, il faut ajouter que si le fonctionnaire appartient à l'un des services réputés actifs, il a droit à la pension après 25 ans de service, dont 15 d'activité, même à l'âge de 55 ans.

Le *Bulletin de Statistique et de Législation comparée du Ministère des finances*, a publié en 1888, (1er volume, p. 124 à 141) un important document sur les pensions civiles ; les chiffres réunis permettent de dire que l'âge moyen de la retraite des fonctionnaires civils en France, a été de 58 ans et 1 mois en 1880, 57 ans et 1 mois en 1881, 57 ans et 3 mois en 1882, 56 ans et 2 mois en 1883, 56 ans et 7 mois en 1884, 57 ans et 8 mois en 1885, 57 ans et 4 mois en 1886, que dans certains services actifs la moyenne a été de 53 ans et 5 mois, et que la moyenne générale est de 57 ans et 5 mois.

dernières années (avec un maximum toutefois de 6000 fr.) [1] liquidée par le Ministre, incessible et insaisissable sauf dans la mesure d'un cinquième pour dettes envers l'État ou pour des créances privilégiées sur l'ensemble du patrimoine et d'un tiers pour dettes aliment**aires envers des parents, cette pension n'est servie que si le fonctionnaire (encore en fonctions lors de l'arrivée de la retraite, c'est-à-dire non démissionnaire, non destitué ou révoqué) a fourni la contre-partie, c'est-à-dire a subi obligatoirement et sans être admis à obtenir la moindre répétition, une retenue faite sur ses appointements [2]. Ces retenues, (qui, loin d'être mises en réserve ou capitalisées, sont versées dans le budget général des recettes, servant ainsi, comme les autres produits, à acquitter les dépenses générales) sont complétées par le supplément que fournit l'État [3].

Inspirée par le désir de mettre le fonctionnaire en mesure de créer lui-même, avec une partie de son traitement, les ressources qui doivent servir au paiement de la pension [4], adoptée à l'étranger mais pas d'une façon générale [5], l'idée de faire subir au fonctionnaire une rete-

1. La pension s'augmente de $1/60$ du traitement pour chaque année en plus de la trentième année, mais sans pouvoir dépasser les trois quarts du traitement moyen.

2. Identique pour toutes les Administrations civiles, la retenue se décompose en : 1° retenue de 4 % sur le traitement même ; 2° retenue du 12e du premier traitement et d'un 12e de toute augmentation ; 3° retenues pour cause de congé, ou d'absence ou par mesure disciplinaire.

3. V. sur la législation des pensions que nous ne saurions exposer ici dans tous ses détails, outre les travaux précités de MM. Perriquet, Pensa, Ducrocq, Baveller, le *Code des pensions civiles*, de M. Dareste ; 7e édit., Paris, 1876.

Il convient seulement de retenir que la loi de 1853, ne concerne que les fonctionnaires de l'État. Les employés départementaux ont des caisses départementales de retraite sur l'établissement et l'organisation desquelles le Conseil général statue, d'après la loi du 10 août 1871. Les employés municipaux sont également soumis à une législation spéciale. — Comp. Baveller : *op. cit.*, T. I, p. 291.

4. Vivien : *Etudes administratives*, T. I, p. 301.

5. En Hollande, d'après la loi du 9 mai 1890, le fonctionnaire civil âgé de 65 ans, a droit à une pension de retraite calculée par année de service à un soixantième de la moyenne du traitement annuel, sans pouvoir dépasser les deux tiers de cette moyenne, mais à la suite d'une retenue annuelle sur le traitement.

En Italie une Caisse des retraites alimentée par des retenues faites sur les traitements avait été créée en 1881 ; une loi du 9 avril 1889, supprimant cette Caisse a chargé l'État du service des pensions moyennant les retenues.

En Portugal la Caisse de retraites constituée par le décret du 17 juillet 1886, est alimentée par des retenues (1 %) avec le subside de l'État ; cette Caisse fait face à la pension ordinaire exigible pour tout fonctionnaire âgé de 60 ans et ayant 30 ans de services effectifs, après une retenue effectuée pendant 10 années et lorsque l'impossibilité du service a été constatée ; il y a aussi la pension extraordinaire qui revient au fonctionnaire de 40 ans, ayant servi 15 ans, victime d'un fait grave provenant de l'exercice des fonctions ou bien ayant dix ans de services et se trouvant à raison d'actes imputables aux fonctions dans l'impossibilité de servir.

En Allemagne, d'après la loi fédérale du 31 mars 1873, les fonctionnaires ont droit à une retraite dont le montant varie avec le nombre d'années, mais sans qu'il puisse dépasser 60 % ; il n'y a pas directement de pension pour

nue en vue de la retraite n'échappe pas à la critique : l'on peut soutenir que le fonctionnaire a droit à son traitement intégral, qu'il lui
appartient de l'employer comme il l'entend, de le dissiper s'il lui plaît
ou, au contraire, de faire des économies, mais dans les conditions qui
lui conviennent, en égard à sa liberté d'action que la situation de
fonctionnaire ne saurait lui enlever, qu'il lui appartient d'apprécier
s'il doit avoir recours soit à l'épargne se manifestant sous ses diffé-

la mise à la retraite ou par l'arrivée à tel âge, mais par la survenance de
l'incapacité ou de la vieillesse. Aucune retenue n'est faite sur le traitement,
la pension entière est à la charge de l'État. Pour les veuves et les orphelins
des fonctionnaires le système est différent. Il y a une Caisse et une Caisse
alimentée par les fonctionnaires, toutefois cette retenue n'a pas lieu seulement
sur le traitement, mais aussi sur la pension ; pendant la vie du fonctionnaire elle s'élève à 3 0/0 mais elle ne frappe pas les traitements qui dépassent
9000 marks, ni les pensions qui dépassent 5000. La pension est fixée au
tiers de celle à laquelle le défunt avait droit ou aurait eu droit, avec un
maximum de 1600 marks et un minimum de 160 marks ; la part des orphelins est pour chacun du cinquième de celle de la veuve si celle-ci est vivante
et touche une pension, du tiers dans les cas contraires ; la part de la veuve
et des orphelins réunis ne peut dépasser la part du défunt.

Plusieurs États de l'Allemagne ont reproduit ces dispositions.

Le Wurtemberg, dans une loi du 28 juin 1876, édicte que si les fonctionnaires n'ont pas le pouvoir d'exiger leur mise à la retraite à un âge fixé, ils
y ont droit lorsqu'ils sont âgés de plus de 65 ans, et que l'âge ou la maladie
les rend incapables d'agir; ils ont alors droit à une retraite après 9 ans de
services. Cette pension est de 40 0/0 après ses 9 années et s'augmente par
chaque année, en sus de 2/5 0/0 si le traitement est inférieur à 2400 marks,
d'un demi pour cent au delà. Le maximum est de 6000 marks. La veuve et
les enfants ont droit à une indemnité en cas de décès, égale au traitement
ou à la pension du défunt, pendant 45 jours et, en outre, à une pension
servie par une Caisse spéciale. La loi badoise du 26 mai 1876 est à peu près
semblable. Elle donne droit à une pension après 10 ans de service.

Le Gouvernement hongrois a renoncé à imposer la retenue aux fonctionnaires. Mais il alloue d'abord des pensions de retraite permanentes calculées
d'après le nombre des années de service et le traitement des dernières années, sans que le maximum puisse être de plus de 8000 florins, en second
lieu des indemnités fixes lorsque les agents quittent le service après 5 ans
de service.

En Suisse, une loi fédérale du 26 septembre 1890, a réglé la pension à accorder en cas de vieillesse ou d'infirmité, quand les fonctions ont eu une
durée d'au moins 15 années. La pension est calculée de 25 à 50 0/0 du traitement annuel avec un maximum de 2,000 fr. ; après 30 ans de services ou
dans des cas exceptionnels elle peut s'élever à 60 0/0 du traitement, sans
pouvoir excéder 2.500 fr.

En Roumanie, sous l'empire de la loi du 15 mai 1890, l'infirmité, d'où qu'elle
provienne, ouvre le droit à la pension ; l'âge est abaissé à 54 ans ; le temps
de service à 10 ans ; par contre, la retenue est de 10 0/0.

En Angleterre, on ne fait pas de retenues sur les traitements ; la pension
est calculée d'après le nombre des années de services sans pouvoir dépasser les deux tiers du traitement ; l'employé doit compter au moins 10 ans de
services pour y avoir droit ; dans le cas contraire il ne peut réclamer que
des secours ; la veuve et les enfants ont également droit à des secours ; les
enfants n'en obtiennent que jusqu'à l'âge de 15 ans.

Cf. Hubert Cyprès : *L'assurance sur la vie et les Caisses de retraites*, Paris,
1894, p. 201 à 204 ; de La Grasserie, *De l'assurance sur la vie et contre les
accidents*, (*La France judiciaire*, 1895, p. 49 et suiv.) ; Ponga : *Étude sur les réformes nécessaires à la législation des pensions civiles* (*Revue générale du Droit*,
T. XIV, 1890, p. 5 à 15).

rentes formes, soit à la Caisse des retraites, soit enfin aux Compagnies d'assurances qui ont des combinaisons de nature à répondre à ses désirs[1]. Mais l'insuffisance du régime actuel des pensions civiles dont le poids, on l'a constaté de longue date[2], est fort lourd pour les contribuables[3], pour le budget général des dépenses, sans être, il faut

[1]. Cf. de Courcy : *L'institution des Caisses de prévoyance des fonctionnaires, employés et ouvriers*, Paris, 1875, p 174.

Le projet de loi inspiré par M. de Courcy et M. l'amiral de Montaignac, mais repoussé par la Chambre, malgré le vote du Sénat, et dont on a dit que le seul reproche à lui adresser était de ne pas être accessible à tous (Vermont : *Les retraites des travailleurs, les Sociétés de secours mutuels*, Rouen, 1882, p. 8), comprenait la constitution d'une Caisse spéciale (soumise au contrôle législatif comme la Caisse des Dépôts et Consignations), alimentée par le versement des retenues soumises au même taux qu'actuellement et par les subventions de l'État fixées à raison de 8 0/0 ; le compte de chaque fonctionnaire devait être individuel ; il était interdit au Gouvernement d'appliquer à ses besoins des fonds dont il ne pouvait disposer, la Commission de surveillance étant seule chargée de faire les placements ; un fonds de réserve pour payer les frais d'administration aurait été constitué avec les comptes frappés de déchéance ; à dater de la liquidation, le fonctionnaire aurait eu à indiquer s'il désirait le placement en rentes perpétuelles ou viagères du capital qui lui revient, la dite rente viagère étant reversible pour moitié sur la tête de la veuve et la rente sur l'État étant grevée d'un usufruit éventuel à son profit ; le produit des subventions serait acquis dans tous les cas aux héritiers et à la veuve, à l'exclusion des collatéraux et légataires créanciers seulement du montant des retenues.

V. Pensa : *loc. cit.*

[2]. Dans ses *Études administratives* publiées en 1845, M. Vivien constatait déjà (p. 217) que « pour affranchir l'État d'une charge pesante et pour empêcher le retour de ruineux abus » on avait paru disposé à créer des Caisses d'épargne exclusivement composées des retenues faites sur les traitements, d'ouvrir à chaque fonctionnaire un compte distinct sur lequel seraient portées ces retenues, accrues de l'intérêt composé et d'une part proportionnelle dans le reliquat des comptes des employés qui décéderaient. Cette combinaison qui réunissait les chances aléatoires d'une tontine et les produits certains de l'accumulation paraissait de nature à procurer à chaque fonctionnaire une somme supérieure au montant des pensions et l'on proposait même, au lieu d'une simple pension viagère, de lui constituer un capital dont le revenu devait suffire.

Après avoir cité l'opinion d'un savant mathématicien, M. Mathieu, qui, dans un rapport à la Chambre des députés, avait démontré la fausseté de ces promesses (V. *Monit. Off.*, 20 juin 1840, p. 1500), M. Vivien ajoutait qu'indépendamment de tout calcul, si les ressources des Caisses d'épargne étaient les mêmes que dans les anciennes Caisses de retenues ou dans les combinaisons du Gouvernement, elles ne pouvaient, malgré l'artifice des chiffres, donner des résultats supérieurs. Mais M. Vivien s'arrêtait surtout à cette objection que le régime proposé avait le tort de présenter l'État comme affranchi de toute dette envers ses anciens serviteurs et il déclarait se rallier à l'avis émis par le Gouvernement de reconnaître la dette, de faire payer par le Trésor public directement les pensions de tous les fonctionnaires, à l'imitation de ce qui avait lieu pour l'armée.

[3]. Tout le monde le proclame.

C'est qu'en effet le législateur a eu le tort de s'en tenir à la situation qui se présentait alors sans se douter que nécessairement, fatalement, les choses devaient changer. Lors du vote de la loi de 1853, on crut qu'il y avait équilibre, une première allocation budgétaire étant admise, entre les extinctions annuelles de pensions et les ouvertures de crédits pour pensions nouvelles. Pour faire face à toutes les charges des retraites de fonctionnaires, on devait avoir une triple ressource : la première mise de l'État ; le produit des

le reconnaître en toute franchise, bon et particulièrement avanta-

retenues régulières sur les traitements ; enfin la disponibilité annuelle provenant des décès, que ceux-ci portassent soit sur des retraités, soit sur des fonctionnaires n'ayant encore en droit à aucune pension. Avec cette masse constituée en une sorte de tontine, on avait pensé subvenir à tout.

La réalité a démenti ces prévisions. Si au début l'État n'a eu à servir que fort peu de pensions pour des retenues fournissant des sommes d'autant plus importantes qu'elles portaient sur la totalité des traitements, avec les années, il s'est présenté de nouveaux retraités qui ont augmenté le nombre des retraités primitifs, sans qu'il y eût accroissement des retenues. De là un déficit, déficit fatal puisqu'il durera tant qu'il n'y aura pas compensation entre les admissions à la retraite et les extinctions naturelles.

À cette cause de mécomptes, il faut joindre la multiplication du nombre des fonctionnaires, et surtout le rehaussement des traitements.

Si, en 1853, le Trésor a pu encaisser à titre de ressources extraordinaires, sans aucun souci de l'avenir, les sommes qui figuraient dans les Caisses particulières de retraites, il a dû reconnaître qu'une réforme s'imposait. On a nettement proposé de renoncer au régime de la loi de 1853 et d'en revenir au régime des Caisses ; de cette façon, à toute promesse de pension se joindrait une annuité telle qu'il n'y eût pas par la suite de surcharge à redouter.

Une objection toutefois s'est immédiatement présentée ; le taux de l'intérêt n'est plus fixe, le rendement de l'argent n'est plus élevé, lorsqu'il s'agit de capitalisations et d'assurances la baisse des taux de l'intérêt est une menace de stérilisation.

Aussi a-t-on proposé une distinction. Pour les fonctionnaires actuels, le régime de la loi de 1853 serait maintenu, mais avec les garanties de précision financière qui font aujourd'hui défaut. Quant aux fonctionnaires nouveaux, quant aux agents entrant au service de l'État à partir d'une date déterminée, ils seraient placés dans des conditions nouvelles à déterminer ; c'est ainsi qu'il y aurait à rechercher si le montant des retenues sur les traitements ne devrait pas être la propriété des fonctionnaires, au moins à partir d'un certain début, si l'usage des livrets individuels ne devrait pas être admis, si la part versée par l'État ne pourrait pas prendre le caractère d'une subvention, soumise, elle aussi, à l'observation de clauses spéciales. — Comp. l'article sur *Les Pensions civiles* (*Le Temps*, 19 avril 1897) et Cucheval Clarigny : *Revue des Deux Mondes*, 1er juin 1889.

Il y aurait bien une réforme préalable à pratiquer : l'élèvement des traitements concordant avec la suppression de la pension pour tous les fonctionnaires, réserve faite naturellement pour les droits des fonctionnaires entrés en fonctions sous l'empire de la loi de 1853. Mais on ne saurait compter sur la réalisation d'un pareil vœu. En France l'on recherche la fonction non pas seulement parce qu'elle permet de vivre avec un « patron » qui n'est pas exigeant, mais surtout parce que l'on sait qu'à l'expiration d'un certain nombre d'années l'on aura une retraite.

Il importe d'ajouter aussi que pour nombre de personnes les pensions de retraite sont le complément des salaires, qu'elles contribuent à donner au fonctionnaire le calme de l'esprit en délivrant de la préoccupation de l'avenir, en second lieu qu'il y a des carrières qui n'offrent à ceux qui les embrassent aucune perspective de fortune, de quelque manière qu'elles soient parcourues et dans lesquelles ceux-là seuls consentent à s'engager qui entrent dans la vie sans ressources acquises ; instituteurs, facteurs, gardes forestiers, etc., etc. ; ces innombrables serviteurs de l'État appartiennent en général à des familles pauvres et ne reçoivent que des salaires correspondant à peine aux besoins les plus ordinaires de la vie ; mariés, leurs femmes sont souvent obligées de se livrer à un travail personnel pour contenir leur famille ; l'économie pour cet ordre d'agents est presque impossible. — Casimir Fournier : *Des pensions civiles* (*Revue générale d'administration*, juin 1878, p. 158) ; Vivien : *Études administratives*, 2e édit., Paris, 1852, T. I, p. 294. Comp. aussi

geux pour les fonctionnaires et agents intéressés [1] apparaît à d'autres
points de vue. D'abord les pensions ne sont pas toujours données
au moment voulu parce que leur service est souvent peu possible [2].
En second lieu, elles ne sont pas calculées d'une façon équitable,
c'est-à-dire d'après l'âge, de telle sorte que deux employés ayant
exactement les mêmes services et mis à la retraite à des âges différents dans les mêmes conditions de traitement vont obtenir la même
somme de rente viagère [3]. De plus, elles ne sont point établies
d'après les retenues opérées sur les traitements ; on tient compte,
pour les fixer, du traitement moyen des six dernières années ; de
cette façon, le fonctionnaire heureux qui a obtenu un avancement
rapide quelques années avant sa mise à la retraite jouit d'une pension plus élevée que son collègue malheureux qui n'a pu aussi bien
réussir et qui a cependant subi à peu près les mêmes retenues pendant toute sa carrière. L'agent qui continue ses services, après avoir
atteint le maximum, continue également à subir une retenue, bien
que sa pension ne puisse être augmentée [4].

contre l'idée de la suppression des pensions, les remarques de M. Pensa, *op.
cit.* (*Revue générale du droit*, T. XIV, 1890, p. 46 à 49).

Le vrai changement consisterait peut-être à laisser aux administrations le
soin d'assurer elles-mêmes une retraite à leurs employés, de façon à débar-
rasser l'État d'une mission qu'il remplit si mal pour ses propres intérêts et
pour ceux de ses fonctionnaires et d'avoir recours aux Compagnies d'assurances en leur demandant de recevoir les versements destinés à constituer
selon les circonstances soit une assurance en cas de vie, en réalité une
pension, soit une assurance en cas de décès dans l'intérêt de la famille. —
Cf. A. Tardif : *Pensions civiles, Caisses de retraites et d'assurances sur la vie*,
Paris, 1872.

1. Dans son intéressante étude (*Pensions Civiles, Caisses de retraites et d'assurances sur la vie*), M. Tardif a montré par des chiffres d'une authenticité indéniable que si de 1854 à 1869 le montant des retenues a varié de 13.322.904 fr.
75 à 15.227.174 fr. 94, les arrérages ont, aux mêmes dates, subi une augmentation de 23.846.386 fr. 34 à 29.882.877 fr., et que, eu égard au nombre des
parties prenantes (34.378 en 1854 ; 44.081 en 1869), la quotité moyenne des pensions qui était en 1854 de 765 a progressivement subi une baisse pour tomber
à 677 fr. en 1869.

2. Communément l'on croit que tout fonctionnaire, par cela seul qu'il a
atteint l'âge fixé et rempli son service durant le nombre d'années prévu,
peut obtenir sa retraite. Rien n'est moins exact. Il faut encore que l'État
(qui n'a aucune contribution à fournir) consente à la mise à la retraite. Très
fréquemment il ne s'y résout pas facilement par la bonne raison que plus
un fonctionnaire est jeune, plus l'État devra payer les arrérages ; le traitement du fonctionnaire étant porté au budget, il semble plus simple de maintenir la situation. Aussi voit-on des fonctionnaires conserver leurs fonctions,
au détriment d'autres qui pourraient les remplacer, toucher de forts appointements pour économiser les quelques billets de mille francs qu'exigeraient
leurs pensions.

3. Nous ne pouvons qu'indiquer l'idée ; elle est développée avec soin par
M. Casimir Fournier dans son article sur *Les Pensions civiles* (*Revue générale
d'administration*, juin 1878, p. 162 et 163). V. aussi les observations de M. Cheysson dans son travail sur *Les actuaires et la loi* (*Bullet. de Comité permanent
des Congrès internationaux d'actuaires.*)

4. Imbert Cyprès : *op. cit.*, p. 486, etc.

Sur les inconvénients du régime inauguré par la loi du 9 juin 1853, V.
A. Tardif : *op. cit.*, p. 2.

Outre que les fonctionnaires, mis dans la nécessité de se retirer avant l'âge de la retraite ou décédés peu de jours avant cette époque, perdent le bénéfice des sommes qu'ils ont versées ou qu'on a retenues sur leurs traitements, peut être pendant de longues années et que de ce chef la famille est lésée, ce qui, en réalité, est une confiscation, la retraite étant moins une pure libéralité de l'État que le résultat des versements opérés par le fonctionnaire[1], outre qu'ils ne sont pas libres de verser les sommes qu'ils entendent se réserver, les rentiers risquent avec le vote d'une mesure législative, de se voir privés d'une partie de leurs rentes par suite de la réduction du taux de l'intérêt[2].

D'autre part, le système actuel aboutit, comme toute, à imposer aux fonctionnaires l'obligation de placer à fonds perdus leurs épargnes, c'est le nom qui légitimement convient aux prélèvements effectués d'office par l'État. Ils n'ont à leur disposition qu'une rente viagère, c'est-à-dire qu'une somme dont eux seuls profiteront. Pourtant il peut leur convenir, surtout en présence de l'abaissement du taux de l'intérêt, de réaliser un capital en faveur de leur famille. À ce point de vue ils sont comme placés en dehors du droit commun puisque l'emploi de leurs épargnes a lieu contre leur sentiment, et aussi au préjudice de leurs familles[3]. Le père de famille répugne à la rente viagère : c'est dans la nature des choses. Après avoir donné le jour à des enfants, il aspire à leur transmettre un patrimoine ; n'est-ce pas en vue de cet objet que tout le monde, sans distinction de condition, travaille ? Le placement en viager du fonds de prévoyance ne se conçoit, n'est légitime que lorsqu'il est fait par une personne disposant de revenus ou de ressources trop modiques pour permettre de faire périodiquement des économies et d'amasser jusqu'au temps de sa vieillesse un capital perpétuel, ou bien lorsqu'il s'agit d'un célibataire n'ayant pas de proches parents à qui il veuille laisser son patrimoine. En faisant subir la retenue à l'effet de procurer une pension viagère, l'État agit comme si tous ses fonctionnaires étaient des chefs de famille besoigneux ou bien des célibataires. C'est oublier que parmi eux il peut s'en trouver beaucoup qui préféreraient un bien patrimonial transmissible aux enfants[4].

1. De La Grasserie : De l'assurance sur la vie et contre les accidents (La France judic., septembre-octobre 1895, p. 369). V. au sujet des pensions de retraite un article critique publié dans The Economic Journal, septembre 1898.

2. M. H. Laurent (Théorie et pratique des assurances sur la vie, p. 434) constate avec raison que ces inconvénients ne paraîtraient si les fonctionnaires étaient obligés de s'assurer à des Compagnies pour certaines sommes minimes qu'ils pourraient augmenter à leur gré, mais non diminuer.

3. Cf. Cheysson : Les pensions civiles des employés de l'État, Nancy, 1883.

4. Cauwès : Cours d'économie politique, 3e édit., Paris, 1893, T. III, p. 597 ; Fournier : op. cit. ; de Courcy : Le projet de réforme des pensions des fonctionnaires, cités (L'institution des Caisses de prévoyance des fonctionnaires, employés et ouvriers, Paris, 1875, p. 408.)

Sans méconnaître que la rente viagère a cet avantage fort appréciable d'enlever au père de famille le souci qu'il est, dans sa vieillesse, à la charge

Bien certainement, pour éviter le reproche qui atteint tout père de famille immobilisant sa fortune en rente viagère, le fonctionnaire, l'employé peut, en plus de la retenue que l'État opère d'office, effectuer un prélèvement ; mais ce prélèvement est-il toujours possible[1]?

On a parfois comparé le système des pensions de l'État aux assurances sur la vie[2]. Il ne suffit pas de faire les plus expresses réserves au sujet de cette assimilation ; il importe de relever tout ce que l'assurance a de préférable.

de ses enfants. Il faut noter que son emploi, dans une large mesure, a de fâcheux résultats au point de vue économique : elle est en définitive la consommation intégrale, en capital et intérêts, de tout ce que l'on peut posséder, elle prive de la disposition d'un capital qui peut rendre souvent les plus grands services lorsqu'on sait le faire valoir : soit dans son intérêt, soit dans l'intérêt de ceux qui doivent survivre. (Mascarel : *Étude sur la participation aux bénéfices*, Angers, 1891, p. 65). Aussi M. de Courcy (*Bulletin de la Participation*, 1886, p. 39) était-il dans le vrai lorsqu'il soutenait que la rente viagère devrait être l'exception librement choisie et que le patrimoine transmissible devrait être la règle.

1. On a cherché à pallier ces différents inconvénients dans plusieurs projets de loi.

En 1879 le Sénat (non suivi, à la vérité, par la Chambre des Députés, qui a paru effrayé des conséquences financières), a voté un projet conférant au fonctionnaire, lors de la liquidation, l'option entre une rente viagère et un capital (*Journ. off.*, Ch. des Déput., Annexes, 1883, p. 336).

En 1891 la Chambre des Députés a été saisie par M. Rouvier, alors Ministre des finances, d'un projet de réforme laissant pareillement le choix entre une rente viagère et une rente perpétuelle avec droit de disposition par testament dans ce dernier cas. (*Journ. Off.*, Ch. des Déput., Annexes, 1891, p. 1509, etc.)

V. sur ces projets, Imbert Cyprès : *op. cit.*, p. 190 à 209.

Il n'entre pas dans notre cadre d'exposer ici les réformes susceptibles d'être apportées à la législation sur les retraites. Bornons-nous à faire observer que l'on a proposé de décider que le fonctionnaire aurait droit à une pension quelle qu'ait été la durée de ses fonctions et quel que soit son âge en cas d'incapacité de travail, la pension viagère à servir devant être réduite proportionnellement aux versements effectués, mais que hors ce cas le droit à la pension serait ouvert pour tout fonctionnaire même révoqué ou démissionnaire, par 30 ans de services ou de retenues, sans condition d'âge; l'on a réclamé aussi, avec le maintien de la retenue à 5 0/0, le privilège complet d'incessibilité et d'insaisissabilité hors le cas de dettes alimentaires (et alors pour le quart), la fixation de la somme à la moitié du traitement avec un minimum de 600 fr., la réversibilité collective sur la tête de la veuve et des enfants mineurs pour la totalité mais jusqu'à leur majorité, la veuve retrouvant en ce cas et ayant en l'absence d'enfants ses droits à la portion attribuée. V. de La Grasserie : *De l'assurance sur la vie et contre les accidents* (*La France judiciaire*, février 1896, p. 50 et 51).

2. Le projet précité de 1839 qui créait une Caisse spéciale de prévoyance soumise au contrôle législatif, comme la Caisse des Dépôts et Consignations, dit M. Imbert Cyprès (*op. cit.*, p. 191), chargeait en réalité cette Caisse d'une véritable opération d'assurances formant une retraite au moyen de primes annuelles capitalisées. La prime aurait été fournie par une retenue faite sur le traitement du fonctionnaire et par une subvention de l'État portée à 7 0/0 du traitement pour les employés du service sédentaire et à 10 0/0 pour les employés du service actif subissant les retenues moins fortes; après 5 ans de services l'employé devait avoir la propriété de ses retenues, même s'il quittait l'administration et s'il venait à mourir elles faisaient retour à sa famille; par contre, il n'avait droit aux subventions que sous certaines conditions laissées à l'appréciation du Ministre.

Sauf dans des cas tout à fait exceptionnels, la mort ou la cessation des fonctions enlève le droit à pension : aucune somme, même réduite, n'est due au fonctionnaire; le profit des retenues faites durant un laps étendu de temps, même pendant 25 années est irrémédiablement perdu. Au contraire, la personne qui contracte une assurance sur la vie, lorsqu'elle a acquitté au moins trois primes annuelles a droit non seulement à la valeur du rachat mais aussi au capital réduit, c'est-à-dire à une somme qui, pour être inférieure à celle portée au contrat même, peut être d'une certaine importance et qui, de toute façon, d'une manière générale, constitue la rémunération des sacrifices faits par l'assuré pour le service des primes annuelles.

Ainsi alors qu'un mari, au moyen d'une assurance contractée sur sa tête, pourra attribuer, lors de son décès à sa femme, une somme qui lui permettra d'éviter la détresse, avec le régime actuel au cas d'un fonctionnaire mourant en activité de service, eût-il vingt-neuf ans de services et eût-il subi de nombreuses retenues la veuve n'aura rien, elle sera réduite à implorer la bienveillance, à solliciter un secours. L'État s'est bien occupé de la veuve, mais uniquement de celle dont le mari jouissait de la retraite, à celle-là il attribue une portion de la pension sans se soucier de son âge; elle peut avoir vingt-cinq ans et trouver là une dot pour se remarier comme elle peut avoir quatre-vingts ans[1]. Épouser un vieux fonctionnaire devient pour une jeune fille, une assez passable spéculation.

SECTION II

Pensions militaires et maritimes.

Les militaires des armées de terre et de mer[2], sont soumis à un régime particulier[3].

1. De Courcy : *L'Institution des Caisses de prévoyance*, p. 423 et 424.
2. Cf. Imbert Cyprès : *op. cit.*, p. 203 à 207, Bertrand . *Code Manuel des pensions de l'armée de terre*, 2e édition, Paris, 1888; Perriquet : *op. cit.*
3. Le système de la faveur qui présidait à la distribution des pensions civiles existait pour les pensions militaires avant la Révolution. On sait qu'à la veille du grand Régime il n'était pas rare de voir d'anciens militaires, à la suite de blessures et de fatigues contractées en campagnes, réduits à solliciter la charité publique. L'abus devint tel que Louis XIV dut fonder l'Hôtel des Invalides pour assurer la subsistance de ceux qui avaient versé leur sang pour la patrie. Le germe de la pension militaire se trouve dans l'Ordonnance du 26 février 1764 qui donna aux officiers et aux soldats le choix d'entrer aux Invalides ou de rester dans leurs foyers avec un traitement convenable et proportionné au grade de chacun.

La Révolution ne fit rien. Napoléon se contenta de créer une Caisse de dotation de l'armée subventionnée en grande partie par les contributions de guerre imposées après ses victoires, aux souverains défaits. Mais il ne s'agissait là que de récompenses.

Le régime des pensions militaires n'a été réellement organisé, avec le ca-

La pension est pour eux un droit et un droit absolu en ce sens que la destitution ou la dégradation, à l'exclusion par conséquent de la démission, enlève le droit à pension[1]. Mais, et ceci est caractéristique, tandis que pour le fonctionnaire civil l'allocation est nécessairement subordonnée à une retenue sur le traitement, bien que la loi du 22 juin 1878 qui a augmenté le chiffre de la pension pour l'armée ait soumis les officiers et assimilés à une retenue de 5 0/0, cette retenue n'a aucun caractère obligatoire, de telle sorte que malgré tout la pension ne pourrait être refusée pour ce motif à l'officier, qui, par suite de circonstances particulières, n'aurait pas subi de retenue[2].

La pension militaire est allouée soit à titre d'ancienneté à tout officier ayant 30 ans de services effectifs (ou 25 en cas d'infirmités temporaires), les années ou fractions d'années de campagne comptant double, à tout sous-officier ou soldat après 25 ans — soit à titre proportionnel aux sous-officiers et soldats ayant 10 ans de rengagement et moins de 25 ans de services[3]. C'est le traitement du grade que le militaire avait lors de sa mise à la retraite qui sert de point de départ pour le calcul de la pension ; avec cette distinction, toutefois, que l'emploi ou le grade doit avoir été tenu au moins durant 2 ans ; dans le cas contraire le calcul doit être fait d'après le traitement du grade immédiatement inférieur.

En égard à l'augmentation constante des armements et des effectifs, le chiffre des pensions militaires a pris en France des proportions considérables. Il est difficile de protester contre cette élévation. Pour une solde modique, à peine suffisante dans bien des cas, sans qu'il soit permis de l'augmenter, le militaire court des risques d'une gravité exceptionnelle. Il serait excessif, pour ne pas dire plus, de formuler des critiques d'autant que l'Administration militaire exerce un contrôle des plus sévères, n'hésitant pas dans nombre de cas à faire preuve d'un rigorisme que l'on peut déplorer au point de vue individuel, mais qui malheureusement ne se conçoit que fort bien au point de vue général.

Ces pensions répondent-elles au moins à la nécessité, à la réalité des choses ? Donnent-elles satisfaction aux intéressés ?[4]

ractère qu'il convient de leur attribuer, que sous Louis-Philippe, par les lois du 11 avril et du 18 avril 1831 pour l'armée de terre et pour l'armée de mer, lois qui, dans ces derniers temps, ont été complétées par de nombreuses mesures tendant à l'amélioration du sort des sous-officiers.

1. Le droit est tel que la pension et ses arrérages sont incessibles et insaisissables, sauf en cas de débet envers l'État ou dans les circonstances prévues par les art. 203 et 205 C. Civ., et encore est-il une proportion déterminée.

2. Avis du Cons. d'Ét., 30 novembre 1880.

3. Les blessures ou infirmités contractées à l'occasion du service donnent ouverture à la pension. Les veuves et les enfants (jusqu'à leur 21e année) ont droit à des pensions et à des secours.

4. Les veuves des militaires n'ont droit à la pension, remarque M. Imbert Cyprès (loc. cit.), qu'autant que leurs maris ont accompli le temps de service

Des doutes très sérieux peuvent être formulés à ce propos[1]. Dans tous les cas, le système actuel a le grand tort de faire abstraction des intentions du militaire et de convertir son droit en rente viagère seulement, tandis que les circonstances le pousseraient peut-être à préférer un capital. C'est, du reste, le système adopté pour les pensions civiles à une date ultérieure.

Les pensions maritimes (dont bénéficient non seulement les marins proprement dits, c'est-à-dire ceux de la flotte de l'État mais aussi un grand nombre de fonctionnaires, agents et ouvriers assimilés, à l'exclusion des troupes de la marine dont la situation est régie, comme celle d'armée de terre, par la loi du 11 avril 1831) ne sauraient retenir longtemps. La législation se rapproche sur un grand nombre de points de celle concernant les pensions militaires à tel point que plusieurs lois sont communes aux deux catégories de pensions. La loi du 18 avril 1831 relative à la flotte a été calquée sur celle du 11 avril 1831 propre à l'armée de terre.

Il suffira de dire que le droit à la pension est un droit absolu, si absolu que le principe de l'insaisissabilité et de l'incessibilité s'impose (dans les mêmes conditions que pour les pensions de l'armée de terre), que le droit à la pension d'ancienneté est acquis par un service de 25 ans accomplis pour les officiers de la marine, les marins de tous grades et les personnes complètement assimilées et par 30 ans pour les autres corps à moins d'une navigation de 6 ans sur les navires de l'État ou de séjour dans les colonies mais seulement pour les personnes envoyées d'Europe. La fixation de la pension est, comme pour les militaires, basée sur deux éléments : la durée des services et le grade[1].

---

nécessaire pour obtenir la pension à titre d'ancienneté, ou qu'ils sont morts de suites de blessures ou infirmités graves contractées à l'occasion du service. S'ils viennent à décéder par suite d'une autre maladie, les retenues sont perdues pour leur famille. Il n'est peut-être pas impossible d'obvier à cet abus. A cet effet les retenues pourraient être versées à une Caisse de retraites pour y être capitalisées et le titulaire ou ses héritiers en conserveraient toujours la propriété.

1. Pendant longtemps la Caisse des Invalides de la Marine dont l'initiative remonte à Colbert et qui formait dans l'organisation financière et administrative de la France une institution à part avec un budget spécial, distinct du budget de l'État, (Le Cour Grandmaison : La Réforme Sociale, mai 1892), a été chargée non seulement de gérer la Caisse des prises et celles des Gens de mer mais aussi de payer aux invalides de la marine ou à leurs familles (tant au personnel même de la marine qu'aux marins du commerce rattachés ainsi au service de l'État) les pensions et secours au moyen des retenues opérées sur la solde ou les gages de tout le personnel de la marine ainsi que sur le produit non réclamé par la Caisse des prises et celles des Gens de mer (V. Dalloz, Rép., vᵒ Organisat, marit., nᵒ 275, etc.; Block : Dict. de l'administrat. franç., art. Caisse des Invalides de la marine par M. Duverdy).

La Caisse des Invalides de la marine était considérée comme « une tontine perpétuelle » où depuis deux siècles des millions de marins venaient déposer leur épargne et la léguer aux survivants (Le Cour Grandmaison, loc. cit.)

Une loi du 22 mars 1895 a déchargé la Caisse du service des pensions. Les retenues exercées sur la solde et les accessoires de solde de l'armée de mer

Les conditions à remplir sont identiques. De même que pour l'armée de terre le cas où il s'est produit des blessures ou des infirmités permet de déroger à cette règle invariable[1] pour l'armée de mer pro-

et du personnel civil du département de la marine sont portées en recettes au budget de l'État. La Caisse n'a plus à pourvoir qu'aux demi-soldes exigibles après 25 ans soit de services soit pour le compte de l'État, soit de navigation sur les bâtiments de commerce avec la condition de l'âge (50 ans) et d'infirmités contractées au service dérivant d'un contrat mais la compensation d'une obligation imposée par la loi. — Perriquet : *Les Contrats de l'État*, Paris, 1884, n° 711.

Il importe de noter dans tous les cas avec M. Colson (*Revue polit. et parlement.*, novembre 1898, p. 459), que pour assurer des retraites et des secours minimes à la population maritime qui ne représente pas la cinquième partie de la population française, l'État doit subventionner la Caisse, chaque année, de 10 à 11 millions.

La situation du marin a toujours paru digne d'intérêt.

La pension dite demi-solde n'est acquise aux gens de mer que s'ils réunissent 300 mois de navigation et 50 ans d'âge. Si le marin vient à décéder sans remplir cette double condition, il ne laisse aucun droit à la pension, ni à sa veuve, ni à ses enfants ou ascendants. D'autre part, les faibles secours qui peuvent être accordés par la Caisse des Invalides de la Marine ne sauraient être considérés comme une solution suffisante. De sorte que les ressortissants du régime d'exception de l'inscription maritime sont seuls privés du bénéfice de la récente loi sur les responsabilités des accidents dont les ouvriers sont victimes dans leur travail.

Cependant aucune profession ne présente plus de dangers. Des centaines de veuves et d'orphelins restent sans aucune ressource, obligés d'avoir recours à la charité publique (Duvergier, *Collect. des lois*, 1898, p. 271). Aussi dans ces derniers temps on s'est préoccupé de chercher un remède à cette solution et il s'est produit un mouvement d'opinion en faveur du principe de l'assurance contre le risque professionnel.

Il a semblé que la meilleure combinaison était la constitution d'une Caisse s'alimentant elle-même par un prélèvement obligatoire sur les soldes ou salaires de 1 fr. 50 p. 0/0 et par une contribution de même somme versée par les armateurs.

Telle fut l'origine de la loi du 21 avril 1898 rendant l'assurance obligatoire pour les marins à une Caisse d'État. Cette Caisse avait d'abord été nommée *Caisse d'assurances mutuelles entre les marins français*, mais à cette dénomination fut substituée celle de *Caisse de prévoyance entre les marins français*, par le motif qu'il n'y a pas mutualité quand les pensions ne sont pas proportionnelles aux versements effectués (Duvergier : *Collect. des lois*, 1898, p. 271).

Cette Caisse est alimentée par la cotisation des participants et les apports des propriétaires ou armateurs, apports égaux au montant de ceux acquittés par leurs équipages, sans parler des dons, legs et subsides éventuels des départements, communes; l'État peut, de son côté, faire les avances, mais, on l'a espéré du moins (Duvergier : *loc. cit.*), rien que des avances destinées à être remboursées intégralement sans intérêts. Cette Caisse de prévoyance payera une pension viagère de demi-solde d'infirmité aux inscrits maritimes atteints de blessures ou de maladies ayant pour cause directe un accident ou un risque de leur profession, une pension aux veuves des inscrits morts de blessures ou de maladies provenant d'accidents professionnels, des secours aux orphelins et aux parents. La pension et les autres allocations sont incessibles et insaisissables.

Il est fâcheux que l'État ait pris la place de l'initiative privée et que toutes les observations présentées en ce sens par les hommes les plus compétents, notamment par M. G. Hamon, n'aient produit aucun résultat.

Cf. sur cette question les articles publiés sous le titre *L'Assurance des marins* dans *L'Assurance Moderne* n° des 30 avril, 17 mai, 18 juillet 1898.

1. Il importe de noter que différentes Sociétés ont été constituées à diverses

prement dit, c'est-à-dire pour la flotte de l'État, ainsi que pour les fonctionnaires et assimilés.

époques pour assurer spécialement les marins. V. Hamon : *Histoire générale de l'Assurance*, p. 259 et suiv.

A ce propos il faut relever que l'on ne saurait trop insister en faveur de l'application de l'assurance sur la vie pour les équipages des Compagnies de grande navigation. En Angleterre la question a été résolue (V. *L'Assurance moderne*, 15 janvier 1897); chaque officier est invité par la Compagnie de navigation qui l'emploie à souscrire une police d'assurance avec une Compagnie d'assurances, police comportant soit une indemnité en cas de mort, soit une retraite à partir d'un certain âge ; la Compagnie de navigation paie la prime dont le montant est égal à la moitié de la gratification que lui vaut son grade, et l'assureur se libère, soit entre les mains des ayants-droit en cas de décès, soit entre les mains de l'officier en cas de mise à la retraite. La visite médicale est obligatoire ; en cas d'abandon du service il peut être procédé à un échange de la police soit contre des espèces, soit contre une assurance ordinaire réduite.

CHAPITRE DEUXIEME

CAISSE NATIONALE DES RETRAITES

SECTION I

Notions générales.

La Caisse d'épargne a résolu ce problème de permettre à la classe des salariés de constituer au moyen d'économies successives un petit capital destiné à subvenir à des besoins ultérieurs.

A première vue il semble que le placement solide des épargnes est de nature à procurer au travailleur le bien-être pour sa vieillesse. Mais depuis le jour où le labeur commence à être productif jusqu'au moment où les forces rendront impossible tout effort, les économies accumulées, souvent au prix de durs sacrifices, ont les plus grandes chances de disparaître. Sans parler des tentations d'un placement plus avantageux, indépendamment de tout gaspillage, de toute dissipation, les chômages, les maladies, les blessures, des besoins pressants, ne sont-ils pas de nature à faire disparaître les fruits de l'épargne, et l'ouvrier, même très prévoyant, même après avoir, durant de longues années, opéré en vue de ses vieux jours un prélèvement sur son salaire n'est-il pas exposé, par des circonstances pour lesquelles il ne peut rien, à la misère lors de ses dernières années ? Aussi a-t-on été amené à penser qu'il y aurait lieu de donner à l'ouvrier le moyen de se constituer une retraite par une épargne spéciale. Il a paru qu'il convenait à tous égards de ne pas se contenter de la Caisse d'épargne chargée de garder, à l'abri de la tentation qu'engendre souvent la possession, les petites sommes apportées au moment où le patron règle le salaire mais avec obligation de restituer sur-le-champ, et qu'il serait bon de créer à côté et totalement distinct un établissement dont le rôle consisterait à verser pour la vieillesse, c'est-à-dire à une date déterminée, en tout cas quelque peu reculée, les sommes recueillies à une époque antérieure et avec ce but déterminé.

Cette idée d'une Caisse de retraite créée spécialement dans l'intérêt des classes laborieuses pour recevoir, de même que les Caisses d'épargne, de très faibles économies devait nécessairement aboutir. Le problème des retraites s'était posé à des dates antérieures et la question n'était pas neuve lorsqu'elle fut résolue en France, dans la seconde moitié de ce siècle.

En 1772, un Français vivant à Londres, avec sa famille qui avait dû quitter la France à la suite de la révocation de l'Édit de Nantes, et qui exerçait les fonctions de baron *cursitor* de la Cour de l'Échiquier, Francis Mazères proposa la création de pensions viagères au profit des travailleurs âgés au moyen du placement de leurs épargnes dans les caisses paroissiales chargées d'administrer les deniers provenant de la taxe des pauvres [1].

Cette proposition fut appuyée l'année suivante par un membre du Parlement, W. Dowdeswel, qui présenta à la Chambre des Communes un *bill* ayant pour objet de permettre aux paroisses de constituer, par la voie de l'épargne, des rentes viagères différées à leurs habitants sans fortune jugés industrieux. Ce *bill* fut adopté par la Chambre des Communes à une grande majorité, mais la Chambre des Lords le repoussa comme étant de nature à grever la propriété foncière.

Une nouvelle tentative fut faite en 1789 par Auckland pour obtenir du Parlement anglais la création d'une Caisse de prévoyance destinée à subvenir aux besoins des malades ou des infirmes au moyen de retenues hebdomadaires sur leurs salaires [2]. Cette fois encore la Chambre des Lords refusa de consacrer le vote de la Chambre des Communes.

Le projet de soulager de la sorte la misère des classes laborieuses s'imposait si bien pourtant que vers la même époque il était sérieusement envisagé en France. L'assemblée provinciale de l'Orléanais, dans sa session de 1788, proposait de créer une « *Caisse d'épargne du peuple* » qui devait être en même temps une Caisse de retraites. Un publiciste, Mathon de La Cour, dans un ingénieux ouvrage [3] avait présenté plusieurs exemples frappants de la puissance des intérêts composés. Un autre écrivain, de La Roque, y joignant des études sur les tables de mortalité, avait eu la pensée de Caisses de retraite pour le peuple au moyen de faibles placements dans la jeunesse et l'âge

---

1. L'étude de M. Mazères a paru sous ce titre : *A proposal for Establishing life's annuities in Parishes for the benefit of the industrious poor*. Un résumé a été donné dans le *Mémoire sur la fondation d'une Caisse générale de retraites pour les classes laborieuses des deux sexes présenté à M. le Ministre des finances le 12 mars 1844*, Paris, 1844.

2. Le célèbre Price avait dressé les Tables à employer ; il s'était servi des observations faites par Haygarth de 1772 à 1781 sur la mortalité des habitants de Chester.

3. *Testament de Fortuné Richard, maître d'arithmétique.*

mûr. Le « Bureau du bien public » proposa de créer une pareille Caisse à Orléans sous les auspices de l'Assemblée provinciale et de la Société philanthropique. L'assemblée nomma des commissaires pour préparer les moyens d'exécution et parmi eux Lavoisier [1]. On manque de détails sur la suite qui fut donnée à ce projet [2].

Durant la Révolution et pendant l'Empire l'idée de la création de Caisses pour le service de retraites parut abandonnée. C'est à peine si l'on peut mentionner un projet qui aurait été étudié par les Comités des finances et des secours de la Convention [3].

La question avait une trop grande importance néanmoins pour ne pas être reprise. Aussi en 1816, dans le premier rapport qu'elle fit à la Chambre des Pairs sur le service qui lui avait été confié, la Commission de surveillance des Caisses d'amortissement et des Dépôts et Consignations proposa d'annexer à la Caisse d'amortissement une

1. On connaît les propositions qui furent formulées par l'illustre chimiste dans son *Projet d'établissement d'une Caisse de bienfaisance dont l'objet serait d'assurer aux vieillards et aux veuves des secours contre l'indigence.* Le travail a été reproduit par MM. Schelle et Grimaux (*Lavoisier*, Paris, 1888, p. 21 à 32).

Il s'agissait de former sous le titre de « *Caisse d'épargne du peuple* » un établissement où l'on recevrait les sommes qui seraient remises par les personnes de tout âge et de toute condition qui voudraient se procurer à elles-mêmes, à leurs veuves ou à leurs enfants, à quelque époque que ce fût, une rente viagère d'une somme déterminée d'après les Tables dressées à cet effet. La province entière devait être garante des engagements pris par la Caisse et de tous les actes passés conformément aux règlements. L'administration aurait été confiée à 9 habitants d'Orléans, dont 3 élus dans l'Assemblée provinciale et 6 dans la Société philanthropique de la même ville. L'administration serait gratuite. Les collecteurs devaient recueillir dans les paroisses les sommes à placer, les mentionner sur un registre visé et contrôlé par le curé et par la municipalité, les verser à certaines époques dans la Caisse de bienfaisance établie dans le chef-lieu de la généralité, la paroisse étant garante jusque-là. Les deniers de la Caisse devaient être placés en valeurs déterminées telles que contrats sur les États, le Clergé, etc.; toutes les apparences de risque devaient être exclues; l'inobservation des règlements à cet égard entraînait la responsabilité des administrateurs.

Il était même déclaré que si l'établissement prospérait, il serait possible de demander au Roi une décision déclarant les rentes constituées en faveur des vieillards et des veuves incessibles et insaisissables pour empêcher les épargnes du pauvre de devenir l'objet d'un agiotage scandaleux. Les administrateurs étaient tenus de mettre tous les ans sous les yeux de l'Assemblée provinciale un tableau de la situation de la Caisse, de ses placements, des engagements contractés, etc.

Lavoisier reconnaissait l'inconvénient de l'emploi, pour la proportion des mises et des rentes, des Tables rapportées dans l'ouvrage de de la Roque, ces Tables étant calculées sur des individus de toute espèce, de toute constitution, de tout tempérament et les souscriptions à la Caisse ne devant avoir lieu que pour des individus choisis principalement dans les plus robustes et les plus fortement constitués; aussi recommandait-il de faire pencher sensiblement la balance en faveur de la Caisse, de diriger les calculs de façon à présenter pour cette dernière un avantage considérable, les bénéfices ainsi obtenus devenant de nouveaux moyens de bienfaisance et de charité.

2. De Lavergne : *Les Assemblées provinciales sous Louis XIV*, Paris, 1864, p. 170.

3. C'est ce qui se trouve indiqué dans le Rapport fait le 8 prairial an II, par Cambon au sujet de la réduction de la dette viagère.

Caisse de prévoyance destinée à faire fructifier les économies réalisées sur leurs salaires par les ouvriers qui désireraient se procurer des ressources pour leurs vieux jours. En réalité, ce qui était proposé dans ce document, c'était la création de la Caisse d'épargne et de la Caisse des retraites pour la vieillesse. Ce vœu ne fut réalisé complètement que fort longtemps après. Si deux ans après la Caisse d'épargne de Paris était ouverte au public, à la chute du gouvernement de la Restauration il n'existait pas encore de Caisse de retraites.

Pendant les premières années du règne de Louis Philippe on resta sous cette impression, partagée par de très bons esprits [1], que si l'idée de retraite se conçoit pour le fonctionnaire, tout étant prévu pour lui, pour l'ouvrier tout est imprévu, le chômage, la baisse comme la hausse du salaire, que la Caisse de retraite ne s'adresse qu'à l'intérêt personnel et viager de l'ouvrier, car elle repose sur un placement viager, à fonds perdu, ayant son principe dans l'égoïsme, qui déshérite la famille, qui en détruit l'esprit, qui prend sur la part de la femme et des enfants pour faire un sort au mari, qui, une fois le titulaire mort, laisse la femme et les orphelins sans ressource ; on sembla également se désintéresser de la question.

Mais vers 1840 le problème fut repris, probablement lorsque l'on eut connu ce qui se passait en Angleterre [2]. A la suite d'une proposition faite en 1842 relativement à l'adjonction d'une Caisse de retraites pour la vieillesse à la Caisse d'épargne de Paris, proposition demeurée infructueuse, une Commission d'économistes et d'hommes politiques présenta le 12 mars 1844 au Ministre des finances un travail très complet sur la question [3]. Dans cette étude qui a servi de base à toutes les propositions analogues qui furent formulées ultérieurement, on concluait à la constitution d'une Caisse générale de retraites pour les classes laborieuses : l'accès en devait être ouvert à toute personne de 21 (18 pour les femmes) à 45 ans, versant une prime annuelle acquittée

1. V. notamment les critiques de M. Ch. Lucas, *Rev. de législat. et de jurisprud.*, T. XXIV, 1845, p. 375 et suiv. ; Comp. les observations de M. Ortolan ; *eod. loc.*, p. 39.

2. Une loi du 10 juin 1833 avait autorisé la Commission chargée de la réduction de la Dette nationale à constituer au profit de déposants des Caisses d'épargne des rentes viagères à jouissances immédiates ou différées, au maximum de 20 livres sterling, ou 500 fr. Cette Commission délivrait depuis 1808 des rentes viagères dont les tarifs avaient pour base la Table de mortalité dite de Northampton dressée par Price, remplacée en 1829 par la Table de mortalité dressée par John Finlaison.

En 1844 le maximum des rentes viagères des déposants aux Caisses d'épargne fut élevé à 30 livres sterling (750 fr.).

3. *Mémoire sur la fondation d'une Caisse générale de retraites pour les classes laborieuses des deux sexes présenté à M. le Ministre des Finances le 12 mars 1844 par une réunion composée de MM. le comte Molé, de Gasparin, H. Passy, Dénière, Bignon, Chéguray, Mathieu, Vivien, Bartholomy, d'Eichthal, Valla, Edm. Rolphen, Legentil, Loquet, Vernes, Michel Chevalier, de Cheppe, Duvergier, Marquet, Olinde Rodrigues, Wolowski*, Paris, 1844. — Comp. *Moniteur offic.* 11 juin 1843. — V. à ce sujet Wolowski ; *Études d'économie politique et de statistique*, Paris, 1848, p. 61.

en une seule fois à l'échéance, soit à l'avance par douzièmes et dont
le montant était à fixer par une table de mortalité donnant la moyenne
entre les chiffres de la Table de Deparcieux et ceux de la Table de
Duvillard ; la pension, qui d'ailleurs était incessible et insaisissable,
devait partir de l'âge de 50, 55, 60 ou 65 ans au choix du contractant ;
elle était payable par douzièmes de mois en mois ; son minimum aurait été de 60 fr. et son maximum de 480 ; au décès du contractant soit
avant, soit après l'ouverture de la pension, il aurait été payé, après
prélèvement d'une somme maximum de 30 fr. destinée aux frais funéraires, une somme égale au chiffre de la pension, savoir : au conjoint survivant, à son défaut aux descendants légitimes, sans que le
montant de ces paiements pût excéder celui des primes versées ; les
pièces à produire auraient été dispensées du timbre et enregistrées
sans frais.

Loin de se montrer hostile à ce projet, sous la pression de l'opinion
publique [1], le Gouvernement l'étudia avec le plus grand soin. A la demande de nombreux Conseils généraux la proposition fut renvoyée
au Conseil d'Etat. Mentionnée en 1847 dans le discours de la Couronne
elle allait aboutir quand survint la Révolution de 1848.

Dès les premiers jours de 1849 le projet, quelque peu modifié toutefois, fut repris et soumis à l'Assemblée Constituante [2]. La séparation de

1. Un savant économiste, Wolowski écrivait (*Études d'économie politique et
de statistique,* Paris, 1848, p. LXVII): la Caisse de retraite pour les travailleurs
nous paraît être le complément naturel de la belle institution des Caisses
d'épargne ; tandis que celles-ci travailleront à étendre de plus en plus le capital populaire, qu'elles donneront à l'ouvrier les moyens de débattre librement les conditions des salaires ou de s'établir soit comme petit entrepreneur,
soit comme membre d'une association volontaire formée en vue de la production, la Caisse de retraite assurera le bien le plus précieux, la sécurité de
l'avenir. Elle contribuera puissamment à relever les espérances et à fortifier
la dignité des classes laborieuses ; elle deviendra ainsi un des moyens d'ex-
tirper *le paupérisme,* de guérir cette plaie qui envahit les sociétés modernes
et qui, si l'on n'y porte remède, les menace d'une invasion plus périlleuse
et plus terrible que ne le fut l'invasion des barbares pour le monde romain.
   D'autre part, sur le rapport de M. Ortolan (*Des institutions de prévoyance et
de retraite pour les classes laborieuses*; [*Rev. de législat. et de jurisprud.,* T. XXV,
1846, p. 31 etc.]), le Conseil général du commerce avait émis un vœu en faveur
de la création d'une Caisse générale de retraites pour les classes laborieuses,
fondée par l'État et placée sous sa garantie; les grandes lignes avaient été
indiquées; on y prévoyait en particulier le concours des Sociétés de secours
mutuels.
   2. *Rapport présenté le 19 février 1849 à l'Assemblée Constituante par M. Ferrouillat au nom du Comité du travail sur la proposition de MM. Waldeck Rousseau et
Rouveure* (V. *Monit. off.,* 8 mars 1849, p. 767).
   Dans le rapport si souvent signalé qu'il présenta au nom de la Commission
de l'assistance et de la prévoyance publique, M. Thiers avait combattu le
principe de l'obligation non moins que l'idée des subventions, primes et encouragements pécuniaires de l'État ; l'illustre politique ne semblait même
pas éloigné de repousser le principe même d'une Caisse de retraites, mais il
ne tarda pas à modérer son opinion première.   V. Fontaine: *La Caisse nationale des retraites pour la vieillesse.* (*Bullet. de Statist. et de législat. comp. du
Minist. des Finances,* août 1892, p. 148.)

l'Assemblée ne permit pas d'aborder la discussion. L'Assemblée Législative fut, à son tour, saisie de deux propositions : l'une présentée par M. Dufournel tendait au vote pur et simple d'une loi reproduisant les dispositions essentielles déjà formulées ; l'autre, émanée de M. Lestiboudois, avait pour objet de constituer, au moyen de retenues obligatoires sur les salaires, des pensions de retraite à tous les ouvriers industriels. Ces deux propositions furent l'objet d'une étude approfondie par une Commission dont M. Benoist d'Azy fut l'organe. Le rapport qui fut présenté à cette occasion et qui, on peut le dire, contient en germe la loi de 1850, concluait naturellement et comme le voulait la nature même des choses au rejet de la demande préconisée par M. Lestiboudois et à l'adoption, au contraire, des principales dispositions du projet Dufournel[1]. Mais un troisième projet plus développé que les deux premiers et admettant notamment l'attribution de primes d'encouragement aux premiers déposants ainsi que le principe de versements très modiques (50 centimes) ayant été présenté par le Gouvernement, la Commission n'hésita pas à lui donner la préférence et à le soumettre au vote de l'Assemblée Législative.

La loi du 18 juin 1850[2] qui créa la Caisse des retraites pour la vieillesse mais uniquement à l'usage de la classe ouvrière[3], adopta en principe les dispositions du dernier projet. Seulement le législateur, non content de repousser l'idée de l'obligation et de proclamer le caractère absolument facultatif des versements[4], écarta résolument le

---

1. *Rapport présenté le 6 octobre 1849 au nom de la Commission chargée d'examiner les propositions relatives aux Sociétés de secours mutuels et à la création d'une Caisse générale des retraites.* (*Annales de la charité*, 31 octobre 1849.)

2. On lira avec grand profit l'intéressant historique inséré par M. Raoul Jay dans la *Revue politique et parlementaire* (n° d'avril 1895) sous ce titre : *L'Assurance ouvrière et la Caisse Nationale des retraites pour la vieillesse.*

On peut croire avec M. Béchard (*De l'état du paupérisme en France et des moyens d'y remédier*, Paris, 1852, n° 172) que l'intervention de l'État se manifestant par la création d'une Caisse générale de retraites sous la direction et sous la garantie de l'État a été réclamée parce que la tâche ne pouvait être remplie par les Sociétés de secours mutuels, alors dépourvues des moyens nécessaires pour calculer avec précision les chances de mortalité, trop peu nombreuses pour donner une large base à ces calculs, incapables d'exercer une surveillance minutieuse et d'offrir des garanties puissantes.

Cf. pour les débats qui s'élevèrent, Costier : *Des retraites ouvrières*, Paris, 1899, p. 45 et suiv.

3. Il n'est pas douteux que les auteurs de la loi de 1850 ont voulu faire de la Caisse des retraites une institution d'assurance ouvrière et rien qu'une institution de ce genre. Non seulement M. Benoist d'Azy l'avait affirmé dans son Rapport à l'Assemblée Législative (*Monit. Off.*, 11 juin 1850), mais lors de la troisième délibération, à la séance du 18 juin 1850, il a nettement déclaré que c'était exclusivement dans l'intérêt des ouvriers que cette loi-là avait été faite (*Monit. Off.*, 19 juin 1850). Il faut ajouter que toutes les explications du rapporteur s'appliquent à l'ouvrier ; c'est ainsi que la régularité des versements est condamnée parce qu' « il est presque impossible à l'ouvrier » de l'atteindre, que si un chiffre est fixé pour la rente viagère, c'est parce que cette somme n'est pas inférieure à celle que « les ouvriers peuvent obtenir ».

4. A la séance du 12 novembre 1849, un député, M. Lestiboudois, avait sou-

système des primes et porta à 5 fr. le minimum des versements; de plus elle disposa que les fonds remis par les déposants seraient immédiatement employés en achats de rentes et que les pensions ou rentes viagères constituées au nom de ces déposants seraient, à l'époque de leur entrée en jouissance, inscrites au Grand Livre de la Dette publique.

Pour dédommager le Trésor de la charge qu'elle lui imposait, cette loi transféra à la Caisse d'amortissement la quotité de rentes nécessaire pour représenter la valeur des rentes viagères inscrites. La Caisse des retraites fut placée sous la garantie de l'État; il a semblé (et c'est ce qui résulte du rapport de M. Benoist d'Azy) que l'intervention de l'État était seule capable de procurer une sécurité que ne peut présenter à un aussi haut degré aucune Compagnie, d'ailleurs obligée à réaliser un bénéfice, ou, au moins, à pourvoir à des frais d'administration que l'État peut livrer gratuitement[1]; la surveillance fut confiée à une Commission spéciale et la gestion remise à la Caisse des Dépôts et Consignations chargée déjà du service des Caisses d'épargne et de nombreux services d'établissements publics et autres, placés successivement depuis 1816 dans ses attributions. L'intérêt devant servir de base aux tarifs des rentes viagères fut fixé à 5 0/0; d'autre part, il fut décidé que pour la constitution d'une rente pour tout Français âgé de plus de 3 ans pour en jouir à un âge fixé à l'avance entre 50 et 60 ans, il serait fait usage des Tables de Deparcieux.

La Caisse organisée par la loi du 18 juin 1850 fut ouverte le 11 mai 1851 à Paris et un peu plus tard ailleurs[2]. Au 31 septembre

tenu que la retraite non obligatoire ne serait pas obtenue et que les maux considérables auxquels la loi voulait porter remède continueraient à subsister.

1. Une Caisse de retraites doit-elle être généralisée et centralisée ou, au contraire, l'institution doit-elle être répandue dans les départements ou les arrondissements? Suivant M. Michel Chevalier, donner aux Caisses de retraites le caractère local ou municipal, c'est exciter l'esprit municipal, seul contrepoids possible aux inconvénients d'une centralisation excessive; c'est consolider les Caisses de retraites en les faisant pénétrer dans les mœurs; beaucoup de personnes se décideraient à une donation immédiate ou à un legs en faveur de la Caisse des retraites de leur ville ou de leur profession, qui y seraient beaucoup moins portées si leur largesse devait aller s'engloutir dans une caisse unique dont l'avoir profiterait à la France entière. Tel n'était pas l'avis de M. Benoist d'Azy, qui pensait que ces avantages ne compenseraient pas la généralisation de l'institution, en ce que les Tables de mortalité ne peuvent être vraies que lorsqu'elles s'appliquent au plus grand nombre d'individus et que les caisses municipales courraient de trop grands risques d'oscillations dans les bases du calcul des retraites. — Em. Thomas: *Caisses des retraites* (*Dict. de l'Économie politique* de Coquelin et Guillaumin p. 258).

2. Cf. à ce sujet l'étude substantielle de M. L. Fontaine: *La Caisse Nationale des retraites pour la vieillesse* (*Bullet. de Statist. et de législat. comp. du Minist. des Finances*, août 1892, p. 147, etc.), et surtout le travail de M. R. Jay: *L'assurance ouvrière à la Caisse Nationale des retraites pour la vieillesse* (*Revue politique et parlement.*, mai 1895, p. 84 à 107); on y trouve tous les détails législatifs, statistiques et financiers.

de la même année, c'est-à-dire dans une période de 7 mois 1/2 à peu près, elle avait reçu 6,459 versements montant à 1,212,459 fr. 73 c. : il s'agissait de 5,383 comptes individuels et il avait été acheté 62,296 fr. de rentes 5, 4 1/2 et 3 0/0. Comparé aux premières opérations d'institutions analogues, les Caisses d'épargne, par exemple, ce résultat pouvait être regardé comme satisfaisant. L'année suivante donna à la Caisse des retraites une bien plus forte impulsion. En mars 1852, la conversion des rentes 5 0/0 avait inquiété les petits rentiers; un décret du 18 de ce mois décida qu'ils pourraient y transférer à la Caisse des retraites leurs inscriptions de rente jusqu'au maximum de 600 francs; c'était leur reconnaître la facilité de conserver le bénéfice du taux de 5 0/0 jusqu'à leur décès, en réservant le capital de la nouvelle rente au profit de leurs héritiers. Cette mesure eut un résultat heureux : dans le courant de l'année 1852 les versements s'élevèrent à plus de 28,000 pour une somme de 31 millions de francs environ.

Cet accroissement si rapide fit craindre que l'institution ne fût détournée de son but qui était de fournir à l'ouvrier et rien qu'à l'ouvrier la possibilité de se ménager une retraite [1], et aussi qu'elle ne devint onéreuse à l'Etat; cette appréhension paraissait d'autant plus fondée que la Caisse des retraites était loin de pouvoir placer ses fonds, de convertir en rentes sur l'Etat à un taux aussi élevé que celui de 5 0/0 dont elle tenait compte à ses déposants par ses tarifs [2]

1. Les chiffres exacts sont 31,057,892 fr. 44 c. pour 14,716 comptes ; d'après le *Rapport de la Commission de la Caisse des retraites pour la vieillesse* pour l'année 1853 (p. 9) ; la moyenne du capital inscrit à chaque compte s'élevait à 1,605 fr. M. R. Jay, (*Revue polit. et parlement.*, avril 1895, p. 87), a bien expliqué ce qui s'est passé.

Les tarifs de la Caisse des retraites assuraient aux déposants le bénéfice d'un intérêt de 5 0/0; ces tarifs ne devaient pas, aux termes de la loi de 1850, être modifiés avant le 1er janvier 1853. Cependant l'année 1852 ayant vu se produire une baisse sensible des fonds publics, l'intérêt donné par ce fonds se trouva bientôt notablement inférieur à 5 0/0. Inévitablement, les petits capitalistes devaient venir, en grand nombre, chercher à la Caisse des retraites un placement qu'ils n'auraient pu trouver ailleurs. La loi n'ayant déterminé aucun maximum pour les versements, les déposants âgés de 50 ans pouvaient, avec un versement de 12,000 fr., s'assurer immédiatement une rente viagère de 600 fr., tout en réservant le capital pour leurs héritiers.

La conversion des rentes 5 0/0 effectuée à la date du 14 mars 1852 était venue activer encore le mouvement qui faisait affluer à la Caisse des capitaux pour lesquels elle n'était point faite. Le Gouvernement semblait lui-même, d'ailleurs, encourager ce mouvement. Le décret du 18 mars 1852 donnait aux rentiers touchés par la conversion la faculté de transférer au pair leurs inscriptions de rente 5 0/0 à la Caisse des retraites pour être échangées contre des titres de rente viagère jusqu'au maximum légal de 600 fr. ; 9,620,728 fr. 68 c. furent ainsi versés en rentes à la Caisse des retraites pendant l'année 1852.

2. La loi de 1850 imposait à la Caisse des retraites l'obligation d'employer les fonds en titres de rentes sur l'Etat au-dessous du pair; ces titres de rente ne donnaient plus qu'un intérêt fort inférieur à celui dont il était tenu compte aux déposants. Les placements, lit-on dans le *Rapport de la Commission de la Caisse pour l'année 1853* (p. 12), furent faits en 1853 à 4,92 0/0

Le législateur désireux sans nul doute d'empêcher la Caisse des retraites de dévier de son but limité et de drainer les capitaux de spéculation crut devoir intervenir : une loi du 28 mai 1853 réduisit à 4 1/2 0/0 le taux de l'intérêt servant de base aux tarifs; en outre, le maximum des versements permis à un déposant dans l'intervalle d'une année fut limité à 2,000 fr.[1] : l'entrée en jouissance des rentes fut ajournée à deux années au moins de l'époque du versement. Tous les vieillards désireux de jouir immédiatement de leur rente furent ainsi virtuellement éloignés de l'institution; les membres des Sociétés de secours mutuels furent seuls exceptés de l'application de ces dispositions nouvelles et la loi permit à toutes ces Sociétés et à toute époque de constituer une rente à jouissance immédiate sur la tête de leurs sociétaires, quelle que fût la somme nécessaire pour l'obtenir.

Ces mesures restrictives eurent un prompt effet sur l'importance des opérations de la Caisse. Le nombre des versements de l'année 1853 s'était élevé à plus de 32,000 pour une somme de près de sept millions ; en 1854, bien que le nombre des versements dépassât 33.000, le montant des sommes versées n'atteignit pas 1,600,000 francs; l'année 1855 fut encore plus faible : 34,000 versements, effectués dans le courant de cette année, ne s'élevèrent pas à 1,500,000 francs[2].

Le ralentissement remarqué dans les opérations des années 1854 et 1855 éveilla l'attention du Gouvernement. Le 7 juillet 1856 fut votée une loi destinée surtout à lever les restrictions susceptibles de paralyser le développement de l'institution. Le maximum de la rente que chaque déposant put se constituer fut élevé par cette loi à 750 fr.; les tarifs furent calculés jusqu'à 65 ans; la jouissance immédiate fut rétablie en faveur de tout déposant âgé de plus de 50 ans; mais on maintint la restriction des versements à 2,000 fr. dans le cours d'une année. Néanmoins les Sociétés de secours mutuels versant au profit de leurs membres et les Sociétés anonymes (Compagnies de chemins de fer[3] et autres), versant au profit de leurs agents et ouvriers ne

d'intérêts pour les versements du premier semestre; ce taux s'éleva à 4,34 pour le deuxième. La Caisse avait été, à partir du mois de juin, autorisée à acheter des rentes 4 1/2 0/0, même au dessus du pair.

1. Cette somme de 2,000 fr. était par trop forte encore; on le fit remarquer lors de la discussion. Mais le Corps Législatif refusa de s'arrêter au chiffre de 500 fr., qui était beaucoup plus rationnel. V. les observations de M. Paul Dupont à la séance du 30 avril 1853 (*Monit. Off.*, 1er mai 1853). Cf. les remarques de M. Maze : *La lutte contre la misère*, Paris, 1883, p. 38, etc.

2. Beauvisage : *Guide du déposant à la Caisse des retraites pour la vieillesse*, 13e édit., Paris, 1864, p. 3.

Il convient de mentionner ici le décret du 8 août 1855 ouvrant l'accès de la Caisse aux instituteurs primaires communaux pour y faire fructifier d'une manière plus profitable les fonds versés dans leurs Caisses d'épargne spéciales à l'intérêt de 4 0/0.

3. Dès 1851, la Compagnie du chemin de fer d'Orléans avait fait des versements au profit de ses agents; en 1852, la Compagnie des chemins de fer de Rouen était entrée dans la même voie; en 1854, plus du quart en nombre et plus du tiers en sommes des versements provenaient de ces deux Compa-

furent pas soumises à ce maximum annuel de 2,000 fr. Sous l'empire de cette législation les recettes de la Caisse des retraites s'augmentèrent et les versements de l'année 1880 dépassèrent le nombre de 108,000 représentant environ 4 millions et demi de francs.

La nécessité reconnue de la suppression de certaines dispositions restrictives de la loi de 1853 et l'utilité d'une codification des dispositions maintenues des trois lois relatives à l'institution donnèrent naissance à la loi du 12 juin 1861, qui étendit aux étrangers les avantages de cette institution réservés jusque là aux Français ou aux étrangers admis aux droits civils.

Le maximum des rentes viagères individuelles se trouva élevé de 750 à 1000 fr., et celui des versements annuels de 2 à 3000 fr. L'exception à cette règle concernant les versements annuels fut étendue des Sociétés de secours mutuels et anonymes aux versements effectués par les Administrations publiques en vertu de décisions judiciaires. L'abandon d'un capital primitivement réservé qui ne pouvait être fait qu'au moment de l'ouverture de la rente fut désormais autorisé à toute époque soit avant, soit après la délivrance du titre de rente viagère.

Sous l'empire de la loi de 1861 les opérations de la Caisse des retraites s'accrurent considérablement. Le nombre des versements effectués dans le cours de l'année 1863 dépassa 302,000 pour une somme de 6 millions et demi de francs. Cet abaissement de la moyenne des versements et les réclamations du public engagèrent le législateur à élever, par la loi du 4 mai 1864, à 4000 fr. le maximum des versements admissibles dans la même année et à 1,500 fr. celui des rentes inscriptibles sur la même tête [1].

Cette loi de 1864 et aussi celle du 12 juin 1861 en élevant le maximum des versements annuels exclus des rentes viagères firent perdre à l'institution son caractère primitif. Ce que le législateur avait eu en vue c'était la population laborieuse, c'était l'ouvrier chef d'une famille. Les mesures prises montrèrent aux personnes relativement aisées, aux célibataires, aux époux sans enfants qu'il leur était possible d'augmenter leurs revenus en s'adressant à la Caisse ; il y eut là une nouvelle clientèle[2] à laquelle le législateur n'avait certainement pas songé

prises ; c'est à cette date que les Compagnies du Nord et de Lyon se montrèrent disposées à adopter le même système. — Jay : op. cit., p. 91.

1. Beauxisage : op. cit., p. 4.
2. De longue date, la Commission de la Caisse avait insisté pour obtenir des dispositions permettant à de nombreuses catégories d'agents relevant à divers titres de l'Administration, de participer aux avantages de l'institution de façon à avoir des pensions de retraite dont le bienfait leur était refusé. Ce vœu fut écouté. Un décret du 8 août 1857 donna aux instituteurs l'option entre le maintien de leurs fonds à la Caisse des dépôts et leur conversion en livrets de la Caisse des retraites. En 1859, l'Administration forestière organisa définitivement le système des versements au nom des gardes forestiers communaux. Un règlement du 30 avril 1861 rendit obligatoire, pour

et qui devint de plus en plus nombreuse à mesure que l'on constata que l'intérêt de 5 0/0 [1] auquel les versements étaient capitalisés était bien supérieur au revenu réel des rentes sur l'État[2].

les cantonniers des ponts et chaussées n'ayant pas dépassé 55 ans, le versement à la Caisse des retraites du vingtième de leur salaire ; la même année, l'Administration des Finances établit un règlement analogue pour les employés et ouvriers de l'Administration des tabacs ; en 1862, les agents de poursuites des Contributions firent leur apparition sur les statistiques de la Caisse. R. Jay : *op. cit.*, p. 93 et suiv. ; Costier : *Des retraites ouvrières*, p. 28 et 29.

1. Le principal mérite de la Caisse, écrivait M. Vermont en 1882 (*Les retraites des travailleurs ; les Sociétés de secours mutuels*, Rouen, 1882, p. 21), est de donner aux déposants un intérêt supérieur à celui des Caisses d'assurances sur la vie. Aussi un grand nombre de banquiers et d'employés des administrations publiques, force Parisiens, moins routiniers que les habitants des provinces, en ont-ils profité. D'importants capitalistes, y trouvant leur intérêt, n'ont pas dédaigné de lui verser 4,000 fr. à la fois. C'était permis. Quant aux ouvriers, à peine connaissaient-ils l'existence de cette Caisse que l'on avait créée pour eux... On pourrait presque dire de la Caisse nationale des retraites qu'elle est utile seulement à ceux qui ne devraient pas avoir le droit d'en profiter.

M. Vermont proposait (*op. cit.*, p. 63) de rendre à la Caisse nationale le caractère qu'elle avait perdu et d'écarter la spéculation en abaissant le chiffre des versements annuels qu'elle peut recevoir, le maximum des rentes qu'elle doit servir et l'intérêt de capitalisation des dépôts, dépassant un certain chiffre.

Cf. le discours de M. l'avocat-général Gottignies à l'audience de rentrée de la Cour de Nîmes, le 3 novembre 1884 sur *Le socialisme d'État* (*La Loi*, 12 novembre 1884).

2. Le rapprochement de quelques chiffres offre à ce point de vue un caractère particulier d'intérêt. D'après une statistique fournie au Corps Législatif par M. Forcade de la Roquette, les déposants s'étaient, de 1850 à 1860, répartis ainsi : ouvriers, 62,400 ; employés, 25,593 ; clergé et professions libérales, 8,497 ; artisans patentés et marchands, 1,940. En 1862, les déposants se décomposaient de la manière suivante : ouvriers, 17,926 ; militaires et marins, 15 ; employés, 2,830 ; domestiques, 114 ; clergé et professions libérales, 145 ; rentiers sans professions, 714 ; cantonniers, 23,355 ; gardes champêtres et forestiers, 941.

L'on a cherché (Hubert Valleroux : article *Retraites* dans le *Nouveau Dict. d'Écon. polit.* de MM. Léon Say et Chailley-Bert) à expliquer la raison du grand nombre de dépôts faits par les cantonniers et les gardes forestiers ou champêtres, relevé à une date ancienne (Ch. Robert : *Les améliorations sociales du second Empire*, Paris, 1868, I, p. 68), en disant qu'ils n'ont point de retraites sur l'État et que c'est l'Administration qui verse en leur nom. Il faut ajouter que pour les versements profitant à des ouvriers, très peu sont effectués par les intéressés, qu'une partie est faite par les Sociétés de secours mutuels qui constituent des retraites à leurs membres, que la plupart viennent des patrons (particuliers ou Compagnies) qui font au nom de ces ouvriers des versements pour leur assurer les avantages que procure la Caisse. D'une façon générale, on peut noter que les versements directs faits à la Caisse de 1850 à 1891 avaient été au nombre de 225, 212 contre 7,715,016 faits par les intermédiaires. Ces intermédiaires n'étaient pas tous des patrons, c'étaient aussi des Compagnies d'assurances qui faisaient servir par l'État, avec bénéfice pour elles, les pensions dont elles avaient pris la charge.

Le rapport sur le fonctionnement et les opérations de la Caisse en 1896 (*Journ. Off.*, 6 juillet 1897, p. 3817) constate que, parmi les nouveaux déposants collectifs de l'année 1896, les ouvriers de l'État, des mines (en présence de la loi du 29 juin 1894, il est vrai) et des diverses industries, prennent le

L'intérêt dont les versements sont bonifiés étant supérieur à celui que la Caisse retirait de ses placements en rentes sur l'État et cette capitalisation ayant paru si avantageuse pour les déposants que les capitaux affluaient, la Caisse dont le caractère s'altérait de plus en plus[1] menaçait de se trouver dans une situation très critique : elle était en perte[2]. Le pouvoir prit les mesures qu'il jugeait nécessaires :

premier rang, qu'ensuite viennent les agents des chemins de fer, les employés, militaires et marins, les mineurs sans profession, les artisans patentés et marchands, les professions libérales et les rentiers, les agriculteurs et les domestiques; parmi les déposants directs, les mineurs sans profession qui occupaient le second rang en 1895 sont au premier rang en 1896; puis viennent les professions libérales et les rentiers, les employés, militaires et marins, les artisans patentés et marchands, les ouvriers des manufactures de l'État et des diverses industries, les domestiques, les agriculteurs et les agents des chemins de fer.

1. Tous les documents officiels constatent, en effet, pour les versements, en même temps que la diminution du nombre des ouvriers un accroissement sensible pour les employés militaires et marins, le clergé, les professions libérales. Le sacrifice très réel que l'État s'imposait profitait en réalité aux petits rentiers, aux employés et même, a-t-il été prétendu, à des Compagnies d'assurances qui faisaient servir des pensions à leur personnel par l'État, à perte pour ce dernier.

Chaufton : *op. cit.*, p. 558 et suiv.. Fontaine : *Rapp. du groupe d'économie sociale à l'Exp. Univ. de 1889*, p. 491 et suiv.; Gauwès : *op. cit.*, T. III, p. 600.

2. Pour montrer la perte résultant à la fois du taux élevé auquel on capitalisait les sommes versées (5 4/10) et de la Table servant à faire les calculs, M. Tirard, dans un discours au Sénat, l'estimait pour les huit années précédentes (1875 à 1882) à 72.336.000 fr. se répartissant ainsi : différences entre le taux d'emploi des fonds par la Caisse (4,64 à 4,10) et celui de 5 0/0 qui sert à fixer le taux des pensions : 40.536.000 fr., pertes des intérêts capitalisés en moyenne pendant onze ans avant l'entrée en jouissance de pension : 23.500.000 francs; perte venant de ce que plus de la moitié des pensions étant à capital réservé, le capital qui a ainsi manqué à la Caisse aurait dû lui procurer une capitalisation nouvelle à intérêts composés, évaluée à 8.000.000 francs. — Hubert-Valleroux : *loc. cit.*

L'intérêt moyen des fonds placés par la Caisse n'avait été en 1868 que de 4 fr. 38, en 1869, de 4 fr. 21, en 1870 de 4 fr. 10, il s'éleva en 1871 à 5 fr. 68, en 1872 à 5 fr. 87. Il fallut que la loi budgétaire du 26 décembre 1872 portât à 5 0/0 l'intérêt dont devait tenir compte la Caisse des retraites. Cette réduction ne se fit guère sentir; cette capitalisation était encore excessive. Des gens aisés, ou riches, comme le constate un rapport rendu par M. Maze à la Chambre des députés le 4 décembre 1882, vinrent déposer 4.000 fr. à la fois et se constituer une rente viagère dans des conditions qu'aucune Compagnie d'assurances quelque peu sérieuse n'aurait pu leur offrir; d'autres, arrivés à l'âge de 48 ans, versaient leur argent à capital réservé : c'était un excellent placement dont ils touchaient les intérêts à partir de 50 ans avec la certitude de laisser intactes après eux les sommes déposées. — R. Jay : p. 100 et 101.

Lors de la discussion du budget de 1883 (Séance du 27 juillet 1882) M. Léon Say, Ministre des Finances, signalait en ces termes la situation inquiétante de la Caisse des retraites pour la vieillesse : « Cette Caisse nous coûte de l'argent. C'est encore là un compte qui ne rentre pas dans nos budgets. Nous avons fondé une institution qui paie trop cher les fonds qu'on lui remet et qui, par conséquent, est en perte. Elle est en perte comme une Compagnie d'assurances, c'est-à-dire que le capital qu'elle a dans les mains n'a pas une valeur égale à tous les engagements échelonnés qu'elle aura à tenir un jour. C'est par suite d'un examen de son actif, comparé à ces engagements futurs, indéterminés, dont il est difficile de connaître la valeur actuelle,

une loi du 29 décembre 1862 ramena le taux de l'intérêt (reporté à 5 0/0 par la loi du 20 décembre 1872) à 4 1/2 0/0, tout en décidant que les rentes viagères à inscrire provenant de versements effectués antérieurement au changement de tarif continueraient d'être capitalisés à 5 0/0 dans les opérations de transfert à l'amortissement présentées par l'art. 14 de la loi du 12 juin 1861; une autre loi du 29 janvier 1861 décida que pour couvrir les pertes subies antérieurement au 1er janvier 1864 et assurer le service des rentes viagères en cours à la même date, le Ministre des finances était autorisé à inscrire au Grand Livre de la Dette publique, section du 5 0/0 amortissable, au nom de la Caisse Nationale des retraites pour la vieillesse et à titre de dotation, une somme de rentes correspondant, d'après le cours moyen de 1863, au capital des rentes perpétuelles dont l'annulation avait été opérée en échange de rentes viagères.

Ces mesures ne furent pas suffisantes. Une réforme presque complète s'imposait; elle fut effectuée par la loi du 20 juillet 1886 [1].

Cette loi dont l'analyse détaillée sera présentée plus loin, limite à 1,200 fr. le chiffre des pensions fournies par les versements des intéressés capitalisés suivant un taux déterminé chaque année et calculés d'après une Table établie à nouveau pour remplacer la Table de Deparcieux. Le maximum annuel des versements ne peut dépasser 1000 fr. (exception est faite pour les versements des Sociétés de secours mutuels et pour ceux que font les Administrations publiques au compte de leurs agents qui ne profitent pas de la loi de 1853 sur les pensions de retraites). Les fonds sont gérés par la Caisse des Dépôts et Consignations qui pourvoit aux frais de gestion, mais le soin de régler toutes les questions est confié à une Commission supérieure.

Le législateur reconnaît que l'accès de la Caisse doit être ouvert même à la personne qui verse un franc, aux majeurs de 16 ans et aux

si ce n'est pas un calcul; — c'est, dis-je, par la comparaison entre ces deux chiffres que l'on peut voir si la Caisse est in bonis ou si elle ne l'est pas ». Le Ministre demandait la somme jugée alors nécessaire pour achever de constituer un capital donnant à la Caisse, en tout état de cause, le moyen de remplir ses engagements sans recourir au Trésor. Ce qui a permis aux pouvoirs publics d'ajourner la solution de cette question, c'est qu'il n'y avait pas de déficit annuel apparent : il se produisait peu à peu par un épuisement du portefeuille de la Caisse qui le rendait chaque jour de plus en plus inférieur aux nécessités de l'avenir.

L'insuffisance des réserves de la Caisse des retraites s'élevait à la fin de 1885 à plus de 40 millions. Le tableau suivant en fait ressortir l'accroissement depuis 1875 : 1876 : 1,114,000 fr. — 1876 : 1,091,000 fr. ; — 1877 : 1,948,000 fr. ; — 1878 : 2,041,000 fr. ; — 1879 : 7,030,000. — 1880 : 9,232,000 fr. ; — 1881 : 10,740,000 ; — 1882 : 7,800,000 (environ) Total au 31 décembre 1885 : 40,176,000 francs.

Dumaine : article Caisse des retraites pour la vieillesse, § 6, in fine dans le Dictionnaire des finances de M. Léon Say.

1. V., sur cette loi la notice de M. Muzn publiée dans la Revue des institutions de prévoyance (n° de janvier 1887) sous ce titre : La réforme de la Caisse nationale des retraites, ainsi que les indications fournies par M. Gautier (loc. cit.)

femmes mariées en l'absence de toute autorisation, aux étrangers résidant en France aussi bien qu'aux nationaux.

L'entrée en jouissance de la pension est fixée, au choix du déposant, à partir de chaque année d'âge accomplie de 50 à 65 ans; les tarifs sont calculés jusqu'à ce dernier âge : les rentes viagères au profit de personnes âgées de plus de 65 ans sont liquidées suivant les tarifs déterminés pour l'âge de 65 ans. La loi de 1886 maintient les prescriptions de la loi de 1850 sur la faculté de reculer la date primitivement fixée ou de renoncer au bénéfice du capital réservé pour accroître la rente, comme aussi la commodité de pouvoir faire liquider la rente pour infirmités graves survenues avant 50 ans et la gratuité assurée aux pièces de toutes sortes nécessaires aux pensionnaires. Mais, et ceci est à noter, les pensions anticipées peuvent être bonifiées par un crédit ouvert chaque année par la loi du budget sans que, cependant, elles puissent dépasser 360 fr. chacune.

Afin de multiplier les facultés d'accès, la loi de 1886 décide non seulement que des instructions sur la Caisse et ses avantages doivent être affichées dans toutes les mairies, dans les bureaux de poste et dans les écoles, mais aussi que les versements pourront se faire entre les mains des comptables du trésor et des receveurs des postes.

Pour le législateur, la nouvelle loi devait amener en foule les assurés à la Caisse des retraites. Les prévisions [1] ne semblent pas s'être réalisées et le nombre des personnes qui, dans les villes [2], sont en mesure d'effectuer des versements particuliers n'a pas été en rapport avec les réformes réalisées [3]. Les statistiques [4] ne laissent absolument aucun

1. Beaucoup de personnes, à la vérité, ne se faisaient pas d'illusions. C'est ainsi que M. Beauregard (*Éléments d'économie politique*, p. 304) écrivait que si la loi du 20 juillet 1886 était encore trop récente pour que l'on pût préjuger de ses effets, on pouvait prévoir qu'ils ne seraient pas considérables et que malgré les précautions, l'État, responsable des insuffisances, éprouverait des pertes sérieuses.

2. La Caisse nationale peut-elle songer à recruter beaucoup de pensionnaires dans les campagnes ?

Assurément, dans les départements où le paysan considère la terre comme le seul placement de ses économies, il ira peu à la Caisse des retraites ; mais dans ceux, au contraire, où le paysan a déjà le goût des placements mobiliers, où il achète soit de la rente, soit des valeurs à lots, où il dépose à la Caisse d'épargne, là on peut s'attendre à des versements peu nombreux d'abord, mais qui augmenteront lorsqu'on appréciera mieux les très grands et très sérieux avantages qu'offre l'institution, lorsque surtout l'on aura vu quelques pensionnaires. Mais ceci est dans l'avenir. Actuellement, à la réserve des cantonniers et des gardes champêtres, que leur qualité de fonctionnaires a disposés à ces versements, le nombre de ceux qui en font ou qui en font de sérieux est absolument insuffisant dans les campagnes. — Hubert-Valleroux ; *La charité avant et depuis 1789 dans les campagnes de France*, Paris, 1896, p. 260.

3. Le chiffre des versements (non pas le nombre des versements, mais le chiffre) a diminué avec la mise en vigueur de la loi nouvelle. En 1885, on avait en 12,197 versements en vue de pension à capital aliéné et 8, 272 à capital réservé. Les chiffres ont été en 1886 de 15,275 et 8,916, alors qu'ils ont été de 12,612 et 5,400 en 1887, 13,615 et 7,580 en 1888. L'écart sur le nombre

doute et elles font bien certainement la lumière la plus vive à cet

des versements, on le voit, est faible, mais il est sensible sur les sommes versées ; elles étaient (négligeant les fractions au dessous de 100 fr.) de 13,981,000 fr. et 11,963,000 fr. en 1885, 17,865,000 et 14,842,000 en 1886. En 1887 elles ne sont plus que de 5,220,000 et 2,443,000 ; en 1888, de 5,556,000 et 2,705,000. Par contre, les versements faits par les intermédiaires n'ont pas cessé de croître en nombre ; les sommes versées n'ont pas sensiblement varié, ce qui indique la création par les patrons d'un grand nombre de petites pensions. Quant aux versements faits par les Sociétés de secours mutuels, ils sont en augmentation à la fois comme nombre des versements et comme chiffre des sommes : en 1888, 3,571 versements ont donné 6,292,000 fr. — Hubert-Valleroux ; article *Retraites* dans le *Nouveau Dictionnaire d'économie politique*.

Le rapport de la Commission supérieure sur les opérations et la situation en 1896 (*Journ. Off.*, 6 juillet 1892) relève que les versements, qui, en 1895, avaient été de 1,338,259 pour 32,638,154 fr. 89 ont atteint en 1896 1,811 pour 37,913,362 fr. 96 c., soit une augmentation de 472,826 sur le nombre et et de 5,275,208 fr. 07 c. sur la somme des versements, que dans cette augmentation la plus forte partie est due aux versements faits pour le compte de collectivités (469,621 pour 5,068,113 fr. 82 c.), ce qui se conçoit parfaitement en présence de l'application de la loi du 29 juin 1894 sur les retraites des ouvriers mineurs ; les versements des exploitants de mines figurent dans l'augmentation totale pour 400,158 versements et 3,400,619 fr. 31 c. Le nombre des comptes nouveaux ouverts en 1896 s'est élevé à 100,664, en diminution de 56,408 sur le chiffre correspondant de l'année précédente.

La moyenne des versements faits pour le compte de collectivités a été de 17 fr., en diminution de 3 fr. sur celle de 1895 ; quant aux versements individuels, leur moyenne, qui s'était déjà abaissée en 1895, a subi une nouvelle diminution en 1896, car elle a passé de 218 fr. à 204 fr. La moyenne générale des versements ressort à 21 fr., chiffre inférieur de 13 fr. à celui de 1895 (24 fr.), de 9 fr. à la moyenne de 1894 (30 fr.), de 14 fr. à celle de 1893 (35 fr.) et de 17 fr. à celle de 1892 (38 fr.) : c'est une diminution de près de 50 %. Les dépôts individuels faits en 1895 comprenaient 11,690 sommes de 500 fr., soit un total de 5,845,000 fr. ; le maximum de 500 fr. a été versé en 1896 par 12,099 déposants individuels pour 6,049,500 fr. ; les versements inférieurs à 500 fr. sont au nombre de 11,787 et représentent une somme totale de 1,126,132 fr.

Le nombre des rentes viagères en cours s'élevait au 31 décembre 1896 à 208, 211 pour 33,396,861 fr., soit 7,361 parties pour 217,636 fr. de plus qu'au 31 décembre 1895. La moyenne des inscriptions existantes ressort à 160 fr., et est inférieure de 5 fr. à celle de 1895. Le nombre des nouvelles rentes émises en 1896, 27,353 dépasse de 2,319 le chiffre correspondant de 1895. Cette augmentation porte uniquement sur les rentes émises en exécution de la loi du 31 décembre 1895, relative à la majoration des pensions de retraite. Si l'on fait abstraction des majorations, les inscriptions émises en 1896 ne sont plus qu'au nombre de 24,891 pour 2,411,693 fr. de rente, en diminution de 143 pour les nombres et de 12,992 fr. pour le montant des rentes.

A la suite des lois votant le principe de la bonification des pensions de retraite, il a été accordé un supplément de 2,204 fr. pour un capital en dernier lieu de 31,408 fr. 50. Il a été acquitté en 1896 31,834,451 fr. 75 c. d'arrérages des rentes viagères répartis entre 627,412 paiements. Chaque inscription a donné lieu dans l'année à trois paiements en moyenne. Il y a donc moins des trois quarts des rentiers qui usent de la faculté qui leur est accordée de percevoir régulièrement chaque trimestre les arrérages échus sur leurs titres de rente.

Les remboursements de capitaux réservés faits aux héritiers ou ayantsdroit après le décès des titulaires, ont été au nombre de 7,495 pour une somme de 13,111,131 fr. 07, soit 909 paiements et 2,872,012 fr. 11 de moins qu'en 1895. La moyenne de ces remboursements est de 1,756 fr. au lieu de 1,905 fr. en 1895, 1,835 fr. en 1894 et 1,937 fr. pour les dix années antérieures.

égard[1]. De 1852 à 1893 c'est à peine si l'on a compté 469,027 parties inscrites par une somme totale de 55,602,433 fr.

Diverses causes agissant en sens inverse, dit le Rapport pour l'exercice 1896, peuvent contribuer à augmenter à diminuer l'importance des comptes à capital réservé à rembourser. D'une part, les comptes d'un chiffre élevé formés en peu d'années par des déposants directs, alors que le maximum des versements annuels était de 4,000 fr. et le maximum des recettes de 1,500 fr. deviennent de jour en jour moins nombreux, et le maximum des versements (500 fr.) ne permet plus aux déposants ayant dépassé un certain âge de verser des sommes considérables. D'autre part, bien que le maximum de rente ne soit plus que de 1,200 fr., l'abaissement du taux de l'intérêt nécessite, pour constituer cette rente par les versements périodiques à capital réservé, des sommes plus fortes que celles qu'il fallait verser autrefois pour atteindre le chiffre de 1,600 fr.

Les placements se sont élevés en 1896 à 44,695,919 fr. 71 et ont été effectués : 1° pour une somme de 11,950,000 fr. en obligations du Trésor public à 3,25 % amortissables au moyen d'annuités terminables en 1923; ce placement s'était élevé tout d'abord à 21,950, 000 fr., mais à titre temporaire, jusqu'au chiffre de 10 millions, et il a été réduit de cette somme pendant le courant de l'année; — 2° pour une somme de 22,745,919 fr. 71 en obligations départementales et communales dont le taux moyen ressort, net, à 3,55 %.

Au 31 décembre 1898 (*Journ. Off.*, 17 mars 1899, p. 1868) l'actif de la Caisse Nationale des retraites pour la vieillesse était de 968,056,453 fr. 93 dans lequel figuraient comme capitaux réservés 15,323,576 fr. 57 et comme rentes viagères 32,635,909 fr. 08, les rentes sur l'État et les valeurs du Trésor pour 702,947,814 fr. 98 c., les obligations de chemins de fer pour 13,024,760 fr. 11 et les fonds en compte courant avec le Trésor pour 47,750,456 fr. 93.

Le passif était de 968,056,453 fr. 93 c.; le chapitre des comptes annuels indiquait pour les versements à capital aliéné 49,848,552 fr. 22 c., pour le versement à capital réservé, 21,703,534 fr. 59 c.; pour les déposants de capitaux de garantie il y avait un chiffre de 837,469,479 fr. 09 c., et pour les déposants de sommes mises en paiement 53,282,296 fr. 71 c. Les rentes viagères en cours atteignaient 35,458,491 fr. pour 235,184 inscriptions.

4. De 1852 à 1883, l'on a enregistré 236,227 parties pour 31,262,438 fr.

La situation au 1er janvier de chaque année a été : en 1884 de 138,154 parties pour 23,524,532 fr.; en 1885, de 144,868 pour 25,413,479 fr.; en 1886, de 147,696 pour 27,192,309 fr.; en 1887, de 151,416 pour 29,074,184 fr.; en 1888, de 156,601 pour 30,131,445 fr.; en 1889, de 161,907 pour 30,832,725 fr.; en 1890, de 165,719 pour 31,049,197 fr.; en 1891, de 173,388 pour 31,722,687 fr.; en 1892, de 180,470 pour 32,237,264 fr.; en 1893, de 187,346 pour 32,771,616 fr.

La statistique a relevé pour les nouvelles inscriptions les chiffres suivants pour chaque année : 1884, 21,642 parties pour 2,732,779 fr.; 1885, 22,943 pour 2,926,694 fr.; 1886, 24,054 pour 3,262,869 fr.; 1887, 24,604 pour 2,831,458 fr.; 1888, 24,923 pour 1,009,304 fr.; 1889, 24,223 pour 4,920,037 fr.; 1890, 23,513 pour 2,977,932 fr.; 1891, 25,506 pour 2,493,014 fr.; 1892, 26,756 pour 2,300,491 fr.; 1893, 23,569 pour 2,485,033 fr.

Il importe de compléter ces indications par le compte des rentes éteintes à la suite de décès notifiés :

En 1884, 3,853 parties pour 724,204 fr.; en 1885, 4,846 pour 866,673 fr.; en 1886, 6,485 pour 1,205,482 fr.; en 1887, 6,234 pour 1,182,547 fr.; en 1888, 6,407 pour 1,304,216 fr.; en 1889, 7,108 pour 1,187,951 fr.; en 1890, 5,670 pour 1,147,006 fr.; en 1891, 6,766 pour 1,411,877 fr.; en 1892, 7,095 pour 1,532,319 fr.; en 1893, 9,088 pour 1,775,176 fr.

1. Les variations qui se sont produites pour les versements et leurs raisons ont été très clairement indiquées par M. L. Fontaine dans un travail sur *La Caisse des retraites pour la vieillesse* (Bullet. de statist. et de législat. comp. du Minist. des finances, août 1892, p. 152 et 153).

Les versements directs présentent des variations singulières. Ils atteignent d'abord plus de 37 millions depuis le commencement de l'année 1852 jusqu'au 15 juin 1853, et les versements réservés dépassent sensiblement les

On ne saurait même affirmer que l'institution telle qu'elle fonctionne répond au but de ses créateurs puisqu'il est certain qu'elle n'est pas

versements aliénés. Ils subissent ensuite une réduction brusque, suivie d'un accroissement progressif et régulier de 1853 (2e semestre) à 1877, sauf la diminution occasionnée par les événements de 1870-1871. Dans cette période, les versements aliénés s'élèvent au total à 76,8 millions, les versements à 7,3 millions seulement. De 1875 à 1881, ils progressent, par véritables bonds, de 15 millions à 55 millions, et, dans ces quatre années, la proportion des deux espèces de versements est changée : moins de 58 millions à capital aliéné, plus de 88 millions à capital réservé. Une diminution, sensible surtout pour les dépôts réservés, s'accuse de 1882 à 1884. Un relèvement appréciable apparaît en 1885 et 1886, puis une véritable chute en 1887, point de départ d'une nouvelle progression ascendante. Depuis 1884, la proportion tourne à l'avantage des versements à capital aliéné.

Les variations que présentent les versements directs ou individuels résultent de l'écart entre le taux des tarifs de la Caisse des retraites et l'intérêt moyen produit par les placements en rentes sur l'État ou en valeurs offrant la même sécurité, et des modifications apportées au maximum des versements annuels. Les déposants qui font ces versements apportent, pour la plupart, en une seule fois ou lorsque le maximum annuel s'y oppose, en quelques années au plus, les économies réalisées au cours d'une existence laborieuse, pour obtenir une rente, le plus souvent immédiate ou très peu différée. Lorsque le taux du tarif en vigueur correspond ou est inférieur à celui des fonds publics, les versements individuels sont principalement opérés à capital aliéné et constituent une véritable opération d'assurance contre la prolongation de l'existence. Mais lorsque l'intérêt servi par la Caisse est sensiblement supérieur au taux auquel on peut acheter des rentes sur l'État ou des obligations garanties par l'État, quelques petits capitalistes — ce ne sont pas des millionnaires — préférant un placement avantageux à la libre disposition de leur modeste fortune, effectuent des versements à capital réservé et s'assurent ainsi contre la réduction de leurs revenus.

En 1852, le décret du 18 mars autorisa les petits rentiers, menacés par la conversion du 5 0/0 en 4 1/2 0/0, à transférer à la Caisse des retraites leurs inscriptions au pair pour obtenir, en échange, des rentes viagères jusqu'à concurrence du maximum de 600 fr. De 1853 à 1872, le taux des tarifs étant fixé à 4 1/2 0/0 l'intérêt moyen des placements du fonds de la Caisse en rentes perpétuelles varie de 4, 87 0/0 en 1855, pour descendre à 4,21 0/0 en 1860 et pour remonter à 5,68 0/0 en 1871 et 5, 85 0/0 en 1872. De 1873 à 1882, le taux du tarif est 5 0/0 ; le taux moyen des placements baisse de 5,53 0/0 en 1873, à 4,69 0/0 en 1877, et se relève légèrement à 4,33 0/0 en 1882, année dont le début a été marqué par une crise financière, qui n'a pas manqué d'affecter les versements directs. A partir de 1883, le taux du tarif, réduit à 4 1/2 0/0, puis à 4 0/0, n'offre plus qu'une différence minime avec le taux moyen des placements en rentes perpétuelles ou en valeurs garanties par l'État. Enfin, depuis le 1er janvier 1887, les versements sont limités à 1,000 fr. par an. Ces faits expliquent les oscillations des versements directs.

Les versements par intermédiaire ne présentent pas de telles relations. Comme ils sont généralement réglementaires ou statutaires, qu'ils se composent de sommes modiques, répétées plusieurs fois chaque année, pendant une longue période, en vue d'assurer des rentes viagères différées, les modifications apportées au maximum annuel des dépôts ou au taux des tarifs ne les affectent pas. Ils se sont développés régulièrement, en même temps que se répandaient les saines et justes notions sur les devoirs qui incombent aux patrons. Les versements aliénés de cette catégorie l'emportent sur les dépôts réservés jusqu'en 1869 : c'est le contraire depuis 1870. Ce changement indique une modification dans les préoccupations des salariés, une tendance à préférer une rente viagère plus faible, afin de laisser, après leur mort, un petit patrimoine.

réservée, comme elle devrait l'ê e, aux ger de petit avoir risquant de tomber, sur leurs vieux jours, à la charge   u public[1]. Si l'on examine en détail les comptes on constate que parmi eux un nombre important ne provient pas de l'épargne ouvrière. La statistique des déposants, (surtout leur classification professionnelle), fournie par les comptes-rendus de la Caisse, ne permet, à cet égard, aucune contestation[2].

La Caisse n'a pas rencontré de la part du public auquel elle était spécialement destinée le crédit et la faveur. Elle n'a su susciter aucun élan, déterminer aucun mouvement entraînant vers elle les classes populaires : elle n'a su créer dans les masses aucun courant d'opinion capable de lui gagner directement des adhérents.

SECTION II

Fonctionnement de la Caisse Nationale des retraites pour la vieillesse.

La Caisse des retraites pour la vieillesse régie essentiellement par la loi du 18 juin 1850, celle du 24 juillet 1856 et le décret portant règlement d'administration publique des 28-30 décembre 1886 et la loi de finances des 26-27 décembre 1890, a été constituée pour servir des rentes viagères aux personnes ayant effectué des versements périodiques et capitalisés lorsqu'elles arrivent à l'âge indiqué par elles pour la jouissance de la somme convenue. Ce n'est pas un établissement charitable[3]. C'est une Caisse d'assurances en cas de vie ou de rentes via-

1. Pour bien des personnes (notamment M. Hubert-Valleroux : *La charité avant et depuis 1789 dans les campagnes de France*, p. 60) c'est le résultat de l'élévation du chiffre des pensions. Il suffirait de les limiter à 500 ou 600 fr. au plus.

2. Il faut ajouter aussi que si l'on recherche comment se sont opérées les affiliations constatées dans le monde du travail, on s'aperçoit que le plus souvent elles n'ont exigé de la part des intéressés, aucune manifestation de volonté personnelle et ne sont que la conséquence de la décision de certains patrons qui ont trouvé, en amenant leur personnel à cette institution, un moyen commode de se décharger du fardeau et du souci d'assurer eux-mêmes des pensions de vieillesse. — Costier : *op. cit.*, p. 49.

3. Dans le rapport qu'il a présenté au Sénat à l'occasion de la loi du 4 mai 1864, M. Dumas l'a montré : en constituant la Caisse, l'État n'a voulu faire un acte de charité, il a passé avec les déposants un contrat sincère ; on doit tendre à ce qu'au bout d'un siècle, par exemple, il n'y ait ni gain, ni perte par l'État, les capitaux versés et les intérêts composés ayant été absorbés par les rentes payées, mais ayant suffi pour en assurer le service. Ce n'est pas une association, dit fort bien M. Lenfant (*Projet de Statuts d'une Société nationale de Banques populaires d'épargne et de crédit pour les travailleurs*, 2e édit, Paris, 1894, p. 53), ce n'est rien qu'un rouage administratif ; encore son rôle est-il purement passif puisqu'il se borne à engouffrer des capitaux pour les restituer nombre d'années après sous une autre forme et cela sans profit pour l'État ni pour le crédit public.

gères différées. Seulement c'est une institution d'État par son organisation et son régime, par son but et son fonctionnement [1].

Son titre indique qu'il s'agit d'une institution accessible à tous, impliquant la garantie de l'État et aussi qu'elle se distingue des Sociétés privées qui s'intitulent Caisses de retraites pour la vieillesse [2].

Elle est gérée par la Caisse [3] des Dépôts et Consignations [4] avec le concours d'une Commission supérieure chargée de l'examen de toutes les questions qui la concernent et de présenter chaque année un rapport au Gouvernement, et aussi avec l'aide des agents financiers de l'État (trésoriers-payeurs généraux, receveurs particuliers, percepteurs et receveurs des postes) chargés notamment de recevoir les versements [5]. Au point de vue de la liquidation et du service des pensions, elle est maintenant totalement indépendante [6].

1. Cette Caisse, dit M. Ducrocq (*Cours de droit administratif*, 6e édit., Paris, 1881, T. II, p. 728), est un établissement public ayant une personnalité distincte. Le savant auteur avouait que ce n'était pas sans hésitation qu'il émettait cette opinion, tant la Caisse est absolument rattachée à l'État. On peut se demander cependant si l'autonomie n'est pas attestée par la loi du 26 décembre 1890, qui a reconnu à la Caisse son indépendance, ou moins quant aux frais de gestion.

2. Duvergier : *Collect. des Lois*, 1886, 284.

3. Pendant longtemps, cette gestion était gratuite ; c'était une charge véritable pour la Caisse des Dépôts et Consignations. Dans son rapport au Sénat sur le projet qui est devenu la loi du 21 juillet 1886, M. Tirard a déclaré que les frais de gestion s'élevaient annuellement à 450,000 fr. (D. P. 86, 4, 50, n° 2.) ; M. Boulanger, dans son rapport au Sénat le 13 décembre 1890 sur la loi de finances de décembre 1890 (D. P. 91, 4, 62, note 1), a parlé de 760,000 fr.

Mais l'on a reconnu que cette situation devait cesser ; quand il fut certain que la Caisse des retraites avait des ressources propres bien déterminées, il a semblé qu'elle était en mesure de prendre des dépenses à sa charge ; la loi de finances du 26 décembre 1890 (art. 58) a décidé que la Caisse des retraites devrait rembourser le montant de ses dépenses à la Caisse des Dépôts et Consignations. V. le rapport de M. Boulanger au Sénat, D. P. 91, 4, 62, note 1.

Il faut reconnaître que les frais d'administration ont subi une diminution progressive ; le cours moyen de chacune des opérations effectuées était en 1890 de 0 fr. 5119, en 1891 de 0 fr. 4929, en 1892 de 0 fr. 4745, en 1893 de 0 fr. 4513. — Jay : *loc. cit.*, p. 107, note.

4. C'est ainsi, par exemple, que la Caisse des Dépôts et Consignations conserve le Grand Livre (dont le double est déposé au Ministère des finances), sur lequel les rentes viagères pour la vieillesse sont enregistrées et, d'autre part, que l'extrait d'inscription formant titre contre l'État doit être revêtu du visa du contrôle institué près la Caisse des Dépôts et Consignations par la loi du 24 juin 1833.

5. Il faut ajouter que, d'après l'art. 17 du décret des 28-30 décembre 1886, les préfets, sous-préfets et autres fonctionnaires chargés du contrôle doivent relever sur un registre spécial les sommes enregistrées aux bordereaux et livrets et adresser tous les mois un extrait dudit registre à la Caisse des Dépôts et Consignations pour servir d'élément de contrôle.

6. Jusqu'au 31 décembre 1883, la Caisse des retraites, fait remarquer M. Dumaine (*Dict. des finances* de M. Léon Say, v° *Caisse des retraites pour la vieillesse*, § 4), opérait de la manière suivante :

Les capitaux constitutifs des rentes viagères une fois produits ou considérés comme tels, l'œuvre de la Caisse était terminée ; le paiement des pensions ne la concernait pas. Cette charge incombait directement au Trésor

La Caisse ne recherche aucun bénéfice. Les rentes qu'elle délivre représentent intégralement ce que les fonds déposés ont produit par l'accumulation des intérêts combinés avec les chances de mortalité. Le tarif d'après lequel elles sont calculées est fixé chaque année par décret du Président de la République[1].

publié à la suite de l'échange qui se faisait d'une rente viagère contre une rente perpétuelle.

Quand une rente viagère devenait exigible, la Caisse des retraites en remettait au Trésor (Direction de la Dette Inscrite) le capital constitutif, ou valeur actuelle, sous la forme sous laquelle elle possédait cette valeur, c'est-à-dire en rente sur l'État et, moyennant cette remise, elle constituait le Trésor débiteur de la rente viagère avec obligation de la servir directement. Le titre de rente versé au Trésor était annulé et remplacé sur le Grand-Livre par la rente viagère. Voici d'ailleurs, pour plus de clarté, un exemple de l'opération.

Supposons que le titulaire d'un livret, parvenu à l'âge de 60 ans, ait ou droit à 1,000 fr. de rente viagère. D'après le tarif de la Caisse des retraites (tarif de 1873 calculé à 5 0/0), une rente viagère de 1,000 fr. sur une tête de 60 ans vaut 9,594 fr. 40. La Caisse des retraites tirait donc de son portefeuille, pour la remettre à la Direction de la Dette inscrite, un titre de rente sur l'État dont la valeur en capital, d'après le cours moyen de ses achats du dernier trimestre, représentait la somme de 9,594 fr. 40, soit, par exemple en prenant du 3 0/0 au cours de 80 fr., un titre de rente de 288 fr. 30. La Direction de la Dette inscrite annulait alors le titre de 288 fr. 30 et le remplaçait immédiatement par une inscription de rente viagère de 1,000 fr., qu'elle remettait au titulaire de la pension.

En résumé, une portion de la dette perpétuelle était amortie et transformée en rente viagère. L'Angleterre, qui possède également une Caisse officielle de rentes viagères, applique de la même manière, depuis le commencement du siècle, cet ingénieux procédé d'amortissement.

Les opérations qui viennent d'être décrites se faisaient en bloc, tous les trois mois, conformément aux articles 13 et 14 de la loi du 12 juin 1861.

Depuis 1856 à 1865, il y a eu amortissement des rentes perpétuelles pour 12,577,100 fr. et constitution, en remplacement, de rentes viagères constituées pour 36,921,000 fr. Au 1er janvier 1866, les rentes viagères en cours atteignaient le chiffre de 27,105,500 fr.

Avec le système actuel, le dernier vestige d'amortissement de la dette perpétuelle qui subsistait encore n'existe plus. La loi de finances du 29 janvier 1864 dispose (art. 9) qu'à partir du 1er janvier 1864, la Caisse nationale des retraites pour la vieillesse pourvoira, au moyen de ses propres ressources, au service des rentes viagères.

Ainsi, désormais, la Caisse des retraites est indépendante. Tout en continuant à opérer sous la garantie de l'État, elle fonctionne comme une Compagnie d'assurances sur la vie qui encaisse, capitalise et paie.

Depuis le 1er janvier 1864, la Caisse des retraites doit faire face non seulement au service des rentes viagères qui deviendront exigibles, mais encore au service de toutes les rentes de cette nature déjà créées.

Pour lui en donner les moyens, il a été décidé que le Trésor lui restituerait les rentes perpétuelles qu'il avait reçues d'elle, comme prix des rentes viagères et qu'il avait annulé. Cette restitution aurait dû être seulement égale à la valeur actuelle des rentes viagères en cours, car une rente viagère perd de sa valeur à mesure que le rentier avance en âge; mais le Trésor étant obligé d'indemniser la Caisse des retraites d'une perte d'environ 46 millions, il a été résolu qu'on restituerait à la Caisse l'intégralité du capital des rentes perpétuelles amorties. La restitution a eu lieu au moyen de la création et de la remise à la Caisse des retraites de rentes 3 0/0 amortissables, s'élevant en capital, d'après le cours moyen de 1853, à une somme égale à celle dont la Caisse s'était dessaisie (11,655,125 fr. de rente).

1. C'est ainsi qu'un décret des 20-23 décembre 1886 a fixé à 4 0/0 le taux de

Enfin la Caisse des retraites est tenue de faire emploi de tous ses fonds en rentes sur l'État en valeurs du Trésor, ou sur la proposition de la Commission supérieure et avec l'autorisation du Ministre des finances soit en valeurs garanties par le Trésor, soit en obligations départementales et communales; les sommes nécessaires pour assurer le service des arrérages sont déposées en compte courant au Trésor. Le taux de l'intérêt dudit compte est fixé par le Ministre des finances et ne peut être inférieur au taux d'après lequel est calculé, pour l'annuité, le montant des rentes viagères à servir aux déposants.

Le capital des rentes viagères est formé par les versements volontaires des déposants; la loi de 1850 le déclarait; la loi de 1886 le confirme. Un versement unique est accepté. Des versements successifs peuvent être affichés; ils sont interrompus ou continués au gré des parties intéressées. Commencés dans un lieu, ils peuvent être continués dans un autre. Les versements sont reçus et liquidés à partir de 1 fr. et sans fraction de 1 fr. Antérieurement à la loi de 1886, la Caisse des retraites ne pouvait recevoir moins de 5 fr. à la fois, ni liquider aucune somme inférieure[1]. Cependant, les art. 9 et 10 de la loi de 1850 disposaient que les Caisses intermédiaires recevraient les versements plus faibles et qu'un règlement d'administration publique déterminerait les conditions de ces versements. Mais ce règlement n'a jamais été publié. Or, le minimum de 5 francs (10 fr. pour deux conjoints) constituait, ainsi que le fait remarquer l'exposé des motifs, « un capital que le travailleur ne peut parfois atteindre qu'au moyen de privations prolongées, que souvent il désespère de réaliser et que plus souvent encore il est exposé à dissiper avant de l'avoir entièrement amassé. » De plus, faisait-on valoir, le chiffre de 5 fr. ne permettait pas toujours les versements des patrons au nom des ouvriers; en supposant qu'un patron se soit engagé à verser à la Caisse des retraites *tant pour cent* sur le salaire d'un ouvrier, que se passerait-il au cas où l'ouvrier vient à quitter l'établissement? Si *le tant pour cent* qui lui est dû ne représente que 2 ou 3 fr., le versement serait impossible; en général, l'ouvrier est bien invité à compléter, mais en cas d'inaction ou d'impossibilité, la petite somme doit rester dans la caisse du patron et se trouve perdue pour l'ouvrier. Ces raisons ont paru déterminan-

l'intérêt composé du capital dont il est tenu compte dans les tarifs d'après lesquels est calculé le montant de la rente viagère à servir aux déposants. Le taux de 4 0/0 a été maintenu par des décrets postérieurs jusqu'en 1891; à cette époque un décret des 29-30 décembre 1891 ayant à fixer le chiffre pour l'année 1892 a substitué 3,50; tous les décrets intervenus ultérieurement ont maintenu ce taux. V. notamm. *Journ. Off.*, 31 décembre 1896, p. 8,061; Duvergier : *Collect. des Lois*, 1886, 571.

1. Si le minimum de chaque versement est de un franc, des bulletins de retraites, délivrés sans frais dans tous les bureaux de poste permettent de réaliser cette somme au moyen de timbres-poste de telle sorte que l'on peut commencer l'épargne pour la vieillesse avec 5,10 et 15 centimes.

tes et ont fait admettre l'innovation proposée par le législateur[1].

Le montant de la rente viagère à servir est calculé conformément à des tarifs tenant compte pour chaque versement : 1° de l'intérêt composé du capital fixé par la loi[2]; 2° des chances de mortalité en raison de l'âge des déposants et de l'âge auquel commence la retraite calculées d'après des tables spéciales[3]; 3° du remboursement, au décès

[1]. Note, D. P., 86, 4,50, n° 5.
Il convient d'ajouter que, d'après l'art. 1er du décret des 28-30 décembre 1886, lorsque le déposant étant marié le versement doit profiter par moitié à son conjoint, aucun versement n'est reçu s'il n'est de 2 fr. ou multiple de 2 fr.

[2]. Les tarifs sont calculés sur un taux d'intérêt gradué par quart de franc. Sur la proposition du Ministre des finances et après avis de la Commission supérieure, un décret du président de la République fixe au mois de décembre de chaque année en tenant compte du taux moyen des placements de fonds en rentes sur l'État effectués par la Caisse pendant l'année, celui de ces tarifs qui doit être appliqué l'année suivante.

[3]. Primitivement, la Caisse devait se servir des Tables de Deparcieux. Cette Table avait été dressée en 1746 d'après les listes mortuaires des individus intéressés dans les Tontines de 1689 à 1696. Quand on songea à l'utiliser, en 1850, elle reposait donc sur des données déjà vieilles de plus de 150 ans et on s'accordait généralement à reconnaître qu'elle accusait une longévité exagérée. Aussi la loi organique de la Caisse des retraites ne parlait de son emploi qu'à titre provisoire. A différentes reprises, notamment en 1862 et en 1872 des tentatives de révision furent faites, mais elles n'aboutirent pas (Costier : op. cit., p. 44.) Ce travail ne fut pas abandonné et il finit par aboutir. En exécution de la loi du 20 juillet 1886 (art. 9, § 3) et en vertu d'un décret spécial du 21 décembre 1887 les Tables anciennes ont été remplacées par une Table de mortalité résultant de l'expérience même de cette caisse, Table C. R. et qui de l'avis des hommes compétents (Léon Say : Économie Sociale, p. 207), offre une base très large et tout à fait sûre. Cette Table est déduite des faits observés : 1° pendant 27 années parmi 72,649 rentiers qui sont entrés en jouissance de leurs rentes viagères depuis l'origine de l'institution jusqu'au 21 décembre 1878 ; 2° pendant 9 ans et demi, du 1er juillet 1871 au 31 décembre 1880, parmi 164,608 déposants à capital réservé. Ces documents ont été insérés dans le Bulletin de statistique et de législation comparée du Ministère des finances, n° de septembre 1888, p. 287 et suiv.
Un seul exemple suffit pour faire apercevoir l'utilité du changement opéré. Tandis que la Table nouvelle indique 746 survivants à 50 ans, sur un millier de déposants âgés de 8 ans, celle de Deparcieux n'en mentionne que 581, c'est-à-dire 135 en moins, soit donc 135 pensions que l'institution, en pareille hypothèse, avait à servir en dehors de toutes ses prévisions.
Il convient d'ajouter avec M. Fontaine que la publication des deux Tables A F (assurés français) et R F (rentiers français) exposées en 1889 dans la section VII de l'Exposition d'économie sociale par les quatre Compagnies du Comité (Assurances générales, Union, Nationale et Phénix, est venue consolider l'expérience de la Caisse des retraites et que l'on constate que la mortalité d'après la Table de la Caisse est généralement un peu plus rapide que la mortalité d'après la Table R F et un peu plus lente que la mortalité, d'après la Table A F. La raison est facile à deviner : on n'achète une rente viagère que lorsqu'on se sent en bonne santé et qu'on se croit assuré d'une longue existence ; aussi n'est-il pas étonnant de constater parmi les rentiers viagers des Compagnies d'assurances une mortalité lente. L'examen médical préalable à toute assurance en cas de décès tend à éliminer les proposants qui présentent des chances de mortalité rapide ; mais les résiliations ont pour effet de faire sortir de l'expérience les assurés qui sont restés en état de bonne santé, tandis que les assurés dont la vitalité a diminué maintiennent leurs contrats, de sorte qu'on est amené à constater parmi les assurés en cas de décès une mortalité accélérée.

du capital versé, si le déposant en a fait la demande au moment du versement.

Il convient d'ajouter que les tarifs dont il s'agit sont établis sur l'unité de franc et calculés par trimestre pour le versement et par année pour la jouissance, que les calculs sont effectués jusqu'à la quatrième décimale inclusivement, que pour l'application des tarifs les trimestres commencent les 1er janvier, 1er avril, 1er juillet et 1er octobre, que l'âge du déposant est calculé comme si ce déposant était né le 1er jour du trimestre qui a suivi la date de la naissance. L'intérêt de tout versement n'est compté qu'à partir du 1er jour du trimestre qui suit la date du versement. La rente viagère commence à courir du 1er jour du trimestre qui suit celui dans lequel le déposant a accompli l'année d'âge à laquelle il aura déclaré vouloir entrer en jouissance de la rente. L'année d'âge est toujours considérée accomplie pour les déposants âgés de plus de 65 ans. Les arrérages sont acquis au titulaire de la rente jusqu'au jour du décès.

Le maximum de la rente viagère à servir à la même personne est en principe [1] fixée à 1200 fr. C'est après bien des vicissitudes que ce chiffre a été arrêté. Le Comité du Travail de l'Assemblée Constituante avait, en 1848, décidé qu'il ne pourrait être inscrit plus de 480 fr. de rente sur une même tête. Cette somme avait été adoptée parce qu'elle se prêtait à la division en nombres ronds par douzièmes et que le Comité voulait autoriser le paiement par mois des pensions de retraite. Ce maximum fut abaissé à 360 fr. par la Commission de l'Assemblée législative qui voulait borner l'intervention de l'État à la constitution de pensions alimentaires. A la troisième délibération le chiffre de 600 fr. fut adopté. Il a été élevé successivement à 750 fr. par la loi du 7 juillet 1856, à 1000 fr. par la loi du 12 juin 1861, à 1500 fr. par la loi du 4 mai 1864. La loi de 1886, malgré tout ce qui a pu être dit [2], fixe le maximum à 1200 fr. Ce chiffre a été choisi vrai-

1. En principe, car le législateur a toujours le droit de majorer les pensions. C'est ce qui a été fait par la loi du 31 décembre 1895 (applicable aux Colonies en vertu d'un décret des 31 août-6 septembre 1898) affectant un crédit spécial à la majoration des rentes viagères constituées au profit des titulaires des livrets individuels de la Caisse nationale des retraites pour la vieillesse et aussi des membres des Sociétés de secours mutuels ou de toute autre Société de secours et de prévoyance servant des pensions de retraite. Certaines conditions étaient exigées : justifier de la continuité des versements pendant 25 années au moins ; ne pas avoir, y compris la rente viagère, un revenu personnel supérieur à 360 fr. ; être âgé d'au moins 70 ans.
Cette mesure a soulevé des critiques. Tout en reconnaissant qu'elle risque de bénéficier à des personnes dignes d'intérêt, l'on a remarqué que ses conséquences logiques qui n'entraînent actuellement qu'une dépense de 2 millions doivent, dans 15 ou 20 ans, forcer à inscrire 109 millions de plus au budget. V. Observations *Revue du dr. publ. et de la science polit.*, janv.-févr. 1896, p. 119.
2. Le rapporteur au Sénat, M. Maze, pour combattre ce chiffre qu'il trouvait trop élevé, faisait valoir notamment que l'institution ne s'adressait qu'à la petite épargne, que les personnes qui voulaient faire un placement élevé n'avaient qu'à s'adresser aux Compagnies d'assurances ; il ajoutait

semblablement parce qu'il ne s'éloigne pas autant qu'on pourrait le croire de la somme de 600 fr. que la loi de 1850 autorisait à constituer[1].

La personne qui opère un versement peut, à son choix, soit aliéner le capital, c'est-à-dire l'abandonner à la Caisse des retraites en échange d'une augmentation de la rente (la mort du déposant survenue avant l'âge fixé pour l'entrée en jouissance de la rente viagère faisant perdre à la succession le bénéfice des versements), soit réserver le capi-

que, pour les pensions servies par les Sociétés de secours mutuels, très peu dépassaient 600 fr. et même que, sur 134,839 pensions viagères existant à la Caisse des retraites au 30 novembre 1883, 115,140 ne dépassaient pas 300 fr. ; 12,802 allaient de 301 à 600 fr. et 6,897 seulement dépassaient 600 fr. — D. P. 86, 4, 50, n° 6.

3. Il convient de noter qu'une loi a été votée le 31 décembre 1895 relativement à la majoration des pensions de la Caisse nationale des retraites. (Sur les circonstances dans lesquelles elle a été votée. V. S. 96, 4, 33 et suiv.)

Dans le but d'encourager les travailleurs à la prévoyance et à l'épargne et aussi en conformité de la tendance qui entraîne le législateur à faire participer la communauté des citoyens — l'État — à la formation de ressources destinées à assurer l'existence de ceux que l'âge retire du travail actif, régulier et suffisamment rémunérateur, il a paru qu'il y avait lieu d'affecter un crédit ouvert au budget du Ministère du Commerce et de l'Industrie, de majorer les rentes viagères constituées au profit des titulaires des livrets individuels de la Caisse nationale des retraites pour la vieillesse et des membres des Sociétés de secours mutuels ou de toute autre Société de secours et de prévoyance servant des pensions de retraite qui justifieront de la continuité des versements exigés par la loi et âgés d'au moins 70 ans.

Cette majoration n'est acquise qu'aux titulaires en mesure de justifier qu'ils ne jouissent pas, y compris ladite rente viagère, d'un revenu personnel, viager ou non, supérieur à 360 francs et qu'ils ont effectué, pendant 24 années, consécutives ou non, des actes de prévoyance, soit par 25 versements annuels au moins, opérés sur un livret de la Caisse des retraites, soit par 25 cotisations régulières en qualité de membre participant d'une des Sociétés visées à l'art. 1er ayant, depuis le même temps, établi un fonds de retraites. Cependant, à titre transitoire et pendant 10 années à partir de 1895, le nombre d'années de prévoyance exigées de chaque pensionnaire sera toutefois abaissé ainsi qu'il suit : 15 ans de prévoyance pour les pensionnaires qui demanderont la bonification de retraite en 1895 et, d'ailleurs, rempliront à cette date les conditions exigées ; 16 ans pour ceux qui feront la demande en 1896, et ainsi de suite, en exigeant une année de plus à chaque exercice nouveau, jusqu'en 1895, date à laquelle la condition de 25 ans sera définitivement exigée de tous.

Un Règlement d'administration publique a été rédigé pour déterminer la répartition au marc le franc des crédits ouverts pour la bonification des retraites. Ces crédits doivent être versés à la Caisse des retraites à capital aliéné. Les arrérages de ce capital ne pourront être dépassés et les pensions servies, majoration comprise, ne devront pas s'élever à une somme annuelle supérieure à 360 francs.

Sur l'avis de la Commission supérieure de surveillance de la Caisse nationale des retraites pour la vieillesse, des bonifications spéciales peuvent être attribuées aux parents ayant élevé plus de trois enfants.

1. Il faut le relever, car la loi de 1886 contient une disposition formelle à cet égard, si le déposant qui a stipulé le remboursement à son décès du capital versé peut, à toute époque, faire abandon de tout ou partie de ce capital à l'effet d'obtenir une augmentation de rente, le montant total ne peut en aucun cas (sauf, bien entendu, en présence d'une majoration indiquée par la loi) excéder 1,200 fr.

tal au décès du rentier et dans ce cas le capital est remboursé soit aux ayants-droit de ce dernier, soit au donateur ou à ses ayants-droit [1]. Tout capital réservé peut être abandonné ultérieurement en vue de l'augmentation de la rente primitive [2].

L'entrée en jouissance de la pension est fixée, au choix du déposant, à partir de chaque année d'âge accomplie de 50 à 60 ans. Les tarifs sont calculés jusqu'à ce dernier âge. Les rentes viagères au profit de personnes âgées de plus de 65 ans sont liquidées suivant les tarifs déterminés pour l'âge de 65 ans [3].

Les versements peuvent être faits tant par les individus que par les collectivités. C'est ainsi que les Sociétés de secours mutuels ont la latitude de charger la Caisse des retraites du service des pensions soit comme intermédiaires, soit en quelque sorte comme donatrices, c'est-à-dire en effectuant de leurs deniers des versements au profit de leurs sociétaires [4]. De tout temps l'on a compris qu'il appartenait à ces Sociétés de venir en aide à l'institution de la Caisse, de lui fournir des clients. On a même nettement soutenu qu'il était préférable de substituer les versements à la Caisse des retraites aux promesses dangereuses et vaines des pensions à servir par les Sociétés elles-mêmes.

L'accès de la Caisse des retraites est ouvert non seulement aux Français mais encore aux étrangers résidant en France. Le traitement est le même. Toutefois les étrangers ne sont pas admis à profiter de la disposition qui fait bonifier, à l'aide d'un crédit ouvert chaque année au budget du Ministère de l'intérieur, les pensions liquidées avant l'âge fixé (50 ans) en cas de blessures graves ou d'infirmi-

1. Cette disposition est excellente ; ainsi que l'a fait remarquer M. Jules Simon (*Le Travail*, 3ᵉ édit., Paris, 1866, p. 199), de cette façon le déposant améliore sa propre situation sans déshériter sa famille.

2. Comme on l'a noté avec raison (Cauwès : *op. cit.*, p. 604), à la différence de la loi de 1853 sur les pensions civiles, la loi de 1850 n'a pas é omis la faute de pousser les chefs de famille à un placement purement viager. Bien qu'il s'agisse de prévoyance à l'usage de la classe ouvrière et que la constitution d'un capital patrimonial, au moyen du salaire, rencontre plus d'obstacles qu'à l'aide des traitements généralement plus élevés des fonctionnaires, les déposants à la Caisse des retraites ont la faculté de stipuler la reversibilité du montant des versements opérés par eux à taux très chers. Si le capital des versements est aliéné, la rente viagère est proportionnellement plus élevée que dans le cas où le capital est remboursé après décès (*capital réservé*). Ainsi modifiée, la pension viagère est beaucoup plus acceptable.

3. Les tarifs ne sont pas calculés exactement d'après l'âge des déposants. La limite primitivement fixée à 60 ans a été reculée jusqu'à 65, parce que c'est l'âge auquel l'ouvrier est généralement condamné à l'inaction et ne peut plus réaliser d'économies. L'expérience, dit M. Costier (*op. cit.*, p. 45), démontre, d'une part, que la vieillesse et l'épuisement des forces sont souvent loin de correspondre à l'âge de 60 ans, et, d'autre part, que le montant de la retraite augmente rapidement quand le moment de son ouverture est assez éloigné.

4. Les Tables de Deparcieux sont, d'ailleurs, inexactes à partir de 60 ans. Il a paru qu'un tarif poussé plus avant ne pourrait être établi que sur des données incomplètes et défectueuses. — D. P. 86, 4, 51, nᵒ 4.

CONTRAT D'ASSUR. SUR LA VIE. — T. IV.   21

tés prématurées entraînant l'incapacité absolue de travail. Le législateur semble avoir été déterminé par cette idée non pas tant que la liquidation ne serait pas possible, mais aussi et surtout qu'aucun pays ne possédant des Caisses de retraite fonctionnant sous la garantie de l'État dans des conditions identiques à celles de la Caisse française, il ne fallait pas compter sur la réciprocité [1].

Les versements à la Caisse Nationale des retraites sont reçus : 1° à Paris et dans le département de la Seine à la Caisse des Dépôts et Consignations, chez les percepteurs et receveurs des postes ; 2° dans les départements, par les trésoriers payeurs généraux, les receveurs particuliers des finances, les percepteurs et les receveurs des postes ; en Algérie par les trésoriers payeurs, les payeurs particuliers et les receveurs des postes [2].

Le versement peut être fait au profit de toute personne, homme ou femme [3] : l'unique condition est celle de l'âge. Il peut être effectué

1. Comp. les observations présentées à ce sujet au Sénat, D. P. 86, 1, 64, n° 1.

2. Les déposants aux Caisses d'épargne nationale et privées peuvent demander que la totalité ou une partie de leurs fonds soient transférés à la Caisse nationale des retraites. — V. Arnaud : *Manuel des déposants aux Caisses d'épargne*, Paris, 1894, p. 173.

3. M. Attalion (dans son substantiel ouvrage sur *Les lois relatives à l'épargne de la femme mariée*, Paris, 1899, p. 48, etc.) a traité de la manière la plus claire l'importante question des droits de la femme mariée en pareil cas.

En 1849, un projet de loi sur la Caisse des retraites fut élaboré ; le rédacteur maintenait l'autorisation du mari pour les actes de sa femme ; seulement il décidait que l'autorisation une fois donnée au premier versement serait irrévocable et ne serait plus exigée pour les versements postérieurs ; d'autre part, sur le refus du mari, la femme pouvait obtenir du juge de paix l'autorisation nécessaire. On admettait pour la femme la possibilité de disposer des biens communaux (V. sur cette dérogation au droit commun le rapport de M. Ferrouillat à l'Assemblée Constituante, *Moniteur Off.*, 8 mars 1849, p. 770).

Le projet qui fut converti en loi le 25 juin 1850 ne revint pas sur la validité du versement opéré par la femme sans le concours du mari, mais il attribua à l'épouse une pension à l'aide des ressources de la communauté ; on chercha seulement à assimiler sa situation au point de vue de la retraite à celle des veuves de certains fonctionnaires (V. le discours de M. Benoist d'Azy à l'Assemblée Législative, *Monit. Off.*, 11 juin 1850, p. 2005 ; Rapp. de M. Benoist d'Azy, *Monit. Off.*, 23 octobre 1849, p. 3297). On s'inspira de l'esprit général de la communauté : chaque époux bénéficie pour moitié des versements effectués par son conjoint ; on s'écarta cependant des principes exacts de la communauté. La pension que les époux se préparent à l'aide des deniers communs n'entre pas en communauté ; elle constitue un propre pour chacun des conjoints. La dérogation apportée aux règles du Code était toute en faveur de la femme. Bien commun, la pension ne lui profiterait que si elle acceptait la communauté ; bien propre, au contraire, la pension lui est acquise malgré sa renonciation à la communauté. L'avantage pour la femme était certain. Mais, si on cherchait à étendre à l'épouse les bénéfices de l'institution de prévoyance que l'on créait avec la Caisse des retraites, on ne se proposait pas de protéger la femme contre le mari, on n'apportait aucun changement aux pouvoirs respectifs des époux. Cependant on admettait qu'en cas d'absence ou d'éloignement du conjoint depuis plus d'une année, la femme pouvait faire des versements sans le consentement du mari et avec la seule autorisation du juge de paix. Ainsi, sauf sur une question un peu

soit par le titulaire lui-même, soit par un donateur (lequel a la faculté de stipuler le retour du capital à son profit ou au profit des ayants-droit du donataire) 1, soit par un mandataire verbal ou par un intermédiaire pour le compte du titulaire ou du donateur, soit enfin par le représentant légal du mineur âgé de moins de 16 ans, c'est-à-dire par le père, la mère ou le tuteur. La femme mariée, quel que soit le régime adopté par le contrat de mariage, est admise à faire des versements sans l'assistance de son mari.

Tout déposant qui, soit par lui-même, soit par un intermédiaire opère un premier versement, est tenu de faire connaître ses nom, pré-

secondaire, l'idée de l'extension des pouvoirs de la femme mariée avait été réalisée. La pratique, cependant, allait accomplir, dans une mesure restreinte, ce que la loi n'avait pas voulu tenter.

A la suite d'un procès, la Commission supérieure de la Caisse des retraites décida, dans sa séance du 18 février 1851 (dont le procès-verbal manuscrit a été communiqué au Ministère du commerce à M. Aftalion) que la femme mariée, même commune en biens, serait admise à faire sans autorisation des versements à infimes ne dépassant pas les économies pour matières du ménage; l'épouse agissait ainsi en vertu du mandat tacite qu'elle tient pour les menues dépenses domestiques; le maximum fut fixé à 150 fr. (V. Instruct. minister., 1er août 1877, art. 8).

La loi du 20 juillet 1885 accomplit définitivement la réforme tentée sans succès en 1849 et réalisée dans des limites modestes par les Règlements de la Caisse des retraites.

La loi de 1881 sur les Caisses d'épargne, dans une disposition votée, il est vrai, après beaucoup de difficulté. Comp. L. Frank : *L'épargne de la femme mariée*, Bruxelles, 1896, p. 21 et suiv.), avait déjà reconnu à l'épouse le pouvoir de prendre des mesures de prévoyance sans l'autorisation maritale. Ce précédent parut décisif : la femme obtint, sans distinction à raison du régime matrimonial, sans restrictions aucunes, d'une façon absolue, le pouvoir d'opérer des versements à la Caisse des retraites. Son droit ne se limite pas à la liberté d'apporter ses économies à la Caisse des retraites; la femme détermine encore, à certains égards, la destination des versements. Toute somme versée par l'un des deux conjoints profite séparément, d'après la loi, à chacun d'eux pour moitié. Mais l'épouse peut décider à quel âge elle et son mari bénéficieront de la rente. Elle règle ainsi, comme elle l'entend, non seulement les conditions de sa propre pension, mais encore celles de la pension de son mari. De même, la femme déclare si le versement est effectué à capital aliéné ou à capital réservé, c'est-à-dire si son droit et celui du mari consisteront uniquement en une seule rente viagère ou si, à leur décès, une certaine somme doit être remise par la Caisse à leurs successeurs. On voit combien est radicale l'atteinte portée à la suprématie maritale par la loi de 1886. Dans les limites des versements possibles à la Caisse des retraites aucune restriction n'arrête le pouvoir de l'épouse de disposer des biens de la communauté.

Mais si l'idée d'une augmentation des droits « actifs » en quelque sorte, de la femme mariée, idée écartée en 1850, triomphe aujourd'hui, les principes formulés en 1850 ne sont pas abandonnés. Le versement opéré antérieurement au mariage reste propre à celui qui l'a fait... le versement fait pendant le mariage par l'un des deux conjoints profite séparément à chacun d'eux pour moitié ; en cas de séparation de corps ou de biens le versement postérieur profite séparément à l'époux qui l'a opéré.

1. Le donateur qui a stipulé le retour du capital peut également à toute époque faire l'abandon du capital, soit pour augmenter la rente du donataire, soit pour se constituer à lui-même une rente si la réserve avait été stipulée à son profit.

noms, qualité civile, nationalité, âge, profession et domicile. Il produit son acte de naissance ou, à défaut, un acte de notoriété qui en tient lieu, délivré dans les formes prescrites par l'art. 71 C. Civ. Ces actes sont délivrés gratuitement et dispensés des droits de timbre et d'enregistrement, avec mention de l'usage auquel ils sont destinés. Le déposant déclare s'il entend faire l'abandon du capital versé, ou s'il veut que ce capital soit remboursé, lors de son décès à ses ayants-droit, à quelle année d'âge accomplie, à partir de la cinquantième année il a l'intention d'entrer en jouissance de la rente viagère.

Si le déposant est marié, il fait, en ce qui concerne son conjoint, les productions et déclarations énoncées précédemment. A défaut de déclaration sur l'abandon ou la réserve du capital, et sur l'âge fixé pour l'entrée en jouissance, les conditions de la déclaration que le déposant fait pour lui-même deviennent communes à son conjoint. En cas d'absence ou d'éloignement depuis plus d'une année le déposant produit l'autorisation accordée par le juge de paix ou par la chambre du conseil du Tribunal de première Instance. Lorsque cette autorisation s'applique à des versements faits par une Société de secours mutuels, ou par tout autre intermédiaire versant pour le compte de plusieurs déposants, elle peut comprendre tous les versements effectués depuis l'absence ou l'éloignement du conjoint. Dans ce cas, elle doit indiquer d'une manière précise la date du premier versement auquel elle se rapporte.

Le déposant est tenu de produire, en cas de séparation de biens contractuelle, un extrait de son contrat de mariage; en cas de séparation de corps ou de biens, l'extrait du jugement qui a prononcé la séparation indépendamment des certificats et attestations prescrits par l'art. 548 C. P. C., et, en outre, dans le cas prévu par l'art. 1444 C. civil, des justifications établissant que la séparation de biens a été exécutée.

Le mineur âgé de moins de seize ans justifiera que le versement par lui effectué, la désignation de l'âge auquel il veut entrer en jouissance de la rente viagère et la condition d'abandon ou de réserve du capital, ont été autorisés par ses père, mère ou tuteur.

L'autorisation peut être donnée d'une manière générale pour tous les versements que le mineur effectuera; elle est toujours révocable.

Si le mineur n'a ni père, ni mère, ni tuteur, ou en cas d'empêchement de celui qui aurait qualité pour l'autoriser, il peut y être suppléé par le juge de Paix.

Tout changement soit dans les qualités civiles, soit dans la nationalité, est à déclarer lors du premier versement qui suit. D'autre part, le déposant est obligé de produire en même temps les justifications qui pourraient être nécessaires pour constater le changement survenu, et notamment, en cas de divorce, le jugement qui l'a prononcé.

Dans le cas de déclaration tardive ou erronée, la Caisse a le droit de rectifier, conformément aux pièces produites, les versements effectués irrégulièrement lorsque la bonne foi du déposant sera établie et en l'absence de tout préjudice pour l'institution.

La personne qui a déjà fait un versement a la latitude de soumettre de nouveaux versements à des conditions autres que celles qu'elle a fixées pour ses versements antérieurs; mais en pareille circonstance il lui est prescrit d'en faire la déclaration; les versements faits avant cette nouvelle déclaration restent soumis aux conditions des déclarations précédentes.

Dans le cas où le versement est effectué par un tiers, et de ses deniers, les déclarations et productions dont il a été question plus haut doivent être faites en ce qui concerne le titulaire de la rente.

Si le versement a lieu au profit d'une femme mariée, il faut que le consentement du mari soit, en outre, produit.

Le tiers donateur doit, indépendamment des déclarations et productions dont il vient d'être parlé, faire connaître s'il entend stipuler en sa faveur le remboursement du capital au décès du titulaire de la rente, ou s'il fait cette réserve au profit des ayants-droit de celui-ci, en indiquant si cette réserve est ou non subordonnée à la faculté par le titulaire d'aliéner le capital réservé.

Le donateur peut, en outre, stipuler que la rente créée par ses versements sera incessible et insaisissable en totalité (1981 C. Civ.). Au cas où cette clause n'aurait pas été insérée dans la déclaration au moment du versement, le donateur qui voudrait l'introduire postérieurement au contrat ne pourrait le faire qu'avec le concours et le consentement du donataire.

Les déclarations imposées au déposant sont consignées sur une feuille spéciale pour chaque déposant ou pour deux conjoints. Cette feuille est, sauf le cas d'impossibilité pour ignorance, signée par le déposant ou par son intermédiaire, ainsi que par le préposé de la Caisse nationale des retraites. Les pièces justificatives exigées ci-dessus sont annexées à la dite feuille. Les autorisations et consentements exigés peuvent y être consignés.

Les feuilles spéciales et les pièces justificatives à l'appui sont réunies à la Caisse des Dépôts et Consignations et y demeurent déposées. Elles servent à l'ouverture du livret de chaque déposant et à l'établissement du registre matricule de tous les déposants, contenant le compte de chacun d'eux.

Le législateur devait nécessairement régler les droits des époux sur le capital et sur la rente. Tenant compte de cette circonstance que le but qui le déterminait était l'acquittement de la dette de secours mutuels existant entre les époux, il a voulu empêcher que les conventions matrimoniales portent atteinte à l'objet des versements. Les versements opérés par les époux à la Caisse des retraites pour la vieillesse constituent des propres, quel que soit leur régime matrimonial, non seulement lorsque les versements ont été opérés antérieurement au mariage, mais même lors que les versements ont été effectués après [1]. Par conséquent, si les époux ont adopté le régime de la communauté ni la rente, ni le capital, s'il a été réservé, c'est-à-dire si le capital doit être remboursé à la mort du déposant, n'entrent dans la masse active de la communauté. La moitié de la rente provenant des versements faits pendant le mariage s'éteint au décès du premier mourant; la moitié du capital réservé dépend de sa succession. Cette moitié du capital appartient aux héritiers de la femme, alors même qu'ils renonceraient à la communauté. En résumé, toutes les fois que les verse-

[1]. Le législateur, toujours préoccupé de cette idée que dans le mariage les versements faits à la Caisse des retraites sont l'acquittement de l'obligation alimentaire qui existe entre les époux, a ordonné que les versements profitassent toujours à chaque époux par moitié. Ce n'est que dans des cas exceptionnels, séparation de corps ou de biens, absence prolongée d'un des conjoints qu'un époux peut s'approprier exclusivement le bénéfice du versement. Tandis, au contraire, que d'après le droit commun, le mari ou la communauté, réputés propriétaires des sommes déposées, le seraient aussi de la rente viagère; que le mari pourrait, malgré sa femme, aliéner toute la portion de la rente qui dépasse celle que la loi déclare incessible, qu'il pourrait aliéner le capital réservé. Tout cela est inconciliable avec cette disposition formelle : le versement doit profiter séparément à chaque époux par moitié. Donc, ni la rente, ni le capital réservé n'appartiennent à la communauté. En vain voudrait-on, comme l'a fait une décision judiciaire (Trib. civ., Bar-le-Duc, 3 décembre 1884, S. 89, 1, 339; D. P. 89, 1, 210), distinguer entre le capital et la rente. Le texte de la loi ne le permet pas. Puisque, en effet, le versement doit profiter séparément à chaque époux par moitié c'est que le capital est exclu de la communauté aussi bien que la rente qu'il produit; autrement le profit du versement ne serait pas égal pour chaque époux, si la rente seulement était impropre, tandis que le capital qui fait incontestablement partie du versement tomberait dans la communauté. Aux termes de l'art. 4 du décret du 27 mars 1861, l'époux qui fait le versement doit déclarer, au nom de son conjoint, si celui-ci réserve ou abandonne sa moitié. Le mari peut donc abandonner sa moitié et déclarer que sa femme réserve la sienne. Dans ce cas, la rente afférente à la moitié réservée à la femme est plus faible; pour que le principe d'égalité de droits dans le versement soit maintenu, il faut donc nécessairement que le capital réservé appartienne à la femme, autrement le mari recevrait à la fois une rente plus forte et un droit exclusif au capital. — D'après les art. 7 de la loi du 28 mai 1853 et 7 de la loi du 12 juin 1861 « le déposant qui a demandé le remboursement à son décès du capital versé, conformément au § 3 de l'art. 3 de la loi du 18 juin 1850, peut, à l'époque fixée pour l'entrée en jouissance, etc..., le déposant qui a stipulé le remboursement à son décès du capital versé peut, à toute époque, faire abandon de tout ou partie de ce capital à l'effet d'obtenir une augmentation de rente. » Chacun des époux peut toujours faire, pour augmenter sa rente, l'abandon du capital qu'il a réservé. C'est donc que ce capital est un propre de chacun des époux. Autrement, si le capital appartenait à la communauté (ou au mari), l'abandon fait par la femme serait une atteinte aux droits de la communauté et des héritiers du mari : le mari, après la dissolution de la communauté, ne peut plus disposer de biens qui en font partie; il pourrait cependant faire abandon du capital de la rente : c'est donc bien que ce capital n'est pas un bien de la communauté, mais un propre à chacun des époux, qui peut, chacun de son côté, user, pour la portion à lui afférente, du droit de faire abandon du capital réservé. — Monod : Rapport à la Cour de Cassation, S. 89, 1, 340 et 341. Sic, Note, D. P. 89, 1, 209 et *Pand. fr. périod.*, 89, 6, 6.

ments sont régis par la règle générale d'après laquelle ils profitent à chaque époux séparément pour moitié, chacun des époux a un droit personnel tant sur la moitié de la rente viagère que sur la moitié du capital réservé[1].

Il importe de bien préciser la situation.

A prendre les termes de l'art. 1401 § 1, C. Civ., en cas de versement effectué à la Caisse des retraites avant le mariage par une personne se mariant sous le régime de la communauté, la communauté devrait avoir ces sommes, en tant que valeurs mobilières, et plus tard, elle devrait avoir la rente viagère, une fois venu le moment de la servir. Mais le législateur de 1850 a décidé formellement que le versement fait par l'époux avant le mariage doit lui demeurer propre; d'où la conséquence que la rente viagère qui lui sera due plus tard et qui sera la représentation des sommes versées sera pareillement propre au déposant[2].

D'autre part, la loi de 1850, art. 4, déclare que le versement fait pendant le mariage par l'un des deux conjoints profite séparément à chacun d'eux pour moitié. Or, cette disposition que l'on pourrait, à première vue, croire conforme aux principes pour le cas de communauté mais qui s'en écarte même pour ce cas, s'en écarte d'ailleurs, et d'une manière évidente, pour les trois autres cas d'exclusion de communauté ou de séparation de biens et le régime total. Sous l'exclusion de communauté et pour les biens dotaux, tous les fruits, revenus et bénéfices recueillis pendant la durée du mariage appartiennent exclusivement au mari, c'est au mari seul qu'eût profité, d'après les principes ordinaires, tout versement fait durant le mariage et la loi de 1850 déroge, dès lors, à ces principes en attribuant le profit au mari et à la femme, chacun pour moitié. Elle y déroge également pour le cas de séparation de biens ou de paraphernalité, puisque chacun des époux con-

[1]. Dumaine : *op. cit.*, p. 323.
Mais la disposition de la loi dont il s'agit n'est pas obligatoire lorsque c'est un tiers qui bénévolement, à titre gracieux fait un versement. Ce tiers conserve la faculté de faire bénéficier de sa générosité l'un ou l'autre des conjoints séparément. Il en est ainsi, par exemple, lorsqu'une Compagnie de chemin de fer a eu l'intention de faire profiter personnellement des sommes prélevées sur ces bénéfices et versées à la Caisse des retraites, un de ses employés envers lequel elle n'était tenue par aucun lien de droit. Trib. Seine 31 juillet 1878 cité *Pand. fr.*, V° *Caisse nationale des retraites pour la vieillesse*, n° 60.

[2]. Du reste, si ce n'est pas alors à la communauté qu'appartient la rente c'est toujours à elle, bien entendu, qu'appartiendront les arrérages qui échoiront pendant la durée du mariage, car si la loi de 1850 déroge au principe qui attribue à la communauté les biens mobiliers des époux, elle ne modifie pas celui qui lui attribue les fruits des propres. L'unique effet de la disposition consistera donc en ce que la dissolution de la communauté laissera la rente entière, pour les années ultérieures, à l'époque qui a fait les versements antérieurs au mariage, au lieu d'en faire passer la moitié à son conjoint ou aux héritiers de celui-ci, conformément aux principes généraux. Marcadé : *Explication théorique et pratique du Code Napoléon*, T. VI, p. 109.

servant alors la jouissance et l'administration séparées de ses biens, le versement eût dû, d'après les principes, profiter exclusivement à l'époux déposant. La même disposition, enfin, se trouve être exceptionnelle pour le cas même de communauté puisque, d'après les principes ordinaires, les versements n'eussent profité aux deux conjoints, chacun pour moitié, que comme bien commun, en sorte que la femme, après la dissolution, n'eût eu sa part, c'est-à-dire celle des rentes qui est établie sur sa tête qu'à la condition d'accepter la communauté, tandis que, le versement profitant ici à chacun des conjoints pour moitié *séparément* en sorte que cette moitié reste sa chose personnelle et propre, la femme aura toujours sa rente, comme le mari la sienne, soit qu'elle accepte, soit qu'elle renonce. Et pour le cas où, comme la loi le permet, le déposant aurait stipulé le remboursement du capital à ses héritiers lors de son décès (sauf à n'avoir, bien entendu, qu'une rente viagère moins considérable et calculée seulement sur les intérêts), la moitié du capital afférente à la femme reviendrait toujours à ses héritiers, par la même raison, soit qu'il y eût acceptation ou renonciation, au lieu d'appartenir au mari pour ce cas de renonciation [1].

La veuve a droit à la rente alors même qu'elle viendrait à se remarier parce que son droit n'est que la conséquence des versements faits par le mari prédécédé. C'est l'application de l'art. 13 de la loi du 20 juillet 1886. Mais en réalité il n'y a pas là un gain de survie véritable puisque la rente du prédécédé n'est pas réversible sur le survivant [2].

C'est qu'en effet la législation qui a constitué la Caisse des retraites pour la vieillesse a dérogé au droit commun en matière de Statut matrimonial. Il ne s'est jamais élevé une contestation à ce propos [3]. Cette situation n'a rien de surprenant. Lorsque le législateur a organisé cette forme de prévoyance, il n'a pas voulu créer un mode nouveau et particulier de placement. S'il en eût été ainsi, il n'aurait pas édicté avec un soin si jaloux toutes les prescriptions qui tendent à écarter la spéculation. En réalité, ce que la loi a constitué c'est une assurance pour la vieillesse, une assurance destinée à soulager les maux qu'entraîne la vieillesse. Elle a considéré qu'il y avait lieu de donner le caractère d'une obligation civile à l'obligation de la dette

1. Marcadé : *loc. cit.*
2. Jolly : *Des seconds mariages*; Paris, 1896, p. 437.
3. Marcadé : *op. cit.*, 5e édit. T. VI, p. 407 et 6e édit. T. VI, p. 411; *Dict. des dr. d'enreg.*, v° *Caisse des retraites*, n° 12; Garnier; *Rép. gén. de l'enreg.*, v° *Caisse des retr. pour la vieillesse*, n° 3320; et *Rép. pér. de l'enreg.*, 1886, n° 6602; Defrénois : *Traité des liquidat. et partages*, n° 3575; *Journ. du notar.*, 2744; *Revue du notar. et de l'enreg.*, 3004.
   Trib. civ. Bar-le-Duc, 3 décembre 1884, S., 89, 1, 339; D. P. 89, 1, 210; Cass., 25 juin 1888, S. 89, 1, 343 (et le rapport de M. le conseiller Monod, *ibid.*); D. P. 89, 1, 209 et la note. — V. Affation : *Les lois relatives à l'épargne de la femme mariée*, Paris, 1898, p. 54.

alimentaire, charge naturelle du mariage. Il s'agit si bien de l'acquittement de la dette de mutuelle assistance incombant à chaque époux à l'égard de son conjoint que la loi impose rigoureusement à l'époux qui veut acquérir pour lui-même un livret à la Caisse des retraites de stipuler pour son conjoint un avantage égal et que l'exception n'existe qu'au cas où le lien conjugal a été rompu par l'un des époux, au cas de séparation réelle à la suite d'un abandon du domicile conjugal, non seulement à la suite d'une absence prolongée [1] mais aussi après un jugement prononçant la séparation de corps ou la séparation de biens [2].

1. Quand l'un des conjoints est soit absent, soit seulement éloigné de son domicile, d'après l'art. 4 de la loi du 18 juin 1850, le conjoint a le droit de demander au juge de paix l'autorisation de faire des versements qui lui profiteront exclusivement. Le juge de paix doit se prononcer d'après les circonstances. Mais sa décision n'est pas souveraine; elle peut être déférée au Tribunal civil.

2. Monod : Rapport précité :

A partir du jugement prononçant la séparation de corps et de biens (et aussi le divorce) le versement profite à son auteur seul. (L. 18 juin 1850, art. 4).

Cette solution peut paraître singulière en ce qui concerne la séparation de biens prononcée par jugement et quelque peu contraire avec ce qui est admis au cas d'adoption du régime de la séparation de biens. Il peut venir à l'esprit de soutenir qu'ainsi la séparation de biens résultant d'un jugement rend personnel à chaque époux le versement opéré par lui, la séparation de biens établie par contrat de mariage doit produire le même effet et que l'on doit admettre, dès lors, que l'art. 4 de la loi de 1850, en parlant du *cas de séparation de biens* entend aussi bien parler de la séparation établie par le contrat que de celle résultant d'un jugement.

Mais il a été répondu judicieusement (Marcadé ; *loc. cit.*) que si l'art. 4, § 2, disposait que le versement fait pendant le mariage par l'un des époux profite séparément à chacun d'eux pour moitié parle absolument de tout versement fait pendant le mariage, sans aucune distinction du régime sous lequel le déposant peut être marié, le contexte du § 3 affirmant qu'en cas de séparation de corps ou de biens le versement postérieur profite exclusivement à l'époux qui l'a opéré indique qu'il n'entend parler que de la séparation de biens venant se substituer, après coup et pendant le mariage, à un régime différent, puisque d'une part, cette séparation de biens est mise sur la même ligne que la séparation de corps et qu'il est parlé ensuite du versement *postérieur* à l'événement survenu d'une séparation de corps ou de biens.

Il paraît donc certain que c'est uniquement après la séparation prononcée par jugement que chaque époux a le bénéfice exclusif du versement opéré par lui, et que la règle attribuant à chacun des conjoints séparément la moitié du versement fait par l'un d'eux s'applique pour tout régime indistinctement, et aussi bien quand les époux se seront mariés avec séparation de biens que sous tout autre régime. La pensée du législateur a sans doute été que, d'une part, la séparation judiciaire suppose une plus grande division d'intérêts et de sentiments que la séparation contractuelle et, que, d'autre part et surtout, la Caisse des retraites s'adressant spécialement à la classe ouvrière, l'application de la loi au régime de séparation contractuelle (comme au régime dotal ou à l'exclusion de communauté) ne serait qu'une exception fort rare, la classe pauvre se mariant toujours sans contrat et dès lors en communauté légale. Mais pour être rare, le cas n'est toutefois pas impossible : il peut certes bien arriver que de simples ouvriers fassent un contrat, il peut arriver aussi que des personnes fort aisées ou même riches au moment de leur mariage se trouvent ruinées plus tard; enfin il se peut aussi que des personnes qui ont toujours été et sont

Tout en décidant que le versement fait pendant le mariage par l'un des conjoints profite séparément à chacun d'eux par moitié[1], le législateur a introduit une exception; lorsque le maximum soit de la rente, soit des versements assurés a été atteint, l'excédant peut profiter à celui des conjoints qui a fait le versement.

D'après l'art. 21 de la loi du 20 juillet 1886, il est remis à chaque déposant un livret sur lequel sont inscrits les versements par lui effectués et les rentes viagères correspondantes. Le décret de décembre 1886 a réglé l'exécution de cette disposition : le livret établi par la

encore dans l'aisance fassent elles-mêmes des dépôts à la Caisse des retraites pour parer à toute éventualité.

1. De ce que les versements faits par le mari, au cours du mariage, des deniers de la communauté, ont pour effet de faire acquérir à la femme une rente viagère proportionnelle à la moitié des versements effectués, les héritiers de la femme doivent-ils à la communauté récompense du profit qu'elle a tiré de ces versements?

L'affirmative a été soutenue, par le motif notamment que le législateur a dans un but philanthropique dérogé à certains principes généraux du Code civil en constituant ainsi une sorte de propre au profit de la femme, au cours même de la communauté, et au moyen de deniers empruntés à celle-ci; mais il n'apparaît d'aucune disposition, ni même d'aucune expression de la loi qu'elle ait entendu déroger au principe de la récompense due par la femme ou ses représentants en fin de communauté, pour le profit personnel qu'elle en a tiré dans les termes de l'art. 1437 C. Civ. — Trib. Civ. Seine 29 mai 1888, S. 89, 2, 23.

La solution contraire avait pourtant rencontré des partisans. Il a été jugé en effet, que lorsque les conjoints ont, conformément à la loi du 18 juin 1850, employé un capital tiré de la communauté pour créer sur leur tête et séparément une rente viagère, la succession du prémourant ne doit aucune récompense à la communauté, pour créer sur leur tête et séparément une rente viagère, dont les arrérages échus pendant le mariage sont tombés dans la communauté — (Trib. Meaux, 2 février 1870, S. 71, 2, 101) — mais que le conjoint survivant qui continue à jouir, après le décès de son conjoint, de sa part dans la rente doit récompense à la communauté et que cette récompense doit être fixée d'après la valeur de la rente viagère au décès.

On a même été plus loin et l'on a prétendu que les principes qui gouvernent la situation des époux vis-à-vis de la Caisse des retraites s'écartent complètement du droit commun en matière de communauté légale, que la Commission législative elle-même, dans son Rapport, déclare que la loi nouvelle a dérogé intentionnellement aux dispositions de la réversibilité ordinaire; que chacun des époux, en se faisant ouvrir un compte personnel, est censé avoir stipulé pour lui-même « comme s'il n'était pas marié » dit le rapport, ou comme s'il avait fait des versements avec ses valeurs propres. — Rev. du notar., n° 3001, note: Garnier : Rép. pér. de l'enreg., 1871, n° 3258 ; Journ. du notar., n° 2196.

Cette opinion semble préférable à raison de ses conséquences. Avec la théorie adverse on arrive à cette conséquence que l'épouse ne tire aucun profit de la loi de 1850, en ce sens qu'elle devrait restituer comme récompense ce qu'elle aurait obtenu par la rente. Ce résultat est inadmissible. La loi a manifestement entendu secourir la femme dans sa vieillesse par une pension de retraite analogue à celle des veuves de fonctionnaires. On s'est placé en dehors de la divergence des intérêts égoïstes et opposés; on n'a plus voulu de ces précautions minutieuses prises par le Code pour éviter tout enrichissement de l'un des époux au détriment de l'autre. On a désiré plus de solidarité dans la famille. Admettre la récompense serait aller contre le but et l'esprit de la loi. — Affalion : *Les lois relatives à l'épargne de la femme mariée*, p. 55 et suiv.

Caisse des dépôts et consignations, revêtu de son timbre et délivré gratuitement, portant un numéro d'ordre, énonce pour chaque titulaire, ses nom, prénoms, la date de sa naissance, ses profession, domicile, qualité civile et nationalité, et généralement tous les faits et conditions résultant des déclarations et productions prescrites par le règlement. Le livret, ainsi que le compte correspondant inscrit au registre matricule, est disposé de manière qu'en cas de mariage il puisse y être ouvert un compte pour chacun des conjoints. Il contient, en outre, les dispositions législatives et réglementaires en vigueur.

Le livret est établi à Paris et le montant du premier versement est inscrit dans les bureaux de la Caisse des Dépôts et Consignations, après examen des pièces produites pour en constater la validité. Il est remis au déposant ou à son représentant en échange du récépissé provisoire délivré au moment du dépôt. Le livret peut être retiré et représenté par le titulaire lui-même, soit par un intermédiaire. En cas de perte du livret, il est pourvu à son remplacement dans les formes prescrites pour le remplacement d'un titre de rente sur l'État.

Les rentes à jouissance immédiate, créées au profit de membres de Sociétés de secours mutuels, en vertu du décret du 28 avril 1856 et de l'art. 7 de la loi du 20 juillet 1886, ne donnent pas lieu à l'émission de livrets.

Les déposants peuvent, à toute époque, adresser leur livret à la Caisse des Dépôts et Consignations pour faire vérifier l'exactitude des mentions qui y sont inscrites et leur conformité avec celles qui sont portées aux comptes individuels.

Le montant de chaque versement autre que le premier est constaté par un enregistrement porté au livret et signé par le comptable qui reçoit le versement. Cet enregistrement ne forme titre envers l'État qu'à la charge par le déposant de le faire viser dans les 24 heures : 1° à Paris, pour les versements faits à la Caisse des Dépôts et Consignations, par le contrôleur près cette Caisse ; 2° dans les départements, pour les versements faits chez les trésoriers payeurs généraux et receveurs particuliers des finances, par le préfet ou le sous-préfet ; 3° en Algérie, pour les versements faits chez les trésoriers payeurs et payeurs particuliers, par le fonctionnaire civil ou militaire chargé de contrôle des récépissés à talon. Quant aux versements faits à Paris ou dans les départements entre les mains des percepteurs et des receveurs des postes, leur enregistrement sur le livret est contrôlé par la Caisse des Dépôts et Consignations, dans le délai de dix jours pour les versements effectués directement, et dans le délai de deux mois pour les versements faits par des intermédiaires au nom de plusieurs déposants. Pour les versements faits en Algérie, ces délais sont augmentés en raison des distances.

Les livrets sont transmis immédiatement, à cet effet, à la Caisse des Dépôts et Consignations.

Le comptable délivre un reçu provisoire non soumis au visa, au dos duquel le déposant ou son représentant donne décharge au moment où le livret lui est rendu.

Sous l'empire de la loi du 18 juin 1850 il n'existait aucun maximum pour les sommes à verser au compte de la même personne pendant le cours d'une année. Le législateur avait cru faire assez en limitant le chiffre de la rente viagère inscriptible à un nom. Les inconvénients de ce système furent bientôt remarqués. Il arrivait qu'un déposant opérait en une seule fois, la veille même de l'entrée en jouissance, et sous la réserve du remboursement du capital, le versement d'une somme suffisante pour constituer le maximum de la pension de retraite fixée par la loi. C'était parfaitement régulier. Pour parer à de pareils agissements, un maximum de 2000 fr. fut indiqué par la loi du 28 mai 1853 ; des lois ultérieures, celles du 12 juin 1881 et du 4 mai 1884 l'élevèrent à 3000 et à 4000 fr. A ce moment l'administration de la Caisse n'avait pas à se préoccuper de l'élévation progressive du chef des versements annuels. Son organisation était telle que les conséquences de l'accumulation des capitaux et de la responsabilité qui en résulte lui étaient indifférentes. La Caisse ne servait pas directement les rentes viagères qu'elle avait liquidées au moment des versements. Elle convertissait le montant des dépôts en rentes sur l'État. Quand arrivait le moment de la liquidation de la retraite, elle déterminait le capital nécessaire pour servir au déposant la somme des rentes viagères inscrites sur son livret. Ce capital représenté par une inscription de rente au cours moyen du trimestre précédent était transféré à la Caisse d'amortissement qui l'annulait immédiatement ; le retraité était ensuite inscrit au Grand Livre de la dette publique et c'est au Trésor qu'il touchait les arrérages de sa rente viagère. En résumé, une portion de la dette perpétuelle était amortie et transformée en rente viagère. Ce fonctionnement fut transformé par la loi du 30 janvier 1884 imposant à la Caisse des retraites l'obligation de pourvoir à la charge, au moyen de ses propres ressources, du service des rentes viagères, tant des rentes déjà créées que de celles non encore exigibles. En étendant le champ de placement des fonds disponibles et en réduisant à 1000 fr. le maximum annuel de versement conformément à la loi du 20 juillet 1886, la Caisse des retraites put employer dans des conditions favorables les capitaux confiés ; elle put même, à l'aide des placements en prêts aux départements et aux communes, faire profiter sa clientèle de tarifs calculés à un taux sensiblement plus élevé que celui des fonds d'État[1]. Mais l'administration de la Caisse dut reconnaître que

1. Rapport de M. A. Dubost à la Chambre des députés, D. P. 94. 4, 51 et 52.

ce mode de placement était assez limité. Cet examen l'amena à constater que l'institution ne réaliserait pas le but de ses fondateurs qui avaient voulu principalement recueillir l'épargne à longue échéance et que, tout au contraire, elle ne servait qu'à faire fructifier des capitaux déjà formés au profit de personnes désireuses de s'assurer une rente viagère plus élevée que celle qu'elles retireraient des autres valeurs garanties par l'État[1]. La Commission attira l'attention du Gouvernement sur « la marche progressive des versements isolés, sur ceux surtout qui, atteignant le maximum annuel, sont pour les déposants un placement bien plus qu'une épargne. » Sur son avis, le Gouvernement proposa de ramener à 500 fr. le maximum des versements annuels pour un même compte. C'est le chiffre qui fut fixé par la loi de finances des 26-27 juillet 1893[2]. Le maximum des versements opérés pour un même compte pendant une année, du 1er janvier au 31 décembre, est donc de 500 fr. Le minimum de chaque versement est de 1 franc.

Des bulletins-retraites destinés à réaliser au moyen de timbres-poste ordinaires le versement minimum d'un franc prescrit par l'art. 5 de la loi du 20 juillet 1886, sont mis à la disposition du public et délivrés gratuitement dans les bureaux de tous les comptables chargés du service de la Caisse nationale des retraites.

Le bulletin doit indiquer les nom et prénoms du titulaire; les timbres doivent être collés dans les cases préparées à cet effet, et, lorsqu'ils atteignent la somme d'un franc, ce bulletin est à remettre à la caisse d'un préposé qui le reçoit comme argent, pourvu que les timbres ne soient ni altérés, ni maculés, ni déchirés. Lorsque le déposant est marié, une somme égale doit être versée au nom du conjoint, soit en bulletins-retraites, soit en numéraire.

Les bulletins-retraites reçus par les receveurs particuliers des finances, les percepteurs et les receveurs des postes, sont envoyés directement par eux chaque jour, avec les bordereaux à l'appui, à la Caisse des Dépôts et Consignations, qui est chargée de l'oblitération des timbres-poste. À la fin de chaque trimestre, le directeur général transmet à la Direction générale des postes et télégraphes un état récapitulatif des timbres-poste compris dans les versements à la Caisse nationale des retraites. Ce même état, revêtu de l'approbation du Ministre des postes et télégraphes, est adressé au Ministre des finances, et le montant en est déduit des projets budgétaires des postes du

1. Le rapport précité de M. A. Dubost constatait que, dans les années précédentes, les gros versements de 500 à 1,000 fr. représentaient comme sommes environ 83 0/0 des versements directs et comme nombre seulement de 1,50 à 1,70 0/0 du nombre total des versements.
2. La Commission de la Chambre des députés qui avait préparé la loi de 1886 avait déjà insisté pour que le versement annuel fût limité à 300 fr. Elle avait prévu ce qui s'est produit depuis lors. La résistance du Gouvernement avait seule fait accepter le chiffre de 1,000 fr.

trimestre précédent et porté au compte courant de la Caisse nationale des retraites, avec valeur au dernier jour dudit trimestre. Toutefois cette opération n'a lieu que pour le montant net des timbres-poste, c'est-à-dire déduction faite de la remise réglementaire de 1 fr. pour 100 fr. allouée aux receveurs pour la vente des timbres; le montant de cette remise est imputé sur les frais de gestion et reste à la charge de la Caisse des Dépôts qui doit pourvoir à ces frais.

Toute personne peut servir d'intermédiaire à un ou plusieurs déposants[1]. L'intermédiaire qui verse dans l'intérêt de plusieurs déposants dresse un bordereau des sommes remises pour chacun d'eux. Des bordereaux distincts doivent être dressés pour les nouveaux et pour les anciens déposants. Ils indiquent en regard des sommes versées : 1° Pour les nouveaux déposants, les noms et prénoms, avec production des feuilles de déclaration et des pièces justificatives dont parle (art. 2, 3, 4, 5 et 8) le décret des 28-30 décembre 1886 ; 2° Et pour les anciens déposants, le nom et le numéro du livret, avec production des livrets et des feuilles de déclarations accompagnées des pièces justificatives à l'appui dans les cas prévus par les articles 6, 7 et 8, du même décret. Dans les cas de donation, mention en doit être faite sur les bordereaux. Le préposé qui reçoit le versement délivre un récépissé provisoire, lequel, pour former titre envers l'Etat, doit être, dans les 24 heures de sa date, soumis par l'intermédiaire au visa pour contrôle. Le comptable dans la caisse duquel un versement subséquent a été opéré enregistre sur chaque livret la somme versée par le titulaire. Il soumet cet enregistrement, pour les versements faits à la Caisse des Dépôts et Consignations, au visa du contrôleur près cette caisse, et pour les autres versements, au visa du fonctionnaire chargé du contrôle. Quant aux versements d'intermédiaires effectués chez les percepteurs

1. La liste des versements collectifs telle qu'elle est donnée notamment par la remarquable notice déjà citée de M. Fontaine, montre quels sont les intermédiaires qui font les versements. Pour 14,186,817 versements comprenant 218,461,035 fr. 08 c., l'on trouve en première ligne les Compagnies de chemins de fer (Nord, 2,064,493 versements et 19,851,172 fr. ; Ouest, 2,777,230 et 30,904,944 fr. 05 c. ; Orléans, 482,730 et 62,447,720; Lyon, 172,360 et 2,600,827 ; Ceinture, 45,752 et 1229,160 ; Midi, 322,288 et 5,886,681 ; Est-Algérien, 8,680 et 118,307 ; Etat, 55,231 et 818,272), puis de grands établissements industriels (Mines du Creusot, manufactures de glaces de Saint-Gobain, imprimeries Mame et Berger-Levrault, Compagnie des mines d'Anzin, des mines de Vicoigne, etc.), des entreprises de transport (*Compagnie générale des omnibus de Paris*, 172,449 versements et 3,262,759 fr.), de puissantes maisons de commerce (*La Belle Jardinière*, 9,319 versements pour 692,564 fr. ; les *Grands Magasins du Louvre*, 4,563 versements pour 2,046,660 fr. ; l'imprimerie *Chaix*, 10,813 versements pour 309,993 fr. ; la librairie *Hachette*, 5,831 versements pour 306,590 fr.); on trouve aussi des établissements moins importants qui effectuent l'un 305 versements pour 14,310 fr., l'autre, 280 pour 31,208 fr.; un autre, 752 pour 23,702 fr.

On rencontre également parmi les intermédiaires une Caisse des retraites, celle des ouvriers en soie de Lyon (234,530 versements pour 4,582,653 fr.), les Caisses d'épargne de Paris et des départements (3,541 versements pour 1,480,468 fr.) et la Caisse d'épargne postale (218 versements pour 128,811 fr.).

et les receveurs des postes, ils donnent lieu à la délivrance d'une quittance provisoire collective non soumise au visa. Les versements sont enregistrés sur les livrets et contrôlés. Les préfets, sous-préfets et autres fonctionnaires chargés du contrôle relèvent, sur un registre spécial, les sommes enregistrées aux bordereaux et livrets, et adressent tous les mois, un extrait dudit registre à la Caisse des Dépôts et Consignations, pour servir d'élément de contrôle.

Trois mois après le versement effectué, le déposant ou le porteur de son livret a le droit de demander l'inscription sur le livret de la rente viagère correspondante. Cette inscription est faite par le comptable qui a reçu le dépôt, à l'aide de renseignements qui lui sont transmis par la Caisse des Dépôts et Consignations; elle peut avoir lieu chez tout autre préposé de la Caisse des retraites, si le déposant en fait la demande. Néanmoins, en ce qui concerne les versements effectués chez les percepteurs et les receveurs des postes, la rente correspondante est inscrite par la Caisse des Dépôts et Consignations lors de l'envoi qui lui est fait du livret. À l'époque de l'entrée en jouissance de la rente viagère, le montant en sera définitivement fixé et inscrit au Grand Livre de la Caisse nationale des retraites, conformément aux règles en vigueur relativement à la dette viagère. À cet effet, le titulaire du livret devra en faire l'envoi au directeur général de la Caisse des Dépôts et Consignations, en l'accompagnant de son certificat de vie.

Les rentes auxquelles donne droit chaque versement, à l'âge fixé lors du versement, sont inscrites sur le livret individuel. Le maximum de la rente totale inscrite sur une tête est de 1.200 fr. Les rentes sont incessibles et insaisissables jusqu'à concurrence de 360 fr. Ce chiffre a été fixé parce qu'il représente le chiffre alimentaire de 1 fr. par jour. En cas de donation elles peuvent être déclarées incessibles et insaisissables en totalité. L'entrée en jouissance de la pension est fixée, au choix du déposant, à partir de chaque année d'âge accomplie de 50 ans à 65 ans. Dans le trimestre qui précède l'entrée en jouissance de sa rente le titulaire peut, mais à la condition de le déclarer formellement, reporter cette jouissance à une autre année, ce qui augmente le chiffre de sa rente [1].

Le déposant réduit à l'incapacité absolue de travailler est mis en possession, avant l'âge d'entrée en jouissance, d'une rente proportionnelle à son âge et à ses versements. D'après l'art. 11 de la loi du 21 juillet 1886, cette pension peut être bonifiée par une subvention de

[1]. L'art. 19 du décret des 28-30 décembre 1886 qui permet de reporter à une autre année déjà accomplie la jouissance de la rente reconnaît également la faculté de faire l'abandon de tout ou partie du capital réservé; dans ce cas, une déclaration doit être rédigée et revêtue de la signature soit de la partie intéressée, soit d'un mandataire spécial; il convient d'ajouter que cet abandon ne peut jamais donner lieu au remboursement anticipé d'une partie du capital déposé.

l'Etat[1]. Les blessures dont il s'agit sont constatées au moyen : 1° d'un certificat rédigé par les médecins qui ont donné leurs soins aux déposants; 2° d'une attestation émanée de l'autorité municipale (à Paris du commissaire de police); 3° d'un certificat signé par un médecin assermenté désigné par le préfet ou sous-préfet.

Indépendamment de ces pièces, les déposants dont la profession déclarée emporte rémunération, à quelque titre que ce soit, par l'Etat, les départements, les communes ou les établissements publics, doivent justifier, par une pièce émanée de leurs supérieurs, qu'ils ont cessé d'occuper leur emploi ou leur fonction.

Les certificats et attestations dont il s'agit doivent établir que les déposants sont dans l'incapacité absolue de travailler.

Les demandes des déposants sont transmises avec les pièces à l'appui, par les préfets dans les départements, et à Paris par le Préfet de police, au directeur général de la Caisse des Dépôts et Consignations. Lorsque la demande a été reconnue régulière par la Caisse des Dépôts et Consignations, la rente est liquidée sans délai, en tenant compte de l'âge du déposant à cette époque, et avec jouissance du premier jour du trimestre dans lequel la demande est parvenue à l'administration. Le dossier est ensuite transmis immédiatement par la Caisse des Dépôts et Consignations à la Commission supérieure, qui examine s'il y a lieu d'accorder une bonification, et, dans le cas de l'affirmative, fixe le montant et détermine la date de jouissance de la rente bonifiée. Cette date ne pourra jamais être antérieure au point de départ de la pension anticipée acquise par le déposant au moyen de ses versements.

A la fin de chaque trimestre, le Ministre de l'Intérieur ordonnance au profit de la Caisse nationale des retraites, sur le vu d'un état dûment certifié qui lui est adressé par le Directeur général de la Caisse des Dépôts, et au moyen d'un prélèvement sur le crédit spécial inscrit au budget, le montant du capital représentatif des rentes viagères accordées par la Commission supérieure à titre de bonification.

Dans le cas où la jouissance d'une ou de plusieurs rentes est antérieure au trimestre pendant lequel cette remise est effectuée, le capital représentatif est augmenté des intérêts courus depuis le jour d'entrée en jouissance jusqu'à celui du règlement. Ces intérêts sont calculés au taux du tarif en vigueur.

1. La loi du 31 décembre 1895 qui a affecté à la majoration des pensions de la Caisse nationale des retraites une somme à prendre sur le budget du Ministère du commerce dispose qu'indépendamment des crédits ouverts annuellement au budget, le revenu de la moitié du produit de la vente des joyaux de la Couronne formera une dotation spéciale affectée au service des pensions exceptionnelles créées en vertu de l'art. 11 de la loi du 20 juillet 1886; la Caisse des Dépôts et Consignations a reçu cette dotation et a été chargée de lui bonifier un intérêt égal à celui qu'elle sert aux fonds des Caisses d'épargne.

A l'époque fixée par le déposant, le droit à la pension est constaté par la remise d'une inscription de rente viagère [1].

Ce titre énonce les nom, prénoms, date de naissance et qualité civile du titulaire ainsi que le montant annuel et trimestriel de la rente. La remise de cet extrait est faite, pour Paris et le département de la Seine, à la Caisse des Dépôts et Consignations, et, pour les autres départements, par les préposés de la Caisse Nationale des retraites. En cas de veuvage, la femme titulaire d'une rente viagère de la vieillesse fait immatriculer son titre sous sa qualité de veuve en justifiant du décès du mari. En cas de perte du titre, il est pourvu à son remplacement dans les formes prescrites pour le remplacement d'un extrait d'inscription nominative de rente, sur l'État. Le duplicata est délivré dans le trimestre d'échéance qui suit celui pendant lequel la demande a été formée.

Après l'inscription au Grand livre de la Caisse nationale des retraites des rentes viagères définitivement liquidées, les livrets sont frappés d'un timbre constatant cette inscription avant d'être rendus aux titulaires.

Les arrérages des rentes viagères sont payés trimestriellement les 1er mars, 1er juin, 1er septembre et 1er décembre de chaque année, la première échéance comprenant seulement le montant des deux premiers mois échus depuis l'époque d'entrée en jouissance. Ce paiement est fait au porteur de l'extrait d'inscription et sur la production d'un seul certificat de vie pour chaque titulaire, quel que soit le nombre de trimestres échus. Il est effectué, pour le département de la Seine, par le caissier général de la Caisse des Dépôts et Consignations et les percepteurs ; pour les autres départements, chez les trésoriers-payeurs généraux et receveurs des finances, ou par l'entremise des percepteurs des contributions directes.

Lors du paiement des arrérages, le préposé peut retenir, pour les faire réunir, les titres multiples appartenant à un même rentier.

En passant il importe de noter qu'une pension de retraite à la charge de l'État peut fort bien se cumuler avec une pension servie par la Caisse Nationale des retraites pour la vieillesse, en l'absence de toute disposition prohibitive, laquelle ne saurait être suppléée [2].

Les remboursements de versements à capital réservé sont effectués, à la mort du titulaire, ou bien aux héritiers ou ayants-droit du titu-

---

1. Les rentes viagères inférieures à 2 fr. peuvent, lors de la liquidation définitive, être réunies au montant de la rente à liquider ultérieurement au profit du même titulaire, pour d'autres versements, sans que cette réunion puisse donner droit à un rappel d'arrérages. Cette réunion sera opérée d'office, si le titulaire n'a pas demandé le remboursement du capital afférent auxdites rentes.

2. Décisions des Ministres des Finances, de la Marine et de l'Intérieur des 31 août, 23 et 28 septembre 1893 (*Revue générale d'administration.*, avril, 1894, p. 443).

laire, ou bien au donateur ou à ses ayants-droit. Après l'entrée en jouissance les arrérages sont acquis au titulaire de la rente jusqu'au jour du décès et sont payés aux héritiers ou ayants droit. Le paiement se fait, sur la production du livret pour les capitaux, du titre de rente pour le prorata d'arrérages, et sur la remise d'un acte de décès et d'un certificat de propriété délivré dans les formes et suivant les règles prescrites par l'art. 6 de la loi du 28 floréal an VII. Les parties intéressées produisent, en outre, suivant les circonstances, les pièces que leur situation particulière rend nécessaires pour la validité du paiement. Le capital réservé au profit du donateur lui est remboursé sur la seule production du livret ou du certificat de réserve de capitaux et d'un acte de décès.

Le capital réservé reste acquis à la Caisse des retraites en cas de déshérence ou par l'effet de la prescription s'il n'a pas été réclamé dans les trente années qui auront suivi le décès du titulaire de la rente. L'art. 18 de la loi de 1886 n'a fait que reproduire à cet effet les termes de l'art. 10 de la loi de 1861. Le décret des 28-30 décembre 1866 a ajouté (art. 33) que conformément à l'art. 2277 C. Civ., les arrérages non perçus se prescrivent par 5 ans ; les rentes dont les arrérages n'auront point été réclamés pendant 3 années consécutives seront présumées éteintes et rejetées des états de paiement ; elles ne pourront y être rétablies que sur la justification de l'existence du titulaire.

Conformément aux art. 1974 et 1975 C. Civ., toute somme versée au profit d'une personne morte au jour du versement ou atteinte de la maladie dont elle est morte dans les vingt jours du versement est remboursée sans intérêts.

La loi de 1886 ordonne de rembourser mais sans intérêts les sommes qui, lors de la liquidation définitive, seraient insuffisantes pour produire une rente viagère de deux francs ou qui dépasseraient soit la somme de 1000 fr. par année, soit le capital nécessaire pour produire une rente de 1200 fr. ; le remboursement dans les mêmes conditions, c'est-à-dire sans intérêts, est également prescrit pour les sommes versées irrégulièrement par suite de fausse déclaration sur les qualités civiles, noms et âge des déposants ; ces irrégularités ne peuvent être invoquées par le titulaire du livret ou ses représentants pour exiger le remboursement du capital.

Mais il résulte des travaux préparatoires [1] que le remboursement n'est effectué uniquement que quand la fausse déclaration porte soit sur le nom et l'âge, soit sur les qualités civiles ; il doit être refusé,

---

1. Il a été très nettement dit que la loi visait la fausse déclaration dans le but de prévoir le cas où un individu marié viendrait à déclarer qu'il est célibataire, de façon à s'attribuer seul le montant de son dépôt. — D. P. 86, 4, 51, n° 6.

conformément aux principes du droit commun [1], quand la fausse déclaration change le sujet du risque, par exemple lorsqu'une personne mariée se présente comme célibataire et fait ainsi une déclaration mensongère ; en pareil cas il y a changement du sujet du risque, puisque l'assurance de rente se trouve ne reposer que sur une tête au lieu de deux ; il y a un seul contrat de rente viagère au lieu de deux contrats qui se seraient développés, chacun avec ses conditions particulières, et le crédi-rentier se fait ainsi attribuer une rente frauduleusement majorée. Comme tout assureur la Caisse peut invoquer la nullité du contrat.

Ces principes conduisent à admettre [2] que le contrat de rente viagère intervenu entre la Caisse Nationale des retraites pour la vieillesse et un individu marié qui s'est donné comme célibataire n'est pas entaché de nullité, les prestations réciproques que les parties s'étaient respectivement promises étant en soi parfaitement licites ; qu'en conséquence la veuve et les héritiers du crédi-rentier qui, en se faisant passer comme célibataire, a obtenu la liquidation d'une pension viagère plus élevée que celle à laquelle il eût eu droit si sa véritable situation avait été connue et dont il a joui jusqu'à son décès ne sont pas recevables, sous prétexte que la constitution de rente viagère était dans ce cas entachée d'une nullité radicale, à réclamer le remboursement des sommes qu'il avait versées à la Caisse des retraites.

C'est en vain que pour soutenir le contraire l'on invoquerait l'art. 4 de la loi du 18 juin 1850 disposant que le versement fait durant le

1. L'analogie qui existe entre un assureur ordinaire et la Caisse, bien que contestée, semble réelle. Comp. les observations D. P. 92, 1, 601, note.

2. Paris, 8 novembre 1889, et sur pourvoi Cass., 27 janvier 1892, S. 92, 1, 231 et 232 ; et *ibid.* le résumé de l'argumentation présentée à l'appui des deux opinions ; D. P. 92, 1, 601 et la dissertation *ibid.* Cette affaire présentait une importance décisive ; elle pouvait avoir pour résultat de laisser la Caisse des retraites sans défense, exposée à une fraude facile à commettre ; il faut ajouter que le système qui sollicitait la reconnaissance du droit à la restitution d'un capital déposé par le fraudeur, même alors que la rente avait été constituée à capital aliéné, était de nature à jeter le trouble dans les opérations de la Caisse et dans sa comptabilité.

La Cour de Cassation s'est prononcée pour le système de la défense, c'est-à-dire pour la non restitution du capital versé. Deux considérations, parmi celles invoquées par la défense au pourvoi, paraissent dominer la matière. C'est, d'abord, que lorsqu'il s'agit d'une rente viagère à capital aliéné, le contrat, par lui-même, ne comporte pas le remboursement d'un capital fondu dans une association tontinière ; un pareil remboursement amènerait dans le fonctionnement de l'association de telles perturbations que ce n'est pas ce cas qu'a eu en vue l'art. 11 de la loi du 12 juin 1861. C'est ensuite que, sur la déclaration du déposant se présentant comme célibataire, la Caisse n'a pu procéder autrement qu'elle l'a fait, ouvrir un contrat de rente viagère à la femme demeurée inconnue ; que celle-ci, restée, par suite, entièrement étrangère à la convention intervenue ne peut y trouver la source d'une action contre la Caisse, encore moins la source d'une action tendant à un remboursement que ne comporte pas la nature du contrat passé de bonne foi par la Caisse avec le déposant. — Note, S. 92, 1, 231.

mariage par un des conjoints profite séparément à chacun d'eux ; la femme n'acquiert un droit propre sur la moitié de la somme versée qu'autant que l'attribution prévue aurait pu être faite par la Caisse ; lorsque cette attribution n'a pas eu lieu, faute par le déposant d'avoir révélé sa qualité d'homme marié, le fait, par le déposant, d'avoir ainsi manqué à ses obligations légales ne saurait autoriser soit sa veuve, soit ses héritiers à réclamer le remboursement de sommes qui ont été le prix de la rente viagère servie de bonne foi par la Caisse[1]. L'art. 14 de la loi du 12 juin 1861 portant que la Caisse rembourse sans intérêt toute somme versée irrégulièrement par suite de fausse déclaration sur les noms, qualités civiles et âge des déposants n'est pas plus à invoquer : cette disposition a simplement pour but d'édicter une pénalité civile contre les déposants lorsque l'irrégularité de leurs versements donne lieu à un remboursement, mais non quand, s'agissant d'une rente viagère à capital aliéné, l'exécution du contrat était consommée lorsque la fraude du déposant a été découverte.

La Caisse des retraites pour la vieillesse ne saurait être liée vis-à-vis de la femme par la fraude du mari, fraude que la Caisse n'a pas connue. En effet, la femme ne peut être admise à demander contre les tiers la révocation des actes frauduleux passés par le mari qu'autant que les tiers se sont rendus complices de la fraude. Elle n'est donc pas recevable, alors que l'exécution du contrat a été consommée de bonne foi par la Caisse des retraites, à lui réclamer le paiement du capital versé et elle ne peut trouver dans l'art. 4 de la loi de 1850 un droit propre à se prévaloir de l'art. 11 de la loi du 12 juillet 1866. La Caisse des retraites qui a épuisé le capital aliéné, par le paiement des arrérages de la rente du crédi-rentier, ne saurait, sans être mise en perte, être obligée de rembourser une partie de ce capital à la veuve, et cette solution serait contraire non seulement à la loi, mais à l'équité, la Caisse des retraites ayant exécuté le contrat de bonne foi.

Toutefois la femme ne reste pas complètement désarmée dans le cas où le mari a dissimulé le mariage et où la Caisse des retraites pour la vieillesse n'aura ouvert qu'un seul compte de rente au profit du mari. Certainement si la fraude est découverte avant l'exécution consommée, la femme peut se dénoncer elle-même à la Caisse des retraites et réclamer l'attribution d'une moitié de la rente. Ce serait alors à la Caisse de juger si elle doit faire annuler le contrat, sauf à faire décider par qui de droit à qui le remboursement prévu par l'art. 11 de la loi de 1861 doit être effectué. On peut admettre également qu'au cas où la rente aurait été constituée à capital réservé la femme, au décès du mari, serait recevable à faire valoir ses droits sur le capital. Mais, dans l'un et l'autre cas, la Caisse des retraites ne saurait être

1. Note, D. P. 92. 1. 601 et 602.

responsable de la fraude, et ce serait à l'encontre du mari ou de ses héritiers que la femme pourrait agir. Lorsque le contrat a été intégralement exécuté la femme, après la mort du mari, conserve encore contre sa succession le recours que lui donne le droit commun pour se faire indemniser des conséquences des actes frauduleux au regard de la communauté passés par le mari. Et l'acte du mari qui dissimule sa qualité civile pour obtenir une rente viagère plus élevée que celle qui lui serait attribuée, s'il faisait une déclaration exacte, rentre évidemment dans la catégorie de ces actes frauduleux, puisqu'il a pour but de lui procurer un avantage au détriment de la communauté [1].

Au point de vue fiscal il existe pour les clients de la Caisse des retraites une véritable immunité. Les certificats, extraits de l'état civil, actes de notoriété et autres pièces relatives à l'exécution des lois du 18 juin 1850 et du 21 juillet 1886 doivent être délivrés gratuitement et sont dispensés, sauf pour les quittances [2], des droits de timbre et d'enregistrement [3]. L'art. 24 de la loi du 21 juillet 1886 et l'art. 2 du décret des 28-30 décembre 1886 sont formels à cet égard. Seulement il est indispensable qu'il y ait une mention de l'usage auquel ces documents sont destinés; une omission entraînerait l'exigibilité des droits de timbre et d'enregistrement sans préjudice des pénalités qui pourraient être encourues [4].

Mais la dispense ne s'applique pas aux droits de mutation.

De ce que la législation sur la Caisse des retraites pour la vieillesse

---

1. Note, D. P. 92, 1, 401.

2. Les quittances d'arrérages de rentes viagères rentrent dans le droit commun et doivent être assujetties au timbre de 10 c. (à la charge des parties) lorsque les sommes auxquelles elles se rapportent sont supérieures à 10 fr. La dérogation à la dispense générale résulte de l'art. 6 de la loi de finances du 30 mars 1888, qui a modifié sur ce point la loi du 20 juillet 1886 exonérant du timbre les quittances d'arrérages des rentes viagères servies par la Caisse. Instr. 10 avril 1888, n° 2740 ; Pand. fr. pér., 88, 2, 27. V. Naquet : Traité des droits de timbre, p. 266 (n° 266).

Mais les reçus des titres de rentes et les quittances données à l'occasion des remboursements continuent à jouir de l'exonération du droit de timbre de quittance. — Instr., n° 2661, 2732, 2740.

3. La liste des actes et pièces exempts du timbre et qui doivent être enregistrés gratis lorsqu'il y a lieu à cette formalité a été donnée dans l'Instruction du 29 février 1887, n° 2732 (V. aussi Pandectes françaises, v° Caisse des retraites pour la vieillesse, n° 143 et suiv.). Cette énumération, de l'avis même de la Régie, n'a rien de limitatif.

Par application d'une Circulaire du 29 février 1888 (Revue générale d'administration, avril 1888, p. 502), l'administration de la Caisse des Dépôts et Consignations accepte des actes de l'état-civil délivrés dans la forme d'extraits ou de bulletins, aussi bien pour les paiements des capitaux réservés ou de prorata d'arrérages après décès que pour les versements, à la condition que les extraits d'actes de naissance ou de décès indiquent en toutes lettres, même lorsqu'ils sont produits à l'appui d'un versement, non seulement la date de la naissance ou du décès, mais en outre la date de la déclaration faite à l'état-civil. Ces extraits doivent d'ailleurs, comme par le passé, être signés par le maire ou le greffier qui les a délivrés et porter le timbre de la mairie ou du tribunal.

4. Instr., 29 février 1887, n° 2732.

a, dans son ensemble, dérogé aux règles du droit commun en matière de Statut matrimonial et attribué à chacun des époux un droit propre tant sur la rente que sur le capital versé à la Caisse pendant le mariage lorsque ce capital a été *réservé*, il suit que ledit capital doit être compris dans la déclaration de la succession de la femme commune en biens et assujetti au droit de mutation ouvert par son décès, comme les autres biens propres de la défunte, malgré la renonciation de ses héritiers à la communauté [1].

La Régie interprète la loi en ce sens que, quel que soit le régime adopté par les époux, les versements effectués par eux soit avant, soit pendant le mariage, créent à leur profit une valeur personnelle qui ne subit aucune atteinte des conventions matrimoniales. Si l'un des époux a fait le versement avant son mariage et le conserve intact, malgré le régime adopté, le versement reste propre à l'époux qui l'a fait, d'après l'art. 13 de la loi du 20 juillet 1886 et l'art. 14 de la loi du 18 juin 1850. Si le versement a lieu durant le mariage, la loi ne s'occupe pas davantage de savoir sous quel régime les époux sont unis, par quel patrimoine les deniers versés ont été fournis; elle en applique le bénéfice à chacun des époux séparément et par moitié, et cela par une disposition impérative qui ne permet pas au déposant de s'approprier pour lui seul le produit du versement [2].

Au cas où le versement a été fait par un tiers conformément à l'art. 13 de la loi de 1886, à la mort du déposant qui a aliéné définitivement le capital, le droit de mutation par le décès n'est pas exigible pour les sommes versées par le défunt. Puisqu'il s'est dépouillé définitivement, totalement de ces sommes, elles ne peuvent être considérées comme faisant partie de l'actif de sa succession [3].

On a soutenu que si le donateur qui, après s'être réservé à son profit personnel le retour du capital en cas de décès du titulaire de la rente, vient à prédécéder, ses héritiers sont tenus d'acquitter immédiatement,

---

1. Cass., 25 juin 1888, S. 89, 1, 338 ; D. P. 89, 1, 209.

Il importerait peu que la Caisse eût opéré le paiement entre les mains du mari sur la production d'un certificat de propriété constatant que cette somme appartenait à ces époux en pleine propriété par suite de l'effet de la renonciation des héritiers de la femme à la communauté (même arret). C'est l'application de cette règle absolument certaine que l'interprétation donnée par les parties soit par erreur, soit par un motif demeuré secret, à leurs conventions, ne peut prévaloir contre les effets légaux qu'elles sont susceptibles de produire, ni en modifier le véritable caractère pour la perception des droits d'enregistrement. — Cass., 20 mars 1855, D. P. 55, 1, 130 ; S. 55, 1, 471 ; 6 février 1860, D. P. 60, 1, 88 ; 9 juillet 1861, D. P. 61, 1, 322 ; S. 61, 1, 788 ; 20 août 1867, D. P. 67, 1, 331 ; S. 67, 1, 407 ; 30 décembre 1873, D. P. 74, 1, 363 ; S. 74, 1, 129 ; 22 novembre 1875, D. P. 76, 1, 108 ; S. 76, 1, 182 ; 5 avril 1887, D. P. 88, 1, 65.

2. Instr. Régie, 30 novembre 1888, n° 2761, § 1 ; Garnier : *Rép. périod. de l'enreg.*, n° 7105.

3. Sol. Régie, 29 juin 1870, *Dict. des droits d'enreg.*, v° *Caisse des retraites pour la vieillesse*, n° 17.

lors de sa mort, le droit de mutation. Cette opinion se base sur ce qu'ils trouvent dans la succession les sommes versées ; elle s'appuie sur ce que si le moment où la condition résolutoire se réalisera n'est pas connu, il est certain qu'elle se réalisera à un moment donné, quand le rentier viendra à mourir [1]. Toutefois, il faut l'avouer, cet avis a été contesté ; si le droit de mutation est exigible il ne peut être acquitté que lorsque la condition résolutoire sera accomplie, que jusqu'à cette époque le dessaisissement du donateur subsiste et les sommes versées appartiennent au titulaire de la rente.

Dans le cas où le capital versé a été réservé au profit des héritiers du rentier, il s'opère, à la mort de ce dernier, une mutation par décès du rentier à ses héritiers. Il leur incombe donc d'acquitter le droit de mutation d'après leur degré de parenté avec le rentier. Mais la solution est différente quand le déposant s'est dépouillé de tout droit durant sa vie : sa mort ne confère aucun droit, puisque par une donation antérieurement intervenue il était complètement et irrévocablement dessaisi [2].

SECTION III

Réformes.

Avec son organisation très solide, sa direction très habile comme l'établit la réduction progressive des frais d'administration, bien que l'on ait fortement vanté le système qui rend l'État débiteur par le motif que de tous les débiteurs l'État est incontestablement le plus solide [3], la Caisse nationale des retraites pour la vieillesse, en admettant son intervention [4], n'a pas atteint le but en vue duquel elle a été créée. Constituée pour les classes laborieuses, dans l'intérêt exclusif de ces dernières, elle n'a attiré qu'un nombre infime d'ouvriers [5] trouvant, sans nul doute que, portant trop son effet sur l'avenir elle laisse le présent de côté [6] sans offrir des avantages de nature à récompenser les inconvé-

1. *Dict. des droits d'enreg.*, end, v° n° 19.
2. Garnier : *Rép. gén.*, v° *Caisse nationale des retraites pour la vieillesse*, n° 56 ; *Dict. des droits d'enreg.*, v° *Caisse des retraites pour la vieillesse*, n° 56.
3. Barrau : *Conseils aux ouvriers sur les moyens qu'ils ont d'être heureux*, Paris, 1856, p. 258.
4. On sait en effet que nombre de bons esprits ont déclaré qu'il était préférable de voir le courant des économies des travailleurs se diriger du côté de la Caisse d'épargne où le déposant n'aliène rien au détriment de sa famille. — V. de Courcy : *De l'assurance par l'État*, 4e édit., Paris, 1881, p. 19.
5. Et encore d'ouvriers fixés dans les grands centres ; dans les campagnes elle était naguère complètement inconnue : (Cf. Valay : *Études sur la dépopulation des campagnes*, Paris, 1882) ; même actuellement, la situation n'a guère changé à cet égard.
6. Gronthe : *Prévoyance et Mutualité*, p. 19.

ments[1] et elle paraît recruter ses adhérents dans d'autres catégories
de la population. Elle n'a pas réalisé ce grand problème de l'assurance
ouvrière contre la vieillesse. On est unanime à le reconnaître[2]. De
toutes parts aussi l'on semble trouver qu'il importe non pas seulement
d'apporter des modifications de détail[3], mais bien de créer une Caisse
nationale de prévoyance et de retraites destinée à mettre les travailleurs à l'abri des menaces de la maladie et de la vieillesse, l'institution la plus éminemment philanthropique, celle des Caisses d'épargne
étant absolument insuffisante[4].

1. Le travailleur ne s'arrête pas à la circonstance que la Caisse est gérée
par les représentants de l'État sans que les véritables intéressés puissent
intervenir. Mais il note d'abord que la pension servie en cas d'infirmités ou
blessures est absolument insuffisante, d'autant qu'il n'est fait droit à la
demande qu'en présence d'une incapacité absolue de travailler, en second
lieu que le décret du 28 décembre 1886 a multiplié les formalités, mais surtout que les déposants ne sont plus maîtres de disposer à leur gré des fonds
qu'ils ont versés et que, malgré les éventualités susceptibles de se produire,
aucun prêt ne peut être consenti.

2. Cf. l'article de M. Dumaine sur la *Caisse des retraites* dans le *Dictionnaire
des Finances* de M. Léon Say, le travail de M. R. Jay sur *L'assurance ouvrière de
la Caisse nationale des retraites pour la vieillesse* (*Revue politique et parlementaire*,
avril 1895), la notice de M. Thomereau, sur la *Caisse d'assurance* dans le
Dictionnaire du commerce de MM. Yves Guyot et Raffalovich; Costier : *Des
retraites ouvrières*, Paris, 1899, p. 49.

Les chiffres sont là, du reste.

Du 11 mai 1851 au 31 décembre 1896 (*Journ. Off.*, 6 juillet 1897, p. 3816), la
Caisse nationale des retraites a reçu de 1,290,261 déposants 26,751,963 versements s'élevant à 947,948,908 fr. 08 c. Elle a encaissé net 1,459,171,880 fr. 76 c.;
elle a remboursé après décès en capitaux réservés 206,326,496 fr. 25 c., en
rentes viagères 377, 290,726 fr. 96 c., ce qui, avec le remboursement du versements irréguliers et les dépenses diverses, soit 9,317,094 fr. 85 c., donne
pour les dépenses un chiffre total de 592,934,318 fr. 16 c.

La Caisse a compté depuis sa fondation, dit le même document, 352,000
rentiers. Près de 150,000 sont morts. Il lui en reste 203,286 qui se classent
ainsi : 1° 85,294 titulaires de rentes de 51 à 200 fr., 41,96 0/0; 2° 75,106 titulaires de rentes de 2 à 50 fr., 36,99 0/0 : 3° 18,243 titulaires de rentes de 201 à
300 fr., 8,97 0/0; 4° 12,025 titulaires de rentes de 361 à 600 fr., 6,30 0/0; 5°
9,399 titulaires de rentes de 601 à 1,200 fr., 4,62 0/0; 6° 2,229 titulaires de rentes de 1,201 à 1,500 fr., 1,10 0/0.

Ces chiffres portent un enseignement avec eux. Si des millions de Français ignorent l'existence de la Caisse nationale des retraites pour la vieillesse, les trois quarts de ceux pour qui elle est créée ne reçoivent d'elle
pas même de quoi ne pas mourir de faim. N'est-ce pas une ironie de considérer comme rentiers ceux à qui il revient 2 fr. chaque année? Si l'on fait
la moyenne, on obtient 171 fr. pour les femmes et 158 fr. pour les hommes.
Ceux-ci sont au nombre de 109,000 avec 17 millions de rentes ; les femmes,
94,000 avec 16 millions.

3. V. les remarques de M. Fougerousse : *Les pensions de retraite des ouvriers* (*Revue générale d'administration*, juillet 1878).

4. L'auteur de l'un des projets, M. Papelier, a montré par un calcul ingénieux que le déposant qui verserait 1 fr. par mois de 25 à 55 ans à la
Caisse d'épargne, en laissant accumuler les intérêts, aurait à sa disposition,
après 30 années, un capital de 644 fr. avec lequel il pourrait acquérir une
rente viagère de 59 fr. 70.

Il est vrai qu'après le même laps de temps, la Caisse des retraites ne paierait qu'une rente à peine supérieure de 64 fr. et qu'à capital réservé elle ne
lui promettrait même que 39 fr.

Seulement quand il s'agit de réaliser ce projet éminemment juste, le désaccord se produit. La multiplicité des projets élaborés dans ces derniers temps suffit pour l'établir. Il ne saurait être question d'analyser ici toutes ces propositions [1]. Mais ce que l'on peut dire, c'est qu'elles se ramènent essentiellement à trois types bien caractérisés.

Sans tenir compte que toute intervention de l'État entraîne un appel aux contribuables, sans observer aussi que l'épargne n'est pas impossible aux travailleurs comme l'établissent les millions versés aux Caisses d'épargne, il s'est trouvé des personnes qui, se basant sur ce que la concurrence permet aux ouvriers de faire face à leurs besoins présents, réclament pour l'État le devoir d'intervenir par une loi et de contribuer de ses deniers à la fondation d'un établissement d'État capable d'assurer une retraite aux travailleurs âgés et sans ressources. Pour la constitution les uns ont parlé d'un prélèvement sur certains chapitres du budget répondant à des impôts nouveaux ou même sur certaines propriétés, sur certains fonds; d'autres ont indiqué une cotisation obligatoire mise à la charge de l'ouvrier (obligé de subir une retenue sur son salaire), du patron et, d'après quelques-uns, à la charge de l'État [2].

D'autre part, l'on a insisté pour la création par l'État d'une Caisse alimentée par des contributions individuelles libres, le déposant étant maître d'apprécier s'il ne lui serait pas préférable de porter ses versements ailleurs; mais la cotisation ne pouvant pas être suffisante pour procurer une rente en mesure de répondre aux besoins élémentaires de l'existence, le complément devrait être fourni non par l'État, mais obligatoirement par le patron par le motif que ce dernier profite des efforts de l'ouvrier.

Enfin il a été proposé de créer avec le concours de la Caisse des Dépôts et Consignations une *Caisse nationale de prévoyance ouvrière* [3]

1. Comp. les instructives analyses données par MM. Rochetin et Drake dans leurs articles sur *Les différents projets de Caisses de retraites* et *la Caisse nationale de prévoyance devant le Parlement* (Revue pratique et parlement., décembre 1894, p. 503 à 525; octobre 1894, p. 33 à 53) ainsi que par M. Seurre : *Étude des projets de loi relatifs à la création de la Caisse nationale des retraites ouvrières*, Paris, 1898.

2. Un auteur a proposé un système particulier basé sur la mise en vigueur de la loi concernant la responsabilité des patrons en cas d'accidents survenus à leurs ouvriers au cours de leur travail. Partant de ce principe que la charge totale du risque incombe aux patrons et que ces derniers doivent acquitter la prime destinée à garantir l'indemnité, mais avec retenue sur les salaires, M. Seurre (*Étude des projets de loi relatifs à la création de la Caisse nationale des retraites ouvrières*, Paris, 1898) demande le versement dans une Caisse de l'État des sommes remises par les patrons et par les Compagnies d'assurances contre les accidents avec affectation du *trop plein* à la Caisse nationale des retraites.

3. Cette dénomination a paru plus justifiée que celle de Caisse de retraites, parce que la retraite ou rente viagère n'est qu'une simple forme et même la forme la plus étroite de la prévoyance, qu'à côté de la rente viagère qui est la destruction d'un capital au profit d'un individu isolé doit prendre place

appelée, avec une organisation spéciale, à constituer des retraites en faveur des travailleurs des deux sexes au moyen de l'une des formes de l'assurance sur la vie : *assurance vie entière* ou d'un capital payable au décès, à quelque époque qu'il se produise; *assurance mixte* ou d'un capital payable à 55 ans en cas d'existence, ou avant cet âge en cas de prédécès; *assurance temporaire* ou d'un capital payable en cas de décès seulement et au moment du décès si celui-ci a lieu dans la période de 25 à 55 ans; *assurance différée* ou d'un capital payable à 55 ans, mais simplement en cas de vie; *capitalisation d'intérêts composés*, les versements capitalisés produisant respectivement 120 francs, 200 francs et 531 francs après 10 ans, 20 ans, 30 ans, les rentes viagères constituées pouvant être prorogées de 5 ans à l'âge de 60 ans, par exemple, sans que le titulaire ait à payer de nouvelles cotisations; dans ce cas elles donnent un chiffre supérieur[1] Dans ce système qui repose sur « la réunion dans un effort commun de prévoyance de l'ouvrier, du patron et de l'État » l'inscription des adhérents serait libre, comme aussi il n'y aurait pas de limitation à la faculté d'inscription lorsque les revenus ou salaires dépasseraient un certain chiffre, la seule qualité de salarié suffisant; en revanche, le patron aurait l'obligation stricte de contribuer par un versement égal à celui du travailleur, mais sans cependant pouvoir dépasser une certaine somme[2]. L'État chargé de l'administration, de la gestion des capitaux, de la perception des cotisations devrait contribuer, c'est-à-dire prendre sur les ressources du budget qu'alimente l'impôt, une subvention égale au montant du versement individuel sans cependant pouvoir dépasser chaque année et par personne une somme fixée. En outre, l'État pourrait être tenu à une contribution supplémentaire lors-

---

l'assurance en cas de décès, avec ses formes si variées, qui crée un capital, c'est-à-dire un instrument de travail.

1. La *rente viagère à capital réservé* a été écartée comme étant une opération des plus médiocres, de nature à être remplacée par l'assurance en cas de décès, avec une assurance en cas de vie.

2. Dans un but qui n'a jamais paru bien nettement précisé, l'on a proposé de décider que le versement ne serait fait ni par le patron, ni par un fonctionnaire, mais que la levée serait faite par voie de répartition, comme en Allemagne. Chaque année, la Caisse, en dressant son bilan et en arrêtant le compte des versements individuels, calculerait ce dont les patrons seraient redevables, en vertu du principe de contribution égale; puis elle répartirait le total des versements exigibles sur tous les patrons de France, proportionnellement au nombre des journées de travail que chacun aurait déclaré avoir payées. Toutefois, comme en agriculture les journées sont en général d'un prix inférieur à celui des journées de l'industrie, un tempérament serait admis : la contribution des patrons agricoles varierait entre 2 et 5 fr., et celle des autres patrons entre 3 et 9 fr., par 300 jours de travail utilisé.

Il convient d'ajouter que les auteurs de ce système reconnaissent le droit à l'exemption de la taxe officielle pour les patrons qui, par des institutions particulières et très solides, auraient déjà prévu un service de retraites et y auraient consacré des sommes au moins égales aux contingents légaux.

que le travailleur préférerait s'assurer non plus une pension mais un capital en cas de décès au profit de ses héritiers[1].

1. Tel est le système présenté à la Chambre des députés par M. Guieysse, système fusionnant le projet présenté par ce savant spécialiste et celui formulé par le Gouvernement en 1892 (V. Rapp. de M. Guieysse, *Journ. Off.*, 12 février 1893, annexe 2570). Il a été très vivement critiqué, notamment par M. Rochetin, tant dans son article précité sur *Les différents projets de Caisses des retraites* (*Revue polit. et parlement.*, décembre 1894, p. 515, etc.) que dans son intéressant ouvrage sur *La Caisse nationale de prévoyance ouvrière et l'intervention de l'État*, Paris, 1894.

On a fait valoir d'abord que la création de cette nouvelle Caisse est inutile en présence de la Caisse des retraites et de la Caisse nationale des assurances en cas de décès, que le fonctionnement de cette institution exige tout un personnel qu'il faudrait rémunérer et dont le concours pourrait ne pas être fort utile. On a ajouté non seulement que les catégories des participants sont mal établies, les taxes inégalement réparties, les évaluations absolument hypothétiques et qu'il règne dans ce projet une réglementation exagérée, mais aussi, et ceci paraît des plus graves, que la plupart des combinaisons d'assurances sont tout à fait inutiles à l'ouvrier, sinon nuisibles, qu'il n'y a que deux formes d'assurance qui puissent donner satisfaction au travailleur : la retraite, qui procure la tranquillité de la vieillesse ; le capital en cas de décès qui fournit des ressources à la famille en cas de mort de son soutien naturel.

Les conséquences financières du projet ont été également mises en lumière ; son auteur évalue les charges de l'État à 98 millions lorsque la marée des retraites battra son plein, mais il y a mieux : après une période de trente années l'institution aurait, d'après les évaluations mêmes de ceux qui la préconisent, 6 milliards dans ses caisses ; 9 milliards dans 40 ans ; 12 milliards bien avant le moment théorique de la situation pleine ; la capitalisation, système adopté pour les assurances en cas de décès, peut susciter les plus graves embarras, si l'on tient compte de la baisse du taux de l'intérêt : comment, dès lors, baser les combinaisons sur un élément aussi aléatoire ?

Le projet table sur un taux de 3 1/2 0/0. Mais dans plusieurs années ce chiffre ne sera plus exact : le taux de l'intérêt ne dépend pas de la volonté du législateur, mais du rapport entre l'offre et la demande de capitaux. Dès que le taux de 3 1/2 sera perdu, il faudra, pour atteindre le chiffre fixé pour la pension, forcer la contribution patronale et les subventions de l'État. Dans ce dernier cas, ce seront les non pensionnés, c'est-à-dire les plus pauvres d'entre les ouvriers qui en souffriront. Dans l'autre cas, en restreignant les capitaux des patrons, on les obligera à restreindre leur production alors que précisément ils auraient besoin de lui donner plus d'extension, afin de faire face à plus de charges. — Claudio Jannet, dans *Le Correspondant*, n° du 25 avril 1893 ; Rouxel, dans le *Journal des Économistes*, août 1893, p. 222.

Il est impossible de ne pas signaler ici le système que M. Rochetin a proposé dans l'ouvrage dont le titre est donné plus haut : reprochant au régime qu'il combattait de réduire outre mesure la contribution du patron et d'exagérer celle du budget, il demande d'adopter une proportion inverse et, même dans certains cas, d'exonérer complètement l'État ; d'autre part, il écarte la rente viagère au profit de l'assurance en cas de décès, mais il se refuse à accepter le système de la capitalisation, pratiqué par les Compagnies françaises d'assurances et dans une certaine mesure par la Caisse des retraites de la vieillesse, et il réclame le système de la mutualité pure qui, faisant abstraction de tout capital social, se contente d'une réserve de garantie pour parer aux oscillations des paiements de rentes ou d'assurances.

Le système de M. Rochetin consiste essentiellement dans la création d'une « *Caisse nationale de prévoyance* » destinée à être un intermédiaire entre les institutions spéciales auxquelles les travailleurs pourraient s'adresser et

Récemment encore, en décembre 1896, le législateur était invité à
voter une proposition laissant aux ouvriers la liberté de se constituer
ou de ne pas se constituer une pension de retraite, de s'adresser
soit à la Caisse de l'État, soit aux Caisses privées, aux Caisses syndicales ou patronales, ou Caisses des Sociétés de secours mutuels approuvées ou reconnues, mais imposant obligatoirement au patron et
à l'État (pour ce dernier le maximum étant du cinquième du chiffre
de la pension)[1] de fournir une contribution pour chaque pension constituée par l'ouvrier. D'après ce projet, qui ne sera certainement pas
le dernier, la contribution de l'ouvrier ou du patron impose la néces-

ne ferait que centraliser leurs versements ; ces institutions seraient : 1° la
Caisse nationale des assurances en cas de décès remplacée par une association se livrant aux mêmes opérations, mais en usant du système mutuel, et
par conséquent sans capitalisation, et 2° la Caisse nationale des retraites
quelque peu modifiée. Les deux opérations qui seraient mises à la portée
des ouvriers seraient : 1° l'assurance-vie entière ou d'un capital payable à
la famille lors du décès de son chef, quelle qu'en soit l'époque ; 2° une assurance de rente viagère ou de capital différé équivalant pour l'époque de la
vieillesse. La rente viagère, au maximum, serait de 600 fr. et le capital, en
cas de décès, de 6,000 fr. L'âge à partir duquel le participant pourrait jouir
de ces avantages serait 55 ans. L'État prendrait à son compte les 38 0/0 de la
prime d'assurance, c'est-à-dire la partie revenant au fonds de réserve et de
prévoyance et l'employeur paierait au percepteur — d'après le nombre, établi chaque mois, de ses ouvriers — une prime double de celle versée par
lesdits ouvriers.

Ces propositions sont séduisantes. Sont-elles bien efficaces et peut-on
ajouter foi à leur succès ?

Des observations très fondées ont été formulées à cet égard (*Journ. des
Économistes*, juillet 1894, p. 43). On a fait valoir que si le principe de la
mutualité écarte le danger de la capitalisation et met quelque peu l'État à
l'abri des conséquences fatales qui en découleraient, cette mutualité paraît
devoir être pratiquée surtout contre les employeurs qui fourniraient la
grosse part des subsides ; or, les employeurs ont déjà assez de charges
d'impôts ; beaucoup, le plus grand nombre, joignent, comme on dit vulgai-
rement, les deux bouts. Leurs gains ne sont pas toujours proportionnels
aux salaires qu'ils paient. La contribution très forte que voudrait leur imposer M. Rochetin rentrera-t-elle aussi facilement qu'il le croit ? Ne pour-
rait-elle pas faire baisser les salaires ? Ce qu'on gagne en vitesse, on le perd
en force ; la loi de l'offre et de la demande le montre tous les jours. Assurément, au point de vue technique, l'organisation de la Caisse nationale de
prévoyance a une belle ordonnance et est faite pour séduire ; mais là,
comme en matière de crédit, il faut se défier des combinaisons et des calculs.
On peut tourner et retourner la question sous toutes ses faces, le problème
reste toujours le même : il faut que quelqu'un fasse les fonds de ces Caisses pour arriver aux buts que l'on propose et qui sont toujours trop beaux.
Or, on n'a pas de moyens pratiques de lever ces fonds sans commettre
d'injustices envers les entrepreneurs ou sans ruiner l'État, sans compromettre l'industrie ou sans surcharger les budgets.

Cf. sur le système dont il vient d'être question les remarques de *L'Assurance moderne*, 15-30 septembre 1896.

1. Les pensions seraient bonifiées par l'État, mais sous les conditions stipulées à l'art. 2 de la loi du 31 décembre 1895 ; les pensions seraient seules
majorées, la bonification accordée par l'État serait du cinquième du chiffre
de la pension avec un maximum de 360 fr. pour cette dernière, la bonification serait refusée à ceux disposant, y compris la rente viagère, d'un revenu personnel supérieur à 360 fr.

sité d'un versement à l'autre en ce sens que si l'ouvrier consent à s'assurer, le patron doit fournir une somme et réciproquement, le patron, en effectuant un versement, ayant le droit d'obliger l'ouvrier à en faire un équivalant ; la pension serait acquise et liquidée dans les conditions prévues par la loi du 20 juillet 1886, à l'aide du livret individuel ; l'entrée en jouissance serait fixée à 60 ans ; seulement elle pourrait être soit différée sur la demande de l'ayant-droit, soit, au contraire, être liquidée prématurément en cas de blessures ou d'infirmités graves en proportion des versements effectués, lesquels seraient de 4 0/0 du salaire, moitié restant à la charge du patron, moitié à celle de l'ouvrier, sauf au cas où le patron consentirait à fournir une contribution plus forte [1].

Les projets élaborés jusqu'ici et qui paraissent avoir rencontré la faveur ont le grand tort de ne s'occuper que des salariés, de laisser de côté les artisans, les petits patrons dont le sort est non moins intéressant. Ils ont, d'autre part, le très grave inconvénient de réclamer des sommes considérables à l'État, de violer la justice en imposant obligatoirement aux patrons une lourde charge et surtout d'exiger des classes laborieuses des sacrifices très notables [2], le salaire devant nécessairement se ressentir du prélèvement effectué [3].

C'est un tort que de vouloir résoudre en France la question de l'assurance contre la vieillesse par une solution unique. C'est oublier de parti pris dans toutes les régions du pays l'esprit d'épargne et de prévoyance a fait éclore des institutions de retraite aussi variées qu'ingénieuses, que beaucoup d'associations ont pour objet d'assurer à leurs membres une pension viagère. C'est assigner aux situations les plus dissemblables une réglementation artificielle et arbitraire et décourager en même temps des institutions florissantes.

Imposera-t-on la même organisation aux hommes des campagnes qu'aux ouvriers des villes, sans distinguer entre ouvriers mineurs, bijoutiers, manœuvres, métayers ? Chacun paiera-t-il quels que soient ses moyens, la même cotisation et touchera-t-il la même rente ? L'âge pour obtenir une pension de retraite sera-t-il le même dans les pays du Midi que dans ceux du Nord ? Exigera-t-on 50 ans, 60 ans, 65 ou même 70 ans comme en Allemagne, cette dernière limite étant abso-

1. V. au sujet de ce projet les remarques de M. Gonnard dans son article sur *L'assurance sociale contre la vieillesse et l'invalidité en France* (*Revue générale du droit*, T. XXII, 1898, p. 289 et suiv.).

2. M. Cheysson, dit M. Cauwès (*Cours d'économ. polit.*, 3ᵉ édit., T. III, p. 541), a calculé que pour les retraites l'assurance enlèverait 8 à 12 p 0/0 du salaire ; que pour la maladie et les accidents il faudrait, en outre, prélever de 4 à 8 p. 0/0, soit en moyenne un prélèvement total de 16 p. 0/0 qu'il faudrait augmenter encore, les calculs ayant été faits sur un taux de capitalisation exagérée.

3. V. Rochetin : *Les retraites ouvrières*, (*Journal des Économistes*, août 1891, p. 180).

Comp. : Pouvergne : *De l'organisation par l'État des Caisses de retraite pour les ouvriers*, Paris, 1892.

lument dérisoire ? Persistera-t-on à confondre la question de la vieillesse et la question de l'indigence ? [1]

La véritable solution du problème de la sécurité de la vieillesse (pour lequel l'homme isolé ne peut rien) consiste dans le recours à l'association groupant les épargnes, les contributions volontaires, sauf dans des cas tout à fait particuliers dont il sera parlé plus loin, dans les combinaisons imaginées par les Compagnies d'assurances. L'exemple de l'Angleterre s'impose : dans ce pays il n'existe aucune Caisse d'État emplie par les cotisations des patrons et l'argent des contribuables ; les classes laborieuses ont à leur disposition soit les Compagnies qui assurent des millions d'ouvriers, soit les Sociétés ouvrières.

Ce qu'il faudrait en France ce serait, sous la sauvegarde des mesures édictées par le législateur et avec les garanties que peuvent offrir une organisation sérieuse [2], pousser les ouvriers, les travailleurs [3] à s'a-

1. Béchaux : *Les revendications ouvrières en France*, Paris, 1894, p. 244 et 245. Comp. Lenfant : *Projet de Statuts d'une Société nationale de Banques populaires d'épargne et de crédit d'assurances et de retraites pour les travailleurs*, 2ᵉ édit., Paris, 1894, p. 7 et 8.

2. Cette organisation, selon M. Cheysson (*Les Caisses régionales de prévoyance*, Paris, 1891) devrait être régionale de façon que l'institution se recrute avec des éléments locaux qui aujourd'hui restent trop souvent inertes et stériles faute d'emploi. Le savant économiste insiste aussi pour que ces institutions se constituent, comme en Italie, avec les principales Caisses d'épargne de la région, qui posséderait, pour les administrer, un personnel de choix. Ce serait le Conseil d'administration. Il y aurait un cahier des charges élaboré en Conseil d'État et l'inspection des finances exercerait un contrôle rigoureux. Cette organisation pour des Caisses alimentées par la double contribution du patron et de l'ouvrier semble très rationnelle. Seulement nous pensons avec M. Béchaux (*op. cit.*, p. 245) que l'État devrait se borner à la fonction de contrôleur, mais sans accepter le rôle de garant.

Le contrôle de l'État devrait porter rigoureusement sur l'application des règles techniques, exiger que toute promesse de retraites garanties se trouve subordonnée à l'existence de ressources certaines, faire en sorte qu'il soit tenu compte des chances de survie et de l'intérêt composé. — Comp. les observations fort judicieuses de M. Costier : *Des retraites ouvrières*, p. 365 à 369.

3. Sans exception. Nous pensons en effet avec un industriel dont les efforts en faveur de l'amélioration du bien-être sont très connus, M. Engel Dollfus (*Étude sur l'épargne, les institutions de prévoyance et la participation aux bénéfices*, Mulhouse et Paris, 1876), que l'égalité doit régner entre tous les ouvriers et qu'il convient que le système de pensions s'applique à tout travailleur, sans avoir à considérer si c'est un travailleur d'élite ou, au contraire, un simple manœuvre. Ainsi qu'on l'a dit (Dr Coq : *De l'amélioration du sort de l'ouvrier*, (*Journal des Économistes*, mars 1871, p. 375)) tout ouvrier, qu'il s'agisse d'un travail mécanique et de simple « manœuvre », ou bien que les services soient d'un ordre plus relevé est une « unité impersonnelle » de l'atelier. C'est un facteur qui contribue dans quelque mesure à la production des bénéfices. Ses droits à la sollicitude de ceux auxquels revient le soin et en grande partie la charge des institutions de prévoyance seront donc les mêmes « à quelque degré qu'il se trouve sur l'échelle du travail ». Dès qu'on s'occupe de faire que « la collectivité » recueille quelque chose de plus que le salaire, il ne faut pas que tel ou tel ordre de coopération devienne l'objet d'une exclusion qui serait ici de l'injustice.

dresser à des Caisses qu'ils sont à même de connaître et d'apprécier qui existent en grand nombre [1] et qu'il conviendrait de multiplier encore et non pas à la Caisse d'Etat dont l'existence est ignorée de la plupart, située au loin, agissant comme toute institution officielle avec des lenteurs, des difficultés, des formules. Il conviendrait de leur recommander de faire librement, sans aucun engagement en vue de la continuation, des dépôts mensuels donnant droit à une rente annuelle payable à partir d'un âge auquel le dépôt aura commencé et aussi selon que la somme sera ou ne sera pas remboursable aux héritiers en cas de décès du déposant [2], les patrons étant libres, bien entendu, de fournir des subventions, des allocations [3].

1. Les Caisses de retraite n'existent pas seulement pour le demi-million de fonctionnaires vis-à-vis desquels l'Etat agit, non comme détenteur de la puissance publique, mais comme patron; elles existent pour les 200,000 employés et ouvriers des chemins de fer; elles existaient pour les 130,000 ouvriers des exploitations houillères, antérieurement à la loi du 29 juin 1894 qui n'a fait que rendre obligatoire et régulariser l'assurance librement instituée par les exploitants; elles existent pour les principales usines métallurgiques, manufactures de textiles, de librairies, de céramique, de verrerie, de produits chimiques; elles existent pour les banques, les Compagnies, d'assurances, les magasins de nouveauté, etc. — Cf. Observations, de M. Cheysson à la Société de législation comparée (Bullet. de la Soc. de législat. comp., T. XXVI, 1896-97 p. 271).

2. Il importe que la règle ne soit pas fixe et que le versement puisse se traduire par la disponibilité d'un capital en faveur des héritiers, si tel est le désir de l'intéressé. Il semble d'expérience en effet (P. Coq: De l'amélioration du sort de l'ouvrier, Journ. des Economistes, mars 1877, p. 375; Engel Dollfus: Etude sur l'épargne, les institutions de prévoyance et la participation aux bénéfices; Mulhouse et Paris, 1876) que l'ouvrier aurait tenir à ce que sa famille recueille, le jour où il décède, un modeste legs, sauf à jouir d'une pension viagère moins élevée.

3. Mais l'ouvrier est-il en mesure de prélever sur son salaire la somme modique destinée à lui former après bien des années un petit capital?

Quoique le contraire ait été soutenu (Ch. Lucas: Rev. de législat. et de jurisprud., T. XXV, 1846, p. 366), l'affirmative semble permise, les exemples ne manquent pas; ce sont ces Auvergnats, ces Normands, esprits pratiques, solides, perspicaces; ce sont ces ouvriers nomades qui quittent chaque année leur pays pendant 3, 4, 5 mois, attirés par les hauts salaires et qui, après une campagne reviennent dans leurs foyers avec 3 ou 400 fr. d'économie (Les ouvriers des deux mondes, T. II, p. 485; P. Leroy-Beaulieu: De l'état moral et intellectuel des populations ouvrières et de son influence sur le taux des salaires, Paris, 1868, p. 127). Mais c'est à la condition de s'abstenir des dépenses sinon mauvaises, au moins inutiles. Il est peu de personnes qui, si elles sont appliquées au travail et sobres ne puissent faire quelque épargne (Michel Chevalier: Organisat. du travail, p. 537).

La vie de l'ouvrier, et depuis que cette remarque a été faite (Villermé: Tableau de l'état physique et moral des ouvriers, Paris, 1840, T. II, p. 387) elle n'a jamais été contredite, (Cf. Mony: Etude sur le travail, Paris, 1877, p. 134 etc.,) se divise en cinq périodes: 1° il vit chez ses parents et son salaire est insuffisant; 2° il peut se soutenir et épargner; 3° il se marie et a de la peine à élever ses enfants; 4° ses enfants travaillent, il est de nouveau en bonne position; 5° ses forces décroissent et avec elles son revenu. L'ouvrier peut donc épargner à deux moments avec une facilité relative dans la période qui s'écoule entre son adolescence et son mariage et celui où les enfants grandissant peuvent fournir leur part aux ressources de la famille.

En règle générale, comme on l'a judicieusement remarqué (Leroy-Beaulieu:

Ce qu'il ne faut pas, c'est que le patron fournisse seul le montant de la pension. Assurément il lui est loisible de donner la majeure partie[1], sans avoir à rechercher, à vrai dire, comme on l'a pro-

op. cit., p. 120), à 16 ou 17 ans l'ouvrier commence à gagner fort au-delà de ses besoins; il pourrait épargner sans peine. Et il ne le fait pas soit par suite d'inconduite, soit par un mariage prématuré; s'il consentait à mener une vie régulière ou à retarder quelque peu son mariage, jusque vers la 30e année il pourrait entrer en ménage avec un capital restable, susceptible d'augmentation progressive, car il est d'expérience (Villermé : op. cit., T. II, p. 12) que les salaires s'accroissent continuellement jusque vers la 30e année, d'abord très vite, puis lentement et que s'ils baissent après 35 ou 40 ans, c'est dans une proportion plus lente que celle de leur accroissement. Les enfants étant alors petits, l'ouvrier pourrait avec de l'ordre continuer ses économies et il pourrait alors atteindre le moment où l'insuffisance résultant de la diminution de ses salaires serait comblée par le gain réalisé par les enfants arrivés en âge de travailler.

Rien de tout cela n'a lieu. L'ouvrier est insouciant ; ce qu'il gagne il le dépense à mesure; de même que lorsqu'il se trouve en présence d'un travail pressé, multiplié, par conséquent productif pour lui, il ne songe pas à l'éventualité d'un chômage, de même lorsqu'il est jeune et actif il ne pense pas à la vieillesse et à la cessation du travail à la suite de l'invalidité causée par l'âge. Arrivé à 16 ou 17 ans le jeune ouvrier donne le moins possible à ses parents pour sa pension et dépense le reste au cabaret ou ailleurs, ou bien il quitte sa famille, va s'installer ailleurs et gaspille tout ce qu'il gagne; il pourrait économiser déjà et l'épargne pourrait s'augmenter d'autant plus que plus il avance en âge jusqu'à 30 ans les salaires croissent vite. Non seulement le jeune ouvrier ne fait pas d'économies, mais il se marie très tôt; il a, dès lors, à supporter les charges du ménage au moment où les salaires n'ont pas atteint toute leur élévation possible ; la période suivante lui est plus favorable, les enfants étant élevés, commencent à gagner et de ce double chef les charges de l'ouvrier diminuent, d'autre part les salaires atteignent leur maximum; les économies seraient alors très possibles, mais eu égard aux habitudes déjà contractées il est peu vraisemblable que l'ouvrier consente à se priver; plus tard il ne pourra plus épargner, car les ressources diminueront ; devenus grands les enfants veulent naturellement travailler pour leur compte; les propres salaires de l'ouvrier vont en diminuant. En ordonnant sa vie, en restreignant le budget de l'alcoolisme (V. Rochard : Revue polit. et parlement., janvier 1896, p. 84. Eug. Rostand : La Réforme Sociale, 1er avril 1896, p. 541), l'ouvrier aurait certainement pu amasser un petit pécule pour ses vieux jours.

Combien de petits employés avec un gain presque égal et obligés pourtant de faire quelques sacrifices à la tenue parviennent à mettre quelque argent de côté. Pour expliquer la différence, on a parfois parlé de la régularité et de la facilité de leurs ressources. Ceci n'est pas exact parce que l'on ne trouve pas autant d'insouciance chez les ouvriers régulièrement occupés que chez ceux dont le salaire varie. La vérité, c'est que l'ouvrier ne pense guère au lendemain, qu'il n'est pas homme à s'imposer dans le présent quelques sacrifices, parfois légers, en vue de l'avenir. Et pourtant tout le monde est unanime à reconnaître que le chiffre du salaire a augmenté depuis 50 ans en France, du double pour les ouvriers agricoles, des deux tiers pour les ouvriers de l'industrie. — Gide : Principes d'économie politique, 3e édit., p. 538. Neymarck : Revue polit. et parlement., juillet 1896; Costier : Des retraites ouvrières, p. 239.

1. Parmi les établissements où se pratique ce régime si recommandable à tous les points de vue de la participation des ouvriers aux bénéfices du patron, si plusieurs procèdent immédiatement à la répartition, c'est-à-dire remettent chaque année à l'ouvrier la somme qui lui revient (et qui la plupart du temps est vite dépensée, souvent engagée à l'avance), d'autres conservent la somme pour être capitalisée ou bien remettent une fraction à

posé [1], si le patron doit contribuer à l'amortissement du capital humain de même qu'il assure le matériel et l'amortit. Mais il convient que l'ouvrier ait un rôle dans la constitution de cette retraite. S'il en est autrement, outre que le secours devient sinon une récompense et par conséquent risque de donner prise à la méfiance en ce sens que l'on peut suspecter les intentions du patron, au moins une aumône, l'ouvrier n'est pas encouragé à sortir des habitudes d'imprévoyance qui causent tant de mal. Tout est là, faire naître la prévoyance [2]. La retenue peut être faible, mais il faut qu'il y en ait une. L'ouvrier se rendra certainement compte de son utilité. À cet égard il y a un changement notable dans les mœurs et les idées. Il y a une trentaine d'années, même au sein des populations éclairées de l'Alsace, l'institution des Caisses de retraite n'avait aucune faveur [3]; les ouvriers consentaient, et encore difficilement, à se dessaisir d'une partie de leurs salaires pour s'assurer des secours contre la maladie parce que c'était là en quelque sorte un mal présent dont chacun avait eu plus d'une fois à souffrir, mais ils se refusaient à tout sacrifice pour les vieux jours, guidés par ce motif qu'ils se sentaient séparés d'eux par un nombre plus ou moins considérable d'années et auquel ils n'étaient pas même sûrs de parvenir. De nos jours au contraire, les ouvriers comprennent qu'il leur incombe d'être les artisans de leur bien-être. Sous l'empire d'un sentiment de fierté, trop juste pour être blâmé, ils entendent être indépendants et semblent ne pas vouloir d'un régime qui, loin d'être un simple patronage, les ferait considérer comme les obligés du chef d'industrie. C'est de la fierté, dira-t-on, mais elle n'a rien de déplaisant. La dignité personnelle ne peut que contribuer au développement moral. Même très grande, même excessive, elle est de beaucoup préférable à l'humilité à laquelle la classe ouvrière a été trop longtemps vouée et qui poussait à tout recevoir, même au prix d'une humiliation.

L'on ne saurait invoquer l'objection tirée de ce qu'une entreprise industrielle ou commerciale peut n'avoir qu'une assez courte durée ne permettant pas aux employés d'acquérir des droits à la retraite. D'abord si la situation des affaires est prospère, il se trouvera toujours quelqu'un pour se mettre à la tête de la maison. D'autre part, est-il interdit d'édicter des dispositions à cet égard et notamment

l'intéressé et affectent l'autre dans un but de prévoyance. On a même proposé, et cette initiative a été louée (V. Cauwès, *op. cit.*, T. III, p. 214, de rendre à l'ouvrier la moitié qui lui revient qu'après 5 ans et de conserver autre moitié comme fonds de réserve en vue de la retraite.

Comp. l'intéressante *Étude de M. Mascarel sur la participation aux bénéfices*, Angers, 1884.

1. Guillot, *Les assurances ouvrières*, Paris, 1897, p. 309.

2. Voir Modeste : *Du paupérisme en France*, Paris, 1857, p. 571.

3. Cf. les faits rapportés par Eug. Véron : *Les institutions ouvrières de Mulhouse et des environs*, Paris, 1866, p. 135 et suiv.

de recourir aux livrets individuels avec stipulation qu'en cas de liquidation le montant des livrets sera remis à leurs titulaires quel que soit le nombre de leurs années de services [1].

SECTION IV

Les Caisses d'Etat à l'étranger.

A l'étranger la question des retraites ouvrières est résolue de différentes manières [2].

Dans certains pays elle a été réglée par l'application de l'assurance contre la vieillesse. C'est ce qui se passe notamment en Allemagne, comme il sera établi plus loin ; le service est réalisé par des institutions d'assurance (*Versicherungs an stalten*) ou par des caisses dites autorisées (*Zugelassene Kasseneinrichtungen*), les unes créées pour une région déterminée, constituant l'organe normal de l'assurance, les autres résultant du désir du législateur de respecter des institutions libres qui procurent à leurs membres une assistance équivalente à celle que la loi générale a prévue. Les charges de l'assurance sont supportées par les patrons, par les ouvriers et par l'Empire. L'Empire fournit pour chaque personne une subvention (50 marks par an) ; il supporte, en outre, les dépenses d'administration. Les autres frais sont payés par les patrons et les ouvriers qui versent des cotisations égales.

Grâce, sans nul doute, à l'ascendant qu'exerce l'Empire allemand, ce régime a paru tel qu'il a été copié ailleurs avec plus ou moins de différence, en Danemark, en Suède.

Dans d'autres contrées le législateur a cru ne pouvoir édicter des prescriptions que pour certaines industries. C'est ainsi qu'en Autriche il est imposé dans les exploitations minières l'obligation tant aux patrons qu'aux ouvriers d'alimenter par des cotisations les Caisses instituées pour allouer des pensions aux ouvriers frappés non pas seulement d'incapacité permanente de travail résultant de maladie ou d'accident, mais même de vieillesse.

En Belgique une loi du 8 mai 1850 créa une Caisse générale de retraites. La tentative fut sans résultat, vraisemblablement par suite de l'indifférence des classes supérieures. Lorsque la loi du 16 mars 1865 institua une Caisse d'épargne, elle lui annexa la Caisse des retraites; ces deux institutions constituèrent un établissement unique sous le

1. De Courcy : *L'Institution des Caisses de prévoyance des fonctionnaires, employés et ouvriers*, Paris, 1875, p. 40.
2. V. la substantielle étude de M. Bellom sur *La question des retraites ouvrières dans les divers pays étrangers* (*Bullet. de la Sociét. de législat. comp.*, T. XXVI, 1896-97, p. 103, etc.).

nom de « Caisse générale d'épargne et de retraite » qui, bien que distinct de l'administration de l'État, est une institution d'État soumise à la surveillance et à l'immixtion de l'État et couverte par sa garantie. Le siège social, l'administration sont les mêmes ; toutes les sommes versées soit en vue de l'épargne, soit en vue de la constitution d'une retraite sont centralisées. Mais la comptabilité des capitaux de la Caisse des retraites est totalement distincte [1].

La Caisse des retraites n'a été définitivement organisée que le 1er août 1868.

Les versements à la Caisse des retraites sont reçus dans les bureaux de la Caisse d'épargne, dans les agences de la Banque Nationale, dans les bureaux de poste et succursales de la Caisse, dans les bureaux des receveurs des contributions, etc. Chaque versement doit être, au moins, de 10 fr. Il faut avoir plus de 18 ans pour faire un versement soit pour son compte, soit dans l'intérêt de tiers (ces derniers doivent avoir dépassé leur dixième année).

Les rentes sont ou immédiates ou différées. L'entrée en jouissance de la rente n'est fixée qu'à partir de chaque année d'âge accomplie, depuis 50 jusqu'à 65 ans. Il est loisible au même assuré d'acquérir des rentes pour des âges différents ; mais toute acquisition détermine irrévocablement l'entrée en jouissance.

Les rentes peuvent être constituées avec ou sans réserve du capital au décès de l'assuré. Mention de l'époque de l'entrée en jouissance et de la réserve du capital est à faire pour le déposant lors du versement. Le minimum des rentes est fixé à 12 francs. Les rentes accumulées ne sauraient dépasser le maximum de 1200 fr. Toute rente est personnelle à celui au nom duquel elle est inscrite. Néanmoins si la rente a été constituée avec des deniers communs, chacun des conjoints a le droit d'en percevoir la moitié, en cas de dissolution de la communauté.

L'autorisation du mari nécessaire à la femme pour l'acquisition de rentes peut être remplacée par celle de justice (sous réserves du droit d'appel) en cas de refus, d'absence ou d'éloignement, etc. En cas de décès de l'assuré avant ou après l'ouverture de sa pension, le capital par lui déposé est remboursé sans intérêts à ses héritiers ou légataires pourvu qu'il en ait fait la demande lors du dépôt. Si la rente a été constituée par un donateur, celui-ci a également la latitude de stipuler, au moment du versement, le retour du capital au décès de l'assuré, soit à son profit ou à celui de ses héritiers, soit au profit des héritiers ou ayants-droit de l'assuré.

Le capital réservé, pour être remboursé au décès du rentier, peut toujours être affecté, en tout ou en partie, soit à la création de rentes

1. V. Dufourmantelle : *Étude sur les Caisses d'épargne en Belgique* (*Bullet. de la Sociét. de législat. comp.*, mars 1896, p. 242).

nouvelles, soit à l'augmentation de la rente acquise, dans les limites tracées par la loi. Par exception, tout assuré dont le travail garantit l'existence et qui, avant l'âge fixé par l'assurance, se trouve dans l'impossibilité de pourvoir à sa subsistance sera admis à jouir immédiatement des rentes qu'il a acquises[1], mais elles sont réduites en proportion de son âge réel au moment de l'entrée en jouissance[2].

Les rentes sont payées à ceux au profit desquels elles sont inscrites, soit mensuellement par douzième, soit trimestriellement par quart, par l'entremise des Caisses d'épargne ou des receveurs des contributions dans le ressort desquels résident les rentiers.

La jouissance de la rente cesse à l'expiration du mois qui précède celui pendant lequel est survenu le décès du rentier. Les rentes sont incessibles et insaisissables[3]. Les livrets de la Caisse de retraite indiquent le montant de chaque versement et la quotité de la rente qui y correspond, selon que le capital est ou n'est pas réservé. Ils sont, comme ceux de la Caisse d'épargne, délivrés gratuitement par les agents qui reçoivent les fonds.

Lors du premier versement à la Caisse de retraite, il est remis aux intéressés un bulletin qui est échangeable dans les 20 jours contre un livret. Le premier versement est constaté sur le livret par le Directeur général de la Caisse. Les versements ultérieurs sont inscrits dans le livret par l'agent qui les reçoit. La quotité de rente correspondante à chaque versement y est indiquée par l'Administration de la Caisse. Si l'annotation faite dans un livret présentait une erreur soit dans le chiffre de la rente acquise, soit quant à l'époque de l'entrée en jouissance, l'assuré ne pourrait pas s'en prévaloir.

Tout donateur a le moyen, sur sa demande adressée à l'administration de la Caisse, d'obtenir un certificat indiquant les capitaux qu'il entend se réserver[4].

1. L'incapacité de la femme à cet égard a été énergiquement combattue en Belgique. — Cf. L. Frank : *L'épargne de la femme mariée*, Bruxelles, 1896, passim.
2. Si l'incapacité de travail provient soit de la perte d'un membre ou d'un organe, soit d'une infirmité permanente résultant d'un accident survenu dans l'exercice ou à l'occasion de l'exercice de sa profession, l'assuré jouit immédiatement des rentes qu'il a acquises depuis 5 ans au moins, sans que ces rentes puissent dépasser 360 fr.
3. Cependant dans les cas prévus par les art. 203, 205 et 214 C. Civ. si les rentes accumulées dépassent 360 fr., il est loisible de les saisir jusqu'à concurrence d'un tiers, sans que la portie réservée puisse jamais être inférieure à cette somme.
4. D'Andrimont : *Des institutions et des associations ouvrières de la Belgique* Bruxelles, 1871, p. 25 et suiv. Cet auteur donne (p. 337 et suiv.) le texte de la loi du 16 mars 1865, celui des règlements ainsi que l'explication des tarifs dont il est fait usage à la Caisse des retraites. D'autre part il a été publié un opuscule officiel des plus utiles sous ce titre : *Caisse générale d'épargne et de retraite sous la garantie de l'État ; Caisse de retraite, résumé de la loi ; des arrêtés royaux organiques et des instructions ; tarifs des rentes, exemples d'application.*

La Caisse de retraite dont la clientèle se recrute pour une notable proportion dans la classe des travailleurs manuels mais aussi dans d'autres classes peu aisées [1] voit ses opérations progresser. Après avoir été de 4,887 en 1888 et de 6,832 en 1889, les versements ont, durant les 6 années suivantes, atteint les chiffres de 18,567 ; 30,970 ; 45,336 ; 58,889 ; 69,242 ; 85,477. De 1888 à 1895 le nombre des livrets nouveaux a été chaque année en augmentant : 368 ; 917 ; 1750 ; 3642 ; 3874 ; 3,525 ; 4438 ; 5790.

Le régime d'une Caisse Nationale de retraites est fortement réclamé en Italie. Dès 1858 le Ministère, que présidait alors l'illustre Cavour, avait pensé non seulement qu'il fallait venir en aide aux vieillards mais aussi que l'institution d'une Caisse était seule de nature à réaliser ce désir. Les événements n'ont pas permis au Gouvernement de constituer des ressources convenables aux vieillards et ont empêché le projet d'aboutir. Fréquemment il a été repris mais avec des modifications profondes : l'on a parlé d'établir tantôt une série de Caisses particulières subventionnées et contrôlées par l'État, tantôt un établissement national des pensions pour la vieillesse, lequel aurait compris, avec une Caisse centrale, des Caisses locales qui auraient été les Caisses d'épargne ordinaires, les Sociétés de secours mutuels et les associations d'assurance mutuelle sur la vie qui ne poursuivent la réalisation d'aucun bénéfice, mais l'établissement d'assurances étant autonome, la pension étant acquise par des cotisations individuelles essentiellement facultatives et l'État se bornant à une subvention, sans garantie des pensions. Le dernier projet tend à la création d'une Caisse Nationale des invalides du travail, indépendante, destinée à fournir, en retour de la cotisation des assurés acquittée au moins pendant 15 ans et grâce à des ressources particulières, des pensions à tous les Italiens des deux sexes âgés d'au moins 60 ans et ayant soit travaillé manuellement, soit fait un travail payé à la tâche ou à la journée.

En Angleterre l'assurance ouvrière est pratiquée sur une large échelle tant par les *Industrials Compagnies* qui, s'adressant presque exclusivement aux ouvriers et aux membres des *Friendly Societies*, pratiquent l'assurance de petits capitaux avec collecte hebdomadaire des primes à domicile, que par les *Collecting Societies* qui font l'assurance en cas de décès et l'assurance dotale pour des sommes peu

1. Le *Compte rendu des opérations et de la situation de la Caisse générale d'épargne et de retraite*, année 1895, (Bruxelles, 1896), donne une statistique curieuse des personnes classées par profession qui se sont présentées à la Caisse centrale à Bruxelles pendant 15 mois d'octobre 1895 : le premier rang est tenu par les ouvriers d'industrie ou ouvriers exerçant un métier quelconque, le second par les propriétaires, rentiers et personnes n'exerçant aucune profession (il est vrai que plus des 3/4 des déposants de cette catégorie sont des femmes), viennent ensuite les fonctionnaires et employés, puis les domestiques, les commerçants et détaillants, les journaliers et ouvriers agricoles

élevées au moyen de perceptions faites à domicile et tous les huit jours.

L'assurance-vieillesse ne fait point partie du cadre habituel des opérations effectuées par les premières, leur champ d'activité étant limité à l'assurance de capitaux et à l'assurance en cas de maladie [1]. À de très rares exceptions près, les *Collecting Societies* ne servent pas de pensions viagères.

Les agissements des Associations n'ont pas toujours été à l'abri du reproche [2]. C'est ainsi que des *Friendly Societies* ont été obligées de se liquider par suite de l'impossibilité où elles étaient de faire face au paiement des pensions de retraite qu'elles avaient promises, alors qu'un grand nombre d'entreprises frauduleuses ramassaient, dans les campagnes, des primes d'assurances gaspillées par ceux qui les avaient recueillies, sans aucun profit pour ceux qui les avaient payées, c'est-à-dire sans que les malheureux qui avaient confié aux agents leurs petites épargnes aient pu obtenir en retour ni un capital, ni une rente au jour de l'échéance. Aussi en 1864 M. Gladstone voulut combattre ces abus et il proposa la création d'une véritable Compagnie d'assurances sur la vie garantie et gérée par les agents de l'État mais dont l'action était limitée aux contrats de modique importance en ce sens qu'elle avait seulement pour objet de constituer de petites rentes viagères immédiates ou différées au profit des ouvriers.

Ratifiée par le Parlement le 14 juillet 1864, cette mesure n'a pas eu le succès sur lequel comptait son illustre auteur. Les affaires d'assurances de l'État ne se sont pas développées. On a changé souvent la loi; on a fait en 1882, une enquête et l'on n'est pas arrivé à grand'chose [3]. Tout le monde a reconnu dans l'enquête que le but poursuivi n'avait pas été atteint et que c'était par la raison que l'État avait voulu faire le commerce sans être suffisamment commerçant, ne sachant pas aller au-devant de la clientèle et ne lui arrachant pas les affaires par la persistance et l'action personnelle de ses agents.

Si l'institution de l'État n'a pas pris de développement, l'initiative privée, au contraire, a obtenu d'énormes résultats. Néanmoins dans ces dernières années l'on a cru qu'il serait possible à l'État de faire plus et mieux. Le 16 mars 1892 [4] M. Chamberlain a présenté au Par-

1. C'est à peine si pour 14 Compagnies l'on a pu signaler une police de 375 fr. de rente. — *L'Assurance moderne*, 16 janvier 1896, p. 7.
2. Léon Say : *Le Socialisme d'État*, Paris, 1884 p. 42, 53, etc.
3. En 1878, quatorze ans par conséquent après son établissement, le résumé de tous les contrats que la Caisse avait passés ne s'analysait encore qu'en 9,487 contrats de rente viagère dont 8,834 de rente viagère immédiate et 653 de rente viagère différée, représentant un total de rentes de 12,745 livres sterling (Chaufton : *op. cit.*, T. I, p. 568 et 583).
4. Antérieurement le chanoine Blackley avait préconisé l'institution d'un large système d'assurance, mais comme il embrassait à la fois la vieillesse, la maladie, les accidents, son projet se heurta à l'opposition des Sociétés de secours mutuels qui redoutaient de voir disparaître leur raison d'exister. — *Revue générale d'administration*, février 1892, p. 214. — Cf. Costier : *op. cit.*, p. 266.

lement un projet [1] d'après lequel il serait institué une Caisse officielle de pensions, recevant une subvention annuelle votée par le Parlement ; tout ouvrier ayant versé, avant l'âge de 25 ans, une somme de 125 fr., à laquelle l'État ajouterait une subvention de 375 fr., et qui payerait ensuite une cotisation annuelle de 25 fr. aurait droit, à 65 ans, à une pension de 6 fr. 25 par semaine. Ce projet a rencontré des adhérents, mais les associations ouvrières ainsi que les *Friendly Societies* lui sont en général peu favorables [2].

Toutefois le *Post Office* qui possède une Caisse d'assurances sur la vie analogue à la Caisse Nationale d'assurances en cas de décès qui fonctionne en France sous l'empire de la loi de 1868, pratique des opérations de rentes viagères sous la garantie de l'État. Les rentes sont inscrites à capital aliéné ou à capital réservé. Les versements des assurés sont reçus dans tous les bureaux de poste. Bien que le *Government annuities Act* de 1882 relatif au fonctionnement de la Caisse des pensions du *Post Office*, en étendant le champ de ses opérations, ait eu pour effet d'augmenter dans une certaine proportion le chiffre de ses affaires, cette Caisse officielle ne paraît point avoir pris un grand développement [3].

1. Précédé d'une très remarquable étude publiée par la *National Review* (février 1892), ce Projet a été traduit en français. V. *Bulletin du Comité permanent des accidents du travail*, 1892, n° 3 ; *Revue générale d'administration*, février 1892, p. 214 ; *Bullet. de Statist. et de législat. comp. du Minist. des finances*, juin 1892, p. 733.

2. Le 8 février 1895, M. Aartley a saisi la Chambre des Communes d'un projet tendant à assurer des pensions de vieillesse aux pauvres qui auraient fait acte de prévoyance (*L'Assurance moderne*, 17 février 1896, p. 29. Il est à noter (*Bull. de la Soc. de législat. comp.*, T. XXVI, 1896-97, p. 266), qu'une Association importante (*National Provident League*), estime que le travailleur devrait contribuer à la constitution de sa pension. Ce dernier projet tendrait à mettre à la charge de l'État l'obligation de verser à tout travailleur, abstraction faite de toute justification de pauvreté, une pension de 5 sh. par semaine, les fonds nécessaires étant fournis par l'impôt sur le revenu. (Costier : *op. cit.*, p. 215.) Ce projet est pratiquement irréalisable ; M. Chamberlain l'a fait voir dans son article de la *National Review* (février 1892) ; la nation n'est point préparée, en prenant les estimations les plus modestes, à supporter la charge d'une somme complémentaire de 20 millions de livres par an, à obtenir par un nouvel impôt. Ainsi que le faisait valoir le *Times* (8 février 1892), la note à présenter tous les ans aux contribuables serait assez considérable pour faire le désespoir de tout Ministre des Finances.

3. C'est ce qui résulte des renseignements publiés par le *Select Comittie on National provident assurance* (*Bullet. de l'Office du Travail*, décembre 1895, p. 730) pour les opérations effectives en moyenne annuellement de 1879 à 1884.

1° Rentes viagères immédiates :

Nombre de contrats.	Montant des rentes.	Moyenne par contrat.
876	362,600 fr.	414 fr.

2° Rentes différées :

Capital aliéné.			Capital réservé.		
Nombre de contrats.	Montant des rentes.	Moyenne par contrat.	Nombre de contrats.	Montant des rentes.	Moyenne par contrat.
18	7,775 fr.	432 fr.	48	27,200 fr.	545 fr.

Dans ces derniers temps l'autorité a voulu agir.

Une Commission avait été chargée d'étudier la question des vieillards pauvres (*Aged Poor*) et de rechercher s'il n'y avait pas lieu d'introduire des modifications dans le système de la Loi des pauvres par rapport aux personnes dont la misère est causée par l'incapacité résultant de la vieillesse, ou si un autre mode d'assistance pouvait être organisé en leur faveur. Cette Commission [1] avait borné son rôle à constater le mal, à noter qu'un grand nombre d'ouvriers, parvenus à la fin de leur carrière, n'avaient pour toute ressource que les maigres secours de l'Administration des pauvres ; mais tout en constatant que par la mutualité et les Caisses d'épargne les habitudes de prévoyance et d'économie gagnaient du terrain dans les classes ouvrières, sans dissimuler cependant le mal causé par la déconfiture de certaines Sociétés de secours mutuels mal constituées ou mal gérées, la Commission s'était déclarée impuissante à trouver un remède. La minorité de la Commission avait protesté ; elle avait contesté que la Loi sur les pauvres, comme on l'alléguait, offrait des ressources suffisantes pour les vieillards indigents, elle soutenait qu'il n'était pas impossible de créer, avec la coopération des Sociétés de secours mutuels, une organisation capable de venir en aide aux ouvriers économes et prévoyants. Une nouvelle Commission fut alors nommée. Ses travaux [2] ont consisté d'abord à examiner les nombreux projets qui avaient été élaborés, puis après le rejet de toutes les combinaisons proposées, à en formuler un. Ce projet considéré, sinon comme le meilleur, au moins comme le moins mauvais, se ramène aux propositions suivantes : toute personne de 65 ans (à moins de se trouver dans un état tel que l'internement dans un asile, une infirmerie ou un *Workhouse* ne soit nécessaire) possédant un revenu hebdomadaire assuré de 2 sh., 6 den. et ne dépassant pas 5 sh. peut adresser une demande de pension à l'autorité compétente ; cette pension varie et s'accroît selon que diminue le revenu hebdomadaire assuré, c'est-à-dire celui provenant d'immeubles, de valeur de nature à servir aux placements opérés par les *trustees* (mandataires agissant pour des mineurs), des établissements d'assurances constitués par l'État, le *Post Office*, une Société de secours mutuels enregistrée, une Compagnie d'assurance, ou de toute autre source qui serait admise par la Trésorerie : en principe c'est aux *Poor Law guardians* que reviendrait le droit d'accorder les pensions qui seraient payées au moyen des contribu-

---

1. Cf. *Times*, 1er avril 1895 et *Revue générale d'administration*, mai 1895, p. 92 à 96.

2. V. l'article inséré dans le *Times*, du 8 juillet 1898, sous le titre de : *Old-Age Pensions* et le résumé de la *Revue générale d'administration*, août 1898, p. 453 à 459. Cf. aussi la notice sur *La question des pensions ouvrières devant la Commission technique en Angleterre* (*L'Assurance moderne*, 31 décembre 1898, p. 237 à 239) ; *L'Économiste français*, 16 juillet 1898, p. 81 et Costier : *op. cit.*, p. 226.

tions locales (*local rates*) l'État en remboursant une part qui ne pourrait excéder la moitié : l'allocation de la pension de vieillesse ne diminuerait en rien la capacité personnelle du titulaire. Le système proposé a des avantages réels : il est d'une application immédiate et assez large ; les gens pourraient économiser, chacun à sa façon ; l'État n'aurait point la charge écrasante de pourvoir au placement des épargnes ; l'État aiderait tous les ouvriers, sans distinction, qui réussiraient à se procurer le revenu minimum assez faible pour être obtenu sans efforts extraordinaires. Mais, et la Commission a dû le reconnaître, la combinaison proposée donne lieu à de très sérieux inconvénients. D'un côté, elle imposerait à l'État, et par conséquent aux ouvriers pris en qualité de contribuables, de très lourdes charges, dans le but d'accorder un avantage réservé seulement à une partie de la population ouvrière. D'autre part, elle encouragerait bien à l'épargne et à l'économie jusqu'à concurrence de la création d'un revenu hebdomadaire de 20 sh., 6 den., à 65 ans, mais, ce chiffre obtenu, elle détournerait, au contraire, de la pratique de ces vertus sociales. A quoi bon peiner et se priver pour former un revenu de 5 sh., par semaine puisqu'on aura, grâce à l'État, à peu près la même chose sans s'imposer ce travail et ces privations supplémentaires ?

En constatant que l'adoption du système amènerait forcément une diminution des salaires, que les personnes aptes à recevoir une pension de l'État ne formeraient guère que le tiers de la population ouvrière et que par conséquent, les frais de l'assistance hospitalière ne seraient guère diminués, on est à même d'émettre des doutes sur les résultats d'une organisation qui, d'ailleurs, exigerait un fonctionnement fort difficile et très coûteux. Il ne faut pas se dissimuler aussi que les limites posées au début seraient bientôt franchies, d'autant qu'elles sont arbitraires, qu'on serait amené à abaisser l'âge, à ne plus réclamer la même contribution personnelle du pensionnaire, qu'on tendrait à se rapprocher du système nettement formulé en Angleterre et d'après lequel une pension serait due à tous, sans exception [1]

1. Les projets ne cessent pas de s'élaborer en Angleterre. Récemment encore le *Journal of the R. Statistical Society* de Londres (décembre 1898) publiait une étude de Sir Henry Burdett à cet égard. Inspiré par ce fait que la dépense pour l'Assistance publique (*relief of poor*) va en augmentant en Angleterre et Galles, ce projet tend à la constitution d'une Caisse à laquelle les 7 millions d'ouvriers manuels contribueraient par une cotisation hebdomadaire de 1 sh. de façon à procurer à l'âge de 65 ans une pension de 5 sh. par semaine qui ferait éviter la maison des pauvres et permettrait de décharger le contribuable d'une très grande partie des 7, 8 ou 9 millions sterling à verser à l'Assistance publique. Il a été objecté, et non sans raison, (*Journ. des Economistes*, avril 1899, p. 45) que ce projet ne constitue qu'une bonne intention parce que c'est dans quarante ans, quand l'intérêt composé aura achevé son travail, que la pension sera due, que le projet ne s'applique donc qu'aux individus âgés de 25 ans et que les autres restent, en attendant, à la charge de l'Assistance publique.

CHAPITRE TROISIÈME

CAISSES ET PENSIONS PATRONALES[1]

Du système des pensions tel qu'il a été organisé par l'État pour les agents qui, à des titres divers, dépendent de l'autorité publique, il

1. Dans les pages qui vont suivre il n'est traité que de la pension attribuée en cas de vieillesse. Il ne sera donc pas question des pensions ou rentes viagères qui sont attribuées en cas d'accident soit à la victime, soit aux membres de sa famille, dans les termes de la loi du 9 avril 1898 concernant la responsabilité des accidents dont les ouvriers sont victimes dans leur travail, principe proclamé partout, en Allemagne par la loi du 13 juillet 1887 sur l'assurance obligatoire en cas d'accidents, en Autriche par la loi du 28 décembre 1887, concernant l'assurance des ouvriers contre les accidents. (V. sur ces deux législations G. Detroye ; *De l'assurance obligatoire contre les accidents du travail*, Paris, 1898).

Il ne saurait être question de fournir ici un exposé de cette loi et encore moins une critique des règles qu'elle édicte ; les principes qui régissent cette législation ont été exposés bien des fois (V. notamm. Guyon : *Loi du 9 avril 1898 concernant la responsabilité des accidents dont les ouvriers sont victimes dans leur travail*, Paris, 1898 ; Fonsaume ; *Revue polit. et parlement.*, décembre 1897 et avril 1898 ; Scurre ; *Étude des projets de loi relatifs à la création de la Caisse Nationale de des retraites ouvrières*, Paris, 1898 ; Baudry-Lacantinerie et Wahl : *Contrat de louage*, Paris, 1898, T. II, n° 1318 et suiv. ; 1385 et suiv.). Il suffira de dire que d'après cette loi, qui consacre le principe d'une indemnité forfaitaire, largement réparatrice, garantie en tout état de cause à l'ouvrier, l'assurance n'est pas obligatoire et le versement de capitaux de couverture nullement exigé puisqu'un industriel peut payer lui-même à la victime les arrérages des rentes qu'il lui doit au fur et à mesure de leur échéance, que la garantie absolue de l'ouvrier résulte de la création d'un fonds national d'insolvabilité, alimenté par un supplément à la contribution des patentes, géré par la Caisse Nationale des retraites, que des facilités sont données aux patrons qui veulent déposer à la Caisse Nationale des retraites les capitaux représentatifs des rentes dues aux victimes et dégager nettement leurs bilans annuels de ces capitaux, enfin que pour un très grand nombre d'industriels l'assurance étant nécessaire, sans être obligatoire, la loi prévoit la réglementation et le contrôle des Compagnies d'assurances contre les accidents, contrôle d'autant plus sévère que l'assurance à une Compagnie contrôlée entraîne la suppression de tout recours contre l'assuré en cas de faillite de la Compagnie.

V. Lecouturier : *Traité théor. et prat. des accidents du travail*, Paris, 1899 ; Coulet : *Comment. et explicat. prat. de la loi concernant les responsabilités des accidents*, 2ᵉ édit. Paris, 1899.

convient de rapprocher ce qui a été fait par les particuliers dans l'intérêt de leur personnel. Ces derniers ont compris qu'il était aussi sage que juste de ne pas avoir des salariés vivant au jour le jour, qu'il importait pour le succès de l'entreprise de se les attacher, qu'il n'y a pas de lien plus puissant que celui qui est basé sur l'espoir que les dernières années de la vie ne se passeront pas dans le dénûment. Quoi qu'on ait dit dans un but facile à comprendre et sous l'empire de passions détestables, tous les industriels n'ont pas qu'un seul désir, accroître leurs bénéfices; il en est beaucoup qui s'occupent de leurs travailleurs, qui font preuve à leur égard d'une vive sollicitude. Ils ont reconnu que les hommes qui consument leur vie au service d'un chef ne doivent pas être exposés à tomber un jour dans l'abandon, que la dignité d'une entreprise souffre toujours de l'humiliation où se trouvent réduits ceux qui ont eu l'honneur de jouir de sa confiance et d'exercer une part quelconque de son autorité [1]. Ils ont senti que l'institution des Caisses de retraite doit être le complément nécessaire de toutes les œuvres fondées en faveur des classes laborieuses et qu'ils ne sauraient assister, impassibles, au spectacle de braves gens réduits à la mendicité parce que l'âge les empêche de gagner leur pain, de trouver des moyens d'existence [2].

De là l'institution des Caisses de retraite [3] destinées à procurer au

1. C'est ce que faisait excellemment valoir dès 1844 aux administrateurs du chemin de fer de Paris à Orléans M. François Bartholony, dans des paroles qui ne sauraient être trop reproduites et trop louées. — V. *L'Assurance moderne*, 17 janvier 1899, p. 4.

2. Ch. Grad : *Les Associations ouvrières en Allemagne*, Mulhouse, 1883, p. 246.

3. On a parfois (notamm. Roscher : *System der Volkswirthschaft*, 2e édit., T. V, p. 211, etc.), confondu les Caisses de retraite pour la vieillesse avec les Caisses d'épargne sous prétexte que l'épargne sert à alimenter les premières. Mais on a justement répondu (Dutournamtelle : *Étude sur les Caisses d'épargne en Allemagne* [Bullet. de la Soc. de législ. comp., T. XXIX, 1898, p. 396]; Léon Say : *Le Socialisme d'État*, p. 51), qu'il existe une différence essentielle : dans les Caisses pour la vieillesse l'épargne est immobilisée dans la Caisse au regard du déposant jusqu'à l'arrivée de la date prévue. De plus, alors que la somme confiée à la Caisse d'épargne peut être employée à l'usage qui convient au déposant, la somme remise à la Caisse de retraite est obligatoirement affectée à la constitution d'un revenu pour les vieux jours.

Est-il bien nécessaire de faire observer que les Caisses de retraite ne sont pas dans la même situation que les Compagnies d'assurances sur la vie? Outre qu'elles ne cherchent pas à réaliser des bénéfices, leurs opérations sont moins variées, elles peuvent opérer à meilleur marché puisque les frais de gestion n'existent pour ainsi dire pas. Mais comme le note fort justement M. Laurent (*Théorie et pratique des assurances sur la vie*, p. 128), ces Caisses de retraite sont obligées de prendre les mêmes précautions contre les éventualités du sort : il est indispensable d'avoir recours à des tarifs mathématiques, de constituer un capital de garantie, de calculer annuellement la réserve.

Dans toute Caisse fonctionnant d'une manière normale il doit y avoir correspondance exacte entre les entrées et les sorties, entre les recettes et les dépenses; le résultat dépend de la compensation de ces divers comptes. Même si une Caisse ne reçoit plus d'adhésion, il faut que les tarifs soient

travailleur placé par l'âge hors de continuer son labeur quotidien, la

établis de façon qu'il y ait des ressources telles que tout participant survivant se trouve en mesure de toucher la somme lui revenant. Si le nombre
des pensionnaires reste identique, constant, le chiffre des réserves reste
aussi identique, constant et les recettes constituées par le revenu des réserves mathématiques et du montant des sommes versées annuellement peut
être chaque année réparti intégralement entre tous les participants. Lorsqu'une Caisse se fonde il y a peu de pensions à servir; les sommes non
employées doivent être capitalisées et former une réserve. C'est seulement
lorsque la Caisse atteindra son fonctionnement normal que le chiffre des
dépenses se trouvera égal à celui des recettes. Si l'administration de la
Caisse n'a pas eu le soin de régler mathématiquement la pension, cette dernière, dans la majorité des cas, sera exagérée. On en est alors conduit à
distribuer l'intégralité des ressources annuelles avant la constitution de
toute réserve suffisante; la fraction des contributions annuelles dont la
bonne gestion exigeait la mise en réserve est absorbée chaque année; au
moment où la Caisse fonctionne il n'y a plus corrélation entre les sommes
à conserver pour le service des pensions et l'actif constitué par les intérêts
des réserves et les cotisations annuelles. Le capital de garantie se trouve
compromis; pour le respecter il faut, ou bien restreindre le taux de la pension, ou bien augmenter celui de la cotisation, mais de toute façon le participant se trouve lésé. Pour prendre les expressions dont se sert M. Imbert
Cyprès (op. cit., p. 465), le capital assuré ne produit plus les mêmes revenus
que s'il était resté intact et les pensionnaires touchent moins en faisant les
mêmes versements qu'ils ne toucheraient à une Caisse correctement organisée.

Il est indispensable de ne pas se faire illusion sur la rareté des sinistres
qui nécessairement se remarque dans les premières années de la fondation
et de ne pas s'arrêter à ce fait que la Caisse reçoit plus qu'elle ne verse. À
cet effet il est indispensable de calculer tous les ans la réserve. Il est bon
de conserver une somme égale à la réserve augmentée de deux ou trois fois
sa racine carrée. Cette somme ne doit pas être gardée en caisse nécessairement; il suffit qu'elle soit disponible; cette somme pourra donc être placée
à intérêt et pour partie pourra souvent être consacrée à l'achat d'immeubles.

Il est très fréquemment soutenu qu'il suffit que les recettes annuelles
soient égales ou supérieures aux frais pour qu'une Caisse puisse être réputée se trouver dans une bonne situation. Rien n'est moins exact. On ne
saurait trop le répéter et M. Laurent (loc. cit.), a eu raison d'insister à cet
égard : la seule manière de connaître la situation de la Caisse est de calculer sa réserve. Il faudra donc, pour rendre ce calcul simple et pratique, ne
pas trop compliquer les conditions dans lesquelles doivent être servies les
retraites. Cette observation a son importance, et, pour ne pas en avoir tenu
compte, des Compagnies industrielles sont aujourd'hui dans le plus grand
embarras pour calculer leur réserve. Ainsi on voit souvent les Compagnies
industrielles promettre des rentes réversibles temporaires sur la tête des
enfants, elles prennent de la sorte un engagement très difficile à estimer et
qui embrouille singulièrement le calcul des réserves. Au lieu de prendre de
pareils engagements fermes (il faut aller plus loin, et dire au lieu de promettre des rentes aux veuves), elles feraient beaucoup mieux de calculer
leurs tarifs de rentes viagères différées de manière à se réserver de gros
bénéfices; tous les ans le calcul, très facile alors et très exact de la réserve
de la Caisse en évidence, la Compagnie pourrait alors disposer de ce
bénéfices, de manière à soulager judicieusement les infortunes les plus intéressantes.

Le calcul de la réserve, si l'on ne promettait des retraites qu'aux employés, se ferait très facilement en les groupant par âges.

Toujours pour le même motif, continue M. Laurent, si l'on fait une retenue sur les traitements des employés, il est bon de faire varier cette retenue
autant que possible en progression géométrique avec le temps, ou tout au

certitude qu'il n'aura pas à tomber à la charge sinon des siens, au moins de la charité publique [1].

Ces Caisses sont absolument indépendantes de la Caisse Nationale des retraites. Les créateurs ont compris que le simple versement dans cette Caisse, s'il procure des garanties, ne permet de délivrer que des pensions modiques en égard au faible intérêt que procurent les valeurs achetées par la Caisse des retraites [2], alors que dans l'industrie le revenu est meilleur et que dès lors il est possible au patron qui a promis une retraite fixe de la payer

moins (si ce mode de progression présente des inconvénients) en progression arithmétique.

Les pensions de retraite pourront être calculées avec une table de mortalité que l'on ajustera pour la circonstance, en réservant de gros bénéfices à la Caisse; il n'y aura aucun inconvénient à exagérer ces bénéfices, l'excédant de la réserve pouvant être employé à augmenter les pensions de retraites ou à avantager des employés atteints par des infirmités prématurées.

Il ne saurait être question d'insister ici. Cependant il importe de noter que la plupart des organisateurs des Caisses de prévoyance se laissent par trop guider par des idées généreuses, par l'esprit de solidarité mais qu'entraînés trop souvent par une question de pur sentiment ils perdent de vue la brutale question de chiffres. Il ne faut pourtant pas que les institutions de prévoyance se distinguent par leur imprévoyance (V. à cet égard outre les importants travaux de M. Fr. de Laffitte et l'article de M. J. Bertrand publié en 1886 dans *Journal des savants*, le remarquable opuscule de M. Cheysson, le Rapport de M. Duboisdenghien (*Premier Congrès international d'actuaires* de Bruxelles en 1895) ainsi que le travail de M. Mabilleu sur *les pensions de retraite ouvrières et les fonds spéciaux de retraite* (Bruxelles, 1901), qui prouve que même à l'étranger on rencontre les défauts relevés pour nombre d'institutions françaises.

Le temps n'est plus où l'on considérait avec Lamartine que les problèmes sociaux se résolvent non par l'arithmétique mais par le cœur. On comprend qu'il n'y a aucune incompatibilité entre la science et la fraternité. L'homme qui est garanti mathématiquement, suivant la remarque de M. Émile Laurent, n'est pas inférieur au point de vue moral à celui qui n'a pour lui qu'un engagement qu'il a la presque certitude de ne pas voir tenir. La stabilité ne porte en rien atteinte au sentiment de solidarité. Pour être raisonnée l'assistance n'en sera ni moins généreuse, ni moins efficace.

1. Les Caisses dont il s'agit ont été surtout constituées dans les établissements industriels. Il faut ajouter toutefois que les Syndicats agricoles ont parfois imaginé d'instituer des Caisses de pensions, alimentées par la cotisation des travailleurs et une contribution versée par le syndicat fonctionnant comme Caisse patronale. On doit reconnaître néanmoins que cette initiative est assez peu fréquente jusqu'ici. — Cf. Metin : *Les Associations ouvrières et patronales*, Paris, 1897, p. 264.

2. Cet inconvénient est grave d'autant que plus on ira plus sera faible l'intérêt des valeurs, sur l'État ou les départements qui représentent les fonds versés à la Caisse. Il y en a un autre plus grave : le taux de capitalisation des sommes varie chaque année; on ne peut savoir d'avance quel versement il faut faire pour avoir ou pour procurer à un ouvrier une pension de... Un versement commencé en vue de procurer une pension de 600 fr. n'en donnera une que de 580 à 520, moins peut-être. Or, il y a dans cette incertitude du résultat quelque chose de singulièrement décourageant pour l'ouvrier et de fort déconcertant pour le patron qui a promis, moyennant une retenue de... d'assurer une pension de tant et qui messit comment tenir sa parole. — Hubert-Valleroux : *Des mesures propres à garantir les pensions de retraite dans l'industrie privée. Bulletin du Comité des trav. histor. et scientif.*, sect. des sciences économiques et sociales, 1893, p. 139.

Au premier rang viennent les Compagnies de chemins de fer [1]. Avec la sagacité dont elles font preuve, elles ont compris que l'exploitation qui leur est confiée ne pouvait que gagner avec l'habileté professionnelle de leurs agents de tout ordre, que leur intérêt bien entendu était de s'attacher ces derniers par la perspective d'une retraite au jour où sinon l'âge, au moins la fatigue qu'entraîne un souci quotidien motivera un abandon de la fonction partant du salaire [2].

Nécessairement le régime adopté varie avec la Compagnie. Tantôt on impose une retenue sur le salaire ; tantôt la Caisse se remplit avec la part qui revient à l'employé dans leur fonction des bénéfices ; tantôt les employés concourent à la gestion de la Caisse ; tantôt, au contraire, ce soin est confié à l'Administration de la Compagnie ; tantôt ils reçoivent une pension égale à la moitié du traitement moyen des six dernières années avec augmentation en proportion avec les années mais avec maximum ; tantôt enfin ils n'ont droit qu'à un livret à la Caisse des retraites avec pension viagère indépendante, etc. Néanmoins il faut dire d'abord que toutes les Compagnies contribuent par une large subvention, en second lieu que partout le bénéfice de la pension est restreint aux seuls agents commissionnés ayant de 50 à 55 ans d'âge et 25 ans de service (sous réserve, bien entendu, de mise d'office à la retraite de tout employé âgé de 50 ans et ayant au moins 15 ou 20 ans de service suivant les cas), que le décès ou la révocation avant la mise à la retraite ne fait plus perdre le droit à la retraite en ce sens qu'il y a lieu à restitution, au moins en capital, même pour les agents révoqués ou démissionnaires, que les veuves et sous plusieurs distinctions les enfants des agents décédés obtiennent des pensions dont le chiffre varie naturellement et qu'il en est ainsi même en cas de décès survenu avant la retraite. Il convient d'ajouter qu'un minimum est toujours fixé et aussi que l'on tend de plus en plus à laisser l'intéressé choisir suivant ses convenances entre le versement à capital aliéné et le versement à capital réservé [3].

1. V. la série d'articles publiés par M. Maze sur *les institutions de prévoyance et les Compagnies françaises de chemins de fer* (*Revue des institutions de prévoyance*, décembre 1887, février, juin et juillet 1888) ; et le rapport de M. Troubert au nom de la classe 30 de l'Exposition Internationale et Universelle de Bordeaux en 1895, (résumé dans *L'Assurance moderne*, 17 janvier 1899) ; ainsi que le livre du même auteur : *Les institutions de prévoyance des grandes Compagnies de chemins de fer*, Paris, 1893 ; Gamel : *Les grandes Compagnies de chemins de fer en 1897* ; Gostier : *op. cit.*, p. 85, Comp. au point de vue administratif et juridique, Ravelier : *Traité des pensions civiles et militaires*, T. I, p. 330, etc.

2. On sait que les agents des Chemins de fer n'ont pas voulu s'en tenir à la retraite promise par la Compagnie, qu'ils ont créé entre eux des Caisses spéciales, des Sociétés non seulement pour procurer des secours en cas de maladie, mais pour servir même des pensions de retraite.

3. M. Imbert Cyprès (*op. cit.*, p. 210 à 220) a donné à cet égard des détails fort complets. Comp. l'exposé par Compagnie publié par *L'Assurance moderne*, 17 février, 28 février, 17 mars, 31 mars, 30 avril 1899.

Ces Caisses réalisent un bien incontestable [1]. Mais ce bien, l'on ne saurait se le dissimuler, est l'œuvre des Compagnies seules. Non contentes de fournir une allocation beaucoup plus élevée (elle atteint de 10 à 15 0/0 des traitements) que la retenue subie par le personnel (3 à 4 p. 0/0 du montant des salaires), après avoir établi des prévisions et surtout après avoir promis une pension minimum, ces dernières ont dû reconnaître que les calculs n'étaient pas exacts, qu'ils n'avaient tenu compte ni de l'augmentation progressive du nombre des retraités, ni de la baisse du taux de l'intérêt pour les valeurs composant l'avoir des Caisses; elles ont compris, en présence du déficit qui était imminent, qu'elles étaient dans l'impossibilité de rien demander à leur personnel pour le combler, elles ont préféré mettre à leur charge l'insuffisance des ressources [2]. C'était la seule solution possible [3], en vue du maintien des Caisses de retraite [4].

1. D'après les derniers bilans communiqués aux Assemblées générales d'actionnaires, écrivait M. Gouel dans sa brochure sur *les grandes Compagnies de chemins de fer français en 1897*, la Caisse de l'Ouest possédait 60 millions et demi, celle du Nord 66 millions et demi, celle du Midi 31 millions, celle de l'Est 57 millions et demi, celle du Lyon-Méditerranée 128 millions et demi. Leur actif était donc de 404 millions; en 1888, il n'était que de 200 millions. Toutes les Caisses sont même plus riches que ne l'indiquent les chiffres indiqués, car leurs fonds ont servi à leur acheter des obligations qui ont notablement monté et ces obligations figurent dans les écritures aux prix d'achat, si inférieurs qu'ils soient aux cours actuels de la Bourse.

2. Cf. *Exposit. univ. internat. de 1889 à Paris, Rapports du Jury internat.*, Écon. Soc. sect. XIV, Rapport de M. Cheysson.

3. On ne saurait en effet supprimer purement et simplement les Caisses de retraite et comprendre les pensions dans les frais généraux, car ce serait se priver des retenues et des ressources importantes que procure la capitalisation à intérêts composés. On ne saurait pas plus remettre la gestion des Caisses à l'État parce que la Caisse des retraites est organisée non pas pour procurer un minimum de pension, mais bien pour faire fructifier les versements et donner le produit de ces versements avec intérêts capitalisés. On a bien songé à l'intervention de Compagnies privées. Mais il a été répondu (Hubert Gypres : *op. cit.*, p. 249) que si elles prennent des engagements fermes, leurs tarifs sont trop élevés et la pension qu'elles pourraient promettre avec des primes égales aux retenues et aux subventions actuelles réunies serait trop faible et ne pourrait atteindre le minimum promis.

4. Le Rapport publié par l'Office du Travail sur *les Caisses patronales de retraites des établissements industriels* (Paris, 1898) a fait connaître dans quelles circonstances il a été reconnu que les Caisses des Compagnies de chemin de fer étaient en présence d'un déficit considérable, en ce sens que les engagements des Caisses dépassaient de beaucoup la valeur probable des versements et des subventions, que les déficits ont été comblés en partie ou en totalité par le versement d'un capital (la Compagnie du Nord, par exemple a versé, en 1896, 9 millions à sa Caisse de retraites) et que partout on a, du moins, cherché à en empêcher l'accroissement, en augmentant les subventions. Si l'on ne peut soutenir que les déficits dont s'agit ont complètement disparu, l'on saurait, d'après le travail précité, avoir de souci quant à l'équilibre final des prélèvements et des charges, d'abord les Compagnies, intéressées au prix d'efforts nouveaux, que facilitent, du reste, les progrès des recettes, auront à cœur d'établir cet équilibre; d'autre part, la loi du 27 décembre 1890 a investi l'État d'un droit spécial de contrôle en obligeant les Compagnies à soumettre les Statuts de leurs Caisses de retraites et de secours à l'homologation ministérielle. Toutes les précautions nécessaires

Ce que les Compagnies de chemins de fer ont fait, les Compagnies d'assurances, fidèles à leur mission, ont voulu le faire[1]. Elles ont fondé en faveur de leurs employés des Caisses de prévoyance destinées à assurer la paix des vieux jours. L'initiative de la mesure remonte à M. Courcy dont le rôle a été si considérable pour le développement de l'assurance et le progrès des institutions de solidarité.

Pendant de longues années, au sein de la Compagnie qu'il administrait, la direction avait l'habitude de prélever annuellement sur les bénéfices une somme qui était répartie entre les employés. On avait compté que ceux-ci verseraient cette gratification dans un établissement d'épargne et arriveraient insensiblement à se constituer un petit pécule capable de les mettre à l'abri du besoin. On s'était trompé. Chacun employait immédiatement cette somme parfois pour des nécessités présentes, bien des fois aussi pour des dépenses d'une utilité plus ou moins contestable. La Compagnie voulut parer à cette affectation qui ne répondait pas à ses prévisions et elle prit ses mesures pour rendre ses employés prévoyants d'une façon nécessaire en quelque sorte, en ne leur laissant pas le droit de disposition. En 1850 il fut décidé que chaque année une Caisse de retraites recevrait une somme égale au vingtième du bénéfice net réalisé par les actions, que le fonds commun réparti en autant de comptes individuels qu'il existait d'employés formerait un capital réservé en assurant la pension dont le chiffre serait calculé, d'une part, d'après l'âge de l'employé, d'autre part, d'après les tarifs en vigueur pour les rentiers. Afin de permettre à tout employé d'apprécier la situation, il fut convenu que chacun recevrait un livret individuel mentionnant son compte. La répartition devait se faire au prorata des traitements respectifs. La Compagnie consentait à servir au fonds de retraite un intérêt de 4 0/0 qui augmentait d'autant le compte de chaque employé. Primitivement, le départ pour une cause quelconque aussi bien par décès que par démission ou révocation entraînait la perte de la part et l'extinction d'un compte profitait aux autres comptes. Mais peu de temps après l'on reconnut la nécessité de modifier cet état de choses et il fut admis que le produit du livret individuel ne serait perdu qu'au cas où l'employé décédé en activité de service ne laisserait ni veuve, ni descendants, ni ascendants[2]. C'était une atteinte, et une forte at-

---

semblent donc avoir été prises pour sauvegarder les intérêts du personnel des chemins de fer.

[1]. V. en particulier le travail de M. de Courcy publié dans la *Revue des institutions de prévoyance*, avril 1888, l'article de M. Hubert-Valleroux sur les *Retraites* dans le *Nouveau Dictionnaire d'économie politique* de MM. Léon Say et Chailley-Bert (p. 787), et la notice insérée dans le *Journal des assurances* (1891, p. 163 à 166) d'après une brochure de M. Kummer.

[2]. Toutes ces questions sont exposées d'une manière très complète soit dans le livre de M. de Courcy : *L'institution des Caisses de prévoyance des fonctionnaires, employés et ouvriers*, Paris, 1875, soit dans la notice rédigée par la *Compagnie d'assurances générales* à l'occasion de l'Exposition Universelle de

teinte, à l'organisation première, c'était l'abandon du système tontinier. Ce ne fut pas la seule. Pendant longtemps la Compagnie ne
servait qu'une rente viagère, variable avec l'âge de l'employé et dont
le capital était formé par le montant du compte de cet employé versé
dans la Caisse de la Compagnie. Il est incontestable, et l'expérience
le fit bien voir, que si la rente viagère convient à l'employé non marié ou au veuf sans enfants, cette combinaison n'offre aucun avantage
pour les personnes qui ont une famille et que, pour elle, un capital
susceptible de se transmettre du défunt aux vivants est de beaucoup
préférable [1]. Aussi il fut convenu qu'il n'y aurait rien de fixé tant que
le règlement ne serait pas à effectuer, qu'à ce moment uniquement
il y aurait lieu pour l'employé de dire l'usage qu'il désire faire du
montant de son livret, qu'il lui appartiendrait d'opter entre un droit
viager ou un droit perpétuel, c'est-à-dire de faire l'abandon de la
somme portée au carnet pour toucher une rente viagère, ou, au contraire, de la réserver à sa famille en se contentant des seuls revenus.

Au début la Compagnie consacrait à l'achat de rentes la somme revenant à chaque employé, elle se constituait gardienne des titres jusqu'au décès de l'employé. Cette mesure avait sa raison d'être. Cependant si elle n'impliquait pas un sentiment de méfiance, elle pouvait
gêner l'employé désireux d'avoir son pécule pour parer à des circonstances graves ou imprévues; bien que la Compagnie ait tenu à se
réserver le droit de conserver les titres, elle a pour habitude de les
remettre à l'employé qui quitte l'administration [2].

Bonne en ce qu'elle peut être complétée par d'autres applications
de l'épargne, voire même par la souscription d'une assurance sur la
vie [3], l'idée de la constitution d'une Caisse particulière et spéciale de

1889. — V. *Exposition Univers. internat. de 1889 à Paris, Rapports du jury international*, Econ. soc., sect. VI, rapport de M. Fontaine.

1. Comp. Mascarel : *Étude sur la participation aux bénéfices*, Angers, 1894,
p. 65 ; et de Courcy : *Bullet. de la participation aux bénéfices*, 1885, p. 39.

2. Imbert Cyprès, *loc. cit.*

3. Une Compagnie ouvre d'office à chaque employé un livret individuel
sur lequel se trouvent portés à titre obligatoire, en plus d'une retenue mensuelle de 5 0/0 sur le traitement fixe et de la retenue du 12e de toute augmentation, le montant partiel du produit de la participation aux bénéfices,
la part proportionnelle revenant à l'employé dans le produit des déchéances
avec les intérêts à 4 0/0 du compte capitalisé tous les ans, tout en reconnaissant que le montant de ce livret livrable au moment du décès reste,
nonobstant la révocation ou la démission, acquis à la veuve de l'employé, à
ses descendants ou à ses ascendants, s'il meurt avant 55 ans, à lui-même
s'il atteint cet âge ou s'il est mis par accident dans l'impossibilité de continuer ses fonctions, tout en admettant qu'il est loisible à un employé de se
constituer, au jour de sa retraite, une rente viagère réversible au moins
pour moitié sur la tête de sa femme. De plus, cette même Compagnie impose à
ses employés l'obligation de contracter une assurance mixte sans participation à échéance de leur âge de 55 ans, la prime étant payée pour moitié
par la Compagnie sur le compte des frais généraux et pour l'autre moitié par
l'employé sur son compte de participation aux bénéfices. D'autre part, tout
employé âgé de moins de 40 ans et recevant une augmentation de traitement

retraites a été mise en pratique par de grands établissements, mais avec certaines modifications. C'est ainsi que des Compagnies d'assurance versent dans la Caisse des retraites non seulement les retenues qu'elles font subir aux traitements (en plus des sommes qu'elles engagent leurs employés à donner par des versements purement volontaires) mais encore de larges subventions ; elles ouvrent un compte à chaque déposant ; lorsqu'un compte comprend une somme permettant d'acheter un franc de rente, la Compagnie effectue cette acquisition ; la retraite de l'employé est formée par le produit de ces opérations avantageuses en ce sens que la différence obtenue par la plus value depuis l'achat de la valeur procure un profit réel. Ailleurs, tout en se réservant le droit de priver l'employé de la retraite et même en s'attribuant le droit d'apprécier si le compte individuel d'un employé décédé en activité de service doit en totalité ou en partie profiter à la veuve, l'administration prélève sur les bénéfices annuels une somme égale à 10 0/0 des traitements et au moyen de cette somme qu'augmentent les intérêts capitalisés au taux de 4 0/0 sert des pensions de retraite calculées au prorata du traitement.

L'idée des Caisses de retraite qualifiées bien souvent de « patronales »[1], confondant dans la même Caisse le prélèvement effectué par le chef sur ses bénéfices et la petite somme que l'ouvrier doit prendre sur son salaire car sa dignité exige un sacrifice qui le rende l'artisan de sa retraite, est telle que presque tous les établissements industriels de quelque importance[2] ont tenu à établir de pareilles institutions

est tenu de souscrire une assurance mixte à demi-prime sans participation.

Ces mesures méritent d'être approuvées en ce sens que pendant un certain temps l'employé ou sa famille a son sort assuré.

1. Ces institutions patronales dont nous ne saurions retracer ici le fonctionnement si varié et si multiple ne doivent pas faire oublier les institutions ouvrières. Les employés et ouvriers, dans bien des cas, ont tenu à honneur d'avoir leurs Caisses particulières pour fournir une retraite au travailleur âgé.

Parmi ces Sociétés, les unes reposent sur le principe de l'adhésion donnant lieu à une ou plusieurs parts au gré de l'adhérent, avec des cotisations mensuelles dont un certain nombre confère le droit à une pension fixe. D'autres, au contraire, en outre d'un droit d'entrée fixe, exigent une cotisation mensuelle variant avec l'âge et donnant une retraite composée soit d'une rente fixe et d'une rente variable déterminée par l'excédant de l'actif sur le passif (excédant dû à la présence de membres honoraires, comme aussi aux démissions, aux radiations et aux subventions qui peuvent être allouées). D'autres enfin, au droit d'entrée et à la cotisation variant entre un minimum et un maximum, joignent une modique cotisation spécialement affectée à la retraite réversible en cas de décès sur la tête de l'époux survivant, des orphelins, etc., avec cette circonstance que la démission, la déchéance et l'exclusion ne donnent droit au remboursement d'aucune somme, sauf lorsque le départ s'est produit dans les premiers mois de l'adhésion, auquel cas il y a une restitution. — Pour les détails qui ne sauraient trouver place ici, V. Hubert Cyprès ; op. cit., p. 232 et 234.

2. En général, les entrepreneurs de moyenne et de faible importance ne possèdent pas d'institution de retraites. Ce n'est pas mauvais vouloir de leur part. C'est parce que la force des choses s'y oppose, comme l'a très

dans l'intérêt de leur personnel [1]. L'expérience à cet égard est par-

nettement établi le Rapport sur l'enquête consacrée aux *Caisses patronales de retraites des établissements industriels*. La constitution de retraites dûment gagées exige la réunion de bien des conditions : l'étendue des ressources, la vigueur dans l'esprit de sacrifice, la certitude de durée et une véritable puissance d'administration.

1. Les Caisses de retraites ne s'alimentent pas toujours au moyen de sommes prélevées sur les salaires ; très souvent, dans les établissements où se pratique la participation aux bénéfices, on prend sur la part revenant à l'ouvrier une certaine somme (parfois la totalité) qui est affectée à des œuvres de prévoyance.

Sur l'ordre du Ministère du Commerce, il a été dans ces dernières années, procédé par les soins des inspecteurs du travail à une Enquête sur les constitutions de retraites ouvrières dues à l'initiative patronale. Les résultats de cette Enquête ont été publiés par l'*Office du Travail* sous ce titre : *Les Caisses patronales de retraites des établissements industriels* (Paris, 1898). Ils méritent de retenir.

Ils concernent uniquement les établissements soumis à l'inspection du travail, c'est-à-dire à l'industrie proprement dite ; les autres professions n'ont pas été explorées ; les maisons de commerce, les entreprises financières et les administrations privées ont, par conséquent, été laissées de côté, les seules institutions patronales qui ont fait l'objet de l'Enquête sont celles des usines et fabriques existant en 1896 et 1897. Le personnel total employé dans l'ensemble de ces établissements s'élevait, d'après les rapports des inspecteurs du travail, à 2,673,000 ouvriers et ouvrières des deux sexes répartis dans 206,797 établissements distincts. Or, l'Enquête a révélé que, seuls, 229 établissements possèdent une Caisse de retraites avec 115,896 participants, ce qui représente à peine une proportion de 0,8 [0/000] des établissements et de 4,3 0/0 de participants par rapport à l'effectif total. Encore faut-il observer que, dans le nombre figurent 17,240 ouvriers et ouvrières des manufactures de l'État, qui sont pourvus par les soins de l'administration de livrets individuels à la Caisse nationale des retraites pour la vieillesse et qui, par suite, ont été comptés dans le chiffre de 115,896 participants, indiqué ci-dessus. Si donc on ne considère que les établissements privés, dont la population totale se montait en 1896 à 2,656,000 personnes, on voit que le chiffre absolu de participants à des Caisses de retraite se réduit à 98,656, et la proportion à 3,71 0/0 de l'effectif employé.

Ainsi, dans l'industrie proprement dite (les mines, où la loi de 1894 a rendu obligatoire la constitution de retraites, étant mises à part), le nombre ne paraît pas même atteindre 5 0/0 de la population ouvrière. Si toutefois on admet que cette évaluation soit trop faible de quelques milliers d'ouvriers, car il est possible que plusieurs établissements aient été omis, faute d'avoir été visités par les inspecteurs, il résulte d'une façon à peu près certaine de l'Enquête dirigée par l'*Office du Travail* que la proportion des ouvriers participant à des Caisses de retraite ne dépasse pas 6 0/0 de la population active, susceptible d'adhérer à ces Caisses. Ces résultats sont, au point de vue des progrès de la prévoyance parmi les ouvriers de l'industrie, encore bien insuffisants. Les institutions patronales se retrouvent presque exclusivement dans les établissements de première importance, lesquels sont relativement rares. La moyenne industrie et, à plus forte raison, la petite industrie, en sont entièrement dépourvues. Il est vrai qu'en dehors des Caisses de retraite, si peu nombreuses, on constate l'existence d'un grand nombre de Caisses de secours contre la maladie. On est, en outre, en droit d'espérer que les institutions de retraite iront se multipliant. La plupart de celles qui existent aujourd'hui sont de création toute récente, et la tendance à assurer une pension aux vieux ouvriers s'accentue heureusement de jour en jour chez les chefs d'entreprise.

Indépendamment de l'enquête relative aux ouvriers industriels, l'*Office du Travail* a réuni de renseignements détaillés sur les retraites dans les mines,

tièulièrement significative et instructive.

dans les entreprises de transports, dans les établissements de l'État, et à titre de complément, sur les retraites des cantonniers et des marins du commerce. L'ensemble de ces renseignements permet de se rendre compte de la situation générale de la classe ouvrière proprement dite au point de vue des retraites. L'*Office du Travail* a intentionnellement écarté les Caisses d'employés ou d'agents non entièrement assimilables à des ouvriers (sauf pour les transports, où il a été impossible de faire la distinction).

En totalisant tous les chiffres, on obtient le résumé suivant : I. Participants appartenant à l'industrie privée (y compris les mines et transports), 461,000. II. Participants appartenant à des établissements de l'État (Manufactures de l'État, établissements de la guerre), 37,000. III. Cantonniers de l'État, des départements et des communes, 42,000. IV. Marins du commerce et pêcheurs subissant des retenues versées à la Caisse des Invalides de la marine (chiffre approximatif), 120,000. — Total : 660,000.

On trouve ainsi, dans l'industrie et les transports, 660,000 participants à des institutions patronales de retraites, les Caisses de l'État étant ici envisagées comme Caisses patronales. Or, le recensement de 1891 indique, pour l'ensemble des ouvriers et employés appartenant aux catégories étudiées, le chiffre global de 3,800,000 individus. Il s'ensuit que la proportion des participants atteindrait au plus 17 p. 100 de la population salariée correspondante, même si l'on a soin d'ajouter aux effets produits par l'initiative privée ceux dus à l'intervention de l'État. C'est assez dire que le régime des retraites ouvrières est encore loin d'avoir atteint, en France, le degré de développement dont il peut être jugé susceptible.

Ainsi les retraites ouvrières servies par les Caisses patronales ont pris en France une grande extension dans la grande industrie ; partout où des capitaux importants ont été réunis, où des outillages perfectionnés ont été mis en œuvre, où l'action émancipatrice des valeurs mobilisées a pu se faire sentir, l'avenir des ouvriers a été l'objet de mesures de sage prévoyance. Cette influence s'est surtout manifestée dans les entreprises de chemins de fer ; sur les 385,000 ouvriers et employés qu'occupent les entreprises de toute nature, les Compagnies de chemins de fer d'intérêt général avaient, à elles seules, à leur service, en 1875, 253,000 agents et ouvriers. Sur les 196,000 participants aux institutions de retraites pour l'industrie des transports, 181,000 appartenaient aux six grandes Compagnies de chemins de fer ou au réseau de l'État. Les pensions assurées sont, le plus souvent, fort élevées. La base d'évaluation est le traitement moyen des six dernières années de service. La pension atteint ordinairement la moitié du traitement moyen, avec addition d'une quotité déterminée pour chaque année de service. Afin d'assurer le paiement de ces retraites, les entreprises ont dû s'imposer de lourds sacrifices. Alors que les retenues sur les traitements varient entre 3 et 6 0/0 au plus, là où il en existe, les versements des Compagnies atteignent parfois jusqu'à 15 0/0 des traitements. « La contribution totale, lit-on dans le Rapport de l'*Office du Travail*, s'élève ainsi jusqu'à 18 0/0 des traitements (aux Chemins de fer du Midi, par exemple). Certaines Compagnies, l'Orléans entre autres, qui n'ont pas de Caisse patronale, contribuent aux retraites, non seulement par les versements inscrits sur les livrets, mais encore en complétant à leurs frais les rentes ainsi acquises jusqu'au montant réglementaire. »

Sur le même rang que les grandes Compagnies de chemins de fer, il convient de placer les sociétés minières, au moins en ce qui touche le nombre des participants à des retraites. Le personnel ouvrier des mines, en France, s'élève à 165,378 personnes. En principe, tout ce personnel doit être assuré d'une pension, la loi du 29 juin 1894 ayant astreint les exploitants à affilier leurs travailleurs à la Caisse nationale des retraites. Tous les mois, un versement doit, en vertu de cette loi, être effectué à cette Caisse au compte d'un livret individuel. Il doit être égal à 4 0/0 du salaire du titulaire du livret, moitié de la somme devant être fournie par l'exploitant et moitié par le futur

Bien des fois l'initiative des patrons, si légitime assurément, a été

retraité. Si ces dispositions légales étaient observées, voici à quels résultats financiers on aboutirait : le montant total des salaires payés en 1896 aux ouvriers des mines a été de 180 millions ; un versement de 4 0/0 eût représenté 7,200,000 francs. En fait il n'a été versé à la Caisse nationale des retraites que 5,232,593 francs. La loi du 29 juin 1894 n'est donc pas appliquée dans toutes les exploitations. Cela tient non seulement à l'existence des Caisses de liquidation qui retiennent des participants, mais encore à diverses autres causes parmi lesquelles la non-application de la loi dans les petites exploitations, d'un commun accord entre patrons et ouvriers. La loi nouvelle ne semble pas avoir eu un effet bien notable : sur 132,500 ouvriers adultes occupés dans l'industrie des mines en 1892, 126,000 participaient déjà à des institutions de retraites. Beaucoup d'entre elles laissaient, il est vrai, à désirer.

Les industries des métaux, et principalement celles du fer et de l'acier, fournissent ensuite le contingent le plus élevé aux retraites ouvrières. Puis viennent, par ordre d'importance, les industries chimiques, les industries textiles, les industries du verre et de la céramique. Tantôt des Caisses patronales existent, tantôt la Caisse nationale des retraites est utilisée. L'Enquête a révélé 96 entreprises, appartenant à peu près toutes aux catégories que nous venons d'énumérer, et qui, employant 86,000 ouvriers, en comptaient 74,000 participant à des institutions de retraites fondées par elles. Ces établissements, dit le Rapport, appartiennent tous, sans exception, à la grande industrie.

Le nombre d'ouvriers participant à des Caisses autonomes n'est, dans chaque département, qu'une faible fraction de la population industrielle : cette fraction varie entre 11 0/0 et 0,17 0/0, en effet. On voit par là, dit le Rapport précité de l'Office du Travail, combien ces institutions sont encore actuellement peu développées, eu égard à la totalité de la population qui pourrait y participer.

Quant aux établissements de même nature qui se servent simplement de la Caisse nationale des retraites, l'Enquête en a signalé 72, ayant un effectif ouvrier total de 30,391 personnes, dont 25,128 titulaires de livrets individuels. Les entreprises appartiennent toutes à la grande industrie.

Ce qui se dégage nettement de l'Enquête, c'est le concours apporté par la grande industrie à la constitution des retraites ouvrières, et c'est, par suite, le devoir moral, pour quiconque aspire à développer ces retraites, de ne rien faire qui affaiblisse les entreprises qui en sont le plus ferme soutien.

Ce qui en résulte aussi c'est que les retraites n'existent pas dans la petite industrie, c'est-à-dire celle qui emploie moins de 50 ouvriers. Cette organisation y est un peu moins utile parce qu'un plus grand nombre d'ouvriers peuvent l'établir ; elle y est moins facile parce qu'un établissement restreint ne peut former une Caisse autonome dans un établissement et que le groupement d'une multitude de petits patrons en Caisse syndicale n'est pas une entreprise aisée. Mais ces raisons n'ont rien de déterminant : la grande majorité des ouvriers de la petite industrie reste dans le prolétariat ; d'autre part, les petits patrons peuvent faire des versements collectifs à la Caisse nationale des retraites, mais ils se gardent bien d'y avoir recours. Ce qui semble vrai c'est, comme M. Fontaine l'a judicieusement relevé (*Revue politique et parlementaire*, octobre 1896, p. 198), que dans la petite industrie les patrons sont souvent moins éclairés sur les solutions possibles, que moins de misères sollicitent la pitié de chacun d'eux, ils n'ont pas besoin de faire les mêmes efforts que les grands industriels pour s'attacher un personnel plus voisin d'eux ; d'autre part, les ouvriers de la petite industrie n'ont pour poursuivre des améliorations collectives ni le sentiment de la solidarité que provoque nécessairement le peu d'importance de l'individu isolé en face d'un grand patron, ni le besoin pressant d'organisation sociale qui en résulte.

Il existe deux types de Caisses ; les *Caisses autonomes*, véritables Caisses de pensions viagères gérées par les patrons et leurs ouvriers ; en second lieu

paralysée par la résistance des ouvriers, résistance irréfléchie, sinon par de sots préjugés [1].

Il est juste d'ajouter que la lutte a eu pour point de départ cette remarque que le sacrifice est illusoire lorsque le décès se produit avant l'arrivée du jour fixé pour la mise en jouissance de la pension [2] et aussi qu'elle a trouvé un prétexte dans une gestion nulle-

les organisations rattachées à la Caisse nationale des retraites dans lesquelles les patrons se bornent à verser à cette Caisse, au nom de chaque ouvrier et sur livrets individuels, les retenues sur salaires et les cotisations patronales prévues par le règlement de l'usine ou de l'entreprise. Pour les ouvriers de l'État, le système adopté est toujours le second, celui du livret individuel à la Caisse nationale des retraites. Pour les mines, il en est de même, bien que la loi ait permis la création de Caisses spéciales autonomes; mais de telles autorisations n'ont pas jusqu'à présent été sollicitées. Pour les entreprises de transports on trouvait en 1898 dix grandes Compagnies ayant des Caisses autonomes ; partout ailleurs la Caisse nationale intervenait pour partie ou pour totalité dans le paiement des pensions. Dans les établissements prévus soumis à l'inspection il n'a été relevé que 135 Caisses autonomes (avec 74,000 participants) et 72 établissements avec 25,900 ouvriers où le patron imposait le livret individuel.

Ainsi que l'a remarqué M. Fontaine (Revue polit. et parlement., octobre 1898, p. 199), c'est par les Caisses autonomes spéciales à un établissement que l'idée de retraite a pénétré dans l'industrie, qu'elles créent entre le patron et l'ouvrier un lien autrement solide que les versements patronaux sur livrets individuels. Seulement les Caisses autonomes ne se sont généralement pas préoccupées de garantir par des capitaux de couverture les pensions qu'elles promettent; il suffit, le plus souvent, à leurs administrateurs que les recettes couvrent les dépenses annuelles, et si ce système a permis, au début, de donner de fortes retraites avec de faibles cotisations il risque de compromettre l'avenir qui est escompté.

1. En Alsace, dans un pays pourtant fort éclairé, l'institution des Caisses de retraite a eu beaucoup de peine à conquérir sa place dans l'esprit des ouvriers. C'est ce que, à la suite de M. Engel Dollfus (Étude sur l'épargne, les institutions de prévoyance et la participation aux bénéfices, p. 41 et suiv.), avec sa grande autorité, constatait M. Ch. Grad (Les assurances ouvrières en Allemagne, p. 239). Tout au plus les patrons, en se chargeant de presque toute la dépense, sont-ils parvenus à obtenir de leurs ouvriers de consentir à distraire chaque mois une fraction minime de leur salaire pour assurer le repos de leur vieillesse. Il y a dans les ateliers, déclare l'économiste alsacien, un mot bien connu qui explique en partie cette apathie : « L'hôpital n'est pas fait pour les chiens! » Mourir à l'hôpital, voici l'avenir auquel se résignent aisément des hommes qui, à d'autres moments, portent jusqu'à l'excès le sentiment de la fierté personnelle et l'horreur de l'autonomie.

Il faut ajouter que, dans plusieurs établissements, il y a quelques années encore, on laissait les ouvriers et ouvrières choisir à leur gré entre le séjour dans un asile et une pension de retraite (Eug. Véron : Les institutions ouvrières de Mulhouse et des environs, Paris, 1866, p. 162).

2. La situation de l'ouvrier décédé avant le jour fixé est digne d'intérêt d'autant que le père, disparu dans la force de l'âge, laisse des enfants tout jeunes encore, qui réclament de longs soins avant d'être en état de gagner leur vie, tandis que le vieillard n'est plus matériellement indispensable à ses enfants, qui sont tous en presque tous en état de se suffire.

Pour remédier à cette situation, des patrons ont cru qu'il suffirait de réserver le capital des pensions, ce qui n'a pas paru suffisant (V. la note sur les rentes à capital réservé, dans la Revue des institutions de prévoyance, novembre 1890, p. 652); d'autres ont imaginé d'assurer sur la tête de leurs employés des capitaux payables au décès. La question s'est posée de savoir s'il était

ment malhonnête mais fort imprudente [1], et principalement dans les dé-

bien prudent de laisser aux intéressés la disposition d'un capital que son exiguïté même destine en général à une prompte dissipation. Aussi a-t-on fortement recommandé d'étendre la réversion à toutes les veuves, à tous les orphelins, de telle façon qu'au lieu de n'accorder une partie de la pension qu'aux familles des seuls retraités, on se trouve en mesure d'attribuer cette partie de pension aux familles de tous les employés morts après leur entrée au service du patron, la rente ainsi constituée devant naturellement être viagère pour les veuves et temporaire pour les orphelins.

L'auteur d'un très intéressant article sur la question (Les Caisses de retraites patronales (Revue des instit. de prévoyance, juin 1894), a fourni à cet égard des calculs qui prouvent que le sacrifice ne serait pas très lourd ; d'après le système actuellement pratiqué par la plupart des Caisses patronales, dit-il, la pension simplement réversible nécessite une dépense qui atteint 10,67 0/0 du salaire annuel ; la réversion a été obtenue moyennant une dépense supplémentaire de 1 0/0, un nouveau sacrifice de 2,53 0 0 compléterait l'œuvre entreprise en préservant de la misère des milliers de veuves et d'orphelins dont la plupart finissent par tomber à la charge de l'Assistance publique.

1. La création et le fonctionnement d'une Caisse des retraites réclame non pas uniquement une vigilance particulière, mais encore et surtout une organisation spéciale. Il est indispensable que la Caisse des retraites soit indépendante de l'établissement même, qu'elle soit alimentée régulièrement de manière que les dépenses à supporter ne dépassent pas les ressources, que les tarifs soient établis conformément aux principes techniques des assurances sur la vie.

En cette matière, les illusions sont faciles, mais leur déception est grave à raison des conséquences qu'elle est de nature à amener. Les exemples ne sont que trop faciles à citer. Nous n'en prendrons qu'un, relevé dans le Rapport de l'Office du Travail (Les Caisses patronales de retraites des établissements industriels). En 1894, il s'était fondé par les soins du Comité des forges de France, une « Caisse patronale de retraites des forges de France » pour recevoir, conserver et faire valoir les fonds destinés à procurer une partie de la pension de retraite provenant exclusivement des libéralités des patrons. En 1895, elle organisa le service des pensions de retraite « en faveur d'ouvriers appartenant à des industries autres que l'industrie métallurgique. » Cette Société fondée au capital de 250,000 fr. passait des contrats particuliers avec des déposants, c'est-à-dire des personnes ou des Sociétés effectuant, en vue de la constitution des pensions de retraite, les versements patronaux ; elle recevait les fonds, les administrait, garantissait le paiement des retraites acquises et en opérait le service. Son mode d'action était aussi simple que rationnel ; les patrons adhérents devaient verser tous les trois mois une somme fixée à 5 fr. par ouvrier appelé à jouir de la pension. On admettait que grâce à ce versement l'ouvrier qui en avait bénéficié se verrait ouvrir, quel que fut son âge, un droit correspondant montant à 1 fr. 25 de pension. Il était admis que la liquidation de la retraite aurait lieu normalement à 60 ans ; l'âge minimum d'inscription fut fixé à 24 ans. La période maxima de versements ressort ainsi à 36 ans. Dans ce système, il peut y avoir au plus 144 versements trimestriels donnant droit chacun à une pension de 1 fr. 25, ce qui porte à 180 fr. le montant de la pension la plus élevée. Quant au montant minimum de la retraite, il fut déterminé par 12 années de participation correspondant à 48 cotisations trimestrielles ; par conséquent de 60 fr. Rien de compliqué dans ces dispositions. On avait calculé que le chiffre de 5 fr. par cotisation trimestrielle représentait la prime moyenne exigible, dans une clientèle âgée de 24 à 60 ans, pour constituer à 60 ans une rente viagère de 1 fr. 25. En d'autres termes, comme le dit fort bien l'Office du Travail, « la réserve totale formée par la capitalisation de tous les versements de 5 fr., effectués de 24 à 26 ans est sensiblement égale à la réserve nécessaire pour constituer au profit des survivants à partir de 60 ans une pension égale à la pension moyenne que les statistiques permettaient de prévoir ». On a remarqué sans doute la modicité rela-

sastres financiers des établissements industriels entraînant fatalement la disparition de la Caisse de retraite et retenues, rendant aussi sans objet les sacrifices supportés par les déposants. En cas de faillite ou de déconfiture, c'est une règle fondamentale du droit français que tous les créanciers doivent être traités de la même manière; l'actif disponible, lequel est toujours au dessous du passif, se répartit également sauf au cas où quelque créancier a une cause de préférence, c'est-à-dire soit un privilège établi par la loi, soit un privilège constitué par le débiteur. Or, outre que la loi ne confère pas de privilège en pareil cas, un patron est hors d'état de conférer à ses ouvriers une hypothèque pour garantir leur pension de retraite. Les ouvriers ne peuvent être considérés que comme des créanciers ordinaires. La question a été soumise aux tribunaux lors

---

tive du maximum de la retraite prévue; voilà loin de certaines promesses. Tous les éléments de prudence paraissaient combinés.

Des déceptions n'ont pas tardé à se produire. La première année, la recette montait à 154,140 fr., provenant des cotisations et avec les intérêts des fonds placés (13,550 fr.) à 167,690 fr. Mais quand on eut fait face aux frais généraux et quand on eut mis en réserve les sommes nécessaires pour les pensions liquidées ou en cours d'acquittement, on constata un déficit de 43,602 fr. Ce déficit était dû à bien des causes.

En premier lieu, il remontait certainement à l'insertion d'une clause destinée à améliorer la situation des ouvriers ayant travaillé 36 ans dans le même établissement. Pour eux, une majoration de 20 fr. avait été stipulée. Cette majoration, quelque minime qu'elle fût et quel que fût son motif, se traduisait par une charge appréciable; les versements n'en avaient pas suffisamment tenu compte. En deuxième lieu, il avait été décidé à titre transitoire que les vieux ouvriers pourraient obtenir la retraite avant 12 années effectives de participation; or, leur nombre s'était trouvé sensiblement supérieur à celui qu'indiquent les calculs généraux embrassant l'ensemble de la population. Enfin les cotisations avaient été fixées à raison de placements dont on espérait tirer 4 0/0; le taux de 3 1/2 0/0 n'avait pu en fait être dépassé. On sait, d'ailleurs, que la loi du 28 décembre 1895 relative aux Caisses patronales n'autorise plus que des emplois de fonds produisant au plus 3 1/2 0/0.

Ces causes étaient d'une importance réelle. Aussi l'institution n'a pu fonctionner dans des conditions satisfaisantes que lorsqu'on a résolu d'y mettre un terme, quand on a renoncé à majorer les retraites et surtout quand on a revu les tarifs.

A partir de 1896, le taux de la cotisation a été fixé non plus suivant une moyenne unique, mais par groupes d'âges. Dans chaque groupe, les primes correspondent maintenant à la somme qui est nécessaire pour constituer une rente viagère de 1 fr. 25 à 60 ans, en tenant compte de la mortalité, de l'intérêt à 3 1/2 0/0 et des liquidations anticipées probables. Grâce à ces réformes immédiates, le budget de la Société a pu être mis en équilibre; en 1896, un léger excédent de 4,158 fr. a même été obtenu. Le déficit laissé par l'exercice 1895 avait été ramené déjà à 39,908 fr. par abandon de la majoration des retraites; il se trouve finalement abaissé à 35,840 fr. C'est encore le 7e environ du fonds social. Comme le fait observer l'Office du Travail, cette perte ira en s'amortissant. Il n'en est pas moins vrai qu'elle est, toutes proportions gardées, considérable.

Cet exemple est décisif; il montre qu'il ne suffit pas d'avoir de bonnes intentions, de vouloir faire le bien, qu'il faut encore savoir le faire. Malheureusement, il existe un grand nombre de Caisses dont les créateurs n'ont pas attaché une importance capitale à l'emploi de bases réellement scientifiques.

de la suspension de paiement d'importants établissements qui avaient promis antérieurement des pensions de retraite à leurs employés et la prétention des ouvriers en vue d'un privilège fut écartée : elle était contraire à la loi[1].

Ce que l'autorité judiciaire n'a pu faire le législateur l'a fait[2], mais, il n'est pas téméraire de le dire, sous la pression de l'opinion publique et des événements.

De longue date les personnes qui portent intérêt à l'amélioration du sort des ouvriers avaient constaté que même avec une gestion fort sagement organisée, les fonds de la prévoyance n'étaient pas affranchis du danger d'être engloutis dans un naufrage commercial. Dès 1885 l'on avait insisté en faveur de la création d'une « Caisse publique de dépôts »destinée à mettre à l'abri des risques industriels les épargnes collectives produites par la participation aux bénéfices, la coopération et d'autres moyens. Suivant une juste expression, on voulait créer pour les épargnes ouvrières « un champ d'asile, un endroit sacré où elles seraient en sûreté »[3]. Le projet avait été mis plusieurs fois à l'étude quand en 1888 l'anéantissement des fonds de retraite des mineurs de Bessèges, et des employés du Comptoir d'escompte de Paris vint lui donner un appui singulièrement pressant.

Un premier projet fut déposé par le Gouvernement en 1890 pour décider qu'en cas de faillite, liquidation judiciaire ou déconfiture lorsque des retenues auraient été opérées sur les salaires, que des versements auraient été faits par le chef de l'entreprise au profit d'une institution de prévoyance, les ouvriers ou employés seraient admis de plein droit à en réclamer la restitution, restitution garantie par un privilège prenant rang parmi ceux de l'art. 2101 C. Civ., c'est-à-dire parmi les privilèges généraux portant sur les meubles et immeubles à la fois. D'autres projets furent élaborés, pour affirmer l'existence

1. Il s'agit des litiges survenus à l'occasion des pensions promises par les Compagnies des forges et mines de Terrenoire, la Voulte et Bessèges et par le Comptoir d'escompte de Paris. Il fut jugé dans la première affaire que les employés ou ouvriers, en cas de liquidation de l'entreprise, ne pouvaient réclamer qu'un droit de créance chirographaire à raison des retenues opérées sur leurs salaires ou des versements effectués par eux au profit des institutions de prévoyance administrées par le patron (Trib. civ. Lyon, 22 mai 1890); dans la seconde, qu'en ouvrant sur ses registres un compte au profit d'une Caisse de secours ou de retraite et en créditant ce compte de sommes ou valeurs, le chef d'entreprise ne créait, en réalité, aucun droit au profit de ses employés ou ouvriers, à l'encontre de ses autres créanciers (Trib. comm. Seine, 9 juin 1890; La Loi, 1er juillet 1890, Ruben de Couder : Dict. de dr. comm. Supplém., v° Caisse de retraites, de secours et de prévoyance, n° 2; Cf. Baudry-Lacantinerie et Wahl : Contrat de louage, Paris, 1898, T. II, n° 1145.)

2. Sur les mesures prises à cet égard à l'étranger Cf. Bellom : Bullet. du Comité des trav. histor. et scientif., sect. des sciences économ. et sociales, 1893, p. 143, etc.

3. C'est ce que proposaient M. A. de Courcy et la Société pour l'étude pratique de la participation aux bénéfices. V. L'Assurance Moderne, 17 janvier 1899, p. 3.

d'un privilège mais aussi pour imposer l'obligation de verser les sommes dans une Caisse de l'État. On se montra également d'accord pour soutenir qu'il fallait à la fois assurer le placement des fonds dans des conditions de pleine sûreté et empêcher l'affectation de ces fonds à des objets étrangers au service des allocations assurées par la Caisse, et surtout organiser une surveillance consistant tant dans l'examen fréquent de la situation financière et dans la vérification annuelle de la gestion que dans l'intervention propre à amener la suspension des décisions illégales ou antistatutaires et l'application des mesures urgentes que les organes de la Caisse se refuseraient à prendre [1].

Ces principes ont été consacrés, avec quelques corrections toutefois, par la loi du 27 décembre 1895 destinée non point à prescrire une organisation pour les Caisses de retraites et de secours mais simplement à donner des garanties suffisantes pour préserver les salariés déposants des éventualités de la faillite ou de la liquidation judiciaire du patron [2].

C'est avant tout une loi de *séparation de patrimoine* [3], puisqu'elle a pour objet essentiel : 1° de déclarer le droit de créance des ouvriers ou employés bénéficiaires d'institutions patronales de prévoyance sur les fonds spécialement affectés au fonctionnement de ces institutions ; 2° de mettre ces ouvriers ou employés, en cas de faillite de l'entreprise, à l'abri du concours des autres créanciers ; 3° non pas de laisser une faculté mais bien de contraindre le patron, lorsqu'il s'agit de fonds affectés aux retraites, à distraire ces fonds de l'actif social, à les individualiser dans des Caisses présentant toute garantie et de constituer de plein droit ces dépôts à l'état de gage au profit des bénéficiaires. Désormais l'ouvrier est muni d'un droit de créance et il n'est ni nécessaire, ni loisible à la justice de rechercher le caractère juridique de chaque espèce pourvu que l'une des trois conditions suivantes se rencontre : 1° retenues exercées sur le salaire ; 2° subventions pro-

1. Bellom : *loc. cit.*, p. 147. V. aussi Lyon-Caen : *Les ouvriers et les Caisses de secours, de prévoyance et de retraite* (le *Monde économique*, 1891, 1er sem. p. 4; et Baudry, Lacantinerie et Wahl : *Contrat de louage*, T. II, n° 1440.

2. Sur les origines de la loi des 27-29 décembre 1895, S. *Lois annotées*, 96, 1, 49 ; *les Caisses patronales de retraite et de prévoyance et la loi du 27 décembre 1895* (*Revue de législation ouvrière et sociale*, 1897, p. 97, etc.). Castier : *Des retraites ouvrières*, p. 93 et suiv.

La loi renvoyait à un règlement d'administration publique pour les détails d'application, notamment pour les conditions dans lesquelles doit être effectué le dépôt, le retrait des sommes ou valeurs appartenant ou affectées aux institutions de prévoyance, le mode de liquidation des droits acquis et des droits éventuels ainsi que le mode de restitution aux intéressés. Ce décret rendu dans des conditions particulières indiquées lors de la discussion de la loi (S. *Lois annotées*, 96, 1, 51, note 22 ; D. P. 96, 4, 55), a paru le 11 octobre 1895. Il convient d'ajouter que la réglementation n'a guère eu d'effet jusqu'ici. — V. *Revue politique et parlementaire*, 10 avril 1898, p. 154.

3. *Les Caisses patronales de retraite et de prévoyance et la loi du 27 décembre 1895* (*Revue de législation ouvrière et sociale*, 1897, p. 98).

mises par le patron ; 3° dons ou versements spontanés reçus par le patron.

Le principe qui a guidé le législateur ne saurait soulever de difficultés au moins lorsque la Caisse des retraites était alimentée par des retenues faites sur le salaire des ouvriers par le chef de l'entreprise et était gérée par lui-même, ou bien quand le patron, sans faire de retenue à ses ouvriers, avait cependant ouvert en leur faveur un compte général en vue de leur assurer des intérêts. Dans le premier cas, les ouvriers doivent nécessairement obtenir la restitution.

C'est de l'argent à eux, d'après la loi du contrat, qui est resté entre les mains du patron ; ils le lui ont confié et l'ont chargé de le faire valoir en vue d'une affectation déterminée : la constitution de retraites à leur profit. La dissolution anticipée de l'entreprise avant que les retraites ne soient acquises opère résolution du contrat et donne lieu à restitution [1]. Dans le second cas, les ouvriers sont également créanciers, ils ont un droit, mais un droit qu'il faut matérialiser [2].

La Caisse des Dépôts et Consignations est autorisée à recevoir à titre de dépôt (et avec un intérêt dont le taux sera égal au taux du compte des Caisses d'épargne [3]) les sommes ou valeurs appartenant ou

1. Thézard : Rapport au Sénat, D. P. 96, 4, 54.
2. Thézard : loc. cit.
Il y a une hypothèse qui mérite de retenir, celle d'un patron faisant dans une Caisse tierce des versements effectifs avec indication de l'affectation à une Caisse de retraite pour les ouvriers. En présence d'une liquidation les ouvriers peuvent-ils réclamer les sommes ainsi déposées dans leur intérêt ?
Dans son rapport au Sénat (D. P. 96, 4, 54), M. Thézard a examiné la question. Pour le savant jurisconsulte il ne saurait exister de difficulté au cas de versements faits individuellement au nom de tel ou tel ouvrier, car il y a une stipulation pour autrui au profit d'une personne déterminée, stipulation que celle-ci a le droit d'invoquer d'après les principes ordinaires du droit civil. Si, au contraire les versements ont été faits d'une manière collective et impersonnelle, en vue d'une Caisse de retraite en général, le patron reste toujours seul maître et seul créancier, c'est pour son compte qu'il a fait le dépôt, avec une affectation sans doute qui est dans son intention, mais qui ne le lie pas lui-même d'une façon légale et définitive. Il reste libre de retirer les fonds à son gré, soit pour acquitter les retraites déjà acquises, soit même pour toute autre destination dont il ne doit compte à personne, la maison avec laquelle il est en compte ne connaît que lui et n'a que lui pour créancier. De là cette conclusion qu'avec une liquidation le montant du compte ainsi établi doit être restitué au patron ou à la masse des créanciers et que les ouvriers n'y ont aucun droit.
Cette solution n'est peut-être pas irréprochable en droit, M. Thézard l'a relevé ; en matière d'assurance contre les accidents il est de jurisprudence que la stipulation pour autrui peut être faite par le patron au profit d'une catégorie de personnes, spécialement déterminée aussi bien qu'au profit d'une personne dénommée (Dijon, 11 juillet 1890, D. P. 91, 1, 257). La loi nouvelle aura le mérite de trancher cette question ; elle la résout dans le sens que commandent l'équité et la plus large interprétation des contrats : en attribuant aux ouvriers qui devaient en profiter les sommes placées à leur profit, le législateur ne laissera aucun droit acquis de la masse des créanciers.
3. V. sur les motifs qui ont déterminé le législateur à prendre ce point de départ, S. Lois annotées, 96, 4, 54.

affectées aux institutions de prévoyance fondées en faveur des employés et ouvriers. D'autre part, toutes les sommes affectées au service des retraites, aussi bien celles provenant des retenues faites sur le salaire que celles que le chef de l'entreprise ou un tiers auraient entendu affecter à l'institution de prévoyance en vue d'assurer des retraites [1] doivent, sans qu'il soit possible de se dérober à cette obligation [2], être versées à la Caisse nationale des retraites pour la vieillesse au compte individuel de chaque ayant-droit, soit à la Caisse des Dépôts et Consignations, soit à des Caisses syndicales ou patronales [3] spécialement autorisées [4].

1. Thézard : Rapport au Sénat, D. P. 96, 4, 52.

2. L'obligation pour un chef d'entreprise de verser à une Caisse différente de la sienne est absolue, il ne peut y être dérogé par une convention contraire. Les observations formulées par M. Thézard au Sénat le 16 et le 28 février 1895, sont formelles à cet égard. — D. P. 96, 4, 54 Cf. S. Lois annotées, 96, 4, 49 et 52

3. Primitivement on semblait croire que le versement devait s'effectuer obligatoirement dans une Caisse de l'État. Cette mesure a été fortement critiquée, d'abord parce qu'une Caisse de l'État donne un intérêt faible, un intérêt variable et qui a bien plutôt tendance à diminuer qu'à accroître; à la vérité, ce dépôt a le grand avantage de la sécurité, mais à force d'espérer les charges de l'État n'en arrivent-on pas à compromettre cette sécurité, seul avantage qui se puisse invoquer à l'appui? D'autre part, on a fait valoir qu'une Caisse de l'État affecterait certainement les épargnes à des achats de rentes sur l'État ou sur les villes ou départements, qu'une demande aussi exagérée en ferait vite augmenter la valeur et par suite, diminuer le rendement; on n'a pas omis enfin de noter qu'il y aurait là comme une sorte de suspicion contre les institutions privées : imposer une Caisse de l'État c'est dire que ces dernières n'ont rien de solide, c'est faire preuve de méfiance envers les patrons. — Comp. les remarques de M. Hubert Valleroux : *Mesures propres à garantir les pensions de retraite de ns l'industrie privée* (Bullet. du Comité des trav. histor. et scientif., sect. des sciences écon. et sociales, 1893, p. 141 et 142; les observations de M. Thézard au Sénat; D. P. 96, 4, 53. S. Lois annotées, 96, 4, 52.

Bien avant le vote de la loi, de grands établissements industriels avaient décliné la mission de gérer la Caisse des retraites : les fonds pouvaient être versés, non seulement à la Caisse des retraites de l'État mais encore à l'une des grandes Compagnies d'assurances françaises, — V. L'Assurance moderne, 15-31 août 1894, p. 136.

Si la réserve dans les Caisses de l'établissement des sommes affectées aux retraites, mais avec inscription sur les livres de la créance des retraités est une mesure avantageuse pour la maison puisqu'elle dispose ainsi de capitaux qu'elle n'aurait plus avec le versement à la Caisse de l'État, ce procédé, on a bien été forcé de le constater (Hubert Valleroux, article *Patronage* dans le *Nouveau Dictionnaire d'économie politique*, de MM. Léon Say et Chailley-Bert, p. 441), a l'inconvénient de faire dépendre le payement des retraites du bon succès de l'établissement, en cas d'échec de ce dernier, les retraites sont compromises.

4. Développant cette idée énoncée dans l'art. 3, § 1, le § 2 de la loi du 27 décembre 1895 dispose que l'autorisation sera donnée par décret rendu dans la forme des règlements d'administration publique, ce décret fixant les limites du district, les conditions de fonctionnement de la Caisse et son mode de liquidation et prescrivant également les mesures à prendre pour assurer le transport, soit à une autre Caisse syndicale ou patronale, soit à la Caisse Nationale des retraites pour la vieillesse, des sommes inscrites au livret de chaque intéressé.

Les Caisses syndicales ou patronales [1], soumises à la vérification de l'inspection des finances et au contrôle du receveur particulier doivent employer les fonds en valeurs de tout repos [2] et d'une conservation certaine [3]; en cas de conventions spéciales intervenues en d'assurer aux ouvriers ou employés, à leurs veuves ou à leurs enfants, soit un supplément de rente viagère, soit des rentes temporaires ou des indemnités déterminées d'avance, le capital formant la garantie des engagements résultant de ces conventions devra être versé ou représenté à la Caisse des Dépôts et Consignations ou dans une des Caisses syndicales ou patronales.

Les garanties que procure la nouvelle législation sont réelles.

Sans distinction d'établissement dépositaire, par le seul fait que le dépôt a été opéré, le bénéficiaire a, d'après l'art. 4, un droit de gage dans les termes de l'art. 2073, C. Civ., sur les sommes ou valeurs; ce droit de gage s'exerce dans la mesure des droits acquis et des droits éventuels [3]. La création de ce droit de gage pour toutes les sommes déposées par le chef de l'entreprise, non seulement pour celles dont le dépôt est obligatoire mais même pour celles dont le dépôt facultatif [5], se con-

---

1. Sur le caractère de ces Caisses, V. *Revue de législation ouvrière et sociale*, 1897, p. 101, etc.

2. D'après l'art. 3, les sommes versées par les chefs d'entreprise dans la Caisse syndicale ou patronale devront être employées soit en rentes sur l'État, en valeurs du Trésor ou garanties par le Trésor, soit en obligations des Départements, des Communes, des Chambres de commerce, en obligations foncières et communales du Crédit foncier, soit en prêts hypothécaires, soit enfin en valeurs locales énumérées, à la condition que ces valeurs émanent d'institutions existant dans les départements où elles fonctionnent; bons de Mont de Piété ou d'autres établissements d'utilité publique.

Bien que n'étant pas directement garanties par l'État, les obligations de Compagnies de chemins de fer peuvent être employées. Guieysse, Rapp. à la Chambre des Députés, D. P. 96, 4, 33, V. les observations, *Revue de législation ouvrière et sociale*, 1897, p. 106.

3. L'art. 3 impose l'obligation de rendre nominatifs les titres dont il donne l'énumération.

4. L'art. 4 ajoute : la restitution des retenues ou autres sommes affectées aux institutions de prévoyance qui, lors de la faillite ou de la liquidation, n'auraient pas été effectivement versées à l'une des Caisses indiquées est garantie, pour la dernière année et ce qui est dû sur l'année courante, par un privilège sur tous les biens meubles et immeubles du chef de l'entreprise, lequel privilège prendra rang concurremment avec le privilège des salaires de gens de service établi par l'article 2101 C. Civ.

5. La solution doit être la même pour les sommes versées aux Caisses syndicales et même pour celles remises à une Caisse autre que celles où le versement est autorisé par la loi pourvu qu'il y ait eu un destinataire de l'affectation. Le législateur n'avait pas à se préoccuper des versements opérés à la Caisse des Retraites pour la vieillesse à raison du caractère nominatif du livret qui a suite, des le principe, à l'ouvrier bien un simple droit de gage mais son droit de propriété.

Le droit de gage frappe aussi bien les fonds déposés à la Caisse des Dépôts et Consignations, que tous ceux qui auront été versés avec la même destination à une Caisse quelconque, de telle sorte que tous les fonds qui antérieurement à la loi auront été affectés sous forme de versements à une

çoit parfaitement. C'est non seulement le meilleur moyen d'assurer aux ouvriers et employés la restitution des sommes qui leur étaient destinées, mais aussi l'application la plus rationnelle de l'intention des parties. Quand un chef d'entreprise a fait un dépôt de ce genre, avec indication de l'affectation des sommes déposées, qu'il ait fait le dépôt en son nom personnel ou au nom de ses ouvriers pris collectivement ou individuellement, qu'il se soit ou non réservé la faculté de retraite, il a séparé ces sommes de l'ensemble de son patrimoine et la masse de ses créanciers n'a pas le droit d'y compter absolument.

Presque nécessairement il y a là soit l'exécution d'une convention plus ou moins formelle passée entre lui et les ouvriers et formant déjà lien de droit, soit au moins une stipulation pour autrui dont ces mêmes ouvriers peuvent réclamer le bénéfice ; telle est la présomption qui s'impose [1].

Le législateur le déclare expressément, en cas de faillite, de liquidation judiciaire ou de déconfiture, lorsque pour une institution de prévoyance il aura été opéré des retenues sur les salaires ou que les versements auront été reçus par le chef de l'entreprise, ou bien que lui-même se sera engagé à fournir des sommes déterminées, les ouvriers, employés ou bénéficiaires sont admis de plein droit à réclamer la restitution de toutes les sommes non utilisées conformément aux Statuts ; cette restitution s'étend, dans tous les cas, aux intérêts convenus des sommes ainsi retenues, reçues ou promises par le chef de l'entreprise ; à défaut de convention les intérêts sont calculés d'après les taux fixés annuellement pour la Caisse Nationale des retraites pour la vieillesse. Les sommes ainsi déterminées et non utilisées par application des Statuts, deviennent exigibles en cas de fermeture de l'établissement industriel ou commercial. Il en est de même s'il

Caisse liberée, à une Caisse de retraite ou de secours seront saisis par le droit de gage.

L'objection tirée de la rétroactivité de la loi a été nettement réfutée par M. Thézard dans son Rapport (D. P. 96, 4, 54 ; S. *Lois annotées*, 96, 4, 50 et 53) :

En vain le principe de la non rétroactivité des lois serait invoqué. D'une part, l'affectation spéciale dont les fonds seront frappés ne sera que l'application de la volonté des parties et du contrat intervenu expressément ou tacitement entre elles. D'autre part, il est certain que le chef d'entreprise qui a ainsi isolé une partie de son actif pour une destination spéciale pourrait immédiatement sans aucune fraude envers ses créanciers réaliser cette destination ; il ne ferait en cela que consolider un engagement au moins moral et il ne porterait atteinte à aucun droit acquis de la masse de ses créanciers. La loi peut faire à sa place cette réalisation, ou, pour mieux dire, la mettre hors de contestation.

1. Thézard : Rapport au Sénat, D. P. 96, 4, 54 ; S. *Lois annotées*, 96, 4, 50 et 53.

La question de la répartition entre les divers ayants-droit des sommes attribuées à titre de gage a été traitée d'une façon très claire par M. Thézard (*loc. cit.*) ; il suffit de se reporter à ce document pour avoir la solution des difficultés susceptibles de se présenter de ce chef. — V. aussi le Décret du 11 octobre 1897 portant règlement d'administration publique pour l'exécution de la loi du 27 décembre 1895.

y a eu cession volontaire, à moins que le cessionnaire ne consente à prendre les lieu et place du cédant.

Bien que n'ayant pas édicté, comme on l'avait demandé, un privilège général sur les meubles et immeubles du chef de l'entreprise [1], bien qu'ayant le tort de laisser de côté les retraites qui ne sont accompagnées ni de retenues, ni de versements patronaux réguliers [2], mais complétée par des dispositions qui confèrent aux ouvriers et employés le droit d'élire à la majorité un mandataire chargé d'ester pour eux en justice [3], la loi du 27 décembre 1895 [4], malgré ses obscurités menaçantes et ses imperfections de texte [5], a constitué un progrès

1. D'accord avec le Gouvernement, la Chambre des Députés avait voté ce privilège en ajoutant qu'il prendrait rang après ceux énumérés à l'art. 2101 C. Civ., et que ce privilège ne frapperait les immeubles que lorsqu'il aurait été inscrit. Mais le Sénat a refusé de l'accepter, déterminé d'abord par ce fait que l'institution d'un privilège serait de nature à compromettre un grand nombre d'entreprises fonctionnant actuellement et à provoquer leur ruine au détriment des ouvriers eux-mêmes, et en second lieu par cette considération qu'eu égard à ce qui se passe presque toujours aux approches de la faillite ou de la déconfiture, le privilège serait certainement illusoire. — Thézard : Rapport au Sénat, D. P. 96, 4, 52. V. aussi, S. *Lois annotées*, 96, 4, 30.

Il faut ajouter que ce privilège aurait d'autant moins sa raison d'être que la loi impose l'obligation de verser les fonds dans une Caisse autre que celle du chef de l'entreprise.

2. Cheysson : *Bullet. de la participation aux bénéfices*, T. XVIII, p. 400.

3. Ainsi que le remarque M. Hubert Valleroux (*loc. cit.*), cette disposition est absolument nécessaire à raison de la maxime juridique que « nul en France ne plaide par procureur. »

La Caisse des Dépôts et Consignations peut être assignée devant tout Tribunal de première instance en la personne de son préposé et non pas seulement devant le Tribunal du siège de son administration centrale en la personne de son directeur. C'est, du moins, ce que la Cour de Cassation a décidé le 13 juillet 1896.

A la vérité, on peut concevoir des doutes très sérieux à cet égard. V. ce que nous avons dit dans notre étude sur *Les assurances sur la vie et la Cour de Cassation en 1896*, p. 18-19.

4. Elle a été complétée non seulement par un décret du 10 janvier 1896 créant une Commission consultative (*Journ. Off.*, 4 février 1896), mais encore et surtout par un décret du 14 octobre 1897, portant règlement d'administration publique et indiquant dans quelles conditions il pourra être soit procédé au dépôt et retrait des sommes ou valeurs, soit nommé un mandataire, et aussi comment se liquideront les droits acquis et les droits éventuels (*Revue de législat. ouvrière et sociale*, 1897, p. 111 à 114).

Il importe de noter que conformément à la loi du 31 décembre 1895 sur la majoration des pensions de retraite le principe de la bonification de la pension jusqu'au chiffre maximum de 360 fr. s'applique même aux déposants soumis à la loi du 27 décembre 1895, cette loi du 31 décembre parlant en effet des titulaires de livrets individuels de la Caisse Nationale des retraites pour la vieillesse et des membres des Sociétés de secours mutuels ou de toute autre Société de secours ou de prévoyance servant des pensions de retraite.

Pour les conditions d'application de cette loi du 27 décem. bre 1895, les très instructives *Observations* de MM. Charles Robert et Cheysson : *Bullet. de la participation aux bénéfices*, T. XVIII, p. 52 et suiv.

5. Cette loi n'est sanctionnée par aucune disposition pénale ; elle ne constitue guère qu'un ensemble de règles de droit civil qui se rattachent au contrat de travail et aux rapports des patrons et ouvriers en ce qui touche cette partie de la rémunération du travail représentée par l'espoir d'avoir

réel [1].

Toutefois, outre qu'il importe de se garder d'un optimisme que l'expérience pourrait bien démentir [2], il ne faut pas prendre cette mesure que pour ce qu'elle est : une loi destinée à préserver les pensions ouvrières contre les conséquences du patron. Elle n'est pas autre chose [3]. On ne saurait en particulier [4] la considérer comme une

une retraite, c'est-à-dire l'un des principaux avantages offerts par les institutions de prévoyance. Mais dans l'hypothèse d'inexécution de ses prescriptions et de contestations soulevées à cet égard contre un patron, l'unique sanction existante serait donc celle dérivant de la décision des Tribunaux. — Sic. Costier : op. cit., p. 162 et 163.

1. A la condition bien entendu, suivant les paroles de M. Cheysson à l'Assemblée générale de la Société pour l'étude de la participation aux bénéfices en 1896, d'être acceptée par les patrons dans une pensée de liberté, de virilité et de prévoyance et d'être appliquée par l'Administration dans une pensée de bienveillance et de respect pour les institutions patronales.

2. On peut se demander, en particulier, ce que cette loi a donné de plus pour les employés de ces administrations si colossales et si sérieusement organisées que les Compagnies de chemins de fer. Il est permis de se poser cette question : le régime nouveau vaut-il mieux que l'ancien à l'encontre de ces puissantes individualités ?

A en croire un auteur généralement bien informé (Fontaine : *Rev. polit. et parlement.*, octobre 1898, p. 200), peu de patrons pour les Caisses anciennes où de gros capitaux seraient à constituer pour couvrir les engagements du passé, se montrent disposés à suivre la loi de 1895 ; peu de patrons aussi s'y montrent disposés, pour les Caisses nouvelles où, au début, de si faibles cotisations firent face aux premières dépenses en présence de la baisse de l'intérêt ; beaucoup songent, pour échapper à la loi qui les prive de la disponibilité de capitaux assez importants, à supprimer tout engagement défini de leur part et à continuer leurs contributions annuelles sans préciser les pensions auxquelles aura droit le personnel.

3. Comp. dans la *Revue de la prévoyance et de la mutualité* (n° d'octobre 1896) les remarques de MM. Charles Robert et Cheysson sur *La loi du 25 décembre 1895 concernant les Caisses des employés et ouvriers*, et *Bulletin de la participation aux bénéfices*. V. aussi *Bulletin de la participation aux bénéfices*, T. XVIII, p. 52 et suiv.

4. Un point a été laissé de côté.

Il est clair, dit M. Leroy-Beaulieu (*Traité théor. et prat. d'économ. polit.*, T. II, p. 379), que pour les Caisses de retraite l'ouvrier qui quitte l'établissement doit pouvoir recouvrer tout ce qu'il a versé, sauf la partie de ses versements qui doit être considérée comme correspondant à l'assurance effective dont il a bénéficié pour les années écoulées ; mais peut-il aussi réclamer la part proportionnelle représentant la part du patron, par la raison que ce serait une retenue dissimulée sur le salaire ? C'est là une question très litigieuse, il est certain, sans doute, que tous les avantages accessoires, quels qu'ils soient, dont bénéficient les travailleurs dans le présent et dans l'avenir, représentent en réalité des parties de salaires, parties occultes parfois. Le cas de savoir s'il peut les revendiquer à son départ dépend de l'importance que l'on attache à favoriser la permanence des engagements ou, au contraire, à s'en désintéresser. En tout cas, les ouvriers ont toujours le droit de renoncer, dans l'établissement des Caisses de retraite, à la liquidation intégrale de leur part individuelle dans cette Caisse, quand ils quittent l'établissement ; mais il faut que les Statuts de ces Caisses soient l'objet d'un consentement libre de la part des ouvriers, c'est-à-dire d'un examen des mandataires désignés par eux. A notre sens, *il faut toujours que l'ouvrier puisse retirer tout ce qui, dans ses versements propres, ne représente pas l'assurance pour les années écoulées*.

Pareillement, cette loi ne règle pas le sort de la femme du pensionnaire

loi réglementant la situation des pensionnaires de l'industrie[1]. Tout le monde le reconnaît unanimement. D'ailleurs les travaux préparatoires montrent de la façon la plus certaine que le législateur n'a jamais voulu entreprendre une semblable codification, à vrai dire, la difficulté de la tâche était là pour l'avertir.

en cas de décès de ce dernier. Cette situation est régie par les règlements particuliers qui peuvent être élaborés en toute liberté et qui, notamment, peuvent décider que le convol de la veuve entraînera déchéance; qu'en pareil cas les arrérages ne seront touchés que sur la production du certificat de vie établissant son état de viduité. — V. Jolly : *Des seconds mariages*, Paris, 1896, p. 437.

1. Cette loi laisse, en effet, de côté non seulement les institutions de prévoyance autres que les institutions patronales, telles que les Sociétés de secours mutuels et les Caisses de retraites de ces Sociétés, les Caisses de secours ou de retraites fondées par les Syndicats professionnels, en conformité de l'art. 6 de la loi du 21 mars 1884, les Sociétés de retraite ou de prévoyance formées entre ouvriers et employés en dehors des Syndicats professionnels, à plus forte raison les Caisses instituées par l'État, les départements ou les communes, mais même les engagements patronaux qui ne rentrent pas dans les définitions légales.

Ainsi un chef d'entreprise qui, sans organiser une institution de prévoyance, se contente d'assurer ses ouvriers auprès d'une Compagnie d'assurances en vue de secours de maladie, d'indemnités d'accidents ou même de rentes viagères ne relève point de la loi.

De même, le patron qui, sans exercer aucune retenue sur les salaires, sans promettre de subventions et sans recevoir de versements à cet effet, se borne à promettre à ses ouvriers des secours fixes pour des circonstances prévues ou des retraites déterminées dans certaines conditions d'âge et de services, reste à leur égard, de ce chef, un débiteur de droit commun.

A plus forte raison la loi du 27 décembre 1892 est-elle inapplicable aux promesses faites par les patrons dans des conditions vagues, sous réserves protestatives de leur part, c'est-à-dire aux promesses qui ne présentent qu'une valeur morale, sans créer d'*obligations* juridiques. Pour que la loi soit en jeu, il faut que le patron se trouve *engagé*, c'est-à-dire que soit par une convention expresse, soit par des clauses consignées dans des Statuts ou insérées dans des règlements d'atelier ou affichées dans les usines, il ait souscrit des engagements annexés au contrat de travail. Il est à présumer que les contestations judiciaires porteront surtout, (si l'application de la loi est revendiquée) sur ce caractère initial, simplement moral ou valablement contractuel, des promesses faites par les patrons aux ouvriers. — Cf. *Revue de législation ouvrière et sociale*, 1897, p. 98 et 99.

CHAPITRE QUATRIÈME

ASSURANCE SOCIALE CONTRE LA VIEILLESSE

La vieillesse qui, à tout homme, doit procurer le repos amène le souci pour le travailleur, pour le salarié. Si, vivant au jour le jour il n'a pas su faire un sage emploi de son gain, s'il n'a pas songé à l'avenir, si, d'autre part, il s'est produit au cours d'une existence laborieuse des circonstances imprévues mettant dans l'impossibilité de ménager des ressources pour les vieux jours, après toute une vie de fatigue l'ouvrier se trouve dans la détresse. Au mépris de sa dignité il en est réduit à faire appel aux siens qui fréquemment se refusent à l'accomplissement de cette tâche sacrée ou ne s'y conforment qu'à contre-cœur au risque d'encourager le désespoir et avec lui le dégoût de la vie [1], à moins d'avoir recours à la charité publique et de demander à l'assistance le pain de chaque jour. Il n'est que trop vrai qu'un homme qui a vécu de la vie d'usine ou de fabrique de 14 à 50 ans, à moins d'une constitution extrêmement robuste, est usé, que 36 ans de travail manufacturier coïncidant avec l'alcoolisme et le logement malsain ont fait de lui un malade, un vieillard, un être privé de tout ressort, hors d'état de subvenir à ses besoins [2].

Des efforts dignes d'intérêt et d'éloges ont été tentés pour remédier au mal, aux suites qu'engendre pour le salarié l'arrivée de la vieillesse. Animés de vues généreuses, comprenant que leur situation est

[1]. En se servant des dossiers de suicidés classés au Parquet de la Seine M. Proal a établi par les déclarations mêmes des ouvriers que beaucoup, après avoir travaillé toute leur vie, après avoir subi sans défaillance toutes les tentations, tombés dans la misère se suicident pour y échapper, que plusieurs secourus par des parents, par des amis, par d'anciens patrons, de simples ouvriers même, craignant d'être importuns, finissent par se suicider pour ne pas être à charge aux autres, comme aussi que bien des fois les vieux parents ont à se plaindre de l'ingratitude de leurs enfants et qu'ils se décident à quitter par la mort l'intérieur où ils étaient de trop. — Proal : *Les suicides par misère à Paris (Revue des Deux Mondes, 1er mars 1898, p. 129, etc.)*

[2]. Antoine : *Cours d'économie sociale*, p. 600.

due en partie à leur personnel, des chefs d'industrie ont tenu à faire
profiter de leurs succès leurs collaborateurs. D'autre part, les travailleurs ont voulu lutter en se groupant. On a imaginé pour eux des
combinaisons reposant sur la mutualité dans le but de soustraire le
vieillard à la misère et à l'abaissement. Les pouvoirs publics eux-
mêmes se sont émus, appréciant la corrélation intime qui existe entre un bon système de pensions de retraite et les économies à réaliser sur le budget si chargé de l'assistance publique [1].

Malgré tout ce qui a été fait, la situation du salarié parvenu à la
vieillesse est encore fort triste. D'abord il existe chez bon nombre d'ouvriers une résistance pour tout sacrifice devant amener la jouissance
de l'épargne non pas au moment même mais à une époque éloignée [2];
assurément les patrons luttent contre cette insouciance de l'avenir;
c'est leur rôle et nul ne saurait blâmer cette intervention [3]; malheureusement cette action n'a pas l'efficacité sur laquelle on croirait pouvoir compter. D'autre part, les institutions patronales, les Caisses de
retraites dues à l'initiative privée n'existent pas partout, elles ne se
rencontrent que dans les établissements importants; si le *patronage*,
au sens élevé du mot, est un des traits caractéristiques de la grande
industrie française et s'il va en se développant de plus en plus [4],
l'ouvrier de la petite industrie met davantage de côté; si l'autorité
ne semble pas vouloir gêner le développement, de ces utiles institutions, elle ne fait rien pour les encourager alors que pourtant son influence dans ce sens pourrait faire le plus grand bien [5]. Enfin, grâce

1. Un vieillard coûte d'ordinaire à un hospice 650 fr.; comme le note
M. Vermont *(Les retraites des travailleurs; les Sociétés de secours mutuels*, Rouen,
1882, p. 3), avec le quart de cette somme il pourrait le plus souvent rester,
sans leur être à charge, au milieu des siens dont il n'augmenterait ni le
loyer, ni l'éclairage, ni le chauffage et dont il garderait les enfants et la
maison.

2. A Mulhouse, tandis que la *Société des Cités ouvrières* devenait, sans le chercher, la caisse d'épargne par excellence et recevait constamment les économies réalisées par les ouvriers, la *Société d'encouragement à l'épargne*, malgré
les primes promises, n'obtenait en vue des pensions que des dépôts clairse-
més et encore beaucoup de ces versements étaient-ils obligatoires, c'est-à-
dire imposés par les Statuts des établissements auxquels appartenaient les
dépositaires. De ces deux Sociétés l'une a réussi parce qu'elle offrait la jouissance immédiate de la maison et des conditions de nature à attirer à l'opération; l'autre, au contraire, a échoué parce qu'elle rejetait la jouissance de
l'épargne à une époque éloignée, si distante pour l'ouvrier sollicité de faire
des dépôts qu'il doutait qu'il pût jamais vivre assez longtemps pour y
atteindre. Il faut ajouter que l'une faisait un crédit très long, tandis que
l'autre en demandait un de 30 ans, sans rien donner dans l'intervalle. —
Engel Dollfus : *Étude sur l'épargne, les institut. de prévoy. et de participat. au
bénéf.*, Mulhouse et Paris, 1876, p. 48. Cf. Girad : *Assurances ouvrières en Allemagne*, p. 249 et suiv.

3. V. Hubert-Valleroux : article *Patronage* dans le *Nouveau Dictionnaire
d'économie politique* de MM. Léon Say et Chailley-Bert.

4. Claudio Jannet : *L'assurance obligatoire*, Paris, 1888, p. 20.

5. La population ouvrière éprouve une répugnance véritable à se rendre
dans les asiles de vieillards qui pour elle est, en même temps qu'un asile,

au fonctionnement, en particulier aux calculs qui ne sont pas rigoureusement exacts, les institutions de mutualité qui cependant devraient jouer un rôle prépondérant en même temps que les institutions
patronales, ne servent que des pensions d'un taux modique [1].

Pour résoudre ce problème qui se pose dans tous les pays [2], et
qui préoccupe vivement les travailleurs [3], sous la conviction malheureusement trop répandue qu'il appartient au Gouvernement de redres-
ser les inégalités, de sauver de la misère, d'améliorer par des mesures
légales et directes la condition des masses ouvrières, on a fait appel à
l'intervention de l'État. On a soutenu spécialement que du moment
qu'il donnait des primes à certaines industries, il lui incombait de
venir en aide aux *déshérités* et aux *vaincus* de la vie, que s'il sert
une pension au soldat après 25 ans de services, il doit en servir une
à l'ouvrier, soldat de l'industrie, qui se dévoue, lui aussi, sinon à la
sécurité, du moins au bien-être de tous, et qu'en l'absence de toute
retenue, autrement dit de tout effort de la part du travailleur, le seul
fait de l'arrivée de la vieillesse, c'est-à-dire d'un événement fatal,
abstraction faite d'une maladie ou d'une infirmité, devrait ouvrir le

une prison; bien des fois ce sentiment a déterminé de vieux ouvriers à mettre fin à leurs jours. V. Proal, *loc. cit.*

Comme le remarquait avec raison M. Cheysson à la Société de législation comparée, l'initiative privée en France est traitée en suspecte, on l'accuse de banqueroute pour la sacrifier; bien au contraire, il faut s'appuyer
résolument sur elle, provoquer, récompenser, honorer son concours. Tout
le monde connaît le prestige dont jouissent dans notre pays les distinctions honorifiques et les efforts qu'on déploie pour les obtenir. Les Exposi-
tions reposent sur ce sentiment. On ne s'imagine pas tout ce que les directeurs de ces colonies peuvent tirer de cet appel pour susciter des prodiges
de la part de collaborateurs innombrables et gratuits. Une récompense devrait aller au patron qui ne se borne pas à payer à ses ouvriers le salaire
convenu, mais qui, au contraire, se préoccupe de leur bien-être, de leur
logement, de leur vieillesse en les leur assurant à toutes ces mesures de
prévoyance, en développant leur esprit d'épargne, en les aidant à conjurer
par l'assurance les crises qui s'abattent sur leur famille. *Bullet. de la Soc.
de législat. comp.*, T. XXVI, 1896-97, p. 277 et 278.

1. Afin de remédier aux dépenses énormes et aux difficultés financières
que suscitent tous les projets pour l'assistance contre la vieillesse, on a
proposé ces temps derniers (Cruvellier : *La protection de la vieillesse et le
placement familial.* [*Revue générale d'administration*, mai 1896]) de substituer à
un système de pensions le régime de placement des vieillards à la campagne dans des familles, moyennant une prime annuelle ou mensuelle dont
l'importance serait moins grande que celle de la pension nécessaire à l'entretien d'un vieillard isolé.

2. V. dans *L'Assurance moderne* (15 octobre, 1866) un relevé, d'après le *Bulletin de l'Office du travail*, les nombreux projets de loi élaborés à cet égard
à l'étranger.

3. Cette question des retraites passionne tous les ouvriers et non pas seulement, comme l'affirme M. de Moly dans une étude sur *L'assurance obligatoire et le Socialisme* (Paris, 1888, p. 11), les ouvriers qui ne pensent qu'au
présent, qui vivent au jour le jour et qui sont hors d'état de faire des économies. Même les travailleurs économes, sobres, attachés à leur foyer domestique s'inquiètent de l'avenir.

droit à la pension pour toute personne mise dans l'impossibilité de travailler, de subvenir à ses besoins [1].

Les protestations n'ont pas manqué contre cette théorie, d'autant qu'elle conduit au système de l'obligation. Sous prétexte que l'ouvrier est insouciant, qu'il ne prévoit pas l'avenir, qu'il n'a pas l'énergie nécessaire pour la constitution de ressources [2], elle aboutit à l'ingérence de l'État avec ses formules implacablement uniformes, avec son influence déprimante sur la volonté [3], engourdissante sur les initiatives individuelles, avec sa bureaucratie débordante, paperassière, coûteuse, contribuant à appauvrir l'activité économique du pays [4].

On ne s'arrête plus maintenant à démontrer que la mise à la charge de l'État des retraites ouvrières n'est que l'introduction du droit à l'assistance, en d'autres termes le droit de vivre aux dépens du travail d'autrui [5], sans vouloir discuter la thèse de la *justice réparative* qui impose à la Société l'obligation de ne pas abandonner ceux qui, à raison d'une mauvaise organisation économique, ne peuvent trouver dans le travail des moyens réguliers de travail [6]. Mais on objecte que l'on ne saurait rendre la Société responsable de la détresse qu'engendrent, sinon le vice et la débauche, au moins l'insouciance et l'indiffé-

1. Si, comme il a été dit (Wolowski : *Études d'économie politique et de statistique*, Paris, 1848, p. LXI), l'industrie doit avoir ses invalides comme la guerre, ce doit être dans d'autres conditions. — Comp. Villermé : *Tableau de l'état physique et moral des ouvriers*, Paris, 1840, T. II, p. 199.

2. *L'Association catholique*, 1er juillet 1893, p. 106.

3. L'État, dit excellemment M. Cheysson (*Bullet. de la Soc. de législ. comp.*, T. XXVI, 1896-97, p. 275), désapprend aux citoyens l'épargne, la conduite de leur vie et les réduit en tutelle. Abusant de son omnipotence, il les pousse vers une forme unique de la prévoyance : celle de la retraite épargne et viagère, que M. de Courcy qualifiait d'antisociale, parce qu'elle convient au célibataire, non au père de famille. Il les détourne ainsi des autres formes plus élémentaires, plus méritoires, telles que l'assurance sur la vie, qui procure des ressources à la veuve et aux orphelins, l'acquisition du foyer domestique, celle d'un petit domaine rural, l'éducation de nombreux enfants, qui sont la force et la richesse du pays.

4. Relativement aux pensions de vieillesse il n'y a que deux systèmes possibles : celui de la répartition et celui de la capitalisation. Le premier consiste à inscrire les pensions au budget annuel et à payer annuellement les arrérages. Le second se ramène à la constitution d'une Caisse spéciale recevant les cotisations destinées à former un fonds de retraite dont les intérêts seront affectés aux pensions. On semble d'accord que pour un régime basé sur l'obligation et l'intervention de l'État c'est le système de la répartition qui s'impose. Mais on aboutit alors à cette conséquence forcée, que toutes les générations futures sont grevées au seul profit de la génération présente.

C'est ce qu'a établi au moyen de calculs péremptoires M. Duboisleughian dans sa note sur *La constitution des pensions de vieillesse dans l'hypothèse de l'intervention exclusive de l'État* (*Bullet. de l'Associat. des Actuaires belges*, décembre 1898, p. 90, etc.).

5. V. Chambre des Députés, 1887, annexes, *Journ. Off.*, p. 1938.

6. Fouillée : *Science sociale*. — Comp. Ch. Gide : *Principes d'économie politique*, 3e édit., p. 581 et suiv.

rence, et surtout que la certitude d'un secours tel que celui qui est
réclamé est faite tant pour éteindre tout sentiment d'honneur et de
dignité que pour faciliter l'incurie, pour détourner de l'épargne et
de la prévoyance, pour encourager les personnes à maintenir les dépenses à un chiffre supérieur à celui des recettes ou des prévisions.
L'assimilation avec les pensions militaires et civiles que l'État décerne aux militaires, aux fonctionnaires n'a rien de déterminant. Si
en effet la situation de l'ouvrier est digne d'intérêt, est-ce bien à
l'État, à l'État seul, en tout cas, qu'incombe le soin de lui servir une
retraite ? N'appartient-il pas plutôt au patron qui l'emploie de rechercher les moyens pouvant lui donner satisfaction sur ce point ? [1]

C'est alors qu'a fait son apparition l'idée de l'assurance sociale.

SECTION I

Assurance sociale en France.

Appliquée spécialement à l'invalidité et à la vieillesse, l'assurance sociale [2] (dont le grand tort est d'imposer une règle uniforme,
invariable, sans tenir compte des différences de localités et de ressources, de la volonté des intéressés) tend à procurer à l'homme vivant
de son salaire et consentant à prélever une somme modique en vue
de l'épargne pour ses vieux jours, la certitude que cette somme lui
sera un jour rendue avec une augmentation, augmentation due au
concours effectif du patron et de l'État [3].

1. Rochetin : *Les assurances ouvrières*, Paris, 1896, p. 25.
2. Nous employons l'expression usuelle; mais est-on bien dans le domaine
de l'assurance? la vieillesse constitue-t-elle bien un risque? On sait que
d'après M. L. Brentano (*Die Gewerbliche Arbeiterfrage, Die Arbeitergilden der
Gegenwart*, Leipzig, 1871, 1872), l'ouvrier qui tient à être garanti de tous les
périls auxquels il est exposé doit contracter six assurances différentes : 1°
une assurance ayant pour objet une rente destinée à secourir et à élever
ses enfants dans le cas où il mourrait prématurément; — 2° une assurance
viagère pour ses vieux jours; — 3° une assurance ayant pour objet de lui
faire faire des funérailles décentes; — 4° une assurance pour le cas d'infirmités; — 5° une assurance pour le cas de maladie; — 6° une assurance
pour le cas du chômage par suite de manque de travail.
3. Il importe de noter que l'on a parfois écarté l'idée de la subvention de
l'État. La combinaison consisterait à obliger les patrons à s'associer aux
actes de prévoyance des travailleurs : toutes les fois qu'un de ceux-ci appor-
terait la preuve qu'il opère des versements réguliers à une Société mutuelle
ayant pour but la retraite, le patron serait tenu d'y verser également, dans
une proportion réglée sur le salaire. De la sorte, dit-on (Drake : *Un progrès à
faire en matière de prévoyance sociale, Revue polit. et parlement.*, juin 1896
p. 520), le travailleur serait encouragé à s'inscrire dans une mutualité parce qu'il saurait que son sacrifice entraînera une collaboration de celui qui
l'emploie; ainsi serait encore favorisé le développement de Sociétés libres et

Il appartient à l'ouvrier de concourir par un prélèvement effectué sur son gain parce qu'il lui importe, lorsqu'il gagne un salaire plus que suffisant pour ses besoins présents, de se ménager des ressources pour ses vieux jours.

Le patron, dit-on d'autre part, doit contribuer à la formation d'une pension : il ne saurait abandonner à raison d'un fait naturel, l'âge avancé, les hommes qui, dans l'âge mûr, ont été les instruments sinon de sa fortune au moins de son aisance ou de son maintien dans une position sociale supérieure. Si le travail est une marchandise, il n'est pas une marchandise semblable aux autres, l'ouvrier en donnant son temps, sa force, sa santé donnant plus et mieux qu'une « chose » précise et mesurable ; aussi l'acheteur de ce travail n'a-t-il pas tout fait lorsqu'il a strictement payé le prix convenu.

L'État enfin ne saurait se désintéresser non seulement parce qu'il lui importe de chercher à réduire le nombre de nécessiteux, mais aussi parce qu'il est de son devoir de corriger l'inégale répartition des charges entre les citoyens, de restituer sous une autre forme aux travailleurs les sommes considérables dont les impôts indirects accablent les classes pauvres au profit de la classe riche [1], parce que si la société bénéficie de mille manières du travail des ouvriers, l'ouvrier qui est resté prolétaire n'a point consommé tout ce qu'il a produit, et que, eu égard à ce fait que la plus value qu'il a laissée et qui n'a pas été réalisée dans son intérêt a profité à la Société dans son ensemble puisqu'elle s'est confondue avec la masse des revenus capitalisés et a contribué à augmenter d'autant la richesse générale, il est juste que cette richesse contribue au soulagement des ouvriers âgés [2].

La réunion dans un effort commun de prévoyance de l'ouvrier, du patron et de l'État, a été présentée comme une solution pratique capable d'encourager l'ouvrier à l'épargne, de supprimer la cause du découragement qui atteint tout salarié à l'idée qu'il ne pourra jamais venir à bout de se constituer des ressources pour sa vieillesse.

Cette idée d'assurance sociale a été fortement prônée en France, notamment dans ces dernières années. Beaucoup d'écrivains ont insisté sur ses mérites et sa constitution. Et le législateur a été sollicité de l'organiser [3]. Bien des projets ont été présentés [4]. Si, pour des motifs qui

autonomes (à qui les ressources manquent pour l'assurance), qui accompliraient, sous le contrôle quotidien de leurs membres, leur œuvre d'épargne et de capitalisation, déchargeant ainsi l'État d'une sorte de responsabilité.

1. V. en particulier Gonnard : *L'assurance sociale contre la vieillesse et l'invalidité en France* (Revue générale du droit, T. XXII, 1898, p. 292).

2. Peuvergne : *De l'organisation par l'État des Caisses de retraite pour les ouvriers*, p. 184.

3. Sans succès, à la vérité, sauf en ce qui concerne les ouvriers employés dans les mines, comme il sera dit plus loin.

4. Sur l'exposé et la critique des nombreux projets, V. Drak : *La Caisse nationale de prévoyance devant le Parlement* (Revue politique et parlement., octobre 1894, p. 33 à 53); Rochetin : *Les différents projets de Caisses de retraite* (Ibid. déc. 1894, p. 503 à 526); Rochetin : *Les retraites ouvrières* (Journ. des Économis-

se conçoivent, il ne saurait être question de les analyser et de les critiquer ici, ce qu'il faut retenir seulement, c'est que, à la différence de plusieurs plans de réforme rendant nettement l'assurance obligatoire[1], les propositions qui ont été sur le point d'obtenir la consécration[2] proclamaient, l'une la constitution d'une « Caisse Nationale de prévoyance » ou « de retraites », l'autre la possibilité du recours aux Caisses privées, syndicales ou patronales ou aux Caisses des Sociétés de secours mutuels approuvées ou reconnues, l'une admettant la liquidation de la pension à 50 ans à moins d'invalidité, l'autre fixant l'entrée en jouissance à 60 ans ; que si l'on a un moment songé à réclamer comme ressources soit un impôt sur les successions, sinon la suppression de certaines successions, soit des prélèvements effectués sur le budget ou même l'impôt, les projets considérés comme étant les plus sérieux reposent sur l'idée du versement de l'ouvrier concourant avec une cotisation du patron et une subvention de l'État, avec adoption, à l'encontre de l'idée allemande, non pas de l'inscription obligatoire mais bien de l'inscription libre, un versement étant imposé tant à l'État qu'au patron.

Assurément ces projets[3] écartent l'idée d'une retenue obligatoire sur les salaires tellement on s'est rendu compte que si la prévoyance doit être encouragée elle ne peut être imposée, qu'il faut exciter l'ouvrier à s'affranchir de la servitude de la misère et non l'y contraindre par la loi[4], que si on est en mesure de conseiller aux hommes la vertu, de la pratiquer, on ne saurait la décréter, tellement aussi on a reconnu qu'une pareille mesure serait peu appréciée dans l'état de nos mœurs[5].

tes, août 1891, p. 181) ; *La Caisse nationale de prévoyance ouvrière et l'intervention de l'État*, 2ᵉ partie, Paris, 1894 ; *Les assurances ouvrières*, 1ʳᵉ partie, Paris, 1896 ; Coulier : *Des retraites ouvrières*, p. 243 et suiv.

1. C'est sous ce prétexte que l'État doit être le gardien du bien commun de la Société, qu'il lui appartient d'imposer la prévoyance et l'épargne aux ouvriers que des auteurs ont enseigné la théorie de l'obligation. Cf. Antoine : *Cours d'économie sociale*, p. 661, etc. ; Millaud : *La question ouvrière*, p. 130.

2. V. le résumé et l'étude critique de ces propositions dans le travail précité de M. Gonnard.

3. Eu égard aux tendances qui malheureusement tendent à dominer même et surtout dans le monde politique, il est possible que malgré tout ce qui a été dit, tout ce qui a été fait, sans s'arrêter aux résultats sérieux obtenus par l'initiative privée le législateur soit amené à décider que les ouvriers auront la certitude d'obtenir, dans des conditions déterminées, une pension pour l'invalidité de la vieillesse au moyen d'une contribution ouvrière, patronale et de l'État.

4. Maze : *La lutte contre la misère*, Paris, 1883, p. 44 et *ibid* la citation d'un Rapport de M. Ferrouillat en 1848 à l'Assemblée Constituante au nom du Comité du travail. Cf. le célèbre *Rapport général* de M. Thiers présenté le 26 janvier 1850 à l'Assemblée Législative *au nom de la Commission de l'assistance et de la prévoyance publiques*, Paris, 1850 et les remarques de M. Béchard publiées peu après : *De l'état du paupérisme en France et des moyens d'y remédier*, Paris, 1852, nᵒ 172.

5. M. Maze *op. cit.*, p. 45 constate qu'après le dépôt par M. Martin Nadaud d'une proposition en ce sens, la Commission de la Chambre des députés a

car s'il est une propriété sacrée, inviolable, c'est celle du salaire, et qu'elle serait même illusoire car on ne voit pas quel serait le moyen de contrainte et comment l'on pourrait imposer à celui qui manque peut-être de pain l'économie qui, plus tard, lui donnera des rentes, comment il serait possible de diminuer le salaire du mari dont la femme est en couches, ou l'enfant malade [1].

Néanmoins les projets élaborés et susceptibles d'être consacrés soulèvent les critiques les plus sérieuses lorsqu'ils prennent pour point de départ l'obligation imposée aux patrons et à l'État de concourir à la constitution de pensions de retraite en faveur des ouvriers.

En premier lieu on peut se demander au nom de quels principes l'obligation qui a été écartée à l'égard des ouvriers en tant que vexatoire serait imposée aux patrons. S'il importe essentiellement que l'ouvrier ait la certitude du pain quotidien pour sa vieillesse [2], pourquoi ne pas laisser l'ouvrier en mesure d'agir et pourquoi prescrire au patron seul de faire le nécessaire? Vouloir imposer à ce dernier une contribution par cela seul que l'ouvrier consentira un sacrifice, n'est-ce pas inciter le chef d'entreprise ou bien à exiger de ses employés et salariés qu'ils ne fissent pas de versement, ou bien à choisir de préférence ceux qui ont renoncé à se faire assurer [4]? N'est-ce pas pousser le patron, en présence du sacrifice qui lui est imposé, à diminuer le salaire [4]? On peut se demander ce qui se produirait alors que le salaire est trop souvent insuffisant.

La mise à la charge, obligatoire, de la contribution patronale ne se conçoit qu'à la condition d'admettre que tous les patrons sont riches et qu'ils peuvent, dès lors, consentir quelques sacrifices en faveur de ceux qu'ils emploient. Or, rien n'est moins exact. Il est acquis que la situation des patrons est beaucoup moins brillante qu'on ne veut le croire [5].

fait une enquête auprès des Chambres et des Tribunaux de commerce, auprès d'un nombre considérable d'associations de prévoyance, de toute la presse, et qu'un questionnaire spécial demandant aux plus intéressés si la retenue obligatoire sur le salaire de l'ouvrier serait acceptée volontiers, tout au moins sans résistance, à une immense majorité la réponse a été négative.

1. Vermont : *Les retraites des travailleurs; les Sociétés de secours mutuels*, Rouen, 1882, p. 45.

2. Le plus grand acte de prévoyance de l'ouvrier, celui qu'il faut solliciter et provoquer le plus vivement de sa part, a écrit M. Thiers dans son *Rapport* mentionné plus haut, c'est celui qui consistera à faire des économies pour s'assurer une pension suffisante pour ses vieux jours.

3. Cauwès : *op. cit.*, T. III, p. 540.

4. Dès 1850, dans son *Rapport* précité (p. 132) M. Thiers insistait sur les conséquences graves qu'aurait au point de vue du salaire la retenue imposée au patron. — V. aussi Béchard : *loc. cit.*

5. Sur 1,600,000 patentables environ, a noté M. Leroy-Beaulieu (*L'Économiste français*, 2 janvier 1892). Il y en a 225,000, à peu près, réservés à la faillite et à la liquidation judiciaire, 450,000 autres qui échouèrent leur fortune au lieu de l'accroître, soit 675,000, c'est-à-dire 42 0/0 en pertes. Sur les 925,000 restants, un bon tiers ne fait guère que vivre, un autre tiers réus-

A la vérité, il a été avancé [1] que les patrons s'assujettissent spontanément à ce devoir social et qu'il ne s'agit que de l'écrire dans la loi,
de faire du devoir de patronage une obligation juridique [2]. Mais si les
patrons assument volontairement cette obligation, le législateur n'a
pas à la consacrer; sa sanction est sans effet. De deux choses l'une,
ou le patron pourra agir et agira bénévolement, la loi ne fera rien
plus; ou le patron ne pourra rien faire et alors la prescription de la
loi sera sans portée, sinon vexatoire.

D'autre part, les institutions créées pour procurer des pensions ne
manquent pas : elles ont fait du bien, elles sont capables dans certaines conditions d'en faire plus encore et de réaliser des résultats supérieurs à ceux que pourrait produire un régime de contrainte [3]. C'est
en vain que l'on invoquerait les inconvénients du régime des Caisses
patronales, que l'on alléguerait qu'avec la gérance par les chefs l'ouvrier peut redouter pour ses économies et surtout que leur fonctionnement crée des difficultés après le renvoi d'ouvriers ayant effectué
des versements.

Le législateur a, par la loi du 27 décembre 1895, supprimé la plupart des craintes que l'on pouvait concevoir quant à la perte des
sommes appartenant en réalité aux ouvriers. Assurément le sort des
économies n'a pas été réglé en cas de départ. Mais, outre qu'il n'est
pas interdit de réclamer l'intervention de la loi à cet égard, ne peut-
on concevoir un système qui fédéraliserait les Caisses locales ou individuelles de façon à tenir compte des versements opérés, au profit
des ouvriers passant d'un établissement à un autre ? ne peut-on pas
songer à une organisation comprenant toutes les Caisses d'une région, administrées par les délégués des intéressés, chargées de faire
les placements les plus avantageux mais les plus sûrs et avec les garanties convenables en pareil cas, de faire l'emploi prévu des fonds [4].

cit assez bien, et le dernier, soit 308,000 patentés sur 1,600,000, obtient seulement un vrai succès.
Comp. Yves Guyot : *La tyrannie socialiste*, Paris, 1893 ; Conte ; *Revue polit.
et parlement.*, juillet 1896, p. 127 ; Coutier : *op. cit.*, p. 265.
1. Drake : *Un progrès à faire en matière de prévoyance sociale* (*Revue polit. et
parlement.*, juin 1896, p. 526).
2. Antoine : *op. cit.* p. 661.
3. Avec des Caisses non plus facultatives, mais forcées, l'ouvrier gagnera-
t-il? On peut en douter. M. Claudio Jannet, dans son livre sur *Le Socialisme
d'État*, constatait pour les mines de la Saxe que la contribution forcée des
Compagnies patronales aux Caisses pour les ouvrières aboutissait à une
somme de 53 fr. par ouvrier, à la même époque, antérieurement à la nouvelle législation sur les Caisses des mineurs, en France, la contribution volontaire pour le même objet dépassait parfois 100 fr. par ouvrier.
4. Cf. Cheysson : *Les Caisses régionales de prévoyance*, Paris, 1894.
A la vérité, ce qui a surtout arrêté, c'est l'idée que ces Caisses pourraient
affecter les capitaux de l'épargne et des placements commerciaux et industriels. Nous l'avouons, nous ne concevons pas les craintes qui ont été formulées à ce propos. Assurément, la circonspection est de mise, mais l'on
ne voit pas pour quels motifs, si toutes les garanties se trouvent réunies,

L'intervention de l'État ne paraît pas plus justifiée. On peut comprendre sa garantie, on peut, à la très grande rigueur, accepter ses encouragements, on ne conçoit pas son concours régulier, normal. Sans doute des allocations sont toujours bien accueillies [1], mais somme toute, d'où proviennent-elles ? du budget qu'alimente l'impôt ; or, il n'est pas admissible que par suite des agissements de telles ou telles personnes la collectivité se trouve exposée à voir aggraver d'une façon considérable les charges qui ne sont que trop lourdes déjà [2]. D'abord le concours obligé de l'État le contraint de violenter tout le monde, de prendre à chacun des sommes qu'il lui sera très pénible de donner, puis de se constituer le caissier, le notaire, le créancier et le débiteur de la nation tout entière [3]; en second lieu, il faut remarquer que l'on tend en réalité à créer une classe de privilégiés mais surtout qu'il n'y a pas que les salariés qui méritent la bienveillance de l'État, et qu'il y a une foule d'autres personnes, les artisans, les petits patrons (dont le gain annuel est si souvent fort restreint) qui sont tout aussi dignes d'intérêt.

L'argument tiré de ce que l'État doit une *restitution* aux classes laborieuses à raison de ce qu'elles ne profitent pas d'une foule d'institutions coûteuses à l'usage seulement des classes aisées ne doit pas retenir. Ce n'est pas une restitution que l'État ferait aux catégories peu aisées en subventionnant les Caisses de retraites puisqu'il n'y aurait que les plus aisées qui pourraient s'assurer; bien loin de rien restituer aux travailleurs moins aisés, les Caisses de retraite seraient pour ces derniers une nouvelle charge sans aucune compensation, ils seraient mis dans l'impossibilité de pourvoir à leurs besoins actuels, sans pouvoir se faire une retraite [4].

on n'aurait pas recours à des placements qui risquent d'être avantageux. Au surplus, l'idée n'est pas neuve. Ce système, qui paraît une nouveauté en France, est couramment pratiqué à l'étranger : en Belgique, en Italie, en Allemagne, en Autriche, en Espagne, en Suède, en Suisse, aux États Unis, on sait donner aux capitaux d'épargne un emploi fécond sans les confier à l'État et sans les compromettre. — Cheysson : *op. cit.*, p. 7 et 8; Costier : *op. cit.*, p. 285.

1. C'est en raison du bien réalisé par des allocations faites à des Sociétés que M. Maze (*op. cit.*, p. 18) réclame des subventions de l'État. Mais outre que cet argument ne pare pas à l'objection tirée de la modicité de la pension, il faut noter que ce philanthrope ne semble pas avoir en vue des subventions régulières, obligatoires.

2. Établissant ses prévisions sur un chiffre de trois millions d'adhérents, l'auteur d'un projet, M. Constans, évaluait de ce fait à cent millions environ la contribution annuelle du Trésor quand l'institution qu'il préconisait, après trente ans, aurait atteint son plein développement.

3. Thiers : Rapport précité, p. 137, etc.

4. Comp. les observations de M. Claudio Jannet, dans *Le Correspondant* (n° du 25 avril 1893) et celles de M. Rouxel, dans le *Journal des Économistes* (août 1893, p. 222).

On a invoqué aussi comme justifiant le rôle contributif de l'État, la large protection douanière accordée à l'industrie et au commerce et dont les effets profitent surtout aux chefs d'entreprises ainsi que les fortes subventions don-

En présence des sacrifices considérables qu'exigerait une pareille assurance, sacrifices qui ne seraient pas en rapport avec le taux forcément modique de la pension [1], l'on a pensé qu'il était peut-être plus prudent de se contenter d'allocations aux Caisses de retraites au moyen de crédits inscrits au budget mais avec le caractère de libéralités. Par une loi du 31 décembre 1895 [2], inspirée, semble-t-il, par le désir d'encourager à l'épargne les travailleurs sans distinction, aussi bien ceux dont parle la loi du 27 décembre 1895, (c'est-à-dire ceux dont les retenues versées dans les Caisses patronales ont été remises dans des Caisses capables de présenter des garanties) que ceux dont s'occupe la loi du 29 juin 1894 sur les Caisses de retraites et de secours des ouvriers mineurs, le législateur a majoré les pensions de retraite qu'ils ont pu se constituer, sans toutefois que cette bonification puisse élever la pension à un chiffre supérieur à 360 francs. La participation à l'allocation versée à la Caisse Nationale des retraites à capital aliéné est acquise et jusqu'à concurrence d'une somme annuelle maximum de 360 francs, par cela seul qu'une personne est titulaire d'un livret individuel à la Caisse Nationale des retraites pour la vieillesse ou qu'elle fait partie d'une Société de secours mutuels ou de toute autre Société de secours ou de prévoyance servant des pensions de retraite, lorsqu'elle est âgée d'au moins 70 ans, qu'elle ne jouit pas, y compris la dite rente viagère, d'un revenu personnel, viager ou non, supérieur à 360 francs et qu'elle a pu justifier de la continuité des versements durant le laps de temps prévu par la loi [3].

nées sous forme de primes à l'agriculture, à la navigation, etc. Il est facile de répondre (V. *Journ. des Économistes, loc. cit.*) que si la protection douanière ne profite qu'aux chefs d'entreprise et par conséquent nuit aux autres, l'État a tort de l'établir et de ne pas la supprimer, que comme il n'y aura à s'assurer que les ouvriers qui gagnent assez pour faire le versement (ceux qui ont le moins besoin du secours de l'État), la contribution de l'État retombera donc sur les ouvriers les plus pauvres qui n'y participeront pas.

1. Comp. les remarques de M. Cheysson reproduites dans l'ouvrage de M. Rochetin sur *La Caisse nationale de prévoyance et l'intervention de l'État* (p. 101, etc.).

2. La loi de finances de 1895 avait précédemment porté au budget du Ministère du commerce une somme de 2 millions en vue de la « bonification pour les pensions de retraite des travailleurs ». Des difficultés surgirent relativement à l'emploi de cette somme; aux propositions du Gouvernement fut substitué un texte nouveau, celui du 16 avril 1895, renvoyant à une loi spéciale le soin de déterminer les conditions d'emploi du crédit de 2 millions inscrit au Ministère du commerce pour les pensions de retraite aux travailleurs. La loi du 31 décembre 1895 a été l'exécution de cette mesure.

3. Il faut noter que les pensions exceptionnelles créées en vertu de l'art. 11 de la loi du 20 juillet 1886, c'est-à-dire en cas de blessures graves ou d'infirmités prématurées entraînant, même avant 50 ans, l'incapacité absolue de travail ont pu, de plus, être majorées au moyen d'une dotation spéciale formée par le revenu de la moitié du produit de la vente des joyaux de la Couronne.

Il convient, d'autre part, de faire remarquer que non seulement les membres participants des Sociétés de secours mutuels bénéficient de la majoration précitée dans les termes de la loi du 20 juillet 1886, mais qu'ils participent à la bonification prescrite par la loi du 31 décembre 1895 dont la portée

La loi du 31 décembre 1895 pouvait être une mesure politique habile ; elle n'était heureuse ni au point de vue social, ni au point de vue financier [1].

En réservant le bénéfice de la majoration aux personnes déjà munies d'une pension de retraite, la loi distinguait parmi les salariés les prévoyants ou mieux ceux que les circonstances avaient mis à même d'épargner et ceux qui, à la suite d'événements parfois involontaires tels qu'une crise, le chômage, la maladie, etc., n'avaient pu faire de versements ou n'avaient pu les continuer pendant le laps de temps exigé. Si l'aide de l'État pouvait se concevoir c'était, sans doute, plutôt pour ces derniers exposés à manquer de tout et non pour les autres qui, pour être obligés de restreindre leurs dépenses, grâce à la petite pension, ne seront jamais dans le cas de mourir de faim. Se piquant du rôle de professeur de morale, le législateur a bien déclaré qu'il voulait par cette mesure encourager, solliciter les versements dans une Caisse de prévoyance. Mais il a oublié qu'il limitait l'épargne : d'après cette loi de 1895, toute personne ayant, y compris la pension, plus de 360 fr. comme ressources annuelles, est privée du droit de participer à la bonification. On est forcément amené à restreindre l'épargne, à supprimer tout versement devant faire dépasser le chiffre fixé. D'autre part, c'est risquer de mettre à la charge de l'État des dépenses considérables non seulement dans le présent, mais aussi pour l'avenir : le principe de la majoration étant posé, cédant à des excitations qui ne seront peut-être pas dépourvues d'intérêt, le législateur peut être amené à répéter et à répéter sans cesse la mesure, à augmenter et à augmenter chaque fois les subventions.

est générale ainsi qu'aux subsides alloués spécialement aux Sociétés de secours mutuels.

1. Le Rapport adressé par la Commission supérieure de la Caisse nationale de retraites pour la vieillesse pour l'année 1896 (*Journ. Off.*, 6 juillet 1897) permet de se rendre compte de l'effet de cette loi.

Au 31 décembre 1896, il n'avait été émis à titre de majoration que 2,462 extraits d'inscription représentant une somme de rentes de 35,362 fr. La Caisse des Dépôts et Consignations a reçu plus de 18,200 demandes de majoration, sur lesquelles 2,400 environ ont été rejetées, les postulants ne remplissant pas les conditions exigées par la loi du 31 décembre 1895. Lors de la rédaction du Rapport, il restait en cours de régularisation 90 demandes ; en outre, d'autres demandes primitivement rejetées par suite de renseignements reconnus plus tard erronés pouvaient être reprises.

Dans ces conditions, il n'est pas possible d'indiquer, dès à présent, d'une façon exacte le montant des sommes à prélever définitivement sur les crédits pour la constitution des rentes accordées en 1896 en vertu de la loi du 31 décembre 1895. Il avait été émis jusqu'à ce jour 320,305 fr. de rentes réparties entre 45,648 bénéficiaires. La répartition des majorations a été faite conformément à l'art. 25 de la loi du 13 juillet 1896 décidant que la majoration ne pourrait excéder le cinquième de la rente primitive. Cette quotité étant très inférieure à celle qu'aurait donnée la répartition au marc le franc, primitivement fixée par la loi du 31 décembre 1895, des crédits d'ensemble (4 millions inscrits au budget du Ministère du commerce) la Caisse Nationale des retraites a reversé au Trésor le 31 mars 1897 une somme de 2 millions.

Quand la loi dont s'agit fut discutée on ne manqua pas de dire qu'elle était de nature à faciliter l'introduction d'un système d'assurance contre la vieillesse ouvrière aux dépens de la masse des contribuables. La prédiction s'est réalisée jusqu'à un certain point.

Ayant majoré, bonifié les pensions acquittées au moyen de versements effectués soit à la Caisse des retraites pour la vieillesse, soit aux Sociétés de secours mutuels ou à toute autre Société de secours ou de prévoyance servant des pensions de retraite, le législateur a été amené à majorer les pensions de retraites ouvrières servies par les départements et les communes.

Après avoir organisé l'assistance médicale par la loi du 15 juillet 1893 [1], sans s'arrêter à la lourde charge que ce régime peut créer pour les différents budgets appelés à la supporter [2], non content de procurer aux malades les soins que réclame leur situation, le législateur a ouvert dans nos lois le droit à l'assistance pour le temps de la vieillesse, le droit aux ressources du budget en cas non seulement d'une incapacité de travail mais encore de grand âge. L'art. 43 de la loi de finances pour 1897 promulguée le 26 mars 1897 dispose, en effet, qu'à partir du 1er janvier 1897 l'État contribuera, dans les conditions de la loi sur l'assurance médicale et conformément aux barèmes A et B de cette loi, au paiement de toute pension annuelle d'au moins 90 fr. au plus constituée par les départements et les communes d'accord avec les Conseils généraux, en faveur de toute personne de nationalité française privée de ressources, incapable de subvenir par son travail aux nécessités de l'existence et soit âgée de plus de 70 ans, soit atteinte d'une maladie ou d'une infirmité reconnue incurable, sans que le nombre des pensions auxquelles devra contribuer l'État puisse dépasser par département 2 p. 1000 de la population et que cette contribution pour chaque pension puisse être supérieure à 50 fr.; [3] cette pen-

---

1. Cf. Bancal : *La loi sur l'assistance médicale gratuite* (*Revue d'économie politique*, 1897, n° 4).

Cette loi laisse en dehors de son application en tant que tels les vieillards et les infirmes incurables, elle ne vise que les malades, c'est-à-dire les « individus privés de ressources qui pourraient être admis dans un hôpital mais ne seraient pas reçus dans un hospice. » — Campagnole : *L'Assistance médicale gratuite*, 2e édit., Paris, 1895, p. 58 et 59.

2. À en croire les chiffres relevés par M. Monod dans son ouvrage sur *L'Assistance médicale obligatoire en France*, (Paris, 1897) les appréhensions sur les conséquences financières de l'application de la loi ne seraient pas fondées. (V. les indications données par M. Th. Roussel dans les *Séances et Travaux de l'Académie des sciences morales et politiques* [T. CXLVIII, 1897, p. 829], et dans notre résumé au *Journal des Économistes*, décembre 1897, p. 375). Mais l'optimisme est d'autant moins de mise que pour se rendre compte de l'application de pareilles lois, il faut non pas une ou deux années, mais une longue suite d'années.

3. D'après une déclaration faite le 16 décembre 1897 au Sénat par le Ministre de l'Intérieur (*Revue de législation ouvrière et sociale*, 1897, p. 119), les départements ont droit à la subvention de l'État, même lorsqu'ils n'ont pas eu besoin, pour faire face aux dépenses qu'entraîne l'exécution de la loi du

sion annuelle sera toujours révocable [1].

Rappelée aux Préfets par une circulaire du 20 avril 1897 émanant de la Direction de l'assistance et de l'hygiène publiques, sanctionnée par l'ouverture d'un crédit spécial de 570, 955 fr. au budget du Ministère de l'Intérieur, cette disposition serait, paraît-il, la réalisation du vœu émis le 27 décembre 1895 par la Chambre des Députés en faveur de l'organisation dans le plus bref délai possible de l'assistance des infirmes et des vieillards indigents par la contribution des communes, des départements et de l'État [2].

Pour la justifier on a invoqué (et il fallait s'y attendre) une raison d'analogie : l'État intervient en matière industrielle et commerciale; agissant dans l'intérêt général il cherche à préserver des industries qui font partie intégrante de la fortune naturelle; par identité de raisons il lui incombe de veiller à l'existence, à la sécurité des vieux travailleurs parce que cette existence, cette sécurité constituent une part notable du patrimoine national.

Ce motif n'a rien de déterminant. Parce que l'État a cru devoir sortir de son rôle, substituer son intervention au jeu de la liberté et de l'initiative individuelle on ne voit pas pourquoi il serait en mesure d'étendre ses attributions. Ce qui est vrai, rigoureusement vrai, c'est qu'il faut restreindre la sphère d'action de l'État et remplacer son intervention par l'action individuelle en matière de prévoyance. Enseigner que l'État doit se charger de ce qui, pour l'individu, est un devoir d'ordre purement moral, bien qu'essentiel, c'est non pas seulement constituer une créance contre le Trésor, c'est-à-dire effectuer un prélèvement au profit de quelques-uns et au préjudice de tous, c'est affaiblir le ressort de la volonté, celui de la responsabilité; c'est aussi éveiller des espérances que l'état des finances ne permettra peut-être pas toujours de satisfaire [3].

Le seul fait qu'un individu est non pas un *déshérité* ou un *vaincu de la vie*, mais un homme âgé, à l'âge où le travail devient impossible ne saurait créer un droit contre l'État.

On comprend les combinaisons basées sur la mutualité parce que cette dernière repose sur la liberté, sur la nécessité de l'effort indivi-

15 juillet 1893 ou de celle du 29 mars 1897 de créer des centimes spéciaux lorsque ces dépenses auront été payées avec les ressources provenant de l'impôt. Pareillement, les communes ont droit à la subvention du département, même en l'absence de centimes spéciaux créés pour supporter la part de dépenses acquittée sur des ressources provenant de l'impôt.

1. Le droit de révocabilité a été exigé par le Sénat; on a voulu prévoir, en effet, le cas où la situation serait changée par un héritage, un don, un legs, comme aussi le cas d'indignité à raison d'une condamnation pour vol, attentat aux mœurs, etc. — D. P. 97, 4, 31, 3e colonne.

2. Guyot : Rapport au Sénat, D. P. 97, 4, 44, n° 1; S. Lois annotées, 97, 334, n° 54; Sénat, Doc. parlem. de septembre 1897, p. 284.

3. Cf. sur les craintes que l'on peut concevoir au point de vue des finances communales, les observations de M. Guyot au Sénat : loc. cit.

duel; on ne conçoit pas que sans nulle tentative de sa part, en vertu d'une disposition légale, par cela seul, sinon qu'il ne peut plus travailler, au moins qu'il est arrivé à sa 70e année, un travailleur puisse se prévaloir du droit à une pension pour ses vieux jours alors que dans le cours de sa vie, de gaîté de cœur, il a renoncé à toute idée d'épargne, se disant qu'après tout le budget est là pour subvenir à ses besoins [1].

L'argument tiré de ce que les dépenses de ce chef ne peuvent qu'augmenter avec le temps, que la dotation suffisante une année ne le sera plus l'année suivante et que par suite, des prévisions sont impossibles, cet argument a sa valeur [2]; mais ce n'est pas celui qui doit arrêter. Ce qu'il faut retenir c'est que cet appel au budget de l'État (que l'on a cherché sinon à expliquer, au moins à excuser de bien des façons) [3] a pour effet de détourner de toute initiative, de tout sentiment de responsabilité, qu'il constitue un nouveau pas vers le socialisme d'État, vers le sacrifice de l'intérêt général à l'intérêt de quelques-uns, qu'il n'est, comme l'a avoué son principal auteur, que la préparation, l'amorce de l'obligation de l'assistance [4].

Enfin la loi du 1er avril 1898 sur les Sociétés de secours mutuels prévoit l'allocation de subventions accordées par l'État aux Sociétés de secours mutuels soit pour encourager la formation des pensions de retraites à l'aide du fonds commun ou du livret individuel [5], soit pour bonifier les pensions liquidées à partir du 1er janvier 1895, et dont le

1. Comp. le discours de M. le procureur général Renaud à la Cour des Comptes sur *L'Œuvre budgétaire de la Troisième République en matière d'assistance* (*Le Droit*, 24 octobre 1897).

2. Comme correctif, les partisans de la mesure relevée ici n'ont pas manqué d'invoquer l'obligation imposée aux communes et aux départements d'assurer, avant l'État, une part importante à ces dépenses nouvelles de l'assistance. C'est non pas résoudre la question, mais la déplacer. Il importe peu de savoir si la charge incombera à la population du département ou à celle de la commune, ou à celle de l'État. Ce qu'il faut noter, c'est que l'ensemble des contribuables pourra être amené à subir les résultats de l'imprévoyance de quelques-uns, ou à supporter les conséquences du refus opposé par des patrons qui, après avoir fait fortune, refuseront de concourir à l'œuvre des pensions ouvrières.

3. Les travaux préparatoires de la loi sont particulièrement instructifs à ce sujet. — V. D. P. 97, 4, 44, n° 1, etc.; S. *Lois annotées*, 97, 334, n° 54.

4. V. l'article publié par *L'Éclair*, 1er février 1898.

Ce qui caractérise l'art. 43 de la loi du 29 mars 1897, c'est qu'il crée, au regard de l'État, l'obligation de subventionner les départements, et, par l'intermédiaire des départements, les communes qui consentiront des sacrifices pour assister les vieillards et les incurables dans les conditions où les malades curables sont assistés en vertu de la loi du 15 juillet 1893, mais qu'elle laisse subsister, au regard des départements comme au regard des communes, la faculté de ne remplir le devoir moral d'assistance envers cette catégorie de malheureux que dans la mesure où les départements et les communes voudront bien le faire. — *Revue philanthropique*, mai 1897, p. 124.

5. La disposition s'applique, d'après la loi, même aux étrangers dont leur pays d'origine a garanti par un traité des avantages équivalents aux Français. Les pensions allouées sur le fonds commun ne peuvent être servies aux étrangers que dans le cas où ils résident en territoire français.

montant, y compris la subvention de l'État, ne sera pas supérieur à 360 fr. ; soit enfin pour donner des subventions aux Sociétés qui ne constituent pas de retraites [1].

SECTION II

Assurance sociale en Allemagne.

En matière d'assurance l'État doit, on l'a dit [2], donner une formule de droit aux principaux types de conventions qui interviennent entre les particuliers. Son rôle consiste non pas à créer des combinaisons, car en supprimant la liberté son intervention risquerait d'en empêcher d'autres, mais bien à définir le droit, et à dégager les traits qui sont essentiels afin que le juge ait un point de départ pour régler les contestations auxquelles la convention peut donner lieu.

Tel est le principe. Dans ces dernières années on l'a battu en brèche. On a soutenu que ces règles ne sauraient être acceptées d'une façon absolue, qu'en vertu même de son rôle de protecteur des faibles l'État pouvait et devait aller plus loin lorsqu'il s'agit d'assurances concernant des catégories nombreuses et humbles de la population, n'exigeant pas de très fortes primes et comportant des risques à la fois très limités pour l'ensemble du public, en ce sens qu'ils sont rares, et, d'autre part, très graves pour l'assuré puisqu'ils peuvent compromettre son existence, celle de sa famille et les livrer, sans ressources, à l'assistance publique [3]. C'est du socialisme, non pas du socialisme révolutionnaire, mais du socialisme conservateur, et suivant la formule de son auteur, M. de Bismark, du christianisme appliqué, susceptible d'apaiser les plaies des populations ouvrières afin de les détacher des meneurs socialistes réclamant en leur nom une refonte de la Société, des vivisections sociales, la nationalisation de la terre et la décristallisation sociale actuelle [4].

La Prusse comptait de nombreuses institutions privées établies pour assurer contre la maladie ou mieux pour fournir aux adhérents des secours en cas de maladie. Leur fonctionnement semblait donner peu

1. Cette loi n'a pas porté atteinte aux conditions dans lesquelles les subventions étaient accordées ; M. le Ministre de l'Intérieur l'a déclaré, mais tout en faisant des réserves pour les cas exceptionnels qui seraient examinés par l'autorité compétente. — Duverger : *Collect. des lois*, 1898, p. 422.
2. Leroy-Beaulieu : *Traité théorique et pratique d'économie politique*, Paris, 1896, T. IV, p. 350.
3. Leroy-Beaulieu : *op. cit.*, p. 351.
4. Cottigues : *Du socialisme d'État*, discours à l'audience de rentrée de la Cour de Nîmes (*La Loi*, 12 novembre 1884).

de prise à la critique; les efforts des individus ou des sociétés privées étaient des plus méritoires, en effet. Néanmoins, convaincu qu'il lui appartenait d'enrégimenter les ouvriers dans leur vie sociale comme il les enrégimente dans leur vie militaire en qualité de soldats [1], déterminé évidemment par des considérations politiques [2], subissant aussi l'influence de vieilles traditions bureaucratiques et administratives [3], le Gouvernement prussien, à l'instigation de M. de Bismarck [4], a voulu substituer un organisme officiel à l'initiative privée.

Par la loi du 15 juin 1883 remplacée, avec modifications, par la loi du 10 avril 1892 il a créé une assurance obligatoire d'État contre la maladie : tout ouvrier, tout petit employé (les employés de l'État compris), lorsqu'il est salarié ou touche un traitement et à la condition que le salaire ou le traitement annuel ne dépasse pas 2000 marks, doit s'assurer contre la maladie, le patron fournissant également une subvention. L'opinion publique ne se montra pas de prime abord très favorable au fonctionnement des assurances contre la maladie [5]. Il est vrai que de graves abus se produisirent, que de toutes parts on vit des individus qui, autrefois auraient été considérés comme parfaitement valides, exciper maintenant d'une maladie; en peu de temps la simulation prit des proportions inquiétantes [6]. Il est vrai aussi que l'organisation administrative ne présentait aucune uniformité administrative, les Caisses chargées d'assurer le fonctionnement de l'assurance maladie se répartissant en deux groupes : d'une part, les Caisses libres, c'est-à-dire les Caisses d'entreprises de constructions, les Caisses de corporations professionnelles, les compa-

1. Stacquart : *Le Contrat de travail*, Bruxelles, 1895, p. 127.
2. C'est ce qu'a bien établi M. Couteau dans un intéressant travail présenté à la Société de législation comparée, *Bull. Soc. de législ. comp.* T. X, 1880-81, p. 438, etc.
L'auteur a clairement mis en lumière que les projets de M. de Bismarck, venaient après le dépôt de la proposition de M. Martin Nadaud tendant à la constitution d'une Caisse nationale de retraites pour les travailleurs agricoles et industriels de telle sorte que l'on peut croire que la proposition du député français, sinon dans son texte au moins dans son esprit, a inspiré le Chancelier allemand.
3. Et aussi sous l'influence des idées philosophiques, (notamment de celles d'Hégel), qui a poussé d'excellents esprits tels que Bluntschli, Flürsheim, Rodbertus, Rudolf Meyer, indépendamment de Lassalle et de Karl Marx, à faire prédominer le rôle de l'État sous prétexte qu'il est le tuteur de tous, spécialement celui des faibles. Sur la réfutation de ces systèmes, Comp. Beudant : *Le droit individuel et l'État*, 2e édit., Paris, 1891, p. 290 ; Béchaux : *Les revendications ouvrières en France*, Paris, 1894, p. 234.
4. M. de Bismarck, écrit M. Léon Say (*Le Socialisme d'État*, Paris, 1884, p. 112) résout la question sociale au moyen de l'assistance obligatoire par l'État et son théoricien est M. le professeur Wagner, de Berlin.
5. Brouilhet : *Les assurances ouvrières en Allemagne*, Lyon, 1896, p. 19. V. Bellom : *Les assurances ouvrières en Allemagne* (Revue politique et parlementaire, mai 1897, p. 336 à 349). Comp. Bellom : *Étude sur les législations étrangères concernant l'organisation de l'assurance contre la maladie*.
6. Marteau : *Les assurances ouvrières en Allemagne*, Paris, 1887, p. 28 et 29.

gnies de mineurs; et d'autre part, les Caisses communales réservées aux personnes qui ne peuvent rentrer dans un des groupes ci-dessus indiqués [1].

Néanmoins cette institution qui ne se conçoit guère en France avec une bonne organisation des Sociétés de secours mutuels [2], parut de nature à donner de tels résultats qu'elle fut plus ou moins copiée à l'étranger : en Autriche par c la loi du 30 mars 1888 [3], en Suisse en 1890, mais sous la réserve des droits appartenant aux Caisses de secours existantes.

La loi du 15 juin 1883 n'introduisait le principe de l'assurance qu'avec de notables restrictions. Entré dans cette voie le législateur allemand non seulement ne pouvait en sortir, mais il devait au contraire s'y engager plus à fond. Tout l'y poussait. De vieilles traditions historiques rendant l'État l'objet d'un culte pour ainsi dire idolâtre, la tendance naturelle à la philosophie allemande, le désir des économistes d'innover sans grands frais d'imagination et de former une école nationale en opposition à l'école anglaise et à l'école française, enfin le prestige des triomphes de la monarchie prussienne, la plus étonnante machine administrative qui ait jamais existé [4]. D'autre part, les doctrines socialistes avaient fait en Allemagne de nombreux prosélytes; de tous les côtés un mouvement paraissait devoir se produire. Le Gouvernement prussien, arrivé à l'apogée de sa puissance, pensant que tout lui était permis et qu'il n'avait aucun obstacle à redouter, crut qu'il lui serait possible de guider les esprits et qu'en enlevant aux réformateurs l'application de leurs doctrines il parviendrait à serat tacher les masses laborieuses. Il pensa avoir trouvé un terrain favorable avec l'assurance contre les accidents. Le travail industriel présente des dangers adhérents à la nature de l'occupation; ces dangers ne peuvent être évités ni par les précautions prises, ni par la diligence qu'il est humainement possible de réclamer d'un salarié; en outre, le travail en commun les rend plus fréquents. Ces accidents ont pour conséquence forcée de plonger les travailleurs (et avec eux leur famille) dans une détresse profonde.

Sans tenir compte des efforts dus aux patrons, qui avec leurs seules ressources, sans rien demander à leurs salariés, avaient constitué des

1. Cf. Grüner : *Les lois d'assistance ouvrière en Allemagne*, Paris, 1887, p. 17 et suiv.
2. Comp. Ch. Grad : *Les assurances ouvrières en Allemagne*, Mulhouse, 1883, p. 48 et suiv.
3. V. l'étude publiée par l'*Office du Travail* (du Ministère du commerce français) sur *les résultats statistiques de l'assurance obligatoire contre la maladie en Autriche*, Paris, 1893.
4. P. Leroy-Beaulieu : *L'État moderne et ses fonctions*, Paris, 1890, p. 14. Comp. une solide étude de M. Merlin sur *Les lois d'assurance obligatoire des ouvriers en Allemagne et le socialisme d'État* (Bullet. de la Soc. de législat. comp., T. XIV, 1884-85, p. 582 etc.)

fonds de secours pour les victimes [1], l'autorité, déterminée aussi par cette idée que l'État moderne reposant sur le Christianisme a le devoir de prendre des mesures positives en faveur de la classe déshéritée [2], crut habile de revendiquer le rôle de *Providence sociale* (*Société Fürsorge*) [3], et de dire que l'État se chargerait de parer aux conséquences des accidents, que toute victime d'un accident serait indemnisée sans perte de temps, sans faire aucun effort en ce sens qu'elle serait assurée de droit par cela seul qu'elle aurait fait son entrée dans un établissement industriel.

Sous l'empire de la loi fondamentale du 6 juillet 1884 [4], complétée par de nombreuses prescriptions intervenues postérieurement [5], notamment le 24 mai 1885 et 5 mai 1886, le 11 et le 13 juillet 1887 etc., l'accident professionnel est l'objet d'une assurance obligatoire et d'une assurance d'État. Dans toute industrie [6] l'accident, même lorsqu'il peut remonter à une faute lourde de l'ouvrier, est considéré comme un risque professionnel; il a pour conséquence de donner à la victime droit à une indemnité mise entièrement à la charge du patron et que ce dernier doit acquitter obligatoirement, mais à la condition que le traitement ou le salaire ne dépasse pas une certaine somme (2000 marks comme pour l'assurance contre la maladie). L'assurance

1. V. Lavollée : *Les classes ouvrières en Europe*, 2e édit., Paris, 1884. T. I, p. 202, etc.

2. Von Woeltho : *Commentaire, de la loi du 6 juillet 1884*, p. 4 ; cité par Stocquart : *Le contrat de travail*, Bruxelles, 1895, p. 128.

3. Rosin : *Das Recht der Arbeiterversicherung*, Berlin, 1893, T. I.

4. L'élaboration de cette loi a été aussi longue que laborieuse. V. l'historique de cette législation dans l'intéressant travail de M. Grüner : *Les lois d'assistance ouvrière en Allemagne*, Paris, 1887, p. 32 et suiv. ; Cf. Ch. Gide : *Le socialisme d'État et les assurances ouvrières en Allemagne* (*Journ. des Économistes*, octobre 1883, p. 18, etc.).

5. Il faut croire que c'est une œuvre difficile qui a été entreprise par le Gouvernement, car les lois primitives sont à peine en vigueur qu'elles sont reconnues défectueuses. En dix ans, la loi du 6 juillet 1884 a été dotée de 6 lois supplémentaires. On peut croire que bientôt l'on se perdra dans un vrai dédale législatif. — Muller : *Les assurances contre les accidents en Allemagne* (*Journal des Économistes*, avril 1894, p. 255); V. aussi Bellom : *Les assurances ouvrières en Allemagne* (*Revue politique et parlementaire*, mai 1897, p. 339 et suiv.); Brouilhet : *op. cit.*, p. 42 et 43.

6. Le législateur a visé la fabrique. Mais il faut remarquer que sous ce nom il réglemente tout établissement industriel occupant moins de 10 ouvriers. Chargé de donner la liste des établissements que devait régir la loi, l'Office impérial des assurances a profité de ce droit pour enrôler dans l'assurance une multitude de petites industries. Par un Avis en date du 22 août 1884, il décida que la définition légale du mot « fabrique » étant explicative et non limitative, il y avait lieu d'y comprendre toute fabrique, alors même qu'elle n'emploierait pas dix ouvriers et qu'elle ne contiendrait pas de moteur (Dedroye : *De l'assur. obligat. contre les accidents du travail*, Paris, 1890, p. 173). Ainsi, dit M. Grüner (*Les lois d'assistance ouvrière en Allemagne*, p. 40), par une suite d'autres décisions, l'Office rendit l'assurance obligatoire pour une série de petites industries locales qui semblaient bien étrangères aux préoccupations du législateur ; il en vint à assimiler à la fabrique l'échoppe du savetier, l'appentis du maréchal-ferrant, la mansarde du tailleur, etc.

contre les accidents est une assurance d'État. Néanmoins l'État a cru devoir interposer entre lui et les assurés des groupements qui, loin d'être de simples agents de transmission, ont une autonomie très réelle et sont organisés sur la base de l'assurance mutuelle de leurs membres. Ce sont, pour l'industrie, les *Corporations professionnelles*, au nombre de 64, qui réunissent chacune les entreprises relevant d'une industrie particulière ; pour l'agriculture, les *Corporations régionales* au nombre de 48. Cette différence de régime se comprend très bien ; c'est ainsi que des questions, comme celle du coefficient de risque, par exemple, n'auraient pu être résolues pour un groupement d'industries trop variées. Enfin, pour les employés de l'État, c'est l'État lui-même qui s'assure directement. Les Corporations ont pour attributions principales de fixer les détails d'applications des principes posés par la loi. Leurs Statuts sont, par rapport aux lois de l'Empire, ce que sont pour nos lois françaises les Règlements d'administration publique, si usités aujourd'hui. Elles se meuvent assez librement et leur constitution a été facile. Elles se subdivisent, si c'est nécessaire, en sections et pour toutes ces raisons donnent à l'institution entière de l'assurance contre l'accident une souplesse qu'elle n'attendrait pas avec plus de centralisation. La contribution pour l'assurance doit être fournie, en principe, par la Corporation qui en fixe, dans certaines limites, le quantum et détermine le moyen par lequel elle se récupérera sur ses membres. L'assurance est donc à la charge du patron. D'autre part, comme la Caisse de maladies contribue à l'indemnité, elle est aussi à la charge de l'ouvrier. Mais en ces matières comme en matière d'impôt, la question d'incidence est si complexe qu'il est bien difficile de dire *a priori* dans quelle mesure ces charges d'assurances pèsent respectivement sur le patron et sur l'ouvrier [1].

La loi allemande n'a certainement point réalisé les postulats que le législateur avait cru pouvoir affirmer : les faits l'établissent d'une manière irrécusable [2], elle n'a point diminué le nombre des accidents ; tout au contraire ; les patrons pensaient que grâce à une prime assez faible la loi les délivrerait de la responsabilité civile, parfois assez lourde, qui pesait sur eux pour le cas où des accidents graves arriveraient à leurs ouvriers ; quelques mois ont fait justice de cette illusion [3]. On croyait qu'il n'existerait plus de contestations : la loi

---

1. Brouilhet : *op. cit.*, p. 45 et suiv.

2. Comp. Yves Guyot : *Les accidents de travail en Allemagne* (Revue polit. et parlement., septembre 1897 p. 449 à 463); Grüner : *op. cit.*, p. 74 et suiv., ainsi que les diagrammes de MM. Grüner et Fuster dans le *Bulletin du Comité permanent du Congrès des accidents de travail*, VII année, n° 2, sans oublier les observations de M. Raffalovich : *Le projet du gouvernement allemand sur l'assurance obligatoire des ouvriers contre la vieillesse et l'incapacité du travail* (Revue des institutions de prévoyance, décembre 1889).

3. Martein : *Les assurances ouvrières en Allemagne*, p. 73.

n'a point supprimé les litiges. Elle n'a pas établi la paix sociale; si ce régime a d'abord été peu onéreux pour l'industrie, il le devient de plus en plus [1].

Les critiques n'ont été ménagées en Allemagne ni à l'assurance contre la maladie, ni à l'assurance contre les accidents [2]. Néanmoins le Gouvernement, croyant ou voulant croire que le régime préconisé par lui avait été accepté sans peine, sinon avec empressement, a désiré aller plus loin : trouvant sans nul doute que ces lois sur l'assurance obligatoire contre les accidents et la maladie n'étaient, comme on l'a dit [3], qu'une étape vers la protection complète du travailleur et sous l'influence, bien sûrement, de ceux qui voient dans l'assurance un service public comme la monnaie [4], il a estimé qu'il lui appartenait de garantir contre le dénuement résultant de l'invalidité et de la vieillesse, qu'après avoir procuré une sauvegarde contre la maladie et contre l'accident il lui incombait d'en fournir une contre la vieillesse. Tel a été le but de la loi du 22 juin 1889 votée par le Reichstag après une vive résistance (par 185 voix contre 100) [5].

De longue date le Gouvernement allemand avait eu l'idée de modifier la législation industrielle dans l'intérêt des ouvriers [6]. Ces dispositions ne se modifièrent ni avec le temps, ni même avec les atten-

1. Des chiffres et des faits très probants ont été réunis par M. Adan dans son intéressant rapport au Congrès international du commerce et de l'industrie de Bruxelles en 1897 sur *les effets de l'assurance obligatoire sur la situation de l'industrie et du commerce*, Bruxelles, 1897 ; un tableau donné dans ce travail permet de constater le développement annuel progressif de la dépense par ouvrier assuré et par an en Allemagne.

2. V. Grüner : *Loi d'assistance ouvrière en Allemagne*, p. 81 ; Marteau : loc. cit. ; Delroye : *De l'assurance obligatoire contre les accidents de travail*, Paris, 1896, p. 164 etc., p. 198 etc.
Les partisans de la législation allemande reconnaissent eux-mêmes la nécessité de réformes. — V. Bellom : *Bull. de la Soc. de législat. comp.*, T. XXVI, 1896-97 p. 366, etc.
Il est à noter toutefois que plusieurs pays ont imité l'Allemagne dans la création d'une assurance d'État obligatoire : l'Autriche et les pays scandinaves en particulier. Cf. deux rapports publiés par l'*Office du Travail* de Paris : *Étude statistique des accidents du travail en Allemagne et en Autriche* ; *Résultats financiers de l'assurance obligatoire contre les accidents du travail en Allemagne et en Autriche* ; Bellom : *Les assurances ouvrières en Suède, en Norvège et en Finlande* (*L'Économiste français*, 13 octobre 1894).

3. Merlin : *Les lois d'assurance obligatoire des ouvriers en Allemagne et le socialisme d'État* (*Bullet. de la Soc. de législat. comp.*, T. XIV, 1884-85, p. 582).

4. Wagner : *Staat und Versicherungswesen* (*Zeitschrift für Staatswissenschaft*, 1882, p. 101 etc.)

5. Cette matière a été étudiée d'une manière très complète par M. Maurice Block : *Les assurances ouvrières en Allemagne*, Rapport à l'Académie des Sciences Morales et Politiques sur les résultats d'une mission en Allemagne (*Séances et Travaux de l'Acad. des Sc. Mor. et Polit.*, T. CXLII [1894] p. 665 ; T. CXLIII [1895] p. 90 etc. 198 et suiv.) et tirage à part, Paris, 1895. Nous avons donné le résumé de ce Rapport dans le *Journal des Économistes*, décembre 1894, p. 480 et dans le *Recueil périodique des assurances*, 1895, p. 108 et suiv.

6. En 1871 notamment fut votée une loi dispensant l'ouvrier victime d'un accident de faire la preuve en mettant cette dernière à la charge du patron.

tats dirigés en 1878 contre la vie de l'Empereur Guillaume Ier et qui montrèrent qu'il y avait à veiller aux manœuvres socialistes. Tout en sévissant, en décrétant, par exemple des mesures qui semblent de nature à paralyser la propagande des doctrines socialistes, mesures qui portent le nom de « petit état de siège », le Souverain résolut d'agir. D'abord il fit régler le régime des Sociétés ou Caisses de secours mutuels en généralisant l'obligation imposée aux ouvriers et employés d'en faire partie en qualité de participants et en enjoignant aux patrons d'y verser des subventions. Puis, lorsque le Gouvernement impérial eut élaboré les lois dites d'« assurance sociale »[1], le Roi crut que l'on pouvait et même que l'on devait envisager la question des retraites ouvrières, des pensions à tout vieillard, à tout infirme. Ce qui déterminait sans nul doute l'autorité, c'est qu'en Allemagne l'assistance obligatoire est pratiquée avec une certaine largeur, au détriment, il est vrai, des communes et de l'État et que l'on pensait, par un système de pensions, pouvoir arriver à diminuer ces dépenses très considérables.

Le 17 novembre 1881, dans un Message spécial l'Empereur Guillaume fit connaître son intention d'assurer, par des dispositions législatives, l'assistance de l'État aux ouvriers que la vieillesse ou l'invalidité mettrait dans l'impossibilité de gagner leur vie. Le discours du Trône du 24 novembre 1887 rappela les termes de cette communication et insista pour que, aussitôt après le vote, désormais acquis de la loi sur les assurances en cas d'accidents, il fût donné satisfaction à la pensée impériale. En 1888 fut présenté le projet[2] qui devint la loi du 22 juin 1889 relative à l'assurance contre l'invalidité et la vieillesse[3].

Aux termes de cette loi, sont assurés à partir de la 16e année les personnes occupées comme ouvriers, aides, compagnons de métier, apprentis ou domestiques, salariés, les employés d'administration ainsi que les commis et apprentis de commerce qui touchent un salaire ou un traitement ne dépassant pas 2000 marks par année[4].

1. On a toujours considéré que ces trois assurances devaient se combiner. V. Bellom : *Les assurances ouvrières en Allemagne* (*Revue politique et parlement.*, mai 1897.)

2. Dans son intéressante étude sur *Les Sociétés de secours mutuels et les assurances ouvrières* (*Revue générale d'administration*, décembre 1889, p. 398 et suiv.), M. Martinet a longuement insisté sur le projet avant de donner le commentaire de la loi.

3. *Annuaire de législat. étrang.*, 1889, p. 182. Bien antérieurement l'Allemagne s'était occupée, dit M. Block (*L'assurance ouvrière en Allemagne et les récents projets relatifs à sa transformation* : *Revue polit. et parlement.*, mars 1896, p. 472, note), des Caisses de vieillesse et d'Invalidité. Voy. par exemple, *Die Alters und Invalidenkassen für Arbeiter*, Leipzig, 1874.

4. La loi exclut les fonctionnaires ou agents de l'Empire, des États particuliers, des établissements publics. Il a semblé que l'assurance n'aurait pas de raison d'être en ce cas, puisque ces personnes ont toutes droit à une pension, en vertu de dispositions législatives ou réglementaires antérieures.

D'autre part, l'obligation de l'assurance peut être étendue aux entrepreneurs d'exploitation qui n'occupent pas régulièrement au moins un ouvrier salarié ainsi qu'aux industriels et artisans établis à leur compte, sans égard au nombre des ouvriers salariés qu'ils emploient, occupés dans leurs propres ateliers à fabriquer ou à travailler des produits industriels sur commande et pour le compte d'autres fabricants. L'assurance donne droit à une rente d'invalidité ou de vieillesse proportionnée aux contributions des assurés, payable en termes mensuels par l'Administration des Postes de l'empire. A droit à une rente d'invalidité à n'importe quel âge, tout assuré atteint d'une incapacité permanente de travail. On admet l'incapacité de travail quand l'assuré, en raison de son état de santé, ne gagne plus, par un travail répondant à ses forces, un salaire équivalant au dixième du montant d'après lequel ont été fixées ses contributions à la Caisse d'assurance durant les cinq dernières années de participation. D'autre part, la rente de vieillesse est donnée sans preuve de l'incapacité de travail à l'assuré qui a atteint l'âge de 70 ans révolus, à condition d'avoir payé ses primes ou ses cotisations pendant trente années au moins. Les rentes de vieillesse varient entre 133 à 248 fr., les rentes d'invalidité vont de 143 à 500 et même à 1000 fr. La Caisse de l'État contribue à chaque pension liquidée par une subvention annuelle au compte de l'Empire.

Comme pour l'assurance contre les accidents, le paiement des rentes se fait par les soins de l'Administration des Postes. Par contre, les patrons sont chargés du paiement des cotisations hebdomadaires au moyen de marques pareilles aux timbres-poste, collées sur une carte-quittance. Pour toucher les pensions il suffit de présenter au bureau du ressort où l'assuré a son domicile le mandat délivré à cet effet par l'administration de l'assurance. Le bureau de poste effectue le paiement au porteur sur la présentation d'un certificat de légitimité. En cas de changement de domicile, l'ayant-droit obtient une autorisation pour toucher sa pension dans la nouvelle résidence. Toutes les avances de l'Administration des Postes se remboursent après un décompte annuel fourni aux Offices d'assurances.

Pour l'organisation administrative la loi ordonne la création d'Offices d'assurances régionaux (dotés de ce qu'en France l'on nomme la personnalité civile) embrassant soit le ressort d'une province dans les grands pays comme la Prusse et la Bavière, soit un pays tout

Il faut ajouter (V. *Revue générale d'administration*, octobre 1898, p. 217, note) que cette exclusion a été très critiquée en Allemagne. Il a été remarqué qu'elle ne repose pas sur une différence réelle résultant de la situation de fortune et que souvent les assurés de la loi du 22 juin 1889 se trouvent dans une situation pécuniaire bien préférable à celle de certains employés de l'État ou des administrations locales dont la pension, si elle n'est jamais, il est vrai, inférieure à 120 marks, ne dépasse guère ce chiffre dans la plupart des cas.

entier comme l'Alsace-Lorraine et le Grand duché de Bade, soit plusieurs pays réunis comme les petits États voisins. Sont assurées dans l'Office d'assurances régional toutes les personnes soumises à l'assurance obligatoire, dont le domicile se trouve dans le ressort de cet office. Le travail courant de cet Office est fait par des fonctionnaires rétribués de l'État et par un Comité directeur, assistés et contrôlés par les délégués des contribuables, élus en nombre égal parmi les ouvriers assurés et les chefs d'établissements, afin de sauvegarder les intérêts en jeu. Au-dessus de ces Offices régionaux qui contribuent à chaque pension par une contribution augmentant avec les primes versées, s'étend la juridiction de l'Office impérial de Berlin chargé de veiller à l'observation des prescriptions légales et statutaires, de prononcer en dernier ressort sur toutes les questions relatives aux assurances ouvrières, quelle qu'en soit la nature [1].

Telle est dans ses dispositions essentielles la loi du 22 juin 1889 [2]. Votée en toute hâte, sans aucune réflexion et sous la pression du Prince de Bismarck alors tout-puissant [3], elle soulève les critiques les plus fondées [4].

1. Le Gouvernement s'était d'abord adressé aux Corporations qui fonctionnent pour les assurances-accidents. Ce fut sans succès. Aussi des établissements spéciaux furent créés sous le nom d'*Invaliditäts und Altersversicherungsanstalt*. Ils affectent un caractère spécial. Ils sont aujourd'hui au nombre de 31. Ce ne sont pas des administrations au sens français du mot. M. Block a raison de les considérer comme des mutualités. Chaque établissement est dirigé par un Conseil (*Vorstand*). Les administrés sont d'autre part représentés par une Commission (*Ausschuss*). — Brouilhet : *op. cit.*, p. 26.
2. M. Maurice Block (*loc. cit.*) a exposé d'une manière très complète le mécanisme et le fonctionnement du système imaginé en Allemagne.
3. V. les observations de M. Grüner : *Ann. de législat. étrang.*, 1889, p. 183 et 187.
4. En 1891 les recettes de la Caisse ont été de 89, 647, 300 marks (110, 209,000 fr) ; cette somme était formée ainsi : contributions versées d'après les salaires, 88,887,000 marks ; intérêts des capitaux, produits des baux et propriétés 722,300 marks ; autres recettes, 38,000 marks. Les dépenses ont atteint pour le même exercice le chiffre de 22,570,000 marks qui se répartissaient de la sorte : rentes servies aux assurés : 15,008,000 marks ; fonds de réserve : 3,410,000 ; frais d'administration et frais divers, 4,121,000 marks. A la fin de 1892 le capital et le fonds de réserve étaient de 99,609,000 marks, c'est-à-dire de 122,500,000 francs. — *Statistiches Yarbuch fur das Deutsche Reich*, 1893, p. 189.
Pendant l'année 1892 la Caisse a servi 187,000 rentes surtout pour cause de vieillesse (176,000 contre 189,000 pour cause d'invalidité). Pour les deux années 1891-92 il avait été adressé 224,000 demandes ; 39,322 ont été repoussées, 175,874 admises et 4,642 ont été abandonnées, probablement parce que le demandeur était mort au cours de l'instruction de la requête. Sur 36,696 réclamations de rentes d'invalidité, 19,956 ont été accueillies dans les deux années, 12, 688 ont été repoussées et 4,885 sont devenues vacantes. — *Statistiches Yarbuch fur das Deutsche Reich*, 1893, p. 189.
En 1893 il avait été servi 187,450 rentes pour la vieillesse et 53,050 pour invalidité ; il avait été versé 24, 700,000 marks en rentes pour la vieillesse et 5,200,000 en rentes d'invalidité, soit 27,900,000 marks ou 34,317,000 fr., 116 marks 40 par tête (143 fr. 20) en moyenne. — *Statistiches Yarbuch fur das Deutsche Reich*, 1894, p. 192.
A la fin de l'année 1894, d'après M. Bodiker, président de l'Office impérial des assurances, le nombre des assurés contre l'âge et l'invalidité physi-

Les défauts du régime allemand sont capitaux.

que s'était élevé à 11,510,000 personnes sur lesquelles 295,200 participaient aux bénéfices de rentes allouées par elles; les 40 établissements chargés du service avaient fait 109,580,000 marks de recettes pour une dépense de 26,260,000 marks; leur actif s'élevait à 329,500,000 marks et la contribution de l'Empire à 13,020,000 marks. — *Die Arbeiterversicherung in Europaïschen Staaten*, Leipzig, 1895: *Revue générale d'administration*, novembre 1895, p. 336.

Une publication de l'*Office du Travail* analysée par *L'Assurance moderne* (n° du 15 mars 1896) a fait connaître les résultats de l'application de la loi durant l'année 1894.

Dans le courant de l'année 1894, il a été concédé, par les 31 établissements régionaux d'assurance contre l'invalidité et la vieillesse, 77,839 pensions, dont 33,442 pour vieillesse (à partir de 70 ans) et 44,397 pour invalidité.

Le nombre de pensions liquidées depuis le début de l'assurance (1er janvier 1891) jusqu'à la fin de 1894 s'élève à 328,777 comprenant 236,127 pensions de vieillesse, et 92,650 pensions d'invalidité. Le chiffre total des arrérages annuels correspondants, pour la part incombant aux établissements d'assurance et indépendamment de la subvention de l'Empire, monte à 28,770,896 fr. avec un capital représentatif de 184,603,000 francs.

Le rapport du capital représentatif aux arrérages est égal, en moyenne, à 5,6 pour la rente vieillesse, et à 8,8 pour la rente invalidité.

A la fin de l'année 1894, il ne restait plus, par suite des extinctions et des radiations, que 254,923 titres de rentes en cours ainsi répartis :

	Nombre de titres.	Montant des arrérages (non compris la subvention de l'empire).
Pensions de vieillesse	183.168	16,520.448 fr.
Pensions d'invalidité	71,755	5,622,710

Le montant de la pension, défalcation faite de la subvention de l'Empire, qui est fixe et égale 62 fr. 50 par pensionné, dépend de la classe de salaire à laquelle appartient l'ayant-droit, et aussi, pour le cas d'invalidité, du nombre de cotisations versées. Le tableau ci-dessous fait connaître quel a été annuellement, depuis la première année du fonctionnement de l'assurance, le montant moyen des pensions à l'époque de leur liquidation.

Année dans laquelle les journées ont commencé à être payables.	Montant moyen des pensions vieillesse avec la subvention de l'empire.	Montant moyen des pensions invalidité avec la subvention de l'empire.
1891	144.19	141.72
1892	159.70	143.35
1893	162.09	147.46
1894	158.81	151.20

La rente invalidité est, jusqu'à présent, inférieure à la rente vieillesse, mais elle augmente d'année en année, et finira par la dépasser considérablement.

Les cotisations perçues en 1894 par les établissements d'assurances atteignent le chiffre de 115,913,000 francs, et les arrérages payés pendant l'exercice se montent à 24,708,000 francs.

Les frais d'administration et de contrôle ont été de 5,635,000 francs, soit de 0 fr. 61 par tête d'assuré, et de 4, 9 0/0 de la cotisation versée.

Le montant moyen des cotisations hebdomadaires a été de 0 fr. 26 en 1894.

L'avoir des établissements d'assurance s'élevait, au 31 décembre 1894, à 379,464,000 francs, dont 34,865,000 francs constituant le fonds de réserve et de prévoyance.

Le Rapport présenté au Reichstag le 18 décembre 1897 constate 1° qu'il a été payé comme indemnités en rentes d'invalidité 11,588,101.36 marks, en rentes de vieillesse 16,187,279.86 marks, en capital 1,470,34; en remboursement de cotisations soit en cas de mariage, 1,457,099.14, soit en cas de décès 447, 568,50 ; 2° que les frais d'administration de toutes sortes ont atteint le chiffre

Au point de vue social, il subordonne l'individu à l'autorité et par conséquent il contrarie la spontanéité morale de l'homme [1]. Au point de vue moral, il remplace la prévoyance personnelle, c'est-à-dire un acte individuel et supposant la force nécessaire pour consentir au sacrifice dans le présent en vue de l'avenir par une *assurance automatique* en quelque sorte, fonctionnant en dehors de tout effort individuel; à la responsabilité il substitue la contrainte qui ne peut amener que des déceptions, du reste. Au point de vue administratif, il se fonde sur l'intervention de l'État, exigeant ainsi le concours d'un nombreux personnel d'employés de tout ordre, faisant triompher la bureaucratie et donnant des proportions énormes à la paperasserie [2], de telle sorte que les frais de gestion s'élèvent dans de

de 5,744,350,70 marks (dont 3,205,184,83 pour les dépenses courantes); 3° que pour les 31 établissements d'assurance contre l'invalidité et la vieillesse le chiffre des rentes a été successivement pour l'invalidité et la vieillesse de 2,675 et 162,622 en 1891, 31, 675 et 26,688 en 1892, 40,077 et 25,610 en 1893, 46,174 et 32,797 en 1894, 48, 631 et 22,989 en 1895, 33,276 et 15,506 en 1896, soit en six années 202, 408 rentes en cas d'invalidité et 288, 212 en cas de vieillesse. — *L'assurance contre l'invalidité et la vieillesse en Allemagne de 1891 à 1897 d'après le Rapport présenté au Reichstag le 18 décembre 1897* (Revue de statistique, 20 mars 1898, p. 53).

En 1896, les Caisses régionales et spéciales ont payé 50,489,477 marks à la charge de l'Empire; dans cette somme les arrérages de rentes de vieillesse figuraient pour 27,412,939 marks; les rentes liquidées montaient pour la vieillesse à 262,408 soit à un montant annuel (non compris la subvention de l'Empire) de 13,882,630, marks et comme capital de couverture de 124,739,862 marks. — *Revue philanthropique*, mars 1898, p. 746.

D'après un rapport officiel (*Statistik der Erwerbsunfähigkeit*) rédigé par l'Office impérial des assurances et analysé par l'*Office du Travail français* les 31 Caisses régionales d'assurances contre l'invalidité et la vieillesse auraient, en 1897, concédé 21,688 rentes de vieillesse et 71,783 rentes d'invalidité. Les sommes payées par l'ensemble des 30 Caisses régionales et les 9 Caisses spéciales représenteraient un total de 58,404,642 marks dont 21,596,844 marks à la charge de l'Empire et 36,804,798 à la charge propre des établissements. A la fin de l'année, il restait en cours, dans les Caisses régionales, 409,317 titres partiels d'invalidité, représentant une somme d'arrérages égale à 28,962,512 marks. Les rentes liquidées jusqu'à la fin de 1897 se montaient à 614,342 titres partiels et représentaient 43,961,666 marks d'arrérages. Elles avaient nécessité la mise en réserve d'un capital de couverture égal à 307,990,536 marks (dont 136,087,541 pour la vieillesse). — Comp. *Amtliche Nachrichten des Reichsversicherungsamts*, janvier 1899; *Revue philanthropique*, avril 1899, p. 728; *L'Assurance Moderne*, 28 février et 31 mars 1899.

1. Comp. à cet égard et pour les conséquences des régimes anglais et allemand. Giffen : *The Progress of the Working classes*, Londres, 1884, *passim* et Prins : *L'Organisation de la liberté*, *passim*.

2. En 1892 (Block, *loc. cit.*), il y avait 31 établissements d'assurances avec 150 membres des Comités directeurs, 894 employés, caissiers, etc., 618 membres des Commissions, 58,633 hommes de confiance, 289 contrôleurs, 613 tribunaux arbitraux, 8,293 bureaux de vente des timbres (autres que les bureaux de poste), 4,425 Caisses de maladie autorisées à percevoir les versements hebdomadaires, 2,006 Caisses municipales ayant reçu la même tâche. Cette année, il fut accordé 16,529 rentes d'invalidité et 42,218 rentes de vieillesse. Cf. de Ghélin : *Revue générale de Belgique*, août 1898, p. 276.

En 1897, les frais d'administration, de perception et de contrôle se sont élevés à 5,807,879 marks, soit 5,5 0/0 des cotisations perçues. Raffalowich : *Revue des institutions de prévoyance*, décembre 1887, p. 539.

très notables proportions [1]. Financièrement parlant, le système pratiqué de l'autre côté du Rhin présente les inconvénients les plus sérieux [2] en ce sens qu'il est basé sur la subvention directe de l'État et que, fatalement, le chiffre de cette subvention ira en croissant, de même, d'ailleurs, que les cotisations hebdomadaires [3].

En transformant en obligation une charge que beaucoup de patrons avaient assumée à titre de patronage libre, la nouvelle législation fait disparaître nombre d'institutions créées par les chefs d'industrie [4] : elle rend illusoire le rôle des Caisses de retraites libres, dues à l'initiative privée et qui, dans bien des cas accordaient des pensions plus considérables que les rentes promises avec le concours des Offices d'assurances. Si elle procure aux ouvriers certaines garanties qui leur faisaient antérieurement défaut, par exemple en cas de départ de

1. En 1892, pour 22 millions 1/2 de rentes (en marks) les frais d'administration et les dépenses diverses pouvaient être évalués à 4 1/2 ou 5 millions de marks. D'après le Rapport présenté au Reichstag le 18 décembre 1897 (*Revue de la statistique*, 20 mars 1898, p. 43), le chapitre des frais d'administration se constituait de la manière suivante : frais d'administration courante, 3,205,184,083 marks; frais de perception des cotisations et de contrôle, 1,814,584,025 ; dépenses diverses (frais d'enquêtes préalables à l'octroi des rentes, frais de justice et dépenses non particulièrement prévues), 724,981,62 marks.

2. C'est ce qu'a parfaitement mis en lumière M. Ch. Grad dans une très remarquable étude sur *L'assurance contre l'invalidité et la vieillesse en Allemagne* (*La Réforme Sociale et le Centenaire de la Révolution, Travaux du Congrès tenu en 1889 par la Société d'économie sociale et les Unions de la paix sociale*, Paris, 1890). Si, dit le savant alsacien, l'État fait des rentes à un grand nombre de personnes, il est obligé de se procurer des ressources plus considérables auprès des contribuables. En second lieu, c'est par centaines de millions, par milliards peut-être que se compteront les sommes à mettre en mouvement pour assurer des pensions à une clientèle de 10 à 12 millions d'assurés. Comment faire fructifier tout cet argent englouti dans les Caisses publiques? Comment parer aux mécomptes provenant de la baisse de l'intérêt que précipitera encore cet emploi de capitaux énormes en fonds d'État? Comment, en face de ce vigoureux drainage, l'activité du pays conservera-t-elle les ressources qu'il lui faut pour alimenter l'industrie, le commerce, l'agriculture?

C'est le subside de l'Empire qui donne à la rente une certaine importance. Dans le rapport précité, présenté au Reichstag le 18 décembre 1897, la rente de vieillesse, non compris le subside de l'Empire, était (en marks) pour 1891 de 73,61 ; 1892, 77,60 ; 1893, 79,59 ; 1894, 75,86 ; 1894, 82,34 ; 1896, 85,34. Aux mêmes dates, avec le subside de l'Empire, le chiffre monta (en marks) à 123,61 ; 127,40 ; 129,59 ; 125,86 ; 132,34 ; 135,34.

3. La cotisation hebdomadaire moyenne a été, en 1891, de 20,84 pfennigs ; en 1892, de 20,86 ; en 1893, de 20,97 ; en 1894, de 20,99 ; en 1895, de 20,04 ; en 1896, de 21,17.

4. Le système bismarckien qui, à l'action humaine et personnelle des chefs d'industrie, aux institutions vivantes, organismes spontanés sortis des besoins locaux, substitue le mécanisme administratif avec ses rouages bureaucratiques, avec ses ordres automatiques et ses règlements uniformes, a complètement arrêté le développement normal des institutions ouvrières; les primes versées par les patrons pour alimenter les Caisses d'assurances de l'État ont tari leurs propres Caisses de secours. — Leroy-Beaulieu : *Le règne de l'argent, les Sociétés par actions, le patronage et le progrès social* (*Revue des Deux-Mondes*, 15 mai 1895, p. 312).

l'établissement où ils étaient employés, ou encore au cas de faillite du patron, elle n'alloue, somme toute, que des rentes assez modiques [1], de beaucoup inférieures même à la somme que la charité municipale attribue aux indigents reconnus [2]. Enfin, et surtout, le bénéfice réalisé par la classe ouvrière n'est pas en rapport avec les sacrifices qui lui sont demandés. La cotisation moyenne a été 20,81 marks en 1891, de 21, 17 en 1896. Le total général s'est élevé successivement à 88,886,971 ; 88,550,623 ; 89,892.247 ; 92,730,431 ; 98,351,893 et 101,512.454 marks. C'est une contribution annuelle d'environ 45 millions de marks demandée à l'épargne ouvrière. Or, en retour il n'a été distribué que des pensions modiques, de 123 à 135 marks (123 marks en 1891, 130 en 1893, 135 en 1896, 137 en 1897. On est loin des pensions de 365 fr. et encore plus de celles de 600 fr [3].

Ce système est peu pratique. Son fonctionnement est assuré par l'emploi de cartes dites de quittance. Chaque carte contient 24 cases destinées à recevoir des timbres de 14, 20, 24 ou 30 pfenn. créés par les établissements d'assurances et vendus par les bureaux de poste ou les marchands autorisés à en débiter. L'élément proportionnel de la pension se détermine par l'examen des cartes réunies en des dossiers nominatifs [4]. La nécessité de cette apposition hebdomadaire de timbres, qui cependant ne fait pas obstacle aux erreurs, est devenue une véritable charge pour les assurés dont la patience finit par se lasser [5]. Mais ce qu'il faut plaindre, c'est surtout le personnel chargé

1. La pension de vieillesse comprend : 1º une subvention fixe fournie par l'État, 50 marks ; 2º une somme proportionnelle aux versements hebdomadaires effectués ; la pension s'accroît par chaque versement de 4, 6, 8 ou 10 pfennigs selon les classes. Ainsi un homme pour lequel des patrons ont versé des cotisations pendant 40 ans et qui aurait passé par plusieurs classes de salaires peut obtenir une rente de 191 marks, soit 238 fr. 75 c. (Block : *loc. cit.*). Mais ce maximum n'est jamais atteint. En 1892, la moyenne a été de 119 marks (146 fr. par tête) d'après le *Statistisches Jahrbuch für das Deutsche Reich* de 1894 (p. 189), en 1893, de 116 marks (147 fr. 29) d'après la même publication pour 1894 (p. 192). V. aussi, sur la modicité des pensions, Alb. Bigot : *L'assurance obligatoire allemande et l'assurance libre* (*La Réforme Sociale*, 1er mars 1894).

Plus récemment encore l'on constatait (Fontaine : *Revue polit. et parlement.*, octobre 1898, p. 196) que si la pension moyenne de vieillesse est encore supérieure en 1896 à la pension moyenne d'invalidité, tandis que les éléments de calcul de la première indiquent qu'elle doit rester à peu près stationnaire, la seconde doit croître lentement pendant cinquante ans et arriver au niveau moyen d'environ 225 marks (280 fr.) ; et l'auteur, très bien informé du reste, notait que le montant moyen *actuel* des pensions est encore très bas, que sa faiblesse explique le mécontentement et l'impatience.

2. Block : *loc. cit.*

3. de Châlin : *Revue générale de Belgique*, août 1898, p. 276.

4. Le mécanisme et le rôle du timbre ont été supérieurement expliqués par M. Block dans son Rapport précité (*Séances et Trav. de l'Acad. des Sc. mor. et polit.*, T. CXLIII [1895] p. 218 et suiv.)

5. L'état d'esprit attesté par des publications officielles s'est traduit par la qualification de *Klebegesetz* (*Kleben* signifie « Coller ») appliquée à la loi. Bellom : *Les assurances ouvrières en Allemagne* (*Revue politique et parlementaire*, mars 1897, p. 349).

de liquider les pensions. Une liquidation de ce genre n'est, dans aucun pays et sous aucun régime, une opération très simple. Mais sous l'empire de la loi du 22 juin 1899 elle est particulièrement délicate : le calculateur se trouve en présence d'une vingtaine de cartes, il peut y avoir sur la même carte des timbres de plusieurs classes et surtout, comme il faut compter avec les habitudes de plus en plus nomades de la classe ouvrière, des timbres de Whestphalie et des timbres de la province de Posen, des timbres des Villes Hanséatiques et des timbres de Wurtemberg. Il faut déterminer la contribution dans la pension à payer, de chaque établissement émetteur. C'est là une tâche dont la complexité ira croissante [1].

Les calculs eux-mêmes semblent assez mal établis [2]. Le régime

1. L'Administration a fait à cet égard les plus louables efforts. Néanmoins les inconvénients sont tels que l'on a sérieusement réclamé la suppression des timbres et leur remplacement par un autre système. — Bellom ; loc. cit.

L'auteur d'un ouvrage qui fait connaître le régime allemand dans ses détails (Die Arbeiterversicherung in den Europäischen Staten, Berlin, 1895) M. Bodiker, a recommandé un système confiant aux entrepreneurs l'obligation de majorer de 1/2 % le salaire des artisans à qui incomberait alors le paiement des cotisations.

2. La loi allemande repose sur des données plus ou moins hypothétiques, dit M. Grad (loc. cit.). Suivant toute probabilité le taux des salaires individuels ira en augmentant, de même que la population continuera à s'accroître tandis que le pouvoir de l'argent diminuera. On peut croire que la proportion prévue de 115 invalides à pensionner pour 1000 assurés sera dépassée ; il est à présumer que beaucoup d'assurés céderont à la tentation de se faire déclarer invalides prématurément parce que, dans le cas d'invalidité à 65 ans, ils auront droit à une rente presque double du montant de la pension de vieillesse à 70 ans. Mais si la proportion des invalides dépasse les prévisions, une hausse devient inévitable, surtout si les capitaux placés donnent un rendement inférieur aux prévisions par suite de la baisse du taux de l'intérêt.

La somme des rentes servies ayant été de 22 1/2 millions de marks en nombres ronds en 1892 et les frais d'administration ainsi que les dépenses diverses pouvant être évalués, d'après le résultat de 1891, à 4 1/2, ou 5 millions de marks, on arrive à un chiffre de dépenses réelles de 27 millions de marks environ ; en admettant que, au lieu de 89,647,300 marks les recettes s'élèvent à 100 millions de marks tant par l'intérêt des réserves que par le plus grand nombre de cotisations, on épuiserait cette somme en ayant un chiffre de rentiers un peu plus que quadruple du chiffre actuel, c'est-à-dire en arrivant à 760,000 ou 770,000 rentiers environ, jouissant de cette rente infime de 119 marks (146 fr.) par tête. Dussent les recettes de la Caisse monter ultérieurement, grâce aux intérêts accumulés et à des extensions ou augmentations de cotisations, à 130 ou 140 millions de marks (160 à 172 millions de francs), on ne pourrait avoir qu'un nombre égal à 5 ou 6 fois celui des pensionnés de 1892, avec la même pension moyenne, soit 939,000 ou 1,126,000 pensionnés ; au taux moyen 119 marks (146 fr. par tête) sur plus de 50 millions d'habitants. Ce nombre resterait inférieur à celui des habitants de l'Empire ayant 70 ans d'âge ; d'après les statistiques officielles 1,376,273 personnes, en effet, dont 619,192 hommes et 757,081 femmes ont plus que cet âge ; en en retranchant 20 % pour celles qui appartiennent à la classe riche et moyenne il reste 1,101,019 septuagénaires des deux sexes. C'est à grand'peine, autant qu'on peut en juger, si lorsqu'elle aura atteint tout son développement la Caisse officielle allemande pourra allouer sa chétive pension moyenne de 119 marks (146 fr. par tête) à presque tous les septuagénaires

financier lui-même semble laisser fort à désirer. Pour l'assurance contre les accidents le Gouvernement a, en principe et avec des modifications de détail, adopté le système de la « répartition annuelle des charges » d'après lequel le montant des charges annuelles, c'est-à-dire des sommes à verser en cas de sinistres, est réparti annuellement entre tous les membres actifs; au contraire, pour l'assurance contre l'invalidité et la vieillesse l'on a eu recours au système dit de la « couverture ou de la capitalisation » consistant à faire payer dès la première année par l'ensemble du groupe assuré, la somme annuelle nécessaire non seulement pour payer tous les sinistres de l'exercice, lequel sera pendant la première partie du fonctionnement très peu chargé, mais encore pour constituer une réserve servant à pourvoir aux charges croissantes des exercices suivants, de manière que l'annuité à verser par ou pour chaque membre du groupe soit constante [1]. On a reproché à ce système d'être non pas seulement très lourd dès le début, d'être affecté par la baisse du taux de l'intérêt, mais aussi de soustraire à la circulation des sommes énormes et de créer pour le placement de véritables dangers, en ce sens qu'il met dans la nécessité de rechercher partout et pour tous les moyens de bonnes valeurs mobilières et qu'il encourage l'Etat à faire des emprunts pour fournir un aliment aux capitaux [2].

Aussi, malgré tout ce qu'ont pu dire les partisans de la loi de 1889 [3] destinée selon le Ministre allemand, son auteur, à constituer avec les deux précédentes un ensemble d'institutions de prévoyance humanitaires que ne pouvaient manquer d'envier et de suivre les autres

---

non aisés; l'on raisonne ici comme si toutes les sommes reçues par la Caisse étaient uniquement destinées à la vieillesse, mais une partie notable, environ 20 %, l'est à l'invalidité; en tenant compte de ce que les pensions d'invalidité doivent, en moyenne, se prolonger plus que les rentes pour la vieillesse, il est probable que, arrivée à son plein fonctionnement, la Caisse allemande d'assurances contre l'invalidité et la vieillesse laissera encore un bon tiers des septuagénaires dépourvu de l'infime pension qu'elle alloue. — P. Leroy-Beaulieu : *op. cit.* T. V, p. 378.

1. Comp. sur cette importante question : Leroy-Beaulieu : *op. cit.*, T. II, p. 428, note 3 ; T. IV, p. 383 à 397 ; Bellom : *Les lois d'assurance ouvrière à l'étranger*, T. II, première partie ; Brouilhet : *loc. cit.* ; Office du Travail, *Résultats financiers de l'assurance obligatoire contre les accidents du travail en Allemagne et en Autriche*, 1892, p. 11, etc. ; Duboisdenghien : *Comparaison entre le système dit de « Capitalisation » et le système dit de « Répartition » appliqué à la constitution d'une Caisse de retraite* (*Bullet. de l'Associat. des actuaires belges*, juin 1897) ; Maingie : *ibid.* ; Adan : (*ibid.* décembre 1897) ; Maingie : (*ibid.*, décembre 1897) ; Adan : *Du mode de constitution de l'indemnité dans l'assurance contre les accidents : capitalisation ou répartition*, Bruxelles, 1897.

2. Sans se dissimuler, d'autre part, que le système de la répartition n'est pas parfait, notamment en ce qu'il semble de nature à sacrifier quelque peu l'avenir au présent, mais avec l'intention sans nul doute de l'améliorer avec la constitution d'une réserve, l'on a proposé en Allemagne de recourir à ce système pour l'assurance contre l'invalidité — Bellom : *Les assurances ouvrières en Allemagne* (*Revue politique et parlementaire*, mars 1897, p. 349, etc.)

3. V. en particulier Bœdiker : *op. cit.*

nations [1], le nouveau régime ne semble pas avoir obtenu la faveur parmi les patrons qui se plaignent à juste titre tant de la progression des arrérages payés pour rente soit pour invalidité, soit pour vieillesse, que du système de capitalisation adopté par la législation allemande ainsi que des conditions dans lesquelles fonctionne cette assurance [2]. L'accueil au sein des populations ouvrières allemandes [3]

1. Leroy : *L'assistance publique en Allemagne* (Revue générale d'administration, juin 1889, p. 174).

2. V. les observations contenues dans le Rapport présenté par M. Adan au Congrès international du commerce et de l'industrie de Bruxelles en 1897 sur *les effets de l'assurance obligatoire sur la situation de l'industrie et du commerce*, Bruxelles, 1897, p. 12, etc.

3. Cf. en particulier : Bodiker : *op. cit.*

Le Gouvernement allemand a pourtant trouvé des imitateurs en Danemark. Après avoir constaté l'insuccès de jour en jour plus certain de la Caisse communale particulière constituée en 1866 sous le nom de *Caisse des pauvres*, chargée d'assister les pauvres au moyen du produit des dons, des quêtes et des contributions communales, le Gouvernement songea d'abord à créer une institution d'État, une Caisse de retraite pour la vieillesse, dans le but de verser à partir de l'âge de 62 ans une pension annuelle à tout régnicole nécessiteux désigné par un Comité élu par l'administration de la commune, sauf appel à la direction de la Caisse ou, dans certains cas au Ministre de l'Intérieur, puis à constituer, au moyen d'une contribution imposée à toute personne habitant le Danemark, des ressources destinées à fournir une subvention annuelle et fixe à toute personne âgée de 60 ans révolus et sans moyens de subsistance.

Aucun de ces projets ne fut adopté. Une loi du 9 avril 1891 fixa un régime particulier reposant sur l'intervention de la commune.

D'après cette loi, tout sujet danois âgé de 60 ans révolus et hors d'état de subvenir à ses besoins ou aux besoins de sa famille, a droit à une pension alimentaire ou *secours*, laquelle peut, à la vérité, être remplacée par l'hospitalisation dans un asile. Si le secours doit être fourni par la commune, l'État est tenu de contribuer pour moitié aux dépenses occasionnées par la distribution de ces secours mais jusqu'à une somme déterminée. Il appartient à la commune de décider d'abord si le secours sera accordé, puis quelle en sera la quotité. Le législateur a cru devoir proclamer que ce secours (c'est l'expression qui semble le mieux convenir, car il ne s'agit pas là d'une combinaison d'assurance à proprement parler) n'appartient pas de droit à tout indigent, qu'il y a lieu d'écarter, indépendamment des condamnés, les personnes qui se sont mises elles-mêmes dans une situation nécessiteuse par l'inconduite ou des dépenses exagérées.

L'assistance allouée conformément aux prescriptions de la loi est très modeste. On a cependant fait valoir qu'elle a malgré tout soulagé bien des familles en les délivrant des besoins les plus urgents et en les affranchissant de la charité publique; l'on a ajouté aussi que cette législation laissait à l'assisté la même liberté que s'il pourvoyait lui-même à son existence, enfin qu'il n'est tenu à aucun remboursement si sa situation s'améliore de même que rien ne peut lui être retenu par compensation sur sa succession. — V. *Bullet. de Statist. et de législat. comp. du Minist. des finances*, mai 1892, p. 673; Jenssen : *Les retraites pour la vieillesse en Danemark*. (Revue polit. et parlement., janvier 1896, p. 22, etc.)

Il convient de faire remarquer que cette loi a été très discutée, (*Annuaire de législat. étr. 1891*, Paris, 1892, p. 788; Jenssen : *loc. cit.*); ses adversaires ont fait valoir qu'elle était contraire au principe qu'un secours ne doit être accordé qu'à celui qui commence par s'aider lui-même, qu'elle ne fait aucune différence entre les pauvres qui sont dignes d'intérêt et ceux qui ne le sont pas, qu'en réalité elle prête plutôt secours aux derniers qu'aux autres; on a ajouté qu'elle détruirait tout esprit de prévoyance, les pauvres,

n'est guère meilleure. Autant les assurances contre la maladie et les accidents sont vues avec faveur, autant l'assurance contre l'invalidité et la vieillesse (qui a le grand tort de pénétrer dans l'intérieur de la famille puisque la loi atteint les domestiques) paraît fâcheuse.

On en est encore à attendre les résultats que ses auteurs promettaient avec une assurance imperturbable.

Le Gouvernement allemand pensait arriver à la fusion des classes. C'était une pure et simple illusion. Quand l'État fait mine de s'ériger en Providence des travailleurs, les patrons s'habituent à se reposer sur l'État du soin de s'occuper de leurs ouvriers ; l'ingérence gouvernementale amène forcément le relâchement du lien patronal entre les chefs d'usines et leur personnel ; la séparation s'accentue : les patrons d'un côté, les ouvriers de l'autre ; l'État se place entre les deux, mais comme un mur, il les empêche de se voir [1]. D'autre part, l'autorité, dans un but facile à comprendre, espérait se concilier les masses labo-

---

même sans avoir travaillé, pouvant avoir le nécessaire lors de leur vieillesse ; qu'elle laissait l'appréciation des besoins à la discrétion des communes et qu'elle ferait naître une grande inégalité dans l'application, à raison de l'inégalité des ressources locales et du nombre des individus à secourir ; on a enfin exprimé la crainte que la charité privée n'en fût paralysée ; les partisans de la mesure eux-mêmes n'ont pas hésité à reconnaître qu'il pouvait y avoir lieu de la compléter par une loi concernant l'assurance sur la vieillesse.

L'influence des théories allemandes s'est fait sentir ailleurs.

En Suède, le Gouvernement a saisi, le 14 janvier 1895, le Parlement d'un projet soumettant à l'obligation de l'assurance tant en cas d'incapacité permanente que de vieillesse à partir de 70 ans, tous les travailleurs âgés de plus de 18 ans, à l'exception des gens de mer et des personnes affiliées à des Caisses offrant certaines garanties, la cotisation étant acquittée partie par les ouvriers, partie par les patrons et l'État versant une subvention égale à la somme acquittée par ces derniers (V. *Bullet. du Comité perman. du Congrès internat. des accid. du travail et des assurances sociales*, T. V, p. 112, etc. ; T. IV, p. 84, etc).

En Autriche, le législateur, après avoir institué l'assurance obligatoire contre la maladie et les accidents pour l'ensemble des travailleurs industriels (V. l'étude de M. Detroye : *De l'assur. obligat. contre les accidents du travail*, p. 207 et suiv.), n'a encore édicté que pour les ouvriers mineurs des mesures relatives à l'assurance contre l'invalidité et la vieillesse ; d'après la loi sur les Caisses fraternelles (*Bruderladen*) du 28 juillet 1889 modifiée sur les points de détail par la loi du 17 janvier 1890, l'ouvrier âgé a droit à une pension servie par les Caisses qu'alimentent des contributions égales des patrons et des ouvriers et graduées suivant l'âge des membres. Mais depuis longtemps l'intervention du législateur sous une forme plus générale est réclamée en Autriche.

En Belgique, il existe bien, sous l'empire de la loi du 8 mai 1850, une Caisse générale de retraite ; mais cette institution n'a pas paru suffisante et en 1895 des représentants ont déposé des projets tendant à faire établir des Caisses obligatoires de retraites ouvrières, soit pour tous les travailleurs sans exception, soit, au moins, pour les ouvriers des mines.

V. Bellom : *La question des retraites ouvrières dans les divers pays étrangers*. (*Bullet. de la Soc. de législat. comp.*, T. XXVI, 1896-97, p. 193 à 273).

1. Cf. Léon Say : *Le Socialisme d'État*, Paris, 1894 ; Leroy-Beaulieu : *Le règne de l'argent, les Sociétés par actions, le patronage et le progrès social* (*Revue des Deux-Mondes*, 15 mai 1895, p. 312).

rieuses travaillées par les socialistes et gagnées en partie à leurs doctrines ; il a pu constater qu'il n'en était rien [1].

Au contraire même, les socialistes ont pris prétexte de cette loi pour revendiquer l'assurance par l'État, à la charge intégrale de l'État [2]. On peut demander s'il est possible de considérer comme suffisante la perspective d'une pension généralement fixée à 150 fr. (le maximum de 238 fr. 75 c. étant très rarement atteint) [3], accordée à une époque beaucoup trop éloignée [4], bien souvent avec des lenteurs très notables [5].

On n'est guère porté à admettre un système qui enlève à la famille le profit des versements lorsque le déposant est mort avant 70 ans, qui ne laisse à la jeune fille qui se marie la possibilité de toucher beaucoup plus tard que la moitié seulement des versements effectués par elle, qui par les cotisations immédiatement exigibles fait surtout obstacle à l'épargne en vue d'un établissement individuel ou d'une œuvre coopérative. On goûte peu la combinaison qui

1. En 1896 on comptait pour le Reichstag 774,482 voix socialistes ; aux élections de 1898 ce chiffre a dépassé 2,000,000.
2. Cauwès : op. cit., T. III, p. 536. Plus on accorde au socialisme et plus il croit pouvoir exiger. Sachant que les Caisses nationales doivent suffire à tous les besoins, le travailleur manuel s'habitue à compter sur la collectivité, dont le concours, du reste, lui paraît insuffisant ; insensiblement la population ouvrière s'abandonne à la tutelle de l'État et bientôt elle en arrive à se considérer comme ayant un droit et un droit absolu non pas à l'assurance, mais à l'assistance. — Cf. Béchaux : Les revendications ouvrières en France, Paris, 1894, p. 236.
3. Cette somme est hors de proportion avec les sacrifices imposés à la classe laborieuse. C'est ce que M. de Ghélin a fort bien démontré (Revue générale de Belgique, août 1898, p. 275). Sur un total de 193 millions, la classe ouvrière a fourni pour les assurances dites sociales 45 millions de marks ; or, de 1891 à 1896, le taux moyen de la rente vieillesse a oscillé entre 120 et 135 marks. Comp. Bulletin de l'Office du Travail, (février 1896, p. 13) ; Costier : Des retraites ouvrières, p. 118.
4. L'âge fixé est 70 ans ; le législateur allemand a considéré que jusqu'à cette époque de la vie le travail était possible. Ce n'est pas exact. Aux approches de la 60e année, le travailleur n'a plus guère la force suffisante pour venir fructueusement à bout de son labeur. Si en France un fonctionnaire se considère à 55 ou 58 ans comme assez fatigué pour réclamer une pension, à plus forte raison l'homme adonné aux professions manuelles, mis très jeune à la tâche la plupart du temps, assez mal nourri généralement, n'ayant pas toujours reculé devant des excès, peut à 60 ans être considéré comme un vieillard ? Il est vrai que l'abaissement de l'âge fixé primitivement amènerait une dépense excessive ; pour accorder une pension de 1 fr. en moyenne par jour à la population ouvrière de l'Allemagne à 57 ans, il faudrait, selon des calculs très rigoureux (V. Leroy-Beaulieu : op. cit., T. IV, p. 379, etc.), dépenser annuellement 1 milliard 566 millions 1/2.
5. Si l'on a constaté que des ouvriers qui n'avaient rien payé ont touché une somme, on a noté aussi que d'autres qui avaient versé les cotisations n'ont rien reçu.
La loi contient si bien des lacunes que plusieurs fois l'autorité compétente a refusé d'attribuer une indemnité à l'ouvrier qui pourtant semblait bien avoir introduit une réclamation justifiée. — V. l'article de M. de Frankenberg sur Les Assurances ouvrières en Allemagne (Archiv für sociale Gesetzgebung, XII, 1).

est de nature à tendre les relations entre les ouvriers et le patron
considéré comme « un percepteur forcé », obligé de renoncer à tout
recouvrement mais amené aussi à retirer leur gagne-pain à des ouvriers demi-valides que l'on garderait par pitié, mais dont le départ
s'impose en présence des charges que leur maintien occasionnerait
à la caisse.

On pensait aussi arriver à restreindre les dépenses de l'assistance
publique dont l'insuffisance est reconnue de tous[1]. On espérait que la
plupart des assurés devant nécessairement tomber à la charge de l'Assistance publique, l'allocation d'une pension permettrait de diminuer
les secours. Or, toutes les statistiques établissent de la façon la plus
formelle que l'assurance ouvrière n'a empêché de s'accroître ni le
nombre des indigents, ni le montant des secours[2]. Des enquêtes ont
été faites et les renseignements les plus complets ont été réunis[3],
rares sont les villes qui ont déclaré se féliciter des bons résultats de
l'assurance obligatoire; d'une façon générale le coût de l'assistance
depuis plusieurs années a subi un renchérissement notable.

La réforme des assurances ouvrières est à l'ordre du jour en Allemagne[4]. On semble trouver que ce régime qui rend plus difficile l'acti-

1. V. un bon article de M. Leroy sur *L'Assistance publique en Allemagne*.
(*Revue générale d'administration*, juillet et août 1889, p. 257, etc.; 393, etc.).
2. V. Block : *L'influence de l'assurance ouvrière sur l'assistance publique* (*Revue
politique et parlementaire*, janvier 1898). Le savant statisticien fait, d'après
les renseignements officiels, un rapprochement des plus instructifs entre les
nombres proportionnels des deux années extrêmes (1884 et 1893). En 1884,
sur 100 habitants de Berlin, 15,80 étaient secourus; en 1893, 36,04. Les secours s'élevaient en 1884 à 554 marks par 100 habitants et à 663 marks en
1893. Pour la Bavière, on trouve en 1884 3,47 secourus par 100 habitants et
3,16 en 1893; en revanche, le montant des
secours par 100 habitants est monté de 95 marks à 99. En Wurtemberg, qui
est un pays bien prospère, on n'a secouru en 1884 que 1,38 habitants sur
100 et en 1893 1,82. Les secours ont monté de 155 marks par habitant à 173.
La province de Prusse occidentale a vu le nombre des secourus augmenter
du 3 à 3,29 0/0 et le montant des secours de 109 à 144 marks dans la période
décennale 1884-93.
V. aussi le tableau rapporté dans le travail de M. Raffalowich : *Une enquête allemande sur les résultats de l'assurance ouvrière au point de vue de l'assistance publique* (*Séances et Travaux de l'Acad. des Sc. Mor. et Polit.*, T. CXLV,
1896, p. 174).
3. Le document qui rend compte de l'Enquête (*Vierteljahrshefte zur Statistik
des deutschen Reichs*, 1897, II) est particulièrement optimiste. (V. en ce sens
une notice dans *Zeitschrift d. g. Staatswissenschaft*, 53e année, fasc. 4 et le résumé que le *Bulletin de l'Office du Travail* du Ministère du commerce a donné
d'après la publication officielle allemande. — *L'Assurance Moderne*, 31 juillet
1897, p. 169, *Revue philanthropique*, septembre 1897, p. 790.) Aussi convient-il
de n'aborder cette étude qu'après la lecture soit de la brochure de M. de
Reitzenstein (*Arbeiterversicherung, Armenpflege*, etc., présidées du Comité
d'enquête, qui a cru devoir formuler des réserves, soit du travail de M.
Raffalowich, soit des études de M. Block.
4. V., outre le travail de M. Block, cité plus loin, l'article sur *Le Projet de
réforme de l'assurance contre l'invalidité et la vieillesse en Allemagne* dans *L'Argus*
du 11 octobre 1896, l'étude de M. Bellom insérée dans le numéro de mai 1897
de la *Revue politique et parlementaire* et la note de ce spécialiste dans le *Bul-

vité productive [1] accumule des charges sur les uns [2] sans satisfaire
complètement les autres, qui augmente dans des proportions considérables le nombre des bénéficiaires de l'assurance vivant au détriment
de tous [3], est de nature à inspirer des inquiétudes pour l'avenir. La
législation concernant la vieillesse et la maladie n'a pas échappé aux
projets de révision.

En laissant de côté le mode de constitution qui ne paraît avoir satisfait personne et qu'il a été question de transformer [4], ainsi que la
question du chiffre de la pension [5], il faut reconnaître que l'on est loin
de se trouver d'accord pour les simples questions de détail ou d'organisation.

Les uns ont proposé de joindre les Caisses de maladie aux assuran-

---

tetin de la Société de législation comparée, janvier 1899, p. 97 à 101 ainsi que la
communication sur La question des retraites ouvrières dans les divers pays
étrangers. (Bullet. Soc. législ. comp., T. XXVI, 1896-97, p. 193.)

1. Dès 1893, M. Raffalowich mettait ce fait en lumière dans son article sur
Les conséquences de la législation ouvrière en Allemagne (L'Économiste français,
1er avril 1893) ; depuis, les statistiques n'ont fait que consacrer ce sentiment.

2. Quand l'assurance invalidité-vieillesse aura atteint son plein fonctionnement au bout de 40 ans, lit-on dans la Revue politique et parlementaire (octobre 1898, p. 195), il y aura en Allemagne, sur 100 assurés, un pensionné
pour vieillesse et 11 pensionnés pour invalidité ; c'est-à-dire que, pour une
population totale de 50 millions d'habitants il y aura 4,600,000 personnes
qui jouiront ensemble de 330 millions de marks de pension (415 millions de
francs), dont 78 millions de marks à la charge de l'État (environ 95 millions
de francs).

3. Si l'on prend la population de l'Empire d'Allemagne dans son ensemble, sur 20 personnes il en existe une au moins qui jouit du bénéfice de
l'assurance; si, d'autre part, on ne prend que la population ouvrière, sur
10 personnes, une au moins jouit, en même temps que sa famille, de ces
bénéfices. — Cf. Résultats des lois sur l'assurance ouvrière (Revue générale d'administration, novembre 1898, p. 337.)

4. En 1896, on a proposé au Conseil fédéral de remplacer les contributions
des patrons et des ouvriers par un impôt général, sous prétexte que l'assurance contre la vieillesse et l'invalidité était non de droit privé, mais de
droit public et que la communauté tout entière était intéressée à son per-
fectionnement.

Le Gouvernement impérial a reculé devant cette extrémité.

D'abord, il n'apercevait pas le moyen pratique d'opérer cette addition proportionnelle aux impôts d'État constitués sur l'importance du revenu, cette
branche de la législation fiscale étant très variable d'un État à l'autre.
Ensuite il a compris que le bénéficiaire devenant un pensionné de l'État,
les indemnités d'assurance ne représenteraient plus un droit acquis par des
sacrifices personnels et se confondraient avec les secours de l'assistance
publique. Enfin il a entrevu qu'il ne subsisterait, en bonne logique, aucun
motif de limiter l'assurance aux ouvriers salariés, le bénéfice devant en
être étendu à tous les citoyens de l'Empire. On se trouverait, en effet, placé
entre ces deux absurdités : la collectivité assurant arbitrairement une partie de la collectivité, la collectivité assurant toute la collectivité. On ne fait
pas au socialisme sa part. Quand on est lancé sur cette pente, on arrive,
à force de vouloir faire de l'assurance obligatoire, à supprimer l'assurance
elle-même. — Arth. Desjardins : Observations à l'Acad. des sciences morales
et politiques (Séances et Travaux, T. CXLVII, 1897, p. 993).

5. Si l'on parle d'élever la pension, qui est véritablement dérisoire, il n'est
pas vraisemblable que l'on arrive à une surélévation. — V. Revue politique
et parlement., janvier 1898, p. 61-62.

ces contre la vieillesse; d'autres ont demandé de réunir entre les mêmes mains les institutions chargées d'attribuer des pensions pour les accidents et des pensions pour la vieillesse et l'infirmité, de manière à ce que chaque assuré n'eût à s'adresser qu'à une seule assurance au lieu de deux (accidents et vieillesse), ce qui serait une simplification d'une grande portée, car on réduirait de moitié le personnel des fonctionnaires gratuits si difficile à recruter et l'on supprimerait bien des frais et des difficultés de procédure. Le système qui maintient séparément les Caisses de maladie, tout en les mettant dans un rapport plus étroit avec les assurances attribuant des pensions, paraît plus apprécié. Il serait ainsi organisé : 1° la pension de vieillesse et celle d'infirmité seraient au même taux et partiraient, pour les hommes, de 12 marks (15 fr) par mois, et de 9 marks (11 fr. 25 c.) pour les femmes; cette pension minimum serait accordée à tous les vieillards (70 ans) et infirmes qui prouveraient, de quelque façon que ce soit, qu'ils ont travaillé dans les 5 (ou, si l'on veut, dans les 3) dernières années; mais l'impétrant qui prouverait, au moyen d'un livret *tout facultatif*, qu'il a travaillé et versé plus longtemps que cela, aurait droit à une pension proportionnelle à ses versements, la pension augmenterait de 1 mark par mois jusqu'au triple du minimum, et serait au maximum de 36 marks par mois pour les hommes et de 25 pour les femmes; — 2° les versements pour la vieillesse et l'invalidité ne comporteraient plus la capitalisation des rentes à payer; les sommes dues sous la forme de pension, comme les frais, seraient réparties annuellement ou plutôt trimestriellement sur les employeurs, en proportion des salaires qu'ils paient à leur personnel, et les 400 millions de fonds déjà accumulés serviraient de fonds de réserve. On ne répartirait plus les pensions dues entre les établissements des diverses régions dans lesquelles l'ouvrier aurait travaillé; on considérerait l'ensemble des établissements comme liés par un pacte de réassurance [1].

Mais la réalisation de ces projets n'améliorera pas la situation. L'assurance ouvrière est une organisation très compliquée qui cause de très importantes dépenses... sans atteindre complètement son but. Au point de vue social, loin de diminuer, les griefs ont augmenté lorsque l'on a considéré que la pension atteignait à peine 150 fr. ou même 150 marks. Au point de vue financier, des inconvénients sérieux se produiront : le système de la capitalisation accumulera les capitaux à placer, environ 400 millions en quatre ans et même davantage; que sera-ce dans 20 ou 30 ans et quel en sera l'effet sur les affaires? Assurément l'on a proposé de remplacer la capitalisation par la répartition, mais les encaissements ne seront pas diminués. Et d'abord tous

1. Block · *L'assurance ouvrière en Allemagne et les récents projets relatifs à sa transformation (Revue politique et parlement.,* mars 1896, p. 495, etc.)

le système des assurances à pension devient un véritable impôt, car c'est le percepteur qui en reçoit le montant. C'est l'employeur qui avance le tout et ne se fait rembourser qu'une faible partie de ses avances; il est imposé d'après des rôles et il n'y a aucune remise possible dans les mauvaises années.

En un mot, on accroîtra les charges des employeurs, sans diminuer le mécontentement des employés; on rendra les entrepreneurs moins aptes à concourir sur le marché universel, ce qui ne fera qu'augmenter le nombre des sans-travail [1].

1. Block : *loc. cit.*, p. 408 et 409.

CHAPITRE CINQUIÈME

ASSURANCE OBLIGATOIRE CONTRE LA VIEILLESSE
POUR LES OUVRIERS MINEURS

Le Parlement français s'est, jusqu'à ce jour, refusé à organiser l'assurance obligatoire contre l'invalidité et la vieillesse[1]. Cette résistance toutefois n'a pas été absolue. Une loi du 29 juin 1894, complétée sur des points de détail relatifs à son mode d'exécution par les lois du 19 décembre 1894 et du 16 juillet 1896, a réglementé les Caisses de secours et de retraites des ouvriers mineurs, en réalité a introduit en France, pour une seule industrie, celle des mines, le régime de l'assurance obligatoire[2].

Malgré la répugnance qu'il éprouvait alors (et que ses successeurs ne devaient pas éprouver) le législateur a cru qu'il lui appartient d'intervenir pour cette industrie spéciale. Plusieurs raisons paraissent l'avoir déterminé.

D'abord le caractère de la propriété minière. Le concessionnaire

---

1. Le système allemand n'a rien qui doive séduire le Français. Du reste, on ne voit pas pour quelle raison il serait implanté chez nous; il ne convient pas plus aux Français qu'aux Anglo-Saxons et aux Italiens. Issu de la philosophie allemande, le Socialisme d'Etat dont la loi du 22 juin 1889 n'est que l'expression, légitime en Allemagne, est bâtard partout ailleurs. Ainsi que l'a fort noté M. Léon Say (*Le Socialisme d'Etat*, p. 2), il est né chez nos voisins d'outre-Rhin de leur histoire et de leurs mœurs; il est tout à la fois impérial et féodal, c'est-à-dire qu'il est le Benjamin de la centralisation, sans pour cela que le particularisme lui soit hostile.

D'autre part, cet organisme obligatoire dispenserait peu à peu les patrons de l'accomplissement du devoir social qui leur incombe. Si en France l'Etat entrait dans la voie où s'est engagée l'autorité allemande, nombre de patrons abandonneraient les libres institutions créées par eux (institutions qui se généralisent de plus en plus) et laisseraient à la puissance publique l'organisation de toute institution sociale. — Béchaux : *Les revendications ouvrières en France*, p. 236.

2. C'est le caractère que dès le début on a donné à cette loi. — V. *L'Economiste français*, 18 août 1894, p. 203.

n'est pas dans une situation normale, il peut être, en raison des dangers qui menacent la vie des ouvriers mineurs, soumis à des conditions spéciales puisque des règles ont été constamment édictées au point de vue de la sûreté publique, des besoins des consommateurs, de la conservation des travaux [1]. En second lieu, il y a la nature du risque. Ce risque professionnel est plus redoutable que partout ailleurs ; les mineurs ne sont pas des ouvriers ordinaires ; séparés souvent de leur mort par la longueur seule de leur pic, soumis aux coups de feu, aux éboulements, aux inondations, ils luttent toute leur vie contre le danger et contre un danger pour lequel les prévisions ne peuvent rien : ce n'est pas trop demander à l'homme qui emploie des ouvriers à des travaux dangereux par leur nature de les entourer d'une sollicitude toute spéciale et même de les forcer à être prévoyants [2]. D'un autre côté, il y a les précédents historiques. De tout temps l'autorité a cru de son devoir d'intervenir, non seulement sous l'ancien régime, à l'époque d'Henri IV, lors de l'Édit du 14 mai 1604, mais à une époque ultérieure, sous le règne de Napoléon [3]. Enfin à plusieurs reprises l'autorité avait été invitée à intervenir [4]. Bien que durant de longues années les secours et les

1. Dupont : *Traité pratique de la jurisprudence des mines*, 2e édit., Paris, 1862. T. II. p. 38 et 39.

2. Dupont : *op. cit.*, p. 36 et 37.

3. Cf. Dupont : *op. cit.*, p. 39 ; Féraud Giraud : *Code des mines et mineurs*, Paris, 1887, T. III, p. 387.
Le décret du 3 janvier 1813 obligeait (art. 15 et 16) les exploitants à entretenir sur leurs établissements les médicaments et les moyens de secours nécessaires en cas d'accidents et, aussi, à entretenir à leurs frais un chirurgien et il disposait expressément (dans son art. 20) que les dépenses qu'exigeraient les secours donnés aux blessés, noyés ou asphyxiés seraient à la charge des exploitants. Tout naturellement, il se forma des Caisses de secours, elles prévirent le cas de maladie comme celui d'accident, et les cotisations furent, en conséquence, payées par les ouvriers en même temps que par l'exploitant. Puis les Caisses furent amenées à donner des secours aux vieux ouvriers invalides ; ces secours, auxquels ne correspondait aucun versement précis du bénéficiaire, prirent cependant le nom de *pensions*. Bientôt l'on fut choqué de leur modicité et des conditions précaires de leur octroi, les réclamations retentirent dans les grèves et l'on en vint à réglementer les versements et le droit à la retraite. — *Revue politique et parlementaire*, avril 1898, p. 152 et 153.

4. V. notamment le résumé de M. Delecroix dans son étude sur *Le contrat de travail* (*Revue de la législation des mines*, 1885, p. 116, etc.)
Tout en reconnaissant avec M. Keller, auteur d'un très important Rapport (*Annales des mines*, 8e série, 1884, T. VI, p. 321), que les Caisses privées alimentées par les salaires des ouvriers faisaient du bien, M. Aguillon, dès 1886, soutenait (*Législat. des mines franç. et étrang.*, Paris, 1886, T. II. p. 363) que ce qui était préférable c'était le recours à la Caisse Nationale des retraites ; parce qu'elle avait l'organisation la plus satisfaisante et la plus économique. Les autres Caisses, disait cet ingénieur, peuvent actuellement fonctionner parce qu'elles sont dans la première période où les contributions dépassent encore les pensions à servir ; on peut être certain qu'elles ne pourront subsister dans leur organisation actuelle, les cotisations devront être forcément augmentées dans l'avenir ou les pensions diminuées.

M. Féraud Giraud, d'autre part, se prononçait également pour la distinc-

retraites pour les ouvriers, travaillant dans les mines aient été assurés par des Caisses privées [1] alimentées soit par les retenues sur les salaires des mineurs et par des subventions proportionnelles des exploitants, soit par des retenues sur les salaires seulement, soit par des subventions fournies par les exploitants, et malgré les bons résultats qui avaient été obtenus [2], on a prétendu que les ouvriers n'étaient pas suffisamment protégés [3], qu'ils n'avaient nullement la certitude

tion de la Caisse de secours et de la Caisse de l'établissement, par le motif que la gêne et la ruine de la seconde amenaient forcément la gêne et la ruine de la première (Code des mines et mineurs, Paris, 1887, T. III, p. 390).

1. Ces Caisses aussi nombreuses que bien organisées ont été bien des fois décrites. V. Dupont : op. cit., T. II, p. 3, etc. ; Salomon : Les Caisses de secours et de prévoyance des ouvriers mineurs en Europe ; Paris, 1878.

2. Cf. l'exposé de M. Ch. Gomel (Les Caisses de prévoyance obligatoires au profit des ouvriers mineurs, Paris, 1888, p. 46 et suiv.) rédigé d'après le rapport de M. l'ingénieur en chef Keller (Annales des mines, 8ᵉ série, 1884, T. VI, p. 324), et d'après d'autres renseignements ; Gibon : Retraites organisées par les Compagnies houillères au profit des ouvriers mineurs (Mémoires de la Société des ingénieurs civils, mai 1895, et tirage à part, Paris, 1895) ; le très remarquable article de M. Arthur Desjardins : Les mines et les mineurs (Revue des Deux-Mondes, 15 avril 1885), sans oublier l'ouvrage quelque peu ancien de M. Reybaud (Le fer et la houille, Paris, 1874), dont les renseignements au point de vue social ont été groupés dans notre étude sur Le régime des manufactures du fer paru dans L'Économiste français en 1874.

Dans ses Observations à la Société de législation comparée (Bull. de la Soc. de législat. comp., T. XV, 1885-86 p. 358, etc.) M. Hubert-Valleroux, insistant sur le bien que réalisent les institutions privées, notait qu'en 1882 d'après une communication faite à la Société de Statistique de Paris (V. L'Économiste français, 17 octobre 1885), sur 113, 317 individus employés au travail des mines 109, 237 (98 0/0), profitaient des Caisses établies par l'initiative des Compagnies. Au moment où fut votée la loi du 29 juin 1894, dans 97 exploitations représentant 126,000 ouvriers ou 86 0/0 du personnel ouvrier des mines, il était servi soit par les exploitants, soit par les Caisses, 13,874 pensions.

La moyenne de la pension de retraite pour la vieillesse était de 205 fr. pour les pensions à la charge des exploitants, de 284 fr. pour les Caisses constituées au moyen des prélèvements sur les fonds et les recettes annuelles ; en général les pensions étaient, en partie seulement, il est vrai, réversibles sur la tête de la veuve du pensionné. — V. La Situation des Caisses de retraites des ouvriers mineurs antérieurement à l'application de la loi du 29 juin 1894 (Bulletin du Comité permanent du Congrès internat. des accidents du travail et des assurances sociales, 1895, nᵒ 3) et Bullet. de l'Office du Travail, 1897, nᵒ 1. — Cf. Claudio Jannet : L'Assurance obligatoire, Paris, 1888, p. 21.

3. Dans un travail, qui ne manque pas d'intérêt d'ailleurs, M. Butel a résumé les critiques dirigées contre les institutions privées. D'après lui, 15 ou 18 0/0 des ouvriers arrivaient seuls à la retraite.

D'après lui, les ouvriers retraités pouvaient avoir 5 ou 600 fr. de pension, beaucoup d'autres, renvoyés sans motifs, étaient privés de tout droit à la retraite, dans les mines d'Aniche, par exemple, si un employé ayant travaillé pendant 15 années consécutives et ayant supporté une retenue de 3 0/0 pouvait avoir droit à une pension, le Conseil d'administration « composé exclusivement de patrons » était en mesure de le renvoyer et de lui faire perdre le bénéfice de ses versements antérieurs, un mineur de Decazeville âgé de 58 ans avait été renvoyé par la Compagnie sans raison plausible, malgré ses 38 ans de services M. Butel faisait valoir aussi que les pensions même acquises et fixées pouvaient être supprimées dans certaines circonstances graves dont le Conseil d'administration restait seul juge, ce qui ouvrait la porte à l'arbitraire, à la suspension à raison des opinions politiques ou autres, mais surtout que le désastre de l'établissement pouvait amener la sup-

d'obtenir des ressources pour leurs vieux jours [1].

On a considéré [2] que les retraites n'existaient pas dans le plus grand nombre des mines ou ne reposaient que sur des bases incertaines et des contrats temporaires ; quand elles existent, a-t-on dit, elles sont insuffisantes et n'atteignent que dans des cas exceptionnels l'impor-

pression de la pension, la disparition du fonds destiné à l'alimenter, notamment quand il n'y avait pas de réserve distincte. — Butel : *Les institutions de prévoyance des ouvriers mineurs en France* (Revue internationale de sociologie, juillet 1895).

1. La situation juridique des Caisses alimentées totalement ou partiellement par les salaires des ouvriers avait pourtant été bien fixée par les auteurs et par la jurisprudence. V. notamm. Féraud Giraud : *Code des mines et mineurs*, T. III, p. 481 ; Delecroix : *Législation relative aux Caisses de secours des ouvriers mineurs en France et en Belgique* (Bull. de la Soc. de législat. comp., T. XV, 1885-86p. 336, etc.).

La Caisse a été considérée comme une Société ou une association *sui generis* différente de la Société réglée par l'art. 1383 C.Civ., comme un être moral, distinct de l'exploitant ou de la Société exploitante, (Trib. civ. Saint-Étienne, 20 février 1889, *Revue de la législat. des Mines*, 90,235), capable d'ester en justice à ce titre, ayant des droits, soumis aux Statuts dont les dispositions (sauf celles illicites), lesquelles doivent être réputées non écrites) forment la loi des parties (Lyon, 26 août 1884, *Rev. de la législ. des mines*, 85,214, et Cass., 30 juillet 1884, *ibid.*, 85, 205) et soumis pour le jugement des différends à l'autorité judiciaire, (Douai, 15 décembre 1888 et 22 février 1888, *Rev. de la législ. des mines*, 86,344 ; 88,233), contractant envers les membres affiliés des obligations, notamment l'engagement de faire participer, en retour des versements, aux avantages promis, (Douai, 24 novembre 1871, D. P. 72, 2, 17 et sur pourvoi Cass. 18 juin 1872, D. P., 72, 1, 173 S. 72, 1, 286 ; — V. *ibid.*, le rapport de M. le conseiller Tardif). On a même prétendu que les relations de l'ouvrier avec l'être moral constitué par la Caisse pouvaient être identifiées en droit aux relations découlant d'un contrat d'assurance passé avec une Compagnie d'assurances recevant comme primes les retenues sur les salaires (Aguillon : *Législation des mines franç. et étrang.*, T. II, p. 356).

Du principe que les Statuts forment la loi des parties et que l'adhésion à la Caisse constitue un engagement ferme, on en a déduit que l'ouvrier qui cesse de faire partie d'une Caisse est hors d'état de réclamer la restitution, même sans intérêt, des versements faits par lui si les Statuts stipulent qu'ils sont acquis à la Caisse, quel que soit le motif du départ de l'ouvrier (Douai, 29 mai 1884 ; Trib. civ. Saint-Étienne, 10 décembre 1888, *Rev. de la législ. des mines*, 90,235, et *ibid.*, renvois de jurisprudence), rien n'interdisant, il est vrai, d'effectuer le remboursement (Trib. civ. Grenoble, 23 janvier 1893, *ibid.* 93,100) ; — qu'il faut s'en tenir au texte des Statuts, que par suite lorsque la délivrance de la pension en est subordonnée à l'âge de 55 ans et à un service de 30 années l'ouvrier qui quitte l'exploitation sans avoir atteint 55 ans est privé de la pension bien qu'ayant la durée de services exigée (Lyon, 3 mars 1892, *ibid.*, 93,162) ; — que l'ouvrier dont la situation est régulière d'après les Statuts et Règlement a un droit acquis à la pension, que dès lors le Conseil d'administration ne saurait, même pour des motifs graves, supprimer la pension acquise et fixée (Douai, 24 novembre 1871, et Cass. 18 juin 1872, précités), à moins qu'il ne s'agisse d'une mesure générale motivée par les circonstances et les faibles ressources actuelles de la Caisse (Douai, 15 décembre 1886, et Dijon, 28 juin 1888, *Rev. de la législ. des mines*, 86,344 ; 88,233.

Mais bien entendu, ces solutions ne sauraient recevoir application qu'à l'égard de Caisses alimentées par les retenues et non pas à l'encontre de celles recevant les seules subventions du patron. (V. notamm. Cass. 10 avril 1893, *ibid.* 93,230).

2. Mazeron : Rapport à la Chambre des Députés (*Journ. Off.*, Doc. parlem., décembre 1885, p. 1242 et S.94,1,774).

tance des aliments ; l'on a relevé également que les conditions d'âge
et d'années de service combinées étaient tellement dures qu'un nombre insignifiant d'ouvriers pouvait, à raison surtout des fatigues du
métier et des maladies spéciales qui en sont la conséquence, arriver
à les remplir ; on a reproché aussi à l'administration des Caisses d'appartenir souvent, de par les Statuts, d'une manière exclusive aux
exploitants, et, en fait, d'être partout dans leurs mains ; on a insisté
sur ce fait que les Caisses servaient à des dépenses étrangères ou
même directement contraires à leur but, et particulièrement sur ce
que le bénéfice des retenues se trouvait perdu pour l'ouvrier quittant
volontairement une exploitation ou renvoyé [1].

D'autre part, il n'est pas téméraire de penser que sans s'arrêter aux
critiques formulées par les spécialistes qui soutenaient qu'une législation particulière était de nature à porter le trouble et la désorganisa-
tion dans des institutions prospères [2], l'on a voulu réagir contre les
différences qui existaient entre les différentes Caisses et imposer
l'uniformité, comme si en pareille circonstance la symétrie et la concordance sont d'une absolue nécessité, et comme s'il ne faut pas s'attacher

1. Ces objections avaient une importance plus apparente que réelle. Si le
droit à la pension n'est acquis que pour les ouvriers restant au service
d'une même Compagnie de telle sorte qu'en cas de départ, même par renvoi, ils perdent tout droit à la pension, cette situation est celle des agents
de l'État astreints à des retenues obligatoires sur leur traitement et qui
perdent ces retenues lorsqu'ils quittent ou lorsqu'ils meurent sans avoir de
droits acquis à la retraite, ou encore lorsqu'ils sont congédiés, ce qui peut
arriver et arrive à des agents ayant 29 ans et demi de services, la pension
n'étant acquise qu'à 30 ans de service.

Pour justifier une réforme on a fait valoir aussi que les Compagnies ne
constituent pas de Caisses à part pour les retraites ; qu'elles ne capitalisent
pas les retenues lorsqu'elles en font sur les salaires, non plus que leurs
propres allocations, qu'elles les passent en écritures et sont débitrices des
retraites. L'on a insisté sur ce qu'un tel procédé peut avoir de dangers très
réels et en réponse à cette objection que l'État agit de même, le rapporteur
s'est empressé de répondre : « Si l'État fait mal, ce n'est pas une raison
pour que nous prenions exemple sur lui. » Naturellement on s'est empressé
de citer le fameux exemple de la Compagnie de Terrenoire qui, ayant été
mise en faillite et sans avoir constitué de Caisse de retraite à part, les ouvriers furent considérés comme de simples créanciers chirographaires et
admis comme tels au passif de la faillite. Cet exemple, que l'on cite volontiers car il est unique et encore il ne s'applique pas à une Compagnie minière, — toutes ces Compagnies paient et ont payé exactement les retraites
promises — a paru produire un grand effet sur le Parlement et on est revenu
sur cette idée ; les ouvriers actuellement n'ont aucune garantie pour l'avenir, il faut leur en donner une, d'où la création d'un fonds spécial — V.
Hubert-Valleroux : *La loi sur les Caisses de secours et de retraites des ouvriers
mineurs* (*L'Économiste français*, 18 août 1894).

Bien antérieurement M. Féraud Giraud (*op. cit.*, T. III, p. 421), avait recommandé d'établir les Caisses par groupes d'exploitations de sorte que si
l'ouvrier, en quittant la mine, ne quittait pas la région, sa situation pût
rester la même.

2. Delecroix : *Législation relative aux Caisses de secours des ouvriers mineurs en
France et en Belgique* (*Bull. de la Soc. de législat. comp.*, T. XV, 1885-86, p. 357).

exclusivement à rechercher si les Caisses vivent et si elles répondent bien aux besoins [1].

Tels sont les motifs qui ont déterminé le vote de la loi du 29 juin 1894 destinée, dans la pensée de ses auteurs, à assurer des pensions de retraite à l'âge de 55 ans et à « remplacer le régime de bon plaisir et de charité, actuellement existant en cette matière, par un régime de mutualité et de droit. »

Plus simplement c'est une loi tendant à accorder, dans des conditions particulières, aux ouvriers et employés des exploitations de mines le droit à des secours en cas de maladie ou d'infirmité faisant obstacle au travail ainsi qu'à des pensions de retraite.

Faite pour les mines, c'est-à-dire pour les exploitations ouvertes sur des gîtes concédés, mais susceptible d'être étendue dans son application aux minières et aux carrières tant souterraines qu'à ciel ouvert [2], cette loi se caractérise par la proclamation de deux principes. D'un côté, bien que l'industrie minière paraisse établie sur des droits identiques à ceux des autres industries pour lesquelles le législateur ne songe point à édicter des prescriptions [3], elle repose sur l'intervention de l'État à raison de la nature des travaux, des dangers particuliers qu'ils font courir, ainsi que du caractère du droit qui appartient à l'exploitant. D'un autre côté, elle consacre ce principe, fort contestable, il faut en convenir [4], de l'obligation pour les versements

---

1. C'est ce que dit fort bien un éminent jurisconsulte, M. Arthur Desjardins, dans son étude si intéressante sur *Les mines et les mineurs* (*Revue des Deux-Mondes*, 15 avril 1885, p. 870).

2. L'application de la loi, en pareil cas, a lieu en vertu d'un décret rendu en Conseil d'État sur la proposition du Ministre des Travaux Publics. Les demandes peuvent être formulées tant par l'exploitant que par les ouvriers et employés d'une carrière; elles devront être examinées par les ingénieurs des mines. V. Circul. du Min. des Trav. publ. en date du 30 juin 1894 sur l'application de la loi du 29 juin 1894 (*Journ. Off.*, 30 juin 1894 et S. 94,4,788), et Décr. 25 juillet 1894, S. 94,4,790.

3. Gibon : *op. cit.*, p. 17.

4. Ce n'est pas sans raison que l'on a protesté contre toute disposition enlevant une fraction du salaire à la disposition des ouvriers. Somme toute, ceux qui travaillent dans les mines sont des citoyens au même titre que les autres, donc ils devraient être, comme ceux-ci, libres de régler ce qui convient à leurs intérêts. Leur valeur morale est aussi grande que celle des autres travailleurs manuels. Ils prouvent depuis longtemps, en s'imposant volontairement sur leurs salaires des retenues destinées, au service des secours en cas de maladies et d'accidents, qu'ils sont très capables de prévoyance. Dès lors, comment justifier qu'on les mette, par une loi, dans un état d'infériorité économique vis-à-vis des ouvriers industriels et agricoles, qu'on fasse législativement emploi d'une portion de leurs gains et qu'on leur impose l'épargne obligatoire? S'il est une liberté qui paraisse légitime, c'est celle de ce contrat de travail — Gomel : *op. cit.*, p. 7.

En ce qui concerne les patrons, l'obligation semble tout autant contestable. Si l'État peut exercer un droit de surveillance, c'est uniquement au point de vue technique et en vue de l'observation des règles de l'art. Assurément le décret du 3 janvier 1813 confère au Gouvernement le droit de prescrire toutes mesures de nature « à améliorer la condition matérielle des ouvriers des mines », mais ce décret a été rendu par application des pou-

incombant pour moitié aux patrons et pour moitié aux ouvriers et employés, obligation qui pour les patrons ne se justifie pas, car de deux choses l'une, ou l'exploitation donne des bénéfices et alors la contrainte devient inutile et n'est plus qu'un mauvais procédé de gouvernement, toutes les Compagnies florissantes faisant de leur plein gré ce qu'on prétend leur imposer de force ; ou, au contraire, l'exploitation ne donne que des pertes, et en pareille circonstance il est déraisonnable de forcer la main au concessionnaire, car sur quoi prélèveront-ils leur part contributive? Il se peut que ce sacrifice, si léger qu'on le suppose, lasse les chefs d'industrie déjà mécontents et provoque une liquidation hâtive, et en ce cas si les ouvriers n'ont plus d'ouvrage on aura bien mal compris leurs intérêts [1].

Enfin cette loi se caractérise par cette circonstance que la pension se constitue tant par la contribution de l'exploitant que par le prélèvement opéré par ce dernier sur le salaire de l'ouvrier. Bien que cette idée ait été fortement recommandée [2], il faut reconnaître que pour certaines exploitations c'est un pas en arrière. En effet, dans bien des localités l'ouvrier ne fournissait rien et toute la charge de la pension incombait à l'exploitant [3].

L'exploitant est tenu de verser chaque mois pour la formation du capital constitutif des pensions de retraite une somme égale à 4% du salaire des ouvriers ou employés, dont moitié à prélever sur le salaire

voirs de surveillance et de police que l'art. 50 de la loi de 1810 attribue à l'Administration et qui contient uniquement des dispositions propres à prévenir les accidents dans les mines. — Gionel : op. cit., p. 9.

1. Desjardins : Les mines et les mineurs. (Revue des Deux-Mondes, 15 avril 1885, p. 877). Cf. Hubert-Valleroux : loc. cit., p. 359.
Pour imposer l'obligation à l'ouvrier il a été soutenu, en particulier, que la faculté lui serait nuisible, qu'il pourrait se laisser éblouir par une promesse plus ou moins certaine et perdre le bénéfice de la pension à laquelle il peut avoir droit et que du reste, le législateur n'avait pas hésité à violer la liberté en imposant aux fonctionnaires des retenues sur leurs traitements — Butel : Les institutions de prévoyance des ouvriers mineurs en France, (Rev. internat. de Sociologie, Juillet 1895).

2. Dupont : op. cit., T. II, p. 39.
3. V. notamm. Reybaud : Le fer et la houille. Paris, 1874, p. 196, 230 ; Arth. Desjardins : loc. cit. ; Hubert-Valleroux : Bull. de la Soc. de législat. comp., T. XV, 1885-1886, p. 359.
Il est à noter que la même loi du 29 juin 1894 concerne également les Sociétés de secours dont la Caisse est alimentée par 1° un prélèvement sur le salaire de chaque ouvrier ou employé dont le montant est fixé par le Conseil d'administration de la Société sans pouvoir dépasser 2 0/0 du salaire ; 2° un versement de l'exploitant égal à la moitié de celui des ouvriers ou employés ; — 3° les sommes allouées par l'État sur les fonds de subvention aux Sociétés de secours mutuels ; — 4° les dons et legs ; — 5° le produit des amendes encourues pour infraction aux Statuts et de celles infligées aux membres.
Ces Sociétés ont pour mission de donner tant des secours et des soins aux membres participants que la maladie ou des infirmités empêcheraient de travailler que des subventions aux familles ou ayants-droit des participants décédés.

et moitié à fournir par l'exploitant lui-même [1]. Sans doute la remise peut être effectuée à des Caisses syndicales ou patronales[2] de retrait s pour les personnes qui travaillent dans l'exploitation même, mais le versement peut aussi être effectué à la Caisse Nationale des retraites pour la vieillesse. Primitivement c'était cette Caisse de l'État seule qui avait qualité pour recevoir les fonds. Bientôt l'on a dû reconnaître les inconvénients qui résulteraient d'une disposition faisant l'État dispensateur suprême et obligatoire de tous les secours[3].

L'obligation existe non seulement pour l'exploitant, mais aussi pour les personnes qu'il emploie. Cependant toutes les personnes qui dépendent de l'exploitant ne sont pas tenues : par ses expressions de « ouvriers et employés » la loi vise bien, sans aucune différence, tous ceux du fonds tels que les définit la loi du 8 juillet 1890 sur les délégués à la sécurité des ouvriers mineurs, les ouvriers dits du jour, occupés dans les opérations nécessaires se rattachant légalement à l'extraction proprement dite ou s'exécutant dans des lieux, ateliers ou chantiers qui forment des « dépendances légales » de la mine en droit minier ; elle est applicable à tous les employés sans distinction dans la hiérarchie, depuis l'ingénieur en chef jusqu'au moindre des surveillants, aux employés qui, par leurs travaux, sont rattachés directement sur place à l'exploitation proprement dite de la

1. Les pensions de retraite des ouvriers mineurs bénéficient de la majoration établie par la loi du 31 décembre 1895, sans toutefois que cette bonification puisse élever la pension au chiffre maximum fixé par cette dernière loi.

2. Seulement il faut que ces Caisses syndicales ou patronales soumises à la vérification et au contrôle de l'inspection des finances et du receveur particulier soient autorisées par un Décret fixant les limites du district, les conditions de fonctionnement de la Caisse et son mode de liquidation, déterminant les mesures à prendre pour assurer le transfert soit à une autre Caisse syndicale ou patronale, soit à la Caisse nationale des retraites pour la vieillesse des sommes inscrites au livret de chaque intéressé. D'un autre côté, un emploi est prescrit pour les fonds : ils doivent être affectés à l'achat de valeurs de tout repos (rentes sur l'État, valeurs du Trésor ou garanties par le Trésor, obligations départementales ou communales) converties en titres nominatifs.

On a dit des nouvelles Caisses de secours qu'elles sont, en somme, de véritables Sociétés de secours mutuels où le patron contribue pour 1/13 aux dépenses et a 1/3 des voix dans le Conseil d'administration ; elles se distinguent des anciennes Caisses, avant tout, par l'influence prépondérante de l'élément ouvrier dans l'administration. — Fonsalre : loc. cit.

3. V. les observations, S. 94,4,770, nos 7-8. C'est à peu près partout la Caisse Nationale des retraites, d'après M. Fonsalre (Revue polit. et parlement., avril 1898, p. 153), qui assurera, à l'avenir, le service des pensions : les Caisses libres, syndicales ou patronales ne se sont pas développées ; il n'y en a pas encore.

Dans tous les cas on est loin du système préconisé par certains porte-paroles des ouvriers réclamant pour la Caisse des mineurs le caractère d' « une institution d'État » et demandant, comme on a eu raison de le révéler (Arth. Desjardins : loc. cit., p. 814), une organisation spéciale composée tant d'une Caisse centrale de secours établie dans chacun des 9 bassins houillers français à l'effet de remédier à la pénurie des petites Sociétés et d'imposer partout un même tarif, que d'une Caisse centrale des mineurs « Institution d'État » analogue à la Caisse des Invalides de la Marine, qui s'étendrait à

mine ou aux opérations accessoires qui y sont assimilées ; mais la loi
ne concerne pas les employés de bureau se rattachant à l'administration
purement financière ou les employés d'une simple agence de vente [1]
pas plus que les employés et ouvriers dont les appointements dépassent 2,400 fr. par an [2]. Ce dernier point ne saurait faire doute : le
bénéfice de la loi du 27 juin 1894 (qui s'applique d'ailleurs même aux
ouvriers et employés de nationalité étrangère) ne peut être réclamé
que par tous les employés et ouvriers quelconques que jusqu'à concurrence de 2,400 fr. [3].

Le versement comprend une somme égale à 4 0/0 du salaire. Ce
n'est pas sans lutte que ce chiffre a été fixé. Le législateur a paru se
déterminer par cette circonstance qu'avec cette proportion prise pour
un salaire moyen de 1,200 fr. l'ouvrier pourrait avoir à 55 ans une
pension de 440 fr. et à 60 ans une pension de 711 fr. [4]. La somme dont
le versement doit s'effectuer chaque mois est fournie moitié par le
salarié, moitié par l'exploitant. Seulement cette contribution de 4 0/0
ne représente qu'un minimum. Les parties ont toute liberté pour
l'augmenter. L'obligation n'existe que jusqu'à concurrence du 4 0/0
reconnu indispensable. Une disposition formelle de la loi autorise
l'exploitant à prendre à sa charge une fraction supérieure à la moitié
du versement ou même sa totalité [5].

tout le territoire français et serait en même temps une *Caisse de prévoyance*
et une *Caisse de retraites.*

1. Circul. du Min. des trav. publ. du 30 juin 1894, précité.

2. Les versements pour les retraites étant mensuels et ceux pour les Sociétés de secours devant avoir lieu à chaque paye, le moyen le plus pratique
de se conformer à la loi semble consister pour les appointements de plus de
2,400 fr. à cesser d'effectuer les versements ou retenues dès que leur montant,
cumulé depuis le début de l'année, correspond à celui qui résulterait pour
l'année entière d'appointements de 2,400 fr. Rien n'empêcherait, du reste, les
intéressés, sous la sanction éventuelle des tribunaux, de convenir de toute
autre règle équivalente. — Circul. Min. des Trav. Publ. du 30 juin 1894,
précité.

3. V. les observations échangées à la séance du 9 juin 1894 de la Chambre
des Députés, *Journ. Off.*, 10 juin 1894, Déb. parlem. p. 952 ; S. 94,4,779, n° 5

4. Comp. les remarques de M. Audiffred, *Journ. Off.*, 10 juin 1894, Déb. parlem., p. 964 ; S. 94,4,780, n° 9.

5. Aux termes de l'art. 5 de la loi du 29 juin 1894, si un exploitant veut
constituer en faveur de ses ouvriers ou employés, ou de leurs familles, des
libéralités sous forme de rentes viagères ou temporaires, ou d'indemnités
à payer en capital à une échéance ultérieure, le capital formant la garantie
de ses engagements devra être versé ou représenté à la Caisse des Dépôts
et Consignations ou dans les Caisses syndicales ou patronales des retraites
pour les personnes qui travaillent dans leurs exploitations.

À ce propos il convient de reproduire ici certains passages de la Circulaire
ministérielle précitée du 30 juin 1894.

L'exploitant doit, en outre, chaque année, par l'intermédiaire du Préfet
adresser au Ministère le compte rendu des mesures par lui prises pour se
conformer aux prescriptions édictées.

Il faut tout d'abord remarquer, au sujet de cet article, qu'il ne s'applique
pas, quant au fond, aux cas prévus à l'article 2, dans lesquels, par le fait
de l'exploitant seul, ou de l'exploitant et de l'ouvrier agissant simultané-

Les versements doivent être inscrits sur un livret individuel au nom

ment par suite d'accord entre eux, il sera fait, du chef de l'exploitant à titre permanent ou occasionnel, sur le livret individuel d'un intéressé, un versement supérieur à celui de 2 0/0 du salaire fixé par l'article 2.

C'est le propre du système du livret individuel d'emporter d'une façon continue sa garantie par son seul jeu.

Toutefois, si ce n'était pas à titre de libéralité occasionnelle, mais par une convention, par un règlement permanent complétant le contrat de travail que l'exploitant verserait plus de 2 fr. 0/0, cette convention, ce règlement devrait être communiqué au Ministère par l'intermédiaire du Préfet, à titre de renseignement, par application de l'article 5.

Toute modification ultérieure dans ces arrangements devrait être communiquée au Ministère en son temps de la même manière.

D'une façon plus générale, du reste, l'art. 5 ne s'appliquerait pas aux libéralités, sous quelque forme qu'elles fussent accordées, qui n'auraient qu'un caractère purement occasionnel. L'article ne s'applique, comme son texte le porte implicitement, que s'il y a « convention » c'est-à-dire engagement permanent résultant d'un règlement qui forme une sorte de complément du contrat de travail. Une pareille convention, un règlement de cette nature, devra tout d'abord, comme il était dit ci-dessus, être immédiatement envoyée au Ministère par l'intermédiaire du Préfet, et ses modifications ultérieures devront lui être communiquées de même.

L'exploitant devra, en outre, saisir annuellement le Ministre des résultats de l'application de la convention ou du règlement.

Le compte rendu comprendra deux parties :

Une première donnera l'état : 1° de toutes les pensions ou rentes en cours de jouissance ; 2° de tous les engagements contractés soit pour rentes viagères ou temporaires à servir, soit pour indemnités à payer en capital à une échéance donnée. Cet état indiquera, pour chaque pensionné ou bénéficiaire : 1° ses nom, prénoms, âge, domicile ; 2° le montant de sa pension acquise ou en cours d'acquisition, et sa durée si elle est ou doit être temporaire ou bien le montant de l'indemnité à toucher avec indication de l'échéance ; 3° en tout cas, la valeur actuelle de l'engagement contracté en sa faveur. L'état devra faire connaître les règles et tables d'après lesquelles auront été calculées ces valeurs. Une deuxième partie du compte rendu donnera le montant des capitaux disponibles ou le détail des valeurs déposées comme garantie des engagements, en indiquant pour chacune des valeurs déposées la base de son évaluation. Les indications sur le montant des capitaux disponibles et sur le détail des valeurs déposées devront être attestées par un certificat, délivré par la Caisse dépositaire et qui sera annexé au compte-rendu.

Il est utile, afin d'éviter tout malentendu, de bien marquer la nature et la portée de l'intervention de l'autorité dans l'application de l'article 5.

Le législateur n'a pas pu donner et l'Administration n'aurait pas pu assumer la responsabilité d'une évaluation des valeurs que l'exploitant peut librement choisir pour gager ses engagements ; l'Administration n'a pas davantage l'obligation de vérifier que les garanties équivalent mathématiquement aux engagements.

Le but du législateur a été, en premier lieu, de spécialiser le gage pour le mettre à l'abri de catastrophes comme certaines de celles dont on s'est justement ému dans le passé ; il a voulu, d'autre part, montrer à l'exploitant la nécessité d'une constitution de ces réserves qu'on a trop oubliées jadis ; il s'est proposé enfin de créer une sorte de publicité qui permît éventuellement aux intéressés, s'ils trouvaient insuffisantes les garanties à eux données, de faire valoir devant les tribunaux les droits qu'ils croiraient tirer à cet égard de l'article 5.

Nonobstant ces observations, il va de soi que l'Administration manquerait à un devoir élémentaire si elle n'attirait pas l'attention de l'exploitant sur les erreurs manifestes de son compte-rendu, soit dans l'évaluation des engagements, soit dans l'appréciation des valeurs de garantie.

de chaque ouvrier ou employé. La création de ce livret est l'un des traits caractéristiques de cette nouvelle législation. Elle a été présentée comme une mesure capable de donner à l'ouvrier et à l'employé une sécurité et une indépendance complètes. Du jour où une somme quelconque aura été versée au compte d'un ouvrier des mines, en vue de la constitution d'une pension de retraite, naîtra pour lui un droit que rien ne pourra supprimer. Un livret individuel qui lui sera immédiatement remis et qui deviendra sa propriété le constatera. Les versements qui se succéderont dans le cours de sa carrière seront effectués dans les mêmes conditions. Pour chaque versement, pourvu qu'il ne soit pas inférieur à 1 fr., la rente correspondante à la somme déposée sera liquidée : mention en sera faite sur le livret.

L'ouvrier aura ainsi le moyen de constater, quinzaine par quinzaine, année par année la formation et l'accroissement de sa retraite. Si des raisons de santé, de famille, l'espérance d'un gain supérieur ou d'un travail moins pénible, plus conforme à ses goûts, à ses aptitudes, le déterminent à quitter l'industrie houillère ou à travailler dans une autre exploitation, les versements effectués au moment où il prendra cette détermination lui resteront acquis. Il en recevra les arrérages lorsqu'il aura atteint l'âge fixé pour l'entrée en jouissance de sa pension, tout comme s'il était resté attaché à la mine. S'il quitte une mine pour entrer dans une autre, les versements continueront dans sa nouvelle exploitation, comme dans la précédente, et contribueront à augmenter sa pension. S'il abandonne l'industrie des mines, sa pension ne s'accroîtra plus, à moins que volontairement il ne continue ses versements, seul ou avec le concours de son nouveau patron [1].

Les auteurs des projets sur la constitution des pensions de retraite avaient d'abord proposé de décider que les versements seraient tous faits à capital réservé. Le législateur n'a pas voulu consacrer cette manière de voir. C'était contraire à l'esprit de la loi. Si cette dernière crée des pensions de retraite, si elle oblige les ouvriers à prélever sur leurs salaires une certaine somme, si elle oblige le patron à faire un versement équivalent et demande à l'État de faire fructifier toutes ces épargnes, ce n'est certainement pas pour attribuer au père de famille une pension dont il ne restera plus trace lorsqu'il aura disparu [2]. Les versements sont donc faits à capital aliéné. Tel est le principe nettement formulé par l'art. 2 de la loi. Néanmoins si le ti-

1. Audiffred : Rapport à la Chambre des Députés, 13 février 1894, S. 94, 4, 780, n° 11.
2. Comp. les observations de MM. Ricard (séance du 5 juillet 1889, Journ. Off., 6 juill. 1889, Déb. parl., p. 1810), et Audiffret (séance de la Ch. des députés du 24 mars 1888, Journ. Off., 25 mars, Déb. parlem., p. 1132 ; S. 94,4,780, n° 12-43).
Deux raisons ont paru non moins décisives.
Si le livret était à capital réservé et si malgré son état de célibat et l'absence d'héritier le titulaire ne pouvait pas augmenter sa rente, sauf, en cas

tulaire du livret le demande, le versement de la part prélevée sur son salaire peut être fait à capital réservé.

Les pensions sont acquises et liquidées dans les conditions prévues par la loi du 20 juillet 1886 sur la Caisse Nationale des retraites pour la vieillesse. L'entrée en jouissance est fixée à 55 ans. Suivant de très judicieuses remarques formulées lors de la discussion de la loi [1], il eût été difficile d'adopter un autre âge sans réduire le chiffre de la pension, à cause de l'abaissement du taux de l'intérêt. La pension que, dans le langage courant, on nomme jusqu'ici pension de retraite, ne doit être en réalité qu'une pension d'invalidité. Le travail est la règle, et c'est seulement lorsque les forces faiblissent et disparaissent que la pension doit être liquidée. Or, les statistiques démontrent que les mineurs, grâce surtout aux améliorations réalisées et à réaliser dans les chantiers et les habitations, peuvent continuer à rester dans la mine jusqu'à 55 ans. Il faut ajouter qu'au cas où l'ouvrier serait dans la nécessité d'abandonner le travail avant 55 ans ses droits ne seraient pas diminués : indépendamment de l'art. 7 de la loi du 29 juin 1894 imposant aux Sociétés de secours l'obligation de fixer, par leurs Statuts, la nature et la quotité des secours et des soins à donner aux membres participants que la maladie ou des infirmités empêcheraient de travailler, il y aurait lieu de faire application de l'art. 11 de la loi du 20 juillet 1886 sur la Caisse Nationale des retraites, d'après lequel, dans le cas de blessures graves ou d'infirmités prématurées régulièrement constatées et entraînant incapacité absolue de travail, la pension peut être liquidée même avant 50 ans et en proportion des versements faits avant cette époque et avec bonification à l'aide d'un crédit annuel ouvert au Ministère de l'intérieur.

Aux termes de l'art. 28 de la loi du 29 juin 1894, le capital constitutif des rentes incombant soit aux exploitants, soit aux Caisses de prévoyance pourra être déposé, en totalité ou par annuités successives, à la Caisse Nationale des retraites pour la vieillesse qui devra, en ce cas, inscrire les rentes au livret individuel de chaque ayant-droit et en effectuer le paiement à partir de l'âge fixé pour l'entrée en jouissance [2].

Cette loi du 29 juin 1894 [3] a été complétée par le Décret du 14 août

de disposition l'État aurait hérité du livret, du capital à l'aide duquel l'ouvrier aurait pu augmenter ses ressources pendant ses vieux jours.

D'un autre côté, d'après la loi du 20 juillet 1886 sur la Caisse des retraites pour la vieillesse, les déposants versent à leur gré soit à capital aliéné, soit à capital réservé ; l'on ne voit pas pour quelle raison l'ouvrier mineur ne bénéficierait pas de cette option. — V. Observations de M. Ricard, *loc. cit.* — Comp. Butel : *op. cit.*

1. S. 94.4.781, n° 15, *in fine.*

2. Les rentes sont liquidées, aux termes de l'art. 7 du Décret réglementaire du 14 août 1894, d'après le tarif de la Caisse Nationale des retraites en vigueur à la date où le versement a été opéré.

3. Il n'est pas sans intérêt d'ajouter que suivant l'art. 27 tous les diffé-

1894 portant règlement d'administration publique dont les dispositions sont applicables aux versements effectués à cette Caisse au compte des ouvriers mineurs, conformément à la loi du 29 juin 1894, sous la réserve des modifications énoncées aux articles ci-après.

L'exploitant qui, aux termes de l'article 2 de la loi précitée, effectue les versements à la Caisse Nationale des retraites au nom de ses ouvriers, produit les déclarations de versement et les bordereaux prévus par le décret du 28 décembre 1886, ainsi que les pièces énoncées dans le même décret, à l'appui des déclarations, sans être tenu néanmoins de fournir, en ce qui concerne les versements effectués au profit des mineurs et des femmes mariées, les consentements et autorisations requis par les art. 6 et 8 du dit décret. Dans le cas où les versements ont lieu au profit d'un ouvrier déjà titulaire d'un livret individuel de la Caisse Nationale des retraites pour la vieillesse, l'exploitant n'a à produire qu'une déclaration à l'appui de son premier versement, fait en exécution de la loi du 29 juin 1894.

L'exploitant peut se faire représenter comme intermédiaire par un agent accrédité par lui.

La déclaration à souscrire au nom de chaque ouvrier, lors du premier versement fixe uniformément l'entrée en jouissance à 55 ans et s'applique également à la partie du versement à la charge de l'exploitant et à celle provenant d'un prélèvement sur le salaire de l'ouvrier ou employé. Elle fait connaître si le versement doit être en totalité à capital aliéné, ou si, pour la part provenant du salaire, il est soumis à la condition de réserve du capital, soit pour l'ouvrier, soit pour son conjoint. Lorsque la réserve du capital est stipulée, la déclaration mentionne la portion des versements de l'ouvrier à laquelle cette clause est applicable, et indique au profit de qui doit être payé le capital assuré par suite de cette réserve. Dans le cas où la délivrance de la rente, fixée primitivement à 55 ans, est différée, l'entrée en jouissance des rentes correspondant aux versements déjà effectués est ajournée à 60 ans, et ensuite, s'il y a lieu, à 65 ans, et l'entrée en jouissance des rentes afférentes aux versements qui seraient faits ultérieurement est fixée également à 60 ans, puis à 65 ans.

Le titulaire qui a atteint l'âge de 55 ans conserve néanmoins le droit d'obtenir, sur sa simple demande, la liquidation de sa pension à toute année d'âge accomplie en dehors des termes ci-dessus fixés. Dans ce cas, chacune des rentes produites, tant par l'ajournement à 60 ans

rends naissant de l'exécution de cette loi et déférés aux tribunaux civils devront être jugés comme en matière sommaire, d'urgence, que toutes les pièces à produire sont dispensées du timbre et enregistrées gratis, que les intéressés bénéficient de droit de l'assistance judiciaire, et que lorsqu'ils agissent en nom collectif ils sont, sans préjudice du droit d'intervention individuelle, représentés par un mandataire élu dans les conditions déterminées par le Décret du 25 juillet 1894 portant règlement d'administration publique.

que par les versements ou abandons de capitaux postérieurs à cet ajournement, est calculée à nouveau d'après les tarifs en vigueur aux époques où les différentes opérations, soit de versement, soit d'abandon ou d'ajournement, ont été effectuées.

Les versements que l'exploitant doit effectuer mensuellement, conformément à l'article 2 de la loi du 29 juin 1894, sont reçus à la Caisse des Dépôts et Consignations à Paris, et chez les trésoriers-payeurs généraux et les receveurs particuliers des finances dans les départements.

L'exploitant peut être autorisé, soit par le Ministre des finances, soit par le Ministre des postes et télégraphes, sur l'avis du Ministre des travaux publics, à se servir de l'entremise du percepteur ou du receveur des postes pour effectuer ses versements à la Caisse Nationale des retraites.

Les bordereaux de versement sont établis de manière à permettre d'y inscrire les trois versements à effectuer pendant chaque trimestre et leur total. Ces versements donnent lieu à la délivrance de récépissés provisoires, visés au contrôle et mentionnés sur le bordereau qui reste entre les mains du déposant. A l'expiration du trimestre, le total des versements mensuels est porté sur les livrets individuels. Pour les ouvriers qui quittent l'exploitation en cours de trimestre, il est produit un bordereau spécial avec les livrets y afférents. Chaque livret est ensuite adressé au comptable chez lequel l'ouvrier aurait déclaré vouloir le retirer. L'inscription de la rente viagère acquise par les versements est faite dans les conditions prévues aux § 1 et 2 de l'article 18 du décret du 28 décembre 1886.

La loi du 29 juin 1894 est d'une application trop récente encore pour qu'il soit possible de la juger. Néanmoins l'on peut dès maintenant formuler certaines critiques [1].

Au premier chef c'est une mesure de défiance contre les propriétaires de mines, les « exploitants ». On les oblige à faire des versements dans l'intérêt exclusif de leurs ouvriers, et puis on les met en minorité dans le Conseil chargé de gérer les fonds ainsi obtenus (on le fait, au moins, dans celle des deux Caisses qui a une gestion indépendante). La loi va jusqu'à les charger de certaines formalités pour préparer l'élection des délégués ouvriers en décernant contre eux des peines au cas où ils négligeraient de les remplir [2].

En second lieu cette loi a un caractère obligatoire pour les versements des ouvriers, pour les contributions des patrons. Or, cette obligation ne se justifie pas, puisqu'avant le texte de la loi il existait des Caisses de retraites et de secours qui subvenaient dans une très large

---

1. V. Grüner, dans *La Réforme Sociale*, n° du 1er mars 1895 ; Gibon, dans les *Mémoires de la Société des ingénieurs civils de France*, mai 1895.
2. Hubert-Valleroux : *La loi sur les Caisses de secours et de retraites des ouvriers mineurs* (*L'Économiste français*, 18 août 1894).

mesure aux besoins des ouvriers mineurs ; le chiffre des pensions qui seront accordées en vertu de la loi [1] sera notamment inférieur à celui qu'allouaient les Caisses anciennement en vigueur [2].

D'autre part, les calculs ont été mal établis et de ce chef l'on arrivera à des mécomptes graves. On se trouvera par exemple en présence non plus de 17,800 pensionnés de 15 à 45 ans pour lesquels il faut, à titre de roulement normal, 6,662,000 fr. afin de satisfaire aux retraites fixées à 372 fr., mais bien devant 55,000 personnes exigeant 20,490,000 fr. [3].

D'un autre côté, il faut noter que la loi impose un emploi pour les fonds versés par les exploitants. Il est prescrit de recourir à des valeurs du Trésor ou garanties par le Trésor, à des obligations départementales ou communales avec la garantie du titre nominatif. Cette mesure a été manifestement dictée par le désir de procurer une entière sécurité. Or, la même garantie aurait pu se retrouver dans d'autres situations, et l'on aurait pu aussi éviter la baisse que ne pourra man-

1. Le service des pensions sera assuré à peu près partout par la Caisse Nationale des retraites, car les Caisses libres, syndicales ou patronales, que prévoit la loi ne se sont pas développées.
2. Hubert-Valleroux : *loc. cit.*
A la suite des renseignements très précis fournis par cet auteur, il importe de formuler une remarque.
Peu avant le vote de la loi du 29 juin 1894, d'après le *Bulletin de l'Office du Travail* (janvier 1897, p. 40), dans 97 exploitations représentant 126,000 ouvriers ou 86 0/0 du personnel ouvrier des mines, le nombre des pensions de retraite d'âge ou d'invalidité était de 7,600, leur montant moyen, (y compris les veuves de retraités) était de 250 fr. Les retraités ont-ils gagné beaucoup au vote de la loi de 1894 ?
On a soutenu l'affirmative (Fonsalme, dans la *Revue politique et parlementaire*, avril 1898, p. 153), bien qu'il faille encore attendre de nombreuses années avant que la loi nouvelle ait eu son plein effet. D'abord, le nombre des ayants-droit à la retraite passera probablement de 6 0/0 à 25 0/0 au moins du nombre des ouvriers mineurs, et la retraite moyenne passera de 250 à 300 fr. En outre, l'âge moyen de la retraite se trouve abaissé. Exceptionnellement, dans quelques concessions de mines où les établissements avaient établi de fortes retraites d'invalidité, atteignant parfois 2 fr. par jour, la situation nouvelle pourra être inférieure à l'ancienne.
La loi du 29 juin 1894, constate M. Ramon (*Hist. génér. de l'assurance*, p. 309). n'a pas satisfait les intéressés ; elle a fixé un chiffre dérisoire pour les pensions.
L'enquête faite pour les Caisses de retraites patronales (V. *Les Caisses patronales de retraites des établissements industriels*), pour expliquer ce fait que la Caisse Nationale des retraites n'a reçu en 1896 que 5,232,593 fr. alors que, eu égard au nombre des ouvriers employés et au chiffre de leur salaire, elle aurait dû encaisser 7,200,000 fr., a relevé ce fait que la loi du 29 juin 1894 n'était pas appliquée partout, non seulement parce que dans bien des localités il existait des Caisses de liquidation retenant les participants mais aussi parce que dans les petites exploitations les patrons et les ouvriers ont résolu de ne pas tenir compte de la loi. D'autre part, le document officiel dont il s'agit affirme que là où la loi n'était pas nécessaire elle a fonctionné ou plutôt que les initiatives qui l'avaient précédée n'ont pas été tuées par elle : sur 132,500 ouvriers adultes occupés dans l'industrie des mines en 1892, 126,000 participaient déjà à des institutions de retraites.
3. Gibon : *op. cit.*, p. 23 et suiv.

quer de produire le lancement sur le marché de sommes énormes affectées spécialement à des titres indiqués d'une manière précise. On a soutenu [1] qu'il eût été peut-être préférable de laisser une certaine liberté ainsi que cela se pratique pour les Caisses d'épargne de Prusse, d'Italie et de Belgique. En Prusse beaucoup de ces institutions emploient leur avoir en escompte d'effets de commerce [2]. Mais la plupart trouvent leurs revenus dans les prêts hypothécaires. On a même regretté que le législateur n'eût pas suivi l'exemple de certaines Caisses d'épargne et autorisé les Caisses minières à placer des fonds dans les entreprises de construction d'habitations ouvrières [3].

En laissant de côté les difficultés que l'application de la loi du 29 juin 1894 est de nature à causer tant pour la liquidation des pensions en cours d'acquisition que pour l'élaboration des Statuts et le choix des circonscriptions des nouvelles Caisses de secours dont le législateur a autorisé la constitution, difficultés qui peuvent être aplanies, non sans peine à la vérité, soit par l'accord des intéressés, soit par l'intervention d'une Commission arbitrale fonctionnant au Ministère des Travaux Publics [4], peut-on dire que la nouvelle législation amènera l'union dans l'une des industries où patrons et ouvriers sont le plus divisés ? Le doute est permis. Ainsi qu'on l'a fait observer lors de la discussion de la loi [5], si les institutions de prévoyance fondées spontanément par les patrons peuvent servir à rapprocher d'eux leurs ouvriers, celles qui sont imposées par la loi les séparent plutôt, parce que le patron ne sera plus, au regard de ceux qu'il occupe, un bienfaisant mais un simple débiteur, contraint par une mesure légale. L'épargne est moralisatrice, mais l'épargne volontaire; l'épargne forcée ne l'est pas, elle retient toute idée d'économie.

La loi du 29 juin 1894 ne contribuera pas à mettre la paix dans les mines. Dans son idée d'unité [6] elle détruira [7] les institutions qui

1. Butel : *Les institutions de prévoyance des ouvriers mineurs en France* (Rev. internat. de sociologie, juillet 1895).
2. *Bullet. de l'Office du Travail*, janvier 1895.
3. D'après le *Bulletin de l'Office du Travail* d'avril 1895 que cite M. Butel, les établissements d'assurances allemands auraient prêté à cette époque des sommes s'élevant à 5,740,000 marks pour la construction d'habitations ouvrières, ils auraient avancé aux communes et aux corporations 2,400,000 marks pour fonder des hôpitaux et autres établissements en faveur des assurés, et ils auraient disposé d'une somme d'environ 4 millions de marks pour la création d'autres œuvres sociales, telles que écoles, abattoirs, conduites d'eau, soit au total 13 millions de marks.
4. Fonsalme, dans la *Revue politique et parlementaire*, avril 1895, p. 153.
5. Hubert-Valleroux : *loc. cit.*; Gibon : *loc. cit.*
6. L'uniformité est-elle bien désirable en pareil cas ? On peut avoir des doutes à cet égard parce que les besoins varient avec les exploitations. Il n'est pas interdit de croire que les institutions antérieurement en vigueur étaient préférables parce qu'elles étaient adaptées aux besoins locaux et en rapport avec les conditions des exploitations auxquelles les ouvriers se trouvaient attachés. — Comp. Claudio Jannet : *L'Assurance obligatoire*, p. 21 ; Féraud-Giraud : *op. cit.*, T. III, p. 388.
7. La loi du 29 juin 1894 a réglementé à nouveau les Caisses de secours

existaient antérieurement et qui étaient des institutions utiles, elle fera naître, chez les ouvriers, des espérances mais des espérances chimériques qui se tourneront ensuite en déceptions.

A tous les points de vue il eût été préférable de ne pas faire appel au concours de l'Etat déjà exposé à la lourde charge que crée pour les contribuables la retraite des fonctionnaires ; mais en maintenant les institutions excellentes, en les étendant, en les encourageant par la considération et les distinctions accordées aux exploitants, il eût mieux valu solliciter l'effort individuel de l'ouvrier qui, somme toute, est le plus intéressé. En vain il serait parlé du chômage involontaire. Dans l'industrie des mines, le salaire est suffisamment rémunérateur. Malheureusement il est détourné de son véritable but et des plaisirs trop souvent malsains en absorbent la majeure partie [1]. L'ouvrier des mines peut faire quelque chose pour sa retraite ; les Compagnies n'auraient jamais refusé de venir à son aide [2].

A l'étranger la condition de l'ouvrier mineur a également attiré l'attention des législateurs et des exploitants.

En Belgique de longue date [3] il existe une organisation propre aux ouvriers qui travaillent dans les mines [4].

et de retraite des ouvriers mineurs, l'art. 23 ayant décidé qu'à partir de la mise en application de la loi les Caisses de prévoyance précédemment organisées avec le concours des ouvriers et employés en vue d'assurer des secours et de constituer des rentes temporaires, des pensions de retraite d'âge, d'invalidité ou d'accidents fonctionneront exclusivement pour l'exécution des engagements antérieurement contractés par lesdites Caisses, ces anciennes Caisses n'ont plus d'effet pour les faits survenus postérieurement à la mise en application de la loi de 1894. — Douai, 16 février 1898, Le Droit, 31 août 1898.

1. Gibon : Retraites organisées par les Compagnies houillères au profit des ouvriers mineurs, p. 21, 28, etc.

2. La loi est entrée en vigueur le 1er janvier 1895. Alors que 10 exploitations seulement à cette époque opéraient des versements à la Caisse nationale des retraites au nom de leurs ouvriers, leur nombre est passé à 120 au 1er janvier 1896 et à 168 au 1er janvier 1897. Or, il y a en France bien plus de 168 exploitations minières en activité. D'autre part, si on consulte la Statistique de l'industrie minérale pour 1898, on trouve que l'ensemble des salaires payés pour cette année-là aux ouvriers mineurs s'est élevé à 180 millions de francs sur lesquels le versement du 4 0/0 eût dû produire 7,200,000 fr. au lieu de 5,232,583 fr. qu'a reçus en 1896 la Caisse nationale des retraites.

Selon M. Costier (op. cit., p. 128) cette différence tient à la non application de la loi aux ouvriers étrangers et aux ouvriers français dont on ne peut obtenir les pièces indispensables pour opérer leur rattachement à la Caisse de l'Etat ; à sa non application, d'un commun accord entre les patrons et les ouvriers dans les petites exploitations ; enfin à la présence dans les mines d'ouvriers ayant plus de 55 ans et pour lesquels, à partir de cet âge, les versements cessent d'être obligatoires.

3. Cf. Wolowski : Etudes d'économie politique et de statistique, Paris, 1848, p. LXII; Michel Chevalier : Lettres sur l'organisation du travail, Paris, 1848, p. 254; d'Audrimont : Des institutions et des associations ouvrières de la Belgique, p. 35; Costier : op. cit., p. 228 et suiv.

4. Bury : Traité de la législation des mines en France et en Belgique, 2e édit. Paris, 1877, p. 37 et suiv.; Delecroix : Législation relative aux Caisses de se-

A côté des Caisses de secours constituées dans chacune de la plupart des exploitations minières pour fournir des secours momentanés aux personnes qui, occupées dans les mines, ne sont que blessées ou malades et peuvent, après un certain temps, reprendre leur travail, il existe des Caisses de prévoyance pour les exploitations réunies aux principaux centres d'exploitation et qui assurent le service de pensions. Alimentées par une retenue sur le salaire, par la subvention que fournissent les exploitants ainsi que par les subsides du Gouvernement et les libéralités, indépendamment des pensions temporaires allouées aux enfants en bas âge des veuves dont le mari a été tué, aux orphelins, aux jeunes frères ou sœurs des victimes décédés dans le dénûment, ces Caisses distribuent les pensions viagères à tout ouvrier mutilé et incapable de travailler par suite de blessures reçues en travaillant à l'intérieur ou à l'extérieur de la mine, aux veuves des ouvriers tués et aux ascendants sans ressources; elles servent aussi mais à titre extraordinaire des secours aux proches parents du défunt qui n'ont pas droit à la pension, aux ouvriers blessés grièvement mais encore capables de travail, aux vieux ou aux infirmes.

Chaque Caisse est administrée par une Commission recrutée parmi les exploitants, les maîtres mineurs, les représentants de l'Administration. C'est cette représentation qui, sous réserve de l'appel aux tribunaux, fixe la pension : il n'est rien dû si la blessure ou la mort ne résulte pas d'une imprudence, d'une faute grave, s'il n'existe pas un lien de parenté légitime, si la veuve a contracté un second mariage, enfin si le titulaire est frappé d'une peine afflictive ou infamante. Cette organisation toutefois ne paraît pas suffisante et dans ces dernières années il s'est produit en Belgique un mouvement en faveur d'une réforme. Les avis diffèrent. Mais les auteurs s'accordent pour proposer d'accorder à tout ouvrier mineur une pension alimentée par une retenue sur le salaire, un versement effectué par le patron et une subvention de l'État. Ces projets ne semblent pas près d'aboutir; les charges d'une pareille assurance doivent ou peser sur le salaire de

cours des ouvriers mineurs en France et en Belgique (Bull. de la Soc. de législat. comp., T. XV, 1885-86, p. 334 et suiv.).

Les Caisses belges d'ouvriers mineurs, dit M. Lavollée (Les classes ouvrières en Europe, T. II, p. 267), n'ont qu'une base légale fort insuffisante, l'art. 12 du cahier des charges pour les concessions de mines adopté en Belgique depuis janvier 1810 imposant à chaque exploitant de mines de prendre part à une Caisse de prévoyance commune à toutes les concessions d'une même province et les Statuts de cette Caisse imposant aux exploitations affiliées de posséder une caisse particulière de secours. (G. Salomon : Les Caisses de secours et de prévoyance des ouvriers mineurs en Europe, Paris, 1878, p. 12 et 13.) Ces dispositions ont été implicitement consacrées par la loi du 28 mars 1868 et l'Arrêté royal du 17 août 1874, admettant pour les Caisses de prévoyance la possibilité d'une assimilation avec les Sociétés de secours mutuels. Les Caisses de prévoyance distribuent des pensions non seulement aux victimes et aux parents d'accidents, mais aussi aux ouvriers ayant atteint un âge déterminé.

l'ouvrier ou être incorporées dans les prix payés par les consommateurs; or, en l'état des salaires, on ne saurait songer à les faire supporter aux patrons et aux ouvriers qui, d'ailleurs, ne s'en accommodent en Allemagne que parce que M. de Bismarck a permis à l'industrie d'en rejeter tout le poids sur les 54 millions de consommateurs indigènes, en entourant le marché national, préalablement à l'organisation de l'assurance, de fortes barrières douanières [1].

L'Autriche possède des Sociétés de secours et des Caisses de retraite alimentées par les allocations des patrons et par les cotisations des ouvriers. Puis il y a les Sociétés fraternelles (*Bruderladen*) constituées pour les exploitations minières auxquelles on a reproché, non sans raison, de n'avoir pas des Caisses séparées pour les secours de maladie et pour les pensions de retraite, la confusion de ces deux services rendant aléatoire et presque illusoire le chiffre des pensions de retraite qu'une épidémie peut même réduire à néant [2]. Pendant longtemps ces Caisses n'existaient pas partout, malgré l'obligation inscrite dans la loi, mais l'institution a fini par se généraliser jusqu'au jour où le législateur (loi du 28 juillet 1889 et loi du 17 janvier 1890) a fortement réglementé le fonctionnement des Caisses qui n'interviennent pas seulement en cas de maladie ou d'accident, mais aussi lorsque le travailleur est trop âgé.

La pension doit être fixée soit dans une mesure égale pour tous, soit proportionnellement à la durée de la participation à la Caisse. Les Statuts de chaque Caisse, qui doivent préciser l'application des principes posés par le législateur, peuvent subordonner à l'accomplissement d'un certain temps de service (de 5 ans en plus) l'octroi de la pension lorsque l'invalidité ne résulte pas d'un accident du travail. Les Caisses de pensions sont alimentées par des contributions égales des patrons et des ouvriers et graduées suivant l'âge des membres. Chaque Caisse de pension doit constituer un fonds de réserve. De plus, tous les propriétaires de mines sont tenus de constituer un fonds central de réserve destiné à procurer des secours aux Caisses de pensions dont les dépenses sont accrues par un sinistre ayant entraîné la mort ou l'invalidité de plus de 5 assurés [3].

En Allemagne, la situation est régie par la loi d'empire du 22 juin 1889

1. Costier : *op. cit.*, p. 237.
2. Lavollée : *op. cit.*, T. II, p. 342.
La Statistique des Caisses minières autrichiennes (V. *L'Assurance moderne*, 18 juillet 1898, p. 149) apprend que dans les Caisses de secours et de pensions le service d'assurance maladie est toujours distinct du service des pensions, que les Caisses de pensions (264 en 1895 et 269 en 1896) avaient reçu en 1895 3,691,343 florins de cotisations (dont 1,798,178 versés par les membres) et en 1896 3,782,293 (dont 1,838,789 acquittés par les membres), que les membres cotisants ont été aux deux dates indiquées de 139,191 et 144,325 et que le chiffre total des pensionnés (cotisants, invalides, veuves, orphelins) a passé de 38,923 en 1895 à 40,392 en 1896.
3. V. Bellom : *Bull. de la Soc. de législat. comp.*, T. XXVI, 1896-97, p. 247.

instituant des pensions obligatoires de vieillesse et d'invalidité pour les employés de toutes les professions, pensions constituées par les contributions des ouvriers, des patrons et de l'Etat. Les professions sont divisées, suivant les salaires, par classes, pour le paiement des cotisations. La classe des mineurs a été cotée à 24 pf. (30 c. par semaine), ce qui représenterait pour une année (47 $\times$ 30, 50) 14 f. 33 environ. Les patrons sont tenus de verser autant que les ouvriers; ils ne peuvent supporter une cotisation plus faible. La loi les encourage même à acquitter toutes les charges. Le quantum de la pension est fixé non pas sur l'abandon du capital ou la réserve stipulée, mais bien d'une façon constante, d'après le tarif de la classe à laquelle appartient l'ouvrier. La rente se calcule à raison du nombre d'années de service. Les Caisses de retraite et d'invalidité sont tenues d'entretenir un fonds de réserve qui doit être égal au 1/5 de la valeur en capital des rentes à payer et peut être élevé par les Statuts jusqu'au double. Tant que le taux normal ne sera pas atteint on ne pourra toucher la réserve qu'avec le consentement de l'Office des assurances. Les anciennes Caisses des mines sont remplacées (sauf d'assez rares exceptions justifiées par l'importance des ressources) par des établissements d'assurances comprenant un Etat entier, une province, une région [1].

1. Butel : op. cit.

TRAITÉ DE DROIT D'ASSURANCE SUR LA VIE

CHAPITRE SIXIÈME

LES PENSIONS DE RETRAITES ET LES SOCIÉTÉS
DE SECOURS MUTUELS

En France la généralité des ouvriers [1] industriels et des ouvriers urbains [2] sont affiliés aux Sociétés de secours mutuels. Ces Sociétés [3], dont

1. Il s'agit des ouvriers et non des ouvrières. On sait en effet que, à raison de la modicité du salaire, il est presque impossible aux femmes d'entrer dans les Sociétés de secours mutuels. Si parfois elles peuvent adhérer, c'est uniquement à des Sociétés exclusivement féminines. — Cf. O. d'Haussonville : *Entre femmes* (*Revue des Deux-Mondes*, 1er décembre 1898).

2. Quoi que l'on ait pu dire et malgré certains exemples fort bien présentés, d'ailleurs (de Goy : *Les Sociétés rurales de secours mutuels* (*Revue polit. et parlement.*, décembre 1898)), les travailleurs des campagnes ne sont pas, pour la plupart, entrés dans ces Sociétés. Le temps seul pourra permettre la lutte contre les préjugés qui règnent à cet égard dans bien des localités. Cf. Valny : *Études sur la dépopulation des campagnes*, Auch, 1882, p. 179; de Goy : *Les malades et les vieillards dans les Sociétés rurales de secours mutuels* (*Revue polit. et parlement.*, septembre 1896, p. 585 et suiv.).

3. Il existait en France 13 associations de secours mutuels à la fin du siècle dernier, 45 en 1800, 59 en 1815, 132 en 1822, 496 en 1830, 1584 en 1848, 2,438 en 1852, 5,793 en 1872, 6,525 en 1882. Le nombre des adhérents a passé de 11,000 en 1822, à 17,500 en 1842, 250,000 en 1852, 800,000 en 1872 et 1,000,000 en 1882. En 1891 on comptait en France 9,414 Sociétés de secours mutuels avec 1,472,285 adhérents dont 1,262,735 membres participants, c'est-à-dire ayant droit aux secours et 209,550 membres honoraires. Ces 9,414 Sociétés avaient une fortune de 183,587,950 fr. : le chiffre de leurs recettes annuelles atteignait 30,640,796 fr.; les dépenses montaient à 25,943,611; l'excédant était comblé par les versements des membres honoraires et les dons manuels privés. Le Rapport présenté à la Chambre des députés par M. Lasserre sur le budget du Ministère de l'Intérieur pour 1898 a appris qu'au 31 décembre 1895 il existait 10,556 Sociétés comptant 1,642,030 membres, ayant recueilli 33,477,513 fr., ayant dépensé 29,042,550 et possédant un actif social de 228,744,030. On est loin de la statistique dressée au 31 décembre 1853 mentionnant l'existence de 2,693 Sociétés avec 318,258 membres, des recettes de 5,712,453 fr., des dépenses de 4,247,237 et un actif social de 12,422,031 fr.

l'origine première est fort ancienne[1], car de tout temps les travail-

1. La mutualité remonte à une époque fort éloignée.

Sans vouloir parler des associations, collèges d'éranistes qui avaient été fondées en Grèce dans le but de fournir, à charge de remboursement, des secours aux affiliés qui auraient vu confisquer leurs biens par suite d'une condamnation judiciaire ou qui auraient eu soit à payer la rançon d'un captif, soit à constituer une dot à leur fille (Boeckh : *Econ. polit. des Athéniens*, T. II, p. 409; Caillemer : *Contrat de Société*, p. 24, etc. ; Dareste : *Science du droit*, p. 111-112; — Contrà, Beauchet : *Hist. du droit privé de la République Athénienne*, T. IV, p. 268 à 271), sans insister sur les collèges romains qui, en outre de l'assistance médicale (Briau : *L'assistance médicale chez les Romains*, *Mémoires présentés par des savants étrangers à l'Acad. des Inscrip. et Belles-Lettres*, T. VIII), exerçaient une tutelle ou tout au moins de patronage sur les enfants laissés par le collègue défunt (L. 5 C. Th. *De pist orb*; *Les collèges professionnels à Rome* [*Revue internat. de sociologie*, février 1897]) et des *scholæ*, groupements d'officiers ou soldats qui, bien distincts des collèges funéraires, tendaient à fournir, en retour d'un droit d'entrée et d'une cotisation périodique, une somme à la sortie du service (Renier : *Archives des missions scientif.*, 1851, p. 218; Orelli, n° 6790; Serullaz : *Les Sociétés de secours mutuels et la question des retraites*, Lyon, 1890, p. 40), sans s'arrêter aux guildes ouvrières qui, avec le sentiment chrétien qui les caractérisait, considéraient l'assistance réciproque des *congildi* comme un devoir rigoureux, les secours aux vieillards comme une charge obligatoire, l'on peut dire que les Corporations du moyen-âge cherchaient à parer aux conséquences de la vieillesse.

Le *Livre des Métiers* (p. 39) parle des cuisiniers qui consacraient le tiers des amendes à soutenir « les povres vieilles gens du mestier qui seront decheuz par fait de vieillesse, » mais partout ailleurs la mutualité se pratiquait (Levasseur : *Hist. des classes ouvrières en France jusqu'à la Révolution*, Paris, 1859, T. I, p. 224 ; Laurent : *Le paupérisme et les associations de prévoyance*, 2e édit. T. I, p. 202). La prévoyance corporative comprenait, à côté des frais pour l'apprentissage des fils de maîtres devenus orphelins et privés de ressources (*Livre des Métiers*, p. 236), ou des descendants de maîtres tombés dans la misère (*ibid.* p. 57), des secours pour les artisans vieux et infirmes (*ibid.* p. 143, 229, 243). C'est qu'en effet, selon la juste remarque de M. Herbert Spencer (*Les institutions professionnelles et industrielles*, traduct. Variguy, Paris, 1898, p. 339), la Corporation était formée non pour l'avantage du public, mais pour l'avantage de ses propres membres. Au XIIIe siècle les Corporations s'étudiaient à soulager les misères qui pouvaient atteindre leurs membres ou les enfants de ces derniers; le droit acquitté lors de l'entrée en apprentissage avait une destination presque invariable : procurer des ressources aux enfants pauvres du métier, de même que le produit des amendes était réservé à l'entretien des « povres vieilles gens du mestier. » Aussi a-t-on pu parfois (Brissaud : *Manuel d'histoire du droit français*, Paris, 1899, p. 753) considérer les Corporations comme des Sociétés de secours mutuels.

Toutefois il est à noter que la quotité des secours était fixée par les bayles et les maîtres (Du Bourg : *Org. du travail*, p. 21 ; Hauser : *Ouvriers du temps passé*, Paris, 1899, p. 70), dès lors, on peut se demander si les ouvriers n'étaient pas quelque peu sacrifiés. D'autre part, ainsi qu'on l'a constaté pour les associations lyonnaises (Bluton : *Rapport au Comité général des Sociétés de secours mutuels de Lyon sur les Sociétés de secours mutuels*, Lyon, 1889, p. 3), la plupart des associations vivaient au jour le jour, ne se constituaient pas de fonds social.

Les Confréries qui survécurent à toutes les prohibitions (Hauser : *Ouvriers du temps passé*, p. 166, etc.,) ainsi qu'on l'a noté (Laurent : *op. cit.*, T. I, p. 207 ; Hubert Valleroux : *Les corporations d'arts et métiers et les syndicats professionnels*, Paris, 1885, p. 68), offraient d'une manière plus complète que les Corporations l'idée des Sociétés de secours mutuels modernes. La prière et l'aumône aux pauvres de la commune, qu'on appelait l'aumône générale ou la *charité du métier* y occupaient certainement une très large place; le

leurs ont compris la nécessité de se grouper pour se secourir, mais qui n'ont eu leur constitution définitive que dans la seconde moitié de ce siècle [1], ont toujours été encouragées par le Gouverne-

secours accordé seulement aux membres nécessiteux de la Confrérie, à ses vieillards, à ses infirmes, à ses orphelins, aux appelleriers de leur état, ce secours qu'on nommait aumône du métier et qui avait été prélevé sur les fonds de la Caisse alimentée par les retenues permanentes exercées sur le salaire de ses membres eux-mêmes en occupait une beaucoup plus large encore.

Avec le temps, l'esprit de charité qui animait les confréries du XIIIe siècle et des années postérieures (Cf. Ducellier : *Hist. des classes laborieuses*, passim ; Chevalier : *Les corporations d'arts et métiers* (*Revue d'économie chrétienne*, 1861), s'affaiblit, sans disparaître entièrement toutefois ; (V. sur les secours donnés aux anciens maîtres devenus infirmes ou indigents mais d'une façon telle que des vieillards septuagénaires étaient parfois obligés d'implorer la pitié, Levasseur : *Hist. des classes ouvrières avant 1789*, Paris, 1859, T. II, p. 512 ; *Hist. des classes ouvrières en France depuis 1789*, Paris, 1867, T. I, p. 59). Mais les idées de prévoyance et d'assistance existaient surtout dans les associations de compagnonnage, illicites, prohibées par de nombreux édits et qui n'avaient qu'une existence de fait, tout à fait clandestine. Sauf le caractère religieux les Confréries offraient une ressemblance bien singulière avec nos Sociétés de secours mutuels (Comp. à cet égard Rondelet : *Les anciennes corporations ouvrières* [*L'Association catholique*, 15 mars 1876, p. 370]).

A côté des associations de compagnonnage il faut signaler certains groupements créés entre ouvriers d'un métier, soit même entre habitants d'un quartier pour se secourir réciproquement et qui, avec le versement d'une cotisation subvenaient à l'entretien de vieillards (Hubbard : *De l'organisat. des Sociétés de prévoyance*, p. 3 ; Laurent : *op. cit.*, p. 263, Comp. Martin Saint-Léon : *Hist. des corporations de métiers depuis leurs origines jusqu'à leur suppression en 1791*, Paris, 1897 ; J. Lefort : *La prévoyance et les corporations d'arts et métiers* (*Revue générale du droit*, T. XXII, 1898, p. 369, etc.) ; Serullaz : *op. cit.*, p. 63, etc.

Il importe d'ajouter que dès le XVIIIe siècle, un véritable philanthrope, Chamousset, avait eu l'idée d'appliquer la mutualité, la « fraternité entre citoyens » pour le soulagement des misères menaçant les travailleurs. V. les *Œuvres de Chamousset*, T. I, p. 30 et 47 ; Laurent : *op. cit.*, T. I, p. 263, etc., et notre travail précité sur *La prévoyance et les corporations d'arts et métiers*. Cf. Martin Ginouvier, *Piarron de Chamousset* (*Revue philanthropique* : novembre 1898, p. 61).

1. La rigueur déployée par la Révolution contre toutes les associations, même lorsqu'elles n'avaient pas un caractère professionnel et avaient une forme mutuelle, porta un coup terrible aux associations mutuelles qui avaient peu à peu remplacé les anciennes Corporations. En présence de la loi du 17 juin 1791 la dissolution s'imposait ; à peine une dizaine de Sociétés continuèrent, mais en secret, à distribuer des secours. Les sentiments dont l'Administration était animée étaient plus ceux d'une suspicion que d'un patronage bienveillant. (Bléton : *Rapport au Comité général des Sociétés de secours mutuels de Lyon sur les Sociétés de secours mutuels*, Lyon, 1889, p. 4).

Sous l'Empire, des Sociétés de secours mutuels se formèrent en assez grand nombre avec l'assentiment de l'autorité ; les entraves qu'imposa la Restauration, les formalités que rendit obligatoires la loi du 30 avril 1834 n'arrêtèrent pas le mouvement.

Le nombre des Sociétés était à la fin de 1810 rien que pour Paris de 183, Marseille en vit fonder 40 en 3 années ; Grenoble en possédait 12, Rouen, 13. (Debouteville : *Rech. sur les Sociétés de secours mutuels et de prévoyance*, Paris, 1844, p. 24). Elles distribuaient des pensions, mais ces retraites reposaient sur des bases fausses (Michel Chevalier : *Lettres sur l'organisation du travail*, Paris, 1848, p. 253 ; Villermé : *Tableau de l'état physique et moral des ouvriers*, Paris, 1840, T. II, p. 183 et suiv ; Ortolan : *Des instit. de prévoyance*

ment [1], tant les pouvoirs, à toutes les époques, ont compris qu'en pré-

et de retraite pour les classes laborieuses [Revue de législat. et de jurisprud., T. XXV, 1845, p. 38].

Ce qui empêchait, d'ailleurs, les Sociétés d'agir c'était l'exagération des frais intérieurs ; les sommes consacrées à ces dépenses, en particulier aux frais de réunion, aux dîners qui réunissaient les sociétaires étaient excessives ; il n'était pas rare de voir des Sociétés dépenser un millier de francs en prétendus frais d'administration alors qu'elles ne possédaient un avoir social que de 500 fr. (*Rapports, notes et documents du Comité du Rhône de la section d'économie sociale et d'assistance*, Lyon, 1889, p. 149).

Le Gouvernement provisoire de 1848 fut essentiellement favorable aux Sociétés de secours mutuels ; les œuvres d'assistance se multiplièrent d'autant que le Décret du 28 juillet 1848 avait proclamé la liberté de réunion. Jusqu'en 1850 les Sociétés de secours mutuels jouirent de la plus complète liberté d'action. En ce qui concerne les pensions, ce régime, à la vérité, était celui de l'imprévoyance ; pleines de généreuses illusions, les Sociétés de secours mutuels ne reculaient pas devant les promesses à longue échéance ; on prenait des engagements lointains en comptant sur le hasard, la Providence ou l'État pour y faire honneur ; bien peu de Sociétés se trouvaient à même de créer un capital capable d'assurer le service des pensions promises par les Statuts ; il faut ajouter, d'autre part, qu'aucune Caisse ne s'ouvrait pour recevoir le capital et le faire fructifier. On peut dire que si la plupart des Sociétés de secours mutuels promettaient des pensions de retraite à leurs vieillards, bien peu réalisaient leurs promesses. Aussi lors de l'élaboration de la loi du 15 juillet 1850 parut-il préférable de ne pas laisser les Sociétés s'engager dans cette voie (V. Sérullaz ; *Les Sociétés de secours mutuels et la question des retraites*, Lyon, 1890, p. 352, etc).

Cette loi destiné à organiser l'assistance publique, limita strictement le but des Sociétés à la distribution de secours temporaires en cas de maladie ou d'infirmité et aussi à la célébration des funérailles. D'autre part, cette loi, tout en reconnaissant que les Sociétés de secours mutuels pouvaient être déclarées établissements d'utilité publique, les soumit à des dispositions réglementaires mais, somme toute, libérales en ce qu'elles pouvaient s'administrer à leur gré.

Le Décret du 26 mars 1852 (qui a promis une dotation, promesse réalisée par un Décret du lendemain, 27 mars), a modifié ce régime en imposant le contrôle de l'Administration pour la constitution, pour le fonctionnement ; mais il a étendu la sphère d'action en décidant que les Sociétés auraient pour but à la fois de procurer des secours temporaires en cas de maladie ou d'infirmité, de pourvoir aux frais funéraires et de fournir des pensions de retraite liquidées sur livrets individuels ; les conditions dans lesquelles les Sociétés pouvaient constituer un fonds pour les pensions de retraite ont été déterminées par le Décret du 26 avril 1856. — Cf. Rochetin : *Les assurances ouvrières*, Paris, 1896, p. 68 à 73 ; Audiganne : *Les populations ouvrières et les industries de la France*, Paris, 1860, T. II, p. 301, etc.

1. Non seulement l'État a concédé des avantages importants tels que la capacité civile, l'exemption des droits de timbre et d'enregistrement, l'exonération de l'impôt sur le lieu de réunion, la faculté de verser en compte courant à la Caisse des Dépôts et Consignations à 4 1/2 % et au même taux à la Caisse des retraites du même établissement, etc. Mais il a, en outre, manifesté son intervention par de larges subventions.

Le fonds de dotation des Sociétés de secours mutuels constitué par Décrets des 22 janvier et 27 mars 1852 au capital de 10 millions, dit M. Lasserre dans son rapport précité sur le budget du Ministère de l'Intérieur pour 1898, comporte actuellement un revenu de 510.000 fr. Jusqu'en 1881, ce revenu fut suffisant pour faire face aux subventions ; depuis, par suite de l'augmentation en nombre et en importance des versements effectués, un crédit supplémentaire de 160.000 fr. fut d'abord voté par les Chambres, qui fut augmenté progressivement et qui figure au budget de 1897 pour un chiffre de 810.000 fr.

Indépendamment d'un crédit spécial destiné à majorer les pensions via-

tant un appui aux travailleurs ces Sociétés luttent avec énergie contre la misère, et concourent au développement de la solidarité, qu'en exigeant l'ordre et la bonne conduite elles contribuent au maintien et à l'introduction des habitudes de moralité, qu'en apprenant ce que peuvent l'épargne et la prévoyance elles enlèvent aux classes laborieuses les soucis que peut leur causer la perspective de l'arrêt dans le labeur et aussi que ces Sociétés contribuent à la défense de la paix sociale.

Fondées sur des types très différents [1], les Sociétés de secours mutuels ont pour but essentiel de venir en aide aux personnes qui vivent du produit de leur travail, de fournir, en retour d'une faible cotisation [2], des secours temporaires en cas de maladie ou d'infirmité, d'as-

gères de retraites inférieures à 360 fr. servies par les Sociétés de secours mutuels et qui a été porté de 400,000 fr. en 1894, à 1200,000 fr. en 1895 et à 900,000 fr. en 1896 et 1897, en plus de la mise à la charge de l'État de la différence existant entre le taux d'intérêt de 4 1/2 0/0 servi par la Caisse des Dépôts et Consignations aux Sociétés approuvées et le taux de 3 1/2 0/0 retiré par la Caisse des Dépôts et Consignations du placement de ses capitaux, la loi du 20 juillet 1895 sur les Caisses d'épargne a attribué aux Sociétés de secours mutuels les trois cinquièmes des comptes abandonnés des Caisses d'épargne.

1. Les unes (et celles-ci sont en grand nombre) placées sous un patronage religieux, tradition léguée par les anciennes confréries d'après M. Cauwès [*Cours d'économie politique*, Paris, 1891, T. III, p. 585]), sont générales et admettent des individus de toutes professions; d'autres sont professionnelles; certaines sont composées exclusivement d'hommes ou de femmes; d'autres sont mixtes et admettent même les enfants à titre d'agrégés, celles-ci sont, en réalité, des Sociétés de familles.

Le compagnonnage dont le but était de procurer aux affiliés l'assistance comme un *devoir* tend de plus en plus à disparaître, notamment à raison du développement des Sociétés de secours mutuels (Honnorat : article *Compagnonnage* dans le *Dictionnaire du Commerce* de MM. Yves Guyot et Raffalovich).

Au point de vue du fonctionnement l'on a accordé la préférence aux Sociétés composées de travailleurs voués à la même profession à raison des relations qu'elles créent et du concours que les adhérents peuvent se prêter réciproquement en cas de chômage — Compagnon : *Classes laborieuses*, Paris, 1858, p. 61.

Au point de vue juridique on distingue les *Sociétés libres* formées sous l'autorisation de l'Administration, ayant capacité seulement de recevoir et d'employer les sommes provenant des cotisations et de posséder des objets mobiliers, hors d'état par conséquent de recevoir des dons et legs et d'acquérir des immeubles; — les *Sociétés approuvées* dont les Statuts doivent avoir reçu l'agrément de l'Administration, munies du droit de faire toutes les opérations que la loi permet et qui peuvent, sous le contrôle de l'autorité supérieure, recevoir des dons et legs immobiliers, mais avec l'obligation d'aliéner les immeubles; elles participent à de nombreux avantages; — les *Sociétés reconnues comme établissements d'utilité publique* qui, en plus des privilèges accordés aux Sociétés approuvées, ont le droit de posséder, d'acquérir, de vendre et d'échanger des immeubles.

2. L'invariabilité de la cotisation a été à plusieurs reprises blâmée; l'on a soutenu qu'il faudrait tout au moins diviser les cotisations en deux ou plusieurs fractions avec un taux différent. Le Congrès des Sociétés de secours mutuels de 1889 a recommandé le principe de la proportionnalité pour les cotisations. V. aussi Villard : *Réformes dans l'organisation des Sociétés de*

surer à tous une sépulture honorable. Mais leur action n'est pas limitée à ces opérations. Très légalement, à la vérité, depuis l'abrogation de la loi qui [1] restreignait leur intervention à l'assurance contre les risques de maladie, c'est-à-dire à l'allocation d'une somme fixe par journée de maladie, au paiement des frais de médecin et de pharmacien, à l'acquittement des frais funéraires [2], elles ont accordé des pensions viagères à leurs vieillards [3]. On a considéré que les sociétaires ne pourraient qu'être retenus à la Société par l'appât qu'offre cette pension future comme aussi que les ressources provenant de dons peuvent augmenter l'avoir de la Société et lui permettre de donner une pension plus forte que ne pourraient le faire les Caisses de retraite [4], en tout cas que c'était provoquer à l'épargne et relever la dignité des participants de la Société qui passent de la catégorie des assistés dans celle des prévoyants [5]. On a pu le dire [6], elles sont les assurances des classes pauvres.

secours mutuels (Revue des institutions de prévoyance, août 1888); Pr. de Lafitte : Le déficit dans les Sociétés approuvées, Agen, 1887 ; Maze : La lutte contre la misère, Paris, 1883, p. 104) : le chiffre de la cotisation doit varier avec l'âge ; on pourrait diviser la vie humaine en séries de 10 années chacune par exemple, et exiger une cotisation d'autant plus faible que le sociétaire serait plus jeune.

1. Sagement, comme on l'a dit. — Merlin : Les Associations ouvrières et patronales, Paris, 1899, p. 417.

2. Le Décret de 1852 décidait qu'une Société de secours mutuels ne pourrait servir des pensions de retraite que si elle comptait un certain nombre de membres honoraires, c'est-à-dire ne participant pas aux avantages de la Société. Mais cette condition n'a point été observée ; le Décret du 26 avril 1856 ne la mentionnait pas.

3. En 1890, les dépenses totales des Sociétés de secours mutuels montaient à 26,396,000 francs. Cette somme comprenait, outre les frais de gestion (1,030,000) et les dépenses diverses (2,198,000) : 1° les secours en argent aux malades : 7,002,000 ; 2° les frais pharmaceutiques, 4,417,000 ; 3° les honoraires des médecins,3,377,900, soit 15,700,050 fr. en chiffres ronds ou 60 0/0 environ du total ; 4° les secours aux vieillards infirmes et incurables, 1,027,000 ; 5° les secours aux veuves et orphelins, 705,000 fr. ; 6° les dépenses par les enfants, 138,000 fr. ; 7° les frais funéraires,1,126,000 fr. ; 8° les versements aux fonds de retraites, 3,530,000 fr. — Leroy-Beaulieu : Traité théorique et pratique d'économie polit., Paris, 1896. T. IV, p. 369.

4. Renaud : L'Œuvre budgétaire de la troisième République en matière d'assistance, discours de rentrée à la Cour des Comptes le 16 octobre 1897 (Le Droit, 24 octobre 1897).

5. V. Modeste : Du paupérisme en France, Paris, 1857, p. 573.

6. On a assimilé les Sociétés de secours mutuels aux Compagnies d'assurances sur la vie en ce qu'elles empruntent à ces dernières deux éléments : 1° la multiplicité des membres, de manière à obtenir une bonne répartition des risques et une uniformité des primes ; 2° l'identité des risques pour les membres de façon que la cotisation individuelle soit bien proportionnelle aux risques courus.

Mais il faut tenir compte des différences caractéristiques.

Sans s'attacher à ce fait que la Société de secours mutuels se confond avec les sociétaires eux-mêmes et n'a aucun bénéfice en vue alors que la Compagnie a une existence propre, indépendante des clients qu'elle assure et que son but est de réaliser un bénéfice légitime parce que cet argument perd de sa valeur lorsqu'il s'agit d'une mutuelle, il faut noter que le risque n'a rien

Desservies grâce au concours des membres honoraires [1], malgré les sacrifices considérables que supporte l'État de ce chef [2], ces pensions,

de commun : l'assurance assure contre les conséquences du décès ou tend à procurer une somme en cas d'existence à une date déterminée ; la Société de secours mutuels cherche principalement à assurer contre les pertes occasionnées par la maladie ; si elle assure contre le décès prématuré ou l'invalidité résultant de la vieillesse, c'est tout à fait à titre exceptionnel. Enfin le droit du sociétaire n'est en rien semblable à celui de l'assuré ; une Société de secours mutuels n'est pas aussi riche qu'une Compagnie d'assurances pour prendre des engagements fermes ; aussi tandis que l'assureur est tenu de respecter la convention formée, quelles que puissent être les conséquences pour lui, une Société de secours mutuels est toujours en mesure soit de diminuer ses engagements, soit d'augmenter les cotisations imposées aux membres — Comp. P. de Lafitte : *Essai d'une théorie rationnelle des Sociétés de secours mutuels* ; et *La mission et le domaine propre de la Société de secours mutuels* (*Revue des institutions de prévoyance*, septembre 1888) ; Rochetin : *Les assurances ouvrières*, p. 92 ; Imbert Cyprès ; *op. cit.*, p. 147, etc.

En Allemagne une controverse très vive s'est élevée sur le point de savoir si les Caisses de secours mutuels ou du moins les Institutions qui méritent ce nom sont des assurances. Pour les uns, c'est une forme d'assistance (Elster : *Lebensversich.*, p. 6 ; Buffer : *Ueber einige Frag. aus dem Gebiete der Lebens.* ; Rosin : *Recht der Arb. Versich.*, T. I, p. 255 etc.). Pour les autres (Wagner : *Versich. Wesen* dans le *Handbuch* de Schönberg, T. II, p. 942 ; *Zeitschr. f. d. gesammte Staatswiss.*, 1881, p. 436 ; Rosler : *Verwalt. Recht*, T. II, p. 487), c'est une forme de l'assurance, du moment qu'il y a compensation des cas défavorables avec les cas favorables. Cf. Sauvaire-Jourdan : *De l'assur. oblig. contre les accidents du travail en Allemagne*, Paris, 1894, p. 4 et *Encyclopédie des assurances* de M. Baumgartner, v° *Assurance*, p. 315 et 316.

1. Tout le monde convient de l'impossibilité où serait une Société de payer des pensions avec des excédants de recettes fournis par les cotisations ordinaires dont le taux est trop faible pour cela. V. Cauwès : *op. cit.*, T. III, p. 589 ; Cerf : *Prévoyance et Mutualité*, Paris, 1891, p. 25 ; Leroy-Beaulieu : *loc. cit.*, p. 370. Ce dernier auteur, prenant le bilan d'une année (1890), montre parfaitement que l'excédant des recettes sur les dépenses pour les Sociétés de secours mutuels est absolument imputable aux versements des membres honoraires et aux dons manuels privés et que non seulement ils fournissent ainsi tout l'excédant mais qu'ils procurent encore la somme nécessaire pour arriver à l'équilibre entre les recettes et les dépenses.

2. V. Rochetin : *La Caisse Nationale de prévoyance ouvrière et l'intervention de l'État*, Paris, 1894, p. 70 etc. ; Leroy-Beaulieu : *loc. cit.*

Dès 1852 l'État consacrait au service des pensions une dotation de 10 millions. Au 31 décembre 1890, la dotation des membres âgés et infirmes était représentée par une réserve de 80 millions en chiffres ronds ; or, les Sociétés de secours mutuels n'ont versé que 43,138,000 ; le surplus provient non seulement des dons et legs affectés particulièrement à ce service montant à 1,632,695 fr. et des intérêts capitalisés, soit 24,668,000 fr., mais encore et surtout des subventions de l'État, 16, 445,000 fr.

La dotation primitive (10 millions) n'a pas cessé d'être augmentée ; le Parlement n'a pas hésité à majorer, par des crédits inscrits annuellement au budget, les réserves de cette dotation. Une somme de 810,000 fr. figure au budget du Ministère de l'Intérieur pour l'exercice 1897 (chap. 11) ; un second crédit de 900,000 fr. est également alloué sous cette rubrique spéciale (chap. 12) : « *Majoration des pensions de retraite des Sociétés de secours mutuels* ». Un prélèvement de 180,000 fr. sur les fonds des Caisses d'épargne reçoit une destination analogue, et enfin un quatrième crédit de 2 millions est inscrit annuellement au Ministère du commerce (chap. 36) avec cette mention : *Bonification des pensions de retraite, allocation à la vieillesse.*

Il a même été décidé qu'à l'avenir les Sociétés de secours mutuels seraient appelées à bénéficier d'un intérêt dont le taux maximum a été fixé à 4 1/2 %.

établies quelque peu au hasard[1], sans garanties sérieuses[2], à l'aventure

de telle sorte que lorsque la Caisse des Dépôts et Consignations, par exemple, servira aux déposants des Sociétés de secours mutuels un intérêt de 3 1/2 % le budget de l'État supportera une bonification de 1 %, les Sociétés de secours mutuels ne devant avoir à souffrir ni directement, ni indirectement de l'abaissement du loyer de l'argent. A la vérité, cette dernière mesure a soulevé et devait soulever de vives critiques. Tout en reconnaissant l'importance des sentiments de solidarité et de paix sociale que la mutualité a pour effet de développer, peut-on dire que ces sentiments sont supérieurs à tout, même à l'intérêt des finances publiques ? Si la mutualité se développe, ainsi qu'on est en droit de le supposer, les subventions de l'État ne seront-elles pas exposées à atteindre un chiffre trop considérable? Ne sera-ce même pas un budget supplémentaire que le pays sera appelé à supporter et pour lequel on n'a pas songé à créer les ressources correspondantes? — Comp. le discours précité de M. le procureur général Renaud. La Revue générale d'administration (décembre 1898) a publié une statistique du Ministère de l'intérieur montrant combien ont été fortes les subventions accordées aux Sociétés de secours mutuels approuvées et autorisées. Les Conseils généraux ont accordé en 1895 141,462 fr. 47 c., en 1896, 160,299 fr. 59 c., en 1897, 171,867 fr. 51 c. Il est vrai que les Sociétés subventionnées ont vu leur nombre augmenter, de 1452 à 1737. Aux mêmes dates, les Communes avaient alloué 347,455 fr. 20 c., 382,933 fr. 97 c. et 396,562 fr. 69 ; le nombre des Sociétés favorisées a passé de 1635 à 1882.

1. Beaucoup de Sociétés de secours mutuels ont assumé la charge des pensions sans même en soupçonner l'étendue, sans considérer si les engagements étaient en rapport avec les ressources disponibles, sans les réserves dont l'intérêt joint au produit des subventions doit être égal au chiffre des pensions, sans les inventaires annuels de l'actif et du passif capables d'indiquer la situation et de montrer si le chiffre des réserves est atteint. — Comp. Dubois[ ]bien: De l'organisation technique et de la comptabilité rationnelle des Sociétés de secours mutuels, Bruxelles, 1898, et les remarques de M. Gérassole, Revue internat. des Assur., octobre-décembre 1897 ; Cheysson : L'imprévoyance dans les institutions de prévoyance, Paris, 1888. De longue date, dès 1860, dans son ouvrage sur Le Paupérisme et les associations de prévoyance, M. Em. Laurent affirmait que les Sociétés de secours mutuels ne devaient promettre des pensions de retraite que dans des cas excessivement rares, après avoir recouru à des bases scientifiques, notamment en appréciant si les âges d'admission n'étaient pas extrêmes.

Il est de principe que plus les risques sont divisés tout en étant contenus dans certaines limites, plus la réparation est facile; le nombre des sociétaires doit donc être suffisamment élevé pour que la retraite puisse être servie. C'est dès lors à tort que la loi de 1850 et le décret de 1852 avaient fixé un maximum de 2000 et de 500 sociétaires. Ce que le législateur aurait simplement pu faire, c'était de fixer un minimum. — Cf. P. de Laffitte : Essai d'une théorie rationnelle des Sociétés de secours mutuels; Rochetin : Les assurances ouvrières, p. 92 et suiv.

Il y a longtemps, Villermé (Tableau de l'état physique et moral des ouvriers, T. II, p. 189) protestait contre les associations ne comptant qu'un certain nombre de personnes, et montrait qu'après un certain nombre d'années les fondateurs vieillissant ensemble, la Société, prospère d'abord, le devenait de moins en moins, que l'on avait calculé sur des recettes et des dépenses toujours égales, mais que celles-là diminuaient alors que celles-ci augmentaient, qu'après avoir cru dans les premiers temps le succès bien assuré, on trouvait à la fin la ruine ; aussi conseillait-il des admissions pour ainsi dire continuelles de nouveaux membres encore jeunes.

2. L'imprévoyance a été relevée bien des fois pour le placement des fonds et pour les garanties à prendre en vue de la bonne gestion du dépôt. — Cf. Cheysson : op. cit., p. 24; Gibon : Les garanties pour les fonds de prévoyance et d'épargne, Paris, 1888, et La Réforme sociale, 16 juillet 1888.

parce qu'on ne considère dans la Société qu'une œuvre [1], oubliant qu'elle fait des affaires et qu'elle doit être gérée en conséquence [2], peut-être même sans souci de la justice en ce sens que la pension est concédée non pas comme l'équivalent des cotisations versées mais à tour de rôle à ceux qui peuvent y avoir droit à raison de leur rang d'ancienneté, de la date de leur entrée [3], ces pensions sont modiques : une somme de 70 à 100 fr. au très grand maximum [4]. Pour un homme de 60 à 65 ans [5] c'est une somme insignifiante, quoi qu'il

1. Très spirituellement M. Léon Say (*Économie Sociale*, p. 228) comparait les mutualités qui se tient à l'esprit de dévouement aux membres du clergé qui construisent des cathédrales en comptant sur les souscriptions ultérieures de leurs paroissiens pour en payer le prix.

2. Récemment encore, M. d'Haussonville constatait (*Revue des Deux-Mondes*, 1er décembre 1898) que même avec les cotisations des membres honoraires, les Sociétés féminines de secours mutuels n'ont pas leur compte en équilibre et que pour combler le déficit il faut faire appel à la charité sous forme d'un concert ou d'un bal.

3. Chauffon : *op. cit.*, T. I, p. 275.

4. En 1881, le moyenne des pensions liquidées était de 69 f., 70 ; en 1891, de 70 fr. 05 c. L'exiguité est telle qu'un décret du 31 mars 1894 (*Bullet. de Statist. du Min. des finances*, juin 1894, p. 609) a disposé que les pensions ne pourraient être inférieures à 27 fr., ni excéder dans aucun cas le décuple de la cotisation annuelle fixée par les Statuts de la Société à laquelle le titulaire appartient. Comme le remarque M. Leroy-Beaulieu (*op. cit.*, T. IV, p. 368, note), des pensions de 27 fr. sont un enfantillage. D'autre part, la cotisation annuelle étant dans la plupart des Sociétés de secours mutuels de 12 fr., le maximum de pension pour la généralité de ces Sociétés est alors de 120 francs. — *Contra* : Maze : *op. cit.*, p. 81.

Dans un intéressant article sur les *retraites ouvrières* (*Revue polit. et parlement.*, octobre 1898, p. 196), M. Fontaine a relevé des chiffres qui ont leur place ici.

Au 31 décembre 1895, 4.071 Sociétés approuvées sur 7.695 possédaient un fonds de retraites. Le nombre des pensionnés était de 36.944, au lieu de 19.901 au 31 décembre 1885. Le montant des arrérages payés en 1895, sur les fonds de retraites, par la Caisse Nationale des retraites était de 2.610.604 fr. (y compris la bonification de 36.285 fr. accordés par l'État). En sorte que l'arrérage moyen par pensionné inscrit sur les fonds de retraite a été en 1895 de 72 fr. seulement. En 1885, le nombre des Sociétés approuvées possédant un fonds de retraites était de 3.217 et le fonds de retraites s'élevait à 113.253.000 fr. Mais l'arrérage moyen par pensionné est resté à peu près constant ; il varie de 72 à 75 fr.

Indépendamment des pensions viagères servies par la Caisse Nationale des retraites, les Sociétés approuvées délivrent des pensions dont les arrérages sont directement prélevés sur leurs fonds de réserves disponibles. En 1885, le montant des pensions était de 959.594 fr., en 1890 de 1.259.365 fr. ; en 1895, de 1.960.209 fr. ; à ces dates l'arrérage moyen était de 127 fr., 86 fr., 95 fr. ; quant au nombre des pensionnés de cette catégorie il a passé de 7.550 en 1885 à 20.630 en 1895. Si à tous ces suppléments s'ajoutaient des pensions faites sur le fonds de retraite on aurait une pension moyenne de 125 fr. par retraité, mais il n'en est pas ainsi. On peut admettre en gros qu'il y a 45.000 retraités ou pension moyenne de 100 fr., on ne sera pas loin de la vérité. Il faut même ajouter que nombre de Sociétés n'ont pas de fonds de retraite. — Pic : *Législat. industr.*, T. I, p. 567.

5. La majeure partie des Sociétés devait servir des pensions à 60 ans d'âge, après 20 années de sociétariat. Leur impuissance à s'exécuter a dû faire reporter l'âge de la retraite à 65 ans, après 25 années de sociétariat. Et encore en pareil cas il s'est présenté de bien grosses difficultés. — Cf.

ait pu être dit [1]; on conçoit qu'une pension de 100 fr. puisse être d'une certaine utilité mais lorsqu'elle se joint à d'autres ressources. A la campagne cette petite somme est de nature à rendre service parce qu'il est rare que le villageois n'ait pas au moins un lopin de terre, mais outre que les Sociétés de secours mutuels ont peu pénétré dans les campagnes [2], il faut noter qu'à la ville, là où la vie est chère, où les occasions de dépense sont fréquentes, cette somme ne servira à rien, elle ne procurera pas un bien-être même relatif.

Lorsque dans ces derniers temps on voulut substituer un régime libéral à la législation étroite et autoritaire de 1852 [3], la question des pensions servies par les Sociétés de secours mutuels se posa. Elle fut résolue de différentes manières : les uns, soutenant que ces associations devaient limiter strictement leur action à l'application des soins médicaux, des produits pharmaceutiques, des indemnités de maladies, des frais funéraires, des secours aux veuves et orphelins, aux vieillards, aux infirmes et incurables mais abandonner tous projets de retraite [4]; les autres, blâmant la tendance qui porte l'Etat à diriger sa sollicitude uniquement sur le fonds de retraite [5]; d'autres ont pro-

Rochetin : *La Caisse Nationale de prévoyance ouvrière et l'intervention de l'Etat*, p. 74.

1. Pr. de Laffitte : *op. cit.* : Imbert Cyprès : *op. cit.*, p. 149.

2. La plupart des retraites sont servies par des Sociétés urbaines ; pour 344 Sociétés délivrant 6,091 pensions on ne trouve que 44 Sociétés et 57 pensions dans des communes de 1000 habitants et au dessous. — Cf. de Cluy : *Les malades et les vieillards dans les Sociétés rurales de secours mutuels* (*Revue politique et parlementaire*, septembre 1896, p. 592). La plupart des Sociétés rurales ne dépassant pas cent membres et un grand nombre d'entre elles étant moindres encore, le service des retraites n'est guère possible. — *Ibid.* p. 589.

3. Le décret du 26 mars 1852 faisait passer entièrement la formation et la direction des Sociétés de secours mutuels dans les mains de l'Etat. On voulait par ce moyen créer un vaste réseau de surveillance sur les populations ouvrières de tout le territoire; pour réaliser ces vues, un crédit de dix millions était ouvert, dans le même décret, afin de favoriser par des subventions la création de Sociétés. Les espérances des auteurs ont été déçues. Les Sociétés de secours mutuels ne se sont en général formées que dans les centres industriels ou dans les communes populeuses; là elles ont échappé à l'influence administrative. Un abus d'une nature opposée s'y est même manifesté. Ces Sociétés ont subi, en plus d'une localité, l'influence de la politique démagogique ; et sur quelques points, les germes de désunion ou de coalition sont nés tour à tour dans leur sein. — E. Tallon : *La vie morale et intellectuelle des ouvriers*, Paris, 1877, p. 407.

4. Cerf : *Prévoyance et Mutualité*, p. 25; Léon Say : *Economie Sociale*, p. 239 et 253. Et pourtant les sentiments de l'éminent économiste pour les Sociétés de secours mutuels ne sauraient être suspectés: on sait, en effet, qu'il a considéré (*Le Socialisme d'Etat*, p. 214) la Société de secours mutuels comme « la cellule originaire autour de laquelle toutes les organisations vouées à l'épargne peuvent successivement se grouper », Guillot : *Les assurances ouvrières*, Paris, 1897, p. 181; Beauregard : *Eléments d'économie politique*, p. 303. — Comp. Audiganne : *Les populations ouvrières et les industries de la France*, Paris, 1860, T. II, p. 300 : les remarques de M. Guieysse reproduites dans l'ouvrage de M. Costier *sur les Retraites ouvrières*, p. 270.

5. Pr. de Laffitte : *Les droits d'entrée chez les Sociétés de secours mutuels*; Bertrand : *Journal des Savants*, 1888.

Plus de la moitié des Sociétés mutualistes dont la statistique est connue

testé contre les agissements qui ne permettent pas de procurer pour
la somme placée un chiffre plus important [1] : on n'a pas manqué aussi
de recommander aux Sociétés de secours mutuels de se fédéraliser
par départements et de se charger alors d'assurer leurs membres contre l'éventualité de la vieillesse à des institutions se livrant à ce
genre d'opérations [2], notamment à la Caisse de retraites établie par
l'État [3]. Il s'est trouvé bon nombre de personnes, à la vérité, pour réclamer le maintien du régime suivi jusqu'alors, quitte parfois à insister pour la séparation du service des pensions qui devrait être institué
sur des bases scientifiques (ce qui est très difficile et ne peut être
qu'approximatif dans l'incertitude sur les taux futurs de l'intérêt) et
de le confier à des Sociétés mutuelles spéciales [4] ; on a même paru

sont à découvert, disait M. P. de Laffitte, parce qu'elles ont laissé drainer
outre mesure leur fonds de garantie par leur fonds de retraite, celui-ci ayant
en sa faveur le prestige de la subvention.

1. Rochetin : *Le nouveau régime des Sociétés de secours mutuels* (Journ. des Économistes, janvier 1896, p. 35 et 36).

2. Grenthe : *Prévoyance et Mutualité*, 1894, p. 12 ; Rochetin : *La Caisse Nationale
de prévoyance ouvrière et l'intervention de l'État*, p. 75 et 76.

Dans les Sociétés qui se proposent plusieurs buts, *ce qui est souvent un
danger*, dit dans son ouvrage sur *La lutte contre la misère* (p. 464), M. H. Maze
(qui déclare ne voir que des avantages à la multiplication des associations
fondées seulement pour donner des pensions viagères, surtout lorsque ces
pensions sont servies par la Caisse Nationale des Retraites et lorsque les
versements se font, en règle générale, à capital réservé), on devrait répartir
et spécialiser les fonds selon les diverses destinations qu'ils doivent recevoir ; c'est une nécessité absolue pour arriver à une sérieuse gestion financière... Il faudrait que toutes les associations de prévoyance mutuelle
vinssent constituer à la Caisse des Dépôts et Consignations un fonds de
retraites... Les conditions d'âge exigées pour avoir droit aux pensions viagères concédées par les associations sont généralement rigoureuses ; un progrès
vraiment important serait la réduction progressive des années statutaires
exigibles. D'énergiques efforts sont nécessaires pour élever le chiffre moyen
des pensions ; nous demandons ces efforts à la fois aux associations elles-
mêmes et à chacun de leurs membres. Indépendamment des versements
opérés par les associations à leurs Caisses de retraite, il est nécessaire
d'encourager, par tous les moyens, les versements personnels des Sociétaires à la Caisse Nationale de la vieillesse. La Statistique a démontré qu'un
très petit nombre de ces versements ont lieu directement ; les associations
mutuelles, intermédiaires naturels entre leurs membres et la Caisse, doivent stimuler énergiquement l'initiative individuelle.

Dans un important travail sur *La mission et le domaine propre des Sociétés
de secours mutuels* (Revue des institutions de prévoyance, septembre 1888), M. Pr.
de Laffitte, examinant la question de savoir s'il appartient bien à la Société
de secours mutuels de constituer, à ses risques et périls, des pensions de retraite alors qu'existe la Caisse Nationale des retraites, proposait de maintenir aux Sociétés de secours mutuels la possibilité de distribuer des pensions viagères parce que c'est le moyen d'attacher les membres participants,
mais c'est à la condition de ne donner à cette institution qu'une place très
subordonnée, de ne faire consacrer qu'une prime de cotisation très petite
ou d'avoir recours à la Caisse Nationale des retraites.

3. Duboisdenghien : *De l'organisation technique et de la comptabilité rationnelle des Sociétés de secours mutuels*, p. 30.

4. Leroy-Beaulieu : op. cit., T. IV, p. 370. Comp. les remarques de M. Villard dans la *Revue des institutions de prévoyance*, octobre 1888.

disposé à faire des Sociétés mutuelles le pivot du régime pour les
pensions de retraite ouvrière en ce sens que les versements en vue
de la retraite effectués régulièrement par le travailleur auraient nécessité une contribution de la part des patrons [1]; enfin de bons esprits[2],
sans croire qu'on doive défendre aux Sociétés de secours mutuels
d'entreprendre le service des pensions, ont montré qu'il convenait
absolument de prendre des précautions contre des engagements téméraires d'autant plus à craindre qu'ils sont de nature à exercer un
attrait tout-puissant sur l'ouvrier [3] et qu'il faudrait sinon imposer un
fonds spécial pour le service des pensions de retraite, au moins constituer une comptabilité particulière [4] et surtout faire varier la cotisation avec l'âge [5].

1. Drake : *Un progrès à faire en matière de prévoyance sociale* (*Revue polit. et
parlement.*, juin 1896, p. 520).
2. Cauwès : *op. cit.*, T. III, p. 590. V. aussi Mahillon : *Les pensions de retraite ouvrière et les fonds spéciaux de retraite*, Bruxelles, 1894, et *Bullet. de l'Association des Actuaires belges*, décembre 1895, p. 95 à 136.
3. Pour les ouvriers les pensions de retraite ont toujours été le principal
attrait des Sociétés de secours mutuels ; c'est tellement vrai que la loi
du 15 juillet 1850 a été accueillie avec la plus complète indifférence parce
qu'elle enlevait aux Sociétés le droit de distribuer des retraites. — En ce
sens, Serullaz : *op. cit.*, p. 353.
4. Cheysson : *L'imprévoyance dans les institutions de prévoyance*, Paris, 1888,
p. 22.
Chaque Société de secours mutuels, comme l'a fait observer M. Pr. de
Laffitte, a trois devoirs à remplir et représente véritablement trois associations réunies en une seule. On ne fait cependant qu'un seul compte,
résumé chaque année dans un seul bilan. Il en résulte qu'une situation
prospère en apparence peut annoncer de graves embarras. Le capital destiné aux retraites tend à absorber les deux autres ; c'est lui que l'État encourage et accroît en récompensant par une forte prime le sacrifice du présent à l'avenir. La prévoyance est une bonne chose assurément, mais la
modique épargne librement apportée par les pauvres d'aujourd'hui ne devrait, dans aucun cas, être amoindrie au profit des pauvres de l'avenir. —
Cf. Bertrand : *Journal des Savants*, 1888, p. 85.
5. Dans son étude sur *Les droits d'entrée chez les Sociétés de secours mutuels*,
M. Pr. de Laffitte a formulé à ce sujet des remarques très importantes. Tout
le monde reconnaît que la cotisation ne saurait être fixe, qu'elle doit être
d'autant plus forte que le sociétaire est plus âgé. Mais quand il s'agit de
réaliser cette règle le désaccord se produit. D'après les uns, la cotisation
doit varier avec l'âge du sociétaire et représenter le risque correspondant à
l'année qui commence ; d'autres affirment, au contraire, qu'il importe que
la cotisation soit la même à tous les âges. Ce système est certainement plus
simple, mais il exige qu'un droit d'entrée soit imposé et qu'il s'accroisse
avec l'âge du nouveau souscripteur. Le second système a été vanté et présenté comme préférable. La personne, dit M. de Laffitte, qui pourra payer
un droit d'entrée dont on lui dit le chiffre et une cotisation mensuelle de 1 fr.
par exemple entrera volontiers dans la Société de secours mutuels ; elle
voit tout de suite ce qu'elle a à faire et sans aucun effort de calcul ou de
mémoire, ce qu'elle aura ensuite à faire toute sa vie. Que l'on montre, au
contraire, à cette personne un tableau de cotisations annuellement croissantes, très rapidement croissantes à la fin, auxquelles elle ne comprendra
rien, si ce n'est peut-être qu'elle ne pourra plus les payer un jour et qu'elle
sera exposée à être rayée précisément lorsque la Société lui deviendrait le
plus nécessaire et neuf fois sur dix elle tournera sur ses talons et on ne la
verra plus. — Bertrand : *Journal des Savants*, 1888, p. 75.

La loi du 5 avril 1898 [1] qui devient la loi organique des Sociétés de secours mutuels et qui, loin de consacrer l'idée de ceux qui désiraient faire de l'État un organisme destiné à relier toutes les Sociétés de secours mutuels [2], chaque Société étant indépendante, sous la réserve, à la vérité, d'une fédération dans des cas déterminés, cette loi a maintenu la faculté de servir des pensions de retraite [3]. Elle a été inspirée par le désir de fixer des règles permettant de faire face mathématiquement, conformément aux règles de l'assurance, aux engagements à longue échéance que les Sociétés ont été peu à peu amenées à contracter avec leurs membres [4]. Ses rédacteurs ont cru

1. Cette loi se rattache à une proposition déposée à la Chambre des députés en 1884, par M. Maze.
Sur l'élaboration de cette loi, V. les articles de M. Villard dans la *Revue des institutions de prévoyance*, (mai, août, octobre 1888, février, mars, avril 1889), de M. Pr. de Laffitte (*ibid.*, janvier 1889), et de M. Bellom (*Revue polit. et parlement.*, juillet 1895); S. *Lois annotées* 99, 729; D. P. 99, 4, 27.
2. V. Grenthe : *Prévoyance et mutualité*, p. 36 et 37, et p. 135.
3. Peut-être avec cette arrière-pensée de fournir des clients à la Caisse Nationale des retraites. Il ne manque pas de bons esprits, en effet, qui affirment la nécessité d'un lien entre cet établissement d'État et les Sociétés de secours mutuels. L'épargne, lit-on dans une étude fort judicieuse (Vermont : *Les retraites des travailleurs ; les Sociétés de secours mutuels*, p. 63), est difficile à celui qui manque du nécessaire. L'association seule la rend persévérante et féconde. Les Sociétés de secours mutuels sont l'intermédiaire presque indispensable entre le travailleur et la Caisse des retraites, intermédiaire d'autant plus utile que ces Sociétés conservent pour les enfants le capital qui leur a permis de servir des rentes aux vieux parents. Cf. D. P. 90, 4, 27, n° 2.
4. Une réforme était indispensable à cet égard comme on l'a fort justement établi (V. notamm. Guieysse : *Étude sur les retraites dans les Sociétés de prévoyance*, Paris, 1889, p. 5, etc.).
Toute Compagnie d'assurance sur la vie est dans l'absolue nécessité de calculer à la fin de chaque année la valeur exacte des engagements qu'elle a contractés d'après les lois de la probabilité de vie. Les Sociétés qui, à un titre quelconque, promettent des retraites à leurs membres devraient agir de même. Or, presque aucune ne le fait ; il en résulte forcément que les fonds qui constituent la Caisse de retraite qui paraissent, au premier abord, largement suffisants pour parer au service des retraites sont absorbés et que la Caisse se vide après avoir fonctionné pendant un temps plus ou moins long ; après avoir servi des rentes aux anciens membres avec les cotisations des nouveaux, elle finit nécessairement par épuiser totalement ses ressources. Les Sociétés de secours mutuels avaient, en général, basé la valeur de la retraite, « sur des données absolument empiriques. » En ce sens Cheysson : *L'imprévoyance dans les institutions de prévoyance*, Paris, 1888, *passim*.
Cet économiste distingué établit parfaitement pour les Sociétés qui fonctionnaient avant la réforme de 1898, que la modicité des ressources alimentant le fonds de retraite dans les Sociétés de secours mutuels, même en y comprenant les subventions de l'État et les cotisations des membres honoraires, condamnait ces Sociétés à l'alternative d'aboutir à des pensions exagérées en égard aux possibilités financières, ou insignifiantes en égard aux besoins en jeu.
Plus récemment, dans son importante publication sur *Les Caisses patronales de retraites des établissements industriels*, (Paris, 1898), l'*Office du Travail* blâmait les Sociétés de secours mutuels de ne pas être organisées d'après les principes de la science de l'actuaire, il leur reprochait d'avoir pour fonds de retraites un excédant incertain de recettes dont la valeur dépend, pour

établir un code rationnel des Caisses de retraites qui s'étaient greffées un peu au hasard, sur les Caisses beaucoup plus simples de secours en cas de maladie [1]. L'avenir seul [2] pourra dire si ces espoirs ne sont pas quelque peu téméraires [3].

La loi nouvelle confère aux Sociétés approuvées ou reconnues d'utilité publique, à la condition de n'établir aucun avantage particulier, c'est-à-dire de faire la même situation à tous leurs membres (y compris

ainsi dire, exclusivement des libéralités patronales, les dépenses de maladie absorbant en général plus que les cotisations des participants ne produisent ; en cette matière la moindre imprévoyance, la plus légère erreur de calcul entraînent de redoutables conséquences ; toute insuffisance se capitalise ; un déficit qui semble insignifiant prépare un gouffre.

Sur les critiques qui ont été formulées contre la réforme que le législateur voulait et avec raison introduire, V. Rochetin : *Le nouveau régime des Sociétés de secours mutuels* (*Journ. des Économistes*, janvier 1896, p. 40, etc.).

1. Fonsalme : *Revue politique et parlementaire*, avril 1898, p. 155 ; Duvergier : *Collect. des lois*, 98, 112.

2. En conformité de la loi du 1er avril 1898, il a été fait à Paris plusieurs déclarations en vue de la constitution de nouvelles Sociétés de secours mutuels. Or, sur 6 Sociétés à fonder, l'une avait pour but « de constituer en faveur des membres participants un capital inaliénable destiné à leur servir de pension de retraite et d'établir un profit de chacun d'eux les premiers éléments d'un livret personnel de retraite à capital réservé », l'autre « de constituer dans l'avenir au profit des sociétaires un fonds de pensions de retraite », une autre enfin « de constituer en faveur des membres participants une pension viagère de retraite » (V. les détails dans *La Revue philanthropique*, juin 1898, p. 275 et 276).

C'est l'indice que malgré tout l'idée de la pension de retraite n'est pas près d'être abandonnée. Et pourtant l'expérience est là. Tout récemment encore, sous l'empire de la nouvelle législation, on a attiré l'attention sur les dangers, même pour les Sociétés de secours mutuels, de pratiquer l'assurance contre la vieillesse, ce rôle n'étant pas fait pour elles. V. spécialement Merlin : *Les Associations ouvrières et patronales*, Paris, 1899, p. 417 et surtout Costler : *Des retraites ouvrières*, Paris, 1899, p. 55 et suiv. ; Antoine : *Cours d'économie sociale*, 2e édit., Paris, 1899, p. 660.

3. Pour nombre de personnes il est déplorable que les pensions soient constituées au moyen du fonds commun, quand il est laissé à l'appréciation des Sociétés d'en déterminer la composition et d'y faire entrer « en totalité ou en partie les subventions de l'État, les dons et legs, les cotisations des membres honoraires et les autres ressources disponibles. » On ne conçoit pas une telle impéritie du législateur qui ouvre par là-même la porte à tous les anciens abus, sans souci des déconvenues qu'ils doivent logiquement entraîner alors cependant que les avertissements ne lui ont pas manqué et que tous les actuaires qui se sont occupés des retraites délivrées par les Sociétés de secours mutuels sont unanimes à déclarer qu'avec leurs ressources extraordinaires, aliénables ou non, peu importe, ces Sociétés ne peuvent accorder sans danger que des allocations annuelles et que des retraites fixes et déterminées ne sauraient être fondées que sur leurs ressources absolument assurées. À la vérité, il est imposé aux Sociétés qui promettent des retraites garanties à l'aide du fonds commun de produire, tous les 5 ans, la situation de leurs engagements et de leurs ressources correspondantes. Mais est-il possible d'évaluer des ressources aléatoires comme les cotisations des membres honoraires, les dons, legs et subventions ? Il eût été préférable de rendre obligatoire le calcul des réserves pour toutes les pensions gagées sur les cotisations des participants, en laissant ensuite liberté entière pour la distribution de toutes les ressources extraordinaires. Costler : *Des retraites ouvrières*, p. 65.

les femmes et les mineurs) [1], le droit de servir aussi bien des pensions
que des allocations, non pas viagères mais annuelles prises sur les
ressources disponibles à tout membre âgé de plus de 50 ans et ayant
acquitté une cotisation spéciale au moins pendant 15 ans [2], ainsi que
la faculté de distribuer chaque année une indemnité pécuniaire aux
membres participants devenus infirmes ou incurables avant l'âge fixé
par les Statuts pour être admissible à la pension de retraite. Mais
elle leur reconnaît aussi la possibilité de verser des capitaux à la
Caisse des Dépôts et Consignations non seulement en compte courant
disponible mais encore en un compte affecté pour toute la durée de
la Société à la formation et à l'accroissement d'un fonds commun inaliénable. Le fonds commun de retraites existant au jour de la promulgation de la loi ne peut être supprimé, il peut être placé soit à la
Caisse des Dépôts et Consignations, soit en valeurs ou immeubles, soit
à la Caisse des retraites. Pour l'avenir les Statuts de chaque Société
détermineront si elle entend user de cette faculté de constituer un
fonds commun et dans quelles conditions, ils régleront les moyens de
l'alimenter, qu'il s'agisse d'un fonds commun conservé ou d'un fonds
commun à créer, ils décideront notamment si la Société devra verser
à ce fonds en totalité ou en partie, indépendamment des cotisations
des membres honoraires et des autres ressources disponibles, les
dons et legs et surtout les subventions de l'État dont le principe,
malgré tout ce qui a pu être dit [3], a été maintenu parce que l'on a sans
nul doute considéré que « les subventions appliquées presque exclusivement aux fonds de retraites y ont amené les versements de la
façon la plus évidente » [4], mais surtout par suite de la tendance qui

---

1. On avait pourtant proposé de conférer un droit analogue aux Sociétés libres. — Maze : *op. cit.*, p. 404.

Les Statuts doivent faire connaître, en particulier, le mode de constitution
des retraites pour lesquelles il n'a pas été pris d'engagement ferme et dont
l'importance est subordonnée aux ressources de la Société, l'organisation
des retraites garanties, notamment la fixation de leur quotité, de l'âge de
l'entrée en jouissance, les prélèvements à effectuer du ce chef. L'autorité a
le droit de refuser l'approbation pour les Statuts qui n'indiqueraient pas des
recettes proportionnelles aux dépenses pour la constitution de retraites garanties.

2. V. D. P. 99, 4, 36, n° 3;

3. M. Leroy-Beaulieu (*op. cit.*, T. IV, p. 371) trouve, non sans raison, qu'il
serait préférable de substituer une très légère augmentation de la cotisation des membres participants et une un peu plus forte de celle des membres honoraires au recours à l'État, de façon à conserver aux Sociétés leur
caractère strictement privé.

4. Maze : *op. cit.*, p. 99.

Cet auteur appuie sa manière de voir de la façon suivante. Le décret autorisant les Sociétés de secours mutuels approuvées à donner des pensions
viagères et leur promettant des allocations paraît le 26 avril 1856; en sept
mois, du 26 avril au 31 décembre, il est versé près de 250,000 fr.; en 1857
près de 400,000; en 1858 près de 500,000; depuis sauf à l'époque de la guerre
d'Italie (353,618 fr. au lieu de 475,679) et pendant la douloureuse période de
1870 (291,458 fr.) 1871 (281,474 fr.), on peut dire que la progression a été
constante; au début, les versements ont été très inférieurs aux subventions;

règne en France de faire de l'État une Providence, de demander au budget, c'est-à-dire au grand dommage des contribuables [1], toutes les sommes que l'initiative privée se reconnaît impuissante à réunir.

La loi décide que le compte courant et le fonds commun portent intérêt à un taux égal à celui de la Caisse Nationale des retraites pour la vieillesse ; elle prévoit que la différence entre ce taux de 4 1/2 0/0 déterminé par le décret-loi du 26 mars 1852 et le décret du 26 avril 1856 [2] sera versée, à titre de bonification, à chaque Société

dès 1857, ils les surpassaient ; en 1868, ils étaient environ deux fois plus élevés ; depuis 1873 ils l'ont été près de trois fois ; en 1880, ils ont atteint plus de 1500,000 fr. et la subvention a été de 500,000.

V. aussi Vermont : *Les retraites des travailleurs, les Sociétés de secours mutuels* ; Rouen, 1882, p. 65.

Il faut noter que d'après des dispositions formelles de la loi de 1898 les arrérages des dotations et les subventions annuellement inscrites au budget du Ministère de l'Intérieur au profit des Sociétés de secours mutuels seront employés à accorder à ces Sociétés des allocations : 1° pour encourager la formation des pensions de retraites à l'aide du fonds commun ou du livret individuel ; 2° pour bonifier les pensions liquidées à partir du 1er janvier 1895 et dont le montant, y compris la subvention, ne sera pas supérieur à 360 fr. ; 3° pour donner, en raison du nombre de leurs membres, des subventions aux Sociétés qui ne constituent pas de retraites. Pour chacune de ces allocations, la répartition du crédit aura lieu dans les proportions et suivant les barèmes arrêtés par le Ministre de l'Intérieur, après avis du Conseil supérieur des secours mutuels.

C'est là une satisfaction accordée aux plaintes formulées (V. Maze : op. cit., p. 80) par les personnes qui reprochaient à la répartition d'être faite sur des bases déterminées d'une façon purement administrative, inconnues du grand public et même parfois des intéressés, appliquées uniquement par les bureaux.

Les Sociétés mutuelles qui accordent à quelques-uns de leurs membres des pensions supérieures à 360 fr. ne participent pas aux subventions de l'État et ne bénéficient ni du taux spécial d'intérêt fixé par les décrets des 26 mars 1852 et 26 avril 1856, ni des avantages accordés sous forme de remise de droits d'enregistrement et de frais de justice.

En cas de dissolution il doit être prélevé sur l'actif social, y compris le fonds commun inaliénable de retraites déposé à la Caisse des Dépôts et Consignations en plus du montant des engagements contractés vis-à-vis des tiers, les sommes nécessaires pour remplir les engagements contractés vis-à-vis des membres participants, notamment en ce qui concerne les pensions viagères.

1. La loi nouvelle dispose formellement que les subventions de l'État en vue de la retraite par livret individuel profiteront aux étrangers lorsque leur pays d'origine aura garanti par un traité des avantages équivalents à nos nationaux ; que les pensions allouées sur le fonds commun ne pourront être servies aux étrangers que dans le cas où ils résideront en territoire français.

2. Dans un rapport lu le 16 août 1898 au VIe Congrès national de la Mutualité, M. Vermont, tout en félicitant le législateur d'avoir, au moyen de subventions compensatrices, assuré aux dépôts des Sociétés de secours mutuels le taux de 4 1/2, a déploré la mesure qui, pour le taux de capitalisation des pensions, l'abaisse à 3 1/2 0/0 et permet de l'abaisser plus encore. Il a montré que c'était un acte d'injustice, l'État ayant obligé les Sociétés de secours mutuels à lui confier leurs capitaux en leur imposant le taux invariable de 4 1/2, alors même que le loyer de l'argent était plus élevé et un engagement formel pris pour les dépôts devant s'observer pour les pensions.

M. Vermont a noté aussi que pour être fixée sur les pensions à servir, une Société doit nécessairement connaître quel en sera le prix, qu'elle ne

de secours mutuels approuvée ou reconnue d'utilité publique, en raison de son avoir à la Caisse des Dépôts et Consignations (fonds libres et fonds de retraites) au moyen d'un crédit inscrit chaque année au budget du Ministère de l'intérieur ; elle prescrit la capitalisation annuelle des intérêts qui ne recevraient pas d'emploi au cours de l'année. Enfin elle fixe dans quelles conditions les pensions de retraites sont servies : elles peuvent être constituées soit sur le fonds commun [1], soit sur le livret individuel [2] qui appartient en toute propriété à son

peut pas faire de calculs certains et de promesses sérieuses avec des données inconnues, que l'incertitude diminue la confiance des adhérents et la base nécessaire aux engagements de la Société.

1. Après avoir décidé que les Sociétés de secours mutuels approuvées sont admises à verser des capitaux à la Caisse des Dépôts et Consignations tant au compte courant disponible qu'en un compte affecté pour toute la durée de la Société à la formation et à l'accroissement d'un fonds commun inaliénable, l'art. 21 dispose que « le fonds commun de retraites existant au jour de la promulgation de la loi ne peut être supprimé ». A en croire le rapporteur de la loi (Duverpier : *Collect. des lois*, 1898, 119), il faut entendre cette prescription en ce sens que le fonds commun, résultat d'épargnes accumulées par une série de générations, ne pourra pas être détruit, absorbé uniquement au profit de la génération qui fait actuellement partie de la Société de secours mutuels. La Société de secours mutuels est un corps qui a une durée plus longue que celle des personnes qui en font momentanément partie ; c'est dans son intérêt que ce fonds a été constitué ; c'est dans son intérêt qu'il doit être conservé.

Par *fonds commun* il faut entendre, d'après M. le rapporteur Audiffred (*loc. cit.*), tout ce qui a été accumulé par les Sociétés de secours mutuels, tout ce qui existait au jour où l'on légiférait sur ces Sociétés ; dès lors, disait-il, que le fonds commun a été jusqu'à ce jour inaliénable de par la loi, il ne doit pas être permis de l'aliéner ; il doit être maintenu, conservé à la Société ; il ne saurait être fait aucune distinction entre les différentes sources du fonds commun. Cf. Pour les travaux préparatoires D. P. 99, 4, 35, n° 1, S. *Lois annotées*, 99, 745, n° 96.

2. On a beaucoup discuté sur la question de savoir s'il fallait préférer le système du fonds commun avec capital réservé au profit de la Société ou, au contraire, le système du livret individuel donnant à chacun des participants ce qui lui revient, eu égard aux versements effectués par lui, à son âge d'admission et aux chances de service qu'il offre à cette date.

Ne pouvant entrer dans ce débat, car son exposé exigerait de trop longs développements, nous renvoyons au travail de M. Guieysse sur *La participation aux bénéfices, les retraites et l'assurance*, aux remarques de M. Imbert Cyprés (*op. cit.*, p. 456), ainsi qu'aux observations formulées soit par M. Villard (*Examen critique du projet de loi sur les Sociétés de secours mutuels : Revue des institutions de prévoyance*, mai 1888), ou M. Matrat (*Les capitaux de retraite dans les Sociétés mutuelles de prévoyance*, *ibid.*, décembre 1889), soit par M. Pr. de Laffitte soutenant que « il faut s'assurer d'abord le revenu nécessaire pour la vieillesse, le capital nécessaire pour les héritiers et ne songer après qu'au patrimoine » (*rente viagère et le patrimoine* : Revue des institutions de prévoyance, mars 1889) - Comp. du même auteur : *La pension viagère immédiate à capital réservé en faveur de la Société de secours mutuels*, *ibid.*, mai 1890, ses articles Rev. des institut. de prévoy., octobre 1887 ; janvier, février 1889, et le livre de M. Villard sur *Les Sociétés de secours mutuels*.

Dans sa importante thèse de doctorat sur *Les Sociétés de secours mutuels et la question des retraites*, Lyon, 1890, M. G. Serullaz (p. 407) se prononce, de son côté, pour le livret individuel, la constitution de pensions viagères immédiates sur le fonds commun de retraite.

titulaire, à capital aliéné ou réservé[1]. Les pensions de retraites, alimentées par le fonds commun, sont constituées à capital réservé au profit de la Société; elles sont servies directement par la Société à l'aide des intérêts de ce fonds ou par l'intermédiaire de la Caisse nationale des retraites. Pour bénéficier de ces pensions les membres participants doivent être âgés d'au moins 50 ans, avoir acquitté la cotisation sociale pendant 15 ans au moins et remplir les conditions statutaires fixées pour l'obtention de la pension.

Les pensions de retraites constituées par le livret individuel, à l'aide de la Caisse nationale des retraites ou d'une Caisse autonome, sont formées, en conformité des Statuts, au moyen de versements effectués par la Société au compte de chacun de ses membres participants. Ces versements proviennent : 1° de la cotisation spéciale que le sociétaire a lui-même acquittée en vue de la retraite ou de la portion de la cotisation unique prélevée en vue de ce service; 2° de tout ou partie des arrérages du fonds commun inaliénable, s'il en existe un; 3° des autres ressources dont les Statuts autorisent l'emploi en capital au profit des livrets individuels. Les versements effectués par la Société sur le livret individuel le sont à capital aliéné ou à capital réservé, au profit de la Société, suivant que les Statuts en auront décidé. Quant aux versements qui proviennent des cotisations du membre participant ils peuvent être, au choix de ce membre, faits à capital aliéné ou à capital réservé au profit de ses ayants-droit. Pour la liquidation des pensions de retraites constituées à capital aliéné et à jouissance immédiate par les Sociétés de secours mutuels, les tarifs de la Caisse nationale des retraites seront calculés jusqu'à 80 ans.

De même que les secours, les pensions sont incessibles et insaisissables jusqu'à concurrence de 360 fr. pour les rentes.

Avec des garanties telles que l'obligation d'employer les fonds en rentes sur l'État, en valeurs du trésor ou garanties par le Trésor et valeurs analogues et, d'autre part avec le contrôle de l'inspection des finances, la loi du 5 avril 1898 autorise la constitution de Caisses autonomes pour les Sociétés de secours mutuels ou les Unions établies entre plusieurs d'entre elles.

Dans le but, sans doute, de maintenir aux Sociétés et d'autre part, aux pensions leur caractère essentiel, le législateur a interdit l'affiliation à plusieurs Sociétés en vue de la constitution d'une pension supérieure à 360 fr.; la peine est l'exclusion et si la Société ne l'applique pas, elle s'expose de ce chef à la perte des avantages que la loi lui confère.

Après avoir vu ce qui se passe en France, il convient de jeter un rapide coup d'œil sur ce qui se pratique à l'étranger.

Le rôle des Sociétés de secours mutuels françaises est rempli en

1. V. Bellom : *Rev. polit. et parlement.*, juillet 1895, p. 80.

Angleterre et sous la garantie du *Registrar*[1], chargé moins de diriger que de consacrer leur existence et de fournir des conseils[2], par les *Friendly Societies* ou Sociétés amicales[3] dont l'existence légale fut reconnue dès 1793 mais dont l'origine remonte aux anciennes Corporations et Confréries et surtout aux réunions maçonniques[4]. Très nombreuses puisqu'elles ont recruté au moins le huitième de la population sans distinction de sexe, ni d'âge, ces Sociétés, dont l'organisation a été bien des fois décrite en détail[5], se groupent en fédérations étendant leur réseau sur tout le territoire, se ramifiant même dans les colonies et jusque dans les pays étrangers : elles voient chaque année leurs délégués se réunir pour traiter les questions d'intérêt général. Subdivisées en plusieurs catégories, ces associations comprennent tantôt le pays tout entier, y compris les colonies, tantôt les personnes appartenant à la même profession, tantôt un comté, tantôt une ville. Mais toutes, indépendamment des indemnités de route en cas de déplacement, des secours temporaires en cas de maladie, de blessure, d'infirmité, du remboursement des frais funéraires, fournissent des sommes exigibles au décès du Sociétaire par la femme et les enfants, des pensions de retraite, en retour d'une cotisation

1. Ses attributions ont été consacrées récemment encore par le *Bill* du 7 août 1896 (*Annuaire de législat. étr.*, 1896, p. 15 et 16).

2. V. sur le rôle de ce fonctionnaire qu'il ne saurait être question d'indiquer ici, Hubert-Valleroux, *Bullet. de la Soc. de législat. comp.*, T. XV, 1885-86, p. 75, et de Franqueville : *Étude sur les Sociétés de secours mutuels en Angleterre*, Paris, 1863, p. 15 et 16.

3. L'assistance publique fut en Angleterre organisée en 1601 par la reine Elisabeth. D'après le système qui prévalut alors, les ouvriers des villes étaient forcés de s'affilier à une Corporation et de lui payer des cotisations qui formaient un fonds de secours destiné à ceux qui étaient surpris par la maladie ou qui tombaient dans l'indigence, la Corporation en garantissant le droit au travail donnant les moyens de gagner la vie et par suite celui d'acquitter la cotisation; les pauvres devaient être secourus par les habitants aisés de la paroisse, sauf obligation de travail dans le Workhouse à moins d'une incapacité absolue de travail.

Ce régime n'était satisfaisant ni au point de vue moral, ni au point de vue économique; d'autre part, il occasionnait de très lourdes dépenses. Afin de remédier aux abus constatés, le Gouvernement anglais essaya en 1757 et en 1792 de rendre obligatoire pour certaines Corporations d'ouvriers le versement de cotisations déterminées dans la Caisse des *Friendly Societies*. Ces mesures n'obtinrent aucun résultat. On finit par reconnaître qu'il convenait de transformer l'organisation de l'assistance. On rendit la liberté à l'industrie en supprimant l'ancienne législation et en décidant qu'il ne serait accordé qu'un secours momentané aux ouvriers capables de travailler. Le *Self-help* ou assistance par soi-même gagna tout ce que perdit l'assistance par autrui. Les *Friendly Societies* se développèrent avec une extrême rapidité. — Chaufton : *op. cit.*, t. I, p. 238.

4. V. notamm. pour l'historique que nous ne pouvons songer à retracer ici, Martin Nadaud : *Histoire des classes ouvrières en Angleterre*; Em. Laurent, *op. cit.*, et surtout Ch. de Franqueville : *Étude sur les Sociétés de secours mutuels en Angleterre*, p. 5 et suiv.

5. V. Ludlow : *Mémoire sur la prévoyance ouvrière dans le Royaume-Uni*, 1877, et Chaufton : *op. cit.*, T. I, p. 243.

et d'un droit d'entrée, et, circonstance à noter, sans que des subventions aient été sollicitées soit du Gouvernement, soit des autorités locales[1]. Les sociétaires tiennent essentiellement, en effet, à leur indépendance[2]; ils ne l'abdiquent qu'au profit de la Société. Tout adhérent qui, pour un motif quelconque, quitte la Société, perd ses droits à toute espèce de secours.

Les Statuts des *Friendly Societies*, produit d'une lente transformation, sont rédigés avec soin. Ils reposent sur des bases scientifiques sérieuses : ce qui les distingue c'est qu'ils édictent la variabilité des versements suivant les âges, qu'ils établissent la distinction absolue des Caisses et la spécialisation des fonds. Pour une bonne partie c'est là la cause de leur réussite. Pour partie aussi le succès est dû à l'organisation qui est très vaste : d'un côté, l'ouvrier peut être suivi dans ses déplacements, recevoir des secours et mis en demeure de payer ses cotisations ; d'un autre côté, la multitude des adhérents offrant un champ favorable à la réalisation de la loi des grands nombres, met les Sociétés à l'abri des surprises du hasard et leur donne des facultés particulières pour établir de bonnes statistiques[1].

Il faut retenir toutefois que les *Friendly Societies* tendent surtout à fournir des secours en cas de maladie et que, sauf de rares exceptions, les *Friendly Societies* ordinaires, non professionnelles, ne servent pas de pensions viagères. Mais il est à observer que la question est sérieusement à l'étude et que plusieurs associations importantes recherchent s'il n'y aurait pas moyen de transformer le système d'assurance

1. Comp. le rapport de M. le consul général Caubet dans le *Recueil des Rapports sur les conditions du travail dans les pays étrangers*, Paris, 1891 ; Lavollée : *Les classes ouvrières en Europe*, Paris, 1896, T. III, p. 470, etc.
Il faut noter que, tout en ayant une grande analogie avec nos Sociétés de secours mutuels, les *Friendly Societies*, comme le dit M. Martinet (*Les Sociétés de secours mutuels et les assurances ouvrières*, *Revue générale d'administration*, septembre 1889, p. 8), ont une action beaucoup plus étendue et jouissent d'une plus grande latitude. En effet elles distribuent des secours aux sociétaires, à leurs conjoints, aux enfants, pères, mères, frères, sœurs, neveux, nièces, ou pupilles, orphelins en cas de maladie ou d'incapacité corporelle ou mentale, dans la vieillesse, le veuvage ou pendant la minorité, elles subventionnent les sociétaires voyageant à la recherche de travail ou tombés dans la misère, attribuent des indemnités en cas de naufrage ou d'incendie, pour pertes ou avaries de bateaux, de filets, d'outils ou d'instruments professionnels, de vêtements, etc.; elles sont même autorisées à consentir des prêts.
2. Il importe de relever que malgré ce goût pour l'indépendance, le législateur n'en a pas moins réglementé le fonctionnement des *Friendly Societies*.
La solvabilité d'un grand nombre laissait si bien à désirer qu'à la suite d'une enquête, le Parlement vota le 11 août 1816 un bill (*Annuaire de législat.*, etc., 1876, p. 165) tendant à établir un contrôle sérieux. Ces mesures n'empêchèrent pas les Sociétés de promettre au delà de ce qu'elles pouvaient tenir. Aussi le législateur intervint de nouveau par le Bill du 7 août 1896 (*ibid.*, 1896, p. 14).
3. Léon Say et Chailley-Bert : *Nouveau Dict. d'économ. polit.*, art. *Mutualité* par M. Lacombe. V. aussi sur l'organisation de ces Sociétés, Martinet : *loc. cit.*, p. 8, etc.

maladie de manière à pouvoir substituer aux secours de cette espèce
à partir de 60, 65 ou 70 ans une pension viagère constante [1].

La question des retraites ouvrières [2] n'est entrée dans la voie des
réalisations que parmi les associations professionnelles et surtout les
Trade-Unions, Sociétés mutuelles corporatives organisées pour la défense des intérêts du travailleur (qui allouent, uniquement dans ces
dernières années) non seulement des secours aux malades, aux blessés,
aux victimes de chômage, non seulement des subsides pour les dépenses d'enterrement, mais aussi des pensions de retraite [3].

Les dispositions adoptées pour l'organisation des retraites sont très
variables. Le plus souvent cependant la pension est attribuée à partir
d'un âge fixé par les Statuts aux membres qui ont accompli dans la
Société un stage plus ou moins long. Le montant de la pension dépend de la durée de sociétariat en qualité de membre cotisant. Exemple : dans la *United Kingdom Society of coachmakers* la pension est
due à partir de 60 ans aux membres de la Société qui ont fait partie
de la Société pendant 20 ans au moins et qui sont devenus incapables
de travail; la pension varie de 7 fr. 50 à 10 fr par semaine. Dans certaines Unions, c'est plutôt l'assurance invalidité sans condition d'âge
qui est en vigueur. Tel est le cas de la *Amalgamated Society of rail-
way servants* qui garantit une forte pension annuelle à ceux de ses
membres devenus invalides à la suite d'infirmités. Dans un petit nombre de Sociétés, le chiffre de pensionnés admis par an ne doit pas dépasser une limite fixée en raison des ressources disponibles. Exemple :
la *Philanthropic Society of coopers*.

Il n'existe pas davantage de règle unique en ce qui concerne le
système financier adopté pour garantir le paiement des pensions.
Bien que les Sociétés soient astreintes à faire dresser au moins tous
les cinq ans leur inventaire par un actuaire et, qu'en principe, leurs
opérations de rentes viagères doivent reposer sur des tarifs approuvés
par un actuaire agréé du Gouvernement, il s'en faut de beaucoup qu'elles
pratiquent toutes rigoureusement le système de couverture qui seul,
dans le cas de l'assurance libre, garantit exactement le paiement des

1. Cf. dans *L'Assurance moderne* (n°ˢ des 16 et 31 janvier, 17 février 1896),
l'étude sur *Les Assurances ouvrières en Angleterre* d'après un travail publié par
l'*Office du Travail*.

2. Qui donne lieu aux difficultés les plus sérieuses, aux controverses les
plus vives de l'autre côté de la Manche, comme le prouve le discours prononcé le 15 mars 1899 par M. G. King à l'*Insurance and Actuarial Society* de
Glascow (Bullet. de l'Associat. des Actuaires belges, juin 1899, p. 12 à 35).

3. Comp. Howell : *Le passé et l'avenir des Trade-Unions* (*Trade-Unionism new
and old*) traduct. par M. Le Cour Grandmaison ; Paris, 1892, p. 101 et suiv. ;
Martinet : *Les Sociétés de secours mutuels et les assurances ouvrières* (*Revue générale d'administration*, octobre 1889, p. 149, etc.); Lavollée : *op. cit.* ; de Rousiers : *Le Trade-Unionisme en Angleterre*, Paris, 1897, et les ouvrages publiés
antérieurement soit par M. Martin Nadaud (*Histoire des classes ouvrières en
Angleterre*, Paris, 1872), soit par M. le Comte de Paris (*De la situation des ouvriers en Angleterre*, Paris, 1873).

pensions sans escompter outre mesure les ressources futures. Un assez grand nombre d'Unions ne possèdent, en réalité, que des réserves insuffisantes; il en est même qui vivent presque au jour le jour, puisant dans le produit de leurs recettes annuelles les sommes exigées pour le service des rentes [1].

1. *L'Assurance moderne*, 17 février 1896, p. 29.

Le régime des *Trade-Unions* a été très vanté par leur historien, M. Howell, et par le traducteur de ce dernier, M. Le Cour Grandmaison. Il ne faudrait peut-être pas se laire par trop d'illusions à cet égard, au moins en ce qui concerne les pensions de retraite.

Le but à réaliser est l'allocation d'une somme permettant à l'ouvrier âgé de se reposer et, il faut le dire car les associations ouvrières ne le disimulent pas, de faire place à d'autres personnes plus jeunes. Or, le montant de retraites varie beaucoup : il est de 7 schellings au minimum à 10 au maximum par semaine (455 à 650 fr., par an) pour les mécaniciens, de 6 à 10 shell. par semaine (390 à 650 fr., par an) pour les constructeurs de machines, de 4 à 8 shell. (260 à 520 fr., par an) pour les compositeurs d'imprimerie de Londres, etc. Aussi peut-on dire que les plus élevées seulement de ces retraites peuvent être considérées comme assurant sérieusement le repos de la vieillesse, mais que les plus faibles ne sont qu'un secours utile, quoique insuffisant.

Il y a mieux : si modiques que soient les chiffres des pensions promises, il est peu probable que les *Trade-Unions* puissent indéfiniment les servir. Il y a déjà vingt-cinq ans, dit M. Leroy-Beaulieu (*op. cit.*, T. II, p. 425), l'actuaire de la Dette publique britannique, M. Finlaison, et un autre actuaire, M. Tucker, dans la Commission royale d'enquête de 1868, après un examen des Statuts et de la situation de ces associations, avaient conclu à leur insolvabilité finale. Quoi que l'on ait pu dire (Howell : *op. cit.*, p. 406 et 407; Le Cour Grandmaison : *op. cit.*, p. x. — Comp. ce qu'écrivait en 1869 à cet égard M. le comte de Paris dans son ouvrage sur *Les associations ouvrières en Angleterre* (*Trade-Unions*), Paris, 6e édit., p. 61 et suiv., et ses observations : *De la situation des ouvriers en Angleterre*, Paris, 1873, p. 102), le danger existe toujours. En s'en tenant aux 13 principales Unions l'on voit qu'en 21 ans le nombre des membres a plus que doublé; l'effectif de tous ces membres comprend donc une proportion d'hommes jeunes ou simplement arrivés à une maturité beaucoup plus forte que celle qui existe dans un groupement ouvrier normal; la proportion des retraités à soutenir actuellement se règle non pas sur les chiffres des membres des dernières années, mais sur l'effectif beaucoup moins considérable des membres qui existait, il y a 25 ou 30 ans. Les Sociétés d'assurance, tant que le nombre des nouveaux adhérents s'accroît rapidement, lorsqu'elles ne font pas de réserves et qu'elles se servent des cotisations pour faire face aux rares sinistres de leur période de débuts, sont toujours à l'aise. Les embarras commencent quand les proportions d'âge des adhérents correspondent à ceux de l'ensemble de la population, du moins de la partie adulte de la population. Les vieilles *Trade-Unions*, celles qui songent moins à la lutte industrielle, c'est-à-dire à la guerre contre les patrons qu'à l'organisation d'œuvres de prévoyance, arriveront à cette situation quand elles seront plus anciennes et que le nombre de leurs membres ne croîtra plus que lentement. Leurs réserves étant dérisoires, il faudra qu'elles pourvoient à leurs pensions de retraite avec leurs recettes annuelles. Il faudra alors tripler au moins, sinon parfois quadrupler le chiffre de la cotisation des membres qui est de 65 fr. en moyenne par tête, ou de renoncer aux pensions de retraite. Cette dernière solution est malheureusement la plus probable; avec M. Leroy-Beaulieu (*op. cit.*, p. 429), nous le regrettons : il eût été beau que des Sociétés ouvrières pussent pratiquer le *self-help* au point de servir, sans aucun secours de l'État, des pensions de retraite à leurs vieux membres et aux veuves ou orphelins de leurs membres; mais il eût fallu proportionner le sacrifice à l'importance du but ; les

L'action patronale en matière de retraites ouvrières n'est soumise à aucune obligation. Cependant dans certaines Unions soit ouvrières, soit mixtes les patrons contribuent par des versements volontaires à la constitution des fonds de retraite. Ceci a lieu surtout pour les industries dangereuses.

Ces Sociétés n'offrent pas une solvabilité absolument certaine parce que leurs calculs sont établis sur des statistiques imparfaites; il faut alors recourir à des cotisations supplémentaires que la loi permet de réclamer. En second lieu, on a le tort de confondre les différents chefs de l'assurance ouvrière de telle sorte que, en présence d'une grève, lorsque tous les fonds semblent nécessaires les autres services et naturellement celui des pensions de retraite en souffrent [1]. Enfin et surtout, les Sociétés exercent une contrainte sur leurs membres en proclamant déchu de tout droit à un secours le membre qui, pour un motif quelconque, quitte la Société.

Sans aller jusqu'à compter sur une transformation complète à ce point que les Unions de métiers cesseraient d'être des Sociétés de combat pour devenir des Sociétés de secours, il est permis de penser [2] que les tendances militantes des *Trade-Unions* pourront trouver un modérateur puissant dans l'adjonction des secours au but principal et qu'une Union ayant malades, pensionnés, veuves et orphelins à sa charge ne se mettra en grève que pour les raisons les plus graves [3].

Il faut noter toutefois que si, pour la plupart, les *Trade-Unions* remplissent les objets de la *Friendly Society* et si, à cet égard, on peut les assimiler à nos associations mutuelles de secours, ce n'est qu'à titre secondaire. Leur but principal est d'assurer la sauvegarde des tra-

Trade-Unions, en partie par ignorance, en partie par d'autres raisons, ne s'y sont pas appliquées.

Il y a une trentaine d'années déjà la question des retraites avait fait l'objet de vives discussions et si l'on avait, à ce moment, prédit la banqueroute pour les Unions à raison des pensions qu'elles desservaient, des contradictions s'étaient produites. Le débat a été résumé dans l'ouvrage de M. le Comte de Paris sur *Les Associations ouvrières en Angleterre* (p. 51 et suiv.).

1. Ce reproche, à la vérité, a été fort nettement combattu tant par M. Brentano (*Die Arbeitergilden der Gegenwart*, Leipzig, 1871-1872, p. 181), que par M. Chauffon (*Les Assurances*, T. I, p. 251 à 255), faisant valoir qu'avec des caisses séparées on amasse une somme qui, ne pouvant servir qu'à la guerre, est, dès qu'elle est suffisante, employée à faire la guerre alors qu'avec la Caisse unique le trésor de guerre devient applicable aux œuvres de paix.

2. Tout le monde reconnaît qu'en tant qu'organisation d'assistance mutuelle les *Trade-Unions* ont exercé une influence très bienfaisante (Herbert Spencer: *Les institutions professionnelles et industrielles*, traduct. Varigny, Paris, 1898, p. 151) et aussi que les sociétaires semblent de plus en plus comprendre qu'il y a autre chose à faire que de réaliser des utopies, et qu'il ne faut pas engager la lutte pour la lutte (J. Dumas: *Les lois ouvrières devant le Parlement anglais* (Revue d'économ. polit., mars 1896, p. 267).

3. Ludlow: *Mémoire sur la prévoyance dans le Royaume-Uni*, 1877; Hubert-Valleroux: *Les corporations d'arts et métiers et les syndicats professionnels en France et à l'étranger*, Paris, 1885, p. 318.

vailleurs, à cet effet d'organiser non seulement des mouvements propres à amener la réforme de certaines lois [1] mais aussi bien la lutte et de faire converger tous leurs efforts de ce côté. C'est si vrai que les ressources sont inégalement réparties entre leurs différents chapitres de dépense, que si une part est faite aux allocations pour accidents, maladies, secours funéraires, elle est assez restreinte [2], et que confiantes dans les *Friendly Societies* pour venir en aide aux ouvriers dans l'embarras, elles affectent principalement leurs ressources aux secours, aux grèves, aux dépenses destinées à soutenir le travail dans sa lutte contre le capital [3]. Il n'est pas téméraire de penser que le principe de la spécialisation des divers fonds n'étant pas accepté précisément à raison du caractère des *Trade-Unions*, en cas de besoin, s'il y avait une grève à soutenir, toutes les réserves seraient certainement affectées à la résistance. La *Trade-Union* est avant tout une Caisse de chômage destinée à empêcher en temps de grève l'ouvrier de mourir de faim [4].

En Belgique sous l'empire de la loi du 3 avril 1851 complétée par celle du 23 juin 1894, le rôle des Sociétés mutualistes se borne à assurer aux sociétaires et aux membres de leur famille des secours temporaires en cas de maladie, de blessures, d'infirmités, de naissance, à payer les frais funéraires, fournir des indemnités en cas de perte ou de maladie du bétail ou de la récolte par des cas fortuits et à faciliter aux sociétaires et à leur famille l'affiliation aux Caisses d'épargne, de retraite de même que l'achat de menus objets ne dépassant qu'une somme généralement peu élevée. Le bénéfice de la loi n'est reconnu qu'aux Sociétés ayant pour but des objets précités et à celles créant un fonds distinct pour aider les sociétaires âgés, infirmes, ou, après décès, les membres de leur famille, par des allocations annuelles, prélevées sur le revenu des capitaux et autres ressources annuelles [5],

1. A plusieurs reprises les *Trade-Unions* ont réussi à faire supprimer des abus et à faire améliorer la législation. Comp. Martinet : *loc. cit.*, p. 17.

2. En prenant la statistique des 100 principales *Trade-Unions* anglaises relevées par *L'Assurance moderne* (n° du 31 mars 1898, p. 66), on constate que si en 1893, en 1894, en 1895 et 1896 elles ont eu une dépense totale de 45,866,326 ; 36,491,490 ; 35,542,455 ; 34,255,880, le service des retraites n'est entré dans ces chiffres aux mêmes dates que pour 2,830,995 ; 3,078,61 ; 3,316,707 ; 3,580,811 ; le service des grèves a pris 15,000,250 ; 4,002,691 ; 4,802,215 et 3,912,328 ; enfin le service du chômage a vu le chiffre monter à 11,582,511 ; 11,684,576 ; 11,051,782 ; 7,494,685.

3. Lavollée : *op. cit.*, T. III, p. 489. A plusieurs reprises l'on a vu des membres des Unions fonder des institutions de secours mutuels distinctes de leurs associations professionnelles. — V. les faits cités par M. de Rousiers : *Le Trade Unionisme en Angleterre*, Paris, 1897.

4. Comte de Paris : *Les Associations ouvrières en Angleterre*, Paris, 1869, p. 45.

5. Alors que la Commission chargée d'élaborer la loi de 1894 proposait de reconnaître aux Sociétés mutualistes le droit de constituer des pensions viagères de 1,200 fr. au maximum, contrairement à la loi de 1851 laquelle excluait les pensions viagères. Cf. d'Andrimont : *op. cit.*, p. 190), mais avec spécification des moyens destinés à faire face à la pension et l'approbation du tarif par l'autorité, le Gouvernement demandait de réserver à la Caisse générale d'épargne et de retraite le droit d'assurer les pensions. Le système

à chaque exercice, leur taux sera révisé; il ne pourra excéder 1200 fr. par tête [1].

En Hollande l'office des Sociétés françaises de secours mutuels est rempli par les Caisses d'enterrement qui tendent de plus en plus à se transformer en Sociétés populaires d'Assurance sur la vie et qui ont pour but non seulement de fournir une somme pour les obsèques et le deuil, des secours en cas de maladie, mais aussi parfois de donner un subside hebdomadaire aux anciens membres. L'état de ces Sociétés [2] laisse fort à désirer, à tel point que l'intervention du pouvoir est réclamée.

En Suisse les Caisses de secours ou d'assurances mutuelles tant contre la maladie que contre la vieillesse ou les infirmités ont pris un développement très considérable. En général les chefs d'établissements ont l'habitude d'imposer l'affiliation à ces associations dont le but est multiple en ce sens que l'assurance mortuaire est combinée avec l'assurance contre la maladie. Le développement de ces institutions a mis en progrès les Sociétés de secours mutuels dont plusieurs ont organisé des pensions de retraite en faveur de leurs membres âgés [3].

En Italie les Sociétés mutuelles, qui ont eu énormément de peine à se développer [4], fournissent en retour d'une cotisation uniforme (parfois avec affectation distincte selon qu'il s'agit de subvenir aux frais causés par la maladie ou de servir une rente viagère), indépendamment de secours aux sociétaires et à leurs familles en cas d'accident, de maladie ou d'incapacité permanente de travailler, des pensions de vieillesse. Le montant de la cotisation est établi empiriquement et se règle le plus souvent d'après les ressources présumées des associés. Pour se prémunir contre les chances d'insolvabilité, les Sociétés ont soin de stipuler qu'il ne s'agit pas de délivrer une pension déterminée mais uniquement des secours continus [5].

qui a définitivement prévalu a été une transaction proposée par M. de Smet de Naeyer. La Société mutualiste devra se borner à servir non pas des pensions garanties, mais des *allocations annuelles* aux sociétaires âgés ou infirmes, ou, après leur mort, aux membres de leur famille, mais à la condition de constituer dans ce but un fonds distinct. De plus, ces allocations ne pourront jamais être prélevées que sur les revenus des capitaux et sur les autres ressources annuelles; enfin leur taux sera, à chaque exercice, sujet à révision et ne pourra excéder 1,200 fr. par personne. Le Gouvernement a la surveillance spéciale de ces Sociétés et ne peut leur accorder la reconnaissance légale qu'après s'être assuré qu'elles offrent des garanties en matière de retraites. — Merlin : *Les Associations ouvrières et patronales*, Paris, 1899, p. 435.

1. D'Anethan : *Note sur les Sociétés mutualistes en Belgique (Bull. de la Soc. de législat. comp.*, T. XXIII, 1893-94, p. 470 etc.)

2. V. *Suprà*, T. IV, p. 214.

3. Lavollée : *op. cit.*, T. II, p. 457.

4. Jusqu'en 1859 le mouvement mutualiste en Italie était pour ainsi dire nul, sauf dans le Piémont. — Scotti : *La Caisse d'Épargne de Milan*, Milan, 1878, p. 6.

5. Léon Say et Chailley-Bert : *Nouveau Dict. d'Économie polit.*, art. *Mutualité*, par M. Lacombe.

D'après une statistique due à l'*Office du Travail (L'Assurance moderne*, 31

Aux Etats-Unis, là où, quoi que l'on ait pu dire, les sentiments des travailleurs à l'égard de l'épargne sont réels[1], il existe plusieurs institutions remplissant le rôle des Sociétés de secours mutuels, indépendamment des Caisses établies dans les manufactures pour attribuer des secours ou servir des retraites[2].

Tout d'abord l'on rencontre les Syndicats de métiers ou *Trade-Unions*. Certainement leur but est la résistance aux patrons[3], mais ils pratiquent aussi l'assistance mutuelle, ils fournissent des secours en cas de maladie, ou d'infirmités, de voyage, de chômage, un subside pour les funérailles, une somme déterminée à la famille lorsque l'adhérent meurt; fréquemment aussi le syndicat assure des pensions de retraite.

D'autre part, des Sociétés de dotation désignées sous le nom d'*Endowment Societies* ont été constituées pour payer une certaine somme soit à la mort du titulaire aux membres de sa famille, soit en cas d'existence de l'adhérent à une époque déterminée, laquelle varie de 4 à 28 ans pour les principales Sociétés. Mais leur rôle est certainement peu de chose à côté de celui des Sociétés fraternelles, *Friendly Societies*. Ces dernières ne sont pas tout à fait des Sociétés de secours mutuels ainsi qu'on l'a noté[4] puisqu'un des objets principaux qu'elles se proposent, sans négliger la distribution de secours en cas de maladie et de chômage, d'incapacité physique, temporaire ou permanente, est d'assurer le paiement d'un certain capital soit à la mort du sociétaire, soit à une date fixée.

juillet 1898) sur 6.725 Sociétés de secours mutuels qui fonctionnaient en Italie, 2.256 accordaient des pensions de vieillesse ou d'invalidité, des secours réguliers aux familles des sociétaires décédés. Cf. Merlin ; op. cit., p. 429.

1. Il n'est pas rare de voir un ouvrier américain adhérer à plusieurs institutions à la fois. C'est ainsi que M. Levasseur a pu citer un ouvrier de Philadelphie affilié à quatre Sociétés différentes à chacune desquelles il payait quinze cents par semaine et qui avait stipulé qu'au cas de maladie il recevrait de chacune cinq dollars et qu'à sa mort ses héritiers toucheraient quatre fois cent cinquante dollars.

2. Cf. Levasseur : *L'ouvrier américain* (*Séances et Travaux de l'Acad. des sciences morales et politiques*, T. CXLVIII, 1897, p. 280, etc., et notre article sur *Les Assurances ouvrières aux Etats-Unis* (*Rec. périod. des assur.*, 1897, p. 509).

3. Ce qui n'a pas empêché de les présenter comme des institutions d'Etat dont chaque travailleur devrait nécessairement et obligatoirement faire partie. — V. l'article de M. Cummings sur *La philosophie collectiviste des Trade-Unions* (*The Quarterly Journal of Economics*, janvier 1899, et *Journ. des Economistes*, avril 1899, p. 51).

4. Rochetin : *La prévoyance aux Etats-Unis, les assurances fraternelles* (*Revue politique et parlementaire*, novembre 1897, p. 355).

CHAPITRE SEPTIÈME

LES CAISSES ET SOCIÉTÉS DE CAPITALISATION OU DE RETRAITES

Les Sociétés de secours mutuels en mesure d'accorder des retraites représentant environ 500,000 participants et donnant à peine des retraites d'une centaine de francs à 60 ans; les Caisses patronales diverses de l'industrie, des transports, des entreprises commerciales groupant au plus 1,300,000 participants, alors que l'ensemble des ouvriers, employés, domestiques et petits patrons auxquels le législateur songe à créer des retraites est de 10,000,000 environ et donnant 280 à 300 fr. dans l'industrie, et 700 fr. en moyenne à 55 ans dans les Chemins de fer; les organisations rattachées à la Caisse nationale des retraites offrant des résultats un peu inférieurs à ceux des Caisses autonomes, sauf pour les mines où la loi a déterminé les cotisations [1], il a fallu aller à la découverte d'une solution.

On a contesté la puissance de l'initiative privée, malgré le concours résultant des faveurs et de certaines libéralités de l'Etat, par la raison que le taux de l'intérêt est appelé à baisser constamment et aussi par le motif que la sécurité ne saurait être obtenue que par la mise en réserve de sommes énormes. On a affirmé que l'on ne pourrait éviter le versement des capitaux de couverture appelé à parfaire les pensions en cas de diminution des entrées et des ressources annuelles qu'en présence d'un nombre fixe ou croissant d'assurés et d'une clientèle de composition notable et que le seul moyen d'arriver à ce but était l'affiliation obligatoire d'une population nombreuse et variée à une Caisse unique, en d'autres termes qu'il fallait arriver à l'assurance d'Etat obligatoire contre l'invalidité et la vieillesse [2].

1. A. Fontaine : *Revue politique et parlementaire*, 10 octobre 1898, p. 201.
2. A. Fontaine : *loc. cit.*

Parmi les partisans de ce régime deux courants se manifestent :
les uns, comprenant qu'il n'est pas possible d'assumer tout de suite
le plein des charges qu'entraîne cette solution de l'assurance obligatoire, proposent de limiter, au début tout au moins, l'obligation aux
ouvriers des établissements industriels soumis à l'inspection du travail, exigeant, en outre, des assurés un certain nombre d'années de
cotisations avant de leur accorder le droit à la retraite et éliminant,
par là, les catégories actuelles de vieillards et d'invalides ou ne leur
accordant que de très modiques secours, mais maintenant malgré
tout la constitution de réserves très importantes; d'autres, s'affranchissant de ces préoccupations, proposent d'accepter dès la première
année le plein des dépenses et de ne pas constituer de réserves mathématiques, de façon à éviter et les plaintes qu'a fait naître en Allemagne la modicité des pensions dans la période transitoire et la
progression continue de la prime par l'abaissement probable du taux
de l'intérêt mais avec des charges considérables, tellement excessives que l'on peut se demander si le pays serait en état de les supporter [1].

En attendant l'élaboration d'un projet, concevant vraisemblablement qu'il est peut-être plus sage de ne pas compter sur une solution
et en tout cas sur une solution prochaine, les intéressés, au moins
dans la partie de la population qui vit de petits appointements et de

---

1. Ce projet, applicable, en principe, aux ouvriers, commis, domestiques,
petits patrons agricoles et aux personnes exerçant certaines professions
libérales, soit en gros dix millions d'habitants, assurerait à 60 ans une
retraite de 400 fr. aux célibataires, de 500 fr. aux individus mariés, de 250 fr.
aux veuves des pensionnés ne touchant pas déjà elles-mêmes une pension ;
il mettrait à la charge des bénéficiaires de la loi, même retraités, une cotisation mensuelle de 1 fr, et à la charge des patrons une cotisation mensuelle
de 1 fr. 50 par salarié, l'État faisant face à la différence au moyen des ressources générales de l'impôt.
  Les évaluations de la dépense varient avec la combinaison adoptée, tant on
semble reconnaître qu'il est difficile d'appliquer le projet en bloc ; si la loi ne
concernait que les ouvriers et employés du sexe masculin, y compris les salariés de l'agriculture, la dépense annuelle serait de 320 millions dont 150 à
demander à l'État; l'adjonction des femmes occasionnerait une dépense annuelle de 590 millions dont 235 à obtenir de l'État; si la loi s'étendait à
1,300,000 petits patrons agricoles le budget devrait fournir 340 millions pour
faire face aux 650 millions de dépenses annuelles ; enfin si l'on comprenait
encore dans les bénéficiaires les domestiques des deux sexes, la dépense annuelle serait de 735 millions, dont 369 fournis par l'État. — Fontaine ; op. cit.,
p. 202 et 203.
  Si énormes que soient ces chiffres, ils sont encore au dessous de la vérité.
L'expérience de l'Allemagne est là pour le montrer et la dernière combinaison exigerait non pas 735 millions mais près d'un milliard et porterait la
subvention de 360 millions à 600 millions. Il est permis de se demander comment un pareil projet pourrait recevoir son application dans l'état actuel de
nos finances ; nous ne pensons même pas qu'une refonte complète du budget
des dépenses, une modification très profonde de l'organisation, des économies notables sur les gros chapitres du budget puissent procurer des sommes aussi fortes, car il y a des services qui s'imposent et dont les ressources
ne sauraient être restreintes, encore moins supprimées.

salaires journaliers, se porte vers des institutions qui, sous les noms les plus divers, *Sociétés en participation d'épargne*, *Sociétés de retraite pour la vieillesse*, *Sociétés d'économie et d'épargne*, *Sociétés pour la constitution ou la reconstitution des capitaux*, etc., se déclarent être en mesure d'obtenir des fonds encaissés des rendements très rémunérateurs, des produits constitués à une date ultérieure avec l'accumulation des versements effectués par la masse des participants[1]. On est séduit d'abord par les promesses (décevantes) contenues dans les Statuts; en second lieu, par l'appui moral donné à ces associations jusqu'à ces derniers temps par un grand nombre de personnages officiels, dont les fondateurs ont su si habilement tirer parti[2].

Les combinaisons proposées sont très nombreuses, très variées.

A côté du procédé le plus simple consistant ou bien à décider qu'en retour d'une cotisation il y aura une restitution proportionnelle à une époque incertaine, dans un délai maximum, ou bien à faire verser en commun, sans compte personnel, les cotisations qui, à une date convenue après de longues années, sont réparties entre les adhérents, bonifiées des intérêts accumulés, du résultat des décès, démissions et radiations, chacun profitant de tout ce qui, dans l'ensemble de l'association, peut contribuer à accroître le capital social et par suite le taux des pensions, indépendamment de l'idée il y a des formes plus compliquées[3].

Tantôt il s'agit de centraliser des sommes susceptibles de rester improductives en raison de leur peu d'importance, de constituer en séries des groupes de participants dont les engagements bien distincts portent des dates qui diffèrent d'un groupe à un autre, et après avoir touché les fonds, au lieu de les employer en rentes, de les convertir en valeurs à lots et à l'expiration d'un laps déterminé de rendre les fonds accrus du produit des intérêts accumulés, des remboursements au pair, des lots gagnés par voie de tirage au sort; en pareille circonstance, la Société qui a l'entreprise n'ajoute rien à l'intérêt que

1. M. Wahl (*Des Sociétés d'épargne et de capitalisation* (*Journal des Sociétés civiles et commerciales*, mai 1898, p. 193)) définit ces Sociétés, des Sociétés qui ont pour but de ramasser les capitaux épargnés par les particuliers (par la classe ouvrière surtout, étant donnée la faiblesse des versements dont elles demandent le versement) et de les leur constituer ultérieurement, ou de les restituer à leurs représentants, considérablement accrus par la capitalisation, sous forme soit d'une somme fixe, soit d'une pension annuelle.

2. Ch. Quittard : *Rapport à la Ligue Nationale de la prévoyance et de la mutualité* (*L'Assurance moderne*, 30 juin 1898).

3. Les combinaisons principales ont été exposées et critiquées avec le plus grand soin par M. Rochetin dans son travail sur *Les Caisses de capitalisation* (*Journ. des Économistes*, mai 1893). Il est à peine besoin d'autre part de mentionner les très importants travaux publiés à ce sujet par MM. Fr. de Laffitte et Cheysson. V. aussi l'étude de M. Cohen dans la *Revue de la prévoyance et de la mutualité* (novembre 1897) et la série d'articles publiés par M. Rochetin dans ce même recueil sur *Les Caisses de capitalisation et les imprévoyants de l'avenir*.

les souscripteurs obtiendraient eux-mêmes de leur argent. Tantôt on exige une mise d'entrée, plus une cotisation répétée durant un certain nombre d'années à l'effet de constituer un fonds de pensions qui s'augmentera par les dons, les legs, les amendes, les subventions, etc. D'autres Sociétés, après avoir encaissé tous les mois la cotisation, la capitalisent (en joignant les ressources extraordinaires) à intérêts composés jusqu'à un certain âge, de manière à constituer la pension, puis à la date convenue, au lieu d'ajouter les intérêts annuels au capital, elles ont imaginé de les répartir entre les membres qui appartiennent à la Société depuis un certain nombre d'années, mais qui doivent verser la cotisation, ce qui diminue d'autant le dividende à toucher[1]. Plusieurs procédant d'une façon plus mathématique, en faisant croître la contribution avec l'âge, autorisent la même personne à verser plusieurs cotisations et attribuent autant de parts qu'il y a de souscriptions, la rente annuelle qui revient à tout sociétaire se composant d'une somme fixe par part, d'une rente variable fournie par le revenu du capital extraordinaire, sans tenir compte du nombre de parts de chacun des ayants-droit.

Ces combinaisons ont été très vantées.

On a parlé de garanties défiant tout soupçon. On a fait miroiter des revenus supérieurs à ceux que l'on est légitimement en droit d'attendre, sans oublier de faire valoir la possibilité d'un remboursement anticipé, à raison peut-être de vingt fois la mise par voie de tirage au sort. On a eu soin de noter d'abord qu'il faut une force morale bien grande pour conserver ses économies et résister aux tentations de toutes sortes qui amènent à dissiper les fonds, s'ils ne sont pas placés, ou à vendre les valeurs que l'on a en portefeuille, mais aussi qu'il est plus difficile de capitaliser ses épargnes soi-même qu'à une Société disposant toujours des sommes suffisantes pour en tirer profit, et surtout que la Caisse d'épargne a le grand inconvénient, lorsqu'un premier versement a été fait, de ne pas solliciter à en faire un second, de laisser indifférent comme le prouve le nombre de livrets de Caisse d'épargne amorcés et abandonnés. Enfin et principalement l'on s'est plu à mettre en lumière que grâce à la gestion financière il est possible de procurer des retraites pour rien ou presque rien.

1. Au cas où les intérêts sont ainsi distribués, la limitation du taux de l'intérêt est-elle applicable? S'il s'agit d'une Société et que cette Société soit commerciale (ce qui ne semble pas devoir exister) les intérêts sont illimités conformément à la loi du 12 janvier 1886. Si la Société est civile, la situation doit être la même parce qu'il s'agit d'une opération spéciale et non d'un prêt. Si la Société est mutuelle, quoi qu'ait pu décider le Tribunal civil de Lyon le 1er avril 1896 (Journ. des Soc. civ. et commerc., 99,257), il en doit être ainsi à plus forte raison parce que la loi ne s'oppose pas à ce que les intérêts promis à des associés (surtout s'ils interviennent à une opération aléatoire) soient illimités. — Journ. des Soc. civ. et commerc., juin 1899, p. 254.

Mais lorsque l'on est allé au fond des choses, l'on a fini par se rendre compte que ces avantages, à supposer qu'ils existent réellement, ne doivent pas faire oublier les inconvénients. Aussi bien, des griefs très sérieux ont été formulés contre les agissements des Compagnies dont il est question, griefs d'autant plus importants qu'après avoir eu un engouement excessif, déraisonné même pour les opérations de banque qui devaient se traduire par un intérêt de 20 0/0 et par la suite pour les valeurs à lots que vendaient les maisons pratiquant ce que l'on a nommé « les ventes à tempérament », le public s'est porté vers ces Sociétés de retraite, de capitalisation [1], sans tenir compte qu'elles n'avaient aucunement le privilège de bons placements et qu'il était parfaitement loisible d'obtenir ailleurs des conditions sinon plus avantageuses, au moins entièrement égales [2].

Bien certainement il existe des associations établies sur des bases techniques et équitables. Mais il en est d'autres, et c'est peut-être le plus grand nombre, qui ne sont guère que le produit d'une philanthropie peu éclairée, d'une générosité excessive, qui ne songent point à établir une exacte péréquation entre les engagements et les ressources, qui ne sont pas organisées d'une façon rigoureusement scientifique. Elles ont un but assurément fort louable, procurer, au prix de sacrifices réalisés au cours de l'existence active, des ressources pour les vieux jours ; elles sont animées d'intentions excellentes; par malheur, elles n'ont rien de ce qu'il faut pour réussir [3]. Et les adhérents qui traitent avec elles dans la conviction qu'ils peuvent se dispenser de recourir aux Compagnies d'assurances dont ils trouvent

1. Dans son travail précité M. Rochetin a montré par des chiffres, dont l'authenticité n'est pas douteuse, les sommes énormes recueillies par ces Sociétés.

2. C'est ce que M. Rochetin a bien établi : le membre d'une Société qui, affilié à 25 ans, verse en 25 ans 600 fr. soit 24 fr. par an et qui, grâce aux dons, legs, amendes, subventions etc., veut porter cette somme à 30 fr., pourrait, dans ces conditions, obtenir de la Caisse des retraites une rente de 102 fr., c'est-à-dire une somme qui ne saurait être dépassée, mais en s'adressant directement à la Caisse Nationale des retraites cet adhérent serait dispensé des amendes et pourrait, après 25 ans, toucher intact son capital versé, soit 600 fr., ayant alors le choix : ou de toucher, à capital aliéné, une rente de 95 fr. environ, ou, en retirant ses 600 fr., de recevoir celle de 51 fr. 42 c. formée par la seule accumulation des intérêts.

Le même auteur fait remarquer que si l'aléa n'entre pas en jeu les opérations des Sociétés de capitalisation demeurent à peu près stériles au point de vue opératoire, que leur intervention est inutile en ce sens que l'on peut capitaliser soi-même parce que la Caisse d'épargne qui donne la facilité de placer depuis un sou par des feuilles de timbres reçus comme espèces jusqu'à 2000 fr., permet à tout le monde de capitaliser.

C'est oublier que, comme il a été dit plus haut, rien n'encourage une fois que l'on a fait un premier versement à la Caisse d'épargne d'en faire un autre, que l'individu qui contracte avec une de ces Sociétés est excité à continuer, que plus il a versé plus il voudra verser, et aussi que les intérêts peuvent être supérieurs.

3. Voy. *Revue de la prévoyance et de la mutualité*, Juin 1898, p. 376.

les conditions trop rigoureuses sont déçus la plupart du temps et apprennent à leurs dépens qu'il est imprudent de vouloir réaliser certaines économies, que suivant le dicton populaire, dans nombre de cas le bon marché est encore trop cher. Arrivés à un âge où il n'est plus possible de songer à la constitution d'un capital de prévoyance, ils sont désillusionnés, ils ne sont que trop portés à croire que pour avoir été trompés une fois ils peuvent l'être encore et que toutes les institutions de prévoyance aboutissent aux mêmes résultats. Et si l'entreprise n'est pas hors d'état de remplir son but, ne faut-il pas compter avec les déchéances multipliées? L'assuré ne risque-t-il pas, après avoir fait des versements répétés, de se trouver absolument démuni, sans recours possible? [1].

D'autres Sociétés, et ceci est particulièrement grave, ont été accusées de méconnaître tout principe de justice, non seulement d'attribuer de très forts émoluments à la direction [2] mais bien de faire une situation privilégiée aux fondateurs [3], au détriment des adhérents qui se groupent en grand nombre autour d'eux [4], de réserver des avantages particuliers à certains membres au préjudice des autres; il est telle combinaison, on l'a relevé [5], où les premiers inscrits reçoivent une somme relativement considérable et ceux qui ont adhéré dix ans après ne sont admis à toucher que cent fois moins.

Enfin l'on a pu reprocher à ces Sociétés d'édicter des dispositions très sévères contre les adhérents, de multiplier les causes de déchéan-

1. Et alors comme le note M. Quittard dans son *Rapport à la Ligue Nationale de la prévoyance et de la mutualité* (*L'Assurance moderne*, 30 juin 1898), ces victimes useront de représailles et accableront de leurs critiques tardives toutes les institutions de prévoyance sans distinction.

2. Ces émoluments parfois sont tels qu'ils mettent l'association dans l'impossibilité de satisfaire à ses engagements. — V. Lyon, 19 juillet 1898, *Rev. périod. des assur.*, 98,584.

En droit, on ne saurait soulever une critique à cet égard que si la fixation faite par les Statuts était entachée de dol; il y a dol, écrit M. Wahl (*Journ. des Sociétés civ. et comm.*, juin 1899, p. 255), si les Statuts ont laissé croire aux adhérents qu'ils auraient droit, dans des circonstances prévues à des allocations déterminées, alors que ces allocations ne sauraient atteindre ce chiffre.

3. La mutualité n'est pas inconciliable avec la création de parts de fondateurs. Mais il faut ajouter que les porteurs de ces parts distraient une portion des bénéfices à leur profit, par conséquent opposent leurs intérêts à ceux des adhérents ; aussi peut-on les considérer moins comme des associés que comme des *créanciers de bénéfices*, selon une juste expression : Wahl : *Etude sur les parts de fondateur*, n° 3 et *Les Sociétés d'épargne et de capitalisation* (*Journ. des Soc., civ. et commerc.*, 1899, p. 256).

4. Des faits probants ont été rapportés par *Le Monde Economique*, dans un article que reproduit *L'Assurance moderne*, (31 mars 1898, p. 69).

5. Rochetin : *loc. cit.*, p. 173. Comp. les chiffres donnés d'après un rapport de M. Lourties dans *L'Argus* et dans *L'Assurance moderne*, n° du 31 mars 1898, p. 63. V. aussi *L'Opinion*, 15 juin 1898, p. 83 et la *Revue de la prévoyance et de la mutualité*, décembre 1898, p. 790, de Laffitte : *Revue des institutions de prévoyance*, 1887, p. 484 ; 1888, p. 6 et 7 ; 69 ; 116 ; Costier : *Des retraites ouvrières*, p. 67.

res, notamment en cas de retard, alors que le retard n'est que très possible à la suite du découragement, de l'oubli ou de l'indifférence, d'imposer des amendes, de ne rien restituer en cas de sortie ou tout au moins de faire subir une retenue excessive. Une pareille plainte devait fatalement se produire, car les pénalités, avec leurs conséquences pécuniaires, ne se comprennent que trop, la disparition volontaire ou forcée des participants qui abandonnent leur capital versé, devenu inaliénable et dont les intérêts profitent à ceux qui restent augmentant sensiblement les parts d'intérêts à répartir. L'administration de la Société est conduite fatalement, par la force des choses, à entretenir une lutte sourde, perpétuelle entre tous les adhérents puisque le but est celui-ci : après avoir obtenu un grand nombre de versements dans la première période pendant laquelle on n'a pas de pension à payer, chercher à *laisser disparaître* le plus possible de participants[1].

Ces accusations sont d'autant plus graves que les combinaisons dont il s'agit s'adressent non pas à des spéculateurs libres d'aventurer ce qu'ils ont ou tout au moins à des personnes éclairées, mais bien à des individus appartenant aux classes modestes de la Société, souvent, sinon toujours, aux travailleurs qui croient voir dans les Sociétés des institutions indiscutables et qui acceptent comme sérieuses les promesses dont on les entretient.

On ne s'est pas laissé arrêter par le succès de ces Sociétés, succès plus apparent que réel et que l'avenir démentira certainement, car pour des Sociétés qui ne sont pas organisées scientifiquement, ce qui malheureusement est trop fréquent, l'avenir est fatalement compromis. Mais on a protesté[2] contre le développement d'autant plus accentué qu'après s'être contentés de vivre sous le régime résultant de l'art. 291 C. P.[3]

---

1. Quittard : *Rapport à la Ligue Nationale de la prévoyance et de la mutualité* (*L'Assurance moderne*, 30 juin 1898).

2. Nul n'ignore ce qu'ont fait à cet égard MM. Pr. de Laffitte, Cheysson et Rochetin.

3. Les Sociétés de prévoyance ou de capitalisation sont-elles des Sociétés véritables ou de simples associations? Si la question est délicate, elle offre, en revanche, une importance considérable, principalement à raison de son influence sur la personnalité morale et sur les conséquences qui en découlent.

Ce qui caractérise la Société, c'est que, loin d'être un groupement d'intérêts simples comme l'association, elle a un but lucratif, elle tend à augmenter par la spéculation les capitaux confiés par les adhérents. Or, l'on a beau prendre les formes diverses que revêtent les Sociétés dont s'agit, les opérations variées auxquelles elles se livrent, on ne voit pas qu'elles cherchent à spéculer et à réaliser ainsi un bénéfice. Celles qui allouent des pensions de retraite à leurs membres transforment bien les capitaux qui leur ont été confiés, mais elles n'y ajoutent rien; alors même que le montant de ces retraites est variable et doit dépendre du nombre d'adhérents vivant au moment où elles sont allouées, il n'y a pas Société parce que les adhérents font un contrat aléatoire, exclusif d'une recherche de bénéfices par la spéculation. D'ailleurs, c'est à des opérations du même genre que se livrent des Sociétés de secours mutuels et des Tontines ; or, on leur a toujours refusé le caractère de Société. Les Sociétés qui capitalisent les sommes qui leur

les organisateurs ont manifesté leur intention de voir l'État
sanctionner leurs opérations. On a soutenu [1] non seulement que
l'État ne devait donner l'autorisation[2] que la loi exige rigoureu-

sont versées au profit de ceux qui les versent ne spéculent pas plus, car
elles ne cherchent pas à enrichir leurs adhérents au profit de tiers. Quant
aux Sociétés qui répartissent entre leurs membres les sommes provenant
du remboursement d'obligations à l'achat desquelles elles consacrent les
fonds réunis par elles, elles ne font qu'une opération aléatoire ; les associés
ne cherchent pas à s'enrichir au détriment de tiers.

M. Wahl, dont la démonstration à cet égard est décisive (loc. cit., p. 199),
fait valoir, d'autre part, qu'alors que toute Société suppose une activité sociale, des opérations effectuées dans le but d'accroître les ressources normales de la Société, les Sociétés d'épargne et de capitalisation n'assument
qu'un rôle passif ; elles laissent fructifier leurs capitaux d'une manière en
quelque sorte automatique en se contentant de choisir les placements qui
leur paraissent les meilleurs.

A la vérité, parmi les Sociétés dont il s'agit ici, il en est plusieurs qui se
sont qualifiées de « Sociétés coopératives. » Après avoir relevé qu'une pareille
dénomination ne saurait soumettre une Société aux dispositions des articles 48 et suivants de la loi du 24 juillet 1867 relatives aux Sociétés à capital
variable, les Sociétés coopératives ne diffèrent des autres mutualités que si
elles peuvent se mettre sous la protection de ces textes, il faut faire observer, avec M. Wahl (loc. cit., p. 207), que si en fait il n'est pas impossible
que les associations de prévoyance ou de capitalisation soient en ce sens
des Sociétés coopératives, une Société n'est à capital variable, au sens de
la loi de 1867, que si le maximum du capital est fixé à 2000 fr. ou, tout au
moins, si l'augmentation annuelle du capital, déterminée par des délibérations successives de l'assemblée générale, ne dépasse pas 200,000 fr. Or, aucune des Sociétés d'épargne ou de capitalisation n'admet dans ses Statuts
cette limitation ; tout au contraire, leur intérêt est d'opérer sur une échelle
très vaste et de n'accepter aucune restriction au nombre des adhérents.

Le nom de « Mutualité » est peut-être celui qui conviendrait le mieux.

1. Rochetin : loc. cit., p. 187.

2. Quand l'autorisation peut être accordée, c'est-à-dire lorsque les Sociétés dont s'agit sont des Tontines ou des Compagnies d'assurances sur
la vie. Toutes n'ont pas ce caractère ; il en est même plusieurs qui ont pris
le soin de déclarer qu'elles entendent ne pas être assimilées à des Compagnies d'assurances sur la vie, bien qu'ayant emprunté à ces dernières
leurs méthodes de calcul et leur fonctionnement.

D'ailleurs, on peut même se demander en quoi et comment une Société
qui garantit une pension à une date déterminée ou qui promet qu'à certains
moments une somme représentant le produit amplifié des cotisations peut
être assimilée à une Société d'assurances sur la vie.

L'assurance suppose un risque. Or, lorsqu'une Société reçoit une somme
pour la faire fructifier, pour l'augmenter par la capitalisation des intérêts
et par d'autres ressources et pour la restituer ainsi augmentée dans un
laps de temps déterminé, on ne voit pas le risque contre lequel on cherche
à être garanti ; la somme reçue par la Société ne court aucun risque ; la
somme qu'elle promet est une chose future dont l'existence actuelle exclut
toute idée de risque. La circonstance qu'il y aurait mutualité consistant
dans la réciprocité des avantages ou des chances ne suffirait pas pour faire
attribuer à ces opérations le caractère d'assurances. V. Labbé : Note,
S. 88, 1, 402 ; Wahl : loc. cit., p. 202 et 203 ; Vavasseur : Revue des Sociét.,
août 1898, p. 348.

Sans doute, a écrit M. Sainctelette (Les Sociétés de capitalisation [Rec. périod. des assur., 1898, p. 587], la constitution du capital promis par la Société est subordonnée à la possibilité pour cette dernière de capitaliser les
intérêts des sommes qui lui sont confiées au taux sur lequel elle a établi ses
tarifs et cette éventualité constitue un risque pour l'adhérent, mais ce ris-

sement et avec raison, qu'à bon escient, après avoir pris les

que est inhérent à la nature même de l'opération, la collectivité des associés le subit et par conséquent, l'association réduite à ses seules ressources ne peut en garantir ses membres. Le seul risque couru n'est donc pas assuré.

Il en est ainsi, tout au moins, pour les Sociétés qui pratiquent la reconstitution des capitaux en mutualité.

Selon M. Sainctelette (loc. cit.), la situation serait un peu différente lorsque la capitalisation est opérée par une Société anonyme disposant d'un capital social qui lui permet de suppléer, au moyen de ses ressources propres, à l'insuffisance éventuelle du rendement de ses fonds placés, par suite de l'abaissement du taux de l'intérêt. Dans ce cas, la Société qui a promis de payer à terme fixe un capital déterminé prend à sa charge l'éventualité de l'abaissement de l'intérêt et l'insuffisance du rendement ; elle garantit, au moyen de son capital social, le risque qu'elle a ainsi assumé, et l'on peut dire que, dans une certaine mesure elle fait œuvre d'assureur. Mais cette distinction n'a d'intérêt qu'à un point de vue purement spéculatif. En réalité, les Sociétés anonymes, quelle que soit l'importance de leur capital social, seraient le plus souvent dans l'absolue impossibilité de combler l'énorme déficit que créerait dans leurs réserves l'insuffisance du rendement annuel. —V. toutefois Wahl : loc. cit., p. 263.

Le Tribunal de commerce de Bruxelles a décidé le 4 avril 1890, (Journ. des assur., 90, 446), que le contrat par lequel une Société s'oblige, en échange d'un certain nombre d'annuités, à payer une somme à une époque convenue ne constitue pas un contrat d'assurance.

En admettant l'extension donnée par le Conseil d'État à la dénomination d'assurance sur la vie, il faudra considérer comme sujettes à l'autorisation (et par conséquent à la surveillance) les Sociétés qui font des opérations offrant une similitude complète avec l'assurance sur la vie à terme fixe, l'assurance de rentes ou de capitaux, qui se basent sur la prévision des chances de durée de la vie humaine, qui font varier le taux des versements avec l'âge de l'adhérent. Mais il ne faut considérer que comme une association d'épargne la Société qui ne fait dépendre le droit à la pension que du nombre et de l'importance des versements fixés à un taux uniforme, quel que soit l'âge de l'adhérent, sans même, a-t-on dit (Astresse : Condition juridique des Sociétés de retraite et de prévoyance en cas de décès, L'Assurance et l'Assurance moderne, 30 avril 1898), qu'il y ait à s'arrêter à cette circonstance que l'avoir des sociétaires décédés avant l'échéance du terme serait réparti entre les survivants de la même période, puisque, même en ce cas, les probabilités de durée de la vie humaine n'influent que sur les résultats et encore à titre accessoire et éventuel, la capitalisation, la coopération d'épargne demeurant le fond même, la base des opérations.

La Tontine se caractérisant, d'une façon unanime, par cette circonstance que le bénéfice doit revenir au dernier survivant, il suit que si l'on peut assimiler à une Tontine l'association dont les Statuts attribuent à la mort d'un adhérent une influence sur le montant des droits des autres adhérents en ce que le décès est propre à augmenter la chose devant leur revenir, il faut, à l'inverse, dénier ce caractère de Tontine aux Sociétés créées pour rendre aux adhérents leurs versements augmentés des intérêts capitalisés.

Wahl : loc. cit., p. 265. Voy. cependant Labbé : loc. cit.

La conséquence, c'est que ces dernières Sociétés vivent sous l'empire du droit commun, par conséquent qu'elles sont régies par les Statuts et ne sont point soumises aux dispositions spéciales, notamment au décret du 22 janvier 1868, à moins que ses dispositions n'aient été reproduites dans les Statuts, mais à titre privé.

Il faut ajouter qu'en présence de Sociétés pour la reconstitution des capitaux, des arrêts (Paris, 13 août 1885, S. 88, I, 405, et sur pourvoi, Cass., 20 février 1888, ibid.), ont décidé qu'en égard au caractère de mutualité consistant dans la réciprocité des avantages ou des chances, les protections établies pour les assurances mutuelles par le décret de 1868 devaient, être

précautions et les mesures convenables en pareille circonstance

applicables par analogie, *mutatis mutandis*. Mais, formulée du reste, d'une façon quelque peu hésitante par la Cour de Cassation car cette dernière n'est nullement affirmative et se borne à dire que les premiers juges avaient pu admettre l'extension sans violer aucune loi, cette solution a été combattue, notamment par M. Labbé (Note, S. 88, 1, 462) qui a fait valoir que les articles du titre 2 du décret de 1868 sont bien spécialement appropriés aux particularités de assurance et s'étendent difficilement à une opération qui n'a rien de l'assurance.

Toutefois, si ces Sociétés ne sont pas astreintes de droit au régime légal du décret de 1868, elles peuvent en adopter les règles à raison de certaines similitudes de fonctionnement. Sic, Sainctelette; *Rev. périod. des assur.*, 1898, p. 588. M. Wahl (*loc. cit.*, p. 263), qui accepte cette solution, ajoute que l'on doit admettre que lorsqu'elles s'intitulent à tort *Sociétés d'assurances mutuelles*, elles se sont implicitement engagées vis-à-vis de leurs adhérents à accomplir les formalités prescrites par le décret de 1868. Cette manière de voir paraît absolument certaine au savant professeur. Pour notre part, nous ne saurions être aussi affirmatif.

Une Société de retraite ou d'épargne, une Société pour la reconstitution des capitaux qui, en présence d'une disposition portant l'échéance à une date excessivement éloignée, organise des remboursements anticipés s'opérant au moyen de tirage au sort, constitue-t-elle une loterie tombant sous le coup de la loi du 21 mai 1836 ?

La question avait été posée à la Cour de Cassation lors de l'affaire qui a donné lieu à l'arrêt du 20 février 1888, (S. 88, 1, 401). Comme elle n'avait pas été soumise aux juges du fait, la Cour de Cassation n'a pas pu la résoudre.

Dans la dissertation qui accompagnait cet arrêt, M. Labbé se plaçant en face du texte de la loi de 1836 qui prohibe « toute opération offerte au public pour faire naître l'espérance d'un gain qui serait acquis par le hasard » relevait qu'au cas où, pour chaque déposant, la date de la restitution dépend d'un tirage au sort, celui qui reçoit par anticipation, c'est-à-dire avant que l'intérêt composé de son argent ne se soit élevé à la somme qu'on lui paie, reçoit plus qu'il n'a déposé ; il reçoit plus que l'accroissement normal de son argent par l'intérêt composé ; ce qu'il touche de plus, il le doit au hasard. Le savant jurisconsulte constatait que le pouvoir exécutif suivait une règle plus douce, plus tolérante que la loi qui réprouve et prohibe les opérations même vraiment à titre onéreux lorsqu'on y a réuni des primes ou autres bénéfices dus au hasard : l'Administration, en effet, n'a pas refusé d'autoriser la circulation des valeurs dans lesquelles l'élément du hasard se rattachait secondairement à une opération sérieuse et ferme, par exemple à un emprunt moyennant des intérêts régulièrement exigibles. L'Administration voit dans le profit attribué par le hasard un caractère secondaire, lorsque les intérêts périodiquement exigibles sont supérieurs à la part de revenu réservée pour former, au moyen d'une capitalisation, le montant des lots à distribuer d'après un tirage au sort.

Depuis l'arrêt précité du 20 février 1888, de nombreuses Sociétés de capitalisation se sont constituées en promettant le remboursement de leurs polices par voie de tirage au sort. Aucune poursuite n'eut lieu. C'est qu'en effet la Cour de Cassation a jugé (Cass., 11 janvier 1876, D. P. 76, 1, 185 ; S. 76, 1, 433) que la loi du 21 mai 1836 interdit seulement les opérations où la voie du sort est la condition de l'acquisition du gain à l'exclusion de celles où le gain étant déjà acquis, le sort ne doit que fixer le terme où il sera payé et que la formule adoptée par cet arrêt paraît devoir s'appliquer aux remboursements anticipés par voie de tirage au sort, tels que les ont organisées les Sociétés de capitalisation. En effet chaque adhérent, après avoir versé sa cotisation, a droit à une somme déterminée à une date fixe ou plus tôt, si le sort le favorise ; la somme stipulée au contrat est *acquise*, ce que procure le sort, c'est une avance sur l'exigibilité. — Sainctelette ; *loc. cit.*, p. 590.

Il faut ajouter que les éloges ne manquaient pas pour ces combinaisons, qu'en vertu de l'adage « la fin justifie les moyens » l'on blâmait les moralistes

c'est-à-dire que, chargé de la sauvegarde de tous les intérêts,

moroses qui protestaient contre la poursuite d'un gain aléatoire, l'appat d'une chance possible ayant pour conséquence d'apprendre aux adhérents à pratiquer l'épargne, à laquelle ils ne songeraient peut-être pas sans cette incitation, cette économie impérative mettant dans leurs mains, à leur liquidation, un capital que la plupart d'entre eux ne seraient jamais arrivés à se constituer sans ce stimulant (Dumond : *Sociétés d'épargnes capitalisées*, dans les *Rapports, notes et documents du Comité du Rhône de la section d'économie sociale et d'assistance*, Lyon, 1889, p. 200).

Récemment, le Tribunal civil de Lyon, par jugement du 1er avril 1898 (V. *L'Opinion*, juillet 1898, p. 496 et *ibid.*, p. 97, les conclusions de M. le substitut Deschamps ; et *Rev. périod. des assur.*, 98, 556, etc.) a prononcé la nullité de deux Sociétés de capitalisation en se fondant sur ce qu'elles étaient dans l'impossibilité de procurer à leurs souscripteurs, à l'échéance convenue, les sommes stipulées dans les polices et que seuls pouvaient retirer avantage de leur contrat ceux qui étaient remboursés par la voie du tirage au sort ; il en a tiré cette conséquence que les opérations de ces Sociétés avaient pour but unique d'offrir au public la chance d'un gain dépendant du hasard et ce, au bénéfice de certains mutualistes et à l'exclusion des autres. Le Tribunal a décidé que dans ces conditions il était impossible d'assimiler ces opérations à celles des emprunts où le capital est conservé, où les intérêts du capital nominal sont servis et où la chance d'un gain aléatoire ne constitue qu'un élément secondaire ; qu'en conséquence elles devaient être assimilées à des loteries prohibées par la loi.

Cette doctrine a été consacrée par la Cour de Lyon (Lyon, 19 juillet 1898, *Rev. périod. des assur.*, 98, 584). — Cf Vavasseur : *Rev. des Soc.*, août 1898, p. 349 ; février 1899, p. 60.

Sans contester la valeur des appréciations très sévères portées par le Tribunal sur le fonctionnement sinon de toutes les Sociétés en jeu, au moins de certaines, l'on a formulé de différents côtés de très vives critiques contre la solution elle-même, contre le principe. D'abord on a contesté l'application de la loi du 21 mai 1836 au nom de la jurisprudence.

M. Wahl (*loc. cit.*, p. 249, etc.) a montré que la thèse de l'arrêt de Lyon est inconciliable avec l'arrêt de la Cour de Cassation du 14 janvier 1836 qui a décidé que la loterie se caractérise par une différence dans le montant des attributions faites aux participants et non par une différence dans les époques où sont faites les attributions.

A la vérité, la Cour de Lyon avait bien compris l'objection : elle affirmait, en effet, que la Cour de Cassation ne valide l'émission de titres remboursables avec prime que si la prime est accessoire, si la disposition principale est l'allocation d'intérêts uniformes aux porteurs de titre et qu'il y a loterie, au contraire, si la prime monte au premier rang et s'il n'y a pas d'intérêts alloués.

D'abord c'est une inexactitude évidente : la Cour de Cassation se borne à dire qu'une différence dans le montant des attributions caractérise la loterie, sans qu'il y ait à distinguer « entre les lots ou primes, objet principal de l'opération et ceux qui n'en sont que l'accessoire. »

En second lieu, l'interprétation de la Cour de Lyon donne lieu à de grandes difficultés pratiques. Quand pourra-t-on dire que la prime est l'accessoire, et quand devra-t-on dire qu'elle est le principal ? Sans doute lorsque, comme dans la combinaison des Sociétés de capitalisation, aucun intérêt n'est alloué aux souscripteurs la solution est simple ; mais si, à supposer que la théorie de la Cour de Lyon l'emporte, les Sociétés de capitalisation veulent en éviter l'application pour l'avenir, leur suffira-t-il d'allouer à leurs adhérents ou souscripteurs un intérêt de 1 0/0? Devront-elles donner 2 ou 3 0/0?

La distinction proclamée par la Cour de Lyon est contraire à la loi, les textes ne distinguant pas entre les primes *accessoires* et les primes *principales* (c'est la Cour de Cassation qui le dit). D'autre part, elle est incompréhensible. Les primes sans intérêt sont moins dangereuses que les primes avec intérêt.

il devrait procéder à l'examen minutieux et très sérieux de leurs

et cela pour deux raisons : la première est que s'il faut allouer des intérêts aux souscripteurs pour faire une opération légale, les Sociétés de capitalisation seront amenées, dans le but de les attirer, à leur promettre, en même temps que ces intérêts, une capitalisation importante, c'est-à-dire leur faire des promesses plus étendues, par là même plus aléatoires encore, qu'elles ne le font aujourd'hui, et à s'engager, pour réaliser ces promesses, dans des opérations plus chanceuses et plus désastreuses. La seconde raison est qu'une promesse de primes sans intérêt est moins alléchante qu'une promesse de primes avec intérêt, qu'en conséquence elle doit être plus favorisée, le devoir des tribunaux étant, pour se conformer à l'esprit de la loi, de frapper surtout celles des opérations aléatoires qui, par l'appât qu'elles présentent, séduisent davantage la foule (Wahl : *op. cit.*, p. 247).

On a fait valoir en particulier (*L'Opinion*, juillet 1898, p. 100) que la thèse que proclame le tribunal, reposant tout entière sur l'impossibilité de capitaliser au dessous de 3 0/0, les juges auraient dû d'abord établir cette impossibilité, ce qu'ils n'ont point fait et pour cause : un tribunal, dit-on, ne saurait à son gré être en mesure de fixer des certitudes sur les évènements qui doivent se dérouler dans une période de 99 ans et affirmer que pendant un siècle le taux de l'argent demeurera au dessus de sa valeur actuelle.

Dans sa très intéressante étude sur *Les Sociétés de capitalisation* (*Rec. périod. des assur.*, 1898, p. 592), M. Sainclelette a montré combien est vicieuse l'argumentation du Tribunal basée sur le *taux moyen* de 3 0/0. Les tarifs des Sociétés de capitalisation étant généralement établis sur un taux de 4, 4 1/2 et 5 0/0, il est évident qu'en se plaçant dans l'hypothèse d'un rendement de 3 0/0 seulement, la combinaison se trouve en défaut et que l'on obtient un résultat fort inférieur à celui qui ressort des tarifs de ces Sociétés ; en effet, une somme de 10 fr. capitalisée à intérêts composés durant 99 années produit, au taux de 5 0/0, 1, 252 fr. 39 ; à 4 0/0 : 485 fr. 62 et à 3 0/0 : 186 fr. 58. Pour mettre complètement en défaut les combinaisons d'une Société de capitalisation, il suffit de leur appliquer un taux de capitalisation inférieur au taux qui leur a servi de base mathématique, et il ne faut pas s'éloigner beaucoup de ce taux pour arriver sur le papier à des mécomptes considérables. C'est ce qu'a fait le Tribunal de Lyon en fixant arbitrairement à 3 0/0 le *taux moyen* d'après lequel doivent se calculer toutes les combinaisons de capitalisation. Or, une pareille argumentation, ne reposant que sur des hypothèses, ne saurait conduire à aucune conclusion certaine, ni juridique.

Lorsqu'une Société a établi ses tarifs et tableaux de capitalisation sur la base d'un rendement indéterminé, 4 0/0, par exemple, deux conditions doivent nécessairement se trouver réunies pour qu'elle soit en mesure de faire face, au ter ne convenu, au paiement des sommes fixées dans ses polices : d'abord que sur les cotisations versées elle applique exactement à la capitalisation la portion déterminée par son tarif ; ensuite qu'elle retire de ses fonds placés un revenu annuel d'au moins 4 0/0. Si ces deux conditions ont été observées, les valeurs actives de la Société constituent une réserve équivalant mathématiquement aux engagements sociaux et l'on ne saurait, sans faire acte de pire arbitraire, évaluer ses opérations sur la base d'un intérêt inférieur à celui qui a servi à l'établissement de ses tarifs et *qu'elle retire réellement* de ses fonds placés.

Aussi ce qu'il faut, c'est vérifier s'il existe des réserves suffisantes et non pas dire qu'une Société qui a basé ses opérations de capitalisation sur un taux supérieur à 3 0/0 ne pourra tenir ses engagements ; il n'y aurait pas lieu d'attendre l'époque fort lointaine des premières échéances pour constater la solvabilité ; le juge serait toujours en mesure, sur une requête, de faire rechercher (rien n'est plus facile) si les Sociétés constituent au jour le jour les réserves mathématiques qui forment la contre-partie et la garantie de leurs engagements.

On ne s'est pas borné à reprocher aux décisions du Tribunal de Lyon d'avoir fait le même sort à des Sociétés qui se trouvaient dans des conditions différentes, notamment à une dont l'actif social était considérablement

Statuts [1] et même qu'il n'avait pas à intervenir, les opérations
n'étant pas des opérations d'assurance dans l'acception véritable
du mot, sauf à l'État à exiger que les Sociétés qui indiquent sur les

supérieur à ses engagements et qui retirait de ses fonds placés un intérêt
dépassant 4 0/0 ; on a fait valoir aussi que le juge avait méconnu le mécanisme des remboursements anticipés.

D'après les Statuts des Sociétés en cause, fait remarquer M. Sainctelette
(*loc. cit.*), les remboursements par tirage au sort sont opérés *au moyen des
bénéfices* restant libres chaque année après extinction de toutes les charges,
c'est-à-dire après paiement des frais généraux et *après constitution des réserves
mathématiques* ; dès lors, à défaut de bénéfices et dans le cas où les réserves
mathématiques ne seraient pas intactes et complètes, aucun remboursement
anticipé par voie de tirage au sort ne peut avoir lieu. Or, un des motifs les
plus essentiels de la prohibition, c'est que seuls les souscripteurs dont les
polices seraient remboursées par la voie du tirage au sort retireraient profit
de l'opération et que les autres ne seraient probablement jamais payés, les
tirages au sort étant précisément subordonnés et proportionnés à la prospérité de la Société.

M. Sainctelette, qui a fait de ces questions l'objet d'un examen très minutieux, conseille aux Sociétés de capitalisation dont il reconnaît l'utilité en
ce qu'elles favorisent la petite épargne qu'elles rendent productive, de ne
pas se borner aux opérations à long terme qui ont pour principal attrait le
tirage au sort, de recourir, au contraire, à d'autres combinaisons dont le résultat moins éloigné serait nécessairement plus modeste, mais dont le souscripteur recueillerait personnellement le bénéfice ; cet auteur insiste en particulier pour la reconnaissance du droit au remboursement avant l'échéance
finale et suivant un tarif progressif, sauf à réglementer cette faculté pour
obvier aux réalisations hâtives et onéreuses que pourraient motiver les
remboursements anticipés.

Dans tous les cas, il faudrait mettre à part la Société qui, avec le produit
de versements faits en commun par un certain nombre d'adhérents, achète-
rait des valeurs à lots et partagerait entre les adhérents les valeurs ainsi
que les intérêts et les lots dont elles se sont accrues. Si l'on ne saurait se
rallier à la manière de voir de certaines personnes qui, tout en reconnaissant
que l'inconvénient de ce type est de favoriser le goût du jeu et de la loterie,
estiment qu'il serait d'autant plus imprudent de le combattre qu'il favorise
l'épargne et que c'est le cas de dire que la fin justifie les moyens (Mascaret :
Étude sur la participation aux bénéfices, Angers, 1894, p. 56), on peut penser
que la situation en droit de cette combinaison est quelque peu différente.

Par application de la jurisprudence de la Cour de Cassation aux termes
de laquelle les opérations faites entre particuliers sur des valeurs à lots ne
sont pas toujours des loteries interdites (Cass., 9 décembre 1887, S. 88, 1, 37 ;
D. P. 88, 1, 492 ; 10 février 1860, S. 66, 1, 310 ; D. P. 66, 1, 281 ; 31 janvier 1885,
S. 85, 1, 240 ; D. P. 86, 1, 182 ; 8 juin 1888 ; S. 88, 1, 485 ; D. P. 88, 1, 489),
par exemple lorsque l'acquéreur connaît, dès le jour où il contracte, les numéros des valeurs achetées, lorsque la chance des lots n'est pas séparée du
titre et enfin lorsque la vente n'est point opérée dans les conditions qui dé-
naturent les prescriptions de la loi portant autorisation d'émission, il a été
prétendu (Wahl : *loc. cit.*, p. 249) que si la cession d'une coupure à lot est
interdite, la validité de la Société constituée pour acheter, avec les fonds
des adhérents, des obligations à lots dont les intérêts et les lots sont partagés entre les mêmes adhérents, dépend d'une condition : la Société serait
nulle si les numéros des obligations ou valeurs à lots achetées n'étaient pas
portés à la connaissance des adhérents, au fur et à mesure des acquisitions ;
elle serait valable dans le cas contraire, chacun ayant un droit éventuel à
l'obligation ou valeur. Pour M. Wahl, la question ne se poserait même pas
si l'association avait la personnalité morale, c'est-à-dire si elle avait été
autorisée par le Gouvernement, les titres à lots appartenant à la Société.

1. V. Rochetin : *loc. cit.*, p. 497.

prospectus qu'elles sont autorisées, précisent le genre d'autorisation qui a été accordé de telle façon que l'État ne paraisse pas fournir une garantie[1]. Dans tous les cas, il est indispensable que ces Sociétés ne continuent pas à fonctionner sous le régime actuel parce que leurs agissements ne peuvent que causer un tort considérable à quantité de personnes qui ont foi en ce qu'on leur dit et que séduit, d'autre part, le bon marché de l'opération[2].

1. Cf. sur l'abus dont il peut être fait usage, le travail de M. Cohen inséré dans la *Revue de la prévoyance et de la mutualité* et dans *L'Assurance moderne*, n° du 31 mars 1898, p. 70.

2. Si d'une part l'on a soutenu (*Le Monde économique et L'Assurance moderne*, 31 mars 1898, p. 69) que ces Sociétés ne devraient être considérées que comme des Sociétés de secours mutuels parce que, dans ces conditions, elles pourraient rendre de réels services, M. Cheysson, dans sa déposition en février 1894 devant la Commission parlementaire d'assurance et de prévoyance sociales, affirmait qu'il fallait écarter de la Mutualité et de ses faveurs les Sociétés, d'ailleurs très respectables, qui, par l'élévation de leurs cotisations et les avantages promis à leurs adhérents, ne pouvaient réclamer le caractère d'institutions populaires dignes des encouragements de l'État.

Ces remarques étaient très justes; il faut ajouter qu'il n'existe aucune similitude entre les Sociétés de secours mutuels, institutions qui ont essentiellement un caractère de bienfaisance, et les Sociétés dont s'agit qui ne sont que des entreprises commerciales.

C'est à l'intervention de M. Cheysson qu'est due l'insertion dans la loi du 1er avril 1898 sur les Sociétés de secours mutuels de l'art. 2 refusant aux *associations qui, tout en organisant sous un titre quelconque tout ou partie des services prévus par l'article précédent, c'est-à-dire créent un profit de telle ou telle catégorie de leurs membres et au détriment des autres, des avantages particuliers*, les Sociétés de secours mutuels étant tenues de garantir à tous leurs membres participants les avantages, sans autre distinction que celle qui résulte des cotisations fournies et des risques apportés (Cf. Duvergier : *Collect. des lois*, 1898, p. 113); D. P. 99, 4. 25, n° 1; S. *Lois annotées*, 99, 731, n° 12.)

C'est également à cette intervention qu'il faut attribuer la disposition qui écarte de la participation aux subventions de l'État et aux dispenses fiscales les Sociétés de secours mutuels accordant à leurs membres des indemnités supérieures à 5 fr. par jour, des allocations annuelles ou des pensions supérieures à 360 fr. et des capitaux en cas de vie ou de décès supérieurs à 3,000 fr.

Comp. à cet égard les observations de M. Bellom dans son étude sur *La législation des Sociétés de secours mutuels devant le Parlement français* (*Revue politique et parlementaire*, juillet 1895, p. 70 et 61) et les remarques de M. Lepreux : *Les pseudo-mutualités* (*Bullet. de l'Association des Actuaires belges*, décembre 1898, p. 73 et suiv.). Cf. Merlin : *Les associations ouvrières et patronales*, p. 423.

BIBLIOGRAPHIE

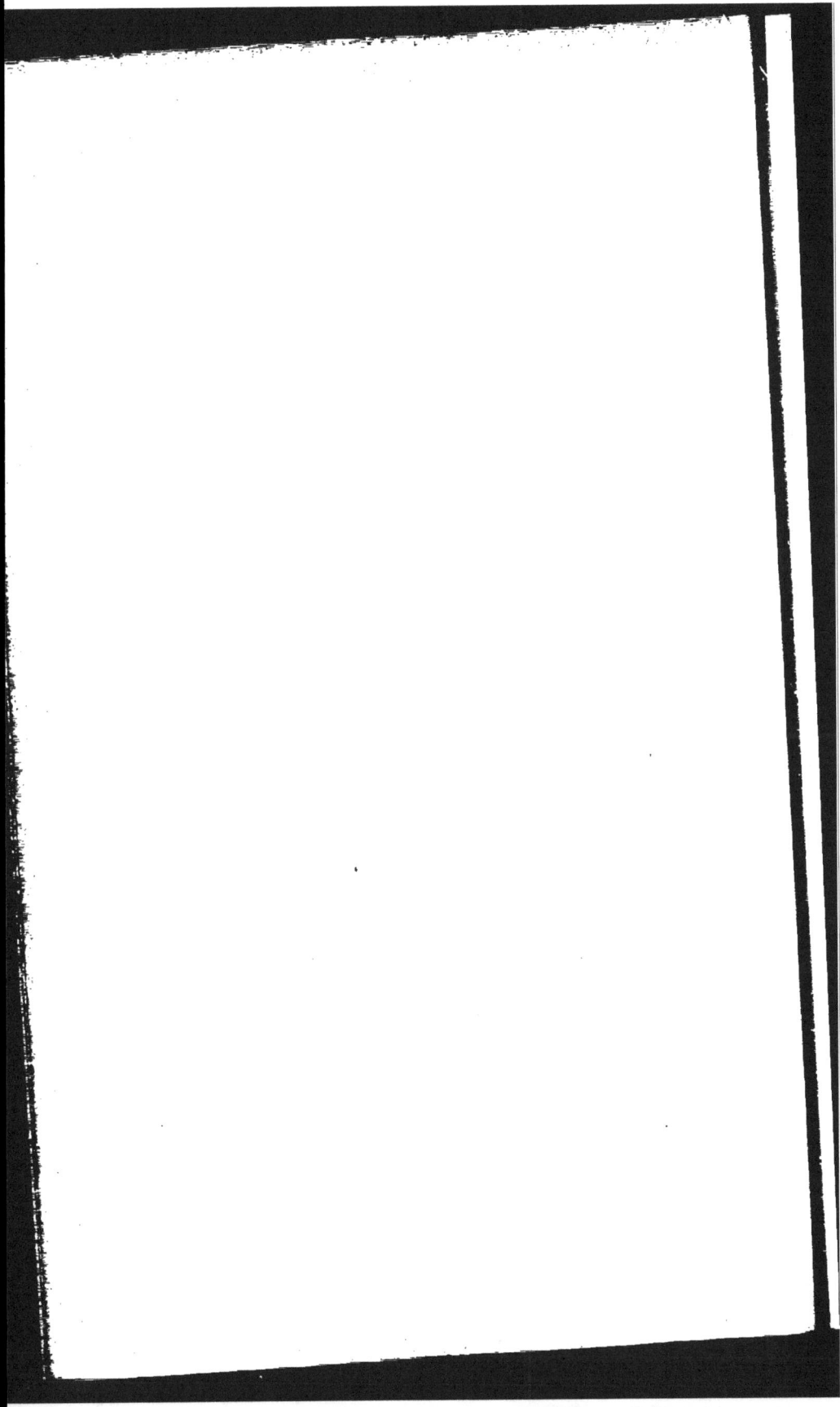

BIBLIOGRAPHIE[1]

I. — Ouvrages généraux. Répertoires et Dictionnaires.

Acollas : *Nécessité de refondre l'ensemble de nos Codes au point de vue de l'idée démocratique*, Paris, 1866.

Agnel : *Manuel général des assurances*, Paris, 1861.

Agnel et de Corny : *Manuel général des assurances*, 2ᵉ édition, Paris, 1885; 3ᵉ édition, Paris, 1889.

Alauzet : *Commentaire du Code de Commerce*, 3ᵉ édit. Paris, 1879, T. II, nᵒ 848 et suiv.

Alauzet : *Traité général des assurances*, Paris, 1844.

Allaert : *Des assurances terrestres*, Paris, 1868.

Amelino : *Des institutions ouvrières au xixᵉ siècle*, Paris, 1860.

Audouin : *Des dispositions en faveur de personnes incertaines en droit romain et en droit français*, Paris, 1890.

Avenel (d') : *Le Mécanisme de la vie moderne*, Paris, 1896. (2ᵉ série : *les Assurances sur la vie*).

Bachelet et Dezobry : *Dictionnaire général des lettres, des beaux-arts et des sciences morales et politiques*, 4ᵉ édit. Paris, 1876, vᵒ *Assurance*.

Badon Pascal : *Répertoire général du Journal des assurances (1849-1872)*, Paris, 1874.

---

1. La Bibliographie de l'Assurance sur la vie a été indiquée soit dans un volume publié à Paris en 1878 sous ce titre, *Notes pour servir à une bibliographie française de l'assurance sur la vie*, soit dans les *Répertoires*, en particulier dans les *Pandectes françaises* (vᵒ *Assurance sur la vie*) et surtout dans le *Répertoire général et alphabétique du droit français* de MM. Fuzier Herman, Carpentier et Frérejouan du Saint (vᵒ *Assurance sur la vie*).

Dans la Bibliographie présente, pour des motifs qui se devinent il ne sera pas question des brochures de propagande ou de polémique, pas plus qu'il ne sera fait mention des articles ou études publiés en si grand nombre soit dans les Recueils d'arrêts, dans les Revues ou publications économiques et juridiques, soit dans les publications spéciales. D'autre part, à raison des limites qui s'imposent les indications se rapporteront exclusivement à des écrits parus en France, c'est avec regret qu'il a dû être fait abstraction des travaux estimables publiés à l'étranger, notamment par M. Adan (de Bruxelles).

Badon Pascal : *Répertoire général des Assurances*, Paris, 1881.

Badon Pascal : *Mutualité et prime fixe; Assurance obligatoire par l'État*, Paris, 1873.

Barnt Dulaurier : *Le secret professionnel et le discours de M. Bruno Lacombe*, Bordeaux, 1885.

Baudry Lacantinerie et Barde : *Traité théorique et pratique de droit civil : Des Obligations*, Paris, 1897, T. Ier : *Appendice ou Commentaire de l'art. 1121; des assurances sur la vie*.

Baudry Lacantinerie et Colin : *Traité théorique et pratique de droit civil : Donations entre vifs et testaments*, Paris, 1895.

Baudry Lacantinerie, Lecourtois et Surville : *Traité théorique et pratique de droit civil : Contrat de mariage*, Paris, 1897.

Baudry Lacantinerie et Wahl : *Traité théorique et pratique de droit civil : Société, Prêt et Dépôt*, Paris, 1898.

Baumgartner : *Encyclopédie des assurances*, Paris, 1897 etc. (en cours de publication).

Beauregard : *Éléments d'économie politique*, Paris, s. d.

Bédarride : *Commentaire de la loi du 24 juillet 1867 sur les Sociétés*, Paris, 1877.

Béquet et Dupré : *Répertoire de Droit administratif*, Paris, (en cours de publication.)
        Vᵒ *Assurances* (par M. Hureau) vᵒ *Caisse des Dépôts et consignations* (par M. Bornot.)

Bertheau : *Dictionnaire général de droit et de jurisprudence ; Répertoire raisonné de la pratique des affaires*, Paris, 1890 etc.

Blanchard : *Recueil périodique des assurances, Table décennale*, 1883-1892 ; *Répertoire général de la jurisprudence des assurances*, Paris, 1893.

Blanche : *Dictionnaire général d'Administration*, Paris, 1884-1891.
        Vᵒ *Sociétés*.

Blanche : *De la loi commerciale*, Paris, 1861.

Block : *Dictionnaire de l'Administration française*, Paris, 1856.
        Vᵒ *Assurances* (par M. Nuyron),
        2ᵉ édition, 1877, vᵒ *Assurances* (par MM. Vannacque et Block).
        4ᵉ édition, 1898 vᵒ *Assurances* (par MM. Vannacque et Block).

Block : *Traité théorique et pratique de statistique*, Paris, 1878.

Block : *Dictionnaire général de la politique*, nouvelle édition, Paris, 1873.
        Vᵒ *Assurances* par M. Levasseur.

Boissonnade : *Histoire de la réserve héréditaire*, Paris, 1873.

Boistel : *Précis de Droit commercial*, 3ᵉ édition, Paris, 1884, nᵒ 328.

Bonneville de Marsangy : *Jurisprudence générale des assurances terrestres*, Paris, 1882.

Bost : *Encyclopédie des justices de paix*, 2ᵉ édition, Paris, 1854, vᵒ *Assurances*.

Bouillet : *Dictionnaire universel des sciences, des lettres et des arts*, nouvelle édition par MM. Tannery et Faguet, Paris, 1896.
        Vᵒ *Assurances*.

Boulay Paty : *Traité des assurances et des contrats à la grosse* d'Emérigon, Paris, 1827.

Boulay Paty : *Cours de droit commercial maritime*, Paris, 1823, T. III.

Bourgade : *Dictionnaire des lois et décrets codifiés sur le timbre, l'enregistrement et l'impôt sur le revenu, suivi des lois et décrets sur les sociétés anonymes en commandite par action, à capital variable, tontines, assurances*, Paris, 1876.

Bourgade : *Étude sur les patentes des Compagnies d'assurances terrestres*, Paris, 1883.

Boutaud : *Les clauses de non-responsabilité : de l'assurance de la responsabilité des fautes ; des moyens de s'exonérer de sa responsabilité*, Paris, 1896.

Bozerian : *Dictionnaire de la Bourse, de la Banque et des assurances.*

Bravard Veyrières et Demangeat : *Traité de droit commercial*, 2e édition, Paris, 1890, T. I, p. 610.

Bressolles : *De la femme du commerçant, examen critique de la jurisprudence*, Paris, 1888.

Brethenoux : *Étude sur le secret professionnel*, Bordeaux, 1886.

Briand et Chaudé : *Manuel de Médecine légale*, 10e édition, Paris, 1880, T. II, *Question de survie ; des assurances sur la vie ; des rentes viagères.*

Brouardel : *Rapports des médecins des Compagnies privées d'assurances et des médecins traitants*, Paris, 1885.

Brouardel : *Le secret médical*, Paris 1887, 2e édition, Paris, 1893.

Brouardel : *La responsabilité médicale*, Paris, 1898.

Bruno Lacombe : *Le secret professionnel en médecine*, Bordeaux, 1885.

Clardot ; Schwanhard : *La prévoyance et l'État*, Paris, 1885.

Castillon : *Manuel formulaire de l'enregistrement, des domaines et du timbre*, 3e édition, Paris, 1892.

Cauvin et Sainctelette : *Manuel de jurisprudence des assurances terrestres*, Paris, 1883.

Cauwès : *Cours d'économie politique*, 3e édition, Paris, 1893, t. III.

Cécile : *Du contrat d'assurance en matière terrestre*, Paris, 1878.

Cerf : *Prévoyance et Mutualité*, Paris, 1894.

Champeau : *La stipulation pour autrui et ses principales applications*, Paris, 1894.

Chaufton : *Les assurances, leur passé, leur présent, leur avenir*, Paris, 1891.

Chervet : *Des sociétés commerciales en droit international privé*, Paris, 1886.

Clément : *Des assurances mutuelles*, Paris, 1889.

Coquelin et Guillaumin : *Dictionnaire de l'économie politique*, 3e édition, Paris, 1864.
   Vo *Assurances* (par M. H. Say).
    Tables de Mortalité (par M. Quetelet).
    Tontines (par M. Legoyt).

Cottin Augar : *De la mutualité appliquée à la vie matérielle et sociale*, Paris, 1892.

Courcy (de) : *La philosophie de l'assurance*, Paris, 1883.

Courcy (de) : *Les assurances*, Paris, 1886.

Dalloz : *Jurisprudence générale : Répertoire méthodique et alphabétique de législation, de doctrine et de jurisprudence*, Paris, 1845 et années suiv.
   Vo *Assurances terrestres.*
    Sociétés.
    Tontines.

Jurisprudence Générale : Supplément au Répertoire méthodique et alphabétique de législation, de doctrine et de jurisprudence Paris, 1887 et années suiv.
   Vo *Assurances terrestres.*
   Vo *Contrat de mariage.*
   Vo *Enregistrement.*
   Vo *Faillites.*
   Vo *Sociétés.*
   Vo *Timbre.*
   Vo *Tontine.*

Jurisprudence générale, Code Civil annoté, Paris, 1874. Appendice au titre XII du livre 3 : *des contrats aléatoires.*

Jurisprudence générale : Table alphabétique des vingt-deux années du Recueil périodique de jurisprudence, de législation et de doctrine (1845 à 1867), Paris, 1868.
   Vo *Assurances terrestres.*
   Vo *Société.*
   Vo *Timbre.*
   Vo *Tontine.*

Jurisprudence générale : Table alphabétique des dix années du Recueil périodique de jurisprudence, de législation et de doctrine (1867 à 1877), Paris, 1877.
     Vᵒ *Assurances terrestres.*
     Vᵒ *Enregistrement.*
     Vᵒ *Société.*
     Vᵒ *Timbre.*

Jurisprudence générale : Nouvelle Table alphabétique de dix années (1877 à 1887) du Recueil périodique de jurisprudence, de législation et de doctrine, Paris, 1887.
     Vᵒ *Assurances terrestres.*
     Vᵒ *Enregistrement.*
     Vᵒ *Société.*
     Vᵒ *Timbre.*

Jurisprudence générale : Troisième Table alphabétique de dix années du Recueil périodique de MM. Dalloz (1887 à 1897), Paris, 1897.
     Vᵒ *Assurances terrestres.*
     Vᵒ *Enregistrement.*
     Vᵒ *Société.*
     Vᵒ *Timbre.*
     Vᵒ *Tontine.*

Dechambre : *Dictionnaire encyclopédique des sciences médicales.*
     Vᵒ *Assurances* par M. Bertillon.
     Vᵒ *Identité* par M. Tourdes.
     Vᵒ *Secret médical* par M. Tourdes.

Dechambre, Mathias Duval et Lereboullet : *Dictionnaire usuel de médecine*, 2ᵉ édition, Paris, 1892.
     Vᵒ *Assurances sur la vie.*
     Vᵒ *Secret médical.*

Defert : *Table générale du Journal des faillites et des liquidations judiciaires, 1882-1894*, Paris, 1895.
     Vᵒ *Assurance-Vie.*

Deffaux, Harel et Dutruc : *Encyclopédie des huissiers*, 4ᵉ édition, Paris, 1888.
     Vᵒ *Assurances sur la vie.*

Deloison : *Traité des Sociétés commerciales françaises et étrangères*, Paris, 1881.

Delvincourt : *Institutes de droit commercial français*, Paris, 1834. T. II.

Demante : *Principes de l'enregistrement*, 4ᵉ édition, Paris, 1888.

Demasure : *Traité du régime fiscal des Sociétés*, Paris, 1884.

Devilleneuve, Massé et Dutruc : *Dictionnaire du contentieux commercial et industriel*, 6ᵉ édition, Paris, 1878.
     Vᵒ *Assurance sur la vie.*

Didot et Roudier : *Encyclopédie moderne*, Paris, 1847.
     Vᵒ *Assurances.*

Dodo : *Théorie et pratique de la saisie-arrêt*, Paris, 1889.

Dubrac : *Traité de jurisprudence médicale et pharmaceutique*, Paris, 1882.

Dujardin : *Des droits d'enregistrement, de timbre et de greffe au point de vue de la proportionnalité de l'impôt*, Paris, 1881.

Emérigon : *Traité des assurances et des contrats à la grosse*, édition Boulay Paty, Paris, 1827.

Estrangin : *Traité du contrat d'assurances de Pothier*, Paris, 1810.

Estribault : *Des droits des femmes en matière de faillite*, Paris, 1889.

Favard de Langlade : *Répertoire*, Paris, 1823.
     Vᵒ *Assurances.*

Folleville : *Traité du contrat pécuniaire de mariage et des droits respectifs des époux quant aux biens*, T. Iᵉʳ, Paris, 1883.

Forbonnais : *Éléments du commerce*, nouvelle édition, Paris, an IV.

Fossa : *Le syndic de faillite (fonctions et pouvoirs)*, Paris, 1888.

Fuzier Herman : *Code Civil annoté*, Paris, 1885, art. 1121.

Fuzier Herman, Carpentier et Frèrejouan du Saint : *Répertoire général alphabétique du droit français*, Paris, (en cours de publication).

    V° *Assurances (en général)* par M. J. Lefort.

    V° *Assurance mutuelle*.

    V° *Assurances sur la vie*.

Garnier : *Répertoire général et raisonné de l'enregistrement*, Paris, 1874, 7° édition, Paris, 1872.

    V° *Assurances*.

    V° *Succession*.

    V° *Timbre*.

Garrisson : *Le suicide dans l'antiquité et dans le temps moderne*, Paris, 1885.

Gaudemot : *Étude sur le transport de dettes à titre particulier*, Paris, 1898.

Goujet et Merger : *Dictionnaire de droit commercial*, Paris, 1852.

    V° *Assurance sur la vie*.

Grün et Joliat : *Traité des assurances terrestres et de l'assurance sur la vie des hommes*, Paris, 1828.

Guerrier et Rotureau : *Manuel de jurisprudence médicale*, Paris, 1890.

Guieysse : *La participation aux bénéfices, les retraites et l'assurance*, Paris, 1890.

Guillouard : *Traité du contrat de mariage*, 3° édition, Paris, 1895.

Guillouard : *Traité du contrat de Société*, Paris, 1892.

Guillot : *Les assurances ouvrières, accidents, maladies, vieillesse, chômage, législation française et étrangère*, Paris, 1897.

Guyot et Raffalovich : *Dictionnaire du commerce, de l'industrie et de la banque*, Paris, 1898 (en cours de publication).

    V° *Assurances* (par M. Thomereau).

    V° *Assurances étrangères* (par M. Rochetin).

    V° *Assurances en droit fiscal* (par M. Balefranque).

    V° *Caisses d'assurances* (par M. Thomereau).

Hubert : *Assurances mutuelles ; de la résiliation des polices*, Paris, 1891.

Halloys : *Le secret professionnel*, Paris, 1890.

Hamon : *Petit Dictionnaire des assurances*, Paris, 1886, nouvelle édition, Paris, 1889.

    — *Histoire générale de l'assurance en France et à l'étranger*, Paris, 1897.

    — *Cours d'assurances*, Paris, 1891.

Hecht : *La prime et la cotisation*, Paris, 1889.

Hochart : *Étude sur la communauté réduite aux acquêts*, Paris, 1887.

Houpin : *Traité théorique et pratique des Sociétés par actions françaises et étrangères et des Sociétés d'assurances*, Paris, 1889.

    — *Traité général théorique et pratique des Sociétés civiles et commerciales*, 3° édition, Paris, 1899.

Huc : *Commentaire théorique et pratique du Code Civil*, Paris, 1894-97 T. XI (Appendice au titre XII du livre 3).

Joblt : *Régime fiscal des valeurs mobilières étrangères en France*, Paris, 1893.

Joubaire : *Essai sur la révision du Code Civil*, Paris, 1873.

Labori : *Répertoire encyclopédique du droit français*, Paris, 1889

Lacassagne : *Précis de médecine judiciaire*, Paris, 1886.

Lafforgue : *Du secret professionnel en médecine*, Toulouse, 1888.

Lambert : *Du contrat en faveur de tiers*, Paris, 1893.

Lamuel et Didio : *Encyclopédie du notariat*, Paris, 1879-1888.

    V° *Assurance sur la vie*.

Larousse : *Grand Dictionnaire Universel du xix° siècle*, Paris, s. d.

    V° *Assurance*.

    2° Supplément. V° *Assurance*.

Lavaux : *Le secret en médecine dans ses rapports avec la jurisprudence*, Paris, 1887.

Lavollée : *Les classes ouvrières en Europe*, Paris, 1896.

Lechartier : *Dictionnaire pratique des assurances terrestres*, Paris, 1884.
— *Le livre d'or des assurances*, T. II, Paris, s. d.

Léchoplé et Floquet : *Droit médical*, Paris, 1898.

Ledort : *Les assurances terrestres en général*, Paris, s. d.
— *Les Origines de l'assurance*, Paris, 1897.

Legrand du Saulle, Berryer et Pouchet : *Traité de médecine légale et de jurisprudence médicale*, 2e édition, Paris, 1886, ch. XIII.

Lerat de Magnitot et Huart Delamarre : *Dictionnaire de droit public et administratif*, Paris, 1836.
V° *Assurances*.

Leroy-Beaulieu : *L'État moderne et ses fonctions*, Paris, 1890.
— *Traité de la science des finances*, Paris, 1877.
— *Traité théorique et pratique d'économie politique*, Paris, 1896, T. II et T. IV.

Le Suour du Gommonil : *Assurances, origine et progrès*, Paris, 1872 ; 2e édition, Paris, 1874.

Levasseur : *L'Ouvrier américain*, Paris, 1898.

Leydon (de) : *Le secret professionnel, mœurs contemporaines*, Paris, 1887.

Lyon-Caen et Renault : *Précis de droit commercial*, Paris, 1884.
— *Traité du droit commercial*, Paris, 1889 et suiv.
(En cours de publication.)

Maguéro : *Traité alphabétique des droits d'enregistrement et de timbre*, Paris.
V° *Assurances*.
V° *Successions*.

Malapert : *De l'assurance ; des Compagnies d'assurances*, Paris, 1889.

Malarce : *Conférence sur les institutions de prévoyance, épargne et assurance*, Paris, 1882.

Massé : *Le Droit commercial dans ses rapports avec le droit des gens et le droit civil*, 3e édition, Paris, 1874, T. III.

Mathieu Bodet : *Les finances françaises de 1870 à 1878*, Paris, 1881.

Mathieu et Bourguignat : *Commentaire de la loi de 1867 sur les Sociétés*, Paris, 1868.

Martinet : *Les Sociétés de secours mutuels et les assurances ouvrières*, Paris, 1891.

Ménin : *Traité théorique et pratique de la réversion d'un droit de propriété ou d'un droit viager entre époux*, Paris, 1894.

Merger : *Des assurances terrestres*, Paris, 1858.

Merger : *Le secret professionnel*, Chaumont, 1895.

Merlin : *Répertoire Universel et raisonné de jurisprudence*, 5e édition, Paris, 1827.
V° *Police et Contrat d'assurance*.
V° *Tontine*.

Molineau : *Manuel des déclarations de succession et des droits de mutation par décès*, 3e édition, Paris, 1874.

Muteau : *Le secret professionnel*, Paris, 1870.

Muzard : *Répertoire alphabétique de jurisprudence commerciale comprenant la Table générale du Journal des Tribunaux de commerce*, Paris, 1892.
V° *Assurances sur la vie*.
V° *Assurances terrestres*.

Naquet : *Traité théorique et pratique des droits d'enregistrement*, Paris, 1882.
— *Traité des droits de timbre*, Paris, 1894.

Nobel : *Le rôle des assurances dans la société moderne*, Saint-Germain, 1875.

Pabon : *Manuel juridique des médecins*, Paris, 1891.

Pardessus : *Cours de droit commercial*, 5e édition par M. de Rozière, Paris, 1856.

Persil : *Traité des assurances terrestres*, Paris, 1835.

Piolet : *Etude sur la Communauté réduite aux acquêts et la Société d'acquêts jointe au régime dotal*, Paris, 1877.

Philouze : *Des assurances terrestres*, Rennes, 1861.

— *Manuel du contrat d'assurance*, Paris, 1879.

Pont : *Commentaire-Traité des petits contrats*, 2e édition, Paris, 1877.

Pont : *Commentaire des Sociétés civiles et commerciales*, 2e édit., Paris, 1880-1884.

Pothier : *Traité du contrat d'assurance*.

Pouget : *Dictionnaire des assurances terrestres*, Paris, 1855.

— *De la prime ou manuel de l'agent d'assurances pour le recouvrement des primes d'assurances terrestres en justice*, Paris, 1858.

Poulle : *Traité théorique et pratique des associations commerciales en participation*, Paris, 1887.

Prugne (De La) : *Traité théorique et pratique de l'assurance en général*, Paris, 1895.

Quénault : *Traité des assurances terrestres*, Paris, 1828.

Quentin : *De l'opinion du risque dans le contrat d'assurance*, Paris, 1893.

Rendu : *Le jeu, le pari et les marchés de bourse*, Paris, 1876.

Rivière, Weiss et Frennelet : *Pandectes françaises*, Paris, (en cours de publication.)

　　　Vo *Assurance (en général).*

　　　Vo *Assurances Mutuelles.*

　　　Vo *Assurances sur la vie.*

　　　Vo *Assurances (timbre et enregistrement).*

　　　Vo *Enregistrement.*

Rochetin : *La Caisse nationale de prévoyance ouvrière et l'intervention de l'Etat*, Paris, 1894.

Rodière et Pont : *Traité du contrat de mariage*, 2e édition, Paris, 1865-1869.

Royer (de) : *Du jeu et du pari*, Paris 1878.

Rossy : *Des cessions de portefeuilles et réassurances générales*, Paris, 1899.

Rousseau : *Des Sociétés commerciales françaises et étrangères*, Paris, 1878.

Rousseau : *Répertoire alphabétique de la doctrine et de la jurisprudence en matière de Sociétés commerciales*, Paris, 1889.

Rousseau : *Manuel pratique des Sociétés par actions*, 2e édition, Paris, 1897.

Rousseau et Defert : *Code annoté des liquidations judiciaires, des faillites et des banqueroutes*, Paris, 1889.

Ruben de Couder : *Dictionnaire de droit commercial*, 3e édition, Paris, 1877.

Royer : *Du secret professionnel*, Paris, 1887.

　　　Vo *Assurances en général.*

　　　Vo *Assurances Mutuelles terrestres.*

　　　Vo *Assurance sur la vie.*

　　　Vo *Caisses d'assurances.*

— *Supplément au Dictionnaire de droit commercial*, Paris, 1897.

　　　Vo *Assurance Mutuelle terrestre.*

　　　Vo *Assurance sur la vie.*

　　　Vo *Caisses d'assurances.*

Sadoul : *Du secret professionnel*, Paris, 1891.

Savignon : *Du secret professionnel*, Douai, 1895.

Say (Léon), Foyot et Lanjalley : *Dictionnaire des finances*, Paris, 1883.

　　　Vo *Assurances (par M. Dumaine.)*

Say (Léon) : *Le socialisme d'Etat*, Paris, 1884.

— et Chailley-Bert : *Nouveau Dictionnaire d'économie politique*, Paris, 1891.

　　　Vo *Assurances, (par M. Lacombe.)*

Etat [intervention de l'État] en matière d'assurances, (par MM. Le Roy et Lacombe).

Police d'assurance (par M. Rochetin et Harbulot.)

Économie sociale, 2e édition, Paris, 1891, incl. VII.

Schnengans, Kauffmann et de Loibor : *De la situation légale des Sociétés anonymes françaises et spécialement des Sociétés d'assurances en Alsace-Lorraine*, 1881.

Sebire et Carteret : *Encyclopédie du droit*, Paris, 1842-1846.
     Vo *Contrat d'assurance sur la vie*.

Senéo : *Les questions d'assurance de 1878 à 1884*, Paris, 1884.

Tainsier : *Traité de la Société d'acquêts*, 2e édition, par M. de Loynes, Bordeaux, 1881.

Thaller : *Les Compagnies françaises d'assurances et le Gouvernement d'Alsace-Lorraine*, Paris, 1881.

Thaller : *Traité élémentaire de droit commercial*, Paris, 1898.

Thierry : *Étude sur le secret médical*, Rouen, 1889.

Thomas : *Des droits du conjoint survivant*, Paris, 1896.

Thomereau : *Quelles sont les limites de l'intervention de l'État en matière d'assurances*, Paris, 1894.

Toullier : *Droit civil français*, 3e édit. Paris, 1821, T. VII.

Troplong : *Droit civil expliqué suivant l'ordre des articles du Code, Commentaire des titres du Prêt, du Dépôt, du Séquestre, et des Contrats aléatoires*, Paris, 1845.

Troplong : *Le Droit Civil expliqué suivant l'ordre des articles du Code civil ; Commentaire sur le Contrat des Sociétés civiles et commerciales*, Paris, 1843.

Valin : *Commentaire sur l'Ordonnance de la marine de 1681 ; édition Bécane*, Paris, 1834.

Vallée : *Participation aux bénéfices*, Rouen, 1873.

Vavasseur : *Traité des Sociétés civiles et commerciales*, 5e édition, Paris, 1897.

Vignes : *Rapports de la gestion d'affaires de la stipulation pour autrui en droit français*, Paris, 1892.

Vincens : *Exposition raisonnée de la législation commerciale*, Paris, 1834.
     T. III, *Appendice*.

Vincent et Pénaud : *Dictionnaire de droit international privé*, Paris, 1887.
     Vo *Assurances*.

Wciss : *Traité théorique et pratique de droit international privé*, Paris, 1894, T. II.

Almanach des assurances; année 1847; année 1867 et suiv., Paris.

Assurances et assureurs, Paris, 1877.

Dictionnaire de la conversation et de la lecture, 2e édition, Paris, 1864.
     Vo *Assurances sur la vie* (par M. A. Chevalier).

Supplément, Paris, 1868.
     Vo *Assurances sur la vie*, (par M. Louvet).

Dictionnaire des droits d'enregistrement, de timbre, etc., par les rédacteurs du Journal de l'enregistrement et des domaines, 3e édition, 1873-1886.
     Vo *Assurances*.
        Succession.
        Timbre et Comptabilité.

Dictionnaire universel théorique et pratique du commerce et de la navigation, Paris, 1859.
     Vo *Assurances* (par M. Alauzet).

Dictionnaire du notariat par les rédacteurs du Journal des notaires et des avocats, Paris, 1856.
    V° *Contrat d'assurance*.

Documents financiers sur les Compagnies d'assurances à primes fixes ; vie, incendie, marine, 1820-1880, Paris, 1882.

Encyclopédie des gens du monde, Paris, 1833.
    V° *Assurances*.

Encyclopédie du XIXe siècle, 3e édition, Paris, 1870.
    V° *Assurances*.

Grande Encyclopédie, Paris, n. 4.
    V° *Assurances*, (par M. Théry et Chavegrin).
        Assurance sur la vie. (par MM. Chavegrin, H. Laurent, Alphandéry).

Journal du Palais. Répertoire général contenant la jurisprudence de 1791 à 1857, Paris, 1858.
    V° *Assurance sur la vie*.
        Assurances terrestres.
        Enregistrement.
        Société.
        Timbre.
        Tontine.

Journal du Palais, Table complémentaire comprenant la jurisprudence de 1857 à 1870, Paris, 1872.
    V° *Assurance*.
        Enregistrement.
        Société.
        Société commerciale.
        Société anonyme.

Journal du Palais, Deuxième Table complémentaire alphabétique et chronologique contenant la jurisprudence de 1857 à 1870, Paris, 1883.
    V° *Assurances*.
        Enregistrement.
        Société commerciale.
        Timbre.

Journal du Palais, Troisième Table complémentaire alphabétique et chronologique contenant la jurisprudence de 1882 à 1890, Paris, 1894.
    V° *Assurance mutuelle*.
        Assurances terrestres.
        Assurance sur la vie.
        Enregistrement.
        Société en général.
        Timbres.
        Tontines.

Jurisprudence du XIXe siècle ou Table générale, alphabétique et chronologique du Recueil général des lois et des arrêts 1791 à 1850, Paris, 1858.
    V° *Assurance sur la vie*.

Jurisprudence du XIXe siècle ou Table décennale du Recueil général des lois et des arrêts 1851 à 1860, Paris, 1862.
    V° *Assurance*.

Jurisprudence du XIXe siècle : Table décennale alphabétique du Recueil général des lois et des arrêts ; 1861 à 1870, Paris, 1872.
    V° *Assurance*.

Jurisprudence du XIXe siècle ; 3e Table alphabétique du Recueil général des lois et des arrêts ; 1871 à 1880, Paris, 1882.
    V° *Assurance*.

Jurisprudence du XIXᵉ *siècle*: 4ᵉ *Table décennale alphabétique et chronologique du Recueil général des lois et des arrêts; 1881 à 1890*, Paris, 1894.
   Vᵒ *Assurance mutuelle.*
      Assurances terrestres.
      Assurance sur la vie.
      Enregistrement.
      Société (en général).
      Timbre.
      Tontine.

Ministère du Commerce, de l'industrie et des colonies — Exposition Universelle Internationale de 1889 à Paris; Rapports du Jury International, Groupe de l'Economie sociale, Paris, 1891-1892.

II. — Ouvrages spécialement consacrés aux assurances sur la vie.

Ambroselli — *Du Contrat d'assurance sur la vie; obligations de l'assuré et de l'assureur; étude des conditions générales des polices*, Paris, 1895.

Ameline — *Assurances en cas de décès et en cas d'accidents résultant des travaux agricoles et industriels*, Paris, 1868.

Auzière — *La loi sur les habitations à bon marché*, Limoges, 1897.

B. (H. de) — *Guide pratique des assurances sur la vie*; Paris, 1877.

B. (J.) — *Guide pratique des assurances sur la vie*, Paris, 1866.

B. et G. — *Aux souscripteurs des Sociétés d'assurances mutuelles sur la vie; de la liquidation anticipée des associations tontinières*, Paris, 1850.

Badon Pascal (E.) — *Du calcul des réserves des Compagnies d'assurances sur la vie en Angleterre et en France*, Paris, 1873.

Badon Pascal (L.) — *Conférence sur l'assurance sur la vie et sur l'assurance des ingénieurs*, Saint-Etienne, 1883.

Bailly — *Assurances sur la vie. De la transmission du bénéfice du contrat*, Angers, 1894.

Barat Dulaurier. — *Le secret professionnel et les certificats de décès réclamés par les Compagnies d'assurances sur la vie*, Bordeaux, 1886.

Baron — *De l'assurance en cas de décès (vie entière)*, Lyon, 1883.

Baron — *Les assurances populaires: Pétition tendant à la réforme de la loi du 11 juillet 1868*, Paris, 1882.

Boumo — *Les Compagnies françaises d'assurances-vie*, Paris, 1890.

Bazenet — *De l'assurance sur la vie contractée par l'un des époux au profit de l'autre*, Paris, 1888.

Beau de Rochas — *Commentaire de la loi portant création d'une Caisse d'assurances en cas de décès et d'accidents*, Paris, 1868.

Beaussard — *Revue des Tontines: guide général des assurances mutuelles sur la vie*, Paris, 1842.

Beauverger (de) — *Rapport fait au nom de la Commission chargée d'examiner le projet de loi relatif à la création de deux Caisses d'assurance, l'une en cas de décès, et l'autre en cas d'accidents résultant de travaux agricoles et industriels*, Paris, 1868.

Beauvisage (de) — *Des Tables de mortalité et de leur application aux assurances sur la vie*, Paris, 1867.

Béchade — *Du contrat d'assurance sur la vie dans ses rapports avec le droit civil et l'enregistrement*, Paris, 1889.

Béchade — *Des effets de l'assurance sur la vie en droit civil et en droit fiscal et de l'assurance sur la vie par l'État*, Paris, 1891.

Berthet — *Du contrat d'assurance sur la vie*, Nantes, 1877.

Bertrand (de) — *Manuel théorique et élémentaire de l'assurance en cas de décès*. Paris. s. d.

Béziat d'Audibert — *Théorie élémentaire des assurances sur la vie et autres opérations viagères*, 2ᵉ édition, Paris, 1893.

Blin — *De l'assurance sur la vie et spécialement de la donation contenue dans l'assurance au profit d'un tiers*. Paris, 1876.

Blondel — *Des assurances sur la vie dans leurs rapports avec le droit civil et spécialement des bénéficiaires du contrat*. Paris, 1874.

Bossaut — *Théorie de l'assurance sur la vie*. Metz, 1868, 2ᵉ édit. 1870.

Boucher — *L'assurance sur la vie et la réserve héréditaire*. Paris, 1879.

Brisbarre — *Les Compagnies d'assurances sur la mort*. Paris, 1844.

Brissaud — *De l'assurance sur la vie au profit d'un tiers*. Toulouse, 1891.

Brougniart — *Mémoire sur les résultats probables des Tontines ou assurances mutuelles en cas de survie*. Verdun, 1857.

Caizergues — *De l'assurance sur la vie*. Paris, 1874.

Carlier et Gauffreteau — *Les transactions viagères et le notariat*. Paris, 1877.

Carré — *Les assurances sur la vie devant le Corps législatif*. Paris, 1868.

Caubert — *Exposition universelle internationale de 1889 à Paris. Rapports du jury international; groupe de l'économie sociale section VII (assurance contre les accidents et sur la vie) Rapport*, Paris, 1891.

Cendrier — *Droits des créanciers dans le contrat d'assurances sur la vie*. Paris, 1897.

Chabert — *Les assurances sur la vie*. Paris, 1872.

Charlon — *Étude sur la tarification des transactions viagères*. Paris, 1863.

Cheysson — *Le foyer coopératif et l'assurance en cas de décès du coopérateur*. Paris, 1891.

Cheysson — *L'assurance mixte et les maisons ouvrières*. Paris, 1893.

Cheysson — *Nécessité et bases d'une loi d'assurance sur la vie*. Paris, 1894.

Claro — *Des assurances sur la vie entre époux*. Paris, 1893.

Clos — *Des assurances sur la vie, de leur caractère et de leurs effets au point de vue de tiers bénéficiaires*. Toulouse, in-8, 1891.

Cochin — *Les petites assurances sur la vie par l'État dans les bureaux de poste en Angleterre*. Paris, 1865.

Cosmao Dumanoir — *De l'assurance sur la vie dans ses rapports avec le patrimoine de l'assuré*. Paris, 1898.

Coulazou — *De la stipulation pour autrui dans l'assurance sur la vie*. Montpellier, 1890.

Courcy (de) — *Théorie des annuités viagères et des assurances sur la vie, suivie d'une collection de Tables relatives à ces matières par F. Baily : traduit de l'anglais*. Paris, 1836.

Courcy (de) — *Essai sur les lois du hasard suivi d'études sur les assurances*. Paris, 1862.

Courcy (de) — *Le domaine patrimonial et les assurances sur la vie*. Paris, 1863-1876.

Courcy (de) — *L'impôt et les assurances sur la vie*. Paris, 1863.

Courcy (de) — *Les assurances sur la vie*. Paris, 1865.

Courcy (de) — *Les assurances sur la vie en Angleterre et en France*. Paris, 1865.

Courcy (de) — *Précis de l'assurance sur la vie*. Paris, 1870.

Courcy (de)   *Assurances sur la vie; nouvelles observations*, Paris, 1871.

Courcy (de) — *Les assurances sur la vie*. Paris, 1872.

Courcy (de) — *Assurance sur la vie. La participation aux bénéfices*. Paris, 1873.

Courcy (de) — *Assurance et loterie*. Paris, 1874. *Assurance et prêt vie*. Paris, 1875.

Courcy (de) — *L'assurance sur la vie et les droits de mutation*. Paris, 1875.

Courey (de) — *L'impôt et les assurances sur la vie*, Paris, 1875.

Courey (de) — *Les Sociétés étrangères d'assurances sur la vie : autorisation, surveillance*, Paris, 1883.

Courey (de) — *De l'assurance par l'État*, 4ᵉ édit., suivie de : *Les Sociétés étrangères d'assurances sur la vie*, Paris, 1894.

Courey (de) — *Assurés et actionnaires*, Paris, 1885.

Courey (de) — *Assurances sur la vie. Note sommaire sur l'assurance des risques de guerre*, Paris, 1887.

Couteau — *Du bénéfice de l'assurance sur la vie*, Paris, 1878.

Couteau — *Traité des assurances sur la vie*, Paris, 1881.

Couturier — *De l'assurance sur la vie en général et spécialement de l'assurance sur la vie entre époux*, Lyon, 1889.

Cyprès — *De l'assurance sur la vie étudiée au point de vue économique*, Paris, 1894.

Cyprès — *L'assurance sur la vie et les Caisses de retraites*, Paris, 1894.

Daux — *De la clause à ordre dans les titres de créance actuelle*, Paris, 1897.

Defrenois — *Traité pratique du contrat d'assurance sur la vie*, Paris, 1887.

Defrenois — *Du contrat d'assurance sur la vie entre époux*, Paris, 1897.

Dehais — *L'assurance sur la vie en France et les Tontines*, Paris, 1864.

Dehais — *Manuel du déposant à la Caisse d'assurance en cas de décès*, Paris, 1869.

Dejean — *But et avantage des Caisses d'assurances (en cas de décès et en cas d'accident créées par la loi du 11 juillet 1869, pour la garantie de l'État*, Bordeaux, 1869.

De Loynes — *Des assurances sur la vie considérées au point de vue fiscal*, Paris, 1872.

Deparcieux — *Essai sur les probabilités de la durée de la vie humaine d'où l'on déduit la manière de déterminer les rentes viagères et accompagné d'un grand nombre de tables*, Paris, 1746.

Deslandres — *De l'assurance sur la vie ; étude des droits de l'assuré, des bénéficiaires, des actionnaires et des créanciers*, Paris, 1889.

Deslandres — *Du contrat d'assurance sur la vie au profit de bénéficiaires indéterminés*, Paris, 1891.

Dormoy — *Théorie mathématique des assurances sur la vie*, Paris, 1878-79.

Dubois — *La loi du 9 mars 1894 sur les droits de l'époux survivant*, Paris, 1894.

Duchamp — *Guide général des Tontiniers ou les assurances mutuelles sur la vie dévoilées*, s. l. n. d.

Dufour — *De la légalité des assurances sur la vie*, Paris, 1864.

Duhout — *La justification de la jurisprudence de la cour de cassation en matière d'assurance sur la vie*, Paris, 1894.

Dujarrier — *De l'assurance en cas de décès justifiée par les principes du Code civil*, Paris, 1885.

Dumaine — *Du contrat d'assurance sur la vie et des droits de mutation par décès*, Paris, 1883.

Dumaine — *Du contrat d'assurance sur la vie en droit civil et en droit fiscal*, 2ᵉ édit., Paris, 1892.

Dumont — *Code des valeurs à lots ; de l'attribution de l'indemnité d'assurance sur la vie*, Paris, 1891.

Dumont — *De l'attribution des indemnités d'assurance*, Paris, 1892.

Esselin — *Manuel de l'assuré sur la vie*, Paris, 1883.

Fabry — *Des assurances sur la vie au point de vue du droit civil et spécialement de la libéralité contenue dans l'assurance au profit d'un tiers*, Paris, 1878.

Ferrié — *De l'assurance sur la vie considérée spécialement dans le cas où elle est contractée au profit de bénéficiaires indéterminés*, Paris, 1897.

Fey — *Code des assurances sur la vie*, Paris, 1884.

Flor (de) — *L'assurance mixte dans les Compagnies françaises*, Paris, 1877.

Fosse — *Des assurances sur la vie dans leurs rapports avec le droit civil*, Paris, 1878.

Fouache d'Halloy — *Sort des assurances sur la vie en cas de faillite ou de déconfiture de l'assuré*, Paris, 1897.

Gudrat — *Assurances sur la vie ; héritiers de Pauw C, la succession La Pommeraie et contre les Compagnies d'assurances, une Note de M. Reboul*, Paris, 1866.

Gallard — *Les médecins et les Compagnies d'assurances sur la vie*, Paris, 1875.

Gauderon — *Règles de conduite des médecins dans leurs rapports avec les Compagnies d'assurances sur la vie*, Besançon, 1891.

Gangler — *De l'assurance sur la vie dans l'armée*, Paris, 1878.

Gombaud — *De l'assurance sur la vie entre époux*, Bordeaux, 1896.

Goupil — *Du Contrat d'assurance sur la vie en droit français*, Paris, 1874.

Grandmaison (de) — *L'assurance sur la vie*, Paris, 1896.

Grenier de Monbray — *Considérations sur les actes de prévoyance auxquels peut donner lieu le calcul des probabilités appliqué à la durée de la vie humaine*, Poitiers, 1857.

Gros-de-Veaud — *Loterie et assurance*, Paris, 1875.

Guillouard — *Consultation sur le secret médical à propos de l'indication des causes du décès*, Caen, 1886.

Guilmin — *Traité théorique et pratique de l'amortissement des emprunts des particuliers, des Compagnies, des Villes et des États ; des diverses combinaisons de l'assurance sur la vie*, Paris, 1865.

Guilmin — *Petit traité théorique et pratique de l'assurance sur la vie*, Paris, 1865, 2ᵉ édit., 1866, 3ᵉ édit., 1867.

Henry — *L'assurance sur la vie d'après les arrêts les plus récents*, Angers et Paris, 1895.

Herbault — *Traité des assurances sur la vie, revu et publié par M. de Folleville*, Paris, 1877.

Heu — *De l'extinction des dettes hypothécaires et chirographaires en vingt ans et de suite en cas de décès par une combinaison nouvelle des assurances sur la vie*, Paris, 1884.

Jouault — *Théorie et pratique des donations par contrat d'assurance en cas de décès*, Paris, 1878.

Judenne — *L'agent d'assurance sur la vie*, Paris, s. d.

Juvigny — *Coup d'œil sur les assurances sur la vie, ou essai sur l'origine, la base, l'utilité particulière et générale de ces sortes d'assurances*, Paris, 1848, 2ᵉ édit., 1849, — 3ᵉ édit., 1820.

Kertanguy (E. de) — *Table de la mortalité parmi les assurés en cas de décès*, Paris, 1875.

Kertanguy (E. de) — *La Table de mortalité de Deparcieux et les tarifs de rentes viagères de la Caisse de la vieillesse*, Paris, 1876.

Laffitte (Fr. de) — *Les inventaires des Sociétés mutuelles. La Caisse nationale d'assurance en cas de décès*, Paris, 1880.

Le Grasserie (de) — *De l'assurance sur la vie et contre les accidents*, Paris, 1896.

La Luberne — *L'assurance sur la vie aux États-Unis*, Paris, 1876.

Lamarre (de) — *L'assurance sur la vie*, Paris, 1894.

Laplace — *Essai philosophique sur les probabilités*, 2ᵉ édit., Paris, 1814.

Laugier — *Des assurances terrestres*, Paris, 1863.

Laurent (H.) — *Traité du calcul des probabilités*, Paris, 1873.

Laurent (H.) — *Détermination des pleins qu'un assureur peut garder sur les risques qu'il garantit*, Paris, 1893.

Laurent (H.) — *Théorie et pratique des assurances sur la vie*, Paris, s. d.

Leduc — *De l'assurance sur la vie au profit d'un tiers*, Lille, 1899.

Lefort — *Études sur les assurances sur la vie*, Paris, 1887.

Lefort — *Nouvelles études sur les assurances sur la vie*, Lyon, 1892.

Lefort — *La réforme de la législation concernant les assurances sur la vie*, Paris, 1892.

Lefort — *Petit Dictionnaire de jurisprudence des assurances sur la vie*, Lyon, 1894, 2ᵉ édit., Paris, 1898.

Lefort — *Les assurances sur la vie et la Cour de Cassation* en 1888, Lyon, 1889.

—	—	—	1889, Lyon, 1890.
—	—	—	1890, Lyon, 1891.
—	—	—	1891, Lyon, 1892.
—	—	—	1892, Lyon, 1893.
—	—	—	1893, Lyon, 1894.
—	—	—	1894, Lyon, 1895.
—	—	—	1895, Lyon, 1896.
—	—	—	1896, Lyon, 1897.
—	—	—	1897, Lyon, 1898.
—	—	—	1898, Lyon, 1899.

Legrand du Saulle — *Étude médico-légale sur les assurances sur la vie*, Paris, 1867, 2ᵉ édit., 1868.

Le Hir — *Recueil de législation et de jurisprudence en matière d'assurances sur la vie*, Paris, 1860.

Lemaire — *L'assurance sur la vie est une duperie ou les assurances sur la vie en France et en Angleterre appréciées à leur juste valeur*, Paris, 1849.

Le Turcq des Rosiers — *Les assurés et les actionnaires des Compagnies d'assurances sur la vie, leurs intérêts, leurs garanties*, Nancy, 1884.

Léveillé — *Rapport lu à la séance publique de la Faculté de droit de Paris le 1ᵉʳ août 1868 sur le concours de doctorat de 1867*, Paris, 1868.

Lhopital — *De la nature du contrat d'assurance sur la vie*, Paris, 1883.

Lutand — *Étude médico-légale sur les assurances sur la vie et le secret médical*, Paris, 1887.

Lux — *Le risque de guerre dans les assurances sur la vie*, Paris, 1889.

Maas — *Théorie élémentaire des annuités viagères des assurances sur la vie*, Paris, 1865, 2ᵉ édit. 1868.

Maas — *Les Compagnies françaises d'assurances sur la vie, publication obligatoire de leurs comptes et surveillance par l'État*, Paris, 1877.

Maire et Gellie — *Manuel théorique et pratique de l'assurance sur la vie*, Paris, 1898.

Marcailhou — *Annuaire des assurances sur la vie humaine pour l'année 1868*, Paris, 1868.

Marchal — *Du contrat d'assurance sur la vie*, Toulouse, 1886.

Marchand — *L'assurance sur la vie étudiée dans ses diverses applications*, Montluçon, 1887.

Mareille — *De la nature juridique du contrat d'assurance sur la vie au profit d'un bénéficiaire*, Rennes, 1898.

Mareau — *Dictionnaire de médecine à l'usage des assurances sur la vie*, Paris, 1890.

Martres (de) — *Manuel pratique de l'inspecteur et de l'agent d'assurances sur la vie*, Paris, s. d.

Masson — *Des assurances sur la vie et spécialement de leur bénéfice*, Rouen, 1883.

Méneau — *Les Compagnies étrangères d'assurances sur la vie*, Paris.

Mercier — *Reconstitution du patrimoine national et de la famille au moyen des assurances sur la vie*, Paris, 1873.

Mlégeville — *Manuel de l'assurance sur la vie*, Paris, 1856.

Molineau — *Jurisprudence des assurances sur la vie en France et en Belgique*, Paris, 1877.

Molineau — *Répertoire analytique de la jurisprudence des assurances sur la vie*, Paris, 1879.

Montluc (de) — *Des assurances sur la vie dans leur rapport avec les principes du droit civil, du droit commercial et les lois de l'enregistrement*, Paris, 1870.

Montry (de) — *Assurances sur la vie*, Paris, 1842.

Morand — *Des assurances sur la vie entre époux communs en biens*, Poitiers, 1895.

Morineau — *Des assurances sur la vie*, Paris, 1869.

Mornard — *Du contrat d'assurance sur la vie*, Paris, 1883.

Moutard-Martin — *Proposition relative aux rapports des médecins avec les Compagnies d'assurances sur la vie*, Paris, s. d.

Naples — *De la stipulation pour autrui et de la gestion d'affaires notamment dans leurs rapports avec l'assurance sur la vie au profit d'un tiers*, Bordeaux, 1897.

Noël (Ch.) — *Manuel arithmétique des assurances sur la vie*, Paris, s. d.

Nogent — *Assurances sur la vie : le risque de guerre*, Paris, 1889.

Nouette Delorme et Vibert — *Projet de loi concernant les assurances sur la vie; Exposé des motifs et Rapport*, Paris, 1880.

Pandlen — *Des assurances sur la vie*, Aix, 1896.

Parrocel — *De l'idée de l'assurance en droit romain ; de la nature juridique du contrat d'assurance sur la vie*, Aix, 1891.

Paterson — *Manuel des agents d'assurances sur la vie*, Lille, 1893.

Paulmier — *Etudes sur les assurances sur la vie*, Paris, 1883.

Pereire (Eug.) — *Tableaux sur les questions d'intérêt et de mortalité*, Paris, s. d. 3e édit., 1860.

Pereire (Eug.) — *Tables d'intérêts composés et d'annuités viagères*, Paris, 1869, 2e édit., 1873.

Pereire (Eug.) — *Tables de l'intérêt composé, des annuités et des rentes viagères*, 4e édit., Paris, s. d.

Perrin (Ch.) — *Du rôle des officiers ministériels dans les assurances sur la vie*, Paris, 2e édit., 1867.

Perrin (Chh.) — *Réformes et progrès dans les assurances sur la vie. La Mutualité*, Paris, 1876.

Perrin (Ch.) — *L'assurance militaire par l'Etat en cas de décès ou d'accidents*, Paris, 1881.

Petit — *L'art de s'assurer sur la vie*, Paris, 1892.

Peyraud — *De l'application de l'assurance-vie à la garantie absolue du capital et de l'intérêt*, Paris, 1880.

Poterin Du Motel — *Usage et ajustement des Tables de mortalité par âges à l'entrée*, Paris, s. d.

Poterin Du Motel — *Théorie des assurances sur la vie*, Paris, 1899.

Pouget — *Assurances sur la vie. Législation, doctrine, jurisprudence*, Paris, 1855.

Pouget — *Le Père de famille ou de l'effet de l'assurance sur la vie dans les successions*, Paris, 1867.

Pouget — *Etude sur le projet de loi relatif à la création d'un essai d'assurance en cas de décès*, Saint-Germain, 1867.

Pouget — *Les successions ou Du bénéfice de l'assurance sur la vie*, Paris, 1869.

Primot — *Assurances en cas de décès. Participation aux bénéfices*, Paris, 1869.

Prodhomme — *Coup d'œil sur les assurances en cas de vie et leur application*, Paris, 1858.

Puech — *Les assurances sur la vie*, Agen, 1877.

Quiquet — *Tables de survie; leur représentation algébrique; généralisation des lois de Gompertz et de Makeham*, Paris, 1893.

Quiquet — *Tables de survie et de mortalité; aperçu historique sur les formules d'interpolation des Tables de survie et de mortalité*, Paris, 1893.

Rabatel — *De la nature de l'assurance sur la vie et ses effets au décès de l'assuré*, Grenoble, 1886.

Reboul — *Etudes sur les assurances : assurances sur la vie*, Paris, 1863, 2e édit., 1863, 3e édit., 1865; 4e et 5e édit., 1865.

Robin — *Etude sur la légalité des assurances sur la vie dans le droit ancien et dans le droit actuel*, Angoulême, 1884.

Rochetin — La concurrence entre les Compagnies d'assurances sur la vie américaines et les Compagnies françaises, Paris, 1892.

Rochetin — Mémoire sur les associations fraternelles d'assurances aux États-Unis, Paris, 1897.

Rochetin — La législation des assurances fraternelles aux États-Unis, Paris, 1898, in-8°.

Rome — Du contrat d'assurance sur la vie en présence de la loi civile, de la loi commerciale et des lois sur l'enregistrement, Paris, 1868.

Rougier — Les assurances populaires ou petites assurances sur la vie; commentaire de la loi du 11 juillet 1868. — Paris et Lyon, 1869.

Schwanhard — Petite arithmétique des assurances sur la vie, Paris, 1898.

Scoffier — De la clause à ordre spécialement dans les polices d'assurances, Paris, 1896.

Sorbonnier (de) — Assurances sur la vie. Des contrats discontinués, Paris, 1875.

Sorbonnes (de) — Simple dialogue sur la théorie de la réserve, Paris, 1876.

Taillandier (de) — Assurances populaires sous la garantie de l'État; guide du déposant aux Caisses d'assurances en cas de décès et en cas d'accidents, Paris, s. d.

Tardif (Ad.) — Pensions civiles, Caisses de retraites et d'assurances sur la vie, Paris, 1872.

Taudière — Des assurances sur la vie dans le mariage, Poitiers, 1884.

Taylor et Tardieu — Étude médico-légale sur les assurances sur la vie, Paris, 1850.

Thaller — La jurisprudence de l'assurance sur la vie et la quotité disponible, Paris, 1897.

Thierny — Droits de l'assurance à la mort de l'assuré, Caen, 1895.

Tissier — Des assurances sur la vie, Paris, 1870.

Typaldo Bassia — Les assurances sur la vie au point de vue théorique et pratique, Paris, 1891.

Vögleris — De l'assurance en cas de décès, Bordeaux, 1896.

Vermot — Les assurances avec tirages, Paris, 1876.

Vermot — Catéchisme théorique et pratique de l'assurance sur la vie, Paris, 1877.

Vermot — Du contrat d'assurances en cas de décès au point de vue économique et juridique, Paris, 1877.

Versigny — Guide pratique du droit en matière d'assurances sur la vie, Paris, 1868.

Vibert — Le contrat d'assurance sur la vie, Paris, 1877.

Vibert et Nouette Delorme : Projet de loi concernant les assurances sur la vie, Paris, 1879.

Violeine — Table pour faciliter les calculs des probabilités sur la vie humaine tels que rentes viagères, assurances, etc. d'après les lois de mortalité de Deparcieux, de Douillard et d'une moyenne entre ces lois, Paris, 1859.

Violeine — Tables pour les calculs d'intérêts composés, d'annuités et d'amortissement. Paris, s. d.

Weill-Mantou — Manuel du Médecin d'assurances sur la vie, Paris, in-12, 1893.

Assurances garanties par l'État. Caisses de retraite pour la vieillesse et en cas de décès et en cas d'accidents, Paris, 1881.

Assurances sur la vie; Observations soumises à MM. les membres du Conseil d'État. Paris, 1863.

Des assurances sur la vie en cas de guerre, Paris, 1887.

Des assurances et associations sur la vie, Paris, 1839 et 1840.

Des assurances sur la vie en cas de guerre, Paris, 1887.

Caisses d'assurances en cas de décès et en cas d'accidents. Lois, Décret réglementaire, instructions et tarifs Paris, 1869.

Conséquences sociales du fonctionnement actuel de la mutualité scientifique, procurant l'assurance sur la vie au prix coûtant réel. Paris, 1893.

Comparaison des assurances en cas de décès dites à demi-primes avec les assurances à primes entières telles qu'elles sont pratiquées depuis plus d'un siècle par toutes les Compagnies. Paris, 1853.

Exposition universelle de 188.. Économie sociale, Section VII : Tables de mortalité exposées par les quatre Compagnies du Comité, Paris, s. d.

Notes pour servir à une bibliographie française de l'assurance sur la vie. Paris, 1878.

Observations au sujet du projet de loi relatif aux Sociétés d'assurances sur la vie. Paris, 1886.

Résultats chimériques des associations tontinières dites assurances mutuelles sur la vie, clairement démontrés à l'aide du calcul, avec un appendice contenant la méthode du calcul et les Tables au moyen desquelles on peut vérifier aisément la plupart de ces résultats. Paris, 1844.

Tables de mortalité du Comité d'assurances à primes fixes sur la vie. Paris, 1895.

Traité complet de l'examen médical dans les assurances sur la vie. Paris, in-8°, 1887.

ADDENDA ET ERRATA

P. 43, note 3. Il est à noter que la Société purement civile ne constitue une personne morale qu'autant qu'elle est régulièrement constituée.

En ce qui concerne les Mutuelles, V. Avis du Cons. d'État, 15 octobre 1809 inséré au *Bulletin des Lois*, comme annexe de l'Ordonnance du 14 novembre 1821; Aubry et Rau : *Dr. civ. franç.*, T. I, § 54.

P. 56. Décidé (Cass., 7 mars 1899, *Gaz. des Trib.*, 10 mars 1899) qu'en admettant qu'une Mutuelle ne présente pas tous les caractères légaux de la Société, il se forme, du moins entre les intéressés, un contrat synallagmatique où la condition résolutoire est sous-entendue en vertu de l'art. 1184 C. Civ., pour le cas où l'une des parties ne pourrait obtenir des autres l'exécution de leurs engagements; que par suite, lorsqu'une Mutuelle a été condamnée à payer l'indemnité due à raison du sinistre et qu'elle ne satisfait pas à cette condition, l'intéressé est en droit de poursuivre la dissolution de la Société.

Page 74. Dans un but facile à comprendre, les Mutuelles s'ingénient à augmenter les frais de désistement en exigeant, par leurs Statuts, que les pouvoirs soient timbrés, enregistrés, etc. Les Tribunaux ne paraissent pas vouloir consacrer une pareille manière de voir. Il a été jugé (Trib. civ. Tours, 4 mai 1893, *Journ. des assur.*, 99, 90) que l'art. 25 du décret du 22 janvier 1868 n'assignant aucune forme spéciale à l'acte extrajudiciaire dont il parle, cet acte peut revêtir toutes les formes admises par le législateur; dès lors, un désistement signalé par un seul acte extrajudiciaire à la requête de plusieurs sociétaires est parfaitement valable.

Page 122. En tout temps et en tous pays, la Tontine a causé des déceptions. Au XVIIIe siècle, la Tontine était en très grande faveur parmi les Hollandais; tentés par le caractère de jeu de hasard qui se trouvait au fond des contrats de survie imaginés par des spéculateurs, les Hollandais, marchands jusqu'à la moelle, ne laissaient pas passer une occasion de faire fortune sans en profiter; ils se servaient ainsi de la mortalité si capricieuse d'un certain nombre de personnes pour courir après un avantage financier. Ils étaient alléchés par cette idée qu'en versant 10 florins ils avaient la chance d'en recevoir 1,000. Mais on n'a pas tardé à constater que tout se traduisait par des désenchantements. On constatait parfois l'impossibilité de continuer les opérations, ou dut avouer que les promesses ne pouvaient être tenues, que les estimations n'étaient pas exactes. V. les renseignements particulièrement instructifs à cet égard réunis par la Direction de la *Société générale néerlandaise d'assurances sur la vie et de rentes viagères* dans ses *Mémoires pour servir à l'histoire des assurances sur la vie et des rentes viagères aux Pays-Bas*, Amsterdam, 1898, p. 274, etc., 279 etc. Cf. sur le fonctionnement de ces Sociétés le travail lu par M. G. Hamon au Congrès des Sociétés savantes en 1899 : *Les institutions de secours mutuels et d'assurances sur la vie en Hollande depuis le XVIe siècle* (*L'Assurance Moderne*, 17 avril 1899).

Page 131, note 3. Les incidents qui ont donné lieu au jugement cité du 30 juillet 1898 sont rapportés dans le *Journal de l'assureur et de l'assuré*, no du 15 octobre 1898.

Comp. aussi sur la question de la publication, les Conclusions de M. le substitut Boucher au Tribunal de la Seine, *Journ. des assur.*, 1899, p. 166.

Page 144, note 2. Aux autorités citées *Adde* Sarrut : *Législation ouvrière de la Troisième République*, discours de rentrée à la Cour de Cassation, Paris, 1894, p. 57 ; d'Avenel : *Les assurances sur la vie* (*Revue des Deux-Mondes*, 15 septembre 1895, p. 364).

Page 146, note 4. Sur le préjudice que cause à la Caisse d'assurances en cas de décès l'intervention des Sociétés de secours mutuels. V. Guérin : *Les Sociétés de secours mutuels et la Caisse d'assurance en cas de décès* (*Revue des institutions de prévoyance*, février 1891).

Page 175, notes 3 et 4. Un éminent économiste, M. Léon Say (*Économie sociale*, p. 263) a nettement condamné l'intervention des Sociétés de secours mutuels dans le domaine de l'assurance sur la vie.

Page 179, note 2. *Adde* Brouardel, in *Revue philanthropique*, avril 1898, p. 885 à 891.

Page 196. Sur les Sociétés de construction en France. V. R. Merlin : *Les Associations ouvrières et patronales*, Paris, 1899, p. 398, etc., et le Rapport de M. Cheysson inséré dans la *Revue générale d'administration*, novembre 1898, p. 370 et suiv.

Page 210, note 3. Lisez l'*Office du Travail* du Ministère français du commerce.

Page 258, note 3. Le projet de l'Institut des Actuaires français a fourni à M. Cheysson la matière d'une communication au Congrès des Sociétés savantes en 1894 sur *La nécessité et les bases d'une loi sur les Sociétés d'assurances sur la vie*. Dans ce travail, inséré au *Bulletin du Comité des travaux historiques et scientifiques (section des sciences économiques et sociales*, année 1894, p. 245 à 269), l'auteur se défend de vouloir aborder « les points de droit fort délicats que soulève le contentieux des polices », considérant que la question du droit privé appartient plutôt aux juristes » ; il s'en tient aux difficultés du droit public, c'est-à-dire aux « relations entre l'État et les Compagnies d'assurances sur la vie ».

Page 285, note 2. Aux termes d'un décret des 28 juillet-21 août 1897 (D. P. 97, 4, 102), la retenue du douzième que les fonctionnaires et employés doivent supporter sur leur traitement, lors de la première nomination ou en cas de réintégration, sera désormais exercée par quart sur les quatre premières allocations mensuelles. Jusqu'à cette décision, la retenue était perçue en une fois, de sorte que l'employé ne touchait rien le premier mois de sa nomination ; il touchera maintenant les trois quarts de son traitement pendant quatre mois et l'intégralité à partir du cinquième mois. Cette réforme améliorera quelque peu la condition des employés modestes, qui, telle qu'elle était exercée, créait souvent une situation difficile.

P. 287, note 2. Adde Penancier : *Des défauts et des périls de la législation actuelle sur les pensions de retraites civiles*, Paris, 1897.

Page 434, note 3. Il convient de noter que si les Caisses de secours et de retraites des ouvriers mineurs jouissaient, en vertu de l'art. 26 de la loi du 29 juin 1894, des avantages fiscaux concédés par le décret du 26 mars 1852 aux Sociétés de secours mutuels approuvées en présence de l'art. 33 de la loi du 1er avril 1898 sur les Sociétés de secours mutuels qui a déclaré applicables les art. 13 et 19 de cette loi aux Sociétés régulièrement constituées en conformité du titre III de la loi du 29 juin 1884 (dont l'art. 28 est abrogé), elles jouissent des immunités plus larges inscrites dans l'art. 19 de la loi du 1er avril 1898, c'est-à-dire de l'exonération des droits de timbre et d'enregistrement tous les certificats, actes de notoriété et autres pièces exclusivement relatives à l'exécution de la loi. — V. Instruct. de l'Enreg., 25 juin 1898 (*Rev. des Sociét.*, 1899, p. 39).

Page 457, note 4. Dans un but qui se comprend fort bien, le législateur a édicté des immunités fiscales pour les mutualistes. L'art. 19 de la loi du 1er avril 1898 dispose que les certificats, actes de notoriété et autres pièces exclusivement relatives à l'exécution de la loi seront délivrés gratuitement et exempts des droits de timbre et d'enregistrement. La loi reproduit en termes identiques l'art. 19 de la loi du 11 juillet 1868 relative à la création des Caisses d'assurances gérées par l'Etat. Elle n'apporte, par conséquent, aucune modification à cette loi. Elle reproduit également dans les mêmes termes l'art. 24 de la loi du 20 juillet 1886 sur la Caisse nationale des retraites pour la vieillesse et abroge, par suite, implicitement, l'art. 8 de la loi du 30 mars 1888 qui, par dérogation à la première, avait déclaré l'immunité des droits de timbre et d'enregistrement non applicable aux quittances d'arrérages de rentes viagères. Ces quittances se trouvent ainsi dispensées de nouveau du droit de 0 fr. 10 c. édicté par l'art. 18 de la loi du 23 août 1871, comme elles l'étaient sous l'empire de la loi du 20 juillet 1886. — Instr. de l'Enreg., 25 juin 1898 (*Rev. des Sociét.*, 1899, p. 39).

Il est à retenir, aux termes de la même instruction, que les dispenses octroyées par la loi du 1er avril 1898 concernent uniquement les droits de timbre et d'enregistrement, qu'elles ne s'étendent pas à la formalité de l'enregistrement qui devra être requise toutes les fois qu'elle sera nécessaire et donnée gratuitement, mais seulement si les conditions auxquelles la loi a subordonné les immunités se trouvent remplies.

Page 481, note 1, 55e ligne. La personnalité civile, bien entendu, ne pourra résulter que de la reconnaissance comme établissement d'utilité publique, c'est-à-dire de l'autorisation du Gouvernement. L'approbation du Ministère de l'intérieur que sollicitent les associations de prévoyance, dans le but de laisser croître à une garantie de l'Etat, ne conférerait pas la personnalité morale. Assurément il a été jugé (Cass., 2 janvier 1894, S. 94, 1, 120) que les associations formées dans un but d'intérêt général, lorsqu'elles ont obtenu l'approbation du pouvoir administratif, trouvent tant dans la nature de leur objet que dans cette adhésion de l'autorité publique une individualité propre, qui les rend idoines à fonctionner dans l'ordre de l'entreprise déterminé par leurs Statuts. Mais cette jurisprudence, qui reconnaît aux Sociétés approuvées une sorte de demi-personnalité, tout en refusant la personnalité civile, laquelle est réservée aux seuls établissements légalement reconnus par l'État, est très combattue (V. Lyon-Caen : Note, S, 94, 1, 129 ; Houpin : *Tr. théor. et prat. des Soc. civ. et commerc.*, 3e édit., n° 574). Dans tous les cas, elle est inapplicable aux Sociétés de capitalisation de prévoyance : elle subordonne elle-même son application à deux conditions qui sont étrangères aux Sociétés de ce genre. D'abord, il faut que la Société soit constituée dans un intérêt général ; or, les Sociétés de prévoyance et de capitalisation ont pour objet direct l'intérêt de leurs membres. En second lieu, la jurisprudence vise le cas de Sociétés sujettes à approbation et ne pouvant se constituer sans approbation ; il est loisible aux Sociétés de capitalisation de se constituer sans approbation. — Wahl : *Des Sociétés d'épargne et de capitalisation (Journ. des Soc. civ. et commerc.*, 1897, p. 397.)

Page 482, note 1, quatrième ligne. Une Société de capitalisation peut fixer la durée qui lui plaît. Il est donc permis de fixer à 99 ans le délai maximum de remboursement. Doit-elle cesser de recevoir des adhésions le jour où la durée normale de la vie humaine pourra lui faire craindre que la pension ne sera pas entièrement éteinte au moment de la dissolution de la Société? La Cour de Lyon (Lyon, 19 juillet 1898, *Rev. périod. des assur.*, 98, 566) a admis l'affirmative. C'est peut-être à tort, comme l'a fait voir M. Wahl (*loc. cit.*, p. 396). Il n'est écrit nulle part qu'une Société ne puisse prendre des engagements soit envers ses associés, soit envers des tiers, pour l'époque où elle n'existera plus. S'il en était autrement, les Sociétés ne trouveraient plus à contracter, parce qu'il y a des événements qui, surtout dans les Sociétés civiles (la mort d'un associé, par exemple) peuvent inopinément mettre fin à la Société ; ce qui est vrai, c'est que lors de la dissolution les créanciers de la Société pourront faire valoir leurs droits sur l'actif ; leur créance ne disparaîtra pas, elle risquera seulement de n'être pas payée en entier si l'actif est insuffisant.

Page 482, note 2. Il y a bien d'autres formes d'institutions de retraite mises à la disposition des classes populaires. S'il n'est pas possible de les énumérer toutes, il n'est peut-être pas sans intérêt de s'arrêter à l'une d'elles, à raison de l'accueil tout particulier qui lui a été fait ces temps derniers : la *Mutualité scolaire* organisée il y a plusieurs années, en 1881, par M. Cavé, dont le nom a été donné à des petites Sociétés de secours mutuels composées d'enfants des écoles communales et constituées, dirigées par les instituteurs, les inspecteurs primaires, les inspecteurs d'académie.

La combinaison consiste à faire verser par l'enfant chaque semaine 10 cent., soit au bout de l'année 5 fr. 20. La moitié (2 fr. 60) est prélevée pour le livret individuel de retraite ; l'autre moitié est applicable aux frais de maladie. Mais il paraît que cette dépense n'absorbe guère que la moitié du prélèvement

(1 fr. 50) et elle est balancée, ou peu s'en faut, par la subvention d'un franc que bonifie l'État pour chaque sociétaire. De telle sorte qu'on fin de compte la totalité des cotisations versées, environ 5 fr., profite à la retraite. Ce versement annuel, dans la seule période de scolarité (de 6 à 12 ans au moins), suffirait déjà pour assurer une pension de 31 fr. à 60 ans. S'il est continué par l'intéressé durant sa vie entière, la quotité de la pension peut atteindre 150 fr.

Ces mutualités scolaires (qui en 5 ans étaient au nombre de 1,000, réunissant 10,000 écoles et 400,000 adhérents) ont été très vantées (V. Varagnac dans Le Temps, 29 mai 1899; L'Éclair, 30 mars 1899). On a fait valoir que, dès son plus jeune âge, l'enfant, en apprenant à parler, à penser, s'initiait à la pratique de la prévoyance, qu'excité par l'expérience des parents sociaux, l'ascendant de l'instituteur, l'esprit d'imitation et d'émulation, l'enfant, à sa sortie de l'école, serait habitué à l'épargne, qu'il se verrait porteur d'un livret dont il comprendrait suffisamment la valeur pour le pouvoir conserver et qu'il continuerait, au moins dans bien des cas, de verser sa cotisation à son grand avantage.

Des protestations se sont manifestées, non pas contre l'affectation aux secours en cas de maladie, mais bien contre la capitalisation de la somme en vue de la constitution d'un fonds commun pour servir des pensions de retraite aux écoliers devenus vieux. On a soutenu que c'était là une pure chimère, qu'il était illusoire de penser que la perspective de toucher à 55 ans une pension de 29 fr. 65 au retour de versements faits de 6 à 13 ans séduirait l'enfant, qu'il ne se privera ni d'un jouet, ni d'une sucrerie pour l'honneur de devenir un rentier de cette importance. On a même ajouté qu'il y aurait à plaindre l'enfant qui serait tenté d'y céder, car il y aurait chez lui une sécheresse de cœur exclusive de toute générosité et que ce serait préparer l'enfant à l'égoïsme de l'âge mûr. Vavasseur: Rev. des Sociét., février 1899, p. 69. Comp. Revue de la prévoyance et de la mutualité, décembre 1898, p. 810.

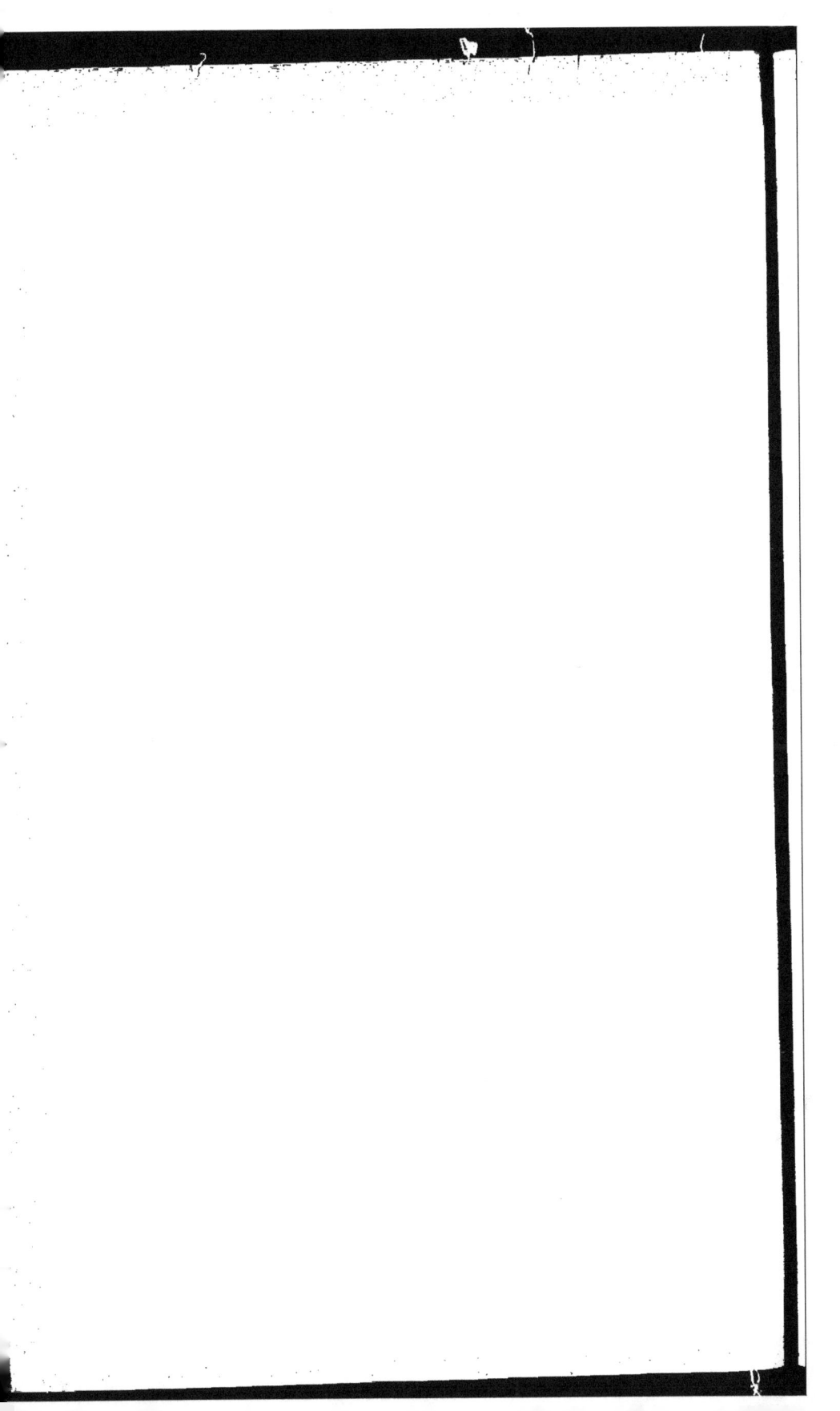

TABLE DES MATIÈRES

DIXIÈME PARTIE
ASSURANCES MUTUELLES

APPENDICE

BIBLIOGRAPHIE

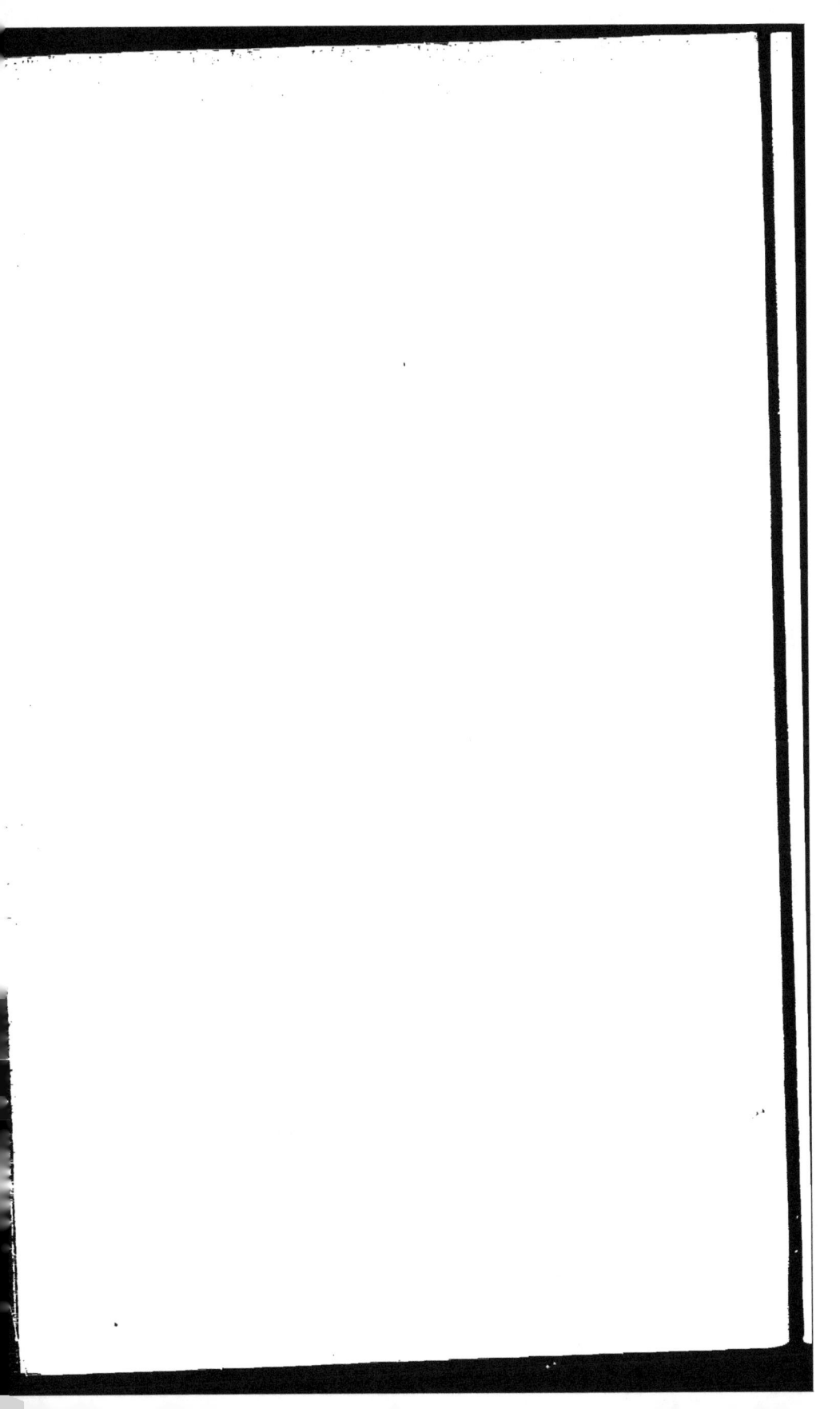

TABLE ALPHABÉTIQUE DES MATIÈRES

Contenues dans les quatre volumes

IMPRIMERIE GÉNÉRALE DE CHATILLON-SUR-SEINE. — A. PICHAT

BIBLIOTHEQUE

NATIONALE

CHATEAU
de
SABLE

1994

www.ingramcontent.com/pod-product-compliance
Lightning Source LLC
Chambersburg PA
CBHW060915220326
41599CB00020B/2975